하루에 따라잡는

조선왕조실록

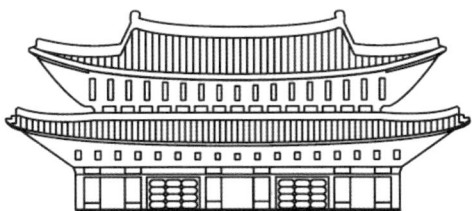

하루에 따라잡는

조선왕조실록

朝鮮王朝實錄

미래타임즈

머리말

우리는 역사와 함께 성장한다

　국가는 역사를 만들고 민족은 역사를 보존하면서 발전하고 번영한다. 따라서 우리는 역사와 함께 성장한다. 역사는 과거를 바로 알고 오늘의 삶을 보다 활기차게 이끌면서 내일을 맞이하게 해주는 원동력이다. 그러므로 역사는 과거와 현재, 그리고 미래를 연결해 주는 고리이자 톱니바퀴인 것이다. 역사를 일깨워 주지 않는 국가, 역사를 기록하지 않는 나라, 역사를 보전하지 않는 민족은 없다.

　우리는 거의 모두가 역사의 중요함을 평소에는 크게 느끼지 않으면서 하루하루를 역사 속에서 살아간다. 역사는 지난 이야기, 과거와의 대화이다. 먼 옛날부터 오늘에 이르기까지 선대로부터 우리가 살아온 삶의 과정이며 생활의 흔적이다. 그리고 내일을 열어 가는 지렛대가 되고 길잡이가 되는 것이다. 나라마다 민족마다 사람들마다 살아가는 길이 다르고 생각하는 관점이 다르다 해도 역사를 외면하면서 살아갈 수는 없다. 그래서 역사는 숙명적이고도 필연적인 것이다. 결코 우연한 일은 아니다.

　준비하는 사람에게는 미래가 열리고 보장된다. 역사를 바르게 전하고 깨우쳐 주는 국가에는 국민의 안정과 번영이 따르게 된다. 그래서 지나온 과거의 역사를 다시 더듬어 보고 반성하면서 오늘을 살고 내일을 맞이할 준비를 하는 것이다.

　보통 500년으로 통칭되는 조선왕조는 어떻게 건국되었고 역대 왕들은 어떤 통치를 해 왔는가? 조선은 반만년 우리 역사에서 마지막 왕조였다. 태조 이성계가 건국한 이래 마지막 임금인 순종에 이르기까지 518년 동안 27명의 왕이 통치를 해 온 나라이다. 그러나 태조부터 제26대 고종 후반까지 505년 동안의 조선왕조(1392~1897년)와 제26대 고종 후반 이후 제27대 순종까지 13년간의 대한제국(1897~1910년)으로 구분된다.

    위화도 회군을 시작으로 건국되고, 왕권다툼과 권력싸움 및 당파싸움으로 이어졌고, 드디어는 일본에게 나라를 빼앗기는 엄청난 비극을 당한 채 역사 속으로 사라졌다. 그러나 우리나라의 한 줄기로 이어져 왔다.

    조선왕조 역사를 돌이켜 보면 수많은 시련기가 있었다. 그때마다 대륙의 열강 세력들이 우리나라를 괴롭혔고 한반도에서 회오리바람을 일으켰다. 비극의 역사와 함께 훌륭한 민족문화와 유산을 우리에게 함께 남겨 주었다.

    그런 가운데서도 우리 민족은 끈질기게 대항하면서 항거하고 나라와 민족을 지켜 왔다. 그리고 경제·산업·문화 등을 발전시키면서 줄기차게 성장해 왔다.

    우리는 이 소중한 조선왕조 500여 년의 역사를 거울삼아 남북통일을 이룩하여 보다 강한 나라, 부강한 대한민국으로서의 찬란한 역사를 새롭게 쓰면서 반만년 유구한 전통을 계승하고 발전시켜 자손만대에 물려주어야 할 것이다.

    이 책은 조선왕조사를 바로 보고 장래를 열어 가는 데 도움이 되었으면 하는 소망을 담아 『조선왕조실록』을 이야기로 풀어 한민족 마지막 왕조사로 엮었다.

지은이 유한준

차례

500년 이야기 왕조사
조선왕조실록

머리말------------------ 006
건국에서 대한제국까지------- 014
조선왕조 계보의 중요 내용----- 017
조선왕조의 행정기구 조직도-- 026

《태조실록(太祖實錄)》 027
태조실록의 내용----------- 028
제1대 태조
권력을 장악한 이성계-------- 029
최영 장군 설화------------ 033
태조의 즉위 교서---------- 035
고려 장군에서 조선 태조로----- 037
가장 믿었던 사람---------- 039
아! 고려여!-------------- 040
두문불출의 유래---------- 041
왕권의 확립------------- 042
국호 변경, 한양천도--------- 043
태조를 다스린 무학--------- 045
무학대사와 왕십리---------- 046
왕조의 설계자 정도전-------- 048
피 뿌린 왕자의 난---------- 049
조선 태조의 어진----------- 050
태조 어진의 곤룡포는
왜 파란색일까?------------ 052
조선 건국 신화------------ 053
이성계와 오백나한---------- 056
이성계의 검에 얽힌 이야기----- 058
태조 이성계의 조상과 형제들--- 060
태조 이성계의 가계--------- 064
태조의 가계도------------ 070

《정종실록(定宗實錄)》 071
《정종실록》의 내용---------- 072
제2대 정종
왕위 물려받아------------- 073
태조와 함께 왜구 토벌-------- 075
동생에게 왕위를 물려주고----- 076
사후에 묘호 못 받아--------- 078
정종의 가계-------------- 079
정종의 가계도------------- 080

《태종실록(太宗實錄)》 081
《태종실록》의 내용---------- 082
제3대 태종
세자 책봉에 불만 터뜨려------ 083
악역을 떠맡은 정안군-------- 086
선죽교에서 피살된 정몽주----- 089
사병혁파와 법령 개정-------- 092
처남들까지 몰살시켜--------- 093
왕세자 서열도 바꿔---------- 094
일본 왕이 선물한 코끼리------ 096
한양 재천도, 신문고 설치------ 098
신생국가의 기틀 다져놓다----- 099
아들에게 옥새 주고 퇴위------ 100
가면 못 오는 함흥차사-------- 102
야사 속의 함흥차사 이야기----- 104
태종에게 활을 쏘다---------- 106
태종의 가계-------------- 107
태종의 가계도------------- 112

《세종실록(世宗實錄)》 113
《세종실록》의 내용---------114
제4대 세종
예사롭지 않은 태몽---------115
황금기를 이룩한 왕---------117
조선 과학의 극치, 자격루------118
세종의 국방 정비-----------119
최대 업적은 훈민정음 창제----121
훈민정음 창제 과정---------123
세종대왕의 사실록---------125
훌륭한 인재 두루 기용-------126
세종의 일화 ------------128
대리석으로 만든 신도비(神道碑)--131
세종의 가계--------------132
세종의 가계도------------138

《문종실록(文宗實錄)》 139
《문종실록》의 내용---------140
제5대 문종
왕위 2년 만에 세상 떠나------141
29년 동안 왕세자로 지내------143
군제 개편과 재정비---------144
왕비와의 기구한 연분--------145
문종의 가계--------------146
문종의 가계도-----------150

《단종실록(端宗實錄)》 151
《단종실록》의 내용---------152
제6대 단종
어린 왕 단종 -----------153
비극의 일생 ------------154
단종 폐위의 배경---------156
단종복위운동 ----------159
끔찍하게 처형당한 사육신-----161
단종을 암매장한 의인--------164
단종의 가계-------------166

단종의 가계도------------168

《세조실록(世祖實錄)》 169
《세조실록》의 내용----------170
제7대 세조
왕위를 찬탈한 세조---------171
정권 장악을 위한 인맥 형성----172
대숙청을 통한 강압통치-------173
왕권강화로 치적-----------174
13세 때 명궁 솜씨 떨쳐-------175
문둥병으로 고생-----------176
세조의 두 얼굴------------177
금계필담 (공주의 남자)-------178
세조의 가계--------------180
세조의 가계도------------184

《예종실록(睿宗實錄)》 185
《예종실록》의 내용----------186
제8대 예종
1년 2개월의 왕------------187
멋대로 사초 고친 사관--------188
후사도 없이 요절-----------190
남이의 옥-----------------192
예종의 가계--------------196
예종의 가계도------------ 200

《성종실록(成宗實錄)》 201
《성종실록》의 내용----------202
제9대 성종
예상 못 한 성종의 등극-------203
대비의 수렴청정------------204
후궁 윤씨 폐위 사건----------205
올바른 정치로 치적----------208
성종의 사후 묘호 논쟁--------210
성종의 가계 -------------211
성종의 가계도------------ 214

《연산군일기(燕山君日記)》　215
《연산군일기》의 내용--------216
제10대 연산군
연산군의 세자 시절---------217
왕위에 등극한 연산군-------219
무오사화(戊午士禍)---------220
폐비 윤씨 추숭 시도와 좌절----221
피 묻은 적삼--------------222
갑자사화------------------223
향락에 빠진 연산군----------225
연산군의 몰락-------------226
훈구파와 사림파-----------227
연산군의 가계-------------229
연산군의 가계도-----------232

《중종실록(中宗實錄)》　233
《중종실록》의 내용---------234
제11대 중종
중종의 생애 초반-----------235
중종반정-----------------236
중종의 즉위--------------238
조광조의 등장------------239
조광조의 개혁 정치---------242
기묘사화----------------250
외척의 대두-------------252
중종의 가계-------------254
중종의 가계도-----------258

《인종실록(仁宗實錄)》　259
《인종실록》의 내용---------260
제12대 인종
왕세자 시절과 즉위---------261
인종의 죽음--------------263
인종의 가계-------------265
인종의 가계도-----------266

《명종실록(明宗實錄)》　267
《명종실록》의 내용---------268
제13대 명종
문정왕후의 수렴청정--------269
을사사화(乙巳士禍)----------271
양재역 벽서 사건-----------272
조선왕조 최고의 악독한 여인--274
을묘왜변(乙卯倭變)----------277
허응당(虛應堂) 보우(普雨)------280
대도 임꺽정(林巨正)---------281
문정왕후의 죽음과
명종의 친정--------------284
퇴계 이황---------------286
명종의 최후-------------288
명종의 가계-------------289
명종의 가계도-----------292

조선왕실 문화------------293
궁중 용어--------------293
궁중 예법--------------294
합방/승은(承恩) 관련--------296
조선왕실의 왕후----------298

《선조실록(宣祖實錄)》 299
《선조실록》의 내용 ---------- 300
제14대 선조
잠저 시절 ------------------ 301
선조의 즉위 ---------------- 303
기축옥사(己丑獄事) ------------ 305
조선의 붕당 ---------------- 309
임진왜란(壬辰倭亂) ------------ 312
전쟁의 발발 ---------------- 315
조선의 초기 대응 ------------ 316
탄금대 전투와 신립 ---------- 319
선조의 어가 몽진 ------------ 321
반격의 시작 ---------------- 326
임진왜란 3대 대첩
'진주성 대첩' -------------- 331
임진왜란 3대 대첩
'행주대첩' ----------------- 333
이몽학의 난(李夢鶴亂) -------- 335
정유재란 ------------------ 338
선조와 광해군 -------------- 340
선조의 가계 ---------------- 343
선조의 가계도 -------------- 348

《광해군일기(光海君日記)》 349
《광해군일기》의 내용 --------- 350
제15대 광해군
광해군의 세자 시절 ---------- 351
광해군의 즉위 -------------- 355
폐모살제 ------------------ 357
광해군의 무리한
궁궐 복원 공사 ------------- 359
광해군의 외교와 국방 -------- 361
광해군의 폐위 -------------- 363
광해군의 가계 -------------- 365
광해군의 가계도 ------------ 368

《인조실록(仁祖實錄)》 369
《인조실록》의 내용 ---------- 370
제16대 인조
인조의 생애 초반 ----------- 371
동생 능창군의 죽음 --------- 373
인조반정 ------------------ 375
이괄의 난 ----------------- 377
정묘호란 ------------------ 379
병자호란 ------------------ 381
소현세자의 죽음과
인조의 최후 --------------- 384
인조의 가계 --------------- 386
인조의 가계도 ------------- 390

《효종실록(孝宗實錄)》 391
《효종실록》의 내용 --------- 392
제17대 효종
효종의 생애 초반 ----------- 393
효종의 세자 책봉과 즉위 ----- 394
효종의 북벌 계획 ----------- 397
효종의 팔장사(八壯士) -------- 400
효종의 죽음 --------------- 402
효종의 가계 --------------- 404
효종의 가계도 ------------- 412

《현종실록(顯宗實錄)》 413
《현종실록》의 내용 --------- 414
제18대 현종
현종의 즉위 --------------- 415
제1차 예송 ; 기해예송 ------- 416
제2차 예송 ; 갑인예송 ------- 420
현종의 업적과 최후 --------- 422
현종의 가계 --------------- 424
현종의 가계도 ------------- 426

《숙종실록(肅宗實錄)》 427
《숙종실록》의 내용 ---------- 428
제19대 숙종
숙종의 즉위 ---------------- 429
환국(換局)정치 ------------- 430
홍수의 변(紅袖之變) --------- 432
경신환국(庚申換局) ---------- 436
기사환국(己巳換局) ---------- 438
갑술환국(甲戌換局) ---------- 440
숙종의 업적과 최후 ---------- 442
숙종의 가계 ---------------- 443
숙종의 가계도 -------------- 460

《경종실록(景宗實錄)》 461
《경종실록》의 내용 ---------- 462
제20대 경종
출생과 성장 ---------------- 463
험난한 즉위 과정 ------------ 464
경종의 재위 ---------------- 466
의문의 갑작스런 죽음 -------- 470
경종의 가계 ---------------- 472
경종의 가계도 -------------- 474

《영조실록(英祖實錄)》 475
《영조실록》의 내용 ---------- 476
제21대 영조
출생과 성장 ---------------- 477
영조의 즉위 ---------------- 479
이인좌(李麟佐)의 난 --------- 480
영조 김춘택 아들설 음모론 ---- 482
인권과 경제정책 ------------- 483
임오화변(壬午禍變) ---------- 484
영조의 말년 ---------------- 493
영조의 가계 ---------------- 494
영조의 가계도 -------------- 502

《정조실록(正祖實錄)》 503
《정조실록》의 내용 ---------- 504
제22대 정조
출생과 성장 ---------------- 505
아버지 사도세자의
죽음과 세손 정조 ------------ 507
세손 정조의 대리청정 -------- 509
정조의 즉위 ---------------- 511
홍국영의 득세 -------------- 513
정조의 규장각 설치 ---------- 515
문체반정(文體反正) ---------- 518
서체반정과 조선의 르네상스 --- 521
홍국영의 낙향 -------------- 524
장용영(壯勇營) 설치 --------- 526
정조의 토목사업 ------------- 528
정조의 붕당정치와 탕평책 ----- 530
붕당의 계보 ---------------- 532
정조의 가계 ---------------- 534
정조의 가계도 -------------- 536

《순조실록(純祖實錄)》 537
《순조실록》의 내용 538
제23대 순조
순조와 세도정치 539
효명세자의 대리청정 541
신유박해(辛酉迫害) 543
홍경래의 난 545
순조의 가계 547
순조의 가계도 548

《헌종실록(憲宗實錄)》 549
《헌종실록》의 내용 550
제24대 헌종
출생과 즉위 551
천주교 박해 553
헌종의 가계 555
헌종의 가계도 556

《철종실록(哲宗實錄)》 557
《철종실록》의 내용 558
제25대 철종
출생과 유배 생활 559
철종의 즉위와 수렴청정 562
동학과 삼남지역의 민란 563
철종의 최후 564
철종의 가계 565
철종의 가계도 566

《고종실록(高宗實錄)》 567
《고종실록》의 내용 568
제26대 고종
철종의 후사 569
고종의 즉위와 섭정 570
고종의 친정 571
운요호 사건과 개항 572

임오군란 573
갑신정변 574
동학 농민 운동 575
을미사변 576
아관파천 577
대한제국 선포 578
러·일 전쟁 579
을사늑약(乙巳勒約) 580
고종의 최후 581
고종의 가계 582
고종의 가계도 584

《순종실록(純宗實錄)》 585
《순종실록》의 내용 586
제27대 순종
왕세자·왕태자·황태자 시절 587
순종의 즉위 588
명목상의 대한제국 황제 589
순종의 퇴위와 생애 후반 590
순종의 가계 591
순종의 가계도 592

부록
조선왕조의 정부기관 593
내명부와 외명부 598
조선왕조 왕릉 현황 600
선원계도와
조선왕조 세계도(1392~1910년) 602
왕의 아버지 대원군 604

조선왕조실록

건국에서 대한제국까지

『조선왕조실록(朝鮮王朝實錄)』은 조선을 건국한 제1대 태조 이성계로부터 제25대 철종까지 472년(재위 기간 1392~1863년)간에 걸친 조선왕조의 역사적 사실을 연월일순(年月日順)에 따라 편년체로 기술한 역사서로 줄여서『조선실록』이라고도 한다.

■ 조선왕조 518년 27명의 통치 기록

　　조선왕조는 제1대 태조부터 제27대 순종까지 모두 27명의 왕이 통치했으나 제26대 고종은 재위 44년 기간 중 후반인 1897년 대한제국을 세우고 초대 황제로 10년간 통치하고 그의 아들 순종은 대한제국의 제2대 황제라서 사실상 조선 왕으로 보지 않고 대한제국의 마지막 황제로 보고 있다.

　　따라서 대한제국의 황제인 고종과 순종에 대한 실록은 그 내용이 일제 강점기에 일본 제국의 주관으로 작성되었기 때문에 학계는 보편적으로 신뢰성이 부족한 사료로 간주하여『조선왕조실록』으로 보지 않고 있다.

　　『조선왕조실록』(국보 제151호)은 총 1,893권 888책으로 이루어졌고 총 1억 9천 8백만 자로 된 방대한 기록물이다. 현재 남아 있는 정족산본 1,181책, 태백산본 848책, 오대산본 27책, 기타 산엽본 21책, 총 2,077책이 1997년 10월 1일 유네스코에 세계기록유산으로 등록·지정되었다.

● 순종황제의 어진

● 오대산 사고(史庫)
강원도 평창군 진부면 오대산에 있는 조선의 타임캡슐인 『조선왕조실록(朝鮮王朝實錄)』과 왕실의 족보인 《선원보략(璿遠譜略)》을 보관하기 위해 지었던 조선 후기 5대 사고 중의 하나이다.

● 전주사고(史庫)
조선왕실의 본관지인 전주 경기전(慶基殿)의 내부에 설치되었던 사고이다. 임진왜란 때 경기전 참봉 오희길(吳希吉)과 손홍록(孫弘祿)·안의(安義)·유신(柳訊) 등의 공으로 왜적들로부터 화를 면하였다.

『조선왕조실록』은 공정성과 객관성을 지켜내기 위하여 매우 엄격한 규율에 따라 연대순으로 작성된 사서(史書)이다.

왕의 실록은 모두 해당 왕이 세상을 떠난 뒤 사관들이 독립성과 비밀성을 부여 받아 통치기록을 중심으로 작성되었기 때문에 왕은 생전에 자신과 관련된 실록을 미리 볼 수 없었다. 또 『조선실록』에는 "사신(史臣)은 논한다 ……."라는 형식으로 사관의 의견(일종의 논평)을 적을 수 있었다.

실록은 편찬될 때마다 같은 책을 여러 부 활자로 더 인쇄하여 여러 곳에 나누어 보관하였다. 그래서 임진왜란·병자호란 등의 국난에서도 그 기록을 유지할 수 있었고, 또 오늘날까지 전해질 수 있게 된 것이다.

『조선실록』의 첫 책인 《태조실록》은 1413년(태종 13년) 3월에 15권을 편찬하여 동년 4월 22일(음력 3월 22일)에 완성되었다. 《정종실록》 6권은 1426년(세종 8년)에 편찬되었고, 《태종실록》 36권은 1431년(세종 13년)에 편찬되었다.

이 세 가지 태조·정종·태종의 3대 실록을 각각 2부씩 등사하여 서울의 춘추관과, 고려시대로부터 실록을 보관하던 충주사고에 나누어 보관하였다. 그러나 2부의 실록만으로는 그 보존이 매우 걱정되었으므로 1445년(세종 27년)에 다시 2부씩 더 등초하여 전주·성주사고(史庫)를 신축하고 각 1부씩 나누어 보관하였다.

이후 역대의 실록을 편찬할 때마다 출판하여 춘추관·충주·전주·성주의 4사고에 각 1부씩 보관하였다.

1592년(선조 25년) 임진왜란이 발발하고 전란 중에 왜군들에 의해 춘추관·충주·성주 3사고의 실록은 모두 불태워져 없어졌고 오직 전주사고의 실록만 화를 면하여 귀중한 문화재로 남아 있다.

■ 전주사고를 지킨 손홍록

손홍록은 임진왜란 때 전주사고의 『조선왕조실록』과 경기전의 태조 영정을 내장산으로 옮겨 조선왕조 역사기록 단절을 막는 데 큰 공을 세운 인물이다. 임진왜란의 전란 중 왜군이 전주(全州) 가까이 공격해 왔을 때, 경기전 참봉 오희길(吳希吉)로부터 전라도관찰사 이광(李洸)이 전주사고의 『왕조실록』 등을 정읍현(井邑縣) 내장산에 옮겨 보관하기로 결정하였다는 말을 듣고는 안의(安義)와 함께 가동할 수 있는 인원 30여 명을 이끌고 『왕조실록』과 어영(御影) 등을 내장산 용굴암(龍窟庵)으로 옮겼다. 이 결과 다른 곳의 사고는 전란으로 모두 소실되었지만 전주사고에 있던 『왕조실록』만이 남게 되어 후에 재간행될 수 있었다.

● 실록을 옮기는 손홍록 일행을 묘사한 미니어처.

조선왕조 계보의 중요 내용

조선은 이성계가 고려를 멸망시키고 1392년에 건국한 나라이다. 그러나 단순한 왕조의 교체가 아니라 역성(易姓)혁명을 일으킨 것으로 정치·경제·사회·문화 등 여러 분야에서 새로운 변화를 가져온 역사적 개국이었다.

■ 건국부터 대한제국까지

조선은 건국 초부터 중국과의 외교정책을 펴며 일본과의 교류도 빈번하게 이루었다. 정치적 혼란과 안정기가 서로 교차되는 가운데서도 사회 경제적 개혁과 발전을 이룩하고 훈민정음의 창제로 실용적인 학문의 숭상과 문화의 창달로 민족문화를 일으킨 나라였다.

16세기에 들어와서는 농업·상공업·수산업의 발전과 함께 경제가 성장하고 인구가 증가한 반면에 붕당정치·세도정치 등이 극심했고, 그런 혼란기가 거듭되는 가운데 일본으로부터 침략을 당해 임진왜란을 겪기도 했다.

17세기 초에는 중국 대륙의 청나라로부터 병자호란을 당하면서 외세의 침략에 시달렸다.

18세기에는 실학(實學)이 일어났으나 사림들의 당파싸움에 세월을 허송하였고, 19세기에는 대한제국을 세우고 근대화의 열망을 불태웠으나 일제의 간교한 침략 야욕에 휘말려서 나라를 빼앗기는 수모를 당하고 500년 왕조의 사직이 무너지고 말았다.

　그러나 우리 민족은 국가적 민족적 위기를 벗어나기 위하여 여러 방면에서 다양하게 독립투쟁운동을 줄기차게 전개하였고, 민족문화창달과 새로운 문화운동과 세계사조에 눈을 뜨면서 임시정부와 독립군 및 의병활동 등의 구국운동과 3·1독립만세운동 등을 전개하면서 일제의 무단통치와 식민지 경제수탈에 항거했다.

　조선왕조의 마지막 단계에서 보여 준 대한제국은 대한민국 임시정부로 이어지고 다시 대한민국으로 계승되어 눈부신 발전을 쌓아가는 바탕이 되고 있다.

　조선왕조 계보의 개괄은 다음과 같다.

▶제1대 태조

　생애 1335~1408년. 재위 1392~1398년(6년 2개월). 왕후 신의왕후, 신덕왕후. 아버지 이자춘. 1392년 고려 명장으로 고려를 멸망시킨 뒤 정권을 잡고 조선 건국 1394년 한양 천도. 1398년 제1차 왕자의 난(방원의 난) 일어남.

▶제2대 정종

　생애 1357~1419년. 재위 1398~1400년(2년 2개월). 태조의 2남. 왕후 정안왕후. 제1차 왕자의 난(방원의 난) 직후 태조로부터 왕위 물려받음. 1400년 제2차 왕자의 난(방간의 난, 박포의 난) 이후 동생 방원에게 왕위 물려 줌.

▶제3대 태종

　생애 1367~1422년. 재위 1400~1418년(17년 10개월). 태조의 5남. 왕후 원경왕후. 호패법 설치. 주자소 설치(활자 주조 담당 관청). 지방 행정 조직을 8도로 완성. 《태조실록》편찬. 조선 건국의 1등 공신. 왕권 안정 구축, 중앙집권을 크게 강화.

▶ **제4대 세종**

　생애 1397~1450년. 재위 1418~1450년(31년 6개월). 태종의 3남. 왕후 소헌왕후. 집현전 설치. 《농사직설》 서적 편찬. 여연·자성·무창·우예 등 4군과 6진 설치. 해시계, 물시계, 측우기 제작. 한글인 훈민정음 창제. 토지 세금 등의 공법 시행. 《용비어천가》 서적 완성. 훈민정음 반포. 우리나라 역사상 가장 위대한 성군.

▶ **제5대 문종**

　생애 1414~1452년. 재위 1450~1452년(2년 3개월). 세종의 장남. 왕후 현덕왕후. 《고려사》 편찬. 재위 2년 3개월 만에 병사함.

▶ **제6대 단종**

　생애 1441~1457년. 재위 1452~1455년(3년 2개월). 문종의 장남. 왕후 정순왕후. 1453년 10월 계유정난 일어남. 1455년 숙부인 수양대군에게 왕위를 빼앗김. 영월로 유배되어 사약을 받고 죽은 비운의 왕.

▶ **제7대 세조**

　생애 1417~1468년. 재위 1455~1468년(13년 3개월). 세종의 2남. 왕후 정희왕후. 경서와 역사 서적을 관리하는 홍문관 설치. 직전법 실시. 단종애사를 일으켰으나 강력한 왕권 수립.

● **세종(世宗)**
조선의 왕들 중 최고의 성군으로 꼽히는 세종대왕은 1418년부터 1450년까지 재위하는 동안 1418년부터 1422년까지 부왕인 태종이 태상왕 신분으로 대리청정을 하였으며, 부왕 태종이 훙서(薨逝)한 후 1422년부터 1442년까지 친정을 하였고, 1442년부터 1450년 승하할 때까지 첫째아들 문종이 왕세자 신분으로 대리청정을 하였다.

조선왕조해설

조선왕조실록

▶제8대 예종

　생애 1450~1469년. 재위 1468~1469년(1년 2개월). 세조의 2남. 왕후 장순왕후. 유자광의 무고로 옥사가 일어나 남이 장군이 처형됨. 병으로 죽음.

▶제9대 성종

　생애 1457~1494년. 재위 1469~1494년(25년 1개월). 세조의 장남. 왕후 공혜왕후. 경국대전 완성. 활발한 역사 편찬. 배불(排佛)정책 시행. 태평성세 이룸.

▶제10대 연산군

　생애 1476~1506년. 재위 1494~1506년(11년 9개월). 성종의 장남. 왕비 폐비 신씨. 무오사화가 일어나 김일손 등의 신진 사림이 훈구파에 의해 화를 당함. 물가 조절 기관인 상평창 실시. 연산군 어머니 폐비 윤씨 복위 문제를 둘러싸고 갑자사화가 일어나 훈구, 사림들이 화를 당함. 패륜과 폭정을 자행하여 중종반정으로 폐위되고 왕이라는 칭호를 받지 못한 최초의 임금이 됨.

▶제11대 중종

　생애 1488~1544년. 재위 1506~1544년(38년 2개월). 성종의 2남. 왕후 단경왕후, 장경왕후, 문정왕후. 중종반정으로 임금에 오름. 삼포왜란 일어남. 조선과 대마도주 사이에 임신약조 체결.《신동국여지승람》편찬. 백운동 서원 건립.

▶제12대 인종

　생애 1515~1545년. 재위 1544~1545년(9개월). 중종의 장남. 왕후 인성왕후. 후사 없이 병으로 죽음. 학문이 뛰어난 인재를 등용하는 현량과(賢良科) 부활.

▶ 제13대 명종

생애 1534~1567년. 재위 1545~1567(22년). 중종의 2남. 왕후 인순왕후. 을사사화 일어남. 군사·정치·경제 등 중요 문제를 관장하는 비변사 설치. 문무(文武) 합의기구 설치. 을묘왜변 일어남. 모후 문정왕후의 악정에 휘둘린 눈물의 왕.

▶ 제14대 선조

생애 1552~1608년. 재위 1567~1608년(40년 7개월). 중종의 9남인 덕흥대원군의 3남. 왕후 의인왕후, 인목왕후. 임진왜란(1592~1598년) 이 일어나고 한산도대첩·행주대첩 등을 거둠. 정유재란으로 왜군이 다시 침입하자, 명량대첩 뒤에 노량해전에서 충무공 이순신 전사함. 사색 붕당을 막지 못하고 우유부단한 통치를 한 왕.

▶ 제15대 광해군

생애 1575~1641년. 재위 1608~1623년 (15년 2개월). 선조의 2남. 왕비 폐비 유씨. 경기도에 대동법 실시. 일본과 기유약조 체결. 허준《동의보감》완성. 인조반정으로 폐출. 임금 칭호를 받지 못함.

● 이순신 장군 활약상의 상징인 거북선은 이미 1415년에 개발되었다.

조선왕조해설

● 삼전도의 치욕을 새긴 부조상

▶제16대 인조

　생애 1595~1649년. 재위 1623~1649년(26년 2개월). 선조의 5남. 왕후 인열왕후, 장렬왕후. 인조반정으로 즉위. 이괄의 난 일어남. 정묘호란. 정두원이 명나라에서 천리경, 자명종, 화포 수입함. 병자호란이 일어나 청나라와 전쟁이 벌어짐. 소현세자가 청에서 과학·천주교 등 서양 서적 수입함. 병자호란 때 삼전도의 치욕을 당한 수난의 왕.

▶제17대 효종

　생애 1619~1659년. 재위 1649~1659년(10년). 인조의 2남. 왕후 인선왕후. 봉림대군 시절에 형 소현세자 및 삼학사 등과 함께 청나라에 볼모로 잡혀갔다 돌아옴. 네덜란드 선원 하멜 일행이 제주도에 표착. 나선(羅禪; 러시아) 정벌 등 북벌론에 치중.

▶제18대 현종

생애 1641~1674년. 재위 1659~1674년(15년 3개월). 효종의 장남. 왕후 명성왕후. 호서 지방에 대동법 실시. 수리행정 기관인 제언사 설치. 예송논쟁에 휘말림.

▶제19대 숙종

생애 1661~1720년. 재위 1674~1720년(45년 10개월). 현종의 장남. 왕후 인경왕후, 인현왕후, 인원왕후. 상평통보 주조, 전국 유통. 남인 축출. 서인이 정권 장악한 경신환국 일어남. 사색 당파 노론과 소론 분당. 서인 쫓겨나고 남인이 정권 잡는 기사환국이 일어남. 안용복이 독도에서 고기를 잡던 일본 어부를 쫓아냄. 전국 대동법 실시. 조선과 청나라의 경계를 밝힌 백두산정계비 건립. 왕권을 확립하는 과정에서 많은 옥사를 유발시킴.

▶제20대 경종

생애 1688~1724년. 재위 1720~1724년(4년 2개월), 숙종의 장남. 왕후 단의왕후, 선의왕후. 왕위 계승 문제로 소론이 노론을 축출한 신임사화 일어남. 후사 없이 병으로 죽음.

▶제21대 영조

생애 1694~1776년. 재위 1724~1776년(51년 7개월). 숙종의 2남. 왕후 정성왕후, 정순왕후. 탕평책 실시. 이인좌의 난 일어남. 정상기 '동국지도' 작성. 법전인 《속대전》 편찬. 세금 균역 부담을 경감하기 위하여 만든 균역법 실시. 고구마 전래. 조선시대 문물제도를 분류한 백과사전 《동국문헌비고》 완성. 아들 사도세자를 뒤주에 넣어 죽게 함. 조선 왕들 중에서 가장 오래 재임한 왕.

● 조선 왕들 중에서 가장 재위 기간이 긴 영조.

조선왕조실록

▶제22대 정조

생애 1752~1800년. 재위 1776~1800년(24년 3개월). 사도세자의 2남. 왕후 효의왕후. 규장각 설치. 이승훈이 천주교 세례를 받음. 법전인 《대전통편》 완성. 천주교를 서학이라며 금지. 수원 화성 축조. 실학 융성. 조선 제2의 중흥기 이룸.

▶제23대 순조

생애 1790~1834년. 재위 1800~1834년(34년 3개월). 정조의 2남. 왕후 순원왕후. 11세로 임금에 오름. 천주교 박해. 조선 최초의 신부 김대건 순교함. 홍경래가 농민반란을 일으키는 등 반란이 심함. 화재로 소실된 경희궁을 고쳐 세움.

▶제24대 헌종

생애 1827~1849년. 재위 1834~1849년(14년 7개월). 순조의 장남. 왕후 효현왕후, 효정왕후. 8세의 나이로 즉위한 최연소 왕. 일찍 병사함.

▶제25대 철종

생애 1831~1863년. 재위 1849~1863년(14년 6개월). 사도세자의 손자 전계대원군의 3남. 왕후 철인왕후. 최제우가 민족 종교인 동학 창시함. 김정호가 대동여지도 제작. 진주에서 농민항쟁 일어남. 강화도령으로 농부에서 임금에 오름. 안동김씨 세도정치 시작.

▶제26대 고종

생애 1852~1919년. 재위 1863~1907년(43년 7개월). 사도세자의 손자 남연군의 4남인 흥선대원군의 2남. 왕후 명성황후. 흥선대원군 섭정. 임진왜란 때 불탄 경복궁 중건. 병인양요. 제너럴셔먼호 사건 발생. 신미양요 운요호 사건 일어남. 강화도 조약 체결. 지석영이 종두법 전함. 일본 문물 시찰단 신사유람단 및

● **일월오봉도**(日月五峯圖)
일월오봉도란 한자어 그대로 해와 달과 다섯 산봉우리를 그린 그림이란 뜻이다. 주로 병풍으로 그려져 어좌의 뒷편에 놓였다. 일월오봉도는 왕권을 상징할 뿐만 아니라 백성들의 태평성대를 염원하는 의도에서 제작된 것이다.

영선사 파견. 임오군란 일어남. 미국, 영국, 독일과 통상조약 체결. 한국 최초의 근대신문《한성순보》발간. 태극기를 국기로 선정함. 우정국 설치. 갑신정변이 일어남. 서울~인천 전신 개통. 의료기관 광혜원 설립. 동학농민운동, 청일전쟁, 갑오개혁, 을미사변 등이 일어남. 명성황후 시해한 사건 발생. 단발령 발령. 독립협회 설립. 대한제국 선포. 경인선, 경부선, 경의선 등의 철도 잇달아 개통. 을사늑약을 5적이 체결함. 대한제국의 초대 황제. 일제에 의해 강제 퇴위 당함.

▶제27대 순종

생애 1874~1926년. 재위 1907~1910년(3년 1개월). 고종의 장남. 왕후 순명효황후, 순정효황후. 일제가 대한제국의 토지 수탈을 목적으로 동양척식회사 설립. 안중근 의사가 하얼빈 역에서 이토 히로부미 사살. 한일합병조약 체결. 자녀 없이 죽음. 대한제국의 2대 황제.

조선왕조의 행정기구 조직도

조선왕조의 정치기구는 절대왕권과 양반관료 사이의 권력조화가 배려된 구조였다. 이와 같은 정치구조는 《경국대전》의 완성과 함께 정립된 것이다. 행정기구 조직은 크게 경직과 외직으로 나누어 왕권을 통치하였다.

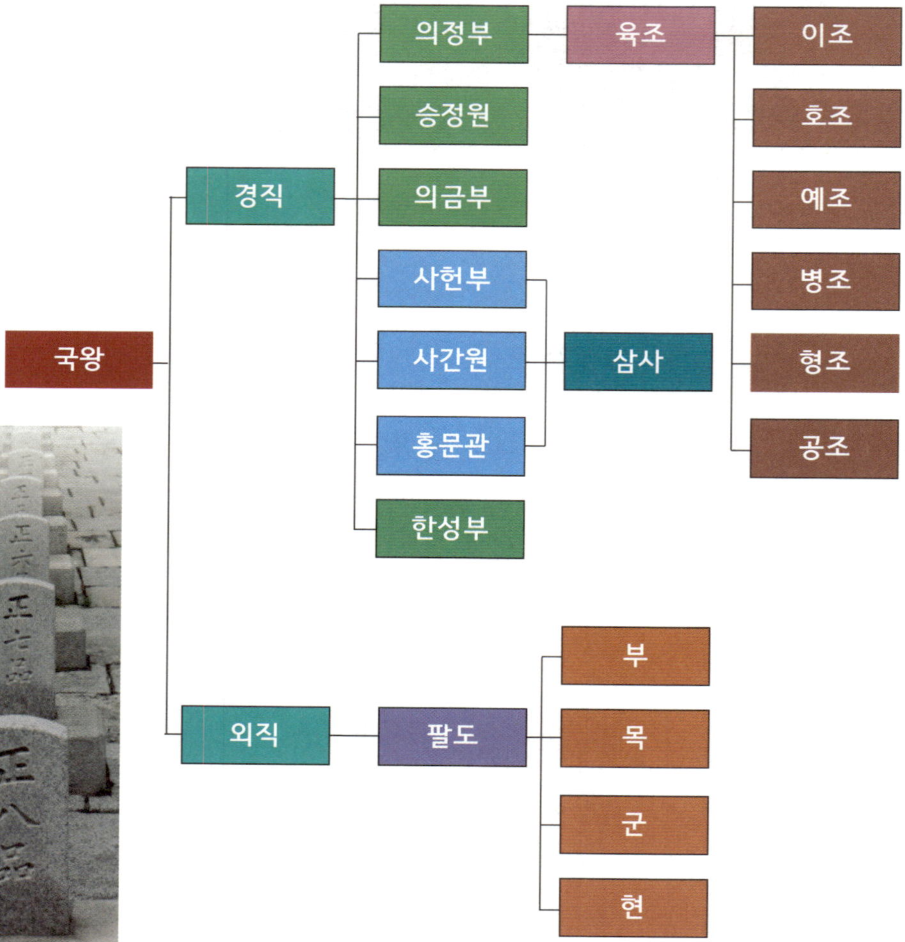

- 국왕
  - 경직
    - 의정부
    - 승정원
    - 의금부
    - 사헌부 ┐
    - 사간원 ├ 삼사
    - 홍문관 ┘
    - 한성부
  - 육조
    - 이조
    - 호조
    - 예조
    - 병조
    - 형조
    - 공조
  - 외직
    - 팔도
      - 부
      - 목
      - 군
      - 현

《태조실록(太祖實錄)》

《태조실록》 편찬 경위

《태조실록》은 태조 원년(1392년)부터 7년(1398년) 9월까지 7년 동안의 역사를 편년체로 기록한 사서이다. 정식 이름은 《태조강헌대왕실록(太祖康獻大王實錄)》이다. 모두 15권 3책이며, 처음에는 베껴 쓴 책으로 전해지다가 뒤에 활자로 간행되었다. 조선시대 다른 왕들의 실록과 함께 국보 제151호로 지정되었고, 1997년 10월 세계기록유산으로 지정되었다.

태종 8년(1408년)에 태조가 승하하였고, 1409년 8월 28일에 태종이 춘추관 관원에게 명하여 《태조실록》을 편찬케 하였다. 이때 춘추관 기사관(記事官) 송포(宋褒) 등이, 당대의 기록을 당대의 인물이 정리한 전례가 없고 후세에 의심받을 수 있다는 점을 이유로 들어 실록 편수를 철회해야 한다는 상소를 올렸다.

태종은 《춘추》도 당대의 기록이라는 점을 들어 이를 반박하고, 이후 일주일 동안 예조 등에서 이 문제를 제기했으나 철회를 허락하지 않았다. 이어 태종 13년(1413년) 3월에 총 15권으로 완성하였다.

그 뒤에 실록의 기록이 번잡하고 중복 기사가 많다는 이유로 세종 20년(1438년) 9월에 다시 개수하여 세종 24년(1442년) 9월에 마쳤다. 이후 세종 30년(1448년)에 정인지가 증수하고 문종 원년(1451년)에 약간 개수하여 지금까지 내려오고 있다.

《태조실록》의 내용

　태조(1335~1408년)의 본관은 전주, 초명은 성계, 자는 중결, 호는 송헌이었으나 조선왕조를 창건하여 왕위에 오른 뒤 이름을 단, 자를 군진으로 고쳤다. 고려 말 동북면의 신흥 군벌이었던 자춘의 둘째아들이며, 어머니는 최한기의 딸이다. 태조의 아버지 이자춘은 1356년(공민왕 5년) 고려의 쌍성총관부 공격 때 내응해 원나라 세력을 축출하는 데 큰 공을 세우고 고려에 복종하였다. 그는 1361년 삭방도만호 겸 병마사로 임명되어 동북의 실력자가 되었다.

　이성계는 타고난 군사적 재능을 바탕으로 크게 활약하여 1361년 10월에는 반란을 일으킨 독로강만호 박의를 죽이고, 같은 해 홍건적의 침입으로 개경이 함락되자 이듬해 이를 탈환하는 데 앞장섰다.

　1362년, 원나라 장수 나하추의 대군을 함흥평야에서 격퇴하였다. 이 해에 밀직부사의 벼슬과 단성양절익대공신의 호를 받았고 뒤에 동북면원수지문하성사·화령부윤 등에 임명되었다.

　1377년(우왕 3년)에는 경상도 일대와 지리산의 왜구를 대파하고, 1380년에 양광·전라·경상도 도순찰사가 되어 아지바두의 왜구를 운봉에서 섬멸했다. 1388년에 수문하시중이 되었다. 이 해 최영이 요동정벌에 나서자 태조는 우군도통사가 되어 위화도까지 종군하였으나 결국 회군하여 최영을 제거하고 우왕을 폐한 뒤 창왕을 옹립했다. 이듬해 다시 창왕을 폐하고 공양왕을 옹립한 뒤 수문하시중이 되었다. 1391년에는 삼군도총제사가 되었고 전제개혁을 단행하여 구세력의 경제적 기반을 박탈하였다. 익년 1392년 7월에 공양왕을 강압하여 선양을 받고 새 왕조의 태조로서 즉위했다.

　1398년 8월, 태조가 병을 앓고 있을 때 다섯째아들인 방원이 군사를 일으켜 정도전·남은 등을 죽이고 이복형제들인 세자 방석과 방번을 죽였다. 이에 태조는 방원의 요청으로 둘째아들인 방과를 세자로 결정하였다.

　태조는 다음달 왕위를 세자에게 선양하고 상왕으로 물러났다.

제1대 태조

▶ 생애 : 1335~1408년
▶ 재위 : 1392~1398년

《태조실록》에는 태조의 재위 기간의 기록 이외에도 가계나 고려말의 약사, 태조의 활동 등을 기록하고 있다. 편년체로 기술된 부분은 1392년 7월 17일에 태조가 조선을 개창한 이후부터의 기록이다. 이후 1398년 9월 5일에 정종에게 양위하였지만, 정종 원년(1399년) 이전의 기록은《태조실록》에 수록하였다.

■ 권력을 장악한 이성계

위화도 회군은 고려 말기인 1388년에 요동 정벌군 장수였던 이성계가 조민수 · 배극렴 등과 함께 압록강 위화도에서 군사를 돌려 개경으로 되돌아와 고려 정부를 몰아내는 정변을 일으키고 권력을 장악한 사건을 말한다.

14세기 중반이 지났을 때 중국 원나라가 몰락하면서 동아시아의 정치질서에 새로운 변동이 일어났다. 고려도 이러한 국제정세에 맞추어 국가들과의 관계를 새롭게 모색해야 하는 상황이 되었다.

1354년(공민왕 3년)에 고려는 농민 반란으로 인해 궁지에 몰린 원나라로부터 파병 요청을 받고 최영 장군이 2천여 명의 병력을 이끌고 원나라로 들어갔다.

1359년(공민왕 8년)과 1361년(공민왕 10년)에는 중국 허베이 지방에서 일어난 농민 반란군인 홍건적의 침입을 받아 고려는 큰 피해를 당하였다.

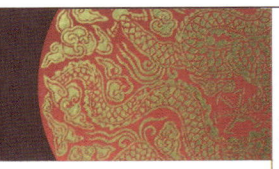

● 최영 장군의 흉상

1368년 주원장이 난징에서 명나라를 건국한 뒤 북벌에 성공해 원나라의 세력을 북쪽으로 몰아낸 뒤에는 명나라로 사신을 보내어 명나라를 가깝게 하고 원나라를 멀리하는 '친명반원'의 태도를 분명히 하였다.

그러나 공민왕은 1369년과 1370년 두 차례에 걸쳐 요동지역의 동녕부를 공격하며 북진을 감행하였고, 이에 따라 명나라는 고려가 요동으로 진출하지 않을까 우려하여 고려에 대한 경계와 압박을 늦추지 않았다.

● **주원장**(朱元璋)
중국 명(明)나라의 초대 황제(재위 1368~1398년). 홍건적에서 두각을 나타내어 각지 군웅들을 굴복시키고 명나라를 세웠다. 동시에 북벌군을 일으켜 원나라를 몽골로 몰아내고 중국의 통일을 완성, 한족(漢族) 왕조를 회복시킴과 아울러 중앙집권적 독재체제의 확립을 꾀하였다.

명나라는 1371년 요양에 요동위를 설치하여 본격적으로 요동지역으로의 영토 확장을 노렸다. 그때 요동을 점령하고 있던 나하추와 원나라의 잔여 세력은 고려와 우호관계를 유지하여 명나라를 견제하고 있었다.

1374년 공민왕이 죽고 우왕이 즉위한 뒤 고려의 새로운 실권자로 떠오른 이인임도 명나라 사신 채빈의 살해사건 등을 계기로 원나라·명나라 모두와 우호적인 관계를 유지하는 양단 외교를 추진하며 두 세력 사이에서 균형을 유지하려고 힘썼다.

1387년 나하추가 명나라에 항복하면서 명나라는 고려에 대해 직접 압박을 가하기 시작했다.

1388년(우왕 14년) 2월에는 과거 원나라 때 쌍성총관부가 있었던 철령 이북의 땅에 명나라가 철령위를 설치하겠다며 그 영토의 반환을 요구해 왔다.

명나라의 무리한 요구에 대해 이인임 일파를 몰아내고 고려 조정의 실권을 장악하고 있던 최영은 명나라가 군사적으로 침략하기 위해 압박하는 것으로 보고 강하게 반발했다.

고려는 명나라의 침략에 능동적으로 맞서기 위해 요동에 대한 원정을 준비하였다. 우왕은 직접 서경에 머무르면서 5만여 명의 군사를 징발하여 요동 정벌군을 구성한 뒤에 최영을 총사령관인 팔도도통사로 삼고, 조민수를 좌군도통사, 이성계를 우군도통사로 삼았다. 이에 따라 조민수와 이성계가 원정군을 이끌고 요동으로 출정하였다.

음력 4월 18일에 서경을 떠난 원정군은 19일이 지난 음력 5월 7일, 압록강 하류의 위화도에 도착했다. 그때 폭우가 쏟아지면서 압록강의 물이 불어나 강을 건너기가 어려워지자 그들은 진군을 중단하고 강물이 줄어들기를 기다리며 그곳에서 14일을 머물렀다. 그때 이성계는 조민수와 함께 요동정벌을 포기하기로 결정하고 그 이유를 다음과 같이 내세우며 요동정벌 중단을 요구하였다.

● **위화도 전경**
중국 단둥지역에서 바라본 위화도의 모습.

첫째, 작은 나라로 큰 나라를 거스르는 것은 옳지 않다.
둘째, 여름철에 군사를 동원하는 것은 옳지 않다.
셋째, 요동 원정을 하는 사이에 왜구가 그 허술한 틈을 타서 침범할 염려가 있다.

넷째, 무덥고 비가 많이 오는 시기이므로 활의 아교가 풀어지고 병사들도 전염병에 시달릴 염려가 있다.

이 네 가지를 '이성계의 4불가론'이라고 한다.

서경에 있던 우왕과 최영은 이를 허락하지 않고 도리어 속히 진군할 것을 명령했다. 그러나 이성계와 조민수는 다시 정변을 모의하여 음력 5월 22일 회군을 결행하였다.

우왕과 최영은 당황하여 서경을 떠나 수도인 개경으로 급히 돌아가 반격을 준비하였다. 위화도를 떠난 지 9일 만인 음력 6월 1일 개경 부군까지 진군한 이성계와 조민수가 이끈 반란군은 이틀 뒤에 개경을 함락시키고 우왕과 최영을 체포하였다.

위화도 회군으로 정권을 장악한 이성계와 조민수는 우왕을 폐위시켜 강화도로 유배하고 최영은 고봉(지금의 경기도 고양)으로 유배하였다가 다시 수원부로 옮겨 처형하였다. 그런 뒤에 조민수와 이색의 추대로 우왕의 아들을 창왕으로 세우고, 조민수는 우시중, 이성계는 좌시중이 되었다.

● **최영 장군의 묘**
경기 고양시 덕양구 대자동 산70-2번지에 자리하고 있다. 이성계는 최영 장군의 명을 어기고 위화도 회군을 감행하여 최영 장군을 체포하고 1388년(우왕 14년)에 참형하였다.

최영 장군 설화

최영은 고려 말의 무장으로서 수많은 왜구의 침입을 격퇴하였으며 간신의 발호(跋扈)를 징치한 인물이다. 그의 행적은 《고려사》열전에 상세히 기록되어 있다. 최영 장군의 실제 행적과는 다른 설화가 세간에 전승되는데, 경기 고양시 덕양구와 강원도 영월군에서 다음과 같은 설화가 전승되고 있다.

■ 최영 장군의 붉은 무덤 설화

이성계가 위화도 회군을 단행하고 조선을 건국할 때에도 최영은 끝까지 가담하지 않고 참수를 당하면서도 꼿꼿함을 잃지 않았다. 그는 죽음을 앞두고 이렇게 말했다.

"내 나라를 위해 뜻을 이루지 못하고 죽으니 원통하기 그지없다. 나는 오직 나라를 위하여 충성을 바쳤을 뿐이다. 만일 나쁜 마음을 먹었다면 내 무덤에 풀이 날 것이요, 그렇지 않으면 풀이 나지 않을 것이다. 이는 내가 죽은 후에 잘 알게 될 것이다."

그가 죽은 후 그의 무덤에는 풀이 나지 않았다. 그래서 사람들은 그 무덤을 '붉은 무덤'이라 불렀다.

■ 최영 장군의 영월군 설화

경상도 덕구리에는 서낭당신으로 최영 장군을 모시고 있고 영월군 내덕리에는 단종신을 서낭당신으로 모신다는 내용이다. 그런데 두 마을의 서낭기가 서로 마주치면 최영 장군을 모신 깃봉이 저절로 부러진다는데, 그 이유는 신하보다 왕의 지위가 높기 때문이라고 한다. 최영 장군 신의 능력을 강조하는 의미와 충절과 억울한 최후를 드러내는 의미를 내포하고 있다.

● 경상도 통영의 최영 장군 사당

그러나 이성계와 조민수는 조정의 주도권을 둘러싸고 대립하기 시작했다. 하지만 군사력뿐 아니라 신진 사대부들을 기반으로 정치적 기반도 튼튼히 확보한 이성계에게 권력이 쏠리게 된다.

이성계는 1389년(창왕 1년) 토지개혁을 빌미로 조민수를 유배하였고, 조민수가 추대한 창왕을 요사스러운 중 신돈의 아들이라며 폐위시키고 공양왕을 새 왕으로 세웠다. 이처럼 이성계가 실권을 완전히 장악하면서 조선 왕조가 창건되는 기초가 마련된 것이다.

조민수(?~1390년)는 고려 말기의 무신으로 본관은 창녕이다. 고려 말 왜구와 홍건적의 침입을 물리치는 데 큰 공을 세웠으며, 문하시중(門下侍中)을 비롯한 여러 관직을 두루 지내고 창성부원군에 봉해졌다. 1388년(우왕 14년) 요동 정벌군의 좌군도통사로 출정하였다가 이성계와 함께 위화도에서 회군함으로써 우왕을 폐하고 창왕을 세우는 데 중요한 구실을 하였다. 그러나 1389년 이성계 일파의 세력에 밀려 창녕으로 유배되었고, 1390년에 창녕에서 생을 마감하였다.

● 조민수의 묘로 창녕군 대합면 신당리에 자리하고 있다.

■ 태조의 즉위 교서

교서는 국왕의 명령 문서 형태로 대개 문신이 글을 지어 올리면 왕의 검토를 거쳐 반포하였다.

교지는 국왕이 신하에게 관직·관작·자격·시호·토지·노비 등을 내려주는 문서로, 이성계는 조선을 창건한 위엄을 나타내기 위해 중외(中外)의 대소신하들과 한량·기로·군민들에게 교지를 내렸다.

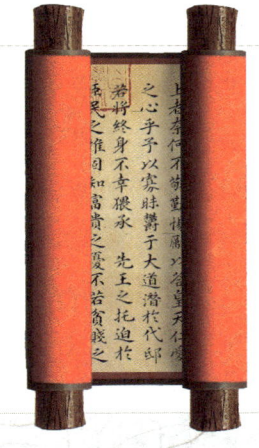

"왕은 이르노라. 하늘이 많은 백성을 낳아서 군장을 세워, 이를 길러 서로 살게 하고, 이를 다스려 서로 편안하게 한다. 그러므로 군도가 득실이 있게 되어, 인심이 복종과 배반함이 있게 되고, 천명의 떠나가고 머물러 있음이 매였으니, 이것은 이치의 떳떳함이다.

홍무 25년(1392년) 7월 16일 을미에 도평의사사와 대소신료들이 말을 합하여 왕위에 오르기를 권고하기를, '왕씨는 공민왕이 후사가 없이 세상을 떠남으로부터 신우가 사이를 틈타서 왕위를 도적질했다가 죄가 있어 사양하고 물러갔으나 아들 창이 왕위를 물려받았으므로 국운이 다시 끊어졌다.

다행히 장수의 힘을 받아 정창 부원군으로써 임시로 국사를 서리하게 하였으나 곧 혼미하고 법에 어긋난 행동을 하므로 여러 사람이 배반하고 친척들이 이반하여 능히 종사를 보전할 수 없었으니, 이른바 하늘이 폐하는 바이므로 누가 능히 이를 흥하게 할 수 있겠는가?

사직은 반드시 덕이 있는 사람에게 돌아가게 되고 왕위는 오랫동안 비워 둘 수가 없는데, 공로와 덕망으로써 중외가 진심으로 붙좇으니 마땅히 위호를 바르게 하여 백성의 뜻을 안정하게 하소서.' 하였다.

조선왕조실록

　　나는 덕이 적은 사람이므로 이 책임을 능히 짊어지질 수 없을까 두려워하여 사양하기를 두세 번에 이르렀으나 여러 사람이 말하기를, '백성의 마음이 이와 같으니 하늘의 뜻도 알 수 있습니다. 여러 사람의 요청도 거절할 수가 없으며 하늘의 뜻도 거역할 수가 없습니다.' 하면서 이를 고집하기를 더욱 굳게 하므로, 나는 여러 사람의 심정에 굽혀 따라 마지못하여 왕위에 오르고, 나라 이름은 그전대로 고려라 하고, 의장과 법제는 한결같이 고려의 고사에 의거하게 한다.
　　이에 건국의 초기를 당하여 마땅히 관대한 은혜를 베풀어야 할 것이니 모든 백성에게 편리한 사건을 조목별로 후면에 열거한다. 아아! 내가 덕이 적고 우매하여 사정에 따라 조치하는 방법을 알지 못하는데, 그래도 보좌에 힘입어 새로운 정치를 이루려고 하니, 그대들 여러 사람은 나의 지극한 마음을 본받게 하라."(이하 줄임)

　　이 교서(敎書)는 정도전이 지은 것이다. 정도전은 우현보와 오래된 원한이 있었으므로 갖가지 방법을 동원하여 우씨 집안을 모함하였으나 그 실정에는 맞지 않았다. 이때에 이르러 정도전은 10여 인으로써 원례로 삼아 극형에 처하게 하기 위해 조목마다 자질구레하게 획책하여 임금에게 바쳤다. 그러자 임금이 도승지 안경공으로 하여금 이를 읽게 하고는 놀라면서 말하기를,
　　"이 무리들이 어찌 극형에 이르겠는가? 마땅히 모두 논죄하지 말라."하였다.
　　이에 정도전 등이 그의 형벌을 낮추어서라도 처벌할 것을 청하니 임금이 말하였다.
　　"한산군과 우현보와 설장수는 비록 감등(減等)하더라도 형벌을 가할 수 없으니 결코 다시 말하지 말라."
　　정도전 등이 다시 나머지 사람들에게 장형을 집행할 것을 청하니, 임금이 곤장을 받은 사람은 죽지 않을 것이라 여겨 이를 강제로 말리지 아니하였다.

● 정도전의 영정
고려 말 조선 초의 문신이자 혁명가(革命家)이다.

■ 고려 장군에서 조선 태조로

태조 이성계는 1355년 이자춘의 둘째아들로 태어났다. 어려서부터 총명하였고 대담하였으며, 특히 활을 잘 쏘아 20세가 되기 전에 이미 명궁으로 이름을 떨쳤다. 성격은 과묵하고 책임감이 누구보다도 강하였고 부하를 아끼고 사랑하는 인품의 소유자였다.

● 위화도 회군을 기념해 만든 태조 어보

이성계가 고려의 장군으로 활약하던 시기에 북으로는 14세기 중반에 일어난 명나라가 원나라를 차지하기 위해 중국 대륙에서 혼란을 일으켰고, 남으로는 왜구들의 끊임없는 노략질로 인해 백성들이 많은 피해를 당하는 등 매우 혼란한 상황이 이어졌다.

이성계의 등장과 활약상은 고려 말 공민왕의 반원정책에 힘입어 최영 장군과 함께 원나라 군사를 토벌하는 데 큰 공을 세워, 이를 계기로 이성계는 세력을 넓혀 갔고, 전라도 일대의 왜구를 격퇴시키는 한편 오랑캐를 물리치는 등 승승장구하면서 그 명성이 나라 안에 퍼졌다.

● 황산 대첩도
1378년 5월 대마도로부터 대거 침입한 왜구 토벌에 나선 이성계는 지리산·해주(海州), 그 밖에 가는 곳마다 적을 격퇴시켜 그 용명(勇名)이 날로 높아져 가고 있던 중, 1380년(우왕 6년) 9월에 황산에서 또한 크게 충돌하여 격파한 전투이다.

조선왕조실록

태조가 새 나라 조선을 세우게 된 계기는 위화도 회군이었다. 명나라를 공격하여 요동 땅을 되찾으라는 우왕의 명령에 대해 '4불가론'을 내세우며 말머리를 개경으로 돌려 군사들을 이끌고 회군한 것이 결정적인 계기였다. 위화도 회군 이후 이성계는 고려를 무너뜨리고 자신의 추종세력들의 추대를 받아 새 나라 조선을 세우고 태조로 등극한 것이다.

이성계는 1392년 4월 정도전·조준·남은·이방원 등의 추대를 받아 새 나라의 임금이 되었다. 이에 걸림돌이 되었던 고려의 마지막 충신 정몽주를 아들 이방원이 제거함으로써 임금으로서의 위치를 다지게 되었다. 그러나 민심을 안정시키기 위해 국호를 '단군조선을 이어간다'는 뜻에서 조선으로 하고 서울을 한양으로 옮길 것을 계획하고 풍수지리에 밝은 무학대사의 조언을 들어 천도를 추진하였다. 그리고 정도전을 비롯한 학자들에게 법제 정비를 서두르도록 지시하고 불교를 배척하고 유교를 숭상하는 억불숭유정책을 펴 나갔다.

태조의 가족 관계는 부인 6명, 자녀 8남 5녀이다. 첫째 부인 신의왕후 한씨는 6남 2녀를 두었는데, 이 중 둘째아들 방과가 제2대 정종, 다섯째아들 방원이 제3대 태종이다. 태조는 왕자의 난을 겪은 뒤에 이방원을 임금으로 인정하고 무학대사와 함께 불교에 정진하다가 1408년에 세상을 떠났다.

● 태조의 유언으로 묘의 봉분을 고향의 갈대로 덮어 갈대가 무성하다.

● 동구릉의 건원릉
건원릉(健元陵)은 조선의 제1대 왕인 태조의 능묘이다. 사적 제193호로 경기도 구리시 인창동에 위치한다. 능을 조성할 때 이성계의 유언에 따라 봉분을 고향의 갈대로 덮어 지금도 갈대가 무성하다.

■ 가장 믿었던 사람

태조 이성계가 가장 꺼렸던 인물은 고려 말의 최영 장군과 대학자 정몽주였고, 가장 믿었던 사람은 정도전과 무학대사였다.

● 정도전의 좌상

조선 건국의 일등공신 정도전은 보잘것없는 가문에서 태어났지만 매우 총명하고 영리하였다. 끊임없는 공부를 통하여 실력을 쌓은 후 이성계의 명성을 듣고 이성계를 받들면서 절대적인 관계를 맺었다.

위화도 회군에 이성계가 성공하자 이성계를 반대하는 일파를 몰아내기 위하여 힘을 기울였고, 조선이 건국되자 나라의 기틀을 세우기 위하여 법전을 편찬하였으며, 서울을 개경에서 한양으로 옮기도록 건의하였고, 유교사상을 확립시켰다. 그 밖에 이성계를 위하여 많은 일을 하다가 제1차 왕자의 난에서 이방원에게 미움을 받아 죽음을 당하였다.

무학대사는 일개 장군인 이성계에게 '장차 나라를 다스리는 임금이 될 수 있다'는 신념을 심어 준 사람이다. 출신성분이 보잘것없다는 이유로 불교계에서 따돌림을 당하자 그는 방랑생활을 하다가 이성계를 만나게 된다. 그러고는 이성계의 '서까래 꿈'을 해몽하여 장차 이성계가 왕이 될 것임을 장담한다. 그는 풍수지리에도 능하여 이성계에게 고려의 전통이 서려 있는 개경을 떠나 한양(지금의 서울)으로 옮길 것을 주장하여 뜻을 이루었다.

● 무학대사 영정

■ 아, 고려여!

후삼국을 통일하고 세운 나라 고려는 태조 왕건 이후 공양왕까지 34명의 왕이 475년간 다스리다가 이성계에 의해 멸망하고 말았다. 활발한 무역을 통해 고려를 영어식 발음의 코리아로 이름을 떨친 고려는 새 왕조가 들어선 뒤 충신열사 72명이 불에 타 죽으면서 고려에 충성을 다하였다. 이를 '두문동 72현 사건'이라고 한다.

● 개성의 두문동 비

1392년 7월, 자신들이 받들던 고려를 멸망시킨 이성계를 따를 수 없다며 경기도 개풍군 송악산 서쪽 만수산 두문동으로 들어간 맹호성·서중보·신순·조의생 등 충신열사 72명이 불에 타 죽으면서 고려의 충절을 지킨 사건이 '두문동 72현 사건'이다.

이들은 망국의 한을 억누르지 못하고 부조현에서 관복과 조복, 관모를 벗어 나뭇가지에 걸어놓고 헌옷으로 갈아입은 뒤 산 속으로 들어갔다. 이성계는 신하를 보내어 이들이 돌아오기를 권했으나 나오지 않자 이들을 포위한 뒤 계속 설득했다. 그런데도 이들은 불사이군(不事二君), 즉 두 임금을 섬길 수 없다며 거절하고 나오지 않았다. 그래서 그들을 나오게 하기 위해 산에 불을 질렀으나 그들은 끝내 나오지 않고 모두 불에 타 죽었다. 고려의 망국과 함께 은거한 두문동의 인물들에 대한 이야기는 이성계에게 큰 부담으로 돌아왔다.

● **개성 만수산 두문동**
개성 송악산 서쪽 자락 만수산과 동쪽 보봉산(寶鳳山)에 각각 두문동이 있었다고 한다.

두문불출의 유래

두문불출(杜門不出)이란 말의 사전적 정의는
1. 집에만 있고 바깥출입을 아니함.
2. 집에서 은거하며 관직에 나가지 아니하거나 사회의 일을 하지 아니함을 비유적으로 이르는 말이다.

■ 조선의 3대 정승 황희와 두문불출

두문불출이란 말에는 고려의 멸망과 조선의 건국에 얽힌 역사가 깃들어 있다. 이성계가 역성혁명을 일으키자 고려의 유신 72명은 새 왕조를 거부하고 두문동 산 속 깊숙이 들어가 죽도록 나오지를 않았다고 한 데서 생긴 고사성어이다.

72명의 유신들 중에는 조선시대를 대표하는 황희 정승이 있었다. 황희는 고려 말에 14살의 나이에 녹사로 임명되어 많은 백성들로부터 신망을 받고 있었다.

고려가 망하고 조선이 개국되자 황희는 충절을 지키기 위해 두문동에 은거하였다. 그러나 함께 은거하고 있던 고려의 신하들이 "절개는 우리가 지킬 테니, 백성들 역시 먹고 살아야 하지 않겠나, 자네 같은 사람은 백성들을 위해 일해야 하네."라고 설득해 황희는 두문동을 나와 조선조정에 출사하였다고 한다.

● 황희 정승의 동상과 황희 정승의 유적지 반구정. 경기도 파주에 자리하고 있다.

제1대 태조

■ 왕권의 확립

고려왕조를 멸망시킨 이성계는 공양왕을 내쫓은 뒤에 1392년 8월 5일 개경 수창궁에서 조선 초대 왕으로 즉위하였다. 이로써 이성계는 조선 태조가 되었다.

● 태조 이성계
우리 역사상 최초로 역성혁명을 이룬 태조 이성계의 어진이다.

고려에서 조선으로 왕조가 바뀜에 따라 국가사회로서는 연속성을 가졌던 반면에 기존 국가사회 자체가 멸망하여 영토와 국민이 크게 변동하였던 앞의 시대인 삼국시대·통일신라·발해의 변화나 남북국 시대에서 후삼국을 거쳐 고려에 이르는 왕조의 변화와는 아주 다른 성격을 가지게 되었다.

이를 역성혁명(易姓革命)이라고 한다.

고려에서 조선으로의 변화는 왕실과 왕조로서는 종말과 동시에 새로운 개국이었으나 영토와 국민은 그대로였다. 고려 말 당시 국가 체제 안에 포괄된 지배층 내에서의 정권교체라는 성격을 강하게 갖는 것이었다.

정권교체의 이면에서는 고려 후기 이후 광범한 사회변동 속에서 어림으로 추측하는 암중모색의 개혁이 확고한 방향을 잡고 새로운 체제를 구체화시키는 결실을 보게 되었다.

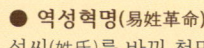

● 역성혁명(易姓革命)
성씨(姓氏)를 바꿔 천명(天命)을 혁신(革新)한다는 뜻으로, 덕 있는 사람은 천명(天命)에 의해 왕위에 오르고 하늘의 뜻에 반하는 사람은 왕위를 잃는다는 고대(古代) 중국의 정치사상.

■ 국호 변경, 한양천도

1393년 나라 이름을 고려에서 조선이라 고치고 태조가 된 이성계는 1394년 고려의 수도 개성에서 한양(지금의 서울)으로 천도한 뒤 개혁을 단행하였다.

● 경복궁 관문인 광화문

태조는 외교적인 면에서 사대교린정책을 취했다. 사대교린은 큰 나라를 받들어 섬기고 이웃 나라와는 화평하게 지내는 것이다. 이 정책은 조선의 근본 정책으로서 계속 계승되었다. 특히 국호를 정하는 일도 내부적으로 국호를 정하고 나서 명과의 관계를 고려하여 명나라에 '화령'과 '조선' 두 가지 국명 중에서 선택을 요청하여 승인을 받았다. 이성계는 건국 후 1년이 지난 뒤에야 국호를 정했다.

태조는 나라 이름을 조선국이라 정한 뒤 '대조선국'이라는 명칭을 왕의 옥새인 어보(御寶)로 쓰고 국가 주요 문서 등에 사용하였으며, 유교를 통치이념의 기본으로 삼았다.

한양 천도 때의 일화이다. 삼각산을 거쳐 백악산 밑에 도착한 무학은 태조에게 아뢰어 인왕산을 주산으로 삼고 백악과 남산으로 좌청룡 우백호로 삼아 궁궐 터로 정하도록 했다.

그런데 정도전이 한양천도를 반대하고 나섰다.
"예로부터 제왕은 모두 남향을 향하여 나라를 다스려 왔고, 동향했다는 말은 한 번도 들어보지 못했습니다."

● 경복궁 정전인 근정전

조선왕조실록

● 인왕제색도
조선의 대표적 화가 정선의 진경산수화 작품이다. 무학대사는 지금의 인왕산을 주산으로 삼고 북악산 아래 경복궁의 터를 잡아 조선의 수도로 삼았다.

● 조선시대 한양

정도전의 건의에 따라 다시 잡은 자리가 북악산 밑 경복궁 자리이다. 본래 무학이 잡은 자리는 종로의 필운동 근처였는데 그 방향을 조금 남쪽으로 틀어 경복궁으로 정했다고 한다.

1394년 8월, 태조는 마침내 천도를 명령하고 10월에 문무백관을 거느리고 개경을 출발하여 한양으로 들어왔다. 그리고 새 수도의 이름을 한성부로 고친 뒤 12월부터 본격적인 대궐 공사에 들어갔다.

태조는 고려 때에 큰 폐단이 되었던 불교 대신에 유교를 존중하여 이를 정치·교육의 근본 이념으로 삼으니 불교는 점점 쇠퇴하여 천대를 받고 유교는 극진한 대우를 받게 되었다. 이를 조선의 억불숭유정책이라고 한다.

■ 태조를 다스린 무학

무학은 고려 말, 조선 초기의 승려이다. 성명은 박자초이며 법명은 무학이다. 조선 태조에 의해 왕사가 되었으며 한양 천도를 도왔다.

● 양주 회암사지 쌍사자 석상

무학은 1327년 경상도 합천에서 태어났다. 무학의 부모는 왜구에게 끌려갔다가 돌아온 하층민으로 갈대로 삿갓을 만들어 팔았다. 이러한 사정으로 무학의 어렸을 적 기록은 남아 있지 않다. 18세 때 송광사에 들어가 소지선사 밑에서 승려가 된 그는 용문산 혜명국사로부터 불법을 전수받고 묘향산 금강굴에서 수도하였다.

1353년 원나라 연경에 유학하여 인도의 지공선사로부터 가르침을 받고 1356년에 고려로 돌아왔다. 1364년 나옹은 회암사를 중건하고 무학을 불러 수좌승으로 삼았다. 나옹이 사망한 뒤 무학은 전국을 돌며 수행하였는데, 이때 이성계와 처음 만난 것으로 알려졌다.

무학은 이성계의 꿈을 해몽하여 석왕사를 짓게 해준 인연으로 이성계의 특별대우를 받았다. 1392년 조선 개국 후 왕사(王師)가 되어 묘엄존자 호를 받고 회암사에 거처하였다.

● 양주 회암사지의 무학대사 부도

무학대사와 왕십리

　태조 이성계는 무학대사에게 새 도읍지가 들어설 명당자리를 알아보도록 하였다. 도읍지가 될 만한 곳을 찾다가 마땅한 곳이 없어서 무학대사는 한양 근처까지 발걸음을 옮기게 되었다.

　그러던 어느 날, 소를 타고 지나가던 한 백발노인이 혼잣말로 중얼거렸다.
"에이, 이놈의 소는 미련한 게 꼭 무학을 닮았구나!"
　그 말을 들은 무학대사는 깜짝 놀라며 소리가 들린 곳으로 고개를 돌렸다.
　노인은 또다시 소에게 중얼거리듯 말했다.
"어리석게 좋은 곳은 놔두고 엉뚱한 곳만 찾아다니는구나."
　무학대사는 잠시 머뭇거리다가 노인에게 다가갔다.
"소승이 무학입니다만, 혹 저를 두고 하신 말씀이신지요?"
　노인은 소만 쳐다볼 뿐 아무 말이 없었다.

　무학대사는 범상치 않은 노인이라는 생각에 '도읍이 들어설 명당자리를 찾고 있는데 좋은 터가 있으면 가르쳐 달라' 하였고, 노인은 무학대사를 쳐다보고는 손을 들어 서북쪽을 가리켰다.
"여기서 십 리를 더 가시오."
　무학대사는 노인에게 되물었다.
"서북쪽으로 십 리 더 가란 말씀이신지요?"

● 목면산(지금의 남산)
조선 후기의 화가 정선의 작품으로 소나무 숲이 울창한 목면산(남산)을 그린 것이다.

노인은 새 도읍으로 쓸 만한 명당자리가 있을 것이라고 말을 마치더니 서둘러 소를 몰고 가려 했고, 무학대사가 어디 사는지 묻자 노인은 무학봉에 사는 사람이라 하면서 안개 속으로 사라져 버렸다.

　무학대사는 노인의 뒤를 좇아 무학봉으로 올라갔으나 그곳에는 작은 암자가 하나 있었는데 노인은 온데간데없고 도선대사의 화상만 모셔져 있었다. 바로 그 노인은 신라 말 풍수지리설의 대가인 도선대사였으며, 죽은 영혼이 잠시 나타나 무학대사에게 명당자리를 가르쳐 준 것이었다고 한다.

　무학대사는 도선대사의 말대로 서북쪽으로 십 리를 더 갔고, 그곳이 바로 북악산 밑의 경복궁 터였다. 그후 이곳은 십 리를 더 가라는 뜻으로 갈 왕(往) 자에 십리(十里)를 붙여 지금의 왕십리가 되었다고 한다.

● 붉은 원이 왕십리 지역으로 무학대사가 계시를 받았다는 장소이다.

■ 왕조의 설계자 정도전

정도전(1337~1398년)의 호는 삼봉이고 고려 공민왕 때 과거에 합격하고 성균관 박사와 태상 박사 등을 지냈다. 이성계의 오른팔 역할을 하면서 토지개혁, 과전법을 시행하도록 하고 불교를 억제하고 유교를 숭상하도록 건의하였다.

● 도담삼봉
충북 단양군 단양읍 도담리에 있는 경승지로 조선왕조의 개국 공신인 정도전이 이곳 중앙봉에 정자를 짓고 이따금 찾아와서 경치를 구경하고 풍월을 읊었다고 하며, 자신의 호를 삼봉이라고 한 것도 도담삼봉에 연유한 것이라고 한다.

조선 초기 조선왕조의 정궁으로 지은 한양의 궁궐 경복궁·광화문·강녕전·사정전·근정전·동루 등 궁궐 안의 여러 시설과 건축물의 이름을 지었을 뿐만 아니라 군사·외교·성리학·역사·행정 등 여러 분야에 걸쳐 건국 작업을 사실상 설계하였다.

그러나 태조 이성계가 정실 소생의 왕자들을 제치고 계비 신덕왕후 강씨 소생인 방석을 세자로 삼자 태종 이방원은 '정도전이 이복동생인 방석을 옹호하여 세자로 삼게 하고 정실 소생의 왕자들을 죽이려 한다'는 혐의를 씌워 정도전은 참수형를 당했다. 이것이 제1차 왕자의 난이다.

● 삼봉 정도전의 묘
경기도 평택시 진위면 은산리에 있는 정도전의 묘이다. 조선 개국의 일등공신인 정도전은 태종 이방원에게 죽임을 당하여 만고의 역적으로 치부되었으나 고종 때 복권되었다.

■ 피 뿌린 왕자의 난

'제1차 왕자의 난'은 1398년 왕위 계승권을 에워싸고 일어난 왕자간의 싸움으로, 태조 이성계의 다섯째아들 이방원이 반란을 일으켜 반대세력을 제거하였기 때문에 '방원의 난'으로도 불리며, 그 밖에 방석의 난, 혹은 정도전의 난, 무인정사(戊寅靖社)라고도 불린다. 제2차 왕자의 난이 동복(同腹) 형제간의 싸움이라면, 제1차 왕자의 난은 이복(異腹) 형제간의 싸움이다.

1398년 이방원은 사병을 동원해 난을 일으켜 왕세자 방석과 일곱째 왕자 무안대군 방번, 그리고 왕세자를 지지했던 정도전과 그의 일파를 살해했다.

태조 이성계를 도와 가장 많은 공을 세운 방원은 왕세자 책봉에 불만이 많았고 정도전의 세력이 커 가는 것을 가만히 지켜볼 수만은 없었다. 그래서 칼을 뽑아 들고 왕자의 난을 일으켜 정도전·남은 등을 살해하였는데, 이것이 '제1차 왕자의 난'이다.

그 뒤 박포라는 사람이 왕위에 욕심을 내어 이방원의 형 방간에게 붙어 군사를 일으켜 방원의 세력을 축출하고 왕위를 얻으려 했다. 그러나 싸움에서 패하자 박포는 유배를 떠나게 되고 마침내는 사형을 당하기에 이른다. 이것을 '제2차 왕자의 난'이라고 한다.

● **박포**(朴苞)

박포(?~1400년)는 조선 초기의 무신으로 1392년 조선을 건국하는 데 공을 세워 개국공신 2등에 책봉되었고, 1393년에 사헌중승과 황주목사가 되었다. 1398년에는 제1차 왕자의 난 때 이방원을 도운 공으로 죽성군에 봉해지고 지중추부사가 되었다. 그러나 박포는 1등공신에 책봉되지 못한 것을 불평하다가 1400년 회안대군 이방간을 도와 제2차 왕자의 난을 일으켰으나 패배해 붙잡혔고 죽주(지금의 충북 영동)로 유배를 간 후 이산으로 다시 귀양을 갔다가 처형되었다.

조선왕조실록

■ 조선 태조의 어진

태조 어진은 조선을 건국한 태조 이성계의 초상화로 대한민국의 국보 제317호이다. 태조 어진은 완전하게 남아 있는 유일한 전신상으로서의 절대적인 희소성을 지닌 보물이다.

● 전주 경기전에 안치되어 있는 국보 제317호인 태조 이성계의 어진이다.

현재 어진의 진본은 전북 전주시 경기전 어진박물관 수장고에 보관되어 있으며, 모사본은 국립전주박물관과 국립고궁박물관 등에 전시되어 있다. 이 어진은 태조가 임금의 정상복인 익선관에 청색 곤룡포를 입고 용상에 앉아 있는 모습이다.

태조 이성계의 어진은 총 26점이 제작되었지만, 현재 전주시 경기전 경내의 어진박물관에 보관되어 있는 어진이 유일본이다.

조선왕조는 태조의 어진을 봉안할 진전(眞殿)으로 경복궁의 선원전, 함경도 영흥의 준원전, 전주의 경기전, 개성의 목청전, 평양의 영숭전, 경주의 집경전을 세웠다. 경기전의 어진은 태조 재위 당시에 제작된 집경전의 어진을 1409년(태종 10년)에 모사하여 1410년(태종 11년)에 봉안한 것이다.

1763년(영조 39년)에 수리를 거쳤고 1872년(고종 9년)에 어진도사의 화가로 활동한 조중묵이 다시 그렸다.

● 전주 경기전 본전
태조 이성계의 영정을 모신 곳으로 주변에는 조선시대 왕들의 초상화가 있다.

조선시대 왕들의 어진은 초상화 분야에서 매우 중요한 위치를 차지하고 있으나 아쉽게도 현전하는 작품이 많지 않다.

영조 어진은 반신상이거나 연잉군 시절의 모습이고, 철종 어진은 절반이 불에 탄 상태로 남아 있다.

고종 어진은 공식적인 진전 봉안용이 아니며, 순종 어진은 초본으로 남아 있다. 그 밖에 면복차림의 익종 어진, 홍곤룡포를 입은 태조 어진 등이 있으나 모두 화재로 심하게 훼손되어 용안을 확인하기 어려운 상태이다.

초상화는 봉안된 원본이 낡거나 훼손되면 필수적으로 보수하는 작업에 돌입하였다. 어진의 경우에도 이러한 이유 때문에 시대가 오래된 어진일수록 원래의 모습을 찾기는 어렵다. 하지만 당대 최고의 화사들이 동원되어 원본에 충실하게 이모 작업이 이루어지기 때문에 1872년(고종 9년)에 제작된 국보 제317호 '조선 태조 어진'도 조선 초기 선묘 위주의 초상화 기법을 잘 간직하고 있다.

더욱이 대규모의 화면, 제목과 색깔, 홍록색의 낙영과 유소 등이 온전하게 구비된 상태로서 봉안용의 격식을 잘 갖추고 있다. 때문에 국보 제317호 조선 태조 어진은 19세기 후반이라는 제작 시기와 상관없이 조선 초기 어진의 원본이라는 점에서 그 가치가 더욱 높게 평가되는 것이다.

● 영조의 연잉군 시절의 초상

● 제25대 왕 철종의 어진

태조 어진의 곤룡포는 왜 파란색일까?

다른 조선 왕들의 어진을 보면 모두 붉은색의 용포를 입고 있는데 유독 태조 이성계의 어진에만 파란색의 용포를 입고 있다. 그 이유는 무엇일까? 새로운 왕조를 열었다는 뜻을 기리기 위함이다.

청색은 동쪽, 백색은 서쪽, 적색은 남쪽, 흑색은 북쪽, 황색은 중앙을 나타낸다는 음양오행설의 오방색(五方色) 사상을 따라 동쪽은 태양이 떠오르는 곳이고 모든 것이 시작된다는 의미를 품고 있다. 그래서 태조의 영정은 나라를 세웠으니 큰 시작을 알리는 의미에서 청색의 용포를 입고 있다.

옛날 중국의 천자들은 자신이 세계의 중심 중의 중심이란 의미에서 황색의 의복을 입었고, 조선의 왕들은 황색을 피해 적색의 용포를 입었다. 적색의 의미는 태양이나 불 등의 강력한 생명력을 표현하고 양기의 충만함을 의미하므로 왕이 입기에 더없이 좋은 색이라 믿었다. 그래서 태조를 제외한 다른 왕들의 영정은 모두 붉은색의 용포를 입고 있는 모습이다.

● 푸른 곤룡포를 입은 태조

● 붉은 곤룡포를 입은 세종

■ 조선 건국신화

조선왕조의 건국신화, 조선의 건국신화에 대해 종합적으로 체계를 세운 것으로는 《용비어천가》가 있다. 신화의 특징은 국조 인물들을 모두 용(龍)으로 상징하였다.

조선 초의 문신 권근은 조선 태조 이성계의 건원릉 신도비명(비석의 글)에 "예전부터 서운관에 전하던 비기(祕記)에 '구변진단지도'가 있는데 '나무를 세워 열매를 얻는다'는 말이 전해진다"고 기록했다. '나무(木)를 세워 아들(子)을 얻는다'는 목자(木子)는 '이(李)' 자의 목(木)과 자(子)를 분리해 놓은 것으로 역시 이씨가 개국한다는 뜻이다.

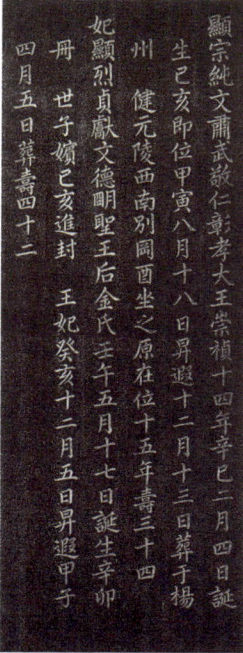

● **태조의 신도비 탁본**
건원릉에 세워진 태조의 신도비와 비의 글을 탁본하였다. 탁본에는 조선 건국의 전설이 새겨져 있다.

서운관은 고려시대부터 천문 택일 등을 맡아보던 관아였다. 여기서 이씨 성을 가진 사람이 새 나라를 세울 것이라고 보았으나 함부로 말을 꺼내지 못하고 숨겨 왔다는 이야기다.

조선 개국 160여 년 전에 양무 장군이 죽자 목조(穆祖)대왕은 아버지의 묏자리를 찾고 있었다. 목조대왕은 곧 이성계의 4대조인 이안사(李安社)이다. 마침 나무하러 두타산으로 올라갔던 머슴이 나무를 하다 쉬고 있는데 근처에서 도승과 상좌승이 앉아 산맥을 보며 하는 말이, "저곳에 뫼를 쓰면 5대 후에 임금이 나겠다"고 한다.

도승의 말을 듣고 나서 머슴은 나무를 하다 말고 뛰어 내려와 주인인 목조대왕에게 이 말을 전했다.

목조대왕은 황급히 달려가 도승 일행을 만나 백방으로 간청하니, 그 도승이 그 자리를 가르쳐 주는데, 대신 어려운 조건이 있다며 이렇게 말했다.

"소 100마리를 잡아 장사를 지내야 하는데, 관은 금관을 써야 효험이 있을 것이오."

이에 목조대왕은 고민 끝에 편법을 쓰기로 하였다. 마침 처가에 백우(白牛)라고 하는 하얀 소 한 마리가 있었는데, 흰 백(白) 자를 일백 백(百) 자로 고쳐 100마리의 소처럼 대체하고, 금으로 관을 만들 형편이 못 되니 황금 빛깔의 밀짚으로 관을 씌워 금관에 대신했다. 그래서 백우금관 설화가 탄생한 것이다. 이때 하얀 소 백우(白牛)를 100마리의 백우(百牛)로 대체하였기에 1,000년 사직이 절반으로 줄어 500년 왕조가 되었다고 전해진다. 이러한 이야기가 전해지고 있어 준경묘 자리는 오늘날도 풍수를 따지는 사람들이 제일의 명당으로 꼽는다고 한다.

● 준경묘(濬慶墓)
강원도 삼척에 있는 준경묘의 전경이다. 조선왕조의 태동을 예언한 백우금관(백 마리 소 대신 흰 소 한 마리와 금관 대신 보리짚으로 관을 만들어 사용)의 전설이 있는 조선 태조 이성계의 5대조 양무 장군의 묘이다.

또 고려 서운관에는 "왕씨가 멸망하고 이씨가 흥한다는 말도 있었지만, 고려가 멸망할 때까지 비밀로 하고 말하지 않았다"고 전한다.

또다른 일화는 어떤 사람이 '지리산 바윗돌 속에서 얻었다'는 글을 바치고 사라졌는데, '목자(木子)가 돼지를 타고 내려와 다시 삼한 땅을 바로 잡는다'는 내용이었다는 일화도 전해 온다.

가장 많이 알려진 일화는 닭 우는 소리와 서까래 세 개에 관한 이야기다.

이성계가 평안도 안변에서 살 때 수많은 집의 닭이 한꺼번에 우는 와중에 허물어진 집에 가서 세 서까래를 지는 꿈을 꾸었다. 설봉산 스님에게 묻자, "닭들이 동시에 운 것은 높고 귀한 지위를 얻을 것이며, 세 서까래를 진 것은 왕(王) 자란 뜻"이라고 풀이했다. 이 일화는 이수광의 《지봉유설》을 비롯하여 홍만종의 《순오지》 등 여러 문집에 실려 있다.

　같은 내용인데, 설봉산 스님은 무학대사라는 이야기도 있다. 이성계는 절에서 잠깐 잠이 들었는데, 서까래 세 개를 들고 집을 나오자 집이 무너지고 닭이 우는 꿈을 꾸었다. 무학에게 그 꿈 이야기를 하니, "집은 고려, 서까래 세 개는 왕(王) 자, 닭의 울음은 꼬끼오이니 고귀하게 될 징조"라고 해석하였다.

　그후 이성계는 조선을 세우고 태조로 즉위한 뒤에 4대조인 고조할아버지 이안사를 목조대왕으로 추존했다. 이안사가 건국의 기틀을 마련해 놓았다고 생각했기 때문이다.

　《용비어천가》에 "해동 6룡이 날으샤 일마다 천복이시니"라고 하였는데, 6룡은 곧 목조-익조-도조-환조-태조-태종을 뜻하며, "우리 시조가 경흥에 살으샤 왕업을 여시니"라고 하여 이안사가 왕업의 초석을 열었다고 밝혀 놓았다.

● **용비어천가**(龍飛御天歌)
1445년(세종 27년) 4월에 편찬되어 1447년(세종 29년) 5월에 간행된, 조선왕조의 창업을 송영한 노래책이다.

제 ❶ 대 태조

이성계와 오백나한

　태조 이성계가 등극하기 전 함경도 함흥에서 그의 아버지인 환조 이자춘의 상(喪)을 당하고 장지를 얻지 못하여 답답하게 여기던 중이었다. 하루는 그의 머슴이 산으로 나무를 하러 갔는데 스님 두 명이 산 아래를 가리키며 말하였다.

　"정말 명당자리군. 당대에 군왕이 나겠는데!"

　이 말을 받은 다른 스님이 말하였다.

　"정말 그렇군요. 저 자리는 틀림없이 군왕이 날 자리입니다."

　머슴은 두 스님의 말을 엿듣고 이성계에게 스님의 이야기를 전했고, 이성계는 즉시 달려가 두 스님을 뵙고 그 땅을 가르쳐 달라고 했다. 그리고 두 스님이 가르쳐 준 장소에 자신의 아버지를 장사지내 모셨는데 그곳이 바로 함흥의 정릉(定陵)이다.

　이렇게 하여 이성계는 무학대사로 말미암아 명당을 얻게 되고 그 뒤에 또 그의 꿈해몽을 통해 자신이 왕이 될 예시를 받았다. 그리고 공덕을 쌓기 위해 석왕사라는 절을 짓고 오백나한을 모시기 위해 응진전(아라한전, 나한전)을 지었다.

　그때 마침 함경도 길주에 있는 광적사가 병화로 말미암아 폐사가 되었다는 소식을 듣고는 광적사에 방치된 대장경 일부와 오백나한상을 석왕사로 옮겨 모시기로 서원하였는데, 이 오백나한상을 모셔 올 때 길주에서 원산까지는 배를 이용했으나 원산으로부터 석왕사까지는 이성계가 직접 돌로 조성된 나한상들을 하나씩 정성껏 등에 업어서 옮겼다고 한다.

● 오백나한상
오백나한상은 주로 사찰 내 나한전, 응진전 등에 봉안된다. 일반적으로 십육나한, 십팔나한, 그리고 오백나한으로 무리를 이루어 신앙화되는데, 그 중의 오백나한은 나한의 위력을 가장 극대화시킨 것이다.

● 태조 이성계가 오백나한상을 업어 나르는 장면이다(석왕사 벽화 그림).

　오백이나 되는 나한상을 끝까지 잘 옮겨 498 나한상을 석왕사로 모시고 마지막으로 두 나한상이 남게 되자 조금은 귀찮은 생각이 들어 두 나한상을 한꺼번에 옮겼는데, 다음날 아침에 예불을 올리고 나서 살펴보니 맨 나중에 옮긴 나한상 하나가 어디로 갔는지 보이지 않았다. 이성계가 놀라 사방을 두루 찾아 보았으나 도무지 알 수가 없어 단념하고 있는데, 그날 밤 꿈에 없어진 나한상이 나타나서 말하였다.

　"그대가 그만큼 신심이 발하여 나한상을 하나씩 업어 오다가 나만은 따로 업어 가지 않고 다른 나한상에 덧붙여 업어 가니 그렇게 성의가 부족해서야 되겠는가? 나는 묘향산 비로암에 가 있을 테니 그리 알게나."

　깜짝 놀라 깨어 보니 꿈이었다. 곧 알아보니 과연 그리하여 이성계가 뉘우치고 다시 옮기고자 몇 번을 시도하였으나 실패하여 결국 명패로 대신하였다. 이로써 석왕사 응진전의 오백나한은 하나가 모자라게 되고 말았다.

이성계의 검에 얽힌 이야기

　이성계의 칼로 알려진 전어도(傳御刀)가 지금도 남아 국립고궁박물관에 보관되어 있다. 자루 부분의 길이가 길어서 사진으로 보면 단검처럼 보이기도 하는데, 사실 길이가 150cm에 육박하는 대검이다. 길이 중 1/3 가량, 약 50cm가 자루 부분이라서 칼이라기보다도 창 같은 느낌이 든다. 더불어 일부에 알려진 바와 다르게 역날검은 아닌데, 칼날은 일반적인 환도처럼 휘어진 바깥에 있고 칼끝만 반대 방향으로 생겼다. 칼끝 부분에는 양쪽에 날이 있다.

　이 검은 이성계의 아버지 이자춘(환조)이 나옹대사와 무학대사의 대화를 우연히 듣게 되어 알게 된 명당자리에서 얻게 된 것을 아들에게 준 것이라고 하며, 이 칼로 명당자리를 지키던 괴물을 죽이고 묘를 이장할 수 있었다고 한다.

　이성계 일파가 우왕을 죽일 때 용의 후손이라서 그 어떤 무기도 통하지 않자, 이성계가 이 검을 사용하여 손수 베어 죽였다는 일화가 있다. 그 뒤 우왕이 가지고 있던 사진참사검이 저주를 내려 이성계의 수하들이 피를 토하며 죽어 가자, 무학의 조언에 따라 사진참사검 옆에 이 검을 꽂아 그 저주를 막았는데, 이때 두 칼은 3일 밤낮으로 싸우며 울다가 전어도는 산산조각이 나고 사진참사검은 금이 갔다고 한다.

● 전어도(傳御刀)

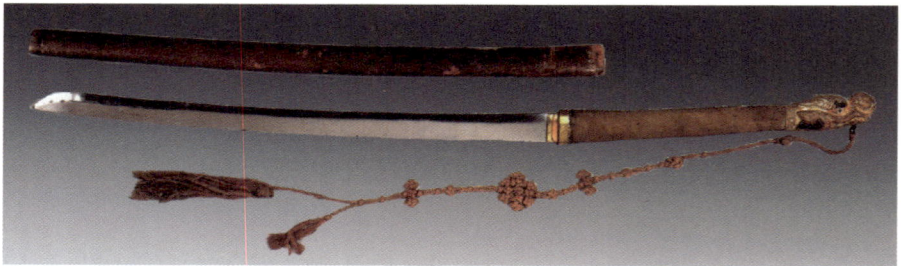

사진참사검은 비록 망가졌지만 이성계의 혈통에 내린 저주가 남아 있어서 그것을 막기 위해 조선왕실에서는 용의 기운을 가진 사진참사검과 달리 호랑이의 기운이 담긴 사인참사검을 신하들의 반발을 무시하고 정기적으로 제작했다는 이야기도 전해진다.

전어도와 사진참사검은 무학대사가 거두었는데 현재는 행방이 묘연하다고 한다.

이성계에게는 화살보다 빠른 말도 있었다고 하는데, 내용은 이렇다.

이성계가 젊은 시절 무예를 갈고 닦을 때 어느 연못에서 튀어나온 한 마리의 용마가 있었다. 이 용마는 몹시 사나워 아무도 길들일 수가 없었다. 그때 이성계가 이 소문을 듣고 찾아가 아무도 길들이지 못한 말을 길들여서 자신의 말로 만들었다고 한다.

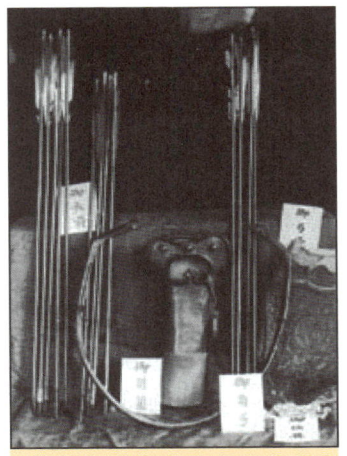

● **어궁구(御弓具)**
태조 이성계가 사용했던 어궁구(御弓具)는 일제강점기까지 보존되었던 흔치 않은 활유물이었으며 사실상 조선 최고의 명궁으로 알려져 있다. 어궁구는 함흥의 조선 왕실 사당인 함흥본궁(咸興本宮)에 소장되어 있었지만, 불행히도 한국전쟁 중 함흥본궁이 불타버린 이후 행방이 묘연하게 되었다.

그후 이성계는 무예 연습을 계속하다가 자신의 말이 얼마나 빠른지, 그리고 자신의 실력이 얼마나 늘었는지 시험해 보기 위해 과녁을 향해 화살을 쏘고 말을 달려 그 화살을 따라잡기로 했다.

그러나 말을 타고 전력질주하여 과녁에 도착하자 화살이 이미 박혀 있는 걸 보고 말이 화살보다 느린 것에 화가 난 이성계는 말을 죽여 버린다. 하지만 과녁에 박혀 있는 화살은 예전에 쏜 화살이었음을 알게 된다. 말을 죽이고 나자 곧바로 자신이 쏜 화살이 날아와 과녁에 꽂혔던 것이다. 이 일이 있고 난 후로 이성계는 자신의 급한 성격을 고쳤다고 한다.

태조 이성계의 조상과 형제들

이성계의 고조부 목조 이안사는 전주에서 이주하여 간도지방에서 기반을 마련하였고, 몽골의 산길대왕이 쳐들어왔을 때 그에게 귀순해 다루가치가 되었다. 이후 증조부 이행리, 조부 이춘에 이르기까지 대대로 이를 세습하였고, 실록에는 풍속을 바로잡고 개혁을 추진하여 백성들의 환영을 받았다고 전한다.

■ 환조 이자춘(桓祖 李子春; 1315~1360년)

태조 이성계의 아버지로 본관은 전주(全州)이며 몽골식 이름은 울루스부카이다. 원나라의 천호로 있다가 1356년 고려가 쌍성총관부를 탈환할 때 고려에 귀순하였다. 대중대부사복경과 삭방도만호 겸 병마사, 평장사 등을 역임하였다.

이자춘은 원나라의 다루가치를 지냈다. 그러나 고려 공민왕이 쌍성총관부(雙城摠管府)를 공격할 때 이에 동조, 왕의 신임을 얻었다.

이때 대륙에서의 원·명 교체기에 원나라의 세력이 약화된 것을 기회로 반원(反元)정책을 추진하던 고려 공민왕은 동북면의 쌍성총관부와 연결되어 있는 친원사대파(親元事大派)인 기씨(奇氏; 기황후의 씨족) 세력을 제거하기 위하여 이 지역에서 유이민을 기반으로 세력을 형성하고 있는 이자춘를 끌어들일 필요성을 느끼고 있었다.

● 기황후(奇皇后)
고려 출신의 여자로, 원나라에 바쳐지는 공녀 중의 한 사람이다. 그녀는 황궁의 궁녀가 되었다가 원 혜종의 총애를 얻어 귀빈으로 책봉되고 훗날 혜종의 뒤를 이어 황제로 등극하는 아들 아유르시리다르를 낳았다. 친정인 기씨 일족을 통해 영향을 행사하여, 기씨 일족은 고려 왕실을 농단하는 등 전횡을 일삼았고, 반원정책을 펴던 공민왕에게 기철 등이 살해되자 원 혜종을 사주하여 충선왕의 서자 덕흥군을 왕으로 앉히고 고려를 침공하였으나 실패하였다.

이를 알아차린 이자춘은 자신의 세력기반을 유지하기 위하여 1355년 고려에 투항하여 소부윤(少府尹)의 관직에 제수되었다. 그리고 이듬해 유인우(柳仁雨)와 더불어 동북면을 협공하여 쉽게 이 지역을 점령하고 원의 간섭기 이래 빼앗겼던 동북 영토를 99년 만에 회수하였다.

이로써 그는 그동안 뿌리 깊게 대립하고 있던 친원세력인 조소생을 제거하였다. 또한 이때의 전공으로 대중대부사복경(大中大夫司僕卿)이 되어 저택이 하사되었고 오랫동안 그의 기반이었던 동북면을 떠나 개경에 머물게 되었다.

이후 개경에 머무른 지 1년 만에 그가 동북면으로 돌아가려 하자 그곳의 토착 기반을 이용하여 고려의 조정을 배반할 것임을 들어 그의 동북면 귀환을 대신들이 반대하였으나 공민왕은 그가 아니면 동북면을 안정시킬 수 없다고 판단하여 삭방도만호 겸 병마사(朔方道萬戶兼兵馬使)로 임명하여 그는 다시 영흥으로 돌아갈 수 있었고, 4년 뒤인 1361년에 그곳에서 사망하였다.

사후 문하시중에 증직되었고, 조선 건국 후 아들인 태조에 의해 환왕(桓王)으로 추존되었다가 손자인 태종 때 다시금 환조(桓祖) 연무성환대왕(淵武聖桓大王)으로 추존되었다. 능(陵)은 함경남도 함흥시에 위치한 정릉(定陵)으로 아내인 의혜왕후(懿惠王后)의 화릉(和陵)도 같은 묘역에 위치해 있다.

제 ❶ 대 태 조

● 태조 이성계의 고향인 함흥 본궁의 전경이다.

■ 정화공주(貞和公主; 생몰년 미상)

1392년(태조 원년), 친동생 이성계가 새 왕조 조선을 세우면서 남매의 아버지인 이자춘은 환왕(桓王)으로, 어머니 최씨는 의비(懿妃)로 추존되었다. 이후 1872년(고종 9년) 음력 12월 4일, 고종에 의해 그녀도 공주로 추증되어 정화공주(貞和公主)가 되었다.

한편 1411년(태종 11년) 음력 4월 22일, 환왕은 환조(桓祖)의 묘호를 받고 의비는 의혜왕후(懿惠王后)의 시호를 받았다. 정화공주의 묘소는 현재 황해북도 장풍군에 있다.

■ 이원계(李元桂; 1330년 ~ 1388년)

태조 이성계의 이복형이며, 아버지는 환조 이자춘이고 어머니는 한산이씨이다. 일찍 모친을 여의었는데, 아버지 이자춘이 노비였던 내은장과의 사이에서 낳은 서장자로 이성계보다 다섯 살 위였다. 그러나 이성계는 그를 형으로 깍듯이 대접하였다.

1359년(고려 공민왕 8년), 홍건적(紅巾賊)이 압록강을 건너 침입하자 이를 격퇴하였다. 그는 공민왕 때에 두 차례에 걸친 홍건적의 침입을 격퇴하여 공을 세우고 2등공신에 책록되었는데, 특히 2차 침입 때는 조천주(趙天柱) 등과 함께 장군 안우(安祐)의 휘하에 종군하여 홍건적을 격퇴하고 개경을 수복하는 데 공을 세웠다.

1380년(우왕 6년)에 왜구가 또다시 광주와 능성·화순 두 현을 침범하자 원수로서 최공철과 함께 나가 전라도 방어의 임무를 맡았다. 호남을 침략한 왜구를 막았고, 그 해 왜구가 충정·전라·경상 3도의 연해에서 노략질을 하자 양광도순찰사(楊廣都巡察使)에 임명되어 군사를 이끌고 변안렬(邊安烈)과 함께 출전하여 3도도순찰사인 이성계를 도와 남원(南原) 운봉(雲峰)에서 왜구와 싸워 크게 승리하였다.

그 해 황산대첩에서 이성계를 도와 왜구를 격퇴하는 데 공을 세웠으며, 1388년 요동정벌 때에는 우군도통사 이성계의 휘하에서 조전원수(助戰元帥)로 출전하였다. 그는 동생인 이성계의 위화도 회군에는 반대했다. 1388년 요동정벌(遼東征伐) 때에는 팔도도통사 조전원수(助戰元帥)로 출전하였다가 회군 5개월 뒤에 죽었다. 1390년(공양왕 2년) 회군공신에 책록되었다.

■ 이화(李和; 1340 ~ 1408년)

　환조 이자춘과 노비 고음가 사이에서 태어난 아들로, 조선 태조 이성계의 이복동생이다. 고려 말 공양왕 시기 당시에 이복조카 이방원을 도와 정몽주를 죽이는 데 개입하였으며, 그 공으로 개국공신 1등으로 의안백(義安伯)에 봉해졌다.
　조선은 왕의 지친(至親)의 관직 활동이 원칙적으로 금지되어 있는 사회였으나 의정부찬성사를 거쳐 1407년 7월 영의정부사라는 최고 관직에 임명되기도 했다. 태종 이방원이 이성계의 직계가 아닌 왕족은 왕위 계승의 권외로 밀려나는 대신 일반 문무관처럼 벼슬길에 나갈 수 있는 길을 열어 주었기 때문이다. 이때 태종에게 민무구·민무질 형제에 대하여 죄 줄 것을 청하는 상소를 하여 민무구 형제가 처형되는 데 결정적인 계기를 마련하였다. 죽은 뒤에는 태조의 사당에 함께 모셔졌다.

● **의안대군 이화의 사당**
환조대왕의 3남이며 조선 태조 이성계의 이복동생인 의안대군의 사당이다. 의안대군은 홍건적과 왜구의 침략이 잦아 나라가 혼란할 때 대장군으로서 많은 전과를 올렸고, 조선왕조 개국에 큰 공을 세워 1392년(태조 1년) 순충좌명 개국공신 1등으로 녹권을 시급받았고, 1407년(태종 7년) 영의정이 되었다. 이 사당은 태종의 명으로 건립되었으나 순조 25년 왕명으로 재건되었다.

태조 이성계의 가계

고려로 귀순한 뒤 태조는 고려의 관습을 따라 개경 출신의 경처와 고향 출신의 향처, 이렇게 두 사람의 정실부인을 두었다. 향처 청주한씨(훗날 조선왕조의 개국과 함께 신의왕후로 추존)로부터는 여섯 명의 아들을 두었고, 경처인 신천강씨(신덕왕후)로부터 두 아들을 두었다.

경처 신천강씨는 그가 1392년 7월, 출정을 머뭇거릴 때 갑옷을 입혀 줄 정도로 그의 건국에 기여했다 한다. 그는 강씨 소생의 막내아들 방석을 몹시 사랑하여 세자로 책봉했다. 일설에는 정안군 이방원을 세자로 책봉하려 하자 신덕왕후가 대전 뒤에서 곡을 하는 바람에 대신들이 방석을 택했다고 한다. 강씨 소생 아들들에 대한 편애는 후일 정안군에 의한 방번·방석이 살해되는 '제1차 왕자의 난'의 원인이 되었다는 지적이 있다.

■ 신의왕후 한씨(神懿王后 韓氏; 1337 ~ 1391년)

조선 태조(太祖)의 첫 아내로 정종과 태종의 생모이다. 태조 이성계가 조선을 개국하여 왕으로 등극하기 1년 전인 1391년에 지병인 위장병이 악화되어 사망하였다.

1351년, 비슷한 호족 신분의 두 살 연상인 이성계와 혼인을 하여 6남 2녀를 낳았다. 이성계가 이북의 땅을 회복시키는 등 전쟁터를 누비던 동안 고향 집에서 집안의 대소사를 도맡아 처리하며 내조하였다. 그러나 이성계가 개경에서 고려 명문거족의 딸인 강씨를 경처(京妻)로 맞이하자 남편의 고향 집을 지키는 향처(鄕妻)로 전락하여 자식들과 여생을 보냈다.

1388년 위화도 회군 때에는 생명의 위협이 염려되어 식구들을 데리고 개경에서 벗어나 동북면으로 피신을 갔으며, 조선 개국 1년 전인 1391년 10월 21일(음력 9월 23일)에 위장병의 악화로 55세의 나이로 세상을 떠났다. 그녀의 둘째아들인 정종이 즉위하여 비로소 왕후로 승격되었다. 시호는 승인순성신의왕후(承仁順聖神懿王后)이며, 1897년 대한제국 수립 후 신의고황후(神懿高皇后)로 추존된다.

■ 신덕왕후 강씨(神德王后 康氏; 1356 ~ 1396년)

조선 태조(太祖)의 계비이자 정치적 조언자였으며, 그의 뛰어난 지략은 조선 건국에 큰 영향력을 발휘하였다. 이성계가 타고난 무예와 지도력으로 그간 쌓은 군공을 바탕으로 권문세족과 어깨를 나란히 할 정도로 크게 성장을 한 후 정략결혼을 하였다. 혼인할 당시 강씨는 이성계보다 20살 가량 연하였으며, 당시 이성계는 첫 부인 한씨(韓氏)와의 사이에 장성한 자녀들을 두고 있었다.

이성계가 강씨와 처음 만난 일화는 유명하다. 어느 날 호랑이 사냥을 하던 이성계가 목이 말라 우물을 찾았는데 마침 그 우물가에 한 여인이 있었다. 이성계가 그 여인에게 물 좀 떠 달라고 청하니 여인은 바가지에 물을 뜨고 나서 버들잎 한 줌을 물 위에 띄워 주었다. 이에 이성계는 이 무슨 고약한 짓이냐며 나무랐다. 그러자 여인은 갈증으로 인해 급히 냉수를 마시면 탈이 날 것 같아 버들잎을 불며 천천히 마시라고 일부러 그리했다며 수줍게 대답한다. 이 말을 듣고 내심 감탄한 이성계가 그때서야 여인을 유심히 살펴보니 여인의 미색이 아주 빼어났다. 여인의 지혜와 미모에 이성계는 한동안 넋을 잃었다는 설화가 전해지는데 바로 그 우물가의 여인이 이 강씨이다.

이 이야기는 고려 태조 왕건과 장화왕후(莊和王后)의 만남에 대한 설화와 흡사하다. 장화왕후와 신덕왕후는 각각 나라를 세운 시조의 두 번째 부인이며 지방의 세력 있는 호족의 딸이라는 공통점을 가진다는 점에서 와전된 것이거나, 많은 지방에서 전해 내려오는 유사한 구조의 버들잎 설화가 이성계와 결부된 것일 수 있다.

● 버들잎 설화의 청동상

● 신덕왕후 무속도

　그녀는 1392년 음력 3월 이성계가 해주에서 말을 타다가 떨어져 크게 다친 것을 계기로 정몽주가 그를 제거하려 했을 때, 생모인 한씨의 무덤에서 여묘살이를 하던 이방원(李芳遠)을 급히 해주로 보내어 이성계를 개경으로 불러냈다.

　또한 이방원이 그 해 음력 4월 자객을 보내 정몽주를 죽였을 때도 대신을 함부로 죽였다며 크게 꾸짖던 이성계의 분노를 무마시킨 것도 강씨였다. 이는 강씨의 수완과 결단력을 상징해 주는 대목으로 새로운 나라를 세운다는 목적을 위해 수단을 가리지 않는 대담성을 보여 준 것이라 할 수 있다. 그리고 조선의 개국으로 강씨는 1392년(태조 1년) 8월 25일(음력 8월 7일) 조선의 첫 왕비가 되어 현비(顯妃)에 봉해졌다.

■ 진안대군 이방우(鎭安大君 李芳雨; 1354 ~ 1393년)

　조선 태조 이성계와 첫째 부인 신의왕후 한씨와의 사이에서 장남으로 태어났으며, 고려 말에 과거(문과)에 급제하여 예의판서(禮儀判書)와 밀직부사(密直副使)를 지냈다.

　고려 우왕 14년(1388년)에 부친 태조 이성계가 위화도 회군으로 정권을 장악하자 처자를 데리고 교주강릉도 철원 보개산에 들어가 은거하였다.

조선 건국 후에도 국가 일에는 일체 간여하지 않고 서해도 해주로 옮겨 가서 서너 달 살다가 아버지 태조 이성계로부터 동북면 고원 땅 전사(田舍)를 하사받고 나서 고향인 동북면 함흥으로 다시 옮겨간 후 1년여 만에 사망하였다.

■ 익안대군 이방의

(益安大君 李芳毅; 1360 ~ 1404년)

태조의 셋째아들로 이름은 방의, 자는 관이, 시호는 안양이다. 마한 안양공(馬韓安襄公)에 추증되었다. 어머니는 신의왕후 한씨이다.『조선왕조실록』에 의하면, "성질이 온후하고 화미(華美)한 것을 일삼지 아니하였고, 손님이 이르면 술자리를 베풀어 문득 취하여도 시사(時事)는 말하지 아니하였다."고 적고 있다.

■ 회안대군 이방간

(懷安大君 李芳幹; 1364 ~ 1421년)

● 익안대군 이방의의 초상

태조의 넷째아들로 이름 방간(芳幹), 시호(諡號) 양희(良僖), 호(號)는 망우당(忘牛堂)이다. 어머니는 신의왕후 한씨이다. '제1차 왕자의 난' 당시에는 정안군에게 가담하였지만, 정안군이 그를 죽이려 한다고 보고 '제2차 왕자의 난' 때 군사를 일으켜 충돌했으나 패하였다.

형 정종에게 적장자가 없자 왕위 계승에 대한 야심이 있던 그는 1400년(정종 2년)에 제2차 왕자의 난 때 정안군과 충돌하여 패하고 한양 서동(西洞)으로 퇴각하다가 아들 의령군 맹중과 함께 생포되었다.

　태종 즉위 후에도 계속 회안대군을 사형에 처해야 한다는 탄핵이 빗발쳤지만 태종의 배려로, 병석에 누웠을 때는 태종이 직접 의원을 보내어 치료를 받았다.

　1401년(태종 1년) 유배 중에 회안대군으로 봉작이 개정되었다. 1418년(세종 즉위년) 태종이 아들 세종에게 양위한 뒤 그에게 한양으로 올라올 것을 주문했지만 그는 거절하였다. 그는 심종(沈宗) 등과 연락하며 모종의 거사를 계획하였지만 실패하였다. 1421년(세종 3년) 4월 10일(음력 3월 9일) 홍주(洪州)에서 병사하였다.

■ 무안대군 이방번(撫安大君 李芳蕃; 1381 ~ 1398년)

　태조 이성계의 일곱째 왕자이다. 둘째 부인 신덕왕후 강씨 소생으로 출생했으며, 태조 2년(1393년)에 13세의 나이로 좌군절제사로 임명되었고, 한때 아버지 태조 이성계와 어머니 중전 강씨의 추천으로 세자로서 내정되기도 했으나 조준 · 정도전 등 중신들은 그를 "성격이 광망하고 경솔하다."라고 반대하여 동복아우 이방석에게 세자 자리를 빼앗겼다. 그리고 무안군에 봉작되었다.

　태조 7년(1398년)에 이복형 이방원이 주동이 된 '제1차 왕자의 난'이 일어났다. 이방원이 방번에게도 난에 동참할 것을 권유했으나 방번은 응하지 않았다. 그러나 아버지 등에게 알려주지도 않았다. 이후 난이 끝나자 성문 밖으로 쫓겨났고 중도에 살해되었다. 이때 그의 나이 18세였다.

■ 의안대군 이방석(宜安大君 李芳碩; 1382 ~ 1398년)

　조선 태조 이성계의 8왕자로 태조의 둘째 부인인 신덕왕후 강씨의 소생이다. 조선 최초로 세자에 책봉되었으나 '제1차 왕자의 난'으로 인하여 폐위되고 향년 17세로 암살되었다.

　태조 7년(1398년) 10월 6일(음력 8월 26일), 정안군 이방원(靖安君 李芳遠)의 주도로 '제1차 왕자의 난'이 벌어졌을 때, 세자 신분인 방석은 광화문 앞에 주둔하고 있

● **의안대군 방석의 묘**
경기도 광주시 남한산성면 엄미리 '의안대군 방석 묘역' 내에 위치해 있다. 1998년 4월 13일에 경기도 기념물 제166호로 지정되어 보호받고 있다.

● **의안대군 방석의 묘의 석물**

던 정안군 이방원의 세력에 대항하기 위해 친히 군사를 이끌었으나 "광화문으로부터 남산에 이르기까지 정예 기병이 꽉 찼다."는 봉원량(奉元良)의 보고에 군사 대응을 포기하고 만다.

 정도전·남은·박위 등 정안군의 입장에서 부정적인 세력이 제거되고 난 뒤, 정안군 세력은 세자를 방석에서 영안군 이방과(永安君 李芳果; 후일의 정종)로 교체했다. 유배되기로 한 폐세자 방석은 잠시 후 영추문을 통해 경복궁에서 나왔고, 이거이(李居易) 등 정안군 세력은 도평의사사와 합의하여 자객을 보내어 방석을 죽였다.

태조의 가계도

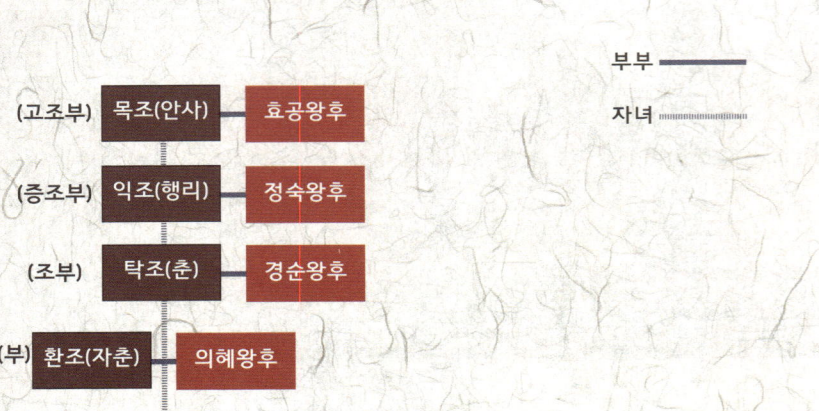

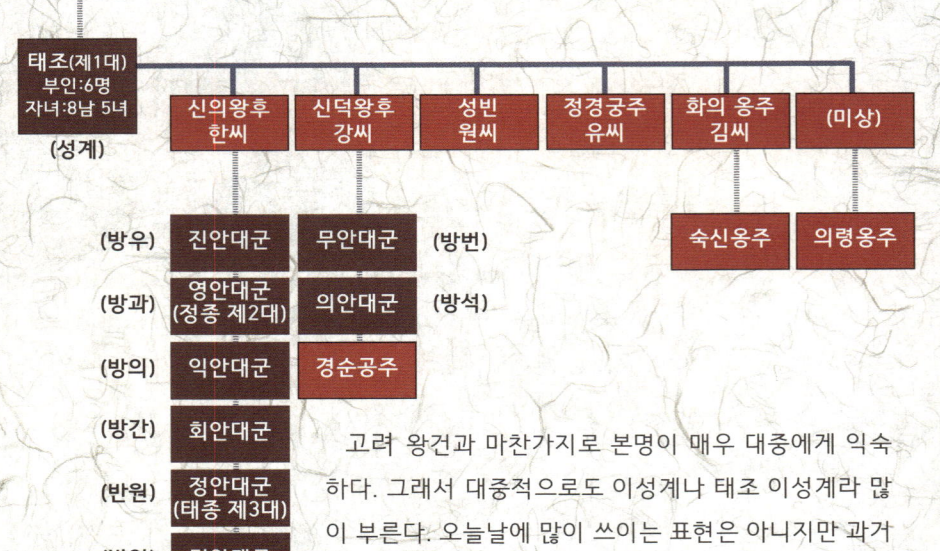

고려 왕건과 마찬가지로 본명이 매우 대중에게 익숙하다. 그래서 대중적으로도 이성계나 태조 이성계라 많이 부른다. 오늘날에 많이 쓰이는 표현은 아니지만 과거에는 '이태조(李太祖)'라고도 많이 불렸는데, 오늘날에도 장년, 노년층에서 이성계를 이태조라고 부르는 사람을 심심치 않게 볼 수 있다. 사실 이태조는 정확한 표현이 아니지만 조선시대에도 고려 태조 왕건을 가리켜 '왕태조(王太祖)'라고 부른 기록을 찾아 볼 수 있다.

《정종실록(定宗實錄)》

《정종실록》 편찬 경위

《정종실록》은 조선왕조 제2대 왕 정종(1357~1419년) 원년(1398년) 정월부터 정종 2년 11월까지 2년간의 역사를 편년체로 기록한 사서이다. 모두 6권 1책으로 구성되었다. 세종 6년(1424년) 3월부터 편찬하기 시작하여 세종 8년(1426년) 8월에 완성하였다.

《정종실록》은 본래의 이름이 《공정왕실록》이었다. 정종은 세상을 떠난 뒤 묘호를 올리지 아니하였고 명나라 황제로부터 받은 시호 공정을 칭호로 하였기 때문에 실록도 《공정왕실록》이라고 표제만 바뀌었다.

《정종실록》은 세종 8년 8월에 변계량·윤회·신장 등이 중심이 되어 편찬하였으나 세종 20년(1438년) 9월 25일(병오) 《태조실록》 중의 '제1차 왕자의 난'인 소위 방석의 난과 《정종실록》 중의 '제2차 왕자의 난'인 박포의 난에 대하여 사실과 다르게 기록하였다는 말이 있어 《태조실록》과 《정종실록》을 개편하자는 의견이 있었다. 그리하여 세종 24년(1442년) 9월 4일(신유)에 춘추관 감관사 신개와 지관사 권제, 동지관사 안지 등이 태조·정종·태종실록을 개수할 것을 건의하였다.

정종은 즉위 2년 11월에 왕위를 동생인 방원에게 양위하고 상왕이 되었다. 그 뒤 그는 20년 동안 한가롭게 지내다가 세종 원년(1419년) 9월에 63세의 일기로 세상을 떠났다. 그의 시호는 공정이었고, 존호는 처음에 온인순효였으며, 숙종 때 정종이라는 묘호를 추존하였다. 능호는 후릉으로 경기도 개성시 판문군 영정리에 있다.

《정종실록》의 내용

　정종의 초명은 방과(芳果), 자는 광원(光遠)이었으나, 즉위한 뒤 이름을 경(曔)으로 고쳤다. 태조의 둘째아들이며 어머니는 신의왕후 한씨이다. 태조 7년(1398년) 8월에 '제1차 왕자의 난'이 일어나 세자 방석이 죽자 대신 세자로 책봉되었고 동년 9월 5일 태조의 선양을 받아 제2대 왕으로 즉위하였다.

　정종은 일찍부터 관직에 나아가 여러 차례 왜구를 토벌하였고 1390년 1월에는 공양왕을 옹립한 공으로 추충여절익위공신에 책록되고 밀직부사에 올랐다.

　조선왕조가 개국되자 1392년(태조 1년) 영안군(永安君)에 봉해졌고 의흥삼군부중군절제사로 병권을 잡기도 하였다.

　1398년 8월, 정안군 방원이 주도한 '제1차 왕자의 난'이 성공한 뒤 방원의 추천으로 세자가 되었다가 9월에 태조의 선양을 받아 즉위하였다. 정종은 원년인 1399년 3월에 조정을 다시 개경(개성)으로 옮겼다. 같은 해 8월에는 분경금지법을 제정하여 권세가들의 세력을 약화시켰다. 1399년 3월에는 집현전을 설치하였고, 5월에는 태조 때 완성된 《향약제생집성방》을 간행하였다. 11월에는 조례상정도감을 설치하였다.

　1400년 1월에는 '제2차 왕자의 난'이 일어나 정안군(태종)이 조정의 주도권을 잡자 그를 세자로 책봉하였다. 그 해 4월에는 분란이 많았던 사병을 혁파하고 국가의 병권을 의흥삼군부에 집중시켰다. 이어 도평의사사를 의정부로 고치고 중추원을 삼군부로 고쳐, 군권을 가진 자들이 의정부에 합세하지 못하게 하였다. 이로써 의정부는 정무를 담당하고 삼군부(三軍府)는 군정을 담당하게 되었다.

　이러한 개혁은 모두 태종의 영향 아래 이루어졌다. 6월에는 노비변정도감을 설치하였다. 정종은 2년 11월 11일, 왕위를 동생 방원에게 양위하고 상왕이 되었다. 그 뒤 그는 20년 동안 한가롭게 지내다가 세종 원년(1419년) 9월에 63세의 일기로 세상을 떠났다.

제2대 정종

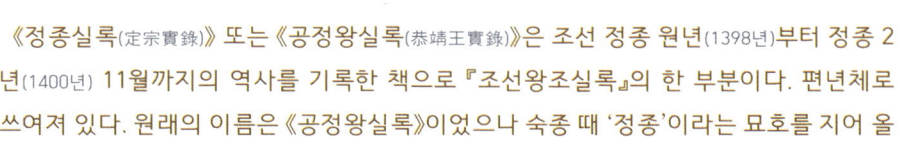

▶생애 : 1357~1419년
▶재위 : 1398~1400년

《정종실록(定宗實錄)》 또는 《공정왕실록(恭靖王實錄)》은 조선 정종 원년(1398년)부터 정종 2년(1400년) 11월까지의 역사를 기록한 책으로 『조선왕조실록』의 한 부분이다. 편년체로 쓰여져 있다. 원래의 이름은 《공정왕실록》이었으나 숙종 때 '정종'이라는 묘호를 지어 올렸으므로 《정종실록》이라고 한다.

■ 왕위 물려받아

 태조는 '왕자의 난'으로 방석과 방번 두 아들이 무참하게 살해당했다는 소식을 듣고 깊은 시름에 잠겼다. 고민 끝에 1398년 9월 둘째아들 방과에게 왕위를 넘겨주고 상왕으로 물러났다. 임금 자리에 오른 방과는 조선 제2대 왕 정종이다.

 그가 임금 자리에 오르는 데 정도전의 역할이 컸다. 정도전은 정종을 보위에 앉힘으로써 이방원의 세력을 견제시킬 수 있다고 계산했던 것이다. 정종은 성격이 매우 원만한 인물이었다. 제1차 왕자의 난 때 흔들림을 받았지만 동생들을 잘 이끌어 주었다.

 정종은 교지를 발표하여 새로운 정치제도와 그 제도를 시행한 왕이다. 귀족의 횡포를 막기 위하여 자기를 도와줄 인물들을 찾아 다녔다. 그렇게 하여 사람들을 모은 뒤에 벼슬을 청탁하는 사람들을 따돌리는 분경금지법을 만들었다. 도평의사사를 의정부로, 중추원을 삼군부로 고쳐 정치와 군사에 관한 일을 분리시켰으며, 권력에 의해 강제로 노비가 된 사람들을 풀어 주었다.

> ● **분경금지법**(奔競禁止法)
> 조선 초기에 행정과 군정(軍政)의 혼란을 수습하고 나아가 집권체제를 강화하기 위한 조치의 하나로 제정된 분경금지법은 하급관리가 상급관리의 집을 방문하지 못하도록 규정한 법. 이 법의 의미는 비밀리에 상급관리를 만나 청탁을 하거나 남을 모함하지 못하도록 법으로 제정한 것으로 오늘날의 '김영란법'과 비슷한 법제도이다.

그러면서 아버지 태조와의 관계를 부드럽고도 원만하게 지키는 데 힘썼다. 왕자의 난 등으로 일부 동요된 민심을 달래고자 수도를 한양에서 다시 개경으로 옮겼다. 그때 조정은 이미 방원의 손에 넘어가 있었다.

그래서 정종이 임금이 되었으나 정치는 거의 정안군 방원의 뜻대로 진행되었다. '제2차 왕자의 난'에 몸서리를 친 정종은 더구나 왕권을 계속 잡고 있을 경우에는 방원에게 죽임을 당할지도 모른다고 생각하고는 아버지 태조를 설득하여 방원을 임금으로 인정하도록 하였다.

● 정종의 치세

정종 원년 (1399년)

3월에는 한양에서 개성으로 천도하였고, 집현전을 설치하여 경적(經籍)의 강론을 담당케 하였다.

5월에는 태조 때 완성된 《향약제생집성방(鄕藥濟生集成方)》을 간행하였고,

8월에는 분경금지법(奔競禁止法)을 제정하여 관인들이 권세가에게 청탁하는 것을 방지하였고(정·경 분리),

11월에는 법전을 정비하기 위하여 '조례상정도감(條例詳定都監)'을 설치하였다.

(태조 때 펴낸 《경제육전》을 준수하여 치정할 것을 교시, 즉위교지(卽位敎旨)의 내용)

정종 2년 (1400년)

2월에는 이른바 '제2차 왕자의 난'을 계기로 정안군을 왕세자로 책봉하고,

4월에는 사병(私兵)을 혁파하여 군사권을 의흥삼군부로 집중시켰다(1차 군·정 분리).

도평의사사(都評議使司) → 의정부(議政府; 최고정무기구)로, 중추원(中樞院) → 삼군부(三軍府; 군무)와 승정원(承政院; 정무·왕명출납 등)으로 분리 개편하였다.

6월에는 노비변정도감(奴婢辨正都監)을 설치하여 고려 말 억울하게 노비가 된 사람들을 양인으로 환원시켰다.

■ 태조와 함께 왜구 토벌

정종은 21세 때인 고려 우왕 시절인 1377년 5월, 아버지 이성계를 수행하여 지리산에서 왜구를 토벌하였다. 그때 이성계는 신흥 무장세력의 대표주자로 이름을 떨치고 있었다. 지리산 왜구 토벌 작전에서 정조는 큰 활약을 했고 왜구를 무찌르는 데 큰 공을 세웠다.

● 태조 이성계 기마상

1388년에는 순군부만호로 국정에 폐해가 많았던 염흥방의 옥사를 다루었고, 고려 창왕 때는 절제사 유만수와 함께 해주에 침입한 왜구를 격퇴시켰다. 또 아버지가 위화도에서 회군할 때 여러 형제 가운데 가장 높은 용호군 좌장군으로 있었던 정종은 재빨리 근무지인 평양을 빠져나와 아버지 진영으로 들어가 회군이 성공하는 데도 큰 힘을 보탰다.

그 뒤에도 정종은 고려 창왕을 폐하고 공양왕을 세우는 데 공을 세웠다. 이에 이성계와 함께 공신으로 책봉되었다. 이를 폐가입진(廢假立眞)이라고 일컫는다. 정종은 조선 건국 당시 다섯째동생인 이방원과 함께 아버지를 도와 많은 역할을 하였음에도 불구하고 개국공신 반열에 들지 못해 마음속으로 서운함을 품고 있었다. 더구나 그가 지녔던 중군 절제사 벼슬도 정도전 일파에게 빼앗기는 일을 당했다.

드디어 왕위에 오른 정종은 적극적으로 정사에 임하여 의욕적으로 정치를 펼치기 시작하였다. 그러나 정종과 왕비 정안왕후 사이에 자식이 없었는데 이로 인해 후계자 문제가 미묘하게 드러나는 눈치가 보였다. 하루는 왕비가 정종에게 말했다.

"전하는 어찌하여 정안군(태종)의 눈을 못 보시나요? 속히 왕위를 물려주시고 마음 편하게 하세요!"

이런 내용이 《연려실기술》에 실려 있다.

■ 동생에게 왕위를 물려주고

정종과 정안왕후 김씨와의 사이에는 후사가 없었다. 그리고 후궁에게서 자손을 낳았으나 직계로 세자 책봉을 하지 못했다. 정종은 당시 권력을 한손에 쥐고 있던 동생 정안군 방원을 세자로 삼는다.

정종에게는 사병 집단이라는 세력을 제거하는 일이 가장 큰 문제였다. 그러나 태조는 물론 정안군도 사병을 상당수 거느리고 있었다. 이는 정종이 정사를 펴는 데 저해요소이자 방해물로 나타나고 있었다. 그래서 이들을 혁파하는 일이 가장 시급했다.

'제2차 왕자의 난' 이후 개인적으로 군사를 거느리는 사병제도를 혁파시키는 일이 조금씩 풀리기 시작하였다. '제2차 왕자의 난'이 끝나자 전국에서 상소문이 무더기로 올라왔다. 그 가운데 정이오의 상소가 정종의 마음을 움직였다.

● **정종비 금보**
정종비 정안왕후의 어보이다.
조선 제2대 왕 정종의 왕비로서 태조 7년 '제1차 왕자의 난'으로 세자 이방석이 피살되고 영안군이었던 정종이 세자가 되면서 세자비가 되어 덕빈(德嬪)에 봉해졌고, 정종이 즉위하자 덕비(德妃)에 올랐다. 1400년 정종이 태종에게 양위하고 상왕으로 물러나자 순덕왕대비(順德王大妃)의 존호를 받았다.

●고려 왕궁
정종은 상왕으로 물러나 개경의 왕궁에서 거주하였다.

"전하께서 의로움을 들어 반군들을 토벌하시는 날에 궁중의 갑사(甲士: 중위인 의흥군에 속한 군사)가 창을 거꾸로 들고 응하였습니다. 전날과 같은 불궤(不軌: 법이나 도리를 지키지 아니함)가 있다면 갑사로 있는 자들이 의리를 알지 못하는 것이오니 이들을 어찌 믿을 수 있겠습니까? 전하께서 궁궐 안에 있는 갑사를 먼저 혁파하십시오."

《정종실록》에 이 말이 들어 있다.

1400년 11월, 마침내 방원에게 왕좌를 양위하고 상왕으로 물러났다. 이는 그의 정비 정안왕후의 간절한 희망이었다. 그것이 현실적으로 목숨을 유지하는 유일한 길이라고 생각했기 때문이다.

정종은 상왕으로 물러난 뒤에 인덕궁에 거주하면서 주로 격구, 사냥, 온천, 연회 등의 자유분방한 생활을 즐겼다. 왕위에서 물러난 19년 후 63세의 일기로 세상을 떠났다. 정비 정안왕후와의 사이에는 자식이 없었으나 기씨·윤씨 등 5명의 후궁에게서 15남 8녀의 아들딸을 두었다. 정종은 성품이 순직하고 근실하며, 지행이 단엄하고 방정하면서 무략이 있었다고 한다.

77

■ 사후에 묘호 못 받아

정종은 사후에 묘호를 받지 못했다. 묘호는 임금이 죽은 뒤에 내리는 시호를 말한다. 묘호가 없으므로 공정왕으로 불렸다. 정종이 묘호를 받지 못한 것은 정종의 뒤를 이어 왕위에 오른 태종의 입김이 작용한 것으로 알려졌다. 그런 이면에는 이방원이 임금의 동생인 세제(世弟)로 왕위에 오른 것이 아니라 태조의 아들인 세자로 임금이 되었다는 기록에서 드러나고 있다.

● 정종비 금보 낙인

정종에 이어 왕위에 오른 태종은 왕의 동생보다는 왕의 아들로서 왕위에 올라야 자신의 위상이 확고하다는 강한 의지를 나타내었다. 그런 이유로 태종은 정종의 묘호를 내리지 않았고, 태조의 아들로서 왕위에 오른 정당성을 확립하려 했다. 그러다가 제8대 예종 때에 이르러, "공정대왕은 종묘사직에 어떤 죄도 없는데 시호가 없으니 매우 부당하다."고 왕이 말했다.

그 뒤 제19대 숙종 때에 다시 묘호가 없음을 발견하고 공론에 붙여 정종이라는 시호가 올려졌다. 사후 162년이란 세월이 흘러간 뒤의 일이었다.

왕릉은 개풍 홍교에 있다. 왕과 왕비 능을 나란히 만든 쌍릉이다. 지금 휴전선 이북이다. 조선왕조의 역대 왕 가운데 유일하게 북한 지역에 왕릉이 있어서 돌보는 사람이 없다.

● 조선 제2대왕 정종과 정안왕후의 후릉
북한 황해북도 개풍군에 있는 정종과 정안왕후의 능으로 조선 왕의 능 중 유일하게 북한 지역에 있다.

정종의 가계

● 왕후의 가례복

정안왕후 김씨(1355년 1월 22일/음력 1월 9일~ 1412년 8월 2일/음력 6월 25일)는 조선 정종의 왕비이다. 별호는 덕비(德妃), 시호는 온명장의정안왕후(溫明莊懿定安王后)이다. 월성부원군 김천서(月城府院君 金天瑞)의 딸로 본관은 경주이다. 조선 최초의 왕대비이다. 안정왕후(安定王后)라고도 한다.

■ 정안왕후 김씨(定安王后 金氏)

1355년 1월 22일(음력 1월 9일) 월성부원군 김천서(金天瑞)의 딸로 태어났다. 1398년 남편 영안군(永安君)이 세자가 되자 세자빈으로 책봉되고, 같은 해 영안군이 즉위하면서 왕비가 되었다. 2년 뒤인 1400년에 남편 정종이 동생인 세자 정안군(靖安君)에게 양위하고 상왕으로 물러나자 순덕왕대비(順德王大妃)의 존호를 받았다.

야사에 따르면 정종에게 양위를 권한 건 정안왕후라고 한다. 정종이 동생인 정안군(이방원)의 난으로 태조로부터 왕위를 선양받아 조선 제2대 왕위에 즉위하였지만 정안왕후는 늘 불안하였다. 그만큼 모든 권력은 정안군이 움켜쥐고 있었다. 오히려 정종이 왕의 자리를 정안군에게 양위하고 상왕으로 물어나자 안정을 찾고 평안하게 살다가 임종을 맞았다고 한다. 정종과의 사이에서 자녀는 없다.

1412년 8월 2일(음력 6월 25일)에 58세의 일기로 세상을 떠났으며, 승하한 지 270년 뒤인 1681년(숙종 7년)에 온명장의(溫明莊懿)의 존호가 추상되었다. 능은 황해북도 개풍군 영정리에 위치한 후릉(厚陵)으로, 후에 남편 정종도 이곳에 묻혀 쌍릉으로 조성되었다.

정종의 가계도

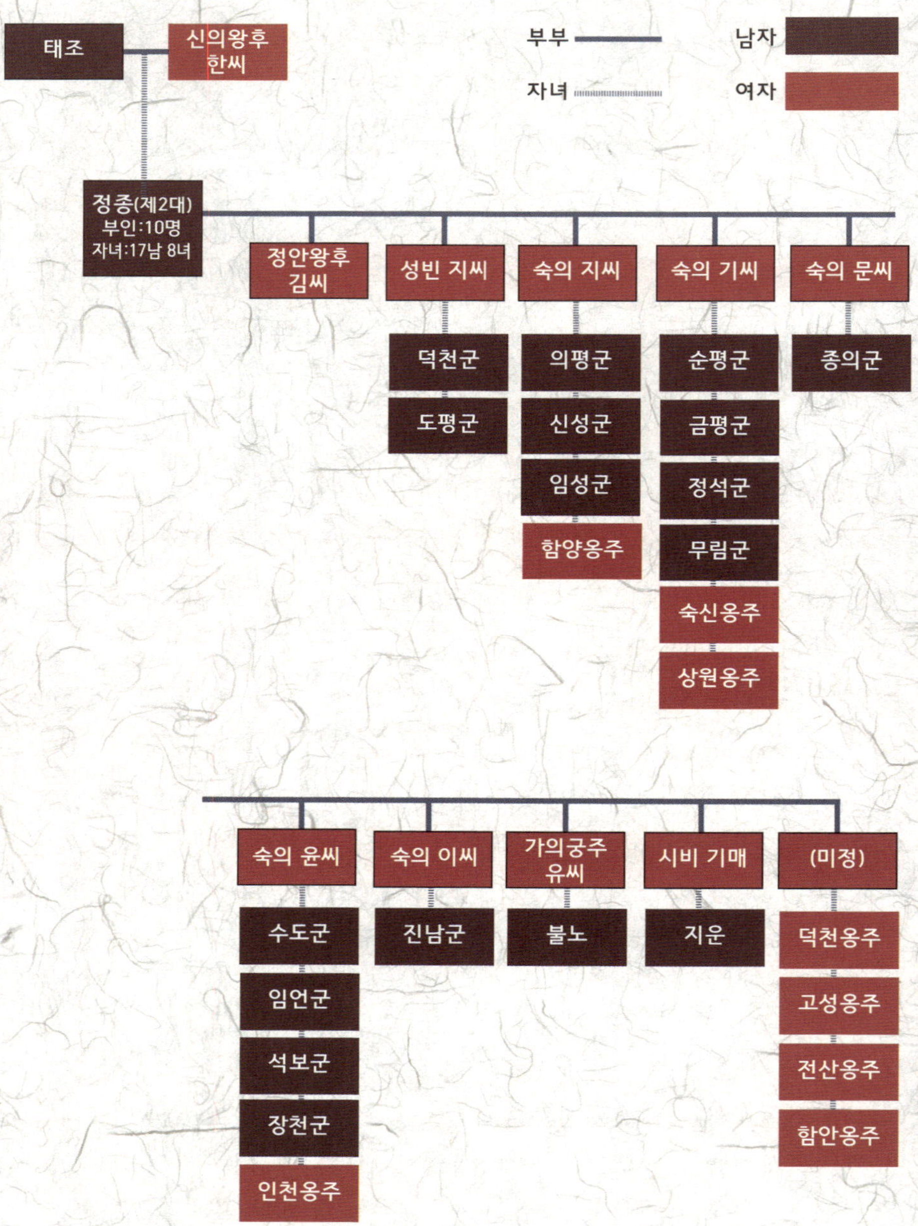

조선왕조실록

- 부부 ——
- 자녀 ┅┅┅
- 남자 ■ (흑)
- 여자 ■ (적)

태조 — 신의왕후 한씨
│
정종(제2대)
부인: 10명
자녀: 17남 8녀

- 정안왕후 김씨
- 성빈 지씨
  - 덕천군
  - 도평군
- 숙의 지씨
  - 의평군
  - 신성군
  - 임성군
  - 함양옹주
- 숙의 기씨
  - 순평군
  - 금평군
  - 정석군
  - 무림군
  - 숙신옹주
  - 상원옹주
- 숙의 문씨
  - 종의군
- 숙의 윤씨
  - 수도군
  - 임언군
  - 석보군
  - 장천군
  - 인천옹주
- 숙의 이씨
  - 진남군
- 가의궁주 유씨
  - 불노
- 시비 기매
  - 지운
- (미정)
  - 덕천옹주
  - 고성옹주
  - 전산옹주
  - 함안옹주

《태종실록(太宗實錄)》

《태종실록》 편찬 경위

《태종실록》은 조선왕조 제3대 왕 태종의 원년(1400년) 11월부터 18년(1418년) 8월 10일까지의 역사를 편년체로 기록한 사서이다. 정식 이름은 《태종공정대왕실록》이며 모두 36권 16책으로 구성되어 있다. 세종 8년(1426년) 8월부터 편찬하기 시작하여 세종 13년(1431) 3월에 완성하였다.

《태종실록》은 편찬 직후 세종 13년(1431년) 4월 25일 《태조실록》·《정종실록》과 함께 고려시대의 실록을 보관하였던 충주사고에 봉안하였다. 그때까지 실록은 이 한 벌뿐이었고, 충주사고는 민가가 밀집한 시내에 위치하여 화재가 염려되었다. 그리하여 세종 21년(1439년) 6월 사헌부의 건의로 새로 전주와 성주에 사고를 설치하고, 세종 27년(1445년) 11월 19일까지 세 벌을 더 베껴 모두 네 벌을 만들어 춘추관·충주·전주·성주사고에 각기 한 벌씩 봉안하였다.

《태종실록》 편찬에 관계한 춘추관 당상은 감관사 맹사성, 지관사 윤회, 동지관사 신장이며, 당하관, 즉 낭청은 기주관 안지·조서강·이옹, 기사관 안수기·이선제·박시생·오신지·권자홍·장아·어효첨·김문기·강맹경·이종검 등이다.

　태종은 세종 4년(1422년) 5월 56세에 세상을 떠났는데, 시호는 공경이며 서울 서초구 내곡동 헌릉에 묻혔다.

《태종실록》의 내용

　태종은 왕권을 강화하고 중앙집권을 확립하기 위해 대부분의 공신과 외척들을 조정에서 제거하였다. 1404년에는 3년 전의 이거이 난언(亂言: 막되거나 난삽한 말) 사건을 들춰내 이거이와 이저를 귀향시켰다. 1407년에는 불충을 들어 처남으로서 권세를 부리던 민무구·민무질 형제를 사사(賜死)하였다. 1415년에는 나머지 처남인 민무휼·민무회 형제를 서인으로 폐하고 이듬해 사사하였다.

　같은 해 이숙번을 축출하고, 1414년에는 잔여 공신들도 부원군으로 봉해 정치 일선에서 은퇴시켰다. 1401년에 문하부를 혁파하고 의정부 구성원으로만 최고 국정을 합의하게 하여 의정부제를 정립하였다.

　1405년에는 의정부 기능을 축소하고 육조 기능을 강화해 육조직계제를 강화하고자 하였다. 그래서 육조 장관을 정3품 전서에서 정2품 판서로 높이고, 좌·우 정승이 장악했던 문무관의 인사권을 이조·병조로 이관하였다. 1414년에는 육조직계제를 시행하여 육조가 국정을 나눠 맡게 함으로써 왕권과 중앙집권을 크게 강화하였다. 1413년에 지방제도를 개편하였다. 1401년에는 신문고를 설치해 백성들이 억울한 일을 자유롭게 청원하거나 상소할 수 있게 하였다.

　1410년에는 호포세를, 1415년에는 포백세를 폐지하였고, 서얼차대법을 만들었다. 태종은 유학을 크게 장려하여 1407년과 1411년에는 권학사목과 국학사의를 정하고 4부학당을 건축하였으며, 1415년에는 거북선을 개발했다.

　이 밖에도 수도를 한양으로 옮기고, 창덕궁·덕수궁·경회루·행랑·청계천을 조성하였다. 백관의 녹과를 정비하고, 호구법을 제정하였으며, 호폐법을 실시해 호구와 인구를 파악하였다. 1403년에 주자소를 설치해 계미자 수십만 자를 주조하고 편찬사업을 크게 일으켰는데, 권근과 하륜 등에게 명해《동국사략》을 편찬하게 하고, 1409년부터 1413년에 걸쳐《태조실록》을 편찬하였다. 1412년부터 1416년까지《십칠사》·《대학연의》·《원육전》·《속육전》·《승선직지록》·《동국약운》·《경제육전원집상절》·《속집상절》 등을 편찬하였다.

제3대 태종

▶생애 : 1367~1418년
▶재위 : 1400~1418년

　태종이 승하한 후《정종실록》과 함께 세종 6년(1424년) 3월부터 편찬하기 시작하여 세종 13년(1431년) 음력 3월 17일에《태종실록》을 완성하였다. 세종 24년(1442년)에《정종실록》과 함께 개수하였다. 선조 37년(1604년)에 실록을 새로 내면서 오자(誤字; 잘못 쓴 글자)를 교정하였다.

● 태종 이방원의 서명

■ 세자 책봉에 불만 터뜨려

　태종 이방원은 조선 개국의 일등공신이다. 고려의 마지막 충신 대학자인 정몽주 등을 제거함으로써 아버지 이성계를 중심으로 한 신진세력이 새 왕조 조선을 세우는 데 큰 공을 세운 인물이다.

　1392년 이성계가 태조로 등극하면서 아들 이방원을 정안공에 봉해 그 공을 인정하였다. 원래 큰아들로 왕세자를 세워야 하는 것이 원칙이다. 그러나 태조는 장남인 진안대군 방우가 조선 개국을 달갑게 여기지 않은 데다가 병약하다며 세자 책정에서 제쳐놓고 신하들에게 가장 유능한 왕자를 세자로 세우도록 지시하였다.

　개국의 공로로 따지자면 이방원이 태조의 아들 중에서 가장 많은 공을 세웠으나 왕권보다 신하가 중심이 되는 신권 중심(신권(臣權)이 우위에 서는 재상(宰相) 중심)으로 나라를 다스려야 국정이 안정된다고 정도전 등이 적극 권유하였다.

● 왕위 즉위식 미니어처

세자 책봉 1순위는 개국에 공을 세운 이방원이었으나 개국공신 간에 이견이 발생하자 전각 뒤에 숨어서 이를 엿듣고 있던 신덕왕후가 흐느껴 울며 무안대군 방번을 세자로 책봉해야 한다고 주장했다. 그러나 방번은 성격이 난폭하였기에 뒤에 의안대군 방석으로 교체되었다.

이 소식을 전해 들은 방원은 매우 불쾌감을 드러냈다. 방원은 형제들을 찾아가 정실부인의 아들들을 제쳐 놓고 후실의 아들을 세자로 책봉하였다며 불만을 터뜨렸다.

● 신덕왕후 무속도

● 태조 이성계 무속도

이에 정비인 신의왕후 한씨 소생의 왕자들은 크게 불만을 나타냈는데, 특히 누구보다 조선 개국에 공이 컸던 이방원은 펄펄 뛰었다. 그러자 정도전은 왕자들의 정치 언급을 가로막으며 사병혁파를 기도하는 등 이방원과 마찰을 빚었다.

이방원은 1398년에 부왕 태조가 와병 중임을 틈타 아내 민씨의 후원과 이숙번·하륜·조영무·숙부 이화·사촌 이천우·처남 민무구·민무질 등과 함께 제1차 왕자의 난을 일으켜 정도전·남은·심효생 등의 개국

● 준원전에 봉안된 태조 이성계의 어진

태조가 신의왕후 소생 왕자들에게 취한 태도는 어떻게 보면 철저한 토사구팽이었다. 왕자들과 고려 구 세력의 딸들을 혼인시켜 중앙 정계에 진출했으면서도 정작 새 왕조가 세워지자 바로 그 인척 관계 때문에 왕자들을 권력의 중심에서 내치려 한 것이다. 그래서 아직 미혼인 막내아들 방석을 세자로 책봉하여 고려의 잔재를 지우려 했다. 이에 반발한 정안공(이방원)에 의해 벌어진 '제1차 왕자의 난'이라는 쿠데타를 당함으로 권력을 빼앗겨 상왕으로 물러나고 만다.

공신들과 이복동생인 무안대군 방번·세자 방석 등을 살해하고 정권을 장악하였다.

이처럼 엄청난 일이 터지자 권력에 대한 회의를 느낀 태조는 영안대군 방과에게 보위를 물려주고 함흥으로 떠났다. 왕위를 물려받은 태조의 둘째아들 방과가 바로 조선의 제2대 국왕 정종이다. 이성계의 서형인 이원계의 아들들이 그를 지지하고 정안대군 이방원이 국정을 장악한다. 이방원은 1398년 음력 2월에 정종으로부터 왕세자로 책봉되었고, 책봉된 지 9개월 만에 정종의 양위를 받아 임금으로 즉위하였다.

■ 악역을 떠맡은 정안군

　정안군 이방원은 태조 이성계를 제거하려던 정몽주와 반대파들을 제거하여 조선의 기틀을 다져 놓았다. 그러나 조선 개국 이후, 개국에 기여한 전비 한씨 소생의 자녀들을 외면하고 신덕왕후 소생의 아들 중 세자를 정한 부왕과 정도전의 처사에 반발하여 '제1차 왕자의 난'을 일으키고 '제2차 왕자의 난'을 진압하여 반대파를 숙청하는 악역을 자초하였다.

　1392년 공양왕 4년 명나라에서 돌아오는 세자를 마중 나갔던 이성계가 사냥하다가 말에서 떨어지는 바람에 황주에서 드러눕게 되었다. 이때 이성계는 아들 이방원에게 정몽주를 자기 세력으로 끌어들일 것을 지시한다. 이방원은 정몽주를 자택으로 초대하였다.

　정몽주는 고려 말기의 대표적인 문신·외교관·정치가·교육자·유학자였다. 1338년 1월 13일 출생인데, 음력으로는 1337년 12월 22일이라 불과 열흘 사이에 두 살을 먹은 사람으로 유명하다. 호는 포은, 시호는 문충이다. 야은 길재, 목은 이색과 더불어 고려 말의 3은(三隱)으로 불린다.

　1360년 문과에 장원으로 급제한 뒤, 예문관 검열로 관직에 나아가 여러 벼슬을 거쳤다. 성균관 대사성·예의판서·예문관제학·수원군 등을 지내며 친명파 신진 사대부로 활동하였다.

● 포은 정몽주(1337~1392년)의 영정

그러나 이성계의 역성혁명과 고려개혁을 놓고 갈등이 벌어졌을 때 온건개혁을 선택하였으며, 명나라에 외교관으로 다녀오기도 했다.

삼봉 정도전의 오랜 친구였으나 역성혁명과 온건개혁을 놓고 갈등하던 중 정적으로 돌아선 것이다. 정몽주는 자신의 문하생과 함께 공부한 이색의 문하생들로 하여금 이성계·정도전 등에 대한 탄핵을 계속하게 했다.

1392년 봄, 이성계 일파가 역성혁명을 준비하고 있음을 알아낸 그는 이성계가 병으로 은신한 것에 의문을 품고 사람을 보내어 이성계의 주변을 살폈다. 이성계가 병을 이유로 관직에서 물러나자 정몽주 역시 병을 핑계로 물러나 조용히 지내다가 그해 4월, 이성계가 병을 빙자한 것이 사실인지 아닌지를 확인하기 위해 이성계의 동태를 살폈다.

1392년 4월 26일 새벽 그는 꿈을 꾸었는데, 그 꿈에서 자신이 죽을 수도 있음을 예상하게 된다. 그리하여 그는 그날 아침, 조상들의 제단 앞에 절하고 부인과 두 아들을 불러 놓은 다음, 새 조정에서 주는 벼슬을 거절하지 말라는 말과 함께 유언을 남겼다.

"충효를 숭상하는 것이 우리 집의 가문이니 조금도 낙심 마라."

이 유언을 남긴 뒤 정몽주는 이성계의 정세를 엿보려고 병문안 길에 나선다. 그러나 이성계는 만나지 못하고 그의 아들 이방원의 환대를 받았다.
그때 정몽주와 이방원이 주고받은 시조가 바로 〈단심가〉와 〈하여가〉이다. 이방원은 〈하여가〉를 통해 정몽주를 이성계의 세력으로 다시 끌어들이고자 하였으나, 정몽주는 〈단심가〉로 충절을 분명히 밝힌 것이다.

■ 이방원의 〈하여가〉

　이런들 어떠하리 저런들 어떠하리
　만수산 드렁칡이 얽혀진들 어떠하리
　우리도 이같이 얽혀 백 년까지 누리리라.

■ 정몽주의 〈단심가〉

　이 몸이 죽고 죽어 일백 번 고쳐 죽어
　백골이 진토되어 넋이라도 있고 없고
　임 향한 일편단심이야 가실 줄이 있으랴.

　이방원의 〈하여가〉에 이어 〈단심가〉는 정몽주의 충절을
잘 나타내고 있다. 정몽주의 또 다른 한시 〈백로가〉에서 그의
고결한 정신세계를 엿볼 수 있다.

■ 정몽주의 〈백로가〉

　까마귀 싸우는 골에 백로(白鷺)야 가지 마라
　성난 까마귀 흰 빛을 새오나니
　청강(淸江)에 좋이 씻은 몸을 더럽힐까 하노라.

■ 선죽교에서 피살된 정몽주

포은 정몽주는 경상북도 우항리 출신이며, 이색의 문인이라고 하나 기록은 없다. 그의 제자들 중 길재는 사림파의 비조가 되었고, 권우는 세종대왕의 스승이 되었다. 그의 손녀는 정종의 서자 신성군의 부인 오천군부인이 되었고 서손녀는 한명회의 첩이 되었다.

삼봉 정도전의 오랜 친구였으나 역성혁명과 온건개혁을 놓고 갈등하던 중 정적으로 돌변했다. 역성혁명에 반대하다가 이성계·정도전 일파를 제거하려 했으나 실패하고, 오히려 이방원 일파에 의해 피살되었다. 암살 직후 역적으로 단죄되었으나 1401년(태종 1년) 태종에 의해 대광보국숭록대부 영의정부사에 추증되고, 익양부원군(益陽府院君)에 추봉되었다.

정몽주의 마음을 돌이킬 수 없다고 판단한 이방원은 그를 제거하기로 결심하고 정몽주가 집으로 돌아가는 길에 죽일 것을 부하들에게 지시하였다.

그리하여 이성계의 문병을 마치고 돌아가던 정몽주는 개성 선죽교에서 이방원의 문객 조영규와 그 일파에 의해 살해당하고 말았다.

● 선죽교
개성시 선죽동에 있는 고려시대의 석교로 정몽주가 피살당한 곳으로 유명하다.

일부 전해 오는 이야기로는 정몽주가 이성계가 집을 방문하도록 이방원이 계략을 써서 그를 초청한 것이라고도 한다. 이때 이미 이방원은 자신의 심복 부하 조영규를 시켜 쇠뭉치를 들고 선죽교 다리 밑에 숨어 있다가 정몽주가 지나갈 때 쳐서 죽여 버리라고 지시하였다.

정몽주는 이성계의 백형인 이원계의 사위 변중량을 통해 이러한 정보를 입수했다고 전한다. 조영규와 무사들이 나타나자 그는 분위기가 이상함을 눈치채고 말을 타고 이성계의 자택을 떠났으나 돌아오면서 친구 집에 들러 술을 마신 후 말을 거꾸로 타고 마부에게 끌라고 일렀다. 마부는 정몽주가 술에 취해 그러는 것이 아닌가 하고 의아한 눈치로 물었으나 정몽주는 의연하게 대답하였다.

"부모님으로부터 물려받은 몸인지라 맑은 정신으로 죽을 수 없어 술을 마셨고, 흉악한 자들이 앞에서 흉기로 내리칠 것이 끔찍하여 몸을 돌려 말을 탄 것이다."

마부는 말을 끌려고 하지 않았으나 정몽주는 길을 재촉하였다.

● **선죽교에서 피살당하는 정몽주 미니어처**
정몽주가 이방원 휘하의 괴한으로부터 죽임을 당할 것을 느끼고 몸을 돌려 말을 탄 장면이 이채롭다.

아니나 다를까, 선죽교 중간쯤에 이르렀을 때 고여와 조평 등 10여 명의 괴한이 나타났다.

정몽주는 이들이 비열하게 숨어서 사람을 공격함을 질책하였으나 그들은 정몽주를 몽둥이와 철편으로 공격하여 살해하였다. 이때 조영규·고여·조평 등의 철퇴에 맞고 흘린 그의 피가 개성 선죽교의 교각에 일부 묻었다. 비가 내려도 핏자국이 없어지지 않고 대나무까지 솟아났다고 하여 본래 이름인 선지교 다리를 선죽교로 바꾸어 불렀다. 후일 김구는 그의 자서전《백범일지》에서 1945년까지도 그곳에 핏자국이 있었다고 전하고 있다.

1392년 4월, 정몽주는 역적으로 단죄되고, 시신은 바로 이방원의 수하들에 의해 베어져 개경의 저잣거리에 매달려졌다. 그의 시신은 역적으로 몰려 방치되다가 우현보와 송악산 스님들에 의해 수습되어 승려들이 염습한 뒤 개경 풍덕에 가매장되었다가 후일 경기도 용인 능원리로 이장되었다.

정몽주의 죽음을 놓고 이성계가 이방원을 꾸짖었다는 일화도 전한다. 이성계는 이방원에게 다음과 같이 꾸짖었다고 한다.

"우리 집안은 충효로 세상에 알려졌거늘, 네가 대신을 죽였으니 백성들이 무엇이라 여기겠느냐? 부모가 자식에게 경서를 가르치는 것은 그 자식이 임금에게 충성하고 부모에게 효도하기를 원하기 때문인데 이처럼 네가 불효한 짓을 저질렀으니 나는 지금 사약이라도 먹고 죽고 싶은 심정이다."

정몽주의 문하생 중 길재와 이숭인은 많은 문하생을 길러냈는데, 이들은 지방의 유력인사로 성장하여 후일 사림파의 기원이 되었다. 역성혁명에 반대하고 이성계·정도전 일파를 제거하려다가 오히려 이방원 일파에 의해 피살되었다. 암살 직후 역적으로 단죄되었으나 후에 1401년 태종의 손에 대광보국숭록대부 영의정부사에 추증되고 익양부원군으로 추봉되었다.

● **정몽주의 묘**

경기도 용인시 처인구 모현면에 있는 고려시대 문신 정몽주의 묘로, 정몽주가 순절한 뒤 풍덕군에 묘를 썼다가 후에 고향 경상북도 영천으로 천묘(遷墓)하려는데, 면례(緬禮; 무덤을 옮겨 다시 장사지냄) 행렬이 지금의 용인시 수지읍 경계에 이르렀을 때 앞에 세웠던 명정(銘旌)이 바람에 날려 현재 위치에 떨어져 이곳에 안치하였다는 전설이 전해진다.

■ 사병혁파와 법령 개정

제3대 임금에 오른 태종은 개국 초기에 일어난 혼란을 다스리기 위해 관제개혁을 통한 왕권강화와 유교정치에 온힘을 쏟았다. 고려 때(무신정권)부터 내려오는 사병을 혁파하여 병권을 일원화하고 중앙제도와 지방제도를 새로 정비하여 고려의 잔재를 완전히 없애 버렸다.

의흥부를 폐지하여 병조의 지휘권을 확정하고 군사제도를 정비하여 국방력을 강화했다. 토지제도와 조세제도의 정비를 통하여 국가의 재정을 안정시키는 토대를 마련하였다. 불교 대신에 유교를 받드는 억불숭유정책을 더욱 강화하여 사찰을 정리하고 사원에서 소유한 토지를 몰수하였다. 사병혁파는 정도전 일파 등이 사병을 거느린 것에 대해 위기의식을 느꼈기 때문이다. 사병혁파로 지역의 실권자들이 개인적으로 거느리는 사병조직은 사라졌으며, 이들은 농부가 되거나 군역에 편입되었다.

태종은 6조 직계제를 통해 의정부와 6조의 관료들이 왕에게 직속되어 정무를 다스리도록 하였다. 관료들을 잘 제어할 수 있었던 것은 그가 고려 말기 과거에 급제하여 10여 년 동안 관리로 지냈던 경험이 있어서 관료들의 의식을 누구보다도 잘 알았기 때문이다.

태종은 왕권의 안정을 위해 자신을 등극하게 만들어 준 공신들까지도 유배 보내거나 처형했다. 그런 연유로 해서 태종시대는 물론 아들 세종이 태평천하를 누리면서 안정과 문화적·군사적 발전을 이룰 수 있는 바탕을 만들어 놓은 것이다.

■ 처남들까지 몰살시켜

태종은 왕권의 안정과 강화를 위해 자신을 등극하게 만들어 준 공신들을 유배 보내거나 처형했다. 이러한 태종의 모습을 한편에서는 그를 무자비한 군주라 비난하지만, 그의 노력이 바탕이 되어 당대와 다음 대인 세종 때에는 조선이 정치적 안정과 문화적·군사적 발전을 이룰 수 있었다.

태종 이방원의 장인 민제는 개국공신이었고, 그의 네 처남 민무구와 민무질, 민무휼과 민무회 등은 모두 제1차, 제2차 왕자의 난 당시 태종을 도와 그를 왕위에 오르게 한 인물들이었다. 그런데도 장인 민제의 가문이 외척으로 성장하면서 이들이 양녕대군을 지지하고 그들 주변에 인물들이 결집하자 태종은 자신의 장인과 처남들을 과감하게 제거하는 결단을 보였다.

장인 민제가 병사하자 민무구와 민무질 처남 형제를 유배했다가 사약을 내렸고 민무휼과 민무회도 사형에 처했다. 게다가 병석에 누운 장모 송씨마저 사망함으로써 그의 처가는 몰락하고 말았다. 그리고 태종은 아내인 원경왕후를 사실상 유폐나 다름없는 교태전으로 보내어 왕비와 외척이 어떠한 정치적 개입도 하지 못하게 만들었다.

태종은 1405년 권근의 주청을 받아들여 정몽주에게 대광보국숭록대부 영의정부사 수문전대제학 감예문춘추관사 익양부원군이라는 긴 이름으로 추증하여 그의 영혼을 기렸다. 이는 자기가 죽인 사람을 영의정에 추증함으로써 그 자신의 포용력을 대외에 과시하려는 의도였다.

● 교태전(交泰殿)
교태전은 왕후의 침전으로 조선의 많은 왕후들의 애환이 서려 있는 곳이다. 다른 말로 중궁전으로 불리기도 한다.

조선왕조실록

■ 왕세자 서열도 바꿔

　태종은 장남인 양녕대군을 세자로 책봉하였으나 그의 품행이 자유분방하고 여자를 밝혀 잦은 문제를 일으키는 등 유교적 교육과 엄격한 궁중생활에 적응하지 못하였다. 이에 태종은 양녕을 1418년 세자에서 폐위시키고 양녕대군에 봉했으며 그 대신에 아우인 충녕대군(세종)을 세자로 책봉하였다.

　태종은 장남 양녕대군이 왕세자임에도 불구하고 학문 연마를 게을리 하고 자유분방한 생활을 좋아하자 매우 못마땅하게 여겼다. 그런 와중에 양녕대군의 스승 계성군까지 태종을 찾아와 더 이상의 수업 진행이 불가하다고 진언하였다.

　양녕대군은 각지의 기생들을 궁궐로 데려오기도 했다. 그러자 태종은 큰아들 양녕이 데려온 기생들에게 곤장을 쳐서 궁궐 밖으로 내쫓았다. 양녕은 그럴 때마다 아버지 태종이 후궁을 많이 거느린 것을 언급하며 강하게 항변하곤 했다.

　날이 갈수록 부자간의 갈등은 더욱 깊어져만 갔다. 이에 따라 양녕대군의 폐위가 거론되자 둘째아들인 효령대군은 더욱 글공부를 열심히 했다. 그러나 형인 양녕대군으로부터 아버지 태종과 어머니 원경왕후가 셋째인 충녕대군을 염두에 두고 있다는 말을 전해 들은 효령대군은 크게 실망한 나머지 불교에 귀의하게 된다. 그런 중에 1418년 2월, 넷째아들 성녕대군이 시름시름 앓다 사망하자 넷째아들을 유난히 총애했던 태종은 자신과 신빈 신씨에게서 낳은 서자 이인을 성녕군으로 봉했다.

● 전폐
세자의 만수무강을 비는 전폐로 '세자저하천수'라고 쓰여 있다. 양녕대군은 태종의 맏아들로 왕세자 자리에 올랐으나 자유분방한 성격 때문에 왕세자의 자리에서 쫓겨났다.

셋째아들인 충녕대군은 눈병이 나고 질환에 시달려 병석에 누우면서도 책을 옆에 끼고 살았다. 그러자 태종은 충녕이 책을 못 보도록 엄명을 내렸다. 하지만 충녕은 병석에서도 몰래 책을 숨겨 놓고 읽었고, 병석에 누워 있는 동생 성녕대군을 간호하는 모습이 태종의 눈에 들었다.

태종은 1418년 초에 결단을 내렸다. 양녕대군은 방탕한 생활만 일삼는다는 이유를 들어 왕세자에서 폐위할 것을 결심했다.

● 숭례문(남대문)의 현판 양녕대군의 글씨이다.

그리고 아내인 원경왕후와 상의 끝에 그를 폐위시키기로 하자 신하들은 찬성하였다. 다만 황희 등 소수만이 반대하였다. 양녕을 왕세자에서 폐위한 태종은 셋째아들 충녕대군을 왕세자로 삼았다. 이 과정에서 장인 김한로가 양녕대군 폐위에 반발할 가능성도 있다고 생각하여 그를 유배 보냈다.

 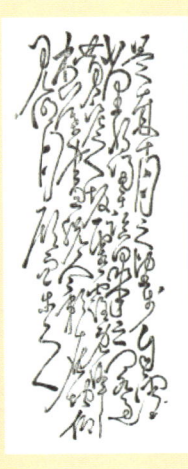

● 양녕대군 후적벽부(後赤壁賦)
양녕대군은 세자에서 폐위된 뒤 전국을 누비며 풍류와 더불어 일생을 마쳤는데, 시에 능하고 특히 글씨를 잘 썼다. 활달하면서도 자유분방한 초서체의 이 글씨에는 예속에 얽매이지 않는 듯한 양녕대군의 호방한 성격이 잘 드러나 있다. 현재 양녕대군의 글씨로 전해지는 것은 이 작품과 숭례문 편액 두 가지뿐이다.

■ 일본 왕이 선물한 코끼리

태종은 1411년 2월 22일, 일본 왕 원의지(실제로는 무로마치 막부의 쇼군 아시카가 요시모치)로부터 코끼리를 선물로 받았다. 이는 기록상으로 한반도에 처음 들어온 코끼리였다.

먼 이국의 동물로만 여겨졌던 코끼리가 우리나라에 그 모습을 처음 선보인 것은 1411년(태종 11년) 2월이었다. 일본 국왕이던 원의지(源義持)가 사신을 보내어 태종에게 코끼리를 선물로 바쳤던 것이다. 일본 역시 코끼리가 서식하는 곳이 아닌데 대체 어떻게 된 일일까?

그 코끼리는 당시 항국(港國 : 현재의 인도네시아)이라는 나라의 왕이 일본과 국교를 맺기 위해 일본 국왕에게 보낸 선물이었다. 즉, 항국으로부터 받은 선물을 일본 국왕이 3년 후 다시 조선에 선물하였던 것이다. 그런 내막을 알 길이 없었던 태종은 기꺼이 그 희한한 동물을 선물로 받았고, 궁중의 말과 가마, 목장 등을 관장하던 사복시에서 맡아 기르라는 명을 내렸다.

그런데 일은 엉뚱한 곳에서 터졌다. 다음해인 1412년 12월 10일, 공조전서를 지낸 전직 관리 이우(李瑀)는 코끼리를 구경하기 위해 사복시에 들어갔다. 직접 보니 참으로 희한한 동물이었다. 소같이 커다란 몸통에 나귀 같은 꼬리가 달려 있고, 거기다가 귀는 어찌나 큰지 구름장처럼 드리워져 있었다. 또 애벌레의 몸통처럼 구부려졌다 펴졌다 하는 커다란 코는 정말 가관이었다. 이우는 그 모습을 보며 침을 몇 번이나 퉤퉤 뱉으며 한껏 비웃었다. 그러자 멀뚱멀뚱 서 있던 코끼리가 갑자기 달려들었다. 순식간에 벌어진 일이라 미처 피할 새도 없이 이우는 코끼리의 그 육중한 발에 짓밟혀 죽고 말았다.

정3품의 전직 관리를 죽인 코끼리에 대한 판결은 그로부터 1년이나 지난 1413년(태종 13년) 11월 5일에야 내려졌다. 병조판서 유정현이 임금 앞으로 나아가 전라도 순천의 장도(獐島)로 코끼리를 귀양 보내자고 아뢰니 태종은 웃으면서 그대로 따랐다.

귀양 간 코끼리가 풀을 먹지 않고 날로 수척해진다는 보고가 올라오자 1414년 5월 3일, 태종은 코끼리를 다시 육지로 불러오게 했다.

이 코끼리는 세종 때까지 살았는데, 상왕이었던 태종은 1420년 12월 28일, 전라도 관찰사로부터 코끼리를 사육하기가 참으로 어렵다는 계가 올라오자 전라도, 충청도, 경상도에서 이를 돌아가며 키우도록 했다. 그리하여 이듬해인 1421년에는 충청도 공주에서 코끼리를 기르게 되었는데, 그때도 사육사를 밟아 죽이는 일이 또 일어났다. 그 뒤로는 이 코끼리에 대한 기록이 없다.

● **경복궁의 코끼리상**
코의 옛말은 '고'였다. 감기를 일상적으로 이르는 말인 '고뿔'은 코에 불이 났다는 의미에서 유래되었다. 한편 코끼리의 옛말은 '고키리'였다. 고에 히읗 종성이 붙은 '고ㅎ기리'가 변한 것으로서, 이는 '고'에 길다의 '길'과 어미 '이'가 붙여진 말이다. 즉 '코가 긴 짐승'이라는 뜻이 바로 코끼리이다. 경복궁 경회루 입구에 조각된 코끼리상으로 경회루는 태종 때 지어진 건축물로 미루어 태종이 생전 처음 본 코끼리를 조각 시켰는지도 모른다.

■ 한양 재천도, 신문고 설치

　태종은 두 차례에 걸친 왕자의 난에서 승리한 뒤 34세 때 왕위에 올라 왕권을 강화하고 임금 중심의 통치체제를 정비하기 위해 관료제도를 정비했다. 사병을 없애고 양전사업과 호구조사를 통해, 조세제도와 호적제도를 개혁했다. 도평의사사를 폐지하고 의정부를 설치했다. 언론기관인 사간원을 독립시켜 신하들을 견제하고, 왕실 외척과 공신세력을 대대적으로 숙청해서 그들의 정치적 영향력을 약화시켜 정치를 안정시켰다.

　태종은 도읍을 개경에서 다시 한양으로 옮기고 전국을 경기·강원·충청·경상, 전라·황해·평안·함경도의 8도 정책도 세웠다. 이것이 오늘날 8도 체제로 자리 잡은 것이다. 유교를 절대 숭상하고 유교가 아닌 불교 등 다른 종교를 철저하게 탄압하였다. 과부의 재혼 금지, 그리고 첩의 자손들은 어떤 관직에도 나서지 못하게 하였다. 이는 자신이 아버지 태조의 계비 강씨와 그의 소생인 방석·방번 등으로 인해 '왕자의 난'이라는 홍역을 치른 데 대한 증오감에서 비롯된 것이다.

　호패법을 실시하여 16세 이상의 남자는 누구나 소속·성명·연령·주소 등이 기록된 호패를 가지고 다니게 하였다. 호패법은 지금의 주민등록증과 같은 것이다. 특히 신문고라는 큰 북을 대궐 밖에 설치하여 억울한 일을 당한 사람이 그 북을 두드리면 왕이나 대신이 직접 나아가 백성의 호소를 듣고 해결해 주는 신문고 제도를 처음으로 도입하여 운영하였다.

● 나주 목사의 신문고　　　　　　　　　● 청와대 춘추관의 신문고

■ 신생국가의 기틀을 다져놓다

태종은 1401년 음력 6월 12일, 건문제(建文帝)로부터 권지고려국사가 아닌 정식 조선국왕으로 책봉받았다. 그가 조선 제3대 왕위에 오르는 동안 수많은 정적과 권력을 다투는 혈투를 마다하지 않았으며, 왕위에 올라서도 왕권강화를 위한 살육은 멈추지 않았다. 태종의 이런 왕권강화 노력은 조선왕조 500년의 역사에서 찬란한 문화의 꽃을 피워 낸 세종의 위대한 업적으로 탄생되었고, 태종의 집념이 빚어낸 피와 땀의 결실이었다.

1403년(태종 3년) 왕명으로 주자소를 설치하고 예문관 대제학 이직(李稷), 총재 민무질(閔無疾) 등이 구리로 계미자를 만들었다. 이때 주조된 활자 수는 약 10만 자나 된다. 자본(字本)은 송판본(宋板本)의 《고주(古註)》·《시경》 등을 이용하였으며, 인쇄본으로 《송조표전총류》 1책, 《십칠사찬고금통요(十七史纂古今通要)》 1책이 현존하고 있다.

1413년에는 즉위 이후에 추진한 일을 총괄하여 《경제육전》을 편찬하고 《원집상절》과 《속집상절》 2권을 간행하였다.

1414년에는 정도전이 편찬하려다가 중단한 《고려사》의 편찬 작업을 조준·권근·하륜 등에게 명하였고, 권근과 하륜에게는 《삼국사》도 새로 편찬하도록 명하였다.

태종은 16년 동안 통치하는 동안 신생국가 조선의 기틀을 잡아 놓고, 죽기 4년 전에 임금 자리를 아들 세종에게 물려주고, 아들이 정치를 잘하여 태평성대를 이루도록 상왕으로 4년 동안 적극 밀어주었다.

● 계미자(癸未字) 활자
1403년 계미년에 태종의 지시에 의해 만들어진 조선시대 최초의 구리활자로 이때 주조된 활자 수는 약 10만 자나 되었다.

■ 아들에게 옥새 주고 퇴위

태종은 1418년 8월 10일, 옥새(玉璽;옥으로 만든 국새)를 충녕인 세종에게 넘겼다. 그리고 양위를 거두어 달라는 청을 거절하고 상왕으로 남겠다며 수강궁으로 물러났으나 그 후에도 그는 4년간 줄곧 국정을 감독하였고 병권과 인사권을 장악하였다. 1419년에 형 정종이 사망하자 《정종실록》을 편찬 간행하였다.

● **수강궁**(壽康宮)
태종이 상왕으로 물러나 기거했던 수강궁은 현재의 창경궁을 말한다. 지금의 창경궁은 임진왜란 때 소실되어 광해군 때에 중건되었다.

태종은 며느리이자 세종의 아내인 소헌왕후의 아버지 심온을 숙청할 계획을 세웠다. 병조참판 강상인이 정무를 자신에게 보고하지 않고 세종에게 보고한 것을 빌미 삼아 그를 제거할 계획을 세웠고, 심온을 영의정부사에 임명한 뒤 명나라에 사신으로 보냈다. 그는 국문을 친히 주관하며 강상인에게서 심온의 이름이 거론되게 하였고, 심온이 돌아오기 전 강상인과 심정·박습·이관 등을 처형했다. 대질심문할 용의자나 증인도 없는 상태에서 심온은 사약을 받았다. 이후 왕비 소헌왕후가 역적의 딸이라는 이유로 폐출해야 한다는 주장이 나타났으나 그는 이를 일축했다.

1421년 9월 7일, 의정부에서 이미 상왕이었던 태종의 휘호를 올릴 것을 청하였다. 이에 따라 태종은 개국의 공을 인정받고 태상왕으로 진봉되어 9월 12일 성덕신공태상왕으로 존숭되었다. 7개월 후인 1422년 4월, 날씨도 화창하여 세종과 함께 철원의 고석정 근처에서 사냥을 하여 노루·멧돼지를 한 마리씩 잡았고, 또 22일에는 다시 세종과 동교에서 매사냥을 하다가 낙천정에서 잠시 쉬고 환궁하였다가 자리에 누웠다.

보름 정도 병석에 있다가 1422년 5월 10일, 아들들과 후궁 및 그 자식들, 신하들이 애통해 하는 가운데 조용히 눈을 감았다. 그의 나이 56세 때였다.

《연려실기술》에 태종의 최후에 대해 다음과 같이 기록하고 있다.

"태종 말년에 큰 가뭄이 닥쳤다. 충청·전라·경상도 지방의 논은 갈라졌고 밭은 타들어 갔으며 백성들은 풀뿌리로 먹을 것을 대신했다. 오랜 가뭄으로 민심은 날로 더욱 흉흉해져 갔고 백성들의 생활은 도탄에 빠져들었다.

처음에는 태종도 각 고을 관찰사들을 불러 민심을 수습하지 못하는 것을 꾸짖었으나 오랜 가뭄으로 곡식이 없고 설상가상으로 괴질까지 번지고 있다는 말을 듣자 태종은 가뭄 속 땡볕 아래 종일토록 앉아 하늘에 비를 내리게 해 달라고 빌었다. 태종은 죽기 전까지도 기우(祈雨: 비가 오기를 빎)를 위하여 노력하다가 세종 4년 5월 10일 임종할 때 내가 죽어 영혼이 있다면 반드시 이날만이라도 비를 내리게 할 것이라고 말했다. 그후 태종의 기일인 음력 5월 10일에는 어김없이 비가 내렸는데, 사람들은 이 비를 태종우(太宗雨)라고 불렀다."

● 바른말의 대간과 태종의 관용

왕권이 강했던 태종도 신하의 눈치를 봐야 하는 일이 있었다. 바로 사냥이었다. 태종은 사냥을 정말 좋아해서 가능하면 자주 나가고 싶어했다. 그런데 왕의 사냥 행차는 엄청난 비용을 소모하는 일이라 신하들이 반대하였다. 왕이 사냥을 나서면 해당 지역 백성들은 곡식이 여물지도 않았는데 서둘러 추수를 끝내야 했다. 짐승들이 여기저기 못 숨게 하기 위해 수풀도 다 깎아 놓아야 했다. 호송하는 신하들까지 합치면 사냥 지역으로 행차하는 인원은 수천 명에 달했다. 그들을 대접하는 것도 모두 마을 사람들의 부담이었다. 심지어 사냥에 필요한 몰이꾼은 5천 명 정도나 필요했다. 대간의 언관들은 태종이 사냥의 '사' 자만 꺼내도 목에 핏대를 올리고 반대하였다. 서슬 퍼렇던 태종도 직언을 하는 대간들의 말을 존중하였다고 한다.

조선왕조실록

가면 못 오는 함흥차사

함흥차사(咸興差使)는 조선 태종 이방원이 태조의 환궁을 권유하려고 함흥으로 보낸 차사(差使)를 일컫는 말이다. 그러나 차사가 돌아오지 않는다는 말이 세간에 퍼지면서 '한 번 간 사람이 돌아오지 않거나 소식이 없다'는 뜻의 사자성어로 쓰인다. 오늘날 심부름을 간 사람이 소식이 없거나, 또는 회답이 더딜 때에 비유되기도 하며, 일무소식(一無消息), 종무소식(終無消息) 등과 같은 뜻을 가지고 있다.

■ 함흥차사의 실제

1398년(태조 7년) '제1차 왕자의 난'으로 평소 가장 아끼던 두 아들 방번(芳蕃)·방석(芳碩)과 정도전(鄭道傳) 등 심복을 잃은 태조는 상심하여 정사에 뜻을 잃고 정종에게 양위하였다.

이어서 1400년(정종 2년) '제2차 왕자의 난'이 일어나자 방원(芳遠)에게 환멸을 느낀 그는 1401년(태종 1년) 고향 함흥으로 갔다. 태종은 평소 태조가 신임하던 성석린(成石璘)을 보내어 그 해 4월에 겨우 데리고 왔으나 1402년 11월 다시 함흥으로 간 뒤 돌아오지 않았다.

태종이 태조의 문안을 위하여 차사(差使)를 보냈으나 그때마다 돌아오지 않자 이때부터 '나갔다가 소식도 없이 돌아오지 않는 것'을 '함흥차사'라 부르게 되었다.

● 차사와 이성계의 반응

성석린과 무학대사는 태조의 환궁에 큰 역할을 했다. 그들은 태종 2년 11월 3일, 환관 김완(金完)을 태조에게 보내어 문안케 하였고, 같은 달 7일에 예문관 대제학 이직(李稷)을 보내어 문안케 하고, 청원군 심종(沈淙)과 예문관 제학 유창(劉敞)을 보내어 시위하게 하였다(이들 가운데 태조 이성계에게 죽은 사람은 없다).

《태종실록》에서는 이성계가 성석린의 요청을 받아들여 태종 1년(1401년) 4월에 환궁하였다고 기록하고 있다.

그러나 이성계가 다시 그 해 11월에 한양을 떠나자 다음해 1월 또다시 성석린을 보내어 환궁을 요청한다. 태조가 부처를 모시기 위해 돌아갈 수 없다고 거절하자 종친과 함께 환궁을 요청하던 성석린은 "염불하고 불경을 읽는 일이 어찌 꼭 소요산(消遙山)이라야만 하겠습니까?"라고 따졌다. 이에 태조가 "그대들의 뜻은 이미 알고 있으나 내가 부처를 좋아하는 것은 다만 두 아들과 한 사람의 사위를 위함이다."라고 본심을 밝힌다.

여기서 두 아들이란 두말할 것도 없이 방원에게 죽은 방번과 방석을 말하고, 한 사람의 사위란 역시 방원에게 죽은 경순공주의 부마 이제(李濟)이다.

성석린은 그대로 돌아가 태종에게, "태상왕께서 빨리 돌아오실지 늦게 돌아오실지는 아직 모르겠습니다."라고 보고한다. 이후에도 성석린은 두 차례나 차사로서 태조를 찾아갔으나 무사히 살아 돌아왔다.

● **무학대사와 함흥차사**

태종 2년 11월, 이성계가 다시 함흥으로 돌아가자 태종이 그에게 차사로 보낸 인물은 왕사 무학대사이다. 이에 대해서는《태종실록》과《오산설림》의 기록이 일치하며, 그 중《오산설림》에 따르면 다음과 같다.

무학이 함흥에 가서 태조를 알현하니 태조가, "그대도 나를 달래러 왔구나."라고 말했다. 무학이 웃으면서, "전하께서 빈도와 서로 안 지가 수십 년인데 제 마음을 모르십니까? 저는 특별히 전하를 위로하기 위해 왔을 뿐입니다."라고 대답했다. 무학이 그 뒤로 함흥 본궁에 머물면서 태조와 환담하는데 태종의 단점만 말하였고, 이에 태조가 그를 믿게 되었다. 수십 일 뒤에 무학이 밤중에 태조에게 청하자 태조가 환궁하겠다고 말한다. 그러나 태조가 소요산에 계속 머물면서 돌아오지 않자 태종은 성석린을 그곳에 보내었다.

조선왕조실록

야사 속의 함흥차사 이야기

● **박순의 함흥차사**

　태조 이성계가 조선의 왕이 될 때 물심양면으로 큰 공을 세운 태종 이방원은 세자의 자리가 엉뚱한 이복동생인 방석으로 봉해지자 불만을 품고 '왕자의 난'을 일으켰다. 거사는 성공적으로 치러졌으며 이에 격분한 태조 이성계는 왕의 자리를 장남인 정종에게 물려주고 함흥으로 가서 머물러 있었다.

　그러나 정종은 왕의 자리를 오래 버티지 못하고 실질적 권력을 가진 태종 이방원에게 양위하였다. 태종은 인륜을 저버리지 못해 아버지의 노한 마음을 돌리려고 수없이 아버지에게 문안사(問安使)를 보냈다. 그러나 태조는 이들을 모조리 죽였다.

　이긍익(李肯翊)의 《연려실기술(燃藜室記述)》을 보면 당시의 사정을 말해 주는 이야기가 실려 있다.

　'함흥에 문안사로 가는 사람마다 죽고 돌아오지 못하자 태종이 여러 신하에게 물었다.

　"다음에는 누가 가겠는가?"

　그러나 아무도 응하는 신하가 없자 판승추부사(判承樞府事)인 박순이 자원하였다. 박순은 하인도 딸리지 않고 스스로 새끼 달린 어미 말을 타고 함흥에 들어갔다. 그러고는 태조 있는 쪽을 향해 그 새끼 말을 나무에 매어 놓고 어미 말을 타고 나아가니 어미 말이 머뭇거리면서 뒤를 돌아보고 서로 울고 불고 부르며

● 함흥차사의 사연이 깃든 함흥 본궁.

● 태조 이성계가 태상왕으로 물러나 기거한 함흥 본궁이다.

앞으로 나아가려 하지 않았다. 말의 하는 짓을 본 태조가 괴이히 여겨 묻자 박순이 아뢰었다.

"새끼 말이 길 가는 데 방해가 되어 매어 놓았더니 어미 말과 새끼 말이 이렇게 서로 떨어지는 것을 참지 못합니다. 비록 미물이라 하더라도 지친(至親)의 정은 있는 모양입니다."

박순은 며칠을 묵으며 태조의 귀경을 설득했다.

하루는 태조와 박순이 장기를 두는데 천장에서 쥐 한 마리가 새끼를 안고 떨어져 죽을 지경이 되었으나 서로 떨어지지 않았다. 이에 박순이 장기판을 제쳐 놓고 눈물을 흘리며 돌아가자고 청하니 태조는 마침내 돌아가기로 결심한다.

그러나 주변 사람이 박순을 죽여야 한다고 고하자 태조는 이미 박순이 용흥강을 건넜으리라 여겨, "용흥강을 건넜다면 좇지 말라."라고 명령했다. 그러나 그때 박순은 병이 나서 아직 용흥강을 건너기 전이었고, 결국 사자는 박순을 죽였다.

여기서 함흥차사(咸興差使)란 고사성어가 나온 것이다. 태조에게 문안인사를 갔던 사람은 모두 죽임을 당해 소식이 없음을 일컫는다.

● 태종에게 활을 쏘다

　태조가 함흥에서 돌아올 때에도 여러 야사에서 두 사람의 갈등을 이야기한다. 태종이 직접 교외로 나가서 태조를 맞이하려 하자 하륜 등이 말린다. 태조의 진노가 아직 다 풀리지 않았으니 모든 일을 염려하지 않을 수 없다며, 큰 장막을 받치는 굵고 높은 기둥을 많이 세우게 하라고 조언하였다.

　태종은 그렇게 하라 일렀다. 그 결과 태조가 태종을 보고 갑자기 활을 쏘자 태종은 급히 기둥 뒤로 몸을 피했고, 따라서 화살은 기둥에 꽂혔다. 이에 태조가 "모두 하늘의 뜻이로다."라고 탄식하며 태종에게 옥새를 건네주었다.

　또 태종이 태조에게 잔을 올리는데 역시 하륜이 일러준 대로, 직접 잔을 따라 올리지 않고 중간의 내시에게 잔을 바치게 하자, 태조가 소매 속에서 철퇴를 꺼내 놓으면서 "모두 하늘의 뜻이로다."라고 말했다고 한다.

● 태조 이성계의 한양 행차를 재현한 장면.

● 살곶이 다리
지금의 서울 한양대학교 부근과 성수동 방면을 이어 주는 다리이다. 이곳에 태조를 맞이하러 나간 태종은 태조로부터 쏜 화살에 목숨을 잃을 뻔했다는 일화도 있다.

태종의 가계

태종은 한 명의 정비와 아홉 명의 후궁을 두었다. 정비는 원경왕후 민씨이며, 후궁은 효빈 김씨·신빈 신씨·선빈 안씨·의빈 권씨·소빈 노씨·숙의 최씨·덕숙옹주 이씨·고씨·김씨 등이다. 태종은 원경왕후에게서 4명의 아들과 4명의 딸을 얻었으며, 후궁들에게서 8남 13녀의 아들과 딸을 두었다.

● **용잠** : 비녀머리를 용의 형상으로 만든 비녀로, 궁중의 왕후나 공주가 주로 사용하였다.

■ 원경왕후 민씨(元敬王后 閔氏; 1365 ~ 1420년)

태종의 왕비이자 세종대왕의 모후이다. 여흥부원군 문도공 민제(驪興府院君 文度公 閔霽)의 둘째딸로 본관은 여흥(驪興)이다. 남편 태종이 왕이 되는 데 막대한 역할을 했으나 후일 태종에 의해 친정이 멸문당하는 과정을 지켜봐야만 했다. 조선왕조에서 정희왕후·문정왕후와 더불어 가장 정치적인 왕비로 손꼽히며 성격 또한 담대하고 괄괄하였다고 전해진다.

1382년에 황산전투를 승리로 이끈 명장 이성계의 5남이자 아버지 민제의 제자인 18세의 이방원과 결혼하였다. 조선이 건국된 그 해에 정녕옹주(靖寧翁主)로 책봉되었다. 계비 신덕왕후의 입김으로 불과 11세인 방석을 태조가 세자로 책봉하자 성격이 담대한 민씨는 옆에서 남편 이방원에게 정변을 부추겼으나 이방원은 부왕인 태조를 자극하기 싫어서 계속 주저하였다.

1398년, 당시 막강한 권세를 누리던 정도전은 사병혁파법을 강행하여 모든 사병과 무기를 국가에 회수하였으나 민씨는 자기 집의 무기들을 숨겨 놓았다. 그러고 나서 얼마 안 가 태조가 와병하게 되자 민씨는 그 틈을 노려 이방원에게 무

기를 주며 반정을 독려하였고, 이에 이방원은 처남들인 민무구·민무질 등과 결기하여 세자 방석·방번과 신덕왕후의 사위 이제, 그리고 정도전·남은 등을 죽이고 정권을 장악하니 이것이 바로 '제1차 왕자의 난'이다.

이방원은 생존한 형들 중에서 가장 위인 둘째형 영안군 방과를 세자로 모시고 왕위에 오르게 하니 그가 바로 정종이다.

● 태종과 원경왕후의 헌인릉

원경왕후는 남편을 조선의 왕으로 만들었지만 그 대가로 남동생들을 죽음으로 몰고 간 비극의 왕후가 되었다. 그녀는 수강궁 별전에서 56세의 나이로 눈을 감았다. 생전에 부부간의 정이 싸늘해서였는지 정비라는 명분으로 태종 곁에 쌍릉을 이루어 안장되어 있다.

민씨 가문은 민제를 필두로 사위 이방원으로 하여금 빨리 왕위를 승계받게 하기 위해 적극적으로 나섰다. 방간은 박포의 부추김으로 1400년 음력 2월에 거병하였는데 이것이 '제2차 왕자의 난'이다. 이때 자신의 사가의 말이 홀로 오자 자신이 창을 들고 나가서 남편과 함께 싸우다 죽겠다고 일갈했다는 일화가 있다. 이를 진압한 정안군(태종)이 세자로 책봉되자 정빈(貞嬪)이 되었고, 그 해 음력 11월에 남편이 보위에 오르자 정비(靜妃)의 칭호를 얻어 왕비가 되었다.

■ 양녕대군(讓寧大君; 1394 ~ 1462년)

조선 태종과 원경왕후 민씨의 장자로 출생하였으며, 성은 이(李), 휘는 제(禔), 자는 후백(厚伯), 시호는 강정(剛靖)이다. 세종·효령대군·성녕대군의 친형이다.

1404년(태종 4년) 왕세자에 책봉되어 1409년부터 부왕 태종이 정사를 보지 않을 때 정치에 참여했고, 명나라 사신 접대와 강무시솔행(講武時率行) 등 세자로서의 역할을 수행하였으나 자유분방한 성격으로 인해 부왕 태종과 마찰을 빚다가 유정현(柳廷顯) 등의 상소로 폐위되었다. 그 뒤 그의 둘째동생이며 태종의 셋째 아들인 충녕대군(忠寧大君)이 왕세자가 되었다. 세자 폐위 이후에도 자유분방한 활동이 문제시되어 여러 번 탄핵을 당하였으나 세종의 각별한 배려로 처벌을 받은 적은 없다.

■ 효령대군(孝寧大君; 1396 ~ 1486년)

태종의 둘째아들이며, 원경왕후 민씨의 소생이다. 세종대왕의 둘째형으로 이름은 보(補)이다. 초명은 호(祜)였는데 19세에 보(補)로 개명하였다. 자는 선숙(善叔)이고, 호는 연강(蓮江)이며, 불교 법명도 연강(蓮江)이고, 시호는 정효(靖孝)이다. 그는 10세 시절이던 1405년 효령군에 책봉되었으며, 12세 시절이던 1407년에 해주 정씨 부인(정역의 딸)과 가례를 치렀고, 17세 시절이던 1412년에 효령대군에 진책되었다.

● 효령대군 초상화
경기도 과천시 연주암에 소장되어 있는 초상화. 진본이 아니라 옮겨 그린 그림이지만 조선 전기 인물들 중 초상화가 전해지는 몇 안 되는 인물이라서 가치가 높다. 경기도 유형문화재 제81호.

세종대왕의 형이자 세조의 숙부로 왕실의 원로였으며, 불교를 심오하게 믿어 조정의 억불숭유 정책하에서 불교 보호의 방패 역할을 감당하였다. 세종대왕 즉위 후에도 문종 · 단종 · 세조 · 예종 · 성종 등 6대에 걸쳐서 장수를 누렸다.

원각사 창건 때에는 조성도감도 제조를 맡았다. 이때 주조되어 1985년까지 보신각에 달려 있던 큰 종과 탑골공원의 10층석탑은 그 제조기법이나 예술성이 뛰어났다는 평가를 받았다. 10층석탑은 국보 제2호로, 원각사지 대종은 보물 제2호로 각각 지정되어 있다.

효령대군은 1395년 음력 12월 11일에 태어나 91세의 천수를 다하고 1486년(성종 17년, 丙午年) 음력 5월 11일에 세상을 떠났다.

■ 정선공주

(貞善公主; 1404 ~ 1424년)

정선공주는 태종과 원경왕후 민씨의 막내딸로 태어났다. 생년에 대한 기록은 확실히 찾을 수 없다. 아마도 태종과 원경왕후의 사이가 소원한 시기에 태어났기에 실록에는 정확한 기록을 찾을 수 없는 듯하다.

● **원각사지 10층 석탑**
효령대군에 의해 조성된 원각사지 10층 석탑은 종로구 탑골공원에 있는 국보 제2호이다.

남재의 손자 의산군 남휘(南暉)에게 출가하여 1남 1녀를 낳고 21세에 요절하였는데 오빠인 세종이 매우 슬퍼하였다고 한다. 1467년에 이시애의 난을 진압하여 이름을 떨친 남이 장군은 정선공주의 손자이다.

■ 성녕대군(誠寧大君; 1405 ~ 1418년)

태종과 원경왕후의 넷째이자 막내아들로, 39세의 늦은 나이에 막내아들을 본 태종과 원경왕후로부터 각별한 총애를 받고 자랐다.

우애가 깊고 학문에도 뜻이 있었으나 홍역에 걸려 1418년(태종 18년) 음력 2월 4일 14세의 어린 나이로 생을 마감하였다. 부인은 성억의 딸이다.

후에 셋째형인 세종(충녕대군)이 즉위한 후 세종의 셋째아들 안평대군(후에 어린 조카 단종이 왕위에 즉위하자 세종의 둘째아들인 수양대군에 의해 강화도로 유배당하여 죽임을 당한다)이 양자로 들어왔다.

■ **경안공주(慶安公主; 1393 ~ 1415년)**

경안공주는 1403년(태종 3년) 음력 12월 18일(양력 1404년 1월 30일) 길창군(吉昌君) 권규(權跬, 1393~1421년)와 혼인하여 2남 1녀를 두었다는 기록이 실록에 있지만 딸에 대한 기록이 더 이상 없는 것으로 보아 딸은 일찍 죽은 듯하다. 1415년(태종 15년) 5월 30일(음력 4월 22일) 23세의 나이로 죽었다.

이에 대해《태종실록》35권에 다음과 같이 기록되어 있다.
1418년(태종 18년) 4월 6일, 태종은 경안공주의 병을 치료함에 있어 의관 양홍달(楊弘達)에게 과실이 있었다 하여 그의 신분을 폐하고 서인으로 만들었다.

또한《태종실록》29권에는 경안공주에 대해 자세히 기록되어 있다.
경안공주는 임금의 셋째딸인데 나면서부터 정숙하고 예뻤으며 총명과 지혜도 보통 사람과 달라서 임금과 중전[兩宮]의 사랑을 한데 모았었다. 길천군(吉川君) 권규(權跬)에게 시집가니, 부덕(婦德)이 있어서 시부모를 섬기는 데 예절을 극진히 하였고, 가정을 다스림에 법도가 있었다. 죽으니 나이가 23세로서, 아들 둘과 딸 하나를 낳았다. 임금이 애도(哀悼)하여 3일 동안 조회를 정지[철조(輟朝)]하였다. 집안이 가난하여 대·소염(大小斂)에 소용되는 물건이 부족하므로, 명하여 상의원(尙衣院)의 의대(衣襨)로 부의(賻儀)를 주게 하고 장사는 종친(宗親)의 상등례(上等禮)를 쓰게 하였다. 권규가 불사(佛事)를 행하지 못하게 청하여 한결같이《예경(禮經)》의 제도에 따랐다. 경안공주와 충녕대군(忠寧大君)은 천성과 기품이 서로 닮아서, 궁중에서 그 어짊[현(賢)]을 함께 일컬었다. 경안공주는 매양 충녕의 덕기(德器)가 날로 이루어짐을 감탄하였으니, 보통 사람이 아니었다.

태종의 공주 사랑과《태종실록》의 꼼꼼한 면을 나타내는 기록이기도 하다.

태종의 가계도

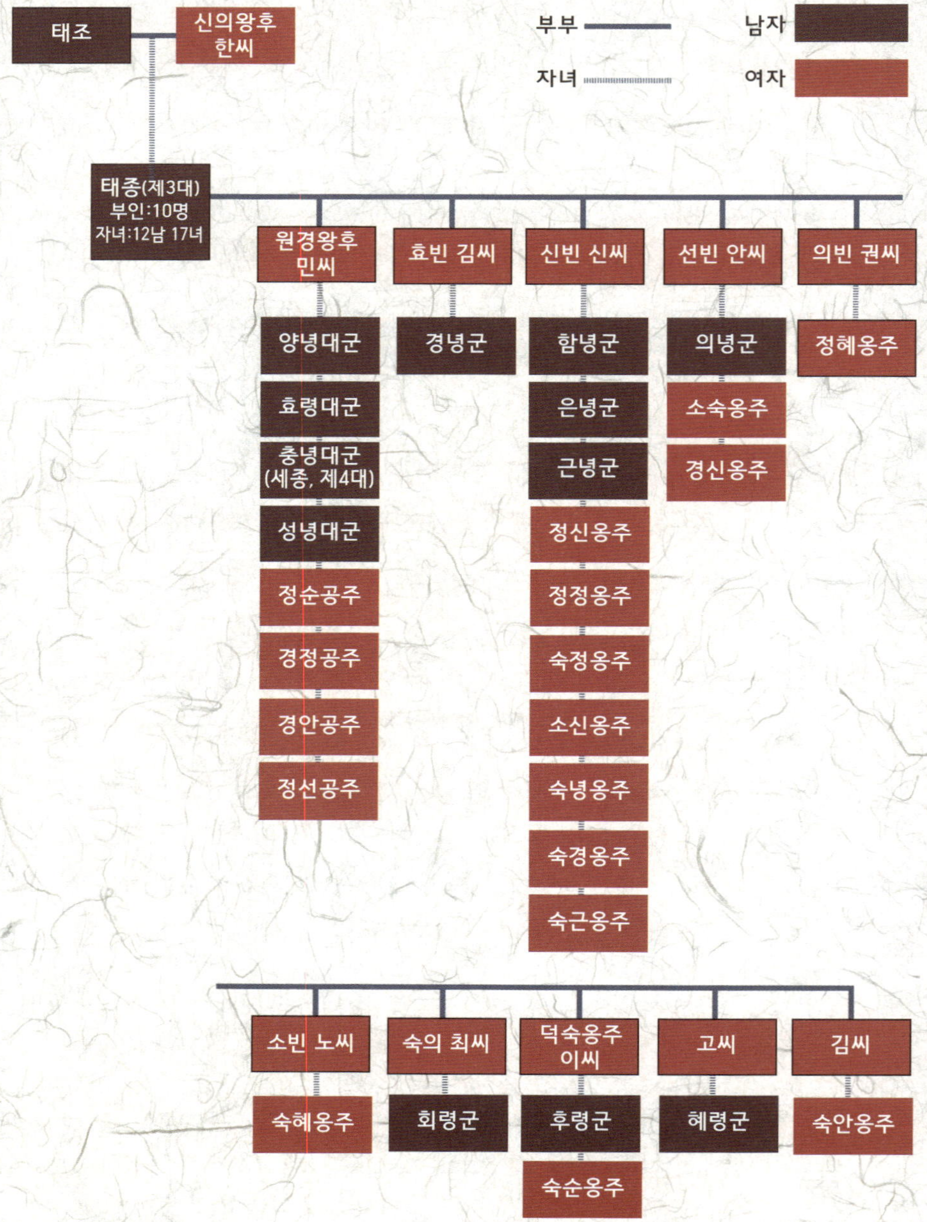

조선왕조실록

- 부부 ———
- 자녀 ╌╌╌
- 남자 ■
- 여자 ■

태조 — **신의왕후 한씨**

태종(제3대)
부인:10명
자녀:12남 17녀

원경왕후 민씨	효빈 김씨	신빈 신씨	선빈 안씨	의빈 권씨
양녕대군	경녕군	함녕군	의녕군	정혜옹주
효령대군		은녕군	소숙옹주	
충녕대군 (세종, 제4대)		근녕군	경신옹주	
성녕대군		정신옹주		
정순공주		정정옹주		
경정공주		숙정옹주		
경안공주		소신옹주		
정선공주		숙녕옹주		
		숙경옹주		
		숙근옹주		

소빈 노씨	숙의 최씨	덕숙옹주 이씨	고씨	김씨
숙혜옹주	회령군	후령군	혜령군	숙안옹주
		숙순옹주		

《세종실록(世宗實錄)》

《세종실록》 편찬 경위

《세종실록》은 조선왕조 제4대 왕 세종의 재위 기간(1418년 8월~1450년 2월) 31년 7개월간의 역사를 편년체로 기록한 사서이다. 정식 이름은 《세종장헌대왕실록》이며 모두 163권 154책으로 구성되어 있다.

조선시대 다른 왕들의 실록과 함께 국보 제151호로 지정되었다. 《세종실록》은 그가 세상을 떠난 지 2년 1개월 뒤 문종 2년(1452년) 3월 22일부터 편찬하기 시작하여 단종 2년(1454년) 3월에 완성되었는데, 2년 1개월이 걸렸다. 당시 편찬의 총재관은 처음에 황보인·김종서·정인지였으나 단종 원년(1453년)에 일어난 계유정난으로 황보인·김종서가 죽음을 당하자 최후의 감수는 정인지 혼자 담당하였다.

《세종실록》은 그 분량이 방대하므로 처음에는 한 벌만 등초하여 춘추관에 보관하였다. 세조 12년(1466년)에 양성지의 건의로, 이미 편찬된 《문종실록》과 함께 활자로 인쇄하기 시작하여 성종 3년(1472년)에 완료되었다. 실록이 활자로 인쇄된 것은 이것이 처음이다. 당시 발간한 것은 3부로서 충주·전주·성주의 세 사고에 각 1부씩 봉안하고, 초본은 춘추관에 보관케 하였다. 그 뒤 임진왜란으로 서울의 춘추관을 비롯하여 다른 사고에 수장하였던 실록이 모두 없어지고 오직 전주사고본만이 남게 되었다. 이를 선조 말년부터 다시 인쇄하여, 재난을 피할 수 있는 태백산·오대산·묘향산, 또는 적성산·마니산 등에 설치된 여러 사고에 한 벌씩 봉안케 하였다. 세종은 재위 32년간에 걸친 사료가 매우 방대하였으므로 그 실록 편찬에는 육방(六房)으로 나누어 분담 찬수케 하였다.

세종의 시호는 장헌, 존호는 영문예무인성명효대왕, 묘호는 세종이며, 능호는 영릉으로 경기도 여주군 능서면 왕대리에 있다.

《세종실록》의 내용

　훈민정음의 창제는 세종 대의 문화유산 가운데 가장 빛나는 업적이다. 훈민정음은 세종이 직접 창제를 지휘하였고, 집현전의 최항·박팽년·신숙주·성삼문·이선로·이개 등 소장 학자들의 도움을 받았다. 세종 14년부터 간의대의 제작이 시작되었다. 그리고 이 간의대에는 혼천의·혼상·규표와 방위 지정표인 정방안 등이 설치되어 세종 20년 3월부터 이 간의대에서 서운관의 관원들이 매일 밤 천문을 관측하였고 해시계와 물시계도 제작되었다.
　측우기는 세종 23년 8월에 발명되었고 이듬해 5월에 개량·완성되었다. 1403년에 주조된 동활자(구리로 만든 활자)인 계미자의 결점을 보완하기 위해 세종 2년에 새로운 청동활자(구리와 주석을 섞어 만든 활자)로 경자자를 만들었고, 세종 16년에는 더욱 정교한 갑인자를 주조하였다. 세종 18년에는 납활자인 병자자가 주조됨에 따라 조선시대의 금속활자와 인쇄술이 완성되었다.
　세종 대는 화포의 개량과 발명이 계속되어 완구·소화포·철제탄환·화포전·화초 등을 만들어 냈고, 이에 따라 이듬해는 화포를 전면 개주하였다.
　세종 대에는 중국의 농업서적인《농상집요》·《사시찬요》등과 우리나라 농서인《본국경험방》, 정초가 지은《농사직설》등의 농업서적을 통해 농업기술을 계몽하고 권장하였다. 의약서로는《향약채집월령》·《향약집성방》·《의방유취》등이 편찬되었다. 국토의 개척과 확장도 세종 대의 큰 업적이다. 두만강 방면에는 김종서를 보내어 6진을 개척하게 하였고 압록강 방면에는 4군을 설치해 두만강과 압록강 이남을 영토로 편입하였다.
　세종 1년에는 이종무 등에게 왜구의 소굴인 대마도를 정벌하게 하는 강경책을 쓰기도 하였다. 반면 세종 8년에는 삼포(부산포·내이포·염포)를 개항하고, 세종 25년에는 계해약조를 맺어 왜구들을 회유하기도 하였다.

제4대 세종

▶생애 : 1397~1450년
▶재위 : 1418~1450년

세종의 재위 기간이 길고 사료도 방대하여 많은 사람이 편찬에 참여하였다. 대표적인 인물로는 이계전·최항·박팽년·하위지·성삼문·신숙주·양성지·유성원 등으로 총 편수관 4인과 기주관 23인, 기사관 25인 외에도 많은 사자관이 편찬에 참여하였다. 실록이 활자로 인쇄된 것은 《세종실록》이 처음이었다.

● 경복궁 근정전의 어좌

■ 예사롭지 않은 태몽

원경왕후 민씨가 셋째아들(세종)을 임신했을 때 태몽을 꾸었는데 그 줄거리는 다음과 같다.

'어느 화사한 날 낮에 민씨가 마루에 걸터앉아 쉬고 있는데 집터에서 용 한 마리가 여의주를 물고 북한산 꼭대기로 날아 올라갔다.'

그런 태몽을 꾸고 낳은 아들이 충녕대군 곧 세종이다. 세종은 1397년에 태종의 셋째아들로 태어났다. 세종의 성명은 이도이며, 자는 원정이고, 시호는 세종장헌영문예무인성명효대왕(世宗莊憲英文睿武仁聖明孝大王)이다.

1408년에 충녕군에 봉해지고 소현왕후와 결혼해 1413년에 충녕대군이 되었다. 1418년에는 양녕대군이 폐세자가 되었을 때 대신하여 세자가 되었다. 그 해에 태종에게 왕위를 물려받아 22세 때 왕으로 등극하였다.

● 세종대왕의 어진

● **세종대왕의 금보**

　세종은 타고난 성품이 총명하고 공부하기를 매우 좋아하여 추우나 더우나 밤늦도록 독서를 하였고, 그의 아버지 태종이 밤늦게까지 독서하는 충녕의 건강이 걱정되어 오히려 밤에는 독서를 못 하게 할 정도였다. 나라에 큰일이 있을 때마다 세종은 자신의 의견을 말하곤 하였는데, 태종을 비롯한 대신들이 생각지도 못한 의견인 경우가 많았다.

　본디 세자로 책봉된 양녕대군은 충녕에 비하여 독서량도 많지 않고, 행동 등 여러 가지 면에서 비교되는 점도 많았다. 그래서 태종은 양녕을 폐위시키고 충녕을 세자로 책봉하여, 1418년 드디어 충녕이 임금의 자리에 오르게 된 것이다.

　세종 임금이 된 충녕은 동방의 요순시대라 할 만큼 태평성대를 이룩한 훌륭한 임금이었다. 그런 배경에는 뒤에서 눈에 보이지 않게 보살펴 준 태종과 재상들의 숨은 공적이 있었다.

■ 황금기를 이룩한 왕

세종대왕이라는 칭호는 후세 사람들이 그의 뛰어난 업적과 통치력을 높이 평가하여 붙인 칭호이다. 세종은 타고난 능력과 자상하고 부드러운 정치로 조선왕조에서 제일 훌륭한 정치·경제·사회·문화적 업적을 남기고 54세의 일기로 세상을 마쳤다. 세종의 업적은 조선 왕조로 하여금 500년 역사를 유지하도록 하는 원동력이 되었다.

세종의 고민은 백성들이 마음 놓고 편하게 살도록 하는 것이었다. 끊임없이 노략질하는 왜구 때문에 백성들의 피해가 적지 않아 이종무를 시켜 왜구의 본거지인 대마도를 정벌하고 유동성 있는 외교정책을 펴 나갔다.

조선 초기 공신들을 위주로 한 토지의 집중 현상이 보이자 전제상정소라는 기관을 설치하여 조세의 방법을 의논하였고, 합리적으로 토지를 조절하고 백성의 조세 부담을 덜어 주는 데 힘썼다.

● 측우기

집현전의 학자들과 함께 피땀 흘려 가며 훈민정음을 창제하여 백성들로 하여금 우리 글을 쓰도록 하였으며,《삼강행실도》를 통하여 유교의 으뜸이 되는 사상을 백성들에게 실천하도록 권장하였다. 또한 농민들이 농사를 과학적으로 지어 소출을 높이도록 하기 위해 농사에 관한 책을 편찬하도록 명하여《농사직설》이란 책이 편찬되었는가 하면, 또 측우기·자격루·혼천의·해시계 등 과학의 발달에도 노력하였다. 이 또한 농업의 발전에 기여하기 위한 일이었다. 그뿐만이 아니었다. 박연을 시켜 궁중의 아악을 정리하도록 하는 등 조선왕조 문화의 기틀을 마련하는 데도 정성을 기울였다.

조선 과학의 극치, 자격루

세종시대에 과학기술의 집합체라 할 수 있는 자격루(自擊漏)는 중국 송·원 시대 자동 물시계의 기계장치에 한국의 전통기술을 더하고, 다시 이슬람의 자동 시보장치 원리를 결합해 만든 것이다. 당대 지구상에 존재하는 최고의 시계이다.

세종대왕은 백성들의 삶을 보살피기 위해 시간의 중요함을 깨달았다. 그러기 위해 정확한 시간을 나타내기 위한 노력으로 해시계(앙부일구)를 만들었으나 해시계는 오로지 낮에만 쓸 수 있었다. 이러한 단점을 개선하기 위해 세종은 관노 출신인 장영실을 귀하게 여겨 그에게 자동 물시계인 자격루를 개발하게 했다.

그 결과 장영실의 노력으로 한국 최초의 물시계인 보루각(報漏閣)의 자격루(自擊漏)를 완공하여 낮뿐만 아니라 밤에도 시간을 알리는 쾌거를 이뤘다.

● **당시 문헌을 토대로 재현한 자격루**(고궁박물관 소재)

■ 세종의 국방 정비

조선왕조에서 제일의 성군으로 꼽힌 제4대 세종은 22세의 젊은 나이로 임금에 올랐다. 친형 양녕대군을 제치고 세자가 된 지 7일 만에 왕이 되었다.

● 이종무의 대마도 정벌
세종의 지시로 왜구 문제를 강경책으로 삼아 근절하였다.

세종은 학문적인 사업은 물론이고 국토 개척과 확장을 통하여 국력을 신장하는 일에도 힘을 기울였다. 왜구 문제는 처음에는 회유책을 써서 평화적 해결을 모색했으나 당시 일본국의 무로마치 막부의 전국 통제력도 완벽하지 않아 왜구의 남해안 노략질은 줄어들지 않았다. 1419년에도 왜구가 침입하자 그 해 음력 6월 19일 이종무 장군을 삼군도체찰사로 삼아 그로 하여금 삼도에 소속된 9명의 절제사들과 전함 227척, 군사 1만 7천 명을 이끌고 거제도의 마산포를 떠나 왜구의 근거지인 대마도를 정벌케 하였다.

대마도에 상륙한 조선군은 섬의 구석구석을 찾아다니며 왜구를 죽이고 집에 불을 질렀다. 그렇게 보름쯤이 지나자 대마도의 도주가 항복을 하였다. 이때 이종무는 왜구에게 잡혀 갔던 조선 사람들과 함께 붙잡혀 있던 명나라 사람들도 구출하였다.

조선군은 대마도의 항복을 받아들이고 군대를 철수시켜 1420년 대마도를 경상도에 편입시키겠노라고 대마도 도주에게 통고했다. 그 대신 3포를 개항(1426년)하고, 계해약조(1443년)를 통해 세견선 50척, 세사미두 200석으로 무역을 허락하였다. 이는 왜구를 너그럽게 포용함으로써 노략질을 근본적으로 방지하고자 하는 정책이었으며, 실제로 이 같은 정책으로 인해 오랫동안 왜구의 침입이

사라졌다. 세종 때 북방에는 여진족이 국경을 자주 침범하였다. 1432년 12월 9일에 야인 400기가 강계에 침입하여 사람과 물건들을 약탈해 가니 강계절제사 박초가 추격하여 사람들을 구하고 약탈해 가는 물건을 다시 빼앗아 왔다고 장계하였다. 이어 12월 21일에 파저강 유역의 이만주가 침입하였는데 이전부터 식량이 부족하여 4군 지역에 자주 침탈하였다.

이처럼 계속되는 여진족의 침탈을 기화로 조선의 조정에서는 본격적으로 여진족의 정벌을 논의하기에 이르렀다. 이듬해인 1433년 1월에 평안도감사가 여연·강계에서의 전투에서 전사자 48명을 포함하여 75명의 피해를 보고했다.

세종 15년(1433년), 최윤덕을 평안도 절제사로 임명하여 동년 4월에 평안도와 황해도의 군사 1만 5천 명을 이끌고 압록강 유역을 평정토록 하였다. 그리고 동년 10월, 세종은 김종서를 함길도 관찰사로 임명하여 국토 회복 작업을 지시하였다. 이에 따라 함길도 관찰사로 부임한 김종서는 흩어진 민심을 추스르고 함길도 남부지방의 농가 2,200호를 경원부와 같은 북방 진지인 영북진으로 이주시켰다. 김종서는 먼저 회령을 공격하여 회령진을 설치하고 경원부도 더 북쪽인 경원으로 이동시켰으며, 경원부가 있던 지역에는 공성현을 설치하였다. 또한 종성과 온성에도 진을 설치하여 동북면의 국경을 확정하였다.

● **야연사준도(夜宴射樽圖)**

조선 세종 때 김종서 장군이 야인(野人)을 격퇴하고 육진(六鎭)을 설치하여 두만강을 경계로 국경선을 확정한 뒤 도순문찰리사(都巡問察理使)로 있을 때의 일화를 그린 그림이다. 그가 하루는 술과 음악으로 야연을 베풀고 있는데 어디선가 갑자기 화살이 날아와 술항아리에 적중하였다. 주위의 사람들이 놀라고 두려워하였지만, 김종서는 "간사한 사람이 나를 시험하였을 뿐이다." 며 대범·침착함으로 연회를 계속 진행하여 마쳤다고 한다.

■ 최대 업적은 훈민정음 창제

　세종대왕의 업적 가운데 가장 두드러진 업적은 훈민정음을 창제한 것이다. 《훈민정음》(訓民正音)은 조선 초기 세종대왕이 지은 책의 제목이다. 한글은 1443년(세종 25년) 훈민정음 28자를 연구하여 창제하고 3년 동안 다듬고 실제로 써 본 뒤에 1446년 음력 9월에 반포하였다. 이것이 오늘날의 우리 글인 한글이다.

　세종은 《훈민정음 해례본》을 통하여 문자와 천지인(天地人)을 바탕으로 하는 음양오행의 관계를 설명하였다. 이 해례본을 통해 모음은 음양의 원리를 기본으로 만들어졌다. 양(陽)인 하늘(天)을 본떠 만들고, 음(陰)인 땅(地)을 본떠 만들었으며, 음과 양의 중간자인 인간(人)의 형상을 본떠 만들었다고 밝혔다.

　오늘날 남아 있는 훈민정음의 판본 가운데 하나인 《훈민정음 해례본》은 유네스코 세계기록유산으로 등재되었고, 대한민국 국보 제70호로 지정되어 있다.

　《훈민정음 해례본》의 첫머리에, "나랏말 소리가 중국과 달라…… 시작된다. 음양의 이치가 이미 둘이 아니니 어찌 천지 자연, 변화를 주관하는 귀신과 그 사용을 같이 하지 않을 수 있겠는가? 훈민정음 스물여덟 자는 각각 그 모양을 본떠서 만들었다."고 기록되어 있다.

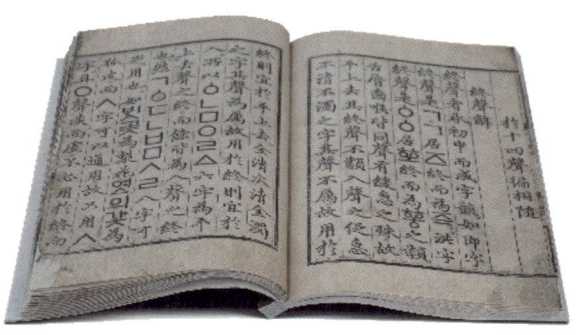

● **훈민정음 해례본**
세종이 직접 서문을 쓰고 정인지 등의 신하들에게 글자에 대한 설명을 적도록 했다.

조선왕조실록

'훈민정음'의 뜻은 '백성을 가르치는 바른 소리'라는 뜻이다. 이 책은 한글의 창제 원리를 설명하고 있으며, 중세 한국어의 모습을 살펴볼 수 있다는 점에서 굉장히 중요한 책이다. 특히 《해례본》에 포함되어 있는 구체적인 예시는 훈민정음 창제 당시의 글자체를 그대로 보여 주고 있어서 매우 높이 평가된다.

《훈민정음》은 조선 초기 세종대왕이 지은 책의 제목이자 해설집인데, 뒷날 한글로 불리게 된 한국어의 표기 문자 체계를 말한다. 한글은 1443년(세종 25년), 훈민정음 28자를 연구하여 창제하고 3년 동안 다듬고 실제로 써 본 후 1446년 음력 9월에 이를 반포하였다.

처음에 '훈민정음'으로 반포된 한글은 조선시대에는 '언문'이라고 불렸다. 이것은 《세종실록》에서 '상친제언문이십팔자(上親製諺文二十八字)'라고 기록된 것에 연유하는데, 한자를 제외한 문자는 '언문'이라고 불렸기 때문이다. 여성들이 많이 한글을 썼기 때문에 '암클' 등으로 낮추어 불리기도 하였으나 궁중과 일부 양반층, 백성들 사이에서 사용되었다.

1445년(세종 27년) 4월에 훈민정음을 처음으로 사용하여 악장(樂章)인 《용비천가》를 편찬하고, 1447년(세종 29년) 5월에 간행하였다. 목판본 10권 5책 모두 125장에 달하는 서사시로서, 한글로 엮어진 책으로는 한국 최초의 것이 된다. 훈민정음이 반포된 뒤에는 일부 관리를 뽑을 때 훈민정음 시험을 치르도록 했고, 민간과 조정의 일부 문서에 훈민정음을 써 왔다.

이러한 한글 보급 정책에 따라 한글은 빠르게 퍼져 반세기 만인 1500년대에는 지방 노비 수준의 신분인 도공에게까지 쓰이게 되었다.

● 세종대왕 동상

■ 훈민정음 창제 과정

세종대왕은 백성들이 중국의 한자를 몰라서 어려움을 겪자 성삼문·정인지·신숙주 등 집현전의 학자들과 함께 훈민정음 만들기에 열정을 쏟았다. 1443년 세계에서도 가장 과학적이라는 훈민정음 곧 한글을 창제하고 실용 단계를 거쳐 1446년에 반포하였다.

훈민정음은 '백성들을 깨우치는 바른 글'이라는 뜻인데 언문 또는 반절 등으로 불리다가 주시경이 처음으로 '한글'이라는 이름을 붙였다.

세종은 즉위한 뒤 4년(1422년)부터 책을 인쇄하는 데 기초가 되는 활자의 글씨체 개량을 직접 지휘할 만큼 글에 대한 관심과 재능이 많은 분임을 알 수 있다. 이러한 정성과 뛰어난 자질은 세종 25년(1443년) 음력 12월에 몸소 훈민정음 곧 한글을 만들어 냄으로써 유감없이 그 빛을 발휘하였다.

세종은 왕립연구소라 할 수 있는 집현전을 만들어 인재들을 양성하였는데, 그 가운데 훈민정음 창제에 큰 기여를 한 대표적인 인물로는 정인지·최항·박팽년·신숙주·강희안·이개·이선로·성삼문 등이 있다. 세종은 황희·맹사성 등 유능한 신하들을 곁에 두고 정치를 새롭게 펴면서 집현전을 만들어 젊은 학자들에게 학문 연구에 전념하도록 이끌었다. 그때 집현전의 신하인 최만리를 비롯한 신석조·김문·정창손·하위지·송처검·조근 등은 새 글자 만들기를 반대하는 상소를 올리기도 했다. 최만리는 '역사의 죄인인가?'라는 상소문으로 훈민정음을 반대하였다.

● **최만리의 상소**
1443년 훈민정음이 완성되지만 이듬해 2월 최만리 등 7인이 중국과의 관계와 성리학에 맞지 않는다는 등의 이유로 세종대왕에게 반대 상소를 올린다.

조선왕조실록

　대대로 중국의 문물을 본받고 섬기며 사는 처지에 한자와는 이질적인 소리글자를 만드는 것은 중국에 대해서 부끄러운 일이고, 한자와 다른 새로운 글자를 만드는 것은 스스로 오랑캐가 되자는 일이며, 새 글자는 중국의 높은 학문과 멀어지게 만들어 우리의 문화 수준을 떨어지게 할 것이라고 이유를 붙였다. 더구나 새 글자를 만드는 것은 풍속을 크게 바꾸는 일인만큼, 온 국민과 선조와 중국에 묻고 훗날 고침이 없도록 심사숙고를 거듭해야 마땅한데, 몇몇 사람만으로 졸속하게 추진하고 있고, 상감은 몸을 해쳐 가며 지나친 정성을 쏟고 있다. 학문과 수도에 정진해야 할 임금이 인격 성장과 무관한 글자 만들기에 정력을 소모하는 것은 옳지 못하다고 반대한 것이다.

　세종은 이에 대해 답변하지 않고, 새로운 글을 만드는 일은 백성들의 생활을 편안하게 하기 위한 일이라고 생각하였다. 이렇게 하여 새로운 글자를 만들고 신중하게 다듬기를 계속하면서 신하들과 함께 연구를 거듭하였다. 새로운 글자를 만든 뒤에 실용을 앞두고 철저한 실험을 거쳐 3년이 지난 뒤에 훈민정음이라는 이름으로 1446년에 반포했다. 이때 책머리에 백성들의 어려움을 덜어 주고자 하는 마음으로 정성을 기울여 새로운 글자를 만들었다고 밝혀 놓았다.

　"우리나라의 말이 중국말과 달라서 한자와는 서로 통하지 아니하므로, 이런 까닭에 어리석은 백성들이 말하고 싶은 것이 있어도 그 뜻을 담아서 나타내지 못하는 사람이 많은지라, 내가 이것을 딱하게 여겨 새로 스물여덟 글자를 만들어 내놓으니 누구나 쉽게 깨우쳐 날로 씀에 편하게 하고자 할 따름이니라."

　훈민정음은 세종이 남긴 문화유산 가운데 가장 훌륭한 유산으로 평가받는다.

● 훈민정음 반포를 알리는 장면

■ 세종대왕의 사실록

세종대왕의 일대기를 기록한 《세종실록》은 《세종장헌대왕실록》이라고 한다.

세종이 조선 제4대 임금으로 즉위한 1418년 8월부터 세종 32년 1450년 2월까지의 역사를 기록한 책으로서 『조선왕조실록』의 한 부분이다. 모두 163권 154책으로 구성되어 있다. 1973년 12월 31일 국보 제151호로 지정되었고, 1997년 10월 세계기록유산으로 등재되었다.

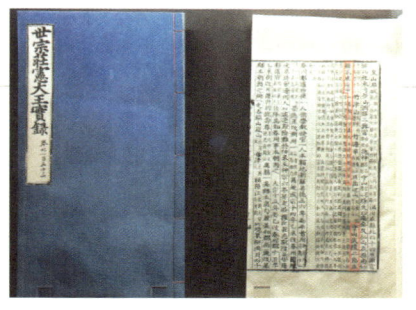

● 세종실록
《세종실록》을 《세종장헌대왕실록》이라고도 하는데 《세종실록》 50페이지 셋째 줄(붉은 표시)에 독도는 조선의 땅이라고 선명하게 인쇄되어 있다.

세종이 승하한 2년 1개월 뒤인 문종 2년(1452년) 3월 22일부터 편찬하기 시작해 2년 뒤인 단종 2년(1454년) 3월에 완성되었다. 김종서·정인지·황보인이 총재관으로 편찬을 시작하였으나 단종 원년(1453년)에 일어난 계유정난으로 김종서·황보인이 피살되어 최후의 감수는 정인지 혼자 담당하였다.

세종의 재위 기간이 길고 사료도 방대하여 많은 사람이 편찬에 참여하였다. 대표적인 인물로는 이계전·최항·박팽년·하위지·성삼문·신숙주·양성지·유성원 등으로 총 편수관 4인과 기주관 23인, 기사관 25인 외에도 많은 사자관이 편찬에 참여하였다.

분량이 방대하여 처음에는 한 벌만 마련하여 춘추관에 두었다가 세조 12년(1466년)에 양성지의 건의로 이미 편찬된 《문종실록》과 함께 활자로 인쇄하기 시작하였으며, 성종 3년(1472년)에 3부의 인쇄를 마쳤다.

그 뒤 충주와 전주, 성주의 세 사고에 보관하였으나 임진왜란으로 전주사고본을 제외한 충주사고본과 성주사고본은 불에 타 없어졌다. 그래서 춘추관에 보관된 초본을 선조 말년에 다시 인쇄하여 여러 사고에 봉안토록 하였다.

조선왕조실록

■ 훌륭한 인재 두루 기용

세종은 측우기와 금속활자를 개량하였으며 아악을 정리했다. 개량된 금속활자로 여러 가지 책을 간행하기도 하였으며, 의서인 《향약집성방》을 통해서 의료 관계 개선을 이룩한 것도 세종의 큰 업적이다.

세종 주변에는 훌륭한 신하가 많았다. 그 대표적인 인물은 다음과 같다.

황희(黃喜: 1363 ~ 1452년)는 고려 말 조선 초기의 재상이다. 고려 개경 출신으로 초명은 수로(壽老), 자(字)는 구부(懼夫), 호는 방촌(厖村), 시호는 익성(翼成)이다. 음서로 관직에 나갔다가 문과 급제 후 여러 벼슬을 거쳐 판서·재상 등을 지내며 맹사성 등과 함께 세종대왕을 잘 보필하였다. 그는 18년 동안 영의정의 자리에 있으면서 농사의 개량, 예법의 개정, 노비나 첩의 소생들의 천역(賤役) 면제 등 뛰어난 업적을 쌓으며 세종을 보필하여 칭송이 자자하였다.

● 황희 정승 초상

맹사성(孟思誠: 1360 ~ 1438년)은 고려 말 조선 초의 문신·정치인·유학자이다. 자는 자명(自明), 호는 고불(古佛)·동포(東浦), 시호는 문정(文貞)이다. 고려 수문전제학 맹희도(孟希道)의 아들이며 고려 말의 명장인 최영의 손녀사위이다. 황희·윤회·권진과 함께 세종 대에 재상을 지냈으며, 성격이 부드럽고 섬세하여 악공을 가르치거나 과거 응시자들의 학문적·문화적 소양을 점검하였다. 세종의 신임을 받아 좌의정이 되었으며 평소 소 타기를 좋아한 것으로 유명했다.

● 맹사성의 영정

이종무(李從茂: 1360 ~ 1425년)는 조선 초기의 무신이다. 이을진의 아들로 본관은 전라도 장수이며, 어려서부터 말타기·활쏘기에 능하였다. 1381년 고려 우왕 때 강원도에 침입한 왜구를 격파하고, 1397년 조선 태조 6년에 왜구가 침입하자 끝까지 싸워 이를 격퇴하였으며, 세종이 즉위한 뒤에 왜구의 노략질이 심해지자 세종의 명을 받아 대마도를 정벌하는 큰 공을 세웠다.

김종서(金宗瑞: 1383년 ~ 1453년)는 조선 전기의 문신·군인·정치가이다. 자는 국경(國卿), 호는 절재(節齋)이다. 도총제(都摠制) 김추(金錘)의 아들로 단종의 충신 3 상신(相臣) 중의 한 명이다. 시호는 충익(忠翼)이다. 김종서는 용감하게 북쪽을 개척하여 종성·회령·경원·경흥 등 4진을 설치하고, 다시 두만강 근처에 온성진과 부령진을 두었다. 이것이 동북 6진이다. 이로 인하여 세종의 두터운 신임을 얻었으며 정치적으로 그의 입지가 커졌다.

● 김종서 장군

장영실(蔣英實: 1390? ~ 1450년?)은 조선 전기의 관료이며 과학자·기술자·발명가이다. 경상남도 동래군 출생으로 본관은 아산이다. 시조 장서의 9대손으로 추정된다. 장영실은 천민의 신분으로 태어났지만 손재주가 매우 뛰어나 세종의 부름을 받고 궁중 기술자가 되었다. 중국에서 새로운 문물을 배우며 천문기기에 매력을 느낀 장영실은 돌아와서 천문기구 등을 만들었다. 그는 조선시대 최고의 과학자이자 기술자로 칭송을 받았다.

● 장영실의 영정
동래현(東萊縣)의 관노(官奴)였던 장영실은 과학적 재능으로 조선 조정에 발탁되어 궁중 기술자 업무에 종사하였다. 세종의 신임으로 한국 최초의 물시계인 보루각(報漏閣)의 자격루(自擊漏)를 만들었다.

■ 세종의 일화

　태종은 세종이 충녕대군이었던 시절에 지나칠 정도로 독서만 하자 건강을 염려하여 세종의 책을 모두 숨겨 버렸다. 이때 세종은 책이 없음을 보고 황급히 자신의 방을 뒤지다가 병풍 뒤에 있는 《구소서간》이라는 책 한 권을 발견한다. 세종은 태종이 모든 책을 돌려줄 때까지 그 책을 1천 번이나 읽었다고 한다.

　세종은 영의정 심온의 딸 소헌왕후 사이에 8남 2녀를 두었고 그 밖에도 8명의 후궁이 있었다. 이들에게서 모두 18남 4녀의 자녀를 두었다. 그런 연유로 해서 세종도 여러 아들을 두고 세자 책봉 문제로 많은 고민을 하였다.

　그러나 역시 장남을 세자로 책봉하였다. 비록 몸이 허약하다는 것이 결점이 있었지만 첫째를 세자로 삼았다. 그가 뒷날 제5대 임금 문종이다.

　소헌왕후는 왕비로 책봉된 뒤에 친정아버지를 비롯한 친정 식구들이 시아버지인 태종으로부터 죽음을 당하는 등 풍비박산이 되는 슬픔을 당했다. 그러면서도 왕비로서의 지위와 품위를 지켰다.

　세종대왕은 집현전을 만들고 성삼문·식숙주·박팽년·하위지·최만리 등 쟁쟁한 관리가 될 인재들을 키워내는 데 정성을 기울였다. 그 일례로, 하루는 밤이 깊었는데 불이 켜진 것을 본 세종이 집현전으로 나가 보니 밤늦게까지 공부를 하던 신숙주가 책상에 엎드려 잠들어 있었는데, 이를 본 세종이 자신의 곤룡포를 벗어 덮어 주었다는 일화가 전한다.

● 집현전 학사들의 모습

"소수의 의견도 끝까지 경청하되 한 사람의 말만 가지고 결정해서는 안 된다."
는 명언을 남긴 세종대왕은 수많은 업적을 세웠는데, 그 중에서도 단연 최고는 우리의 고유 언어인 한글을 만들었다는 점이다. 세종대왕 시절《월인천강지곡》·《용비어천가》·《농사직설》·《고려사》·《팔도지리지》·《석보상절》·《치평요람》 등 주옥 같은 책들도 간행했다.

박연으로 하여금 아악을 정리하게 하고, 과학의 발전에 심혈을 기울여 장영실에게 해시계·물시계·측우기 등을 만들게 하였다. 흐린 날이나 밤에도 시간을 알 수 있도록 물시계의 하나인 '일성정시의(日星定時儀)'를 만들기도 했다. 인쇄술을 발전시켜 화포의 주조기술에서부터 화약 제조기술에 이르기까지 여러 분야에도 발전을 기울였다.

훈민정음을 창제할 때 시력이 매우 약해지고 눈병이 났다. 그런 일을《세종실록》92권(1441년. 세종 19년)에 이렇게 기록해 놓았다.

"내가 두 눈이 흐릿하고 아파서 봄부터 어두운 곳에서는 지팡이에 의지하지 않고는 걷기가 어려웠다."

이 내용으로 비추어 보아 세종이 시각 쪽에 장애가 있었다는 사실을 유추할 수 있다. 재위 32년 중 20여 년간은 시각에 장애를 느꼈으며, 승하하기 전 8년 동안은 거의 앞을 보지 못했다고 한다. 그래서 이 시기에 정사를 보기가 어려웠고, 따라서 세자에게 선위하겠다는 뜻을 여러 차례 밝혔었다는 견해가 존재한다.

● **박연 흉상**
세종이 대군 시절 세자시강원 문학으로 세종을 가르치기도 한 박연은 세종이 즉위한 뒤 악학별좌(樂學別坐)에 임명되어 음악에 관한 일을 맡아 보았다. 편경 12매를 제작, 자작한 12율관(律管)에 의거한 정확한 음률로 연주케 했고, 3년 후 다시 미비한 율관을 수정했다. 또한 향악을 폐하고 아악의 사용을 건의하여 실행케 했다.

　세종대왕은 이순몽(李順蒙; 1386~1449년)이라는 관리를 감싸고 돌았다. 태종 시절에 병조판서를 지낸 이응의 아들 이순몽은 뇌물 수수와 하급 관리 구타, 남의 첩과 몰래 간통, 기생과 냇물에서 눈살 찌푸리게 하는 물장난을 하며 고성방가, 술에 취해서 왕의 거동길에 호상(胡床)에 걸터앉는 국왕 모독죄 등을 범했는데, 그때마다 세종은 감싸고 돌면서 용서하거나 파직 정도로 무마했다가 다시 벼슬을 주어 불러들였다. 실록을 그대로 옮기자면 다음과 같다.

　순몽의 사람됨이 재물을 탐내고 여색을 좋아하며, 자산(資産)이 아주 많아서 권문(權門)·요로(要路)에 뇌물을 주곤 하여 세상에서 중시(重視)를 받게 되니, 군현(郡縣)의 수령들과 연변(沿邊)의 만호(萬戶)·천호(千戶) 등이 그의 문객(門客) 중에서 많이 나왔다. 수령과 만호가 장차 부임할 때에는 반드시 물품을 증여하였으며, 임소(任所)에 부임하게 되면 순몽이 사람을 보내어 곧 그 주선해 준 대가를 받는 것이 상인(商人)의 장사하듯 하니, 당시의 여론이 그를 더럽게 여기었다. 또 영응대군(永膺大君)에게 연줄을 대어 수양(收養)되었으므로, 영흥(永興)의 생신(生辰)을 당할 때마다 진기한 보물을 많이 올리니, 임금이 영흥을 매우 사랑하기 때문에 순몽을 총우(寵遇)하여 조정의 신하가 그에 미치는 이가 없었다. 총애를 믿고 교만하고 횡포하여 비록 여러 번 죄악을 범하였으나 임금이 번번이 관후하게 용서하니 더욱 꺼리는 데가 없었다.
　사람들이 다 한스럽게 여기었다.

-《세종실록》105권, 26년(1444 갑자/명 정통(正統) 9년) 8월 22일(무진) 2번째 기사-

　세종대왕이 모든 일을 공명정대하게 완벽한 정치를 했다고 믿는 사람에겐 충격적인 기록이다. 이것은 세종의 정치론과 관련된 것으로, 도덕이나 비리 등에 연연하지 않고 능력 위주로 선발하는 그의 인사철학 때문이었다.

■ 대리석으로 만든 신도비(神道碑)

세종대왕 신도비는 서울 동대문구 홍릉 세종대왕기념관 경내에 있는 조선시대의 비석이다. 2002년 3월 15일 서울특별시의 유형문화재 제42-1호로 지정되었다.

세종대왕 신도비는 비석의 머리까지를 포함한 길이가 무려 5.7m나 되는 거대한 대리석 비석인데, 약 2년에 걸쳐 만든 뒤 조선 문종 2년(1452년) 2월 21일에 건립되었다.

앞면의 비명(碑銘)은 정인지가 짓고, 뒷면의 기록은 김요가 지었으며, 비석에 새긴 글씨는 안평대군 이용이 썼다. 비석을 만드는 데만 150여 명의 석공이 동원되었다.

신도비는 영릉이 경기도 여주로 옮겨질 때 다른 석물들과 함께 땅에 묻혔는데, 숙종 때 장마로 인해 자연 노출되자 순조 왕릉인 인릉 아래 서쪽으로 다시 옮겨 묻혔다가 1974년 세종대왕 기념사업회가 옮겨 세웠다.

세종대왕 신도비는 한국 왕릉의 마지막 신도비로서 현재 비석의 글씨는 마모되어 알아보기 어렵다. 다만 서체 연구 자료와 사료로서의 가치는 줄었다 해도 다른 신도비와 달리 대리석으로 제작되고, 다른 신도비에 비해 머리 부분의 용무늬가 섬세하고 정교하게 조각된 점 등은 특히 주목되는 부분으로 소중한 가치를 지니고 있다.

● 세종대왕 신도비
조선 초기의 석비 양식을 따르고 있으며, 세종대왕의 어진 업적을 찬양하고, 왕후·빈 및 그 소생들에 관한 약력 등이 적혀 있다.

세종의 가계

세종은 6명의 부인에게서 22명의 자녀를 두었다. 이들 중 정비 소헌왕후 심씨가 8남 2녀, 영빈 강씨가 1남, 신빈 김씨가 6남, 혜빈 양씨가 3남, 숙의 이씨가 1녀, 상침 송씨가 1녀를 낳았다.

● 소헌왕후 시호 금보

■ **소헌왕후 심씨**(昭憲王后 沈氏; 1395 ~ 1446년)

1395년 문하시중 심덕부의 아들 청천부원군(靑川府院君) 심온과 그 부인인 순흥 안씨의 장녀로 출생하였다. 조선 태종 8년인 1408년 당시 충녕군(忠寧君)이었던 세종과 혼례를 올리고 경숙옹주(敬淑翁主)에 봉해졌다.

태종 17년인 1417년 삼한국대부인(三韓國大夫人)에 봉해졌고, 태종 18년인 1418년 음력 6월, 남편 충녕대군이(1412년에 대군으로 진봉) 왕세자에 책봉되자 경빈(敬嬪)이 되었으며, 그 해 음력 8월 충녕대군이 태종의 뒤를 이어 즉위하자 중궁(中宮)이 되어 공비(恭妃)라는 책봉명을 받았다. 그 해 아버지 심온과 숙부 심정이 태종에 대한 불경죄로 처형 당하였고 소헌왕후의 어머니와 친족들은 관비가 되었다. 한편, 소헌왕후에 대해서도 폐비(廢妃) 논의가 있었으나 내조의 공이 크고, 왕자를 2명이나 출산하였으며, 당시에도 안평대군을 임신하고 있던 중이었기에 폐비되지 않았다.

1426년, 모친 안씨와 가족들은 본래의 양반 신분으로 복원된다. 소헌왕후는 세종과의 사이에서 총 8남 2녀를 출산했는데, 이 중 3명의 자녀는 소헌왕후보다 일찍 세상을 떠난다. 이후 소헌왕후가 1446년 사망하는데, 잇달아 떠난 자식들과 어머니의 죽음이 영향을 끼쳤을 것이라고 추측된다.

세종 28년인 1446년, 소헌왕후가 52세의 나이로 수양대군의 저택에서 승하하자 아들 문종 대에 선인제성(宣仁齊聖)의 존호가 올려졌다. 능은 경기도 여주시 능서면 왕대리에 위치한 영릉(英陵)이며 남편 세종과 합장되었다.

■ 안평대군 이용(安平大君 李瑢; 1418 ~ 1453년)

세종과 소헌왕후의 셋째아들이다. 문종·세조의 친동생이자 금성대군의 형이다. 호는 비해당·낭간거사·매죽헌 등이다. 서예와 시문·그림·가야금에 능하여 한석봉과 함께 조선 최고의 명필로 불린다.

안평대군은 기질이 호탕하여 무사들을 이끌고 매 사냥을 나서기도 했으나 그의 주변에는 주로 문인들이 많이 포진해 있었다. 이후 문종 때부터 두각을 나타내기 시작, 조정의 정치에도 간섭했으나 단종이 즉위한 후 수양대군 일파와 경쟁하였다.

그러나 계유정난 때 수양대군의 무신 세력에 눌려 실권을 박탈당하고 10월 10일에 강화도로 유배되었다. 그 해 10월 18일, 유배 중에 교동도(喬桐島)에서 사사(賜死)되었다. 이후 그의 아들 이우직 역시 연좌제에 의해 처형되었고, 아내는 관비가 되었으며, 의춘군의 아내이자 며느리인 오대(五臺)와 딸 무심(無心) 등은 권람의 집의 노비로 분배되었다.

● **안평대군의 글씨**
조선 초기의 화가 안견의 <몽유도원도> 화첩에 제호로 쓴 안평대군의 글씨이다. <몽유도원도>는 안평대군의 꿈을 나타낸 안견의 그림이다.

■ 임영대군 이구(臨瀛大君 李璆; 1420 ~ 1469년)

1420년(세종 2년) 1월 6일, 세종대왕과 심온의 딸 소헌왕후 심씨의 사이에서 넷째아들로 태어난 임영대군 이구는 문종·세조의 친동생이다. 둘째형인 수양대군처럼 무술에 능하였다.

● 임영대군 사당
경기도 의왕시 내손동 산154-1에 있는 세종대왕의 넷째왕자인 임영대군 묘 및 사당은 능안 마을 뒤쪽 모락산 중턱에 자리잡고 있다.

　임영대군은 일찍부터 긍지를 가지고 부모와 형제에게 효우(孝友)를 지키며 청백하게 생활하였다. 성격에 꾸밈이 없고 사특(私慝)함이 없어서 늘 진실하고 대쪽 같다는 칭찬을 들었다.

　1437년, 관료와 왕족들에게 내려진 과전(科田)의 양이 너무 지나치다는 여론이 나오자 형 수양대군·안평대군과 함께 받은 과전 3백 결에서 각각 50결을 감하여 도로 반납하였다.

　1439년(세종 21년), 작첩(爵帖)을 빼앗겼으나 1440년 다시 임영대군에 봉해졌다.

　1442년에 원윤(元尹)이 되었으며, 아버지 세종이 그에게 총통 제작을 맡겨 군기감에서 일하기도 하였다. 세종대왕의 명을 받아 동생인 금성대군과 함께 총통과 화차를 제작하였다.

　1450년(문종 즉위년)에 맏형 문종의 명을 받아 화차를 제작하였다.

　1452년, 문종이 죽고 조카인 단종이 즉위하면서 황보인과 김종서 등이 '황표정사(黃票政事: 조선 전기 인사행정의 변칙적 형태)'를 빌미로 국정을 장악하려 할 때 크게 불만을 나타내기도 하였다. 이후 안평대군과 수양대군 사이에서 갈등이 벌어질 때 그는 둘째형인 수양대군의 편을 들었다. 이때부터 그는 세조를 지지하였는데 세조가 정권을 잡자 그를 보좌하여 신임을 받았다.

■ 금성대군 이유(錦城大君 李瑜; 1426 ~ 1457년)

　1426년(세종 8년) 음력 3월 28일 세종과 소헌왕후의 여섯째아들로 태어났으며, 양육은 태종의 후궁인 의빈 권씨가 맡았다(『조선왕조실록』 1453년(단종 1년) 6월 26일 1번째 기사).

　1433년(세종 15년) 1월에 금성대군에 봉해지고, 3년 후인 1436년(세종 18년) 4월에 친형 광평대군과 함께 성균관에 입학하였다. 이어 12살 때인 1437년(세종 19년) 2월에 최사강의 딸과 혼인하여 아들 이맹한(李孟漢)을 두었다. 같은 해 6월에는 세종의 명으로 태조의 8남 의안대군 방석의 봉사손으로 출계하였다.

　세종은 그를 총애하여 계속 그의 집에 거처하거나 이어(移御; 임금이 거처하는 곳을 옮김)하기도 했다. 그는 조카 단종이 즉위하면서 단종을 지지하는 입장에 있었는데, 이것이 친형 수양대군(세조)의 반감을 샀다.

　1453년, 수양대군이 정권 탈취의 야심을 가지고 김종서(金宗瑞) 등을 제거하자 형의 행위를 반대하고 조카를 보호하기로 결심하였다.

　1455년, 왕의 측근을 제거하려는 수양대군에 의해 몇몇 종친과 함께 무사들과 결탁해 당여(黨與; 같은 뜻을 가지고 한편이 되는 무리)를 키운다는 죄명을 받고 삭녕(朔寧)에 유배되었다가 광주(廣州)로 이배되었다. 그 해 수양대군이 단종을 핍박해 왕위를 선양받았다. 이후 금성대군은 순흥에 안치된 뒤, 부사 이보흠(李甫欽)과 함께 모의해 고을 군사와 향리를 모으고 도내의 사족(士族)들에게 격문을 돌려서 의병을 일으켜 단종 복위를 계획하였다. 그러나 거사 전에 관노의 고발로 실패로 돌아

● 금성대군의 영정
세종과 소헌왕후 심씨의 여섯째아들이다.

● **금성단(錦城壇)**
단종 복위 사건으로 유배된 뒤 처형당한 왕숙 금성대군(錦城大君) 유를 추모하기 위해 설립된 제단이다. 경상북도 영주시 순흥면 내죽리 70번지에 있다. 홍천군 현감 이대근에 의해 비밀리에 단이 마련되고 숙종 때에 가서야 공인된다. 영주 금성대군 신단이라고도 한다.

가 반역죄로 처형당하였다.

　금성대군의 묘소를 찾던 순흥부의 주민들은 금성대군이 사약을 받고 사사된 곳에서 그의 혈흔이 묻은 돌을 발견하고 주변에 단을 쌓고 제사를 지냈는데 이를 '금성단'이라 한다.

　그 뒤 중종조에 와서 금성대군의 증손 이의가 왕에게 청을 올려 금성대군의 억울함을 주장하였다. 이를 옳게 여긴 중종은 1519년(중종 14년), 금성대군의 자손 3대에게 관작을 봉하고 승습(承襲: 학풍(學風)이나 작위(爵位) 따위를 물려 받음)의 명을 내렸다는 기록이 있다. 이때 아들 이맹한은 1519년(중종 14년)에 특명으로 함종군(咸種君)에 추증되고 손자 이연장은 동평군(東平君)에 봉작되었다.

　이후 금성대군의 관작이 숙종조에 들어 복구되고 시호가 내려졌다. 정조 때에는 그의 자손들이 종친으로서 대접을 받아 제사를 지낼 수 있게 되었다. 현재도 금성대군을 기리는 여러 사적지에서 그에게 사사 명령이 내려진 음력 10월 21일을 기일로 보고 봉사손들이 중심이 되어 제사를 지내고 있다.

■ 평원대군 이임(平原大君 李琳; 1427 ~ 1445년)

세종대왕과 소헌왕후 심씨 소생의 일곱째아들로 1434년에 평원대군에 봉군되었으며, 1437년 종학에 입학하고 홍이용의 딸과 혼인을 하였다. 이후 학문에 힘쓰다 1445년 1월 16일 천연두로 죽었으니 향년 19세였다. 그의 죽음은 1444년 12월 7일, 소헌왕후의 5남 광평대군이 사망한 지 약 한 달 뒤에 일어난 일이다.

■ 영응대군 이염(永膺大君 李琰; 1434 ~ 1467년)

세종과 소헌왕후 심씨의 여덟째아들이자 막내아들로 1441년(세종 23년) 영흥대군(永興大君)으로 봉해졌으며, 1443년(세종 25년)에 역양대군(歷陽大君)으로, 그리고 1447년(세종 29년)에 다시 영응대군(永膺大君)으로 개봉되었다.

글씨와 그림에 뛰어나고 음률(音律)에 밝았으며, 세종시대에는 고려 말의 최무선이 만든 화약 병기 주화(走火)를 발전시킨 신기전(神機箭) 개발에 큰 도움을 주기도 한다. 세조 9년에는 '명황계감(明皇誡鑑)'을 한글로 번역하였다. 세종은 여러 아들 중에서도 영응대군을 특별히 사랑하여 총애하였고, 1450년 그의 저택인 동별궁(東別宮)에서 승하하였다.

● 신기전[火車]
수레 위에 총을 수십 개 장치하여 이동이 손쉽고, 한 번에 여러 개의 총을 쏠 수 있게 한 조선시대 무기.

● 영응대군 비각
경기도 시흥시 군자동에 위치하고 있다.

세종의 가계도

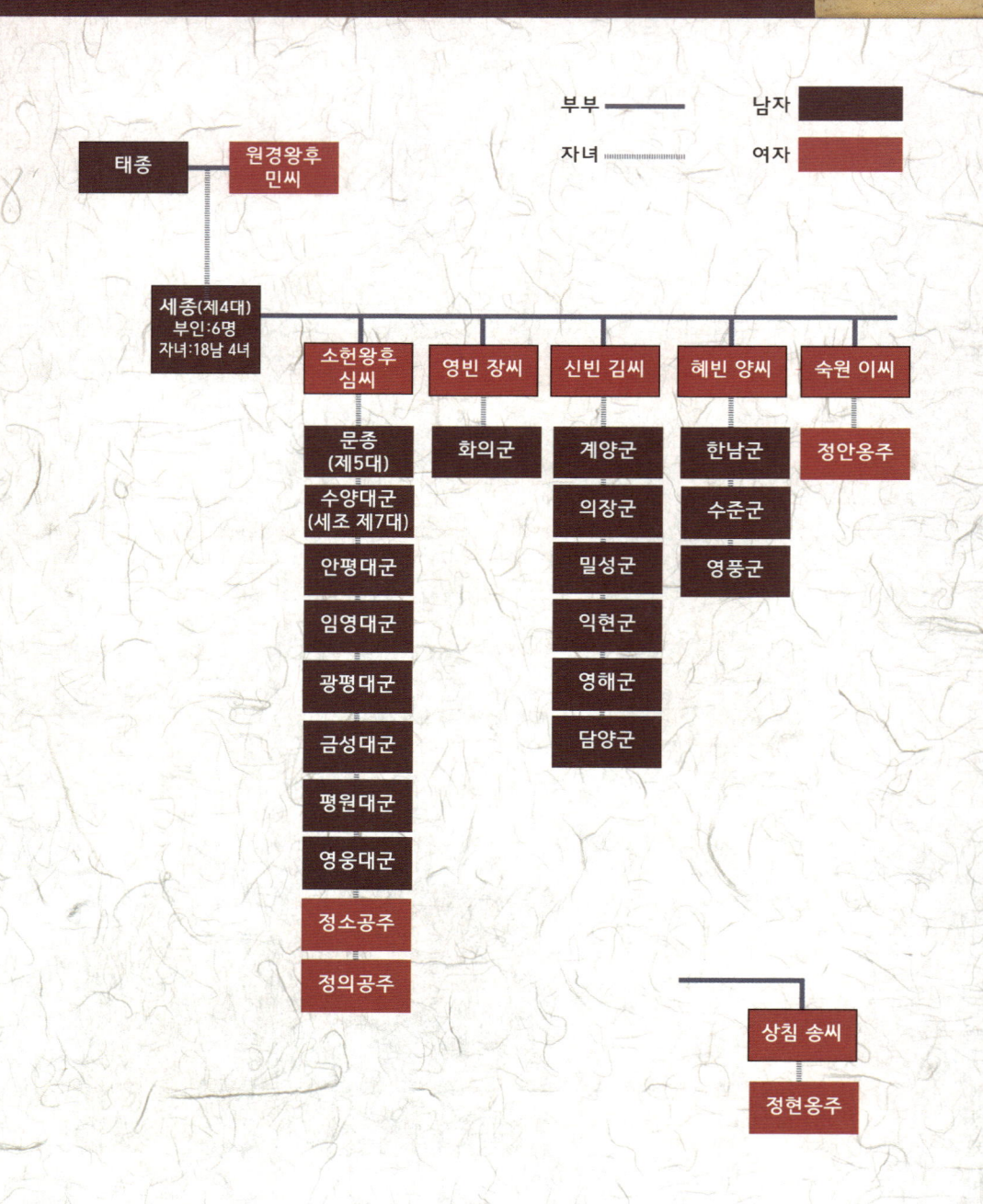

138

《문종실록(文宗實錄)》

《문종실록》 편찬 경위

《문종실록》은 문종 즉위년(1450년) 2월 22일부터 문종 2년(1452년) 5월 14일까지 약 2년 4개월간의 역사적 사실을 편년체로 수록한 사서이다.

정식 이름은 《문정공순대왕실록》이며, 모두 13권 6책이었으나 1권(제11권)은 결본이다. 조선시대 다른 왕들의 실록과 함께 국보 제151호로 지정되었다.

《문종실록》은 단종 원년(1453년) 정월 6일에 황보인 등의 주청에 의해 단종이 춘추관에 명하여 문종 대의 공사 기록과 사초를 수납케 하고 편찬을 시작하여 세조 원년(1455년) 11월에 마쳤다. 그리고 다음달 12월 19일에 《문종실록》을 실록각에 봉인하고 수찬관들을 의정부에 불러 연회를 베풀었다.

《문종실록》은 편찬된 후 실록각에 봉인되어 오다가 성종 4년(1473년) 6월 8일 《세종실록》·《세조실록》·《예종실록》과 함께 금속활자로 인쇄하여 춘추관과 충주·전주·성주의 4대 사고에 봉안하였는데, 그 뒤 선조 25년(1592년) 임진왜란 때에 전주사고본을 제외한 다른 사고본들은 모두 불타 버렸다. 선조 36년(1603년) 전주사고본을 대본으로 하여 정본 3건과 초본(교정본) 1건을 목활자로 다시 인쇄하였다.

문종의 능은 현릉(顯陵)으로 경기도 구리시 인창동 동구릉에 있으며, 현덕왕후도 이곳에 함께 묻혔다.

《문종실록》의 내용

   문종(1414~1452년)의 이름은 향(珦), 자는 휘지(輝之)로 세종과 소헌왕후 심씨의 큰아들이다. 1421년(세종 3년)에 왕세자에 책봉되었고, 1450년 2월 세종의 뒤를 이어 37세로 왕위에 올랐다. 문종은 왕위에 있은 지 겨우 2년 4개월 만에 세상을 떠났다.

   이 짧은 기간에 그는 방대한 《세종실록》 총 163권을 편찬케 하고, 황보인·김종서·정인지 등에게 총재 감수토록 하였다.

  《세종실록》은 그의 재위 기간에 완결되지 못하였으나 거의 완성 단계에 있었다. 그 외에도 《동국병감》과 세종이 제작한 《연향아악보》 등을 간행하였으며, 김종서 등이 편찬한 《고려사》 139권과 편년체인 《고려사절요》 35권을 간행하여 중외에 반포하고 각 사고에 나누어 보관하게 하였다.

   문종은 서울의 도성을 비롯하여 경기도·충청도·황해도·강원도·평안도·함경도·전라도·경상도 등 각도의 주요 읍성들을 모두 수축하거나 혹은 개수하였으며, 변경인 의주·용천·삭주 등의 읍성들과 온성·종성 등지의 성을 새로 수축하거나 보수하여 국경과 국내의 주요 읍성들을 모두 개축하였다.

  《문종실록》은 편집 도중에 계유정난이 일어나 황보인·김종서 등 집권 대신들이 죽임을 당하였으므로 편찬의 실권은 수양대군의 일파에게 넘어가게 되었다. 따라서 《문종실록》의 기사 중에는 신빙성이 낮은 것이 많다. 《문종실록》 13권 중에서 현존하는 것은 12권뿐이고 제11권은 결본으로 되어 있다.

제5대 문종

▶생애 : 1414~1452년
▶재위 : 1450~1452년

문종(文宗)은 조선의 제5대 임금이다. 본관은 전주(全州)이고, 휘는 향(珦)이며, 자는 휘지(輝之)이다. 묘호(廟號)는 문치(文治)를 발전시키고 다스렸다는 뜻의 문종(文宗)이며, 시호(諡號)는 흠명인숙광문성효대왕(欽明仁肅光文聖孝大王)이고, 명에서 받은 시호는 공순(恭順)이다. 존시를 합치면 문종공순흠명인숙광문성효대왕이다. 세종대왕과 소헌왕후의 맏아들로, 조선의 왕 중에서 적장자로 왕위에 오른 최초의 왕이다.

■ 왕위 2년 만에 세상 떠나

세종의 큰아들 문종은 32세 때부터 아버지 세종을 대신해 나라의 국정을 총괄하다가 37세 때 정식으로 왕위 즉위식을 올렸다.

학문을 좋아했던 문종은 동궁 시절에 소반에다 귤을 담아 집현전 학사들에게 주었다. 그때 학사들이 귤을 다 먹고 나자 문종이 귤 시를 지었는데, 그 시에 학사들이 감동했다고 한다. 그 귤 시가 《용재총화》에 전한다.

> 향나무 향기는 코에만 향기롭고
> 기름진 고기는 입에만 달구나.
> 가장 사랑스런 동정의 귤은
> 코에 향기롭고 입에도 달구나!

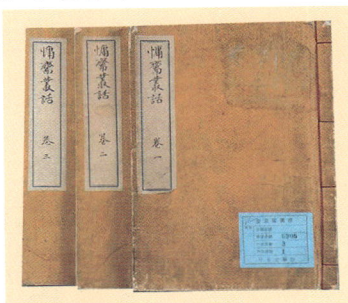

● **용재총화**(慵齋叢話)
고려부터 조선 성종 대까지의 문물과 제도·문화·역사·지리·학문 등 풍속과 생활·문화 전반에 걸친 다양한 내용을 자유로운 형식으로 10권에 담았다. 조선 전기의 생활 모습을 알 수 있는 귀중한 자료이다.

문종은 8세 때 왕세자로 책봉되어 왕세자로 머물러 있으면서 8년 동안 세종을 도와 나랏일을 배우다가 1450년 세종이 세상을 떠나자 조선 제5대 임금으로 등극했다.

문종은 언론에 대하여 무척 관대하였다. 6품 이상의 신하들이 돌아가며 임금에게 의견을 올렸으며, 그 의견들을 나름대로 수렴하여 정치를 실행하였다.

문종은 또 태조 이성계가 조선을 세운 후 정도전과 정초 등에게 명하여 편찬하고자 하였던 《고려사》를 완성하였는데, 이 책은 고려 34왕 475년간의 역사를 편찬한 책으로 고려시대의 기록을 담아 놓아 역사적인 가치가 매우 크다.

문종은 체격도 크고 수염이 매우 풍성하여 관우와 같은 풍모를 보였고 얼굴 또한 매우 잘생겼다고 전해지는데, 《연려실기술》에 이런 일화가 있다.

병자호란 이후 궁을 정리하는데 타다 남은 왕의 어진이 한 장 나왔다. 수염이 길고 풍채도 당당한 왕의 어진이었는데 신하들은 이를 인종의 어진이라고 생각했지만 신익성만은 수염이 길다는 말만 듣고 문종의 어진이라고 주장했다. 다른 신하들은 이를 믿지 않았으나 나중에 어진의 표장을 고치기 위해 이전의 배접을 벗겨내자 그 뒤에 '문종대왕 어진'이라고 쓰여 있었다고 한다. 그러나 결국 여러 난리통에 겨우 건진 문종의 어진은 소실되고 말았다.

문종의 건강은 어렸을 적부터 좋지 않았다. 그런 연유로 해서 현덕왕후 권씨와의 사이에 1남 1녀만을 두고, 왕위에 오른 지 2년 만에 세상을 떠났다. 문종이 세상을 떠나자 10세의 어린 아들 단종이 임금으로 올랐다.

● 현릉
경기도 구리시 인창동 동구릉 안에 있는 조선 제5대 왕 문종과 현덕왕후의 쌍릉이다.

■ 29년 동안 왕세자로 지내

문종은 1421년부터 1450년까지 29년 동안 왕세자로 지내면서 문신·무신들과 폭넓은 교분을 쌓았다. 언관의 언론에 대해 관대한 정치를 폄으로써 언론을 활성화하여 민심을 파악하는 데도 힘쓰는 등 아버지 세종의 정치를 곁에서 보필하는 데 최선을 다했다. 그런 일로 세종은 왕세자를 무척이나 사랑하고 신임하였다.

문종은 1421년 8세의 어린 나이에 왕세자로 책봉되었는데, 왕세자로 책봉된 다음해인 1422년에 조부인 태종이 세상을 떠났다.

1442년부터 세종을 대신하여 8년간의 대리청정 기간 동안 국사를 처리하는 실무를 익혔다.

1450년 음력 2월에 세종이 승하하자 그 뒤를 이어 왕으로 즉위하였다. 이미 대리청정을 한 덕분에 세종이 세상을 떠난 뒤의 공백 기간을 최소한으로 단축할 수 있었다.

문종은 임금으로 재위한 뒤 바로 명나라에 책봉 주청사를 보냈고, 그 해 음력 5월, 명나라로부터 책봉 고명을 받아 정식 국왕으로 즉위하였다. 재위 기간 동안 언론의 활성화와 역사책 편찬, 병법을 정비하는 등의 업적을 남겼으며, 유연함과 강함을 병행하는 정치를 실시하는 데 힘썼다.

또한 6품 이상까지 윤대를 허락하는 등 하급 관리들의 말도 빠짐없이 경청하는 등 열린 정책을 펴 나갔다. 《동국병감》·《고려사절요》 등의 서적도 편찬하였다. 문종(文宗)이란 묘호 때문에 문약한 군주로 인식되고 있지만 이것은 사실이 아니다. 문종이 가장 관심을 가지고 가장 발달시킨 게 바로 군사 부문이었다. 그는 병법과 역사를 정리하고, 사회 기반을 정착시키고, 제도를 확립하고자 하였다.

■ 군제 개편과 재정비

문종은 병법에 있어 스스로 자부심이 있었는지 실록에 자신의 병법이 제갈량보다 조금 모자랄 것이라고 자화자찬하는 부분이 있다. 세자 시절의 대리청정과 재위 기간을 통해 부왕의 사업을 이어받아 4군 6진의 북방 정비를 완료했으며, 군제를 개편하여 재정비하고 병력을 증강했다. 화차 같은 신병기도 직접 설계했으며, 세종 때 이뤄진 화포의 규격화 및 국가적인 법제화, 부대 운영과 인원수의 결정 등에도 관여했을 것으로 추정된다.

문종은 동궁 시절부터 병법의 연구와 병기인 무기 제작에 남다른 관심을 보였다. 그래서 기존의 진설(陣說)을 바탕으로 새로운 진법을 편찬하였는데 이것을 오위진법(五衛陣法)이라고 부른다.

이 책은 조선시대에 병법을 다룬 책으로서는 처음 완성된 것으로 여겨진다.

더구나 조선시대 군사 체계와 통솔법, 전투조직을 비로소 완성했다는 데서 큰 의미를 지닌다. 그런데 이 책의 서문을 공교롭게도 문종의 동생인 수양대군이 썼다.

수양대군은 훗날 문종의 아들 단종이 어린 나이에 임금이 되자 그를 내쫓고 임금에 오른 세조이다. 결국 문종은 어린 아들에게 무거운 짐을 안겨 준 아버지가 된 셈이다. 가장 믿었던 동생 수양대군이 자기의 아들인 단종을 몰아내고, 게다가 귀양을 보내고 사약까지 내렸으니 말이다.

● 오위진법(五衛陣法)
오위진법은 5사(五司)가 갖추어진 문종 초에 수양대군에 의해 완성되었다. 이에 따라 부대조직과 전투편성을 완전히 일치시킨다는 방침 아래, 1457년(세조 3년)에 5사를 5위로 개편하였다. 그림은 조선의 무과시험을 묘사한 장면이다.

■ 왕비와의 기구한 연분

세종이 말년에 안질 때문에 시력이 나빠지자 세자(후에 문종)에게 섭정을 하도록 일렀다. 조선 역대 왕 가운데 세종만큼 며느리 복이 없었던 왕은 없다고 한다. 바꾸어 말하면, 아들 문종에게 아내 복이 없었다는 말과도 같다. 그런 까닭은 세종은 세자빈만 세 명을 들였다.

첫 번째 세자빈인 휘빈 김씨는 용모가 박색이라서 문종의 사랑을 받지 못하자 온갖 잡기를 부리다가 발각되어 폐위되었다. 문종이 좋아하던 궁녀의 신발을 불에 태워 그 재를 술에 넣고는 문종으로 하여금 마시도록 했던 것이다.

두 번째 세자빈인 순빈 봉씨는 세종대왕의 심기를 괴롭히는 큰 사고를 치다가 발각되어 폐위되었다. 순빈 봉씨는 《조선왕조실록》에 기록된 유일한 레즈비언(lesbian: 여성간의 동성애)이었다. 나인 소쌍과 동성애를 하다가 발각된 것이다. 당시의 시대사적 관점으로 봤을 때 이는 남편 얼굴에 먹칠할 정도의 크나큰 충격이었다.

세자빈이 두 명이나 쫓겨난 상황이라 세종대왕은, 세 번째 세자빈은 새로 간택하지 말고 기존의 후궁 중에서 한 명을 올리자는 쪽으로 기울었다. 결국 경혜공주의 어머니이자 문종과 사이가 좋은 후궁 권씨를 다시 세자빈으로 뽑았다. 그러나 그녀는 단종을 낳은 직후 사망해 또다시 세자빈 자리가 공석이 되었다.

문종은 즉위한 후로도 결혼하지 않았으므로 조선왕조에서 재위하는 동안 유일하게 한 번도 왕비를 두지 않은 왕이 되었다. 그리고 이는 어린 단종이 즉위한 후 그를 보호하고 수렴청정을 할 왕실의 웃어른이 없어 왕권이 약화되는 원인 중의 하나가 된다.

문종의 가계

문종은 세종대왕과 소헌왕후의 맏아들로, 조선의 왕 중에서 적장자로 왕위에 오른 최초의 왕이다. 그러나 그의 생애는 순탄치 않았다. 젊은 나이에 일찍 혼인하였으나 첫 번째 부인이었던 휘빈 김씨는 문종의 사랑을 얻으려 온갖 잡기를 부리다가 발각되어 폐위되었고, 두 번째 아내였던 순빈 봉씨는 폭력적이고 동성애적인 기질로 나인 소쌍과 동침하는 등 자질에 문제가 있다는 지적을 받아 폐위되었다. 그후 문종은 또다시 이미 후궁으로 들어와 있던 권씨와 혼인하였으나 권씨(후일의 현덕왕후)는 1441년, 단종을 낳고 하루만에 산후병으로 죽고 말았다.

■ 현덕왕후 권씨(顯德王后 權氏; 1418 ~ 1441년)

원래 왕세자 향(문종의 이름)의 후궁인 승휘로 궁에 들어갔으며, 세자의 두 부인인 휘빈 김씨와 순빈 봉씨가 갖가지 비행으로 왕실을 문란케 한 뒤 폐위되자 이미 두 명의 딸(첫째는 어릴 때 죽고, 둘째딸이 경혜공주임)을 낳아 품계가 양원으로 올라가 있던 권씨가 세자빈으로 책봉되었다. 《세종실록》을 보면, 당시 세자였던 문종은 승휘 홍씨를 세자빈으로 올리고 싶어했으나, 이미 딸이 있으며 다른 후궁들보다 품계가 더 높은 권씨를 의리상 세자빈으로 올려야 한다는 세종의 뜻이 적혀 있다.

1441년에 원손(단종)을 낳았으나 하루 뒤에 산후병으로 사망하니 향년 24세였다. 그후 시호를 현덕빈(顯德嬪)으로 칭하였고, 남편 문종이 왕위에 오른 뒤 현덕왕후로 추존되었다.

■ 휘빈 김씨(徽嬪 金氏; 생몰년 미상)

판돈녕 김구덕의 손녀이자 상호군 김오문(金五文)과 그 아내 정씨(鄭氏)의 딸이다. 1427년에 14세의 왕세자 문종의 세자빈으로 간택되었으나 세자는 세자빈에게 별다른 관심을 보이지 않았다.

● **세자빈 간택 장면을 묘사한 미니어처**
세자빈은 장차 일국의 왕비가 될 몸이기 때문에 간택을 할 때도 일정한 절차를 통해 신중히 골랐다.

   세자빈 휘빈 김씨가 세자의 사랑을 받기 위해 시녀 호초(胡椒)에게 민간에서 쓰는 '남자로부터 사랑받는 비법'을 묻자 호초는, "남자가 좋아하는 여인의 신을 불에 태워 가루를 만들어 남자에게 마시게 하면 사랑을 받는다."고 대답했다.
   세자빈은 평소에 자신이 시기하던 궁녀 효동(孝童)·덕금(德金)의 신으로 시험해 보고자 하였으나 여의치 않아 다른 방법을 물었다. 그러자 호초는 대신들의 첩인 중가이와 하봉래에게서 들은 방법을 전했고, 그러던 중 세자궁의 시녀 순덕(順德)이 세자빈의 약낭에서 가죽신 껍질을 발견하고 세자빈의 어머니에게 이 일을 보고했다.
   뒤늦게 세자빈이 각종 비방을 쓴다는 사실을 알게 된 세종과 소헌왕후의 추궁에 세자빈은 모든 것을 자백하였다. 순덕이 가죽신 껍질을 가지고 있는 등 증거가 명확해지자 세종은 1429년 7월 18일 세자빈을 사가로 폐출하였다. 또한 폐세자빈 김씨의 아버지 김오문과 호초의 아버지의 직첩(職牒: 벼슬아치의 임명장)을 거두고 김씨의 오빠 김중엄도 파면시켰다.

세자빈에게 못된 비법을 가르쳤다는 죄로 시녀 호초는 참형에 처해졌다.

■ 순빈 봉씨(純嬪 奉氏; 생몰년 미상)

1429년(세종 11) 음력 10월 15일, 폐출된 휘빈 김씨의 뒤를 이어 세자빈에 책봉되었다. 봉씨의 아버지 봉려는 종2품 종부시소윤(宗簿寺少尹)으로 승진하였다. 세자의 후궁인 승휘 권씨(훗날의 현덕왕후)가 임신을 하자 세자빈은 후사가 없는 자신의 위치가 위협받을 것을 두려워했고 바깥에 새어나갈 정도로 큰 소리를 내어 울기도 했다. 이에 세종이, "여러 후궁이 있다고는 하나 정부인에게서 아들을 두는 것만큼 귀한 일이 어디 있겠느냐"고 세자를 타일러 세자가 잠시 봉씨를 가까이 하기도 하였으나 봉씨는 상상임신을 했다가 이후에 유산을 하였다고 거짓말을 했다. 또한 승휘 권씨를 못살게 구는 등 파행을 일삼았다.

1435년(세종 17) 11월 즈음해서부터 세자빈은 자신이 부리는 궁녀 소쌍(召雙)과 동침하여 오다가 그 사실이 1436년(세종 18년) 시아버지인 세종에게 발각되었다. 세종은 세자빈에게 아이가 없고 투기를 하는 것 등을 이유로 삼아 10월 26일 그녀를 폐출하였다.

■ 경혜공주(敬惠公主; 1436~1473년)

문종이 아직 세자 자리에 있을 때 세자의 후궁인 승휘 권씨의 딸로 태어났다. 세자빈 봉씨가 동성애 혐의로 폐위되자, 경혜공주를 출산하여 생산 능력을 입증한 어머니 승휘 권씨가 세자빈에 올랐고, 경혜공주는 세자의 적녀가 되어 '평창군주'에 봉작되었다.

어머니 세자빈 권씨는 1441년 남동생 단종을 낳은 후 하루 만에 산후병으로 사망하였다. 아버지 문종은 재혼하지 않았으며, 경혜공주와 단종 남매는 세자의 단 둘뿐인 적자녀로서 상당히 귀하게 자랐으리라 짐작된다.

세종 32년에 16세 나이로 혼사가 결정되어 정종(鄭悰)과 혼인하였다. 이에 정종은 임금의 사위에게 내리는 영양위(寧陽尉)라는 봉호를 받는다. 혼인 결정 후 두 달도 되지 않아 할아버지인 세종대왕이 승하하여 궁에서 하가(下嫁: 공주나 옹주가 귀족이나 신하에게 시집가던 일)하지는 않았다.

혼인할 때 그녀는 아직 왕녀가 아니라 세자의 딸인 군주의 신분이었으므로 부마 후보들을 궁에 모아놓고 간택하는 과정은 거치지 않았다. 세종의 용태가 위중하였으므로 국상을 맞기 전에 얼른 적당한 명문가의 아들을 골라 혼인 결정만 해놓았던 것이다. 이후 아버지인 문종이 왕위에 오르자 경혜공주(敬惠公主)에 봉작되었다. 그리고 궁 밖에 공주 방을 마련하여 하가하였고, 이때 공주의 살림집을 마련하느라 30여 채의 민가가 헐렸다고 실록에 기록되어 있다.

문종은 왕위에 오른 지 2년 만에 승하하고 남동생인 단종이 즉위하였다. 단종은 궁을 떠나서 경혜공주의 집에 머무는 것을 좋아했는데, 의지할 가족이 한 명도 없는 궁궐보다는 그래도 가까운 사이인 친누나의 집이 더욱 편하게 느껴졌던 것이다. 실록에는 "주상께서 영양위의 집에서 지내시는 게 편안해 하시니 당장 수강궁(창경궁)으로 돌아오실 필요는 없다."는 의논도 나온다.

경혜공주는 성종 4년에 사망하였다. 경혜공주가 죽은 다음 날 성종은 호조에 명해 부의(賻儀)로 쌀·콩 아울러 70석, 촉랍 30근, 정포 50필, 종이 1백 권, 석회 60석을 하사하였다.

● **경혜공주의 묘**
경기도 고양시 덕양구 대자동에 위치하고 있다. 공주의 신분으로 관비가 되었다는 기록이 있으나 실록에는 나타나지 않고, 대신 남편 정종이 모반을 꾀했다는 혐의로 거열형(車裂刑)을 당하자 머리를 깎고 여승이 되었는데 무척 가난하게 살았다는 기록이 있다.

문종의 가계도

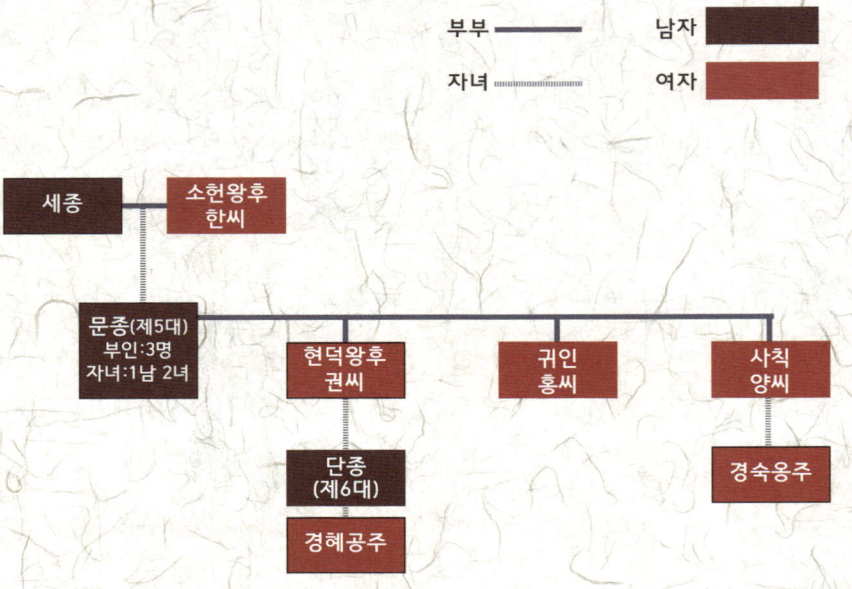

　참고로 영·정조 때 문종의 계비(繼妃)로 추정되는 인물로 공빈 최씨가 등장한다. 현덕왕후 권씨를 관련 문헌에 "원비(元妃)"라고 적었는데, 보통 원비라 함은 뒤에 계비가 존재한다는 것을 말한다. 하지만 적합한 문헌을 찾을 수가 없어서 의문으로 끝났다. 그리고 중국의 고서 명사에는 "조선 국왕과 왕비 최씨에게 고명과 면복을 주었다"라고 기록되어 있다. 공빈 최씨 묘비에는 "예종의 후궁"이라고 표기되어 있지만, 공빈 최씨의 아버지인 최도일의 묘비에는 공빈 최씨가 "문종의 왕후"라고 표기되어 있다. 《세조실록》에는 "최도일의 딸을 세자의 후궁인 소훈(昭訓; 세자궁에 딸린 종5품 내명부의 품계)으로 삼았다"고 기록되어 있다.

《단종실록(端宗實錄)》

《단종실록》 편찬 경위

《단종실록》은 조선왕조 제6대 왕 단종의 재위 기간(1452년 5월~1455년 윤6월) 3년 2개월간의 역사를 편년체로 기록한 사서이다. 원래 이름은《노산군일기》였으나 숙종 때 그를 단종으로 추존한 뒤에는《단종대왕실록》이라 하였다.

세조 때에 편찬된 원편《노산군일기) 14권과 숙종 때에 편찬된《단종대왕실록》부록 1권으로 구성되어 있다.《노산군일기》는 문종이 세상을 떠난 1452년 5월 14일부터 단종이 양위하기 전날인 1455년 윤 6월 10일까지를 수록하였다.

그가 세상을 떠난 지 2백 4년 만인 숙종 24년(1698년) 무인 11월 8일에 영의정 유상운 등의 주청으로 노산군에게 '순정안장경순돈효(純定安莊景順敦孝)'라는 시호와 '단종(端宗)'이라는 묘호, '장릉(莊陵)'이라는 능호를 올리고, 종묘에서 복위 고유제를 올림으로써 왕위를 복구하게 되었다.

《노산군일기》의 편찬자들도《정난일기》를 편찬한 신숙주·한명회·최항·노사신 등 정난공신(靖難功臣)들이 주축되었을 것이다.

단종의 능은 장릉(莊陵)으로 강원도 영월읍 영흥리에 있다.

《단종실록》의 내용

단종의 휘는 '홍위(弘暐)'이며, 문종과 현덕왕후 권씨의 외아들이다. 세종 30년(1448년) 8세 때 왕세손에 책봉되었고, 문종 즉위년(1450년) 8월에 세자로 책봉되었다.

문종이 1452년 5월 14일에 세상을 떠나자 5월 18일 12세로 왕위에 올랐다. 단종이 어린 나이로 왕위를 계승하게 되자 문종은 유언으로 영의정 황보인·우의정 김종서 등에게 어린 임금을 보필하게 하고 집현전 학사를 지낸 성삼문·신숙주·박팽년 등에게 도울 것을 명하였다. 그러나 단종의 숙부인 수양대군은 한명회 등과 결탁하여 이듬해(1453년) 10월 10일 황보인·김종서 등을 죽이고 안평대군 부자를 강화도로 귀양을 보내었다. 그러고는 다음날 스스로 영의정이 되고 정인지를 좌의정, 한확을 우의정으로 삼는, 이른바 계유정난을 일으켰다. 정권을 잡게 된 수양대군은 그달 18일 첫째동생인 안평대군에게 사약을 내리고, 1455년 윤6월 11일에는 넷째동생 금성대군 등이 반란을 꾀하였다 하여 삭녕(경기도 연천)으로 귀양 보내고, 단종으로부터 대보를 물려받아 근정전에서 왕위에 올랐다. 이에 따라 단종은 상왕이라 불리고 창덕궁으로 옮기게 되었다.

이러한 수양대군의 왕위 찬탈 행위를 못마땅하게 여기고 있던, 집현전 학사를 지낸 성삼문·박팽년·이개·유성원·하위지·유응부 등은 세조 2년(1456년) 6월 1일, 고명(誥命)을 가지고 조선에 온 명나라 사신 윤봉 등을 위해 창덕궁에서 베풀어진 연회석에서 수양대군 부자를 죽이고 단종을 복위하려 하였으나 김질의 밀고로 실패하고 모두 극형을 받아 죽었다. 세조는 동생 금성대군을 유배지 삭녕에서 더욱 먼 경상도 순흥으로 귀양 보내고 집현전을 혁파한 다음, 세조 3년(1457년) 6월 21일에는 단종을 노산군으로 강봉하여 강원도 영월로 귀양 보냈다가 2달 24일 사약을 내려 죽였다. 이때 단종의 나이 겨우 17세였다.

단종의 죽음에 관하여는 이 외에도 단종을 모시던 하인이 목졸라 죽였다는 설, 자살설 등이 있으나 현장에 있던 사람 외에 누가 그 자세한 내막을 알까?

제6대 단종

▶생애 : 1441~1457년
▶재위 : 1452~1455년

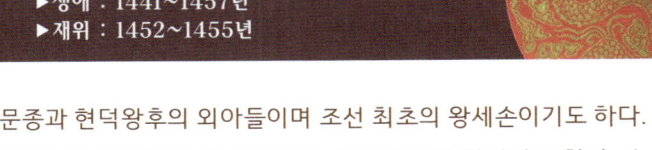

단종은 세종의 장남인 문종과 현덕왕후의 외아들이며 조선 최초의 왕세손이기도 하다. 또한 조선왕조 27명의 임금들 중 유일하게 국장을 제때 치르지 못한 왕이기도 하다. 승하한 지 550년 만인 2007년 5월에 단종의 능이 있는 강원도 영월에서 국장이 치러졌다.

■ 어린 왕 단종

문종은 왕이 된 지 3년을 눈앞에 두고 세상을 떠났다. 이어 12살 된 외아들 홍위가 임금이 되니 그가 바로 제6대 단종이다. 단종은 김종서의 섭정을 받아 국사를 펼쳤다. 그때 대궐에는 단종의 숙부가 일곱 명이나 있었다. 모두 세종의 아들이자 문종의 동생들인데, 그 가운데 특히 수양대군은 정치적 욕망이 강했다.

그는 어린 조카 단종을 몰아내고 임금 자리에 오르려고 음모를 꾸몄다. 조선왕조 초기에 태종이 왕자들의 난을 일으킨 지 50여 년 만에 이번에는 왕의 숙부가 왕의 자리를 노리며 유혈극을 일으켰다.

단종은 임금이 된 지 1년 만에 엄청난 회오리바람을 맞았다. 병권을 장악한 세종의 둘째아들이자 숙부인 수양대군이 난을 일으켜 친동생인 안평대군과 충신 김종서, 영의정 황보인 등 수십 명을 죽인 것이다. 이를 계유정난이라고 한다.

그로부터 2년 뒤인 1455년 수양대군은 단종을 수강궁(지금의 창경궁)으로 쫓아내고 스스로 왕이 되니 제7대 세조이다. 이 사건을 '단종애사(端宗哀史)'라 한다. 이 과정에서 단종을 임금으로 다시 모시려는 움직임을 몇몇 충신이 비밀리에 추진하고 있었는데 이 사실이 들통나면서 엄청난 파장을 불러왔다.

■ 비극의 일생

1441년(세종 23년)에 태어난 단종은 조선왕조 500년 사상 가장 슬픈 비극의 주인공으로 결말을 맺었다. 그의 어머니 현덕왕후 권씨도 아들을 낳자마자 눈을 감았다. 할아버지 세종은 그를 유난히도 귀여워하였는데, 1448년 세종은 자신의 목숨이 얼마 남지 않았다고 판단되었을 때 그를 왕세손으로 책봉하였다.

● 단종의 어진

단종이 태어나는 날부터 그의 앞날을 보여주는 듯한 불길한 일이 있었다. 단종이 태어났다는 소식을 들은 할아버지 세종대왕이 기쁨에 겨워 2급 이하의 죄수를 모두 사면하는 대사면 교지를 발표했는데, 이 교지를 다 읽기도 전에 용상 근처의 큰 촛대가 땅에 떨어져 버렸던 것이다. 세종 역시 안 좋은 예감을 느꼈는지 그 촛대를 치워 버리도록 명했는데, 사흘 후 단종의 생모 세자빈 권씨가 숨을 거두고 말았다. 단종은 태어나자마자 어머니를 잃은 것이다.

세종이 승하하고 문종이 곧바로 즉위하였으나 문종 역시 재위 2년 만에 눈을 감았고, 이에 따라 12세의 나이로 왕위에 올랐으니 그가 바로 비극의 인물 단종 임금이다. 조선왕실의 왕위 계승을 위해 성종은 13세, 명종은 12세, 숙종은 14세에 즉위했고, 뒤로 가면 순조는 11세, 헌종은 8세에 즉위한 걸 보면 즉위에 있어서 나이는 그다지 큰 문제가 아니었다. 문제는 성년이 될 때까지 통치해 줄 왕실의 확고한 후견인이 없었다는 것이다. 단종을 제외한 어린 왕들은 모두 즉위할 때 왕실의 어른인 대비·왕대비·대왕대비 등이 살아 있었고, 그 중 숙종을 제외한 네 왕은 그 당시 제일 서열이 높은 대비가 수렴청정을 했다. 아무리 가까운 왕족이라도 어린 왕이 즉위했다고 함부로 움직였다가는 역모죄로 엄히 다스리던 시절이었다.

하지만 단종의 할머니는 문종보다 먼저 사망했고, 어머니도 단종을 낳고 나서 하루 만에 세상을 뜬 상황이라 수렴청정을 할 사람이 없었다. 그 당시 세종의 후궁들 중에서 가장 지위가 높았던 혜빈 양씨가 자신의 아들들과 함께 단종을 보필하려 했지만 수양대군이 문종의 후궁인 귀인 홍씨의 작위를 높이면서 수렴청정의 명분도 잃었다. 그녀는 후에 단종복위운동에 가담했다가 자식들과 함께 유배된 후 교형(絞刑)에 처해졌다.

사정이 이렇게 되자 세종 때부터 재상으로 지내던 황보인·정본·김종서 등이 중심이 되어 나랏일을 보살펴 나갔다. 단종은 이름뿐인 어린 왕이었다. 그러자 문종의 동생들이던 안평대군·수양대군 등은 각자가 이름난 학자를 모으고 스스로 힘을 길러 갔다.

드디어 1453년 수양대군은 신숙주·한명회·권남 등과 함께, 조정의 대신들이 어린 임금 단종을 죽이고 안평대군을 왕위로 앉히려 했다는 구실을 내세워 김종서·황보인 등을 죽이고 안평대군을 강화도로 귀양 보냈다가 사약을 내렸다. 이 사건이 계유년에 일어났다고 해서 '계유정난(癸酉靖難)'이라고 한다.

이를 계기로 조정은 수양대군의 손아귀에 들어가 수양대군이 왕을 대신해서 나랏일을 처리하였다. 그런 판에 함길도 절제사 이징옥은 수양대군이 절제사를 다른 사람으로 임명하였다고 오해하여 난을 일으켜 수양대군을 죽이려 하였으나 실패하고 말았다.

● 계유정난(癸酉靖難)
계유정난은 1453년(단종 1년) 11월 10일(음력 10월 10일) 수양대군이 당시 훈로(勳老)였던 김종서를 제거하고 정권을 장악한 사건을 말한다. 이 정변이 계유년에 일어났으므로 계유정난이라 한다.

조선왕조실록

■ 단종 폐위의 배경

단종이 불과 12세의 어린 나이로 즉위하자 아버지이며 선왕인 문종의 유명에 따라 영의정 황보인, 좌의정 남지, 우의정 김종서 등이 어린 왕을 보필하고 집현전 학사들이 또한 협조하기 시작하였다. 세종과 문종이 세상을 떠난 뒤 어린 단종을 대신하여 관료들과 외척들이 세력을 잡고 흔들어대자 이를 못마땅하게 여긴 수양대군과 안평대군 등이 두각을 드러냈다.

단종의 할아버지인 세종에게는 왕자가 무려 18명이나 있었다. 그 가운데서도 야망과 수완이 비범한 인물로 알려진 세종의 차남인 수양대군 쪽으로는 무인들이 몰려들었고, 삼남인 안평대군 쪽으로는 집현전 학사들이, 육남인 금성대군 쪽으로는 문신 학자들이 모여들었다.

수양대군 역시 집현전 학사들의 포섭을 위해 노력하였다. 그 결과 신숙주·정창손·김질·정인지 등이 수양대군의 편에 섰다. 수양대군은 김종서·황보인 일파와 안평대군의 친속들을 제거한 뒤 영의정에 올라 섭정을 시작했다. 신숙주·한명회·권람 등은 단종이 수양대군에게 양위하는 작업을 맡았다.

수양대군은 권람을 통하여 당시 경덕궁 직으로 있던 모사꾼 한명회를 끌어들였고, 한명회를 통해 다시 홍윤성·유숙·양정 등 유능한 무인 30여 명을 포섭하여 세력을 잡고 기회를 엿보고 있었다.

● **신숙주**
4차례 공신의 반열에 올랐던 인물로, 세종의 두터운 신임을 받았고 훈민정음을 창제하는 데 기여하였다. 그러나 수양대군을 옹위하여 지탄을 받았다.

한명회는 세상을 읽는 능력이 있는 인물로 수양대군의 책사로 활동하기 시작했다. 불우한 처지에 있던 한명회와 권람은 왕권의 추락과 새로운 권력의 막강함과 사회 혼란을 이유로 들어 정변의 당위성을 들고 일어났다. 먼저 단종을 협조하여 오던 세 명의 정승 가운데 가장 지혜와 용맹을 겸비한 김종서를 제거하는 음모를 꾸몄다.

● 한명회(韓明澮) 영정
계유정난 때 수양대군을 도와 왕위에 등극하는 데 공을 세웠으며 사육신의 단종복위운동을 좌절시키고 그들을 살해하는 데 가담한 수양대군의 절대적인 책사였다.

김종서(金宗瑞: 1383 ~ 1453년)는 단종의 충신 3상신(相臣) 중의 한 명으로 시호는 충익(忠翼)이다. 그는 6진개척의 수장으로서, 강직하고 위엄을 갖춘 관료로서, 그리고 《고려사》·《고려사절요》의 편찬 책임자로서 그의 탁월한 면모를 엿볼 수 있다.

단종이 즉위한 뒤 의정부서사제(議政府署事制) 하에서의 의정부 대신들의 권한은 왕권을 압도할 정도였다. 특히 학문과 지략에 무인적 기상을 갖춘 위세는 당시 '대호(大虎)'라는 별명을 듣기에 족하였다. 김종서가 수양대군이 야망을 실현하는 데 가장 문제되는 인물로밖에 될 수 없는 가장 큰 이유는 어린 국왕을 보필한다는 명분으로 조선의 모든 병권을 장악하고 있었기 때문이다. 결국 김종서는 계유정난 때 수양대군에 의해 첫 번째로 제거되었는데, 그와 함께 참살을 당한 사람에는 황보인도 끼어 있다.

● 김종서(김종서 묘역의 문인상)
1433년 야인들의 침입을 격퇴하고 6진을 설치하여 두만강을 경계로 국경선을 확정한 문무의 인물로, 단종을 보필하였으나 수양대군으로부터 죽임을 당했다.

조선왕조실록

황보인(皇甫仁; 1387 ~ 1453년)은 조선 전기의 문신이며, 단종의 충신인 3상신(相臣) 중의 한 명이다. 태종 때 문과에 급제하였으며, 세종 때 북도체찰사로서 김종서와 더불어 6진을 개척하고 돌아와 우의정이 되었다. 그후 1452년 문종 때 영의정이 되었으며, 단종을 잘 보살피라는 문종의 유언을 받들어 어린 단종을 보호하다가 1453년 수양대군에 의해 김종서와 함께 살해되었다.

수양대군은 동생 안평대군이 김종서 등과 내통했다고 하여 안평대군을 강화도로 귀양 보낸 뒤에 사약을 내렸다. 이처럼 정변을 일으켜 실권을 잡은 수양대군은 바로 영의정 부사, 이조와 형조판서, 내외병마 도통사 등을 모두 겸직하였다. 이로써 수양대군은 마침내 정권과 병권을 모조리 한 손에 거머쥐게 되었다.

수양대군은 정인지를 좌의정으로 삼고 자기 맏아들 도원군의 장인인 한확을 우의정에 임명하였다. 그리고 집현전으로 하여금 수양대군을 찬양하는 교서를 짓게 하여 이를 왕의 이름으로 발표하였다.

단종은 수양대군의 위세와 권위에 눌려 더 이상 버틸 수 없는 처지에 달했음을 깨닫고 스스로 물러날 것을 결심하였다.

드디어 단종은 1455년(단종 3년) 윤 6월 수양대군에게 양위할 뜻을 전하고 친히 옥쇄를 물려주었다.

수양대군이 단종의 뒤를 이어 임금에 오르니 그가 제7대 세조이다.

● 정인지(鄭麟趾)의 영정
조선 초기의 대표적인 유학자로 세종~문종 대에는 문화발전에, 단종~성종 대에는 정치안정에 기여한 인물이다. 1453년(단종 1년) 계유정난 때 수양대군을 도와 좌의정이 되고 정난공신 1등에 책록, 하동부원군에 봉해졌다.1455년(세조 1년)에 영의정으로 좌익공신 2등에 책록되고, 1458년 공신연에서 불서(佛書) 간행을 반대하여 부여(扶餘)에 부처(付處)되었다.

■ 단종복위운동

단종 스스로가 임금 자리를 스스로 물려주도록 압박하는 선위 계획은 권남·정인지 등이 극비리에 추진한 작전이었다. 비록 선양의 형식을 택하였지만 철저한 계략에 따른 강탈전이나 다름없었다. 단종이 하야하고 수양대군이 왕위에 오르자 충절의 대신들은 단종복위운동을 벌였다.

조선왕조의 역대 국왕 중 가장 완벽한 정통성을 갖춘 국왕이며 적장자로서 최초로 왕위에 오른 조선의 왕은 아버지 문종이지만, 적장손으로 태어나 왕위에 오른 사람은 단종밖에 없다.

문종이 태어난 1414년에는 아직 큰아버지인 양녕대군이 세자였고 아버지인 세종은 충녕대군인 상태였다. 그러나 단종이 태어난 1441년에는 아버지인 문종이 세자였고 할아버지인 세종이 왕이었다. 따라서 단종은 태어나자마자 원손-세손-세자-왕위에 오른 조선의 유일한 왕이다.

그런 단종이 숙부 수양대군에게 왕위를 찬탈당하자 세종의 신임이 두터웠던 성삼문, 형조참판 박팽년, 직제학 이개, 예조참판 하위지, 낭간 유성원 등과 성삼문의 아버지 성승, 무인 유응부 등은 반역파의 숙청을 꾀하는 한편, 수강궁으로 쫓겨난 단종을 복위하기 위해 기회를 엿보고 있었다. 이들은 1456년(세조 2년) 6월 창덕궁에서 명나라 사신을 초대하여 연회를 베푸는 자리에서 세조를 살해하기로 하였으나 계획이 어긋났다.

● 창덕궁의 인정전
태종 이방원이 거처할 이궁(離宮)으로 창덕궁을 건립하면서 1405년에 완공되었다. 이곳에서 거사를 일으키려 한 성삼문 등의 학사들은 발각되어 고초를 당한다.

거사가 차질을 빚자 뜻을 같이 하기로 약속한 김질이 겁을 먹고 장인인 정창손에게 고해 바쳤고, 그는 다시 이 사실을 세조 측근에게 밀고했다.

세조는 즉시 음모를 기획한 성삼문 일행을 모두 체포하라고 명령했다. 그리고 체포된 성삼문·박팽년·유응부·이개 등에게 참혹한 고문을 가했으나 하나같이 모두 굴복하지 않을 뿐만 아니라 세조를 임금으로 여기지도 않았다.

화가 머리끝까지 치민 세조는 성삼문·박팽년·유응부·이개를 불태워 죽이도록 하고 하위지를 참살시켰다. 유성원은 자기 집에서 자살하였다.

이들 6명을 '사육신(死六臣)'이라 부른다. 이에 연루된 권자신·김문기 등 70여 명의 신하들도 모두 처벌되었다.

이처럼 끔찍한 일이 벌어진 뒤에 세조는 성삼문 등의 음모에 단종도 관계되었다면서 단종을 노산군으로 강봉하고 50명을 풀어 강원도 깊은 산골 영월로 귀양을 보냈다. 또 단종의 어머니 현덕왕후의 무덤을 파헤쳐 없애고 서인으로 삼았다.

● 단종 영정
단종이 강원도 영월로 귀양가는 도중 추익한이라는 자가 머루 바구니를 바치는 장면이다.

세조는 동생인 금성대군도 경상도 순흥으로 귀양을 보냈다. 그 뒤 금성대군은 순흥부사 이보흠과 함께 단종의 복위를 꾀하여 영남 인사에게 격문을 돌려 군사를 일으키려 하였다. 그러나 그마저 밀고로 인해 탄로나서 금성대군은 체포되고 이보흠과 기타 영남의 많은 인사들도 죽임을 당하였다.

영의정 정인지, 좌의정 정창손, 이조판서 한명회, 좌찬성 신숙주 등은 계속해서 단종과 금성대군을 처벌할 것을 세조에게 독촉하였고, 세조는 마침내 금성대군과 단종에게 사약을 내렸다. 그때 단종의 나이 17세였다.

■ 끔찍하게 처형당한 사육신

'사육신(死六臣)'이란 단종의 복위를 꾀하다 사전에 발각되어 순사한 조선 전기의 여섯 명의 충신, 즉 성삼문·박팽년·이개·하위지·유성원·유응부를 일컫는다. 이들은 수양 대군이 왕위를 찬탈하자 단종을 다시 왕위에 앉힐 것을 결의했고, 명나라 사신의 초청 연회장에서 거사를 행하기로 했으나 계획이 어긋나고 김질 등의 밀고로 붙잡혀 고문을 받은 끝에 죽었다. 사육신처럼 세조를 몰아내려고 하지는 않았으나 평생 단종에 대한 충절을 지킨 이들로 생육신(生六臣)이 있다.

세조는 성삼문 이하 주모자들을 죄인으로 직접 심문하였다.

유응부를 향해 "너는 무슨 일을 하려고 하였느냐?"고 묻자 유응부는, "명나라 사신을 초청 연회하는 날에 내가 한 자루 칼로써 족하(足下: 같은 또래 사이에서 상대편을 높여 이르는 말)를 죽여 폐위시키고 옛 임금을 복위시키고자 하였으나 불행히도 간사한 놈에게 고발을 당하였으니 다시 무슨 일을 하겠소. 족하는 빨리 나를 죽여 주오." 하니 세조는 분노하여 크게 꾸짖었다.

● 집현전의 성삼문

"너는 상왕(단종)을 복위시킨다는 명분을 핑계하고서 사직을 도모하려고 한 짓이지?" 하고는 즉시 무인을 시켜 살가죽을 벗기게 하고 불에 뜨겁게 달군 불판 위에 올렸으나 유응부는 이를 악물고 고통을 참으며 비명소리를 내지 않았다.

성삼문은, "사람들이 서생과는 함께 일을 모의할 수 없다고 하더니 과연 그렇구나! 지난번 사신을 초청 연회하던 날 내가 칼을 사용하려고 했는데 그대들이 굳이 말리면서 '만전의 계책이 아니오.' 하더니 오늘의 화를 초래하고야 말았구나. 그대들처럼 꾀와 수단이 없으면 무엇

에 쓰겠는가!"하고 다시 세조에게, "만약 이 사실 밖의 일을 묻고자 한다면 저 쓸모없는 선비에게 물어보라."하고는 입을 굳게 닫고 대답하지 않았다.

　세조는 더욱 화가 나서 달군 쇠를 직접 가져와서 유응부의 배 밑을 지지게 하였고, 유응부는 달군 쇠가 식기를 기다렸다가 그 쇠를 집어 땅에 던지며, "이 쇠가 식었으니 다시 달구어 오거라." 하고는 끝내 굴복하지 않고 죽었다.

　세조는 박팽년의 재주를 사랑하여 용서할 것이니 모의 사실을 밝히면 살려 줄 것이라고 은밀히 유시(諭示)하였다. 그리고 하위지에게도 그의 재주를 애석히 여겨 은밀히 사람을 보내어 다른 사육신과 함께 정변을 일으킨 것을 시인하고 사죄하면 목숨을 구해 주겠노라 회유하였다. 그러나 이들은 모두 세조의 회유를 뿌리쳤다.

　박팽년은 이미 죽음을 각오한지라 웃음만 흘릴 뿐 대답을 하지 않았다. 그는 세조를 가리켜 '나으리'라 하고 '상감'이라 부르지 않았다. 세조가 노하여, "그대가 나에게 이미 자신을 일컬어 신(臣)이라고 칭하였는데 지금 와서 나를 상감이라 부르지 않는다 한들 무슨 소용이 있겠느냐?"고 하자 그는, "나는 상왕(단종)의 신하이지 나으리의 신하는 아니므로 충청감사로 있을 때 한 번도 '신' 자를 쓴 일이 없소이다." 하고 대답하였다.

● **박팽년 유허비**(朴彭年 遺墟碑)
유허비는 옛 선현의 자취를 살피어 후세에 전하고 그를 기리기 위하여 세우는 비로, 이 비는 조선시대 전기의 문신인 박팽년(1417~1456년)의 행적을 기리고 있다. 박팽년은 사육신의 한 사람으로, 과거에 두 번이나 급제하여 우승지를 거쳐 형조참판이 되었다. 그 후 여러 관직을 거쳐 세종 때에는 신숙주·성삼문·유성원 등과 함께 집현전의 학사가 되어 왕의 총애를 받았다. 1455년 수양대군이 어린 조카인 단종의 왕위를 빼앗아 왕위에 오르자 성삼문 등과 함께 단종복위운동을 펴다 실패로 끝나고 심한 고문으로 옥중에서 생을 마치었다. 이후 그의 높은 절의를 기리어 '충정'이라는 시호를 내렸다. 이 유허비는 대전 동구 우암로에 자리하고 있다.

그래서 세조가 박팽년이 보낸 장계와 상소를 모두 살펴보니 신하 신(臣)이 아니고 클 거(巨)로 되어 있었다. 세조는 더욱 노기를 띠어 심한 고문을 가하면서 함께 모의한 자들을 대라고 윽박질렀다.

박팽년은 고문을 당하면서도 서슴없이 성삼문·하위지·유성원·이개·김문기·성승·박정·유응부·권자신·송석동·윤영손·이휘와 나의 아버지 중림이라 분명하게 대답하였다.

그는 심한 고문을 받던 중 감옥에서 죽었다. 다른 모의자들도 능지처사를 당하였다. 그의 아버지도 능지처사되고 동생과 아들들까지 모두 처형되어 삼대가 몰살되었다.

세조는 하위지에게도 역시 재주와 능력을 높이 인정하여 여러 번 자신을 도와달라고 하였지만 거절을 당했다. 그는 국문을 받으면서 세조에게 이르기를, "나에게 반역의 죄명을 씌웠으니 그 죄로 마땅히 주살하면 될 텐데 다시 무엇을 묻겠단 말이오." 하였다.

사육신의 유래는 단종복위운동이 있을 때 나이가 어렸던 추강 남효온이 성장한 뒤에 이 사건의 많은 피화자(被禍者) 중 충절과 인품이 뛰어난 성삼문·박팽년·하위지·이개·유성원·유응부 등 여섯 사람을 골라 그 행적을 소상히 밝혀 적어 후세에 남긴 데서 드러났다. 이를 《추강집》의 '사육신전'이라고 한다.

● 사육신 묘

● 의절사
서울 노량진의 사육신 묘역에 충절을 기리기 위해 세워져 있다.

■ 단종을 암매장한 의인

1457년 음력 10월 21일의《세조실록》에는 단종이 17살의 어린 나이로 자살하였다고 기록되어 있는데,《숙종실록》에는 의금부 도사 왕방연이 단종을 찾아가 차마 아무 말도 못하자 그를 모시고 있던 자가 단종을 해하였다고 한다(교살당한 것으로 추정된다). 단종이 죽자, 아무도 그의 시신을 매장하지 못하였다.

● 영월 청령포

단종이 영월 청령포에 유배되었을 때 엄흥도가 이 고을의 호장이었다. 그는 밤낮으로 단종의 거소인 청령포를 바라보며 무사하기를 기원하던 중, 어느 날 달 밝은 고요한 밤에 청령포에서 슬프고 애끓는 비명의 곡성이 들려와 황급히 강을 건너가 진배(進拜; 웃어른에게 나아가 절하고 뵘)하였다.

단종은 울음을 멈추고 이렇게 한탄하였다.

"여기는 육지의 외로운 섬이다. 유배된 이후 밤마다 꿈속에서 신하들을 만나고 옛일을 회상하며 탄식하고 지내던 중 이곳에서 너를 보니 육신(六臣)을 상봉한 것 같구나. 그대는 실로 초야에 묻힌 선인이로구나!"

그 뒤 엄흥도는 매일 밤 비바람을 가리지 않고 문안을 드렸는데, 그 해 여름 큰 장마로 단종은 청령포 유배지에서 영월읍 영흥리 관풍헌으로 옮기게 되었다.

● 영월 단종의 유배지

객사 동쪽에 있는 자규루 정자에 올라 시를 읊으면서 지내던 단종은 의금부도사 왕방연이 가지고 온 사약을 받고 죽었다. 단종의 시신은 동강 물에 내던져지고 시녀는 동강 절벽 낙화암에서 투신하였다. 매우 추운 한겨울의 일이었다.

엄흥도는 군수에게 단종의 장례를 모시자고 청하였으나 군수는 세조의 보복이 두려워 거절하였다.

엄흥도는 즉시 서강과 동강이 합류하는 곳으로 달려갔다. 그리고 그곳에서 대기하고 있다가 떠내려오는 단종의 시신을 아들 세 명과 함께 인양하여 미리 준비한 관에 봉안하고 운구하여 영월군 서북쪽 선산에 암장하였다. 그때 아들들이 후환이 두렵다며 말렸으나 엄흥도는, "옳은 일을 하다가 화를 입더라도 내가 달게 받겠노라." 하며 멈추지 않았고, 암매장을 마친 뒤 자취를 감추었다.

태어난 지 2일 만에 어머니를 여의고 8세에 세손, 10세에 세자로 책봉되고, 12세의 나이로 왕위에 올라 3년 2개월 만에 양위되어 약 2년 동안 상왕으로 지내다가 노산군으로 강봉되고 유배되어 이렇게 암매장된 뒤 숙종 때 단종으로 추존되고 장릉으로 이장되었다.

영조 9년 정자각과 신도비를 세웠다. 영월 군수 낙촌 박충원이 단종 묘를 찾아낸 뒤 그 사연을 기록한 낙촌비를 세웠고, 1974년 그 후손들이 낙촌비각을 건립하였는데 그 비문(碑文)의 내용은 이렇다.

"단종이 폐위되어 영월로 유배되고 사육신의 참화가 일어나서 종친 및 옛 신하 등 삼족 멸문의 화가 계속되어 세정이 극도로 음험할 때 단종마저 사약을 받으시니, 엄흥도는 충성으로써 단종의 시신을 업어다가 황량한 산골에 암장하였다."

1833년 순조는 엄흥도에게 공조판서 벼슬을 추증하였고, 1876년 고종은 그에게 충의공이라는 시호를 내렸다.

● 단종의 능인 장릉

단종의 가계

　단종은 당시 왕세자였던 문종과 왕세자빈이었던 현덕왕후의 외아들로 태어났다. 그러나 몸이 약한 현덕왕후가 단종을 낳은 지 하루 만에 산후병으로 세상을 떠났다. 그처럼 단종의 생애는 태어날 때부터 비극의 시작이었다. 1448년 8세가 되던 해에 왕세손으로 책봉되고 10세 때 왕세자로 책봉되었다. 그리고 문종이 승하하자 그 뒤를 이어 조선 제6대의 왕위에 올랐으나 숙부인 수양대군에게 왕위를 선위하고 끝내 죽음을 맞게 된다. 단종이 양위한 건 15세, 사망했을 땐 17세였으므로, 결혼하지 못했던 것으로 오해하기 쉬운데, 강제로 했지만 결혼은 했다. 단종의 아내 송씨는 후에 정순왕후라는 시호를 받았다. 그녀는 장수해서 중종의 치세 때까지 살아 있었다.

■ 정순왕후 송씨(定順王后 宋氏; 1440 ~ 1521년)

　단종(端宗)의 정비이다. 시호는 단량제경정순왕후(端良齊敬定順王后)이다. 여량부원군 송현수(礪良府院君 宋玹壽)의 딸로 본관은 여산(礪山)이다. 김종서의 사후 1454년에 간택령에 따라 왕비 교서를 받고 즉위하였다. 남편 단종이 '노산군'으로 강등되면서 군부인(君夫人)으로 격하되었다가 관비가 되었다. 한때 신숙주가 그녀를 자신의 종으로 달라고 했다가 물의를 빚기도 했다.

　세조는 그녀를 노비이지만 아무도 범하지 못하도록 정업원(淨業院)으로 보냈다. 이후 남편 노산군의 명복을 빌다가 사망하였다. 그녀는 세조의 증손이자 단종의 종손뻘인 중종(中宗) 16년인 1521년 7월 7일(음력 6월 4일), 82세의 나이로 한많은 생을 마감했다.

　중종의 재위 초기, 사림파인 조광조 등에 의해 복위가 주장됐으나 중종은 이를 거부했다.

● 단종과 정순왕후

166

그 뒤 현종 때부터 송시열과 김수항 등은 단종과 그녀의 복위를 거듭 건의했다. 그들은 세조의 단종 살해는 측근들의 오도(誤導: 그릇된 길로 이끎)에 휘둘린 것이며 본심은 단종 살해에 있지 않았다고 주장했다. 그 건의로 1698년 12월 7일(숙종 24년 음력 11월 6일), 단종과 그녀는 복위되어 시호를 받고 종묘 영녕전에 신위가 모셔졌다.

그녀에게는 그나마 다행스럽게도 죽기 얼마 전 중종이 노산군(단종)의 묘지를 찾아 봉분을 세우고 제사를 지내라는 명을 내렸다. 그러나 안타깝게도 남편 단종과는 함께 묻히지 못했다. 그녀의 장례는 나라에서 대군 부인의 예로 치렀는데, 정작 단종이 대군의 지위로나마 복귀한 것은 그보다 160년 지난 1681년 숙종 때이다.

그녀의 무덤은 경기도 남양주시 진건읍에 있는 사릉(思陵)이다. 이는 억울하게 살해된 남편을 사모(思慕)한다는 뜻에서 지은 것으로, 그녀의 일생에 걸맞는 능호이다. 왕릉으로 격상되기 전에는 시자부(媤姉夫) 정종의 집안인 해주정씨 가문에서 그녀의 무덤을 관리해 주었다.

현대에 들어와서 단종과 정순왕후를 합장해야 한다는 주장이 제기되기도 했지만 이루어지지 않았다. 사릉에 심어진 소나무들은 하나같이 가지를 동쪽으로 향하고 있는데, 이는 왕후가 남편이 있는 영월 쪽을 바라보기 때문이라 하여 1999년 4월 9일 사릉에 심어져 있던 소나무 하나를 장릉에 옮겨 심고 '정령송(精靈松)'이라 명명했다. 사후 478년 만이다. 그녀는 무속 신의 한 명으로 숭배됐는데, 무속에서는 그녀를 '송씨부인 신'이라 부른다.

● 정순왕후의 능 사릉(思陵)

단종의 가계도

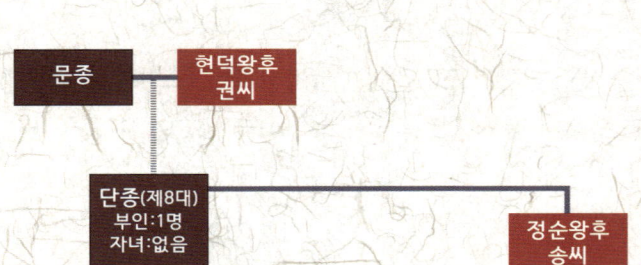

 단종을 폐위시켰던 세조는 이후 현덕왕후의 유령에 시달렸다고 한다. 세조는 꿈 속에서 현덕왕후(문종의 비, 단종의 어머니)가 뱉은 침을 맞았고, 이 때문에 그 이후로 침 맞은 자리를 시작으로 온 몸에 종기가 생겼으며, 세조의 장남 의경세자는 큰어머니(현덕왕후)의 유령에 시달리다 죽었다. 다만 이 내용은 야사이고, 정사의 기록에서는 의경세자가 단종보다 먼저 죽었다. 한국방송공사에서 방영된 드라마 <왕과 비>에서는 "꿈에 형수님이 피를 흘리며 나타나서는 '네놈이 내 아들을 죽이려 하니 본보기로 네 아들을 데려간다'고 말했다."는 세조의 대사를 통해 정사와 야사를 적절하게 섞어 재미있고 적나라하게 표현하였다.

《세조실록(世祖實錄)》

《세조실록》 편찬 경위

《세조실록》은 조선왕조 제7대 왕 세조의 재위 기간(1455년 윤 6월~1468년 9월) 13년 3개월간의 역사적 사실을 편년체로 기록한 사서이다. 정식 이름은 《세조혜장대왕실록》이며 모두 49권 18책으로 간행되었다. 끝의 2권은 세조 대에 제작한 악보를 수록한 것으로 《세종실록》의 악보와 함께 아악 연구에 없어서는 안 될 귀중한 자료이다.

조선시대 다른 왕들의 실록과 함께 국보 제151호로 지정되었다.

《세조실록》은 세조가 세상을 떠난 다음해, 즉 예종 원년(1469년) 4월 1일(갑인)에 춘추관에 실록청을 설치하고 신숙주·한명회를 영춘추관사, 최항을 감춘추관사, 강희맹·양성지를 지춘추관사, 이승소·김수령·정난종·이영은·이극돈·예승석을 동지춘추관사에 임명하여 편찬하기 시작하였다.

《세조실록》은 처음에 6방으로 나누어서 편찬하였으나 그 해 11월 예종이 승하하고 성종이 즉위하자 6방을 3방으로 줄이고 편찬을 계속하여 2년 후인 성종 2년(1471년) 12월 15일(임오)에 완성하였다.

세조의 능은 광릉(光陵)으로 경기도 남양주시 진전읍 부평리에 있다.

《세조실록》의 내용

　세조(1417~1468년)의 이름은 유(瑈)요, 자는 수지(粹之)이며, 세종과 소헌왕후 심씨의 둘째아들이다. 처음 진평대군으로 봉해졌다가 1445년(세종 27년)에 수양대군으로 개봉되었다. 자질이 영민하여 유교의 경전과 사서에 능통하였고 무술을 좋아하여 병학·역산·음율·의약·복서에 이르기까지 널리 통하였다.
　세조는 즉위 후에 군비를 강화하여 두 번이나 압록강·두만강 건너편의 여진족을 정벌하고, 이징옥의 난(1453년)과 이시애의 난(1467년)을 진압하였다. 또한 안으로 국가의 모든 제도를 정비하고 《경국대전》과 《국조오례의》를 편찬하여 조선왕조의 통치기반을 완성하였다. 그러나 그는 12세의 어린 조카 단종이 즉위하자 한명회·권남·정인지·한확·최항·신숙주 등과 공모하여 단종 원년(1453년) 10월에 좌의정 김종서·안평대군 이용·영의정 황보인 등을 죽이고 그 일파를 귀양 보낸 '계유정난'을 일으켰다.
　그는 단종 3년(1455년) 윤 6월 11일(을묘)에는 선양의 형식으로 단종의 왕위를 찬탈하였다.
　이와 같이 세조가 불법으로 왕위를 찬탈하자 성삼문·박팽년·하위지·유성원·성승·유응부·권자신·허조 등이 그 해 겨울에 단종의 복위를 모의하고 이듬해 6월 1일 창덕궁에서 명나라 사신을 접대하는 자리를 이용하여 세조와 세자를 죽이고 단종을 복위시키려고 하다가 김질의 밀고로 모두 체포·처형되었다.
　그 뒤 1년을 지나 세조 3년(1457년) 6월 21일에 단종을 노산군으로 강봉하여 영월에 안치하였다가 그 해 10월에 사약을 내려 죽게 하였다.

제7대 세조

▶생애 : 1417~1468년
▶재위 : 1455~1468년

《세조실록》은 1455년 윤 6월부터 1468년 9월까지 세조의 재위 13년 3개월 간의 국정 전반에 관한 역사를 싣고 있다. 본문은 47권이며 말미에 편찬자의 명단을 수록하였다. 49권 18책 인본(印本)이다. 정식 이름은 《세조혜장대왕실록(世祖惠莊大王實錄)》이다.

■ 왕위를 찬탈한 세조

세조는 왕위를 찬탈하는 과정에서 어린 조카 단종을 영월로 귀양 보내고 사약까지 내려 죽이고, 많은 선비와 충신들을 죽였다. 그래서 왕자의 난에 이어 '숙부의 난'이라는 비난을 받기도 했다.

세조는 단종의 일곱 숙부 가운데 한 사람인 수양대군이다. 세조는 '단종애사'를 자행한 임금으로 기록되었지만, 강력한 철권통치로 조선 초기 혼란을 가라앉히고 나라의 기틀을 잡았다는 평가도 있다.

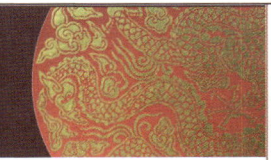

● 세조
무속에 나타나는 세조의 초상이다. 세조는 조선 초기의 왕권을 확립하였으나 어린 단종의 왕위를 찬탈하여 정통성에 문제를 야기하고 있다.

조선의 제7대 임금 세조는 시인이고, 조선왕조에서 최초로 왕세자를 거치지 않고 즉위한 임금이자 최초로 반정을 일으켜 즉위한 군주이다. 세종대왕과 소헌왕후 심씨의 둘째아들로서 문종의 친동생이자 단종의 숙부이기도 하다.

즉위 전의 호칭은 수양대군이다. 권람 등을 통해 한명회를 소개받고 신숙주 · 정창손 · 정인지 · 김질 등의 집현전 학사들을 포섭하여 조정을 장악해 나갔다.

1453년(단종 1년) 계유정난으로 안평대군과 김종서를 죽이고 스스로 영의정부사에 올라 전권을 장악하였다.

■ 정권 장악을 위한 인맥 형성

세종의 아들들 중 유일하게 무인적인 인물이라고 보는 시각도 있지만, 세종의 4남인 임영대군과 6남 금성대군도 무인 기질의 인물이었으며, 특히 금성대군은 수양대군과 함께 마상무예(馬上武藝)를 시연한 기록이 남아 있다.

세조는 16세 때 세종을 따라 사냥을 나가 하루아침에 사슴과 노루 수십 마리를 잡았는데 그 피가 바람에 날려 겉옷이 다 붉게 물들었다. 그러자 무관 이영기 등이 크게 감격하여, "오늘 뜻밖에 다시 태조의 신통한 기예를 뵙는 듯합니다."고 하였다. 그만큼 무예 실력도 출중했다. 승마와 격구, 활쏘기 재주가 뛰어났고, 사냥을 즐겼다. 그러나 둘째아들 수양과 셋째아들 안평에게 야심이 있다는 것을 눈치채고 경계하면서 문종에게 섭정을 하게 하여 왕위 계승을 둘러싼 혼란을 미연에 방지하고자 하였다. 그러면서도 집현전 학사들에게 어린 왕손인 단종을 잘 보필하라는 당부를 여러 번 거듭하였다.

수양대군은 세종의 병세를 기회로 국정 전반에 참여할 수 있었다. 그러나 그는 왕이 되고자 하는 야심을 철저히 숨겼고, 정치보다는 학문과 서적 간행에 힘쓰면서 인맥을 형성하고 정치를 하려는 기회를 노렸다.

1450년 세종이 승하하고 문종이 그 뒤를 이었다. 그런 문종도 즉위한 지 2년여 만에 승하하고 12세의 어린 조카 단종이 즉위하였다. 그러자 김종서와 황보인 등 의정부 신하들의 힘이 왕권을 능가함을 보였다. 그런 상황 속에서 왕실과 훈신들은 위기의식을 느끼게 되었다. 이때 종친들이 안평대군을 왕으로 섬기려는 움직임을 알게 된 수양대군이 발빠르게 움직였다.

■ 대숙청을 통한 강압통치

1453년 10월 수양대군은 한명회·권람 등과 공모하여 홍윤성·홍달손 등의 병력을 동원하여 단종을 보필하던 황보인·김종서·정분 등을 죽이고, 10월 10일 동생인 안평대군을 강화도로 유배시키고, 안평대군의 가족과 측근들을 노비로 삼았다. 이로써 정권을 완전 장악하였다.

세조는 훈신들의 추대로 1455년 음력 윤 6월 단종을 강제적으로 왕위에서 밀어냄으로써 조선의 새 왕으로 등극하였다. 그리고 단종을 노산군으로 강등한 뒤 강원도 영월로 유배를 보내고 집현전을 폐지하였다. 사육신과 관련자들을 비롯한 그 일족 600여 명을 처형하고 유배 보냈으며, 사육신 가문의 여성들은 공신의 노비와 관비로 보내고, 4촌 이상의 친척들은 노비로 삼거나 멀리 유배를 보내는 등의 대숙청을 감행하였다.

1457년에는 《동국통감》·《국조보감》 등의 편찬을 시작하는 등 법전 편찬과 서적 편찬 등의 사업을 펼쳐 사회를 새롭게 바꾸어 나갔다. 간경도감을 신설하여 불경을 간행했으며, 불교를 숭상하여 《원각경》을 편찬하게 하고, 원각사를 창건했다. 토지 측량을 용이하게 하였고, 1459년 아버지 세종대왕과 장남 의경세자의 명복을 빌기 위해 《월인석보》를 간행하였다.

1457년 음력 6월 갑자기 악몽을 꾸고 형수 현덕왕후의 묘를 파헤쳐 부관참시(剖棺斬屍)한 뒤 서인으로 격하시켰다. 이를 두고 여러 가지 전설과 야사가 나왔고, 세조 사후 희극작품 소재의 하나가 되기도 했다. 세조는 피부에 고름이 생기다가 문둥병으로 이어졌다.

● **현덕왕후 능(현릉)**
세조의 꿈에 현덕왕후가 침을 뱉은 이후 피부병에 시달렸다고 한다.

■ 왕권강화로 치적

세조는 1467년에 함경도에서 이시애가 반란을 일으키자 조카 귀성군을 파견하여 평정케 하고 강순을 파견하여 건주위 여진족을 토벌하는 등 위기관리에 탁월하였다.

세조는 앞으로 정치를 잘함으로써 임금 자리를 찬탈한 자신의 잘못을 벗으려고 생각하였다. 사치풍조를 없애고 궁궐의 문화까지 검소하게 만들었다. 단종 때의 왕권약화가 미치는 영향을 거울삼아 왕권을 강화하여 의정부의 정책 결정권을 폐지시키고 6조의 직계제를 부활시켜 의정부의 기능을 약화시켜 버렸다.

국방력 강화를 위하여 호적·호패제도를 부활시켰고, 두만강 주변의 야인들을 소탕하고, 서북면 개척 등 국토의 균형 있는 발전을 도모하였다. 문화적으로 억눌림을 받아온 불교를 숭상하게 하고자 1461년에 간경도감을 설치하여 불경을 간행토록 하였으며 일본까지 유통시켰다.

태조 이래 4대 임금을 찬양하기 위하여 국조보감을 만들고, 세종 때 시작한 오례의를 완성하는 데 힘썼다. 그러나 그의 사후에는 사사로운 탐욕으로 어린 조카를 폐출한 폭군, 비정통 군주로 평가되었다. 능은 경기도 양주의 광릉이다.

● **세조와 정희왕후의 능(광릉)**
세조(世祖)와 세조의 비 정희왕후(貞熹王后) 윤씨의 무덤으로, 경기도 남양주시 진전읍 부평리에 있다. 세조의 유언으로 간소한 능을 조성케 함으로써 부역 인원과 조성비용을 감축하였다고 한다. 이는 조선 초기 능제(陵制)에 변혁을 이루는 계기가 되었고, 이런 상설제도는 이후의 왕릉 조성에 모범이 되었다.

■ 13세 때 명궁 솜씨 떨쳐

세조는 아버지 세종이 충녕대군이었던 시절에 차남으로 태어났다. 그가 태어난 이듬해인 1418년에 세종이 왕위에 즉위하였지만 5세 무렵까지 사저에서 자랐다.

세조는 어린 시절에 대궐 밖의 사저에서 자라다가 5세 때 대궐로 들어갔다. 1428년(세종 10년) 6월 16일 대광보국 진평대군에 봉작되었다.

1429년(세종 11년) 2월에는 평강에서 무예 경연대회가 열렸는데, 그때 세종이 친히 진평대군을 데리고 평강에 나갔다. 진평대군의 나이 불과 13세 때였다. 어린 진평대군은 몰이꾼들이 몰아오는 사슴을 향해 화살 일곱 발을 쏘았다. 모두 사슴의 목을 관통하여, 보는 이들이 크게 감탄하였다. 처음에는 진평대군이었으나 뒤에 함평대군으로 봉작이 바뀌고 다시 진양대군이 되었으며, 1445년(세종 27년)에 수양대군이 되었다.

1428년(세종 10년) 파평윤씨 윤번의 딸 윤씨(후일의 정희왕후)와 혼례를 올렸다. 성리학을 수학하였으나 일찍이 글재주가 없음을 깨닫고 활쏘기와 무술연마 쪽으로 정진하였다.

1440년(세종 22년) 천문 관측 기계를 바로 잡을 때 세조와 안평대군, 그리고 여러 유신들에게 명하여 삼각산 보현봉에 올라 해 지는 곳을 관측하게 하였다. 올라가는 길에 바위가 많고 위험한 벼랑도 있어 안평대군을 포함한 여러 사람이 다리가 떨린다며 두려워하였으나 세조만은 유난히 신바람이 난 듯 순식간에 올라갔다 내려갔다 하여 모두가 탄복하였다.

세조는 늘 소매가 넓은 옷을 즐겨 입어 궁중 사람들이 모두 웃었다. 그러자 세종은 "너와 같은 용력 있는 사람은 의복이 이만큼이나 넓고 커야만 될 것이다."라고 하여 한바탕 웃음을 터뜨린 일도 있었다.

■ 문둥병으로 고생

세조는 피부에 고름이 생기다가 문둥병으로 이어졌다. 전설에 의하면 단종의 모친인 현덕왕후의 원혼이 세조의 꿈에 나타나 내 아들을 죽인 원수라며 침을 뱉은 이후로 병의 증세가 더욱 심해졌다 한다.

임금의 주치의인 어의들이 치료에 정성을 기울였으나 차도가 없고 증상이 너무 끔찍해 진료를 포기하는 단계에 이르렀다. 그러자 세조는 스스로 병을 고치겠다며 온천욕을 다니기 시작하였다. 아산 온양온천 등을 찾아가 온천욕을 하는가 하면, 또 오대산 상원사 문수보살상 앞에서 100일 기도를 드리기도 했다. 기도를 마치고 몸이 가려워 혼자 목욕을 하는데 마침 어린 동자승이 지나가기에 그에게 등을 좀 밀어 달라고 부탁했다. 세조는 동자승에게 단단히 당부하였다.

"밖에서 혹 사람을 만나더라도 네가 상감의 등을 밀어 주었다는 말을 하지 마라. 임금의 옥체에 손을 대고 흉한 종기를 씻어 드렸다는 말을 해서는 절대로 안 된다."

동자승이 미소를 지으며 아뢰었다.

"잘 알겠습니다. 상감께서도 후일에 누구를 보시든지 오대산에 가서 문수동자를 친견했다는 말씀을 하지 마시옵소서!"

동자승은 등을 밀어 주고 홀연히 사라져 버렸다. 현재 오대산 상원사 문수전에는 세조가 보았다는 목조 문수동자상이 있다.

● **오대산 상원사의 문수동자상**
오대산 상원사는 세조와 문수동자의 인연으로 유명한 곳이다. 이곳에서 세조의 흉한 종기를 씻어 주었다는 일화가 있다. 문수동자상은 1466년 세조의 딸인 의숙공주가 봉안한 것으로 국보 제221호로 지정되어 있다.

■ 세조의 두 얼굴

세조는 왕위 찬탈을 위하여 어린 조카인 단종을 폐위시키고 동복형제인 안평대군을 죽음에 내몰았다. 그러나 자신의 가족에게는 매우 따뜻한 두 얼굴의 소유자였다.

세조는 친어머니인 소헌왕후에겐 매우 극진히 효를 다하였다. 궁궐에서 비접(避接: 앓는 사람이 거처를 옮겨 요양하는 일) 나온 소헌왕후가 세조의 잠저(潛邸)에서 승하했을 정도로 정성을 다하였다. 또한 세종의 후궁인 신빈 김씨를 친어머니 못지 않게 극진히 모셨다. 그 까닭은 동생인 안평대군이 연년생이라서 소헌왕후가

● 세조 존영도
무속에 나타난 세조의 영정은 무인의 기질이 넘쳤으나 그의 가족에게는 매우 어진 인물이었다.

안평대군을 양육하느라 상대적으로 보살핌을 받지 못했던 어린 세조를 신빈 김씨가 업어 키웠기 때문이라고 한다. 그래서인지 신빈 김씨의 소생들은 계유정난 무렵 세조와 가까이 지냈으며, 특히 신빈의 아들 계양군은 적극적으로 세조를 지지했다. 물론 세조는 즉위한 이후에도 신빈의 아들들에게는 극진히 대해 주었다. 신빈은 세종과 소헌왕후의 막내아들인 영응대군의 유모 역할도 했다.

세조는 대단한 애처가이기도 했다. 후궁도 둘뿐이었다. 정실왕후인 정희왕후 윤씨를 아껴서 별로 중요하지 않은 일로 밖에 나갈 때에도 항상 대동했고 국정에서도 그녀의 의견을 많이 참고했다. 어전회의에서도, "우리 집사람이 그러는데 말야……."라면서 왕비의 의견을 소개하는 기록도 있다.

정희왕후도 정치적 식견이 워낙 훌륭해서 자신의 친척들을 등용하려는 세조를 말리기도 했다. 훗날 정희왕후는 세조 사후 아들 예종과 손자 성종을 위해 조선 최초로 수렴청정을 두 번이나 하면서 국정을 무난하게 꾸려 나갔다.

《금계필담(錦溪筆談)》(공주의 남자)

● 1873년(고종 10년) 서유영이 쓴 문헌설화집

　세조가 친조카인 단종을 멀리 강원도 영월로 유배시키려 할 때 세희공주(세조의 딸)는 이의 옳지 못함을 세조에게 직간했다. 세조는 크게 노했다. 그리고 한낱 아녀자인 공주가 주제넘게 국사에 관여하여 도리어 일을 그르친다면서 죽이려 하였다.

　정희왕후 윤씨는 딸의 목숨이 경각에 달려 있음을 알고 남의 이목을 피하여 노비와 함께 많은 금자를 내주어 야간 도주케 하며 이르기를, "공주는 이제 왕실의 자손이 아니니 어느 곳에 가서 살든지 신분을 숨기고 평민이 되어 부디 몸조심하며 편히 잘 살아라." 하였다.

　전국을 떠돌던 세희공주는 송림이 울창한 심산유곡인 지금의 옥양동에 이르자 마침내 날이 저물어 숙소를 찾게 되었다. 마침 멀리 불빛을 발견하고 반가운 마음으로 다가가 보니 보굴암 입구의 초막에서 나온 불빛이었다. 하룻밤만 유하려고 주인을 찾으니 초막에서 나온 주인이 엄두리 총각이라 공주는 차마 말 못하고 머뭇거리다가 어렵게 여러 날의 노독(路毒)을 이야기하였다.

　총각도 처음에는 낯선 규수의 유숙을 거절하다가 공주의 딱한 사정을 듣고 나더니 자기 방을 비워 주었다. 공주는 총각이 부엌에서 잠을 자겠다는 소리에 범상치 않음을 직감하고 노비와 의논하여 총각과 평생가약을 결심하게 되었다.

　세월이 흘러 장남이 출생하게 되자 공주는 농 밑 깊숙이 넣어 두었던 금자를 꺼내 놓으며 남편에게 자신의 신분과 그동안 숨겨야만 했던 내력을 이야기했다. 공주의 이야기를 듣고 난 남편은, "원수를 외나무다리 위에서 만나 자식까지 낳았으니 이 일을 어찌하리요!" 하며 탄식하였다. 그는 바로 김종서의 친손자로서 환란 당시 구사일생으로 집을 빠져나와 이 심산에서 은신 중이었던 것이다.

　세조가 지나다 보니 웬 아낙이 길가에 엎드려 슬피 우는지라 가까이 불러 그 연유를 물어보았다. 그런데 글쎄 놀랍게도 그 아낙은 몇 해 전 자신이 죽이려 했던 그 공주가 아닌가!

　세월이 흐르는 동안 자신의 과오를 깨닫게 되었던 세조는 늘 공주의 일이 마음에 걸리곤 했는데 뜻밖에도 이렇게 만나게 되니 몹시 기뻐하며 공주의 결혼생활을 허락하였다.

조선왕조실록

세조의 가계

　세조는 조선왕조에서 최초로 왕세자를 거치지 않고 즉위한 임금이자 최초로 반정을 일으켜 즉위한 군주이다. 어린 단종의 왕위를 무력으로 찬탈하고 이에 반대하는 사람들에게 철권의 통치를 보였던 세조는 독재자의 면모를 갖추었으나 의외로 가족사만큼은 소박할 정도로 절제된 생활을 하였다. 세조는 조선의 많은 왕처럼 후궁을 거느리지 않고 부인 두 명에 자녀 4남 1녀를 두었다.

■ 정희왕후 윤씨(貞熹王后 尹氏; 1418 ~ 1483년)

　정희왕후는 판중추부사 윤번의 딸로 1418년 충청남도 홍주군에서 태어났으며 1428년 세종의 적차남 진평대군(세조)과 혼인한 뒤 삼한국대부인(三韓國大夫人)에 봉해졌다. 소생으로는 훗날 덕종에 추존된 의경세자·예종·의숙공주·세희공주가 있다.

　세희공주는《금계필담》이란 문헌설화집에 나오는 인물로 김종서의 손자와 혼인했다고 한다. 세조가 수많은 사람을 죽이고 조카의 왕위까지 빼앗고 유배를 보내자 공주가 자기 아버지인 세조와의 연을 끊고 궁을 나왔다고도 전해진다.

　1453년 계유정난 당시 정보 누설로 인해 수양대군이 거사를 망설이자 정희왕후는 손수 갑옷을 입혀 그에게 용병을 결행하게 하였다고 한다. 세조가 즉위하면서 왕비에 책봉되었다.

　정희왕후는 여장부 기질을 가진 여인으로 알려져 있으며, 세조가 승하하고 예종이 즉위한 뒤 왕대비가 되었고, 예종이 즉위 1년 만에 갑작스레 병으로 승하하자, 당일 바로 한명회와 결탁하여 둘째손자 자을산군을 왕위에 올린 뒤 자신은 왕실 최고 어른인 대왕대비로서 조선 최초의 수렴첨정을 하였다.

● 수렴청정(垂簾聽政)
당시 수렴청정은 어린 왕의 뒤에서 발을 치고 말하는 것이 아니라, 왕이 신하들과 토론한 내용을 말하면 정희왕후가 적절한 조언을 해주는 방식의 정치를 말한다.

예종이 갑자기 죽었을 때 그의 아들 원자(제안대군)가 있었으나 나이가 너무 어리다는 이유로 그녀는 왕위를 넘겨주지 않았으며, 의경세자에게도 큰아들인 월산대군이 있었으나 자을산군을 즉위시킨 것은 정희왕후 개인의 결단에 의한 것이었다. 섭정 당시에 그녀의 과단성이 있는 성품과 훌륭한 정치적 감각 덕분에 조정은 평화로워 안정기를 구가하였다고 한다.

1483년(성종 14년) 음력 3월 30일 온양 행궁에서 승하하였다. 능은 경기도 남양주시 진접읍 부평리에 위치한 광릉(光陵)으로, 남편 세조의 능과는 동원이강(同原異岡)의 형태를 이루고 있다.

■ 덕종(德宗; 1438 ~ 1457년)

● 덕종 어보

1438년(세종 21년) 수양대군의 사저에서 아버지 수양대군(세조)과 윤번의 딸 낙랑부대부인(정희왕후)의 장남으로 태어났다. 할아버지 세종대왕은 그에게 특별히 현동(賢同)이라는 이름을 친히 지어서 내려주었다.

나중에 어느 정도 자라자 이름은 '숭'이라 하고 자는 '원명'이라 하였다. 그리고 관례를 올린 뒤에는 '장'으로 이름을 고쳤다. 1445년 8세에 정의대부(正義大夫)의 품계를 받았고, 도원군에 책봉되었으며, 성인이 된 뒤에 이름을 '숭'에서 '장'으로 개명하였다. 1450년에는 한확의 딸 한씨와 혼례를 올렸다. 1453년 계유정난 때의 공로로 흥록대부(興祿大夫)의 품계를 받았다.

1455년 아버지 세조가 왕위에 오르자 원자에 책봉되었다가 바로 세자에 책봉되었다. 1456년 2월 사육신 성삼문·박팽년·성승 등이 행사장에 별운검을 설치하여 덕종과 그의 아버지 세조, 동생 예종을 타살하려다가 실패했다. 그 해 8월 세조의 명으로 행태일전직(行太一殿直) 윤기(尹沂), 전 사직(司直) 신선경(愼先庚), 수의 교위(修義校尉) 권치명(權致命)의 딸들을 뽑아 세자의 후궁인 동궁 소훈(東宮昭訓)으로 삼았다. 그러나 후궁들과의 사이에서 낳은 자녀들의 존재는 확인되지

● 덕종의 능 [경릉(敬陵)]
경기도 고양시 용두동에 자리하고 있다.

않고 있다. 그는 죽기 전에 늘 단종의 어머니 현덕왕후의 혼령에 시달렸으며, 그가 병상에 누워 있을 때 21명의 승려가 경회루에서 공작재(孔雀齋)를 베풀기도 했다. 하지만 그는 끝내 쾌유되지 못하였다.

1457년(세조 3년) 9월 20일(음력 9월 2일)에 20세의 나이로 요절하였다. 사인은 가위눌림이라고 하나 불확실하다. 야사는 의경세자와 세조가 단종의 억울한 죽음으로 인해 문종비 현덕왕후의 원한을 샀다고 전하지만, 오히려 덕종이 단종보다 먼저 사망했으므로 이 전설은 허구로 추정된다. 그가 죽자 현덕왕후의 살(煞)을 맞고 죽었다는 도사의 말을 신봉한 세조는 형수 현덕왕후의 묘를 파내고 시신을 쪼개어 강물에 던졌다. 또는 관곽(棺槨)을 강물에 던졌다고도 하는데, 관곽이 멈춘 곳의 주민들이 임시로 거두었다가 후에 다시 능으로 조성했다고도 한다.

■ 의숙공주(懿淑公主; 1442 ~ 1477년)

세조와 정희왕후 윤씨(貞熹王后 尹氏)의 딸이다. 덕종의 동생이며 예종의 누나가 된다. 영의정 문성공(文成公) 정인지의 아들인 익대좌리공신(翊戴佐理功臣) 하성군(河城君) 정현조에게 하가하였다. 의숙공주는 슬하에 자식을 두지 않고 1477년에 세상을 떠났으며, 성종은 정사를 쉬어 의숙공주의 죽음을 애도하였다.

■ 근빈 박씨(謹嬪 朴氏; 1425~?)

　세조가 왕위에 오르기 전에 맞아들인 후궁이다. 그녀는 종1품 귀인(貴人)에 책봉된 후 자수궁(慈壽宮)에서 살았으며, 성종 때인 1483년(성종 14년) 음력 6월 15일에 빈으로 진봉되었다. 세조 사후 그녀는 여승이 되었으며, 그녀가 살던 자수궁은 1485년(성종 16년)에 창수궁(昌壽宮)이라는 이름을 받았다. 그녀는 가무에 매우 능하였다. 이 때문에 연산군은 그녀를 술자리에 자주 불러 왕이 술에 취하면 그녀에게 춤을 추게 하였다는 기록이 있다. 그녀는 80세의 나이라서 춤을 추기가 어려웠으나 연산군의 모진 학대가 두려워 억지로 춤을 추어야만 했다.

　그녀는 세조와의 사이에서 두 아들(덕원군, 창원군)을 낳았다. 두 아들 중 창원군 성(晟)은 술을 매우 좋아하고 음란하였으며, 여종을 함부로 죽이는 등 세간의 평이 매우 좋지 않았다. 이 때문에 1484년(성종 15년) 창원군이 죽고 난 후 그에게는 여도(戾悼)라는 시호가 붙여졌는데, 이 중 여(戾)라는 글자에 좋지 않은 의미가 있다 하여 근빈 박씨가 직접 성종에게 아들의 시호를 고쳐 달라고 청한 적이 있다.

　박씨가 언제 죽었는지는 기록되어 있지 않다. 그녀의 묘소는 경기도 양주시 광사동에 있으며, 그녀의 아들인 덕원군의 후손이 그녀에게 제를 올리고 있다.

■ 창원군 이성(昌原君 李晟; 1458 ~ 1484년)

　세조와 근빈 박씨의 차남으로『조선왕조실록』에는 창원군에 대하여 어려서부터 방탕하였으며, 궁중의 예법을 따르지 않고 재상들을 자주 능욕하였으며, 정희왕후가 이를 책망하였으나 뉘우치지 못하고 노비를 살해하는 등 나라의 법을 어김이 많았다고 평하고 있다. 창원군은 1484년 27세의 나이로 죽었는데, 시호를 여도(戾悼)라고 하였다. 여기서의 '여(戾)'는 지난 허물을 뉘우치지 않는다는 의미인데, 후에 어머니 근빈 박씨가 시호를 고쳐 줄 것을 청하였으나 대신들의 반대로 성종이 들어주지 않았다.

세조의 가계도

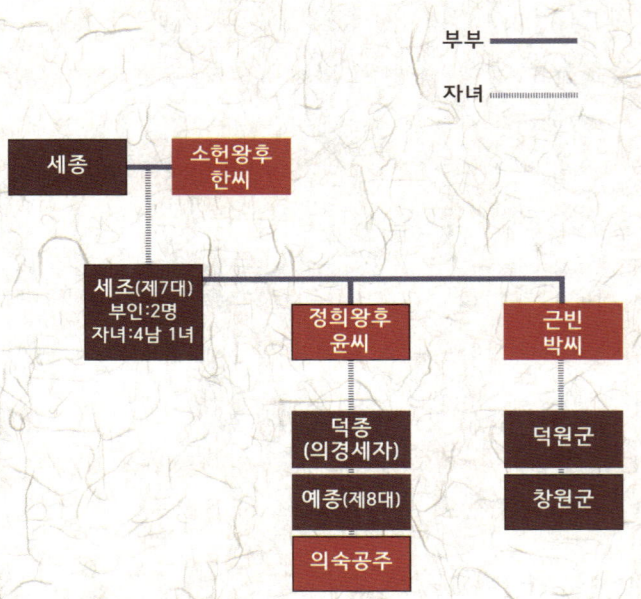

세조는 궁중에 잠실(蠶室)을 두어 비와 세자빈으로 하여금 친히 양잠을 권장하도록 하는 한편 《사시찬요(四時纂要)》·《잠서주해(蠶書註解)》·《양우법초(養牛法抄)》 등의 농서를 간행하여 농업을 장려하였다. 불교를 숭상하여 1461년(세조 7년) 간경도감을 설치하고 신미·김수온 등에게 《법화경》·《금강경》 등 불경을 간행하게 하는 한편 대장경 50권을 필인(畢印)하기도 했다. 이후 훈구파 공신들과 사림파 신진 관료들의 반대에도 불구하고 원각사와 신륵사·수종사 등의 중건을 지원하였으며, 기타 강원도의 월정사·상원사, 파주의 보광사, 남양주의 수종사와 양평의 용문사, 합천의 해인사, 금강산의 장안사·표훈사·정양사 등을 직접 방문하여 시주하고 지원하였다. 이에 따라 이 시기 한국의 불교문화가 크게 발달하였다.

《예종실록(睿宗實錄)》

《예종실록》 편찬 경위

　《예종실록》은 조선왕조 제8대 왕 예종의 재위 기간(1468년 9월~1469년 11월) 약 1년 3개월 간의 역사적 사실을 편년체로 기술한 사서이다. 정식 이름은 《예종양도대왕실록》이며 모두 8권 3책으로 간행되었다.

　조선시대 다른 왕들의 실록과 함께 국보 제151호로 지정되었다.

　《예종실록》의 말미에는 "성화 6년 경인 2월에 명령을 받아 사초를 출고하여 7년 12월에 이르러 《세조실록》의 편찬을 끝내고 나서 편찬하기 시작하여 8년 임진 5월에 끝마쳤다."라고 기록되어 있다.

　《예종실록》은 예종이 세상을 떠난 다음해인 성화 6년, 즉 성종 원년(1470년) 2월에 춘추관에서 편찬하라는 왕명을 받아, 성종 2년(1471년) 12월 《세조실록》의 편찬을 마친 뒤에 편찬하기 시작하여 성종 3년(1472년) 5월에 완성되었다.

　시호는 양도(襄悼), 존호는 흠문성무의인소효(欽文聖武懿仁昭孝), 묘호는 예종(睿宗)이며, 능호는 창릉(昌陵)으로 경기도 고양시 덕양구 용두동에 있다.

《예종실록》의 내용

　예종(1450~1469년)의 이름은 황(晄), 자는 명조(明照), 초자는 평보(平甫)이며, 세조와 정희왕후 윤씨의 둘째아들이다. 세조가 즉위한 뒤 해양대군에 책봉되었다가 세조 3년(1457년) 9월에 그의 형 의경세자(덕종)가 세상을 떠난 뒤 세자로 책봉되었다.
　예종은 세조 14년(1468년) 9월 7일 세조가 세상을 떠나기 하루 전날 선양을 받아 즉위하였다. 그가 세자로 있을 때인 1466년부터 승명대리로 정치 경험이 있었고 세조의 정치 행태를 답습하였다. 그도 세조처럼 언관들에게 강경하여 언관에 대한 좌천·파직 등의 기사가 실록에 많다.
　예종은 재위 기간이 약 14개월에 불과하여 많은 업적이 없고, 세조 대의 훈신들이 정권을 장악하였으므로 세조 대 정치의 연장과 같은 성격을 띠고 있다. 예종은 즉위 초 세조의 유명을 받들어 한명회·신숙주·구치관 등을 원상으로 삼아 이들이 서무를 의결하게 하였다. 세조 비 정희왕후 윤씨가 수렴청정하였다.
　1469년 3월에는 삼포에서 왜와의 사무역을 금지하였고, 같은 해 6월에는 각 도, 각 읍에 있는 둔전을 일반 농민이 경작하는 것을 허락하였다.
　이해 6월에 《천하도》를 완성하였고, 7월에는 《무정보감》을 편찬하였다. 9월에는 상정소제조 최항 등이 세조 대에 시작한 《경국대전》을 찬진(撰進; 글을 지어 임금에게 올림)하였으나 미진한 것을 보완하느라고 반포를 보지 못한 채 세상을 떠났다.

제8대 예종

▶생애 : 1450~1469년
▶재위 : 1468~1469년

조선의 제8대 임금이다. 성은 이(李), 휘는 황(晄), 본관은 전주(全州), 자는 명조(明照) 또는 평남(平南), 시호는 양도(襄悼). 존호는 흠문성무의인소효(欽文聖武懿仁昭孝), 묘호는 예종(睿宗)이며 능호는 창릉(昌陵)이다. 세종의 차남 세조와 정희왕후의 둘째아들이다.

■ 1년 2개월의 왕

세조는 14년 동안 임금으로 온갖 권력을 휘둘렀지만 자신의 죽음이 가까워짐을 느끼다가 1468년 음력 9월 7일 아들에게 임금 자리를 물려주고 그 다음날 파란만장했던 생애를 마치고 죽었다.

세조로부터 왕위를 물려받은 제8대 왕 예종은 그때 19세였다. 나이 어린 예종이 왕위에 오르자 원상과 함께 정희왕후가 수렴청정으로 나랏일을 돌보았다. 정희왕후는 남자처럼 성격이 대담하고 결단력이 있어 부드러운 예종의 성격과 조화를 이루어 나랏일을 무리 없이 해나갈 수 있었다.

예종은 즉위년 '남이의 옥' 사건에 휘말렸는데, 남이는 의산군 휘의 아들이자 태종의 외손이다. 어려서부터 활을 잘 쏘고 힘이 장사였던 남이는 17세에

● 남이 장군의 영정
할머니는 태종과 원경왕후의 넷째딸인 정선공주(貞善公主)이다.

무과에 장원급제하였다. 그 뒤 그는 세조의 세력을 등에 업고 '이시애의 난'을 잠재웠으며 압록강 상류까지 원정을 가기도 하였다. 그때 남이 장군 주위에는 그의 공을 시기질투하는 유자광이라는 간신이 있었는데, 그는 남이가 임금에 오르기 위해 역모를 꾸미고 있다고 임금에게 거짓보고를 하여 남이를 죽음에 이르게 했다. 이 사건으로 인해 수많은 사람이 피를 흘리고 죽었다.

■ 멋대로 사초 고친 사관

예종은 1년 2개월 동안 왕위에 있었으나 1468년 9월부터 이듬해 1469년 12월까지 재위하는 동안 1468년 9월부터 1469년 1월까지 사촌형이자 손아랫동서인 영의정 귀성군 이준(龜城君 李浚)이 섭정하였으며 1469년 1월부터 같은 해 12월 승하할 때까지 친정(親政)하였다.

예종은 아버지 세조가 펴 오던 강력한 중앙집권제를 계속 추진하려고 하였다. 그러나 신하들과 종친 세력들이 가로막았다. 그의 의지는 성종으로 이어지면서 전성기를 맞았다.

왕조실록은 어느 나라에서나 모두 역사의 기록으로 남긴다. 특히『조선왕조실록』은 역사적 사실이나 분량, 내용 면에서 중국의『사기』나 일본의『막부일기』등 다른 나라보다 훨씬 상세하고 정확한 것으로 드러나고 있다. 그래서 '유네스코 세계문화유산'으로 등재된 것이다.

실록은 역사 기록을 담당하는 춘추관 사관들이 왕이 죽은 뒤에 각각의 사초를 모아 종합으로 정리한다. 그래서 실록의 1차 자료가 되는 사초는 왕이 살아 있을 때 자기에 관한 역사적 초고를 열람할 수 없다.

그런데 예종 때에 사초를 사관이 멋대로 고친 사건이 발생하였다. 춘추관 사관인 민수가 그 당시 세력을 휘두르던 훈신 한명회가 딴 마음을 품고 있다는 내용을 기록한 사실로 인해 피해를 당하게 될지도 모른다는 두려움에서 사초를 불법으로 고친 것이다.

● 실록 편찬 모습
(적성산 사고 전시 그림)

사건은 이런 과정을 거쳐 터져 나왔다.

세조가 죽은 뒤 사초를 제출한 민수가 이로 인해 어떤 일이 벌어질지 모른다는 생각으로 평소 가깝게 지내던 이인석과 최명손 등에게 사초를 몰래 보여 달라고 요청했다. 그러나 이들은 요청을 들어주지 않았다가 재차 요청하자 사초를

● **실록을 다루는 사관**
《조선왕조실록》은 역사적 기록이기에 어떤 사료보다 소중한 기록문화이다. 조선의 사관들은 실록의 보존을 위해 1년에 한 번씩 꺼내어 말렸는데 이것을 포쇄(曝曬)라 한다.
(적성산 사고 전시 그림)

보여 주었다. 그러자 민수는 꺼림칙한 부분을 고쳤는데, 고친 부분을 깨끗하게 처리하지 못하여 나중에 검열에서 발각되고 말았다.

사초가 고쳐졌다는 보고를 받은 예종은 처음 사초를 쓴 사관들의 이름을 밝혀 적으라고 명령했고, 결국 민수가 그 주범으로 드러나게 되었다.

잡혀온 민수는 예종 앞에서 이실직고를 했다.

"사초를 고친 것은 한명회 대신을 두려워했기 때문입니다. 소신이 외아들인지라 목숨을 연명해 가문의 대를 잇기 위해 사초를 고쳤습니다."

그 말에 예종은 분통을 터뜨렸다.

"훈신은 두려워하면서 왕은 두려워하지 않다니 이럴 수가 있는가?"

예종은 민수가 솔직하게 고백했다는 점을 가상히 여겨 목숨만은 살려주고 제주도 관아의 노비로 보냈다. 그리고 고친 사초를 그대로 기록한 강치성·원숙강 등은 사형에 처하고 사초 초고를 내주었던 이인석·최명손은 곤장형으로 사건을 마무리 지었다.

조선왕조실록

■ 후사도 없이 요절

　예종의 죽음에 대해서 『조선왕조실록』에서는 죽기 전날까지 멀쩡했다고 전한다. 예종은 전날 "전부터 발에 종기가 있어 좀 아프지만 지금은 많이 나아졌다."라고 대답했으나 다음날 급사하고 만다. 예종은 즉위 2년 만인, 정확히 15개월 만에 족질(발병)로 죽었다. 족질은 어린 시절부터 예종을 괴롭힌 고질병이었다.

　예종실록은 기축년(1469년) 11월 28일 예종이 훙(薨)하였다고 적고 있다. 《예종실록》을 살펴보면 당시 예종의 죽음에 대해 왕실과 신료들이 매우 혼란스러워했던 것으로 보인다. 신숙주는 예종 사후에 대비를 만난 자리에서, "신 등은 밖에서 다만 성상의 옥체가 미령(靡寧)하다고 들었을 뿐, 이에 이를 줄은 생각도 못하였습니다."고 말했다. 그만큼 예종의 죽음이 갑작스럽고 예상치 못하였다는 것을 알 수 있다.

　대비 역시, "주상이 앓을 때에도 매일 내게 조근(朝覲)하였으므로, '병이 중하면 어찌 이와 같이 하겠는가' 생각하고 그다지 염려하지 않았는데 이에 이르렀으니 앞으로 어찌한단 말이냐?"고 놀라움과 슬픔을 함께 표출했다. 이때 예종의 나이는 만 20세로 조선 역대 국왕 중에서 사실상 가장 단명한 왕이다. 단종이 있긴 하지만, 단종은 타인에 의한 죽음으로 자연사가 아닌 것을 생각하면 실질적으로 가장 단명한 왕은 예종이라 할 수 있다.

● 창릉(昌陵)
서오릉 중의 하나로 예종의 능이다. 경기도 고양시 덕양구에 능을 조성하고 능호를 창릉이라 하였다.

예종은 1460년 11세 때 한명회의 딸을 세자빈으로 맞았으니 그녀가 곧 장순왕후이다. 그러나 세자빈 한씨는 1461년 12월 31일 원손 인성대군을 낳고 며칠 뒤 산후병으로 17세 나이로 요절하고 말았다. 3년 상을 마친 뒤 새로 세자빈을 맞이하지 않고 후궁인 소훈을 계비로 맞이하였다. 이때 간택된 소훈은 한백륜의 딸로 안순왕후이다.

예종이 통치한 기간은 14개월밖에 되지 않은 짧은 기간이었다. 재임 기간 중인 1469년에는 삼포에서 일본과의 개별 무역을 금지하였다. 3포는 부산의 동래포, 울산의 염포, 진해의 제포이다. 그 외에도 병영에 딸려 있는 전답을 일반 농민들이 경작할 수 있도록 해주었다.

세조 때부터 편찬하기 시작했던 《경국대전》을 드디어 완성했으나 이를 반포하지 못한 채 예종은 20세의 젊은 나이로 자미당에서 세상을 떠났다.

예종이 승하한 당일에 왕대비였던 정희왕후의 명으로 의경세자의 둘째아들인 자산대군을 양자로 입적시켜 왕위를 잇게 하니 그가 곧 성종이다. 왕위 계승서열 첫 번째인 원자(예종과 안순왕후의 아들), 서열 두 번째인 의경세자의 장자 월산군은 각각 나이가 너무 어리고 병약하다는 이유로 후계자에서 제외되었으나 실상은 왕대비 정희왕후와 수빈 한씨 인수대비, 자산대군의 장인 한명회 등의 정치적 결탁으로 인한 결과였다.

이로 인해 원자는 왕자로 낮춰지면서 제안대군으로 봉해져 후사도 못 남기고 병으로 요절했던 평원대군(세종과 소헌왕후의 일곱째아들)의 후사로 입적되었다.

조선왕조실록

■ 남이의 옥(獄)

　남이 장군의 본관은 의령으로 조선의 개국공신인 남재(南在)의 5대손이다. 아버지인 남빈은 조선의 제3대 왕인 태종(太宗)의 딸 정선공주(貞善公主)가 의산군(宜山君) 남휘(南暉)와의 사이에서 낳은 아들이다. 조선의 제7대 왕인 세조에게 남이는 고종사촌의 아들인 셈이다.

　남이의 옥은 1468년 10월 24일, 예종이 즉위한 지 한 달 보름 만에 유자광이 '남이가 역모를 꾀하고 있다'는 고변으로 시작되어 '이시애의 난'을 진압하는 데 공을 세웠던 남이와 강순을 비롯해 민서·문효량·변영수·변자의·오치권 등이 역모죄로 죽임을 당한 사건이다. 사건의 개요는 다음과 같다.

　예종이 즉위한 지 한 달 보름째가 되던 1468년 10월 24일 밤에 유자광이 입궐하여 의산군 남이가 역모를 꾀하고 있다고 하였다. 이에 예종이 좀 더 소상히 고할 것을 요구하자 유자광은, "내병조에 입직해 있을 당시 남이가 '세조대왕이 돌아가셨는데 이 사이에 간신들이 난을 일으키면 우리는 죽임을 당할 수 있으니 세조의 은혜에 보답해야 하지 않겠는가? 재물을 탐하는 김국광과 불충한 노사신이 난을 일으킬 가능성이 높다.'라고 하였으며, '오늘 저녁 유자광이 찾아와 강목을 펼치고 나서 혜성이 없어지지 않는데, 광망이 희면 두 해에 걸쳐 반역이 있다. 그러니 내가 미리 선수를 치려 한다.'라고 하였고, '이러한 일을 발설할 시 한쪽은 부인할 것이니 발설한 쪽이 죽을 것이다.'라고 하였습니다."라고 고변하였다.

　이에 예종은 체포대를 보내고, 궐문 경비를 강화시켰으며, 주요 종친과 대신들을 불러들였다.

처음에 남이는 도주하려 하였으나 금방 잡히고 국문을 당하게 되었다. 국문은 예종이 직접 지휘하였다.

『조선왕조실록』에 따르면, "오늘 누구를 만나서 무엇을 했는지 얘기하라."라는 예종의 말에 남이가, "이지정의 집에서 바둑을 두다가 북방 인사에 관한 이야기를 나누고, 민서의 집에서도 북방에 대한 얘기를 나눴으며, 유자광의 집에서는 강목을 꺼내어 혜성 출현에 관한 부분을 봤다."라고 이야기하였다.

● 남이 장군 무속도
세조 때의 무신. 이시애의 난과 건주 여진 정벌 등에서 공을 세워 세조의 총애를 받았으나 세조가 죽은 후 역모에 몰려 처형되었다.

한 차례 고문이 가해지고 나서 유자광과 대질하였을 때도 남이는 역모 혐의를 인정하지 않았고, "유자광이 불평을 가져 무고한 것이다."라고 답하였다.

이때 같이 국문을 당하던 민서가 이야기했다.

"남이가 혜성 이야기를 하면서 '간신이 일어나면 내가 죽을 터인데 염려가 된다.'라고 하였고, 간신이 누구냐는 물음에 '그 간신은 한명회다. 하지만 좀 더 자세히 살핀 연후에 아뢸 생각이다.'라고 하였습니다. 하지만 순장(야간 순찰)을 하고 있어 바로 고하지 못했습니다."

이에 남이는, "한명회가 일찍이 적자를 세우는 일을 논하기에 반역을 꾀하고 있는 걸 알았다."라며 민서의 진술을 기정사실화하였다.

입시(入侍)해 있던 한명회는 자신의 무죄를 이야기하였고 예종은 한명회의 무죄 진술을 받아들였다.

이후 다른 이들에게서 특별한 진술이 나오지 않다가 국문이 있은 지 이틀 뒤

문효량이, "남이가 말하기를, '한명회가 난을 일으키려고 하는데 내가 나라의 은혜를 갚고자 이를 물리치려 한다.'라고 하였기에 '이러한 일을 같이 하는 사람이 있느냐'라는 물음에 '강순이 나에게 난을 평정하는 일을 맡게 했다.'라고 하였다."라는 말에 강순도 함께 국문을 당하였으나 강순의 무고에 대한 호소를 받아들여 예종은 강순을 풀어 주었다.

국문을 당한 지 사흘 만에 남이는, "묶은 몸을 풀어 주시고 술이나 한 잔 주시면 모두 다 고하겠다."라고 말했다. 그 부탁은 받아들여졌고, 결국 남이는 자신의 역모를 시인하였다. 시인하는 과정에서 남이는, "강순과 더불어 영순군 이부나 보성군, 춘양군 중 한 명을 임금으로 삼으려 했다."라고 하였고, 이를 완강히 부인하던 강순은 곤장을 맞고 나서야 역모를 시인하였지만, "신은 어려서부터 매를 맞은 적이 없어 매를 견딜 수 없었다."라고 하였으며, 남이에게 이를 따지자 남이는, "당신은 이미 정승에 이르렀고 나이도 들었기에 후회가 없겠지만 나는 젊은 나이니 진실로 애석하다."라고 하였다.

예종이 역모 계획을 물으니 남이는, "창덕궁과 수강궁은 외부에서 알기 쉬운 까닭에 산릉 제례를 나갈 때 두 궁에 불을 질러 경복궁으로 유인한 뒤 거사하려고 했다."라고 이야기하였다.

옥사 이후 남이와 강순·민서·문효량 등은 교열형에 처해진 뒤 일주일 간 효수되었으며, 남이의 지인들도 같이 죽임을 당하였다. 한편, 유자광은 정난공신 1등에 책봉되었을 뿐만 아니라 남이의 집을 상으로 받았다.

● 남이 장군의 묘
남이 장군 묘는 남이 장군과 부인이 함께 있는 쌍분묘로, 경기도 화성시 비봉면 소재지에서 북서쪽으로 약 2.5km 정도 떨어진 남전리 야산에 위치한다. 1973년 7월 10일에 경기도 기념물 제13호로 지정되었다.

'남이의 옥'에 대해 야사에서는 남이를 시기한 유자광이 임금도 싫어한다는 것을 눈치채고 남이의 시(詩)를 과장하고 모함하여 남이를 죽게 했다고 하였으나 실록에 적힌 국문 과정에서는 그러한 이야기가 나타나지 않는다. 남이 장군의 기개가 넘치는 시는 다음과 같다.

남아필독오거서(男兒必讀五車書)

白頭山石磨刀盡 백두산석마도진
豆滿江水飮馬無 두만강수음마무
男兒二十未平國 남아이십미평국
後世誰稱大丈夫 후세수칭대장부

백두산 돌은 칼을 갈아 닳아 사라졌고
두만강 물은 말이 마셔 말랐네.
사나이 이십 세에 나라를 평안케 하지 못하면
후에 누가 대장부라 칭하겠는가.

● 등림영회도(登臨詠懷圖)
이시애를 토벌하고 돌아오는 길에 백두산에 오른 남이를 나타냈다.

젊은 나이에 병조판서가 된 남이는 승승장구하는 듯 보였다. 하지만 세조의 극진한 사랑은 다른 관리들의 시기를 받을 수밖에 없었고, 당시 세자이던 예종까지 싫어할 정도였다고 한다.

예종이 왕이 되자 유자광은 남이의 일거수일투족을 살피면서 모함하려 했지만 워낙 대쪽 같은 남이에게는 꼬투리 잡힐 만한 일이 없었다. 그래서 유자광은 남이가 여진족 토벌 때 기개를 읊은 시 구절 중 '미평국(未平國)'을 '미득국(未得國)'으로 고쳐서 남이를 역모죄로 몰았다고 한다.

예종의 가계

예종은 정비 장순왕후와 계비 안순왕후 등 2명의 부인이 있었는데, 이들에게서 2남 1녀를 두었다. 세자빈 시절에 죽은 정비 장순왕후 한씨 소생으로는 인성대군이 있었으나 어려서 죽었고, 계비 안순왕후 한씨 소생으로 제안대군과 현숙공주가 있다.

■ 장순왕후 한씨(章順王后 韓氏; 1445 ~ 1462년)

예종의 정비로 시호는 휘인소덕장순왕후(徽仁昭德章順王后)이며, 상당부원군 충성공 한명회(上黨府院君 忠成公 韓明澮)와 황려부부인 민씨(黃驪府夫人 閔氏)의 셋째딸이다. 1460년 세자빈으로 간택되어 당시 세자였던 예종과 가례를 올리고 부부가 되었으니 이때 나이가 16세였다. 정숙한 성품에 아름다운 용모로 시아버지 세조의 총애를 받았다고 한다. 책봉 이듬해인 1461년 음력 11월 30일, 왕실의 적통인 원손(예종의 장남인 인성대군)을 낳았으나 같은 해 음력 12월 5일 녹사(錄事) 안기(安耆)의 집에서 산후병으로 향년 17세에 요절했다.

세조는 총애하던 며느리의 죽음에 비통해 하며, 온순하고 너그럽고 아름다운 것을 장(章), 유순하고 어질고 자혜로운 것을 순(順)이라 하여 세자빈 한씨에게 장순(章順)의 시호를 내리고 장순빈(章順嬪)으로 삼았다. 후일 장순빈의 제부이자 시조카인 성종이 왕위에 오르자 그녀를 장순왕후로 추존하였다.

● 공릉(恭陵)
장순왕후(章順王后) 한씨의 무덤이다. 경기도 파주시 조리읍 봉일천리의 공릉·순릉·영릉으로 이루어진 파주 삼릉(坡州三陵, 사적 제205호) 경내에 있다.

■ 안순왕후 한씨(安順王后 韓氏; ?~ 1499년)

생년은 불분명하며, 청주한씨 문중에서는 예종의 정비 장순왕후와 같은 해인 1445년생이라고 하고 있다. 왕세자 시절 예종의 세자빈이었던 장순왕후가 1461년에 요절하자 1463년에 동궁의 종5품 후궁인 소훈(昭訓)에 간택되었다. 당시 아버지 한백륜의 벼슬은 사옹별좌(司饔別坐)였다. 후궁의 입장이었으나 빈의 공상(供上)과 예로 대우받았다. 2남 2녀를 낳았지만 1남 1녀만이 생존했으며, 1466년에 낳은 왕손이 바로 제안대군 현이다.

1468년 세조가 중병을 이유로 왕세자에게 양위하여 예종이 즉위하였다. 태상왕이 된 세조가 소훈 한씨를 지목하여 왕비로 삼도록 하였는데, 당시 한씨는 만삭의 몸으로 친정에 있었기에 위사(衛士)를 보내어 집을 지키도록 하였다.

1469년 12월 31일(음력 11월 28일), 예종이 보위에 오른 지 13개월 만에 세상을 떠나자 원자(元子)인 제안대군의 보령이 어리다는 이유로 왕대비 정희왕후는 한명회와 결탁하여 예종의 형이었던 의경세자의 둘째아들이자 한명회의 사위인 잘산군(乽山君; 훗날의 성종)을 예종과 안순왕후의 양자로 입적시켜 예종의 뒤를 잇게 하였다. 이후 제안대군은 성종의 정통성에 위해가 된다는 이유로 1474년에 세종의 7번째 아들인 평원대군의 봉사손(奉祀孫: 조상의 제사를 맡아 올리는 자손)으로 입양되었다.

1469년 12월 31일(음력 11월 28일), 한씨는 선왕(先王)의 왕비이자 성종의 법모로서 왕대비로 진봉하여 인혜왕대비(仁惠王大妃)가 되었다. 그로부터 불과 2개월 후인 1470년 2월 22일(음력 1월 22일)에 성종의 생부인 의경세자가 의경왕으로 추숭되었고, 그의 생모 수빈 한씨(소혜왕후)도 인수왕비로 진봉되었다. 이에 문제화된 것이 인혜왕대비와 인수왕비의 서열이었다.

　1472년, 신숙주의 주장과 자성대왕대비(慈聖大王大妃; 정희왕후)의 윤허 아래 인수왕비와 인혜왕대비의 위계를 왕실의 법칙이 아닌 사가의 법칙, 즉 형제 서열로 하는 것으로 결정되었다. 이는 세조의 맏아들 의경왕의 아내인 인수왕비가 둘째아들 예종의 아내인 인혜왕대비의 윗동서이니 인수왕비가 인혜왕대비보다 위라는 뜻이다. 성종 6년(1475년), 의경왕이 의경대왕으로 추숭되어(후에 덕종의 묘호를 받음) 인수왕비는 인수왕대비(仁粹王大妃)로 진봉되는데, 이때 인수대비와 인혜대비의 서열 문제가 다시 거론되었으나 역시 인수대비를 웃전으로 하는 것으로 일단락 지어졌다.

　후일 성종이 승하하고 그의 장남 연산군이 조선의 제10대 국왕으로 즉위함에 따라 안순왕후는 인수왕대비와 함께 대왕대비로 진봉되었다.

　그녀는 1498년 음력 12월 23일, 경복궁에서 승하하였다. 이에 연산군은 그녀의 시호를 안순, 휘호를 소휘제숙으로 하였으며, 그 상제(喪制)를 정하는 데 있어 논쟁이 있었으나 결국 남편인 예종과 같이 기년제(1년간 상복을 입는 것)로 정하였다. 능은 경기도 고양시 용두동 서오릉 내에 위치한 창릉으로 남편 예종과 합장되었다.

● **창릉(昌陵)**
조선 제8대 왕 예종과 계비 안순왕후 한씨의 능. 1470년(성종 1년)과 1499년(연산군 5년)에 정하여졌다.

■ 제안대군 이현(齊安大君 李琄; 1466~1525년)

　제안대군은 예종과 안순왕후 사이에서 출생하였고, 9세 때였던 1474년 5촌 종숙부 정양군(평원대군의 양자. 1492년에 향년 51세로 세상을 떠남)에게 입양되었으며,

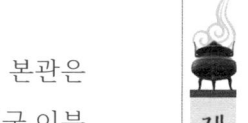

그의 이름은 현(琄), 성은 이(李), 자는 국보(國寶), 시호는 영효(靈孝)이며 본관은 전주(全州)이다. 예종의 세자빈이던 장순왕후 한씨(章順王后 韓氏)는 인성대군 이분(李糞)을 낳은 뒤 산후병으로 죽었고, 뒤이어 입궐한 소훈 한씨는 세자의 후궁이었으나 빈의 공상(供上)과 예로 대우받았다. 이복형 인성대군이 세조 9년(1463년) 3세의 나이로 죽었기 때문에 예종 즉위년(1468년)에 원자(제안군)로 책봉되었다.

예종 1년(1469년) 아버지 예종이 임종할 당시 왕위승계 1순위였으나 나이가 4세에 불과하다는 이유로 조모 정희왕후가 백부 의경세자의 차남이자 대군의 종형인 자을산군 이혈(성종)을 후계자로 지명하여 왕위승계에서 밀려났다. 성종 1년(1470년)에 제안대군(齊安大君)에 봉해졌다. 봉작을 받기에는 이른 나이였으나 직계를 대접한다는 방계의 명분이 컸다.

성종 5년(1474년) 증조부 세종의 적7남인 종조부 평원대군 임(琳)의 봉사손(奉祀孫)으로 출계하였다. 평원대군은 요절하여 후사가 없었다. 이러한 조처는 성종 초기 수렴청정을 하던 정희왕후가 한명회(韓明澮)의 신권 강화에 맞서 본인의 뜻과는 상관없이 역모에 휘말려 죽음에 이르기 쉬운 왕실 종친을 보호하기 위한 심모원려(深謀遠慮: 깊은 꾀와 먼 장래에 대한 생각)의 결과라는 견해도 있다.

제안대군은 평생 정치와는 거리를 두고 살았다. 특히 그는 성악(聲樂)을 즐기고 사죽관현(絲竹管絃) 연주를 즐기는 등 풍류에 심취하였다. 당질 연산군과 친분이 두터웠으나 1506년 중종반정 이후에도 별다른 정쟁에 휘말리지 않고 중종에게도 연산군과의 관계와 마찬가지로 당숙부가 되므로 중종 20년(1525년) 60세의 나이로 타계하기까지 일생 왕실 종친으로 존대를 받았다.

예종의 가계도

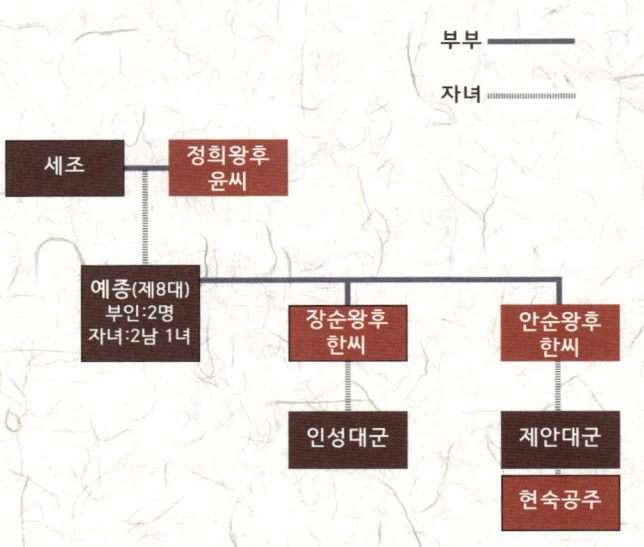

　세자 시절인 1460년에 혼인했는데 당시 예종은 11세였고 아내인 장순왕후 한씨는 16세였다. 혼인한 그 다음해에 장순왕후가 회임하여 아들 인성대군을 낳았으나 산후병으로 사망하였고, 인성대군 또한 얼마 살지 못하고 3세의 나이에 풍질로 죽었다. 인성대군이 태어난 해가 1461년이니 예종의 나이 12세 때에 이미 아버지가 된 것이다. 조선의 역대 왕 중에서 가장 아들을 일찍 본 임금이기도 하다. 유명한 아들인 제안대군은 계비 안순왕후 소생의 차남이다.

《성종실록(成宗實錄)》

《성종실록》편찬 경위

　《성종실록》은 조선왕조 제9대 왕 성종의 재위 기간(1469년 11월~1494년 12월)인 25년 2개월간의 역사를 편년체로 기록한 사서이다. 정식 이름은《성종강정대왕실록》이며 모두 297권 150책으로 활판 인쇄되었다.

　《성종실록》은 제14권 성종 3년부터 기사의 다소에 상관없이 반드시 1개월을 1권으로 편철(編綴)하였기 때문에 권수가 많아지게 되었다.

　조선시대 다른 왕들의 실록과 함께 국보 제151호로 지정되었다.

《성종실록》은 성종이 세상을 떠난 지 4개월 뒤인 1495년(연산군 1년) 4월에 영의정 노사신 등의 건의로 춘추관 안에 실록청을 설치하고 편찬을 시작하였다. 편찬 도중인 1498년(연산군 4년)에 김일손이 실록청에 제출한 사초 가운데 그의 스승 김종직이 쓴 〈조의제문(弔義帝文)〉과 〈화술주시(和述酒詩)〉가 포함되어 있는 것이 문제가 되어 무오사화가 일어났다.

　이로 인해 신진 사림들이 큰 화를 당하기도 했으나 실록 편찬 작업은 계속 진행되어 이듬해인 1499년 3월에 인쇄가 완료되었고 4대 사고에 봉인되었다.

　실록 편찬에는 영의정 신승선과 우의정 성준이 총재관으로, 지관사 이극돈 이하 동지관사 안침 등 15인이 실록청 당상으로, 편수관 표연말 이하 74인은 모두 실록청 낭청으로 참여하였다.

　성종의 시호는 강정(康靖), 존호는 인문헌무흠성공효(仁文憲武欽聖恭孝)이고, 묘호는 성종(成宗)이며, 능호는 선릉(宣陵)으로 현재 서울 강남구 삼성동에 있다.

《성종실록》의 내용

　성종의 이름은 혈(娎)이며, 세조의 손자로 의경세자(추존 덕종)와 소혜왕후 한씨의 둘째아들이다. 처음에 자산군에 봉해졌다가 뒤에 자을산군으로 고쳤다.
　1469년 11월, 예종이 왕위에 오른 지 1년 3개월 만에 세상을 떠나자 할머니 정희왕후가 그를 지명하여 왕위를 계승토록 하였다. 예종에게는 아들 제안대군(4세)이 있었으나 어렸고, 또 성종의 형 월산군(18세)도 있었으나 병약하였기 때문에 자을산군(13세)이 지명받은 것으로 알려지고 있다.
　성종의 즉위 초기에는 정희왕후(세조의 왕비)가 수렴청정하고 원로 대신 신숙주·한명회·구치관·최항 등이 원상이 되어 국정을 보필하였다.
　성종은 총명하고 학문을 좋아하여 집현전의 후신(後身)이라 할 수 있는 홍문관을 창설하고 어진 선비를 임명하여 날마다 경연을 열어 고금의 치란(治亂)과 시정의 득실을 연구하였다.
　그는 세조 때부터 편찬하기 시작한 《경국대전》과 《국조오례의》를 완성하여 조선왕조 5백 년간의 통치체제를 확립하였다. 그리고 삼국시대 이래로 숭상해 오던 불교를 억압하고 유학을 숭상하여 유교국가의 토대를 확고히 하였다.
　이 때문에 성종 대에는 유교적 정치이념이 정치에 본격적으로 도입되어 사림(士林)정치가 시작되던 시기였으므로 이를 표방하는 삼사의 언론활동이 두드러지게 많이 나타나게 되었다.
　성종 대에는 민족문화에 관한 서적인 《동국통감》·《동국여지승람》·《동문선》 등을 편찬하였다.
　성종은 크게 문화를 일으키고 국방과 외교에도 힘을 기울였다. 우리나라의 평안도와 함경도를 자주 침입하는 야인을 정벌하고, 남쪽의 왜인에 대해서도 삼포(동래의 부산포, 웅천의 제포, 울산의 염포)를 중심으로 한 무역을 증진하여 내치 외교에 큰 업적을 세워 조선왕조의 전성기를 이루었다.

제9대 성종

▶생애 : 1457~1494년
▶재위 : 1469~1494년

성종은 세조의 장남인 의경세자의 둘째아들로 아버지의 요절로 왕위 계승권에서 제외되었으나 숙부 예종이 일찍 죽어 할머니 정희왕후와 훈신들의 추대로 조선 제9대 왕으로 즉위했다.

■ 예상 못 한 성종의 등극

제8대 왕 예종이 임금에 오른 뒤 1년 2개월 만인 1469년 11월 28일, 20세의 젊은 나이로 갑자기 죽자 그때 원자는 겨우 네 살이었다. 그런 상황에서 한명회와 신숙주를 비롯한 원로 대신들이 대비인 정희왕후에게 후계 왕의 지명을 요청한 것이다. 그때 관행으로 보면 후계 왕위에 오를 사람은 원자인데 너무 어리기 때문에 세조의 큰손자인 월산대군이 되어야 했다. 그러나 대비가 지명한 사람은 뜻밖에도 덕종의 아들 자산군(잘산군, 자을산군)이었다.

그 이유를 《성종실록》에는 이렇게 밝혀 기록하고 있다.

"원자는 바야흐로 포대기에 싸여 있고 월산군은 본래부터 질병이 많다. 자산군은 비록 나이는 어리지만, 세조께서 매양 그의 기상과 도량을 칭찬하여 태조에게 견주었다. 이에 자산군으로 하여금 후계 왕으로 지명하는 것이 어떠하겠는가?"

대비가 자산군을 지명한 배경에는 그의 장인 한명회가 있었다.

한명회는 계유정난과 세조의 집권에 빼놓을 수 없는 인물인 동시에 예종 때에도 정치권의 실세였다. 이런 과정을 거쳐 제9대 임금이 된 성종은 그때 나이 13세의 소년이었다.

● **성종의 태실(胎室)**
성종이 출생하여 그 태(胎)를 봉안한 태실로 성종이 왕위에 오르자 태봉으로 격상되었다.

■ 대비의 수렴청정

　조선 역사상 최초로 수렴청정을 한 정희왕후는 세조의 정실로, 처음에는 그냥 대군이었던 수양대군의 부인으로 시집왔다가 수양대군이 왕이 되면서 부부인에서 왕후로 출세한 인물이다. 상궁인 자신의 언니를 만나려고 궁에 들렀다가 우연히 눈에 띄게 되어 언니보다 여동생이 더 낫다고 여겨 배필로 삼았다는 이야기도 있다. 세조는 그녀를 매우 아꼈다고 한다.

●수렴청정
어린 왕을 대신해 일정 기간 동안 왕대비나 대왕대비가 국정을 대리로 처리하던 일을 뜻한다.

　신숙주와 한명회 등이 정희왕후에게 수렴청정을 요청했다고 《성종실록》에 그 경위를 기록해 놓았다.

　"성종은 나이가 너무 어려서 온 나라 사람들이 안정을 찾지 못하고 정사를 잘 돌보지 못할 것입니다. 예종께서 돌아가시어 슬픔이 너무 크지만 슬픈 마음을 억제하시고 종묘사직의 소중함을 깊이 생각하시어 수렴청정을 하옵소서! 후계 왕이 능히 스스로 통치하실 때가 되시면 물러나도록 하소서!"

　그래서 정희왕후가 수렴청정을 시작, 무려 7년간이나 계속하였다. 정희왕후는 조선 최초의 수렴청정을 한 왕후였다. 수렴청정을 하는 방식은 직접 어전에 나와서 한 게 아니라 성종이 자신을 찾아와 의논해서 결정하는 방식이었다. 또한 수렴청정을 처음 받았을 때에 정희왕후는 자신보다는 한자를 아는 며느리 수빈(의경세자(덕종)의 비. 소혜왕후)이 더 낫지 않겠느냐며 거절한 기록이 있다. 성종 즉위에 결정적 역할을 한 사람은 첫 번째 부인 공혜왕후 한씨였다. 한씨는 성종이 즉위한 지 5년 만에 슬하에 자식이 없이 19세의 나이에 죽었다.

　성종은 춘추관 기사관인 판봉상시사 윤기견의 딸을 후궁으로 맞았다. 뛰어난 미인인 윤씨는 어려운 생활을 하던 중 성종의 눈에 들어 후궁으로 숙의에 봉해졌다가 공혜왕후 한씨가 죽은 뒤 왕비로 책봉되는 행운을 안았다. 세자 융(뒷날 연산군)을 낳은 두 번째 왕비 윤씨는 성종보다 12세 연상의 여인이었다.

■ 후궁 윤씨 폐위 사건

폐비 윤씨는 성종의 계비(繼妃)이자, 제10대 왕 연산군의 어머니입니다. 연산군 때 올린 시호는 제헌왕후(齊獻王后)였으나 중종반정 이후 삭탈되었다. 묘호는 회묘(懷墓). 한편으로 폐비 윤씨를 추존된 왕비로 보는 경우가 있는데, 이미 본인이 살아 있는 동안에 성종이 책봉한 정실 왕후였기 때문에 이것은 맞지 않다.

윤씨는 판봉상시사 윤기견과 부부인 신씨의 딸이다. 하지만 윤기견이 일찍 요절해서 사실상 과부인 신씨 아래에서 성장했다. 그녀가 궁궐에 들어가기 전에는 베를 짜서 어머니를 봉양할 정도로 효녀였고, 윤기견은 집현전 학사 출신으로《세종실록》과《고려사절요》편찬에 참여했었다.

폐비 윤씨가 간택 후궁으로 입궐하고, 3개월 후에 간택 후궁으로 들어온 정현왕후 윤씨는 윤호의 딸인데, 윤호는 파평윤씨로 대단히 부유하면서도 비리가 많아 친척인 정희왕후가 처벌을 명했을 정도였다. 이런 점이 모두 폐비 윤씨를 중전으로 간택하는 데 중요한 요인이 되었을 것이다.

성종의 총애를 받은 윤씨는 공혜왕후가 죽은 2년 후(1476년) 중전이 되었다. 인수대비 역시 폐비 윤씨를 마음에 들어 했는데, 총애의 이유는 무엇보다도 연산군을 임신 중이었다는 것이다. 폐비 윤씨는 간택 시점에서 임신 6개월이었기 때문에 4개월 후에는 원자(연산군)를 낳고 그 위세가 더욱 상승했다.

● **가례도감(嘉禮都監)의 한 장면**
조선시대의 왕의 혼례는 국가적인 행사로 화려하고 성대한 규모로 이루어졌다.

그러나 다른 후궁들과 분란을 일삼고, 중전이 된 지 겨우 1년도 안 된 1477년, 방안에서 주술을 써놓은 방양서(方禳書)와 비상(砒霜)이 묻은 곶감이 성종에게 발각되면서 폐출당할 위기에 처하게 된다. 하지만 사건의 파장을 우려한 중신들의 간곡한 부탁으로, 방양서와 비상을 반입한 나인 삼월과 사비에게만 죄를 물어, 삼월을 교수형에 처하고 사비를 장형 100대를 때려 변방의 관비로 보내는 처벌을 내리는 것으로 사건을 매듭짓고 윤씨의 지위는 그대로 유지되었다. 하지만 분란은 계속 이어져서 결국 윤씨는 1479년(성종 10년) 음력 6월 2일 폐위되었으며, 1482년(성종 13년) 8월에 사사(賜死)되었다. 이후 연산군 때 제헌왕후로 추숭되고 능도 보수하여 회릉(懷陵)이라고 부르지만 중종 때 다시 원위치되었다.

실록에는 그녀에 대한 많은 부정적인 기사가 기록되어 있다. 성종을 독살하기 위해 독이 든 곶감을 은닉했다고 나와 있으며, 야사에만 해도 손톱으로 성종의 얼굴, 즉 용안(龍顔: 왕의 얼굴)에 상처를 내었다거나, 식사 도중 화를 참지 못해 국그릇을 엎어 왕의 옷을 더럽히는 등 당시로는 있을 수 없는 패악을 저질렀다.

결국 궐내에서는 폐비론이 대두되었다. 성종이 "그 여자 당장 내쫓아!"라고 엄명하자 임사홍이 눈물을 흘리며, 세자를 생각해서라도 참으시라고 간하여 정국이 진정되고, 폐비 윤씨는 중전 자리를 지킬 수 있었다.

그러나 불과 몇 달 후 임사홍이 실각하고, 폐비 윤씨의 행동도 잠잠해지기는커녕 오히려 더 과격해졌다. "주상의 발자취를 다 깎아 버리고 싶구나!"와 같은 무시무시한 발언을 하는 등, 며느리를 겁낸 인수대비가 수라상 근처에는 아예 얼씬도 못하게 조치를 취했을 정도였다.

폐비 윤씨가 사가로 쫓겨나 사약을 받고 죽자 정희왕후와 인수대비는 윤호의 딸(정현왕후)을 중전으로 들이는 등 폐비 윤씨의 자리를 완전히 지워 버렸다.

● 사약(賜藥)

연산군의 나이가 일곱 살이 되었을 때 성종의 경연(經筵) 중에 시독관(侍讀官) 권경우(權景祐)가 사가로 쫓겨난 폐비 윤씨의 예우에 대해 성종께 아뢰었다.

"신이 전일에 죄를 지어 외방에 있다가 조정에 돌아와서도 시종(侍從)의 반열에 참여하지 못하였으므로, 비록 생각한 것이 있어도 감히 상달(上達)하지 못하였습니다. 폐비 윤씨는 지은 죄악이 매우 크므로 폐비하여 마땅합니다만 이미 국모(國母)가 되었던 분이니, 이제 무람없이 여염(閭閻)에 살게 하는 것을 신하들과 온 나라의 백성들이 마음 아파하지 않는 이가 없습니다. 옛사람이 이르기를, '떨어진 장막을 버리지 아니함은 말[馬]을 묻기 위함이다.'라고 하였습니다. 임금께서 사용하시던 물건은 비록 수레와 말이라도 감히 함부로 처리하지 못하는 것은 지존(至尊)을 위해서입니다. 신의 생각으로는 따로 한 처소를 장만하여 주고 관(官)에서 공급(供給)하여 줌이 좋을 듯합니다."

성종이 "경들 생각은 어떻소?"하고 묻자, 대사헌 채수와 영의정(영사(領事) 겸직) 한명회가 "지존께서 사용하셨던 물건도 함부로 대하지 않는 법인데 배우자라면 두말할 것이 있겠습니까?"라며 윤씨에 대한 예우를 청했다. 한명회가 성종의 옛 장인임을 생각하면 원칙론에 입각한 발언임에도 상당히 미묘한 발언이었다.

화가 난 성종은 그들이 원자(연산군)에게 아첨하여 후일의 지위를 보전하려 하기 위함이라 생각하여, 폐비 윤씨가 계속 살아 있다가는 이런 얘기가 또 다시 나오게 될 것이고, 자신이 죽고 나면 윤씨 성격상 조정이 잠시도 고요할 수 없다고 판단, 신하들과 며칠에 걸쳐 논의한 후 8월 16일에 이세좌를 보내어 사사(賜死)시켜 버렸다.

● 폐비 윤씨의 묘, 회릉(懷陵)

■ 올바른 정치로 치적

성종은 조선 전기의 제도 및 문물 정비를 완성시킨 군주로 평가받는다. 실제로 무력을 거의 사용하지 않고 안정적인 유교정치를 실행하였고 수많은 정치적 유산을 남겼다. 조선 전기에는 세종대왕에 버금가는 위상이 있다. 재위는 25년으로 충분히 길었으나 38세의 젊은 나이로 세상을 떠났다.

성종은 총명하고 온순하였다. 그리고 정이 많았다. 수렴청정에서 벗어난 뒤 성종이 직접 나랏일을 도맡아 보면서 첫 번째 한 일은 왕권의 강화였다. 성종은 개국 이후의 문물제도를 정비하여 조선왕조의 통치체제를 확립하였다. 성리학을 기반으로 유학을 장려하고, 홍문관을 설치하여 사라진 집현전의 기능을 담당하게 하면서 수많은 역사책을 편찬했다.

특히 성종은 세조 때부터 이어온 법전 편찬 사업이었던 《경국대전》의 편찬도 완성했다. 따라서 《경국대전》은 바로 조선의 헌법이다. 따라서 《경국대전》의 반포는 성종의 업적으로 단연 돋보인다.

100여 년에 걸친 법전의 반포로 국가의 중앙집권 체제는 더욱 강화되었다. 이를 간행하여 반포함으로써 조선 사회의 기본 통치 방향과 이념을 제시했다. 영남의 사림파를 등용하여 공신세력인 훈구파를 견제했다. 기존 대신인 훈구파와 신진 관료 세력인 사림이 대립하면서 정치는 혼란해졌고, 이에 따라 전반적으로 사회가 어지럽고 혼탁하였다.

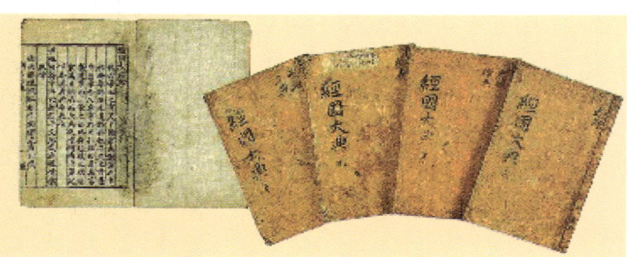

● 경국대전(經國大典)
조선시대가 계속되는 동안 최고 법전으로서의 지위를 유지한 《경국대전》은 성종 때 완성되어 반포하였다.

사림파의 젊은 문신들을 등용하여 기존의 훈구파들의 세력을 적당히 견제시키면서 나라를 안정되게 이끌어 나갔다. 성종은 학문을 숭상하고 도학정치를 꿈꾸어 왔다. 성종과 같은 사상을 가지고 관계에 진출한 사람들이 바로 사림파이다. 고려의 유신 길재(吉再)가 은퇴한 후 고향인 영남에서 후진 양성에 힘쓴 결과 제자들이 많이 배출되었다. 이 사람들이 조선시대의 유학의 큰 흐름을 이루었다. 이들은 한명회·유자광·이극돈 등과 같은 기존의 훈구세력을, 권세나 잡을 줄 아는 간사하고 도량이 좁은 사람들이라고 무시하였다.

성종은 김종직의 학문과 사상을 매우 좋아하여 그에게 형조판서의 벼슬을 주자 그의 제자들이 다시 몰려들어 기존의 훈구세력을 견제하는 역할을 하게 되었다. 사림파들은 유향소(留鄕所) 제도를 부활시켜 지방의 부정부패를 막는 데 크게 기여하게 된 것이다. 성종은 사림을 중앙에 등장시켜 훈구와의 견제를 이끌어 내면서 왕권을 강화하는 데 크게 기여하였다.

성리학에 심취한 성종은 유교문화를 강화하기 위해 여러 정책을 펴나가는 한편 농업의 장려를 위해 힘썼다. 그뿐만이 아니라 국방정책도 손을 대어 두만강 방면의 여진족을 소탕하여 국경선 일대에 거주하는 주민들의 삶을 보호하고 변방을 안정시켜 전쟁에 대한 위협을 없앴다.

이토록 훌륭한 정치를 펴는 중에도 여러 분야의 서적을 간행하여 문화의 황금기를 이룩하고 태평성대를 구축하였다.

성종은 25년 동안 정치를 잘하고 여유롭게 살다가 다음 왕의 자리를 폐비 윤씨의 몸에서 태어난 연산군에게 물려주고 1494년 38세의 젊은 나이로 세상을 떠났다.

● **김종직**(金宗直)
조선시대 전기의 문신이자 사상가로 세조 때에 동료들과 함께 관직에 진출하여 세조~성종 연간에 동료, 후배 사림파들을 적극 발탁하여 사림파의 정계 진출 기반을 다져놓았다.
성종 시기 영남 사학의 거두로서 또한 성종의 근위세력으로서 성장하게 된다.

■ 성종의 사후 묘호 논쟁

성종은 겨우 38세에 세상을 떠났다. 실록에 의하면 천식이 낫지 않아 고생하던 터에 배꼽 밑에 갑자기 종기가 생겼고, 이게 급격하게 악화되었다고 한다. 이에 인수대비는 "주상의 환후가 깊어지니 종묘에 가서 제사를 지내라"고 명했고, 대규모 사면령을 내리는 등의 조치를 취했지만 별 효과도 없이 젊은 나이에 눈을 감고 말았다.

성종은 당대는 물론 후세의 선비들에게 군주의 모범으로서 굉장히 높이 평가받았다. 하다못해 조선 중기 이후 간관(諫官)들의 주무기들 가운데 하나가 "세종대왕과 성종대왕의 예를 본받으소서!"였을 정도였다. 이러한 평가는 오늘날까지 이어져서 그의 치세 기간을 조선의 제도가 완성되고 국력도 전성기였던 태평성대로 평가되곤 한다.

성종이 승하하고 묘호를 정하는 데 약간의 소요가 있었다. 성종(成宗)과 인종(仁宗)이 경합했던 것이다. 오히려 "시법에 '백성을 편하게 하고 정사를 바로 세운 것'을 성(成)이라 하는데, 이것으로 왕의 성덕을 다 표현 못 합니다."라든지, "성(成)은 인(仁)에 미치지 못하옵니다."라는 발언이 속출하는 등, 인종으로 하자는 여론이 매우 우세하였다. 그러나 인종이라는 묘호가 처음 쓰였던 건 중국 송나라 때 일로 "송나라 인종은 심약하여 오랑캐의 화를 겪었다."라는 연산군의 의견이 부합하여 결국 성종으로 결정되었다.

● 선릉(宣陵)
성종(成宗)과 성종의 계비 정현왕후(貞顯王后) 윤씨의 무덤이다. 능에 병풍석을 세우지 말라는 세조의 유언에 따라 광릉(세조의 능) 이후 조성된 왕릉에는 병풍석을 세우지 않았으나 선릉에는 병풍석이 설치되었다. 서울 강남구 삼성동 선릉로에 자리하고 있다.

성종의 가계

세조의 장남인 의경세자의 둘째아들로, 아버지의 요절로 왕위 계승권에서 제외되었으나 숙부 예종이 일찍 죽어 정희왕후와 훈신들의 추대로 즉위했다. 즉위 후 태종과 세조에 의해 숙청된 사림파를 적극 등용하고, 성리학적 통치규범을 지키고, 왕도정치를 구현하려 노력하였다. 여색을 좋아하여 여러 후궁들간의 갈등을 다스리지 못하고 폐비 윤씨를 사사, 이는 훗날 아들 연산군으로 하여금 대량 숙청을 불러오는 빌미를 제공하였다.

■ 소혜왕후 한씨(昭惠王后 韓氏; 1437 ~ 1504년)

서원부원군 한확의 딸로 의경세자의 아내이자 세조의 맏며느리이며 성종의 어머니다. 남편이 덕종으로 추존된 후 인수왕비(仁粹王妃)를 거쳐 인수대비(仁粹大妃)에 봉해졌고 사후에 왕후의 시호를 받아 소혜왕후로도 알려져 있다.

계유정난이 일어나기 3년 전인 1450년(세종 32년) 수양대군의 장남 도원군 숭과 결혼해서 군부인이 되었다. 이후 수양대군이 단종으로부터 양위를 받아 왕위에 오르게 되면서 남편은 왕세자가 되었고 그녀 역시 세자빈이 되었다. 하지만 훗날 성종이 되는 둘째아들이 태어나고 얼마 지나지 않아 남편이 요절하면서 정빈으로 봉해져 출궁하게 되었다. 다만 훗날 수빈으로 고쳐져 주로 수빈으로 불렸다. 남편인 의경세자와의 금슬은 좋았다고 전해져서 결혼생활 5년 동안 슬하에 2남 1녀를 두었는데, 그들이 월산대군·명숙공주·자을산군(훗날의 성종)이다.

궁을 나와 사가로 돌아온 소혜왕후는 차남 자산군을 한명회의 딸과 결혼시켰고 시어머니 정희왕후 윤씨와 친밀한 관계를 유지하는 등 꾸준히 권력과 밀접한 관계를 맺는다. 결국 시동생 예종이 네 살된 어린 아기인 제안대군만 남겨 놓고 사망하자 한명회와 왕실 최고 어른인 정희왕후의 지지를 등에 업고 자산군을 왕(성종)으로 등극시키는 데 성공한다.

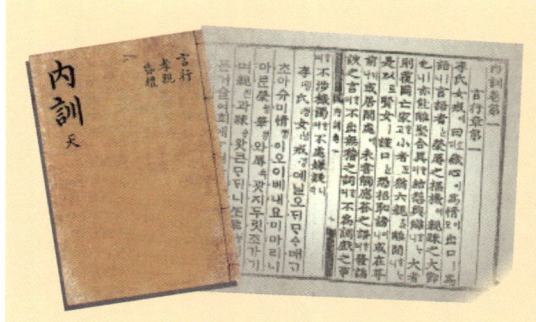

● 내훈(內訓)
1475년(성종 6년) 소혜왕후(昭惠王后)가 부녀자의 훈육을 위해 편찬한 책으로 한글로 된 여성 교훈서로는 최초의 것이다. 이 책은 궁중용어를 비롯한 다양한 어휘 등으로 독특한 국어사 자료가 되며, 옛날 여성들의 생활규범을 알려주어 오늘날의 여성에게 교훈이 된다는 점에 역사·문화적 가치가 있다.

하지만 공식적으로는 자산군이 예종의 양자로 입적하여 왕위에 오르게 되었기 때문에 그녀는 아들이 왕위에 오른 뒤에도 한동안 빈의 지위에 머물러야 했다. 대신 국왕의 생모로서 궁 안에서 살게 되었고, 이후 궁 안에서 애매했던 그녀의 지위에 대한 논의가 시작된다. 처음에는 인수왕비에 봉해졌지만 성종 2년에 남편이 덕종으로 추존되어 대비의 지위에 올랐다. 이에 따라 예종의 계비인 안순왕후 한씨와 그녀 중에 어느 쪽이 더 서열이 높은지에 대해 논란이 발생했는데 얼마 지나지 않아 정희왕후 윤씨가, "맏며느리인 인수대비가 더 서열이 높다."고 공언하면서 이후에 다시 문제가 되지 않았다.

성종에 이어 연산군이 왕위에 올라 그녀를 위해 잔치도 자주 베풀어 주는 등 대체로 사이가 나쁘진 않았는데, 연산군의 생모인 폐비 윤씨의 사망이 문제가 되어 연산군과의 갈등이 최고조에 이른 상태에서 사망한다.

능은 경기도 고양시 덕양구 서오릉에 있는 경릉(敬陵)으로 남편 덕종과 함께 동역이강(同域異岡; 왕릉과 왕비릉이 각각 독립된 물줄기를 하나씩 차지하는 능) 형태로 묻혀 있다.

● 경릉(敬陵)
동역이강 양식으로 조성된 경릉은 덕종과 소혜왕후 묘역이 서오릉 경내에 따로 조성되어 있다.

■ 공혜왕후 한씨(恭惠王后 韓氏; 1456 ~ 1474년)

공혜왕후 한씨는 세조의 장자방인 상당부원군 충성공 한명회(上黨府院君 忠成公 韓明澮)의 막내딸로, 1467년 1월 12일, 세조의 손자이자 의경세자의 아들인 한 살 연하의 잘산군(乽山君; 파자하여 자을산군(者乙山君)이라고도 함)과 혼인했다.

이해에는 잘산군의 형 월산군과 누이 명숙공주도 혼인을 하였다. 한명회는 두 명의 딸을 세조의 며느리(예종의 정비인 장순왕후 한씨)와 손주며느리(공혜왕후 한씨)로 출가시킨 것이다. 즉 두 한씨는 자매지간에서 시숙모와 질부 관계가 된 셈이다. 잘산군이 직계 왕손인 제안대군이나 형 월산군을 제치고 성종으로 즉위할 수 있었던 데에는 권신 한명회의 딸을 아내로 맞은 일이 지대한 영향을 미쳤다.

한씨는 잘산군과 혼인 후 천안군부인(天安郡夫人)으로 불리다 1469년 잘산군이 예종의 뒤를 이어 왕위에 오르자 왕비에 책봉되었다. 한씨가 자식을 두지 못하자 성종은 후궁을 들였는데 한씨는 싫어하는 내색 없이 그들에게 옷을 준비해서 내리고 그 뒤에도 패물 등을 선물했다.

한씨는 1473년 음력 7월에 병을 얻어 친정(한명회의 집)으로 거처를 옮겼는데 성종이 하루 걸러 한 번씩 한명회의 집에 들러 그녀의 상태를 살폈다고 한다. 이후 회복되어 궁궐로 돌아왔으나 이해 12월에 병이 다시 깊어져 1474년 음력 4월 15일, 19세의 젊은 나이로 세상을 떠났다.

■ 정현왕후 윤씨(貞顯王后 尹氏; 1462~1530년)

성종의 둘째 계비이다. 시호는 자순화혜소의흠숙정현왕후(慈順和惠昭懿欽淑貞顯王后)이다. 자순대비(慈順大妃)로도 잘 알려져 있다. 본디 성종의 첫째 계비인 폐비 윤씨의 소생인 연산군은 그녀를 생모로 알고 자라다가 1493년 성종의 묘비명과 행장을 쓸 때 폐비 윤씨의 사사 사건을 알게 되면서 갑자사화를 통해 사림파를 학살하는 원인을 제공했다. 1506년 중종반정 때 반정의 주도세력이 정현왕후의 소생인 진성대군(중종)을 왕위에 세울 것을 주청하니 이를 승낙하였다.

성종의 가계도

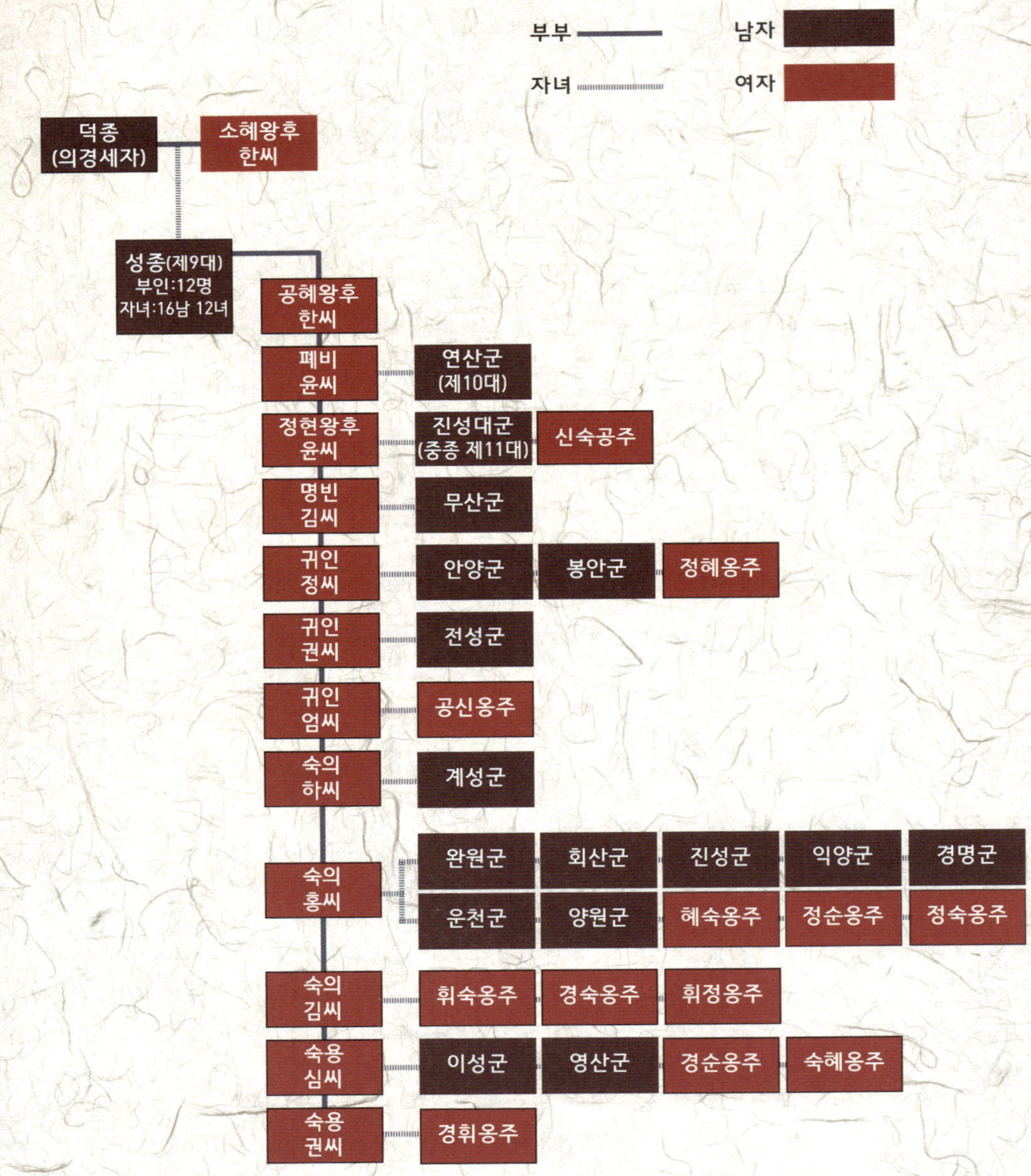

조선왕조실록

부부 ────── 남자 ■
자녀 ┄┄┄┄┄ 여자 ■

- 덕종(의경세자) ── 소혜왕후 한씨
    - 성종(제9대) 부인:12명 자녀:16남 12녀
        - 공혜왕후 한씨
        - 폐비 윤씨 ┄┄ 연산군(제10대)
        - 정현왕후 윤씨 ┄┄ 진성대군(중종 제11대), 신숙공주
        - 명빈 김씨 ┄┄ 무산군
        - 귀인 정씨 ┄┄ 안양군, 봉안군, 정혜옹주
        - 귀인 권씨 ┄┄ 전성군
        - 귀인 엄씨 ┄┄ 공신옹주
        - 숙의 하씨 ┄┄ 계성군
        - 숙의 홍씨 ┄┄ 완원군, 회산군, 견성군, 익양군, 경명군, 운천군, 양원군, 혜숙옹주, 정순옹주, 정숙옹주
        - 숙의 김씨 ┄┄ 휘숙옹주, 경숙옹주, 휘정옹주
        - 숙용 심씨 ┄┄ 이성군, 영산군, 경순옹주, 숙혜옹주
        - 숙용 권씨 ┄┄ 경휘옹주

214

《연산군일기(燕山君日記)》

《연산군일기》 편찬 경위

《연산군일기》는 조선왕조 제10대 왕 연산군의 재위 기간(1494년 12월~1506년 9월)인 11년 9개월간의 역사를 편년체로 기록한 사서이다. 모두 63권 46책이며 활자로 간행되었다.

조선시대 다른 왕들의 실록과 함께 국보 제151호로 지정되었다.

연산군은 반정으로 폐위되었으므로 묘호가 없고 그 실록도 노산군(단종)·광해군의 예와 같이 일기라고 칭하였으나 체제나 내용 면에서 다른 실록과 별로 다름이 없다.

《연산군일기》의 편찬은 연산군이 세상을 떠나자 1506년(중종 1년) 11월에 시작되었다. 폐위된 왕의 실록 편찬이므로 '일기수찬'이라는 이름으로 일기청이 설치되고 대제학 김감이 감춘추관사에 임명되었다.

그러나 다음해 1월에 김감이 대신 암살 사건에 연루되어 유배되었으므로 편찬 작업이 일시 중단되었으나 후임 대제학 신용개가 감춘추관사가 되어 편찬이 재개되었다. 그러나 3개월 뒤 연산군 때 은총을 받은 인물을 교체해야 한다는 의정부의 건의로 편찬관이 교체되었다.

이에 따라 편찬 책임자로서 총재관 성희안 이하 도청 당상 2명, 각방 당상 4명, 색승지 1명이 다시 임명되어 본격적인 편찬이 이루어지게 되었다.

연산군과 부인 신씨의 묘는 서울 도봉구 방학동에 있다.

《연산군일기》의 내용

　　연산군(1476~1506년)의 이름은 융(㦕)이며 성종과 폐비 윤씨 사이에서 태어난 맏아들이다.
　　1483년(성종 14년) 세자에 책봉되었고, 1494년 12월, 성종의 뒤를 이어 왕위에 올랐다.
　　《연산군일기》는 무오사화로 인한 후유증 및 사관에 대한 연산군의 탄압으로 대다수의 자료가 유실되어 그 내용이 매우 간단한 면이 많다. 그러나 성종 대로부터 이어 내려온 기성세력과 신진세력과의 갈등, 또 궁중세력과 부중세력과의 충돌, 무오·갑자의 양대 사화, 그리고 연산군의 호화방탕한 생활기록들이 많이 수록되어 있다.
　　《연산군일기》에는 다른 실록과 달리 사론(史論)이 극히 적어 25개 정도만이 수록되어 있다. 이들은 주로 왕 및 왕에게 총애를 받은 사람들의 비행에 대한 것이다.
　　내용에 있어서는 무오사화가 일어난 연산군 4년(1498년) 이전까지는 왕도정치·도승 및 사원·내수사장리 문제 등에 대한 대간들의 상소가 많은 부분을 차지하고 있다. 4년 이후 갑자사화가 일어난 연산군 10년(1504년)까지는 대간의 상소와 왕의 전교가 반반을 차지하고, 그 뒤 폐위까지는 무오사화·갑자사화에 연관된 인물들의 치죄(治罪)와 연락(宴樂)에 관한 왕의 전교가 대부분을 차지하고 있다.
　　대외관계에 있어서 대명관계는 극히 간단히 기록되었으나 야인의 회유·정토 문제와 왜인의 토산물 진봉은 상세히 기록되어 있다. 또 왕의 시문(詩文) 및 그에 화답한 관료들의 시가 많이 실려 있는 것이 특징이다.
　　사림파적인 성향을 지닌 인물에 대해서는 간략한 사실만 기록하였다. 이에 비해 임금에게 총애를 받는 신하에 대해서는 구체적으로 서술하는 동시에 사론의 형태를 취해 많은 비판을 첨가하고 있다.

제10대 연산군

▶생애: 1476~1506년
▶재위: 1494~1506년

연산군은 1476년 11월 23일(음력 11월 7일) 조선 성종과 제1계비 폐비 윤씨의 아들로 태어났으며 태어날 때부터 왕비 소생의 장자인 원자(元子)로 불렸다. 그러나 후궁이 많았던 부왕 성종과 폐비 윤씨의 관계는 원만하지 못했고, 윤씨가 성종의 얼굴에 손톱 자국을 낸 것을 기회삼아 후궁들과 인수대비는 윤씨를 왕비에서 폐하고 궁궐에서 축출한다. 그럼에도 연산군은 1483년(성종 14년) 세자에 책봉되었고, 허침·조지서·서거정 등에게 학문을 배웠다. 성종에게는 정실 소생으로는 연산군 외에 제2계비인 정현왕후 소생 진성대군(훗날의 중종)이 태어났으나, 성종이 승하할 당시에는 세자 이융(연산군)의 나이가 19세였으므로 연산군의 왕위 계승의 대세를 피할 수 없었다.

■ 연산군의 세자 시절

연산군은 어렸을 때 생모인 폐비 윤씨가 아닌 계모 정현왕후의 아들인 것처럼 성장하였다. 성종은 특별히 허침·서거정·조지서·정여창 등에게 세자를 가르치게 했다. 스승들 중 허침은 연산군에게 너그럽게 대하는 반면, 조지서는 정해진 대로 가르치려 하였다. 그러나 연산군은 배우기를 좋아하지 않아서 그 누구든 공부를 권하면 "이제 그런 것은 잡기(雜技)이다."라며 오히려 스승을 타이르려 하였다. 이에 허침은 연산군의 말에 동조하면서도 이미 정해진 것이므로 배우라고 부드럽게 권했고, 조지서는 "자꾸 제 말을 안 들으시면 상감마마께 고하겠습니다."라 하여 연산군과 말다툼을 벌이기도 하였다. 이에 연산군은 벽에 '허침은 성인이고 조지서는 소인배'라는 낙서를 하기도 했는데, 결국 연산군은 갑자사화를 이용하여 조지서를 주살하고야 말았다.

● 세자의 거처인 경복궁의 동궁전(자선당)

갑자사화 때 연산군의 스승인 조지서가 죽음을 당하고 허침이 살아남은 것에는 다음과 같은 일화가 있다.

성종 때의 재상인 허종과 허침 형제가 "폐비 윤씨에게 사약을 내리기 위한 어전회의에 참석하라."는 명을 받고 궁궐로 가려던 도중에 누이의 집에 들렀는데 누이가, "만약 어느 양반집 주인이 종들과 상의하여 부인을 내쫓았는데 훗날 그 부인의 아들이 주인이 된다면 그 종들은 과연 어떻게 될까?"라고 말하자 허종과 허침 형제는 그 말 뜻을 이해하고는 누이의 집을 나와 계속 궁궐 쪽으로 말을 몰고 가다가 어느 다리에서 일부러 굴러 떨어졌다. 그리고 낙상(落傷)을 핑계 삼아 어전회의에 참석하지 않았다.

훗날 연산군이 갑자사화를 일으키고 당시 어전회의에 참석해 폐비 윤씨의 사사에 동의했던 신하들을 모조리 숙청했는데, 당시 회의에 참석하지 않았던 허종과 허침 형제는 숙청을 피해 갔다. 그리고 허종과 허침 형제가 일부러 굴러 떨어졌던 다리는 '종침교(琮沈橋)'라 불리게 되었다.

● 종침교 터
조선 성종 때 우의정을 지낸 허종과 허침 형제가 갑자사화의 화를 면한 일화가 얽혀 있는 경복궁 입구 다리터 표지석. 경복궁 역 6번 출구 부근에 자리하고 있다.

세자 시절의 연산군은 양녕대군 같은 불량아도 아니었지만, 아버지 성종처럼 대단한 모범생도 아닌 그저 평범한 세자였다.

연산군이 세자 시절에 성종이 아껴 기르던 사슴이 자신의 손을 핥은 데 화가 나서 사슴을 폭행하자 이를 안 성종의 꾸지람을 받아 앙심을 품고 있다가 왕위에 오르자마자 즉시 그 사슴을 활로 쏘아 죽였다는 이야기도 있지만, 이는 훗날 폭군의 이미지로 각인되었기에 지어낸 야사가 아닌가싶다.

■ 왕위에 등극한 연산군

폐비 윤씨의 소생인 연산군은 성종의 맏아들이다. 성종은 많은 후궁을 거느렸지만 원비인 공혜왕후에게서 세손을 보지 못하고 제2계비인 정현왕후에게서 진성대군을 낳았으나 폐비 윤씨로부터 출생한 연산군은 이미 왕세자로 책봉되어 성장하였다.

1494년 1월 20일, 38세의 성종이 창덕궁 대조전에서 승하하였다. 연산군이 폭군으로 낙인되어 있지만 즉위 초기에는 왕으로서 충분히 인정을 받고 있었다. 즉위 초에는 빈민을 구제하였다.《속국조보감(續國朝寶鑑)》을 완성시켰으며 국방도 튼튼히 했다. 왜구를 격퇴했으며 북방의 건주야인(建州野人)을 회유, 토벌하기도 했다. 신하들이 헌천홍도경문위무대왕(憲天弘道經文緯武大王)이라고 하는 특이한 존호를 올렸지만 연산군은 자신에게 과분하다고 물리친 적이 있었다. 성종 말기의 느슨함을 휘어잡을 만큼 정치에 의욕도 있었고, 세 명의 대비(할머니이자 성종의 모후인 인수대왕대비, 작은할머니이자 예종의 계비 안순왕후, 계모인 성종의 계비 정현왕후)를 극진히 모셨으며(심지어 불교식 의례도 인수대왕대비를 위해 시행한 적이 있었다) 자기 자신이 나태해지는 걸 경계하려는 듯한 모습을 보이기도 했다.

세금과 노역을 피해 도첩도 없이 무단으로 승려가 되려는 자들을 공역에 배치해 정리하면서, "백성들이 중이 되는 게 어찌 그들이 거친 밥과 나물국을 즐기기 때문이겠는가? 나라에서 한 명도 빠짐없이 노역을 시켜 농사를 지을 수 없어서 출가하는 것이니 농사에 전력하게 하여 생계를 넉넉하게 만들 방법을 찾으라."고 명하기도 했다.

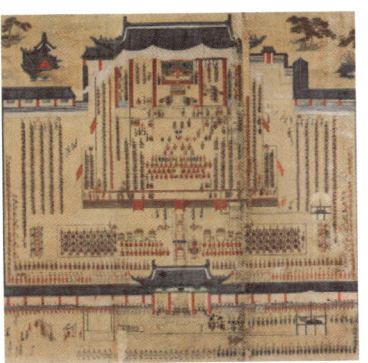

● 진찬도(陳餐圖)
왕의 등극이나 등극 주년을 진찬하는 그림이다. 여기서 진찬이란, 제사를 지낼 때, 강신(降神)이 끝난 다음에 주식(主食)을 제사상에 벌여 놓는 일을 말한다.

■ 무오사화(戊午士禍)

연산군의 아버지인 성종의 치세 동안 조선의 국정 운영은 왕과 대신, 대간(臺諫)의 견제와 균형 속에서 이뤄졌다. 이런 상태에서 연산군은 대신들인 이극돈·유자광 등의 말을 듣고 사초(史草)를 보고 문제삼아 김종직의 제자 등의 대간들을 죽이는 무오사화(戊午士禍)를 일으켰는데, 이것이 조선 최초의 사화이다.

연산군은 선왕인 성종과 달리 강한 문제의식과 신하들에 대한 불만을 가지고 즉위한 왕이었다. 그도 그럴 것이 아버지는 정통성에 약점이 있었고(한명회의 사위라서 원래 즉위할 수 없는데도 즉위한 것이 큰 약점이었다. 특히 숙부 제안대군의 존재는 더욱 더 정통성에 의심을 품게 하였다) 강한 신하들에 눌려 살았지만, 연산군은 조선왕조에서 궁궐 출신 적장자(嫡長子), 즉 현직 왕이나 왕세자의 정실(正室)에게서 태어난 장남 출신의 임금으로 확고한 정통성을 가지고 있었다.

연산군은 즉위 초기에 성종을 위해서 수륙재(水陸齋)를 지냈는데, 개국 이래 모든 왕이 다 지냈고 인수대비까지 찬성한 이 일에 숭유억불(崇儒抑佛)의 불교타도를 외치는 사림파 대간들이 들고 일어나 연산군과 대립하였다. 이럴 때 유자광·이극돈의 훈구파 대신들이, 1498년(연산군 4년) 음력 7월 《성종실록》을 편찬할 당시, 김일손이 사초(史草)에 수록한 김종직의 조의제문이 세조의 계유정난을 비난한 것이라고 참소함에 따라 연산군은 김일손뿐만 아니라 많은 사람을 처형하거나 유배하고, 이미 사망한 김종직은 부관참시(剖棺斬屍)하였다.

● 조의제문(弔義帝文)
중국 초나라 항우에게 살해당하여 물에 던져진 회왕을 조상한다는 제문이었지만, 세조의 왕위 찬탈을 비꼬는 내용으로, 살해당하여 물에 던져진 단종에 대한 상황을 묘사한 제문이다. 이 그림은 초나라 항우의 초상이다.

■ 폐비 윤씨 추숭 시도와 좌절

연산군은 생모인 폐비 윤씨의 복권과 추숭에 대한 노력을 기울였다. 그러나 성균관과 양사에 포진한 사림파 인사들은 사후 백 년간 언급하지 말라는 성종의 유명을 내세워 연산군의 생모추숭 시도를 반대하였다. 강하게 반발하는 사림의 이런 태도에 연산군은 이들을 부정적으로 보기 시작, 정계와 연산군과의 사이에 감정적 갈등이 일어났다.

실록에 의하면, 연산군은 즉위 후 성종의 《행장록(行狀錄)》 때문에 생모 폐비 윤씨의 행적을 알게 되었다고 한다. 당시 조선은 왕이 승하하면 왕의 삶과 가족관계에 대해 상세하게 기록한 행장을 명나라로 보내야 했다. 당연히 명나라로 보내는 외교문서이자 개인적으로는 아버지의 일생을 기록한 것이므로 연산군은 이를 보게 되었고, 이 과정에서 연산군은 왕의 장인 중 한 명으로 윤기견이란 사람의 이름이 있는 것을 보고 "윤호(정현왕후 아버지)를 잘못 적은 것이 아닌가?" 하고 물었다. 신하 중 한 명이 "윤기견은 폐비 윤씨의 아버지"라고 답하자 연산군은 폐비 윤씨에 대해 물었고, 이때 비로소 폐비 윤씨가 사사되었다는 대답을 들었다.

기록에 보면, 왕이 그날 밥을 먹지 않았다고 한다. 그만큼 충격이 컸던 것이다. 아무리 폐비 윤씨와의 추억이 없다고 해도 자신을 낳아 준 어머니인지라, 아버지와 신하에게서 자신의 어머니가 사사당했다는 말을 들은 연산군의 기분이 어떠했을지는 십분 이해가 간다.

며칠 뒤에 연산군은 폐비 윤씨의 초라한 무덤을 손질하고 비석이나 세워 주라고 말한다. 이것이 폐비 윤씨의 회묘(懷墓)다.

● 회묘(懷墓)
경기도 고양시 원당읍 원당리에 있는 폐비 윤씨의 묘.

■ 피 묻은 적삼

연산군은 외할머니와 외삼촌 윤구를 유배지에서 풀어 준다. 그리고 대간들의 반대에도 무릅쓰고 폐비 윤씨를 추숭(追崇)하였다. 하지만 관련자에 대한 처벌은 없었으며, 사약을 들고 갔던 이세좌에게는 무덤 복원의 임무를 맡겼다.

연산군이 생모인 폐비 윤씨와 헤어졌을 때는 세 살이었다. 헤어진 어머니에 대한 절절한 그리움이 남기에는 너무 어린 나이다. 더군다나 왕실 법도상 왕자는 왕비가 직접 기르지도 않고 봉보부인(奉保夫人)이라고 하는 유모에 의해 길러진다. 그것도 모자라 잔병이 잦았던 연산군은 궁 밖 강희맹의 집에서 피접(避接) 생활을 했다. 이후 진실을 알게 된 후에 밥을 굶는다든가 묘를 복원한다든가 하는 것들을 보면 정말 효성이 있었던 것 같기는 하다. 야사에는 어머니를 항상 그리워하여, 즉위 후 어느 날 자신의 어머니의 얼굴이 공민왕의 왕비였던 노국대장공주와 흡사하다는 말을 듣고, 전국에 남아 있던 노국대장공주의 초상화를 수집했다는 말도 있다.

야사집인 《기묘록》에는, 폐비 윤씨가 피 묻은 적삼을 자신의 어머니에게 맡기면서 자신의 원통함을 알려 달라고 했다고 기록되어 있다. 연산군은 이 피 묻은 적삼을 받아 보고 제정신을 잃었다고 한다.

연산군은 자식으로서 복수의 칼날을 갈기 시작하였다.

연산 9년, 양로연이 열렸다. 당시 예조판서였던 이세좌는 술을 잘 하지 못했는데 임금이 내린 술을 억지로 마시다가 그만 술을 흘려 연산군의 곤룡포를 적시고 말았다. 이에 연산군은 분노하여 이세좌를 파직시키고 유배를 보냈다. 이세좌가 폐비 윤씨에게 사약을 전달한 것을 기억하고 있던 대신들은 불안에 떨었으나 몇 달 후 연산군이 성준(成俊)의 외손자에게 벼슬을 내리고 이세좌를 방면하는 등 화해하는 모습을 보이자 대신들은 연산군이 단순히 심술을 부린 것으로 해석하고 안심하였다.

■ 갑자사화

연산군 10년(1504년)에 일어난 조선이 두 번째 사화(士禍)로 연산군의 생모 폐비 윤씨와 관련되어 많은 선비가 숙청된 사건이다. 추가로 윤필상·이세좌·이극균·성준 등 화를 당한 훈구파도 많았다.

연산군 10년 3월, 간택령이 떨어져 당시 경기도 관찰사였던 홍귀달에게도 손녀를 입궐시키라는 명이 내려졌으나 홍귀달은 이를 거부하고 들여보내지 못하는 이유를 해명하는 글을 올렸는데 이걸 본 연산군은 격노하였다. 연산군은 온건책으로 이세좌를 방면한 것에 대해 뒤늦은 후회를 했고, 이로써 강경책을 쓰기 시작했다. 이세좌를 유배 보내고, 그의 아들과 사위들까지 모조리 곤장을 쳐서 유배 보냈다.

이후 연산군은 폐비 윤씨를 모함했다는 이유로 성종의 후궁인 엄 귀인과 정 귀인을 끌고 와서 두들겨 팼고, 그것도 모자라서 정 귀인의 자식인 안양군 이항과 봉안군 이봉에게 칼을 씌운 채, 엄 귀인과 정 귀인을 가리키며, 죄가 매우 큰 여자들이니 몽둥이로 때리라고 시켰다. 이항은 어둠 속에서 자기 어머니를 알아보지 못하고 매질을 했으나 이봉은 자기 어머니를 알아보고 끝내 몽둥이를 들지 못했다. 그러자 연산군은 사람을 시켜서 계속 몽둥이질을 하도록 지시했고, 결국 둘 다 그 날 죽고 말았다. 그 뒤에 엄 귀인과 정 귀인의 시신을 갈기갈기 찢어 젓을 담가서 산과 들에 뿌려 버리게 했다고 실록은 전하고 있다.

엄 귀인과 정 귀인을 처단하고 난 연산군은 장검을 뽑아 들고 계모 자순대비의 침소로 가서 만나고 싶다며 나오라고 소리쳤다.

그러자 아랫사람들은 모두 겁을 먹고 도망치고 자순대비 또한 겁을 집어 먹고 밖으로 나오지 못했다. 이 소식을 듣고 달려온 중전 신씨가 만류하자 연산군은 발걸음을 돌려 안양군과 봉안군의 머리채를 잡고 대왕대비전으로 끌고 간 후 인수대비에게 억지로 술을 따라 올리며, 어째서 자기 어머니를 죽였느냐며 매우 불경한 언사를 내뱉었다고 한다. 이날의 충격 때문인지 인수대비는 한 달 후에 세상을 떠나고 말았다.

폐비 윤씨의 추숭을 시작으로 연산군은 당시 윤씨의 폐위를 동의한 신하들을 모두 찾아내라는 하교를 내리고 그들을 모두 사사한다. 먼저 사약을 전달한 이세좌에게 자진(自盡) 명령을 내렸고, 폐비에 동의한 윤필상도 자진하도록 했다. 심지어는 이미 사망한 남효온·한명회·정창손·정여창·어세겸·심회·이파 등은 부관참시에 처해지고 한치형은 부관능지(剖棺凌遲; 묘를 파내어 시체의 머리·몸둥이·팔·다리를 토막치는 형벌) 당했다. 또한 폐비에게 사약을 들고 간 이세좌가 광주이씨라는 이유로 이극균 등 광주이씨들도 상당수 처형을 당했다.

이후로도 피의 숙청은 계속되어 연산군에게 밉보였던 이들은 모두 별별 이유로 사사당했으며, 이미 죽은 대신들의 재산은 전부 몰수당하고 남은 가족들도 대부분 사사당하는 피의 나날이 계속되었으며, 궁중에서는 계속 국문받는 이들의 비명소리가 끊이지 않았다.

● 갑자사화(甲子士禍)
연산군의 생모인 폐비 윤씨의 복위 문제와 관련된 사화로 윤씨 복위에 반대한 선비들을 처형(부관참시)하고 그들의 가족들도 처벌하였다. 연산군은 생모의 원수 갚음과 동시에 성종 때부터 권세를 유지해 온 훈구파와 사림파 일원을 숙청하여 왕권을 강화하는 결과를 얻었다.

■ 향락에 빠진 연산군

　채청사와 채홍사를 파견하여 사헌부·홍문관·성균관 등을 기생들이 있는 집단으로 바꾸었다는 말이 있는데, 이는 사실과 다르다. 이 기생들은 고려시대 때부터 있었던 가무악단이며, 연산군과 교감을 나눈 여인은 광한선과 월하매 정도였다. 이는 반정 측에서 연산군을 깎아내리기 위한 수단으로 사용했던 것으로 추정된다.

　연산군은 전국에 채홍사(採紅使)·채청사(採靑使) 등을 파견하여 미녀와 좋은 말을 구해 오게 해서 방탕한 향락에 빠졌다(이때 미녀들 중에는 임신부들도 섞여 있었는데, 그녀들이 아기를 낳으면 그 아기를 빼앗아서 몰래 생매장시켰다고 전해진다). 이 중에서 가장 예쁘거나 노래를 잘하는 자들을 뽑아 '흥청'이라고 이름 붙였으며, 이것이 '흥청망청'의 어원이 되었다고 한다. 워낙 크고 아름다운 것을 좋아하던 왕인지라 흥청의 규모는 무려 2천 명이나 되었다고 한다.

　흥청으로 사용된 건물은 놀랍게도 집현전이었다. 게다가 고려시대부터 내려오다가 선왕인 세조가 중건한 절(현 국보 2호 원각사지 십층석탑이 있던 원각사)을 아예 기생방으로 만들어 버렸다.

　궁궐 내관이었던 김처선이 자신의 죽음을 각오하고 연산군에게, 선왕 중에서 연산군만큼 풍기문란을 일으키고 폭정을 일삼는 임금은 없었다며 눈물로써 간언하자 연산군은 분노하여 김처선을 능지처참(야사에는 연산군이 손수 활로 쏘아 죽였다고 한다)시키고 '처(處)'라는 글자의 사용까지 금지하는 명령을 내려 '처서(處暑)'를 '조서'로, 처용무는 '풍두무(豊豆舞)'라고 고쳐 부르게 했다.

● **처용무(處容舞)**
연산군이 즐겨 추었다는 처용무는 신라시대부터 내려오던 춤으로 중종 때에 금지 춤으로 지정되었다.

225

■ 연산군의 몰락

연산군은 숙청할 대상이 전부 숙청되어 더이상 숙청할 대상이 없게 되자 급기야 어느 정도는 자신의 향락을 말리던 박원종과 서자 출신으로 연산군을 배신할 이유가 없었던 유자광에게까지 이유 없는 짜증과 협박을 가했고, 토사구팽의 위험을 느낀 두 사람과 주위 인물들이 반정을 모의하기에 이른다.

무오사화 당시만 해도 훈구파는 비교적 단일한 정치세력으로 연산군을 부추겨 사림파를 몰아내었고, 그 이후 연산군의 학정이 서서히 시작되었으나 이에 대해 본격적으로 이의를 제기하지는 않았다. 이런 상황에서 훈구파는 신수근·임사홍을 중심으로 하는 궁중파와 유자광 등을 중심으로 하는 부중파로 자체 분열하게 되었다.

이는 궁중파가 부중파를 몰아내고 정권을 독차지하려 했기 때문에 일어난 분열로, 이후 일어난 갑자사화는 원래 훈구파의 적이었던 사림파는 물론 궁중파가 적으로 지목한 부중파 소속의 훈구파까지 함께 대거 화를 입었다. 그러나 연산군과의 혈연 등으로 맺어진 궁중파는 여전히 소수였고 부중파가 다수였기 때문에 이를 계기로 사림파는 물론 대다수의 훈구파마저 연산군에게 등을 돌렸다.

연산군은 이에 그치지 않고 향락 비용을 마련하는 수단으로 백성들을 쥐어 짜는 것에 한계가 있자 훈구파들의 재산에 손을 대기 시작하였다. 백성들의 어려움은 관심사가 아니었지만 자신들의 재산이 강탈당할 위기에 처하자 훈구파는 더 이상 연산군의 난행을 좌시할 수 없었다. 이조참판이었던 성희안이 풍자시로 간언했다가 종9품 부사용으로 좌천되자 여기에 앙심을 품고 박원종을 끌어들여 반정을 모의했다.

훈구파와 사림파

주요개념	훈구파	사림파
출신배경	세조 집권 이후 공신으로 정치 실권 세습	성리학에 투철한 영남·기호지방의 중소 지주
기원	고려말 급진개혁파	고려말 온건개혁파
기반	대지주층	향촌의 중소 지주
학풍	경제적이고 현실적인 학풍 사상 중시	관념적인 이기론 중심 경학 중시
사상정책	불교, 도교 풍수사상 민간신앙에 관대	성리학 이외 사상 배척
역사관	단군 중시	기자 중시
정치성향	중앙 집권적 통치 부국강병 추구	향촌 자치 강조 도학정치
활동시기	혁명파 사대부의 후예 (15세기 민족문화의 주역)	온건파 사대부의 후예 (16세기 이후 사상계 지배)
인재양성	관학 통해 양성 (성균관, 집현전)	사학 통해 양성 (서원)
주요개념	자주적 사관	존화주의적(사대주의)

● **훈구파**(勳舊派)
세조 집권 시기에 다섯 차례의 공신 책봉으로 그의 가족 및 인척들이 대거 정계로 진출하였는데, 이들은 세조 대 이래로 정권을 독점하고 사회경제적 특권을 누리면서 지배 집단을 형성하였다. 이들을 흔히 훈구파 또는 관학파라고도 부른다. 성종 즉위 이후 사림파가 등장함으로써 정치·경제적으로 대립 국면을 초래하였다. 그 결과 조선 중기 사화(士禍)가 발생하기도 하였다. 훈구파는 연산군 대에 들어 무오사화·갑자사화 등으로 정치적 실권을 장악하게 되었다. 중종반정 이후 기묘사화에서도 훈구파가 승리했으나, 선조 이후 사림파가 정권을 장악하면서 훈구파는 몰락하게 되었다. 대표적인 인물로는 정도전·한명회·신숙주·권람·한확·유자광 등이 있다.

● **사림파**(士林派)
사림(士林)은 전원의 산림(山林)에서 유학을 공부하던 문인·학자로서 15세기 이후 조선 중기 중앙 정계를 주도한 정치 집단을 말한다. 고려 말기의 유학자 길재(吉再)가 은퇴하여 고향에서 후진 양성에 힘쓴 결과 영남 일대는 그의 제자가 많이 배출되어 조선 유학의 주류를 이루었으며, 훈구파에 대립하여 사림파라고 불리기도 한다. 사림파의 성리학적 정치관은 옳은 인재의 등용을 위해 과거제보다 천거제를 중시하였다. '치인'의 입장, 곧 관인이 되기 위해서는 '치인'부터 해야 한다는 성리학적 입장에서 과거제는 치인의 성과를 측정하기에 부족한 것이 많기 때문에 사림이 공인하는 인재들을 천거로 써야 한다고 주장하였다. 중종 대에 조광조 등이 펼친 현량과(賢良科)는 그 대표적인 예라고 할 수 있다. 사림파의 대표적인 인물로는 김종직·조광조 등이 있다.

박원종의 거사 동기를 누이인 월산대군(연산군의 큰아버지)의 부인 박씨가 연산군한테 겁탈당했다는 데서 찾는 경우가 많은데 이 이야기는 신빙성이 떨어진다. 중종반정에 부중파 소속의 훈구파가 다수 참여하거나 참여하지 않아도 심정적으로 지지했으므로 반정 이후 소수의 궁중파를 제외한 나머지 대다수 훈구파가 그대로 정권을 잡았다. 이는 부중파이며 연산군 시대에도 국정에 중신으로 참여한 유자광이 반정에 참가하여 반정 1등 공신 자리를 차지한 것에서도 알 수 있다. 하지만 반정 3공신인 류순정·성희안이 모두 김종직의 직계이므로 사림 역시 당당히 자리를 차지했다고 볼 수 있다.

1506년 음력 9월 2일 성희안·유순정·박원종·신윤무 등은 사전에 준비한 사병들로 거병하여 신수근·임사홍 등 연산군의 측근들을 살해하고 궁을 장악하여 성종의 둘째아들 진성대군(중종)을 왕으로 추대했다. 음력 9월 2일 새벽, 궁궐의 방화를 틈타 민간복으로 갈아입은 뒤 말을 타고 궁궐을 빠져나온 연산군은 한성부 근처의 한 민가에 숨었으나 그를 추격한 박원종의 사병에 의해 체포되었다. 체포 즉시 압송되어 폐위당했다. 왕(王)에서 군(君)으로 강등된 연산군은 강화군 교동도에 유배된 지 2개월 뒤인 그 해 음력 11월 6일 역질·화병 등의 후유증으로 병사했다. 그는 숨을 거두기 직전에 부인인 폐비 신씨가 보고 싶다는 말을 남겼다고 한다.

● **연산군 묘**
서울특별시 도봉구 방학동에 있는 조선 제10대 왕 연산군과 부인 신씨의 묘소. 사적 제362호. 묘역 시설로는 대군의 예우로 장례하여 곡장, 묘비, 혼유석, 장명등, 향로석, 문인석, 제실 등이 갖추어져 있으나 병풍석, 석마, 석양, 사초지는 설치되지 않았다.

연산군의 가계

연산군은 4명의 부인에 4남 2녀를 두었지만 조선왕조에서 가장 많은 궁녀를 거느리고 있었다. 각 군주 당 평균 600~700명 가량 되던 궁녀의 수가 이 시기에만 유일하게 1천 명에 가까웠다고 한다.

■ 폐비 신씨(廢妃 愼氏; 1476~1537년)

연산군의 왕비이다. 폐위되었으므로 시호가 없으며 거창군부인(居昌郡夫人)이라고도 불린다. 거창부원군 장성공 신승선(居昌府院君 章成公 愼承善)과 중모현주 이씨(中牟縣主 李氏)의 딸로 본관은 거창(居昌)이다. 남편 연산군과 함께 조선에서 반정으로 인해 퇴위한 첫 번째 사례로 꼽힌다.

아버지는 두 번에 걸쳐 장원급제하고 현임 병조판서와 영의정을 지낸 신승선이며, 그녀는 왕실 유례상 간택 없이 세자빈으로 직접 뽑힌 인물이라는 이야기가 있다. 세자빈 간택을 통해 1488년(성종 19년) 왕세자로 있던 연산군과 가례를 치르고 세자빈(世子嬪) 신분으로 입궁하였으며, 1494년 연산군 즉위와 함께 왕비에 봉해졌다. 연산군이 왕위에 오르면서 '제인원덕왕비(齊仁元德王妃)'라는 존호를 받았으나 중종반정으로 연산군이 폐위되면서 폐비가 되어 거창군부인으로 강등된다. 신씨는 연산군과는 달리 덕이 있었다.

1495년에는 적통 공주인 휘신공주를, 1498년 1월 10일(음력 12월 18일)에는 왕실의 적통 장자인 원자를 낳았다.

『조선왕조실록』에 의하면 신씨는 어진 덕이 있어 화평하고 후중하고 온순하고 근신하여 아랫사람들을 은혜로써 어루만졌으며, 왕이 총애하는 사람이 있으면 비(妃) 또한 더욱 후하게 대하므로, 왕은 비록 미치고 포학하였지만, 매우 소중히 여김을 받았다. 매양 왕이 무고한 사람을 죽이고 음난·방종함이 한없음을 볼 적마다 밤낮으로 근심하였으며, 때론 울며 간하되 말 뜻이 지극히 간곡하고 절실했는데, 왕이 비록 들어주지는 않았지만 그렇다고 성내지는 않았다고 한다. 연산군은 그녀의 덕을 높이 사고 황금으로 쓴 비석을 세웠다.

1505년(연산군 11년)에는 제인원덕왕비(齊仁元德王妃)의 존호를 받았으나 바로 이 이듬해인 1506년에 연산군이 폐출당하면서 그녀도 군부인(郡夫人)의 신분으로 강등되었다. 그녀는 폐위되고 죽음을 당할 처지임에도 그녀를 죽이라는 사람이 없었고 신하와 중종은 그녀에게 후하게 대우해 주었다. 그녀는 중종의 배려로 1521년(중종 16년) 11월에 속공(屬公)한 죄인 안처겸(安處謙)의 집을 받았다. 또 중종반정 이후 신씨 집안의 노비들은 그녀를 떠나지 않았는데 이는 그녀의 선한 인품 때문이었다. 폐비된 후 중종은 그녀에게 빈(嬪)의 예를 사용하게 했다고 한다.

● 폐비 신씨의 무덤
연산군의 묘가 강화도에 있었으나 폐비 신씨의 간청으로 지금의 도봉구 방학동에 이장하고 그녀의 사후 연산군 묘 옆에 매장되었다.

연산군은 죽음을 앞두고 "부인 신씨를 보고 싶다."는 말을 남겼다고 한다. 그녀는 사후에 연산군의 묘 옆에 매장되었고, 무덤 앞에 서 있는 비석명은 '거창 신씨지묘(居昌愼氏之墓)'이다.

■ 장녹수(張綠水; ? ~ 1506년)

숙용 장씨(淑容 張氏). 녹수의 아버지는 충청도 문의현령(文義縣令)을 지낸 장한필이고 어머니는 첩이었다. 그 때문에 녹수는 성종의 종제인 제안대군의 노비로 살아야 했다. 제안대군의 가노(家奴)와 결혼해 아들을 낳은 뒤 창기(娼妓)가 되었다.

그다지 뛰어난 미색은 아니었으나 가무(歌舞)를 비롯한 다방면의 예술 분야에 천재적인 재능을 겸비하여 그 소문이 자자했다. 연산군은 그 소문을 듣고 녹수를 입궐시켜 숙원에 봉하여 많은 재물을 집으로 보내주고 노비와 전답, 가옥을 내렸다. 또한 그녀의 청으로 장녹수의 주인이었던 제안대군의 장인 김수말에게 벼슬을 내리기도 했다. 기록을 보면 연산군의 아명을 부르며 때리고 꼬집고 조롱했다고 하나 연산군은 그녀를 무척 총애하여 모든 상벌이 장녹수의 영향 하에 이루어졌다.

1503년, 연산군은 장녹수를 숙용에 봉했다. 왕의 총애를 바탕으로 그녀의 언니 장복수(張福壽)와 그의 아들을 양인의 신분으로 올려 놓았으며, 형부 김효손(金孝孫)에게 함경도 전향별감(傳香別監) 벼슬을 주는 등 권력을 함부로 남용하였다. 장녹수가 궁 안에 살고 있는데도 그녀의 집을 새로 짓기 위해 민가를 헐게 하였으며, 동지중추부사 이병정(李秉正)은 장녹수의 집 하인에게 크게 모욕을 당했지만 오히려 사재를 털어 뇌물을 바치고서야 화를 피할 수 있었다.

1505년(연산군 11년) 12월에는 기생인 운평(運平) 옥지화(玉池花)를 장녹수의 치마를 밟았다는 이유로 군기시(軍器寺) 앞에서 목 베어 그 머리를 취홍원(聚紅院), 뇌영원(蕾英院)에 돌려 보이고, 연방원(聯芳院)에 효시(梟示)하기도 하였다. 이와 같은 장녹수와 그 측근들의 횡포로 인해 백성들의 원성이 하늘을 찔렀으며, 연산군이 몰락하게 되는 하나의 원인이 되었다.

장녹수의 최후는 비참하였다. 연산군이 몰락하자 장녹수는 반정세력에 의해 연산군의 또다른 후궁인 전비·백견 등과 함께 군기시 앞에서 참수형을 당했다. 그녀의 시신은 처형된 그 자리에 그대로 버려졌고, 분노한 군중들이 장녹수와 전비 시신의 생식기에 돌을 던지면서 "나라의 고혈이 모두 여기로 빨려 들어갔다!"라고 외쳤으며, 군중들이 던진 돌로 인해 순식간에 돌무덤이 되어 버렸다고 한다.

연산군의 가계도

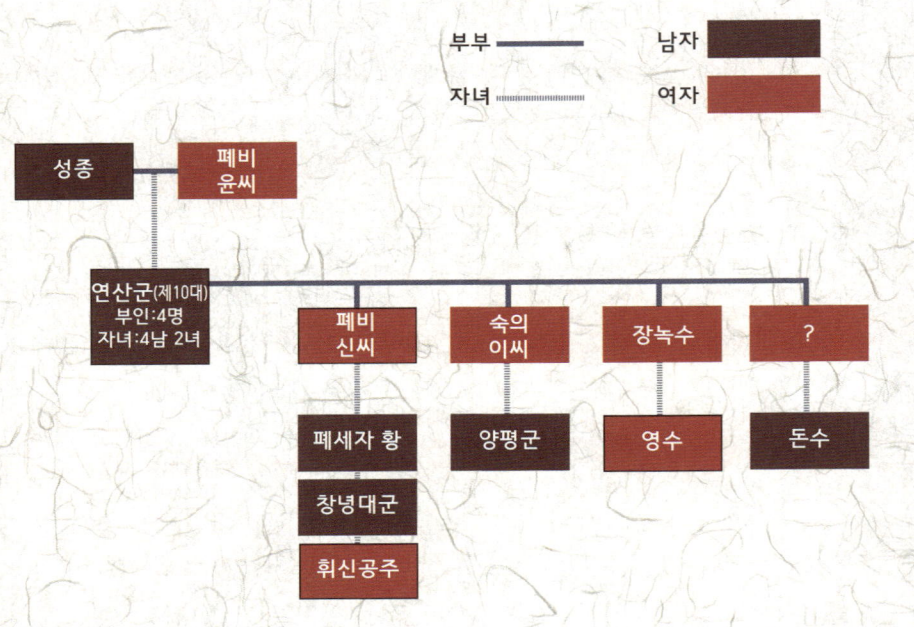

연산군의 자녀로는 4남 2녀가 있었는데, 폐세자 이황, 창녕대군 이성, 양평군 이인, 왕자군 돈수와 장녹수의 딸인 영수옹주, 궁인 정금의 딸인 함금옹주였다. 그 중 폐세자 이황과 창녕대군 이성, 양평군 이인, 돈수왕자는 아버지가 폐위된 직후 각각 정선·수안·제천·우봉으로 귀양 갔다가 9월 24일 모두 사사되었다. 당시 큰아들 황의 나이는 10세, 창녕대군은 다섯 살이었다. 다만 시집간 딸들은 서인으로 전락하긴 했지만 출가외인으로 간주하여 손대지 않았다. 큰딸 휘신공주는 구문경에게 시집가서 아들 구엄을 낳았는데, 구엄이 연산군을 시봉(侍奉)했고, 지금도 구엄의 후손들이 연산군의 묘를 돌보고 있다. 둘째딸은 신거흥에게 시집가서 4남 4녀를 낳았다.

《중종실록(中宗實錄)》

《중종실록》 편찬 경위

　《중종실록》은 조선왕조 제11대 왕 중종의 재위 기간(1506년 10월~1544년 11월)의 역사를 편년체로 기록한 실록이다. 그러나 제105권에는 인종이 즉위한 1544년 11월 16일부터 12월 말일까지의 기사가 합편되어 있다. 정식 이름은《중종공희휘문소무흠인성효대왕실록》이며 모두 105권 102책으로 활판 인쇄되었다.
　《중종실록》은 인종 때에 그 편찬이 계획되었으나 당시 대·소윤 정쟁이 격렬하였고 인종이 재위 9개월 만에 세상을 떠나 실현되지 못하였다.
　명종이 즉위한 뒤에도 을사사화가 일어났기 때문에 바로 착수하지 못하다가 명종 원년(1546년) 가을에 비로소 춘추관에 실록청을 두고《인종실록》과 함께 편찬에 착수하였다.
　명종 5년(1550년) 10월, 시작한 지 5년 만에 재위 39년간의 기록을 실은 총105권이 완성되어 각 사고에 봉안되었다.
　《중종실록》의 기년법은 역대 실록의 원칙인 유년칭원법을 사용하지 않고 세조와 같이 즉위년칭원법을 채용하였는데, 그 이유는 중종도 세조와 같이 폐위된 임금의 뒤를 이어 왕으로 즉위하였기 때문이다.
　《중종실록》의 편찬에 참여한 춘추관의 전후 관원은 다음과 같다.
　감춘수관사 : 이기·정순붕·심연원, 지춘추관사 : 윤개·상진·신광한·김광준·임권·정사룡·윤사익·김인손·최연·안현·송겸·홍섬 등 12명, 동지춘추관사 : 박수량·송세형·조광원·김명윤 등이다.
　중종은 1544년 11월 14일에 세자에게 왕위를 물려주고 다음날 세상을 떠났다. 시호는 공희(恭僖), 존호는 휘문소무흠인성효(徽文昭武欽仁誠孝), 묘호는 중종(中宗)이며, 능호는 정릉(靖陵)으로 서울 강남구 삼성동에 있다.

233

《중종실록》의 내용

중종(1488~1544년)의 이름은 역(懌), 자는 낙천(樂天)이며, 성종의 둘째아들이다. 어머니는 정현왕후 윤씨이다. 1494년 진성대군으로 봉해졌고, 1506년 9월 2일, 반정으로 연산군이 폐위된 뒤 박원종·유순정·성희안 등에 의해 추대되어 즉위하였다.

중종은 연산군 대의 각종 폐습을 혁파하고 옛 법도를 복구하기 위해 노력하였다. 중종은 유능한 유학자들을 조정에 등용하여 우대하였다. 이에 조광조 등 사림파의 소장 학자들이 크게 등용되었다.

중종 대는 크고 작은 정변이 끊임없이 계속되었다. 중종이 즉위한 이듬해의 박경의 옥사와 이과의 옥사를 비롯하여, 중종 14년(1519년)에는 이른바 기묘사화가 발생했고, 중종 16년(1521년)에는 송사련의 고변, 중종 22년(1527년)에는 '동궁 작서의 변' 등이 일어났다. 이 가운데 기묘사화는 연산군 때의 무오·갑자 양대 사화에 이어 가장 큰 정치적 사건이다.

'동궁 작서의 변'은 중종 22년, 세자로 있던 인종의 생일에 불에 탄 쥐가 동궁에서 발견된 사건이다. 이것은 세자를 저주한 것으로서 그 혐의는 세자의 서형인 복성군과 그 어머니 경빈 박씨에게로 돌아가 결국 사사되었다.

그 뒤에는 또 세자와 배가 다른 아우인 명종을 둘러싸고 그 외척들이 대립하게 되었다. 이것이 이른바 대윤·소윤의 정쟁이다. 이 대·소윤의 대립은 후일 을사사화를 빚게 되었다.

중종 대에는 많은 문화적 업적이 있었다. 중종 4년(1509년)에는 성종 대에 이미 완성 반포되었던 《경국대전》과 새로 편성한 《대전속록》이 출판되었고, 중종 37년(1542년)에는 《속록》 이후의 수교와 승전을 정리하고, 이듬해에 《대전후속록》을 완성하였다.

제11대 중종

▶생애 : 1488~1544년
▶재위 : 1506~1544년

중종은 조선의 제11대 왕으로 휘는 역(懌), 본관은 전주이씨(全州李氏), 자는 낙천(樂天)이며, 사후 시호는 공희(恭僖), 존호는 휘문소무흠인성효(徽文昭武欽仁誠孝), 묘호는 중종(中宗)으로 결정되었는데, 연산군으로부터 나라를 구하여 중흥시켰다는 의미로 정해진 것이다. 반대로 38년의 재위 기간 중에 뚜렷한 치적을 남기지는 못하였기 때문에 그저 가운데 중(中) 자를 썼다는 해석도 있다.

■ 중종의 생애 초반

중종은 성종과 정현왕후의 아들로 태어났으며, 이복형인 연산군은 폐비 윤씨의 아들이라는 것을 알지 못하고 정현왕후를

● 《중종실록》 오대산 본

친어머니로 여기면서 자라다가 우연한 기회에 폐비 윤씨의 일을 알게 되었다. 정현왕후와의 관계는 소원해졌지만 연산군은 어린 이복동생에게는 친절하였다. 그 뒤 진성대군은 신수근의 딸과 가례를 올린다.

신수근의 아버지는 영의정 신승선으로, 연산군의 정비 거창군부인 신씨의 친정아버지이기도 했다. 친가로는 이복형제였지만 처가로는 처고모부와 조카사위의 관계가 된다.

1494년에 진성대군(晉城大君)으로 봉해졌다가 1506년 음력 9월 2일, 연산군의 폭정에 반발한 성희안(成希顏)·박원종(朴元宗)·유순정(柳順汀) 등이 일으킨 중종반정이 성공함에 따라 조선의 새 임금으로 추대되었다. 당시 진성대군은 자신을 국왕으로 세우기 위해서 온 반정군을 적으로 여겼을 정도로 정치에 큰 관심이 없었다.

조선왕조실록

■ 중종반정

1506년(연산군 12년) 9월 18일(음력 9월 2일), 폭정과 향락에 빠져 있던 연산군을 몰아내고 중종을 옹립한 사건이다. 평소 연산군에게 불만이 많았던 유순정·성희안, 그리고 무인 박원종의 주도와, 연산군의 협박과 임사홍의 견제 아래 아부하며 목숨을 부지하다가 기회를 노리던 유자광, 그리고 연산군 밑에서 숨죽이며 살던 영의정 류순 등의 3세력과 그 밖에 뭔가 건수가 없나 기웃거리던 인물들의 연합이 이루어낸 성공한 반정이다.

전 이조참판 성희안은 지중추부사 박원종, 이조판서 유순정, 군자감부정 신윤무 등과 함께 왕이 장단(長湍) 석벽(石壁)을 유람하는 날을 기하여 거사할 계획을 세웠다. 그런데 왕의 행차가 취소되면서 거사에 차질이 생겼고, 이때 호남지역에서의 연산군 폐위 거사 격문이 서울에 나돌게 되면서 결국 당초 계획을 강행하였다.

그리하여 1506년 9월 1일, 박원종·성희안·유순정을 비롯하여 전 수원부사 장정, 군기시첨정 박영문, 사복시첨정 홍경주 등은 훈련원에서 무사를 규합한 뒤, 왕비 신씨의 오라버니 신수근과 그의 아우들인 신수겸과 신수영, 그리고 임사홍 등 연산군의 측근을 제거한 뒤, 백관(百官)을 거느리고 경복궁에 들어가 자순왕대비의 윤허를 받아 연산군을 폐위하여 강화도 교동에 안치하였다. 그리고 다음날 진성대군이 경복궁 근정전에서 왕위에 오르니 그가 조선왕조 제11대 왕인 중종이다.

● 강화도 교동으로 쫓겨나는 연산군

● 강화도 교동의 연산군 유배지

　중종반정은 조선왕조 최초로 순전히 '신하'가 주도하여 '왕'을 몰아낸 반정 사건이다. 이전의 태종·세조도 반정으로 왕위에 올랐다고 할 수 있으나 왕위에 오른 왕족이 반정에서 주도권을 잡고 있었던 반면에 중종은 가만히 있다가 순전히 신하들에 의해 옹립된 왕이다.

　반정 자체가 철저하게 신하 주도로 이루어짐에 따라 중종이 실질적인 왕권을 행사하기는 어려웠다. 갑자기 왕위에 오르게 된 중종은 공신이 중심이 된 정치에 이끌려갈 수밖에 없었고, 집권 초기 권력은 이들에게 집중되었다. 중종반정을 통해 새로운 정치세력이 등장한 것이 아니라, 이미 연산군 대에 공직에 있던 인물이 왕을 교체한 후 다시 기득권을 유지하는 상황이 펼쳐졌기 때문이다.

　또한 중종반정으로 조선왕조 개창 이래 장자(長子) 상속의 왕위세습제에 새로운 변화를 가져왔다.

■ 중종의 즉위

1506년 9월 27일, 조정은 그의 책봉을 청하는 책봉 주청사를 명나라에 파견하였다. 그러나 연산군의 석연치 않은 폐위를 명나라에서는 문제삼았고, 조선 조정에서는 연산군이 병으로 왕위를 수행할 수 없어 그가 즉위했다고 주장하였다. 조선은 다시 2차 책봉 주청사를 1507년 7월 22일에 파견하였고, 즉위 1년 만인 1507년 8월 22일에 명나라 예부로부터 임시로 국사를 서리하라는 칙명을 받았다. 이로써 중종이 정식 국왕으로 즉위하게 되었다.

중종의 초기엔 자신을 추대한 공신들을 우대할 수밖에 없었고, 이 때문에 첫 아내인 신씨를 폐비시켜야 했다. 중종의 첫 아내인 단경왕후(端敬王后) 신씨는 남편 중종이 왕이 되었으니 자연스럽게 중전이 되었으나 그녀의 아버지 신수근이 연산군의 처남으로서 역적이 되었기 때문에 반정세력의 요구에 따라 고작 7일 만에 폐출당하고 말았다. 이는 조선의 역대 왕비 중 가장 짧은 재위 기간이다.

기록을 보면 중종은 신씨를 폐출하는 일에 별다른 망설임이나 반대가 없어 보인다. 오히려 1506년 9월 9일 초저녁에 신씨가 궐 밖으로 나가자 다음날 9월 10일에 새 왕비를 책봉하는 일을 허락한다.

이러한 배경에는 반정공신들을 중심으로 한 훈구세력들이 자신들의 권력을 증대시켜 나가 경제력과 군사력을 장악했기 때문이었다. 심지어는 반정의 공신들은 자신들의 기득권을 해치려 할 경우 중종까지도 갈아치울 수 있음을 공공연히 내비쳤었다. 그러나 중종 4년 박원종, 중종 6년 유순정, 마지막으로 중종 7년 성희안이 죽으면서 반정공신 세력은 병사로 줄줄이 정치 일선에서 퇴장했다.

■ 조광조의 등장

조광조(趙光祖; 1482 ~ 1520년)는 조선의 문신이며 사상가이자 교육자·성리학자·정치가이다. 본관은 한양(漢陽), 자는 효직(孝直), 호는 정암(靜庵)이다. 김종직의 학통을 이어받은 김굉필의 문하에서 수학하다 유숭조의 문하에서도 수학했다. 사림파의 정계 진출을 확립하였다. 중종의 훈구파 견제 정책에 의해 후원을 받아 홍문관과 사간원에서 언관 활동을 하였고, 성리학 이론서 보급과 소격서 철폐 등을 단행하였다. 성리학적 도학정치이념을 구현하려 했으나 훈구세력의 반발로 실패한다.

조광조가 등장하기 전 중종은 반정공신들이 연산군을 반정(反正)으로 쫓아내고 앉힌 왕으로서 실권이 약했다. 반정공신에겐 연산군의 폭정(暴政)이라는 명분이 있었으나, 조선 최초로 일어난, 그것도 신하가 주동이 된 반정이라는 점에서 사회에 끼치는 영향이 컸다. 이 때문에 중종의 정통성에 대한 의문이 제기되었고 역모 사건이 줄지어 발생할 정도로 사회는 불안정하였다.

중종 2년의 김공저·조광보의 옥사(獄事)와, 2년 8월의 이과의 옥사, 중종 3년의 신옥의의 옥사, 중종 4년엔 왕실의 종친들이 연루된 옥사가 있었다. 그리고 중종 8년엔 박영문·신윤무의 옥사가 있었다.

이들 옥사는 당시 중종반정에서 보였던 논공행상(論功行賞)의 모순 때문이었다. 김공저·조광보의 옥사의 경우는 유자광 같은 자가 공신으로 책봉된 것에 대한 반발심리가 작용했으며, 이과의 옥사는 왕을 호위하는 내금부에서 꾸민 역모로, 반정에서 핵심적인 역할을 수행한 무사들이 온당한 포상을 받지 못한 것에 대한 불만 때문이었다. 신옥의의 옥사 역시 원종공신이었다가 박탈당한 것에 대한 불만 때문이었으며, 왕실의 종친의 옥사 역시 논공행상의 불만 때문이었다. 박영문·신윤무의 옥사의 경우, 반정의 과실(果實)을 문신들은 마음껏 누리나 무신들은 제외된 현실에 대해 불만을 성토하다 모반죄가 적용된 것이었다.

　중종반정에 참여한 반정공신 책봉의 기준을 보면 공평과는 거리가 멀었다. 이 때 임명된 반정공신의 수는 110명인데 개국공신의 수가 30명인 것에 비하면 지나칠 정도의 나눠먹기였다. 게다가 윤당(允當) 대신이라 불리며 연산군의 말마다 "윤당하신 분부이옵니다."라고 아부를 해대던 영의정 유순, 우의정 김수동과 연산군이 총애하던 시인 김감, 연산군에게 여자를 바치고 총애와 영화를 누렸던 구수영 등 연산군의 총신들은 반정 모의에 가담하지 않고 반정 당일 가담하고도 반정공신 서열 맨 위에 배정되었다. 하지만 이과를 비롯해서 격문을 돌리고 군사까지 모집한 정국공신이 될 만한 사람들은 공신의 격이 떨어지는 원종공신에 봉해 버렸다. 이에 분노한 이과는 반정을 꾀했다가 들켜서 처형당한다.

　대간(臺諫)과 홍문관(弘文館)은 이런 불평등한 공신 제수에 연이어 비판하였고, 정국의 불안정이 심화되었다. 때맞춰 신복의 옥사가 일어나면서 공신 개정 문제는 잠잠해진다. 그러자 이젠 연산군 대의 과거 청산 문제가 대두되며 무오사화에 대한 논쟁이 일어난다. 그 결과 무오사화를 주동했던 유자광이 유배되고, 사화를 입은 사대부들이 복권되면서 일단락되었다.

▶ **유자광** (柳子光; ? ~ 1512년)

　서얼 출신으로 세조의 총애를 받았으며 예종 때에는 '남이의 옥'을, 연산군 때에는 무오사화를 주도하여 공신의 지위에 올랐다. 중종반정(中宗反正)에 참여하여 반군이 궁궐에 진입할 수 있도록 도왔다.

　이때의 공으로 중종이 즉위한 뒤에 1등 공신으로 책봉되어 무령부원군(武靈府院君)의 지위에 올랐다. 4대 왕조를 거쳐 많은 충신를 모함에 빠뜨렸으며 조선 최고의 간신으로 꼽힌다.

● 유자광의 묘

이러한 논쟁을 주도한 것은 대간(臺諫)이었으며, 대간에 맞서는 반정공신들은 도덕적인 결함들을 안고 있었으므로, 대간의 공세에 적극적으로 맞서지 못했다. 이런 상황에서 반정을 이끈 성희안·김수동·유순정 등이 모두 사망하면서 국정에 공백이 생기게 되었다. 이에 중종은 자신의 친정체제를 굳히기로 결심하였고, 반정세력을 궁지로 몰아대던 대간, 즉 사림파의 조광조를 등용시킨다.

중종은 조광조를 일찍부터 눈여겨보았다. 중종 5년 사정전에서 성균관의 유생들에게 강의를 하도록 했는데, 조광조가 대표로 나와 중용(中庸)을 강(講)하였다.

그 뒤 중종의 명으로 성균관에서 학문과 인품이 훌륭한 유생을 천거하게 하였는데 200명 중에서 3명 정도를 천거하는 데에 들어가게 되었다.

이때 조광조의 천거를 많은 대신이 반대하였다. 그 이유는 조광조가 천거를 받을 경우에 받는 관직이 참봉이나 별좌였는데, 여기에 쓰기에는 조광조의 학문이 아깝고, 그가 학업에 정진함이 더 중요하다는 것이었다. 이에 조광조를 6품직에 바로 올려서 등용해야 한다는 여론이 나왔고, 이후 이조판서 안당의 천거로 1515년 조광조는 조지서(造紙署) 사지(司紙)로 임명되었다. 그 뒤 34살의 나이에 성균관의 전적(典籍: 조선시대, 성균관의 정육품 벼슬)으로 임명되며 정치 전면에 나서게 된다.

● 1750년경에 국오 정홍례가 그린 조광조 초상

뛰어난 수준의 학문을 익힌 조광조는 늘 선비로서의 초심을 잃지 않겠다는 남다른 각오로, 어린 나이에 처음으로 읽게 되는 책인 《소학(小學)》을 늘 손에서 놓지 않았다고 한다. 이 때문에 사람들은 천거로 벼슬길에 오른 조광조를 놀리면서, "소학을 열심히 읽어라. 그러면 조지서 사지는 할 수 있다"라는 노래를 지어 불렀다는 이야기가 전한다. 이후 조광조는 사지에 임명된 지 두 달 만에 알성시를 치러 급제한다.

■ 조광조의 개혁정치

중종은 조광조 등의 계청으로 현량과(賢良科)를 설치하고 추천에 의해 재행(材行)을 겸비한 사림의 선비 120명 중에서 1519년(중종14) 음력 4월, 중종이 친히 장령(掌令) 김식(金湜) 등 28명을 뽑으니, 조광조 등은 그들을 홍문관·사간원·시종 등 요직에 등용하였으며, 조정에는 간신들이 차츰 자취를 감추게 되었다. 그들은 성리학에 의거한 철인 군주주의(哲人君主主義)를 내세우고, 기성 귀족들을 소인(小人)이라 지목했으며, 미풍양속을 기르기 위해 미신의 타파와 여씨 향약을 도입·실시케 하고, 민중의 정신생활과 물질생활에 유익한 여러 가지 서적을 번역·인쇄하여 널리 퍼뜨리는 등 이상주의에 치우친 정치를 실시하려 했다.

● 정몽주와 성현 문묘배향 사업

중종 12년 10월, 정몽주를 비롯한 성삼문·박팽년 등의 문묘 종사 논쟁이 벌어지게 된다. 이여가 정몽주의 문묘배향(文廟配享: 성균관의 공자를 모신 사당에 학덕이 있는 사람의 신주(神主)를 모시는 것)을 청했다. 중종은 이여의 건의와 유생의 상소에 따라서 정몽주의 문묘배향을 의논하여 결정하도록 했다.

이때 영의정인 정광필은 "성삼문·박팽년에 대해서는 아직 보류하는 게 좋다."고 답했고, 다만 정몽주에 대해서는 모두 문묘배향에 동의하였다. 이때 우의정 이자가 조광조의 스승이었던 김굉필을 언급하며 그를 포상하자고 하였고, 중종도 동의하여 이들의 자손을 등용하라는 명을 내렸다.

이틀 뒤 성균관 생원 권전이 "정몽주뿐 아니라 김굉필도 문묘에 배향해야 한다."고 주장하였다. 그러자 많은 신하가, "김굉필이 뚜렷이 족적을 남긴 것도 아닌데 문묘에 배향한다는 것은 있을 수 없다."며 반대하였다.

중종 역시, "자격이 없는 자를 문묘에 배향하는 것은 옳지 않다."라고 언급하였다. 그러자 조광조는, "김굉필같이 행실이 바른 자는 찾기 어렵다."고 발언하였다.

또한 조광조는 뒤이어, "많은 유생이 김굉필을 칭송하므로 그의 사람됨을 알 만합니다."라고 칭찬하며 김굉필을 배향할 것을 주청하였다. 그러자 영의정 정광필을 비롯한 원로대신들은, "정몽주는 괜찮으나 김굉필은 비록 그가 뛰어난 유학자이긴 했어도 짧은 삶을 살았으므로 (김굉필은 김종직의 제자로, 연산군 때 일어난 무오사화로 인해 김종직이 부관참시 당하자 유배되었고, 곧 사사되었다) 성리학을 떨치지 못하였다."고 지적한다.

하지만 중종은 정몽주가 고려 우왕을 섬겼기 때문에 배향하면 안 된다고 하였다.

그러자 조광조는, "당시 사람들은 우왕이 왕씨인지 신씨인지 몰랐을 뿐 아니라(우왕이 신돈의 첩의 소생이었기 때문에 공민왕의 아들이 아닌 신돈의 아들이라는 의혹이 있었다. 이성계가 집권하자 이것을 공식화한다. 세종 대에 편찬된《고려사》에서도 우왕과 그 아들 창왕은 신우·신창이라고 불리고 있다) 정몽주가 그의 밑에서 벼슬을 한 것은 부귀영화를 원해서가 아니었기 때문에 흠이 안 된다."고 하였다. 결국 원로 대신들과 중종은 양보하여, 정몽주를 문묘에 배향하되 김굉필은 그럴 수 없다는 타협안을 내밀었고, 조광조와 그를 따르는 사람들은 더이상 이를 논의하지 않았다. 그들은 정몽주를 문묘에 종사하는 것만으로도 만족한 것이다.

● **김굉필의 시비석**
조선 전기의 성리학자. 김종직의 문하에서 학문을 배우면서 특히《소학》에 심취하여 '소학동자'라 자칭하였다. 학문경향은 정몽주(鄭夢周)·길재(吉再)로 이어지는 의리지학(義理之學)을 계승하였다. 1498년 무오사화가 일어나자 평안도 희천에 유배되었는데, 그곳에서 조광조(趙光祖)를 만나 학문을 전수하였다.

조광조와 그의 세력은 신진 사림세력이었고, 사림은 성리학을 내세우는 학파들이었다. 정몽주는 조선 성리학의 시조였고, 또한 김굉필은 사림들의 존경을 받는 사람이며, 젊은 사림들의 우두머리로 떠오른 조광조의 스승이었다. 이들 신진 사림은 이들을 문묘에 배향하게 함으로써 조선의 성리학화를 더욱 촉진하고자 하였다.

● 성리학 보급

1518년(중종 13년) 11월, 조광조는 사회적으로도 성리학 이념이 장려되어야 한다고 판단, 향약(鄕約)을 장려하여 조선의 성리학화에 앞장섰다. 그것으로 만족하지 않아 사대와 서인은 물론이고 아녀자와 천인들조차도 공맹의 의리를 알아야 한다고 확신, 성리학 이론서와 성리학 기본서적을 무료로 인쇄하여 전국 각지에 보급·배포하였고, 아녀자들 역시 공맹의 도(道)와 주자의 예(禮)를 배워야 한다며 이를 손수 한글로 번역하여 전국 각지에 보급하였다. 이는 조광조 자신의 순수 비용과 시간을 투자한 것이었다. 또한 불교를 미신으로 규정하여 왕실의 소격서(昭格署) 철폐와 함께 불교적인 종교 행사 역시 없앨 것을 중종에게 건의하였다.

● 소격서(昭格署) 폐지 논란

태조 이성계는 즉위 이전, 도교에 상당한 관심을 보여 태백금성에게 제를 올리기도 했으나 즉위 원년에 예조의 건의를 받아들여 한 곳을 제외한 초제(醮祭) 장소를 모두 폐쇄시켰다. 유일하게 남은 곳이 소격전(昭格殿)으로 뒷날의 소격서(昭格署)다. 태조는 이곳에서 기우제 혹은 천체에 이상이 있을 시 초제를 지내곤 했으며, 태조 3년 5월에 이곳에서 초제를 지내고 같은 해 8월에 천도에 관한 대신들의 논의가 결론을 맺지 못하자 소격전에 거동해 가부를 점치기도 했다.

태종 2년에 대제학 이첨을 보내어 초제를 지내고, 세종 9년에는 왕자의 탄생을 맞아 이곳에서 개복신 초례를 지내는 등 유교국가 조선 성립 이후에도 소격전은 국가 제전의 일부로서 유지되었다. 그러나 도교와 관련된 것이므로 폐지해야 한다는 논의가 일각에서 제기되었다.

세종 7년 7월, 세종은 도교와 불교의 가르침은 허황된 것이며, 특히 도사들의

● 소격서 터
소격서는 도교의 사당이다. 태조 5년(1396년) 정월에 도교의 제사의식을 행할 목적으로 소격서라는 중앙관청을 이곳에 건립하였다. 성리학자들이 소격서를 없애려고 끈질기게 노력한 결과 연산군과 중종 때 일시 폐지되었다가 임진왜란 이후에는 완전히 폐지되었다.
 서울 지하철 5호선 광화문 역 2번 출구 KT 앞에서 삼청교통 마을버스 타고 삼청파출소 하차, 삼청파출소 문 앞에 위치한다.

말은 더욱 허황되다고 비판하면서도 "소격전에서 제사 지내는 것은 오랜 관습이므로 지금에 와서 폐지할 수는 없다." 하였다.

세조 12년, 관제개혁으로 소격전은 소격서로 명칭이 바뀌고 령(令)을 두어 정5품으로 하였다. 이 같은 변화는 소격서가 종교성이 약해지고 완연한 국가기관으로 변하였음을 보여 준다. 종교성은 사라졌지만 기존의 기능은 그대로 유지되어 세조 12년 10월, 사직(社稷)·종묘(宗廟)에 기제(祈祭)를 지냈다.

예종과 성종도 이를 이어 갔다. 유교원리에 충실했던 성종도 재위 12년 10월, 왕자가 병에 걸리자 사직·종묘와 함께 소격서에 제사를 올렸다. 앞선 성종 12년 6월의 기사를 보면, 홍문관 부제학 이맹현이 가뭄을 맞아 흥천사에 기우제를 지낸 것을 두고, "부처에게 빌어 비를 내리게 했다는 말은 사서를 아무리 뒤져도 상고할 수 없는데 왜 그토록 부질없는 일에 기대냐?"는 상소를 올린다. 이에 성종은, "그렇게 따지면 소격서에 제사지내는 것도 허황된 거 아니냐?"며 제를 지내는 것은 백성을 가엾게 여겨 정성을 다하는 것뿐이라 반문했다.

그러나 재위 15년 1월, 승정원에 자신이 먼저 소격서 혁파에 대해 하문한다. 이때는 오히려 좌승지 권건(權健)과 좌부승지 이덕숭(李德崇)이 국가의 오랜 관례를 바꿀 수 없다며 반대했다. 성종은 소격서의 유지관리가 제대로 이뤄지지 않고 그곳에서 치러지는 제사도 정결하고 정성스럽지 못한 점을 지적하며 이를 보완할 제도적 장치를 마련할 것을 지시했고 5일 뒤 승정원에서 소격서 유지관리

및 제사에 대한 규정을 담은 소격서검찰사목(昭格署檢察事目)을 만들어 올렸다. 성종 23년 1월, 경연 자리에서 시독관(侍讀官) 이달선(李達善)이 소격서는 도교를 위해 설치한 것으로 정도를 벗어난 것이라 간언했지만 성종은 정도를 벗어난 점은 인정하되 옛날부터 있던 것이므로 없앨 수 없다고 답했다.

조선 건국 초부터 있었지만 한 번도 중요시되지 않았던 소격서는 중종 13년 음력 8월 초하루, 홍문관 부제학 조광조가 소격서 혁파를 주장하는 상소를 올리면서 매우 중요한 정치적 쟁점으로 변모하였다. 발단은 종묘대제에 쓰일 제물인 소가 종묘의 문턱을 넘다가 쓰러져 죽은 것이었다. 이때 삼공과 예관 등의 중요 대신들이 모두 참관하였는데, 그래서 더욱 파문이 일파만파로 커졌다.

● **종묘(宗廟)**
종묘는 유교를 지배이념으로 삼았던 조선시대의 역대 왕과 왕비, 그리고 죽은 뒤 왕으로 추존된 왕과 왕비의 신위를 봉안하고 국가적인 제사를 지내는 곳이다.

중종은 신하들을 모아 놓고 대책회의를 열었다. 조광조가 "조선의 제례가 옛 방식과 맞지 않아 벌어진 일"이라고 말하자 좌의정 신용개는, "제례 방식을 바로 잡기 위해 우선 소격서와 같은 도교 방식 제례의식을 하는 관청을 폐지해야 한다"고 주장하였다. 그러자 영의정 정광필은, "이는 옛날부터 해 온 것이므로 굳이 폐지할 필요까지는 없다."고 반대하였다.

그 뒤 잠잠해졌다가 홍문관의 관료 중 하나가 소격서 폐지에 대한 상소를 제출하면서 논란이 다시 불붙었다. 그 뒤 8월에 홍문관 부제학으로 승진한 조광조가 소격서의 폐지를 심각하게 재론하면서 소격서 논쟁이 매우 격화되었다. 조광조는 상소에서 "세상을 규범하는 것은 오직 성리학뿐이며, 다른 이단을 모두 혁파해야 함"을 역설하고, 중종이 소격서 폐지를 망설이는 것에 대해 강하게 비판하였다.

이에 중종은 "소격서는 오래돼서 혁파하지 않는 것"이라고 대답하였는데, 그러자 김정이 "전대의 잘못된 일을 후대에 반복하면 안 된다."고 간하고, 중종이 받아들이지 않으면 대간은 전원이 사직하겠다고 말하였다. 이에 중종은 "설령 그리 되더라도 소격서는 폐지 못 시킨다."고 하였고, 당시 도승지였던 문근은 "중종의 완고한 태도가 놀랍다."고 비판하였다.

이후 거의 한 달 뒤에 영의정 정광필, 좌의정 신용개, 우의정 안당 등도 나서서 "소격서를 혁파하는 것이 옳다."고 말하였다. 그럼에도 중종은 거부하고 대간은 출근을 거부했다.

이때 과거를 시행할 시기가 다가오자 중종은, "대간은 반드시 복직하지 않을 것이다. 소격서 문제는 오래 토론해도 무관하지만 과거는 왕정의 대사라서 결코 미룰 수 없다. 그러니 대간을 교체하는 것이 좋겠다. 오늘 중으로 빨리 다른 대간을 뽑도록 하라." 하고 강경하게 명을 내렸다.

"이는 암군(暗君)이 하는 일입니다. 오늘날 일어나는 일은 너무도 그릇되어 저희가 눈을 씻고 봐도 찾아보기 힘들 정도입니다. 마음과 말이 격분하여 말씀드릴 바를 모르겠습니다."《중종실록》 13년 8월 30일)

조광조는 강하게 대답하며 사직을 요청하였다.

대간을 혁파하는 한이 있어도 과거를 미룰 수는 없으며 과거를 미룰 수는 있어도 소격서를 혁파할 순 없다는 중종에게 조광조는 거꾸로 "과거를 미루거나 일시 폐할 수는 있어도 소격서는 당장 폐지해야 한다."고 주장했다.

이때 조광조는 소격서를 연산군의 폐정에 비유하여 비판했다. 그는 이 문제가 중종반정 이후 조금씩 자리잡기 시작한 새로운 기풍의 진작과 밀접한 관련이 있다고 보았다. 소격서는 결코 대단한 기관이 아니었지만 도교와 관련된 것이기에 이를 폐지하자 주장한 것이고, 더 나아가 이런 작은 것조차 바로잡지 못한다면 성리학 이념에 의한 새로운 정치는 이뤄질 수 없다고 보았다. 그는 연산군 같은 폭군이 언제든 다시 나타날 수 있으며, 그를 막기 위해 성리학 가르침을 가장 위에 두고자 했다.

반면 반정공신 세력을 견제하고 왕권을 다지기 위한 친위세력으로 기묘사림을 끌어들였을 뿐 그들이 꿈꾸는 사회개혁에 동의할 의지가 없었던 중종은, 그저 선왕들의 정책을 이어 신하들의 견해를 물리치고 자신의 결정을 관철함으로써 적당히 왕의 권위를 세우기만을 원했다. 그러나 조광조의 강력한 반발에 부딪혔고 덩달아 중종의 반발도 극심해진 것이다.

● 공자

▶성리학(性理學)

중국 송(宋)대에 들어와 공자와 맹자의 유교사상을 '성리(性理)·의리(義理)·이기(理氣)' 등의 형이상학 체계로 해석하였는데, 이를 성리학이라 부른다. 성리학은 공자와 맹자를 도통(道統)으로 삼고서 도교와 불교가 '실질이 없는 공허한 교설(虛無寂滅之敎)'을 주장한다고 생각하여 이단으로 배척하였다.

조광조의 이와 같은 비판에 직면한 중종은 더이상 나아갈 수가 없었다. 그리하여 조광조의 발언이 있던 그 다음날, 중종은 과거 시험 일자가 임박해서 대간을 교체한 것이지 다른 뜻은 없으며, 소격서 폐지에 관한 문제는 대신들과 의논해서 결정하겠 다고 한 발 물러설 수밖에 없었다.

중종은 그 자리에서 소격서를 폐지하겠다고 명백하게 말 하지는 않았지만, 조광조는 중종이 사실상 자신들의 주장 을 받아들여 소격서를 폐지하기로 결정한 것으로 간주하 고 "이런 전하의 말씀을 들으니 감격스럽기 짝이 없다."고 경하를 올렸다.

● 조광조 영정

중종 13년 9월 3일, 왕은 소격서의 폐지를 기정사실로 인정하였으며, 사직하 고 물러난 대간은 속히 복직하여 밀린 업무를 처리하라고 명령하였다. 조광조 의 상소로 격화된 소격서 폐지에 대한 논쟁은 이로써 두 달 만에 종결되었다.

● 위훈 삭제(정국공신 개정 시도 사건)

1519년 10월, 조광조는 중종반정의 공신들의 수가 너무 많을 뿐 아니라 공로 가 있는지 여부가 의심스러운 거짓 녹훈자(錄勳者)가 있음을 비판하여 결국 105 명의 공신 중 2등공신 이하 76명을 가짜 공신이라고 지적하였다.

그 해 음력 10월 조광조는 대사간 이성동(李成童) 등과 함께 중종반정(1506년) 때 정국공신(靖國功臣)이 문란하게 책록됐으니 부당한 자들은 훈록에서 깎아 버 리라고 소를 올렸으며, 대신 6경(六卿)들도 이를 지지하는 계청을 올렸다. 그러 자 중종은 하는 수 없이 심정·홍경주(洪景舟) 등 전 공신의 4분의 3에 해당하는 76명을 공신 훈적에서 깎아 버렸고, 이 때문에 조광조는 훈록이 깎인 자들로부 터 깊은 원망을 사게 되었다.

조선왕조실록

■ 기묘사화

　중종반정 이후 비대해진 훈구파 권신들과 척신들의 전횡에서 벗어나고자 했던 중종은 보다 강력한 왕권을 확립할 수 있는 왕권강화를 원했다. 그리하여 사림파를 대거 등용하였다. 사림파의 일원들은 생각이 너무 급진적이고, 특히 경연 때마다 발언이 그치지 않아 중종도 그 응대에 지치기 시작했다. 그리고 중종은 사림파 역시 하나의 비대해진 새로운 기득권층으로 해석하여 강력한 왕권의 걸림돌로 인식한다.

　하루는 한 궁녀가 중종 임금에게 궁궐의 나뭇잎 하나를 가져다 바쳤는데, 벌레가 갉아먹은 자리를 따라 나뭇잎에 글자가 새겨져 있었다. '주초위왕(走肖爲王),' 즉 조씨(走+肖=趙)가 왕이 된다는 글이었다.

　중종은 반정으로 연산군을 몰아내고 왕위에 등극하였기에 자신도 역시 반정으로 축출될 수 있다는 생각을 늘 가졌었다. 그런데 조광조가 조선의 왕이 된다는 것을 암시하는 나뭇잎 글씨는 글자 부분에 꿀을 발라 놓은 자리를 벌레들이 파먹은 것에 불과한 것이었다. 말하자면 조광조를 타도하기 위한 음모였다.

● 주초위왕
조광조의 역모를 모함한 글이다.

　훈구파의 홍경주는 자신의 딸이 희빈(熙嬪)으로 중종을 모시고 있는 것을 이용하고, 심정·남곤 등은 경빈 박씨 등과 친분이 있는 것을 이용, 이들 후궁에게 호소하여 조광조 타도에 발벗고 나섰다. 희빈 홍씨와 경빈 박씨 등은 '천하의 인심이 조광조를 지지하니 조광조는 공신들을 제거한 후에 스스로 임금 될 꿈을 꾸고 있다'는 소문을 퍼뜨리는 동시에, 나인들을 시켜 궁궐 안팎의 나뭇잎에 꿀로 "走肖爲王"(주초위왕)이라는 네 글자를 써서 그곳을 벌레가 파먹게 하여 그것을 임금에게 보여 주어 큰 충격을 주었다.

　중종은 당시 승지들도 모르게 훈구파의 대신들에게 입궐 명령을 내렸고, 남곤

·심정·정굉필은 경복궁의 북쪽 문이었던 신무문을 통해 들어와 승지들 모르게 회의를 열었다(이런 일로 기묘사화를 북문지화(北門之禍)라고 부르기도 한다).

갑자기 소집된 조정회의에 놀란 조광조 등 사림파는 부랴부랴 경복궁으로 들어왔지만 회의는 이미 끝난 뒤였고 곧바로 체포되었다. 어리둥절했던 조광조는 감옥 안에서 심한 배신감을 느껴 술을 엄청나게 마셨다고 한다.

다음날 취조를 위해 조광조를 끌어냈을 때 그는 너무 취해 있어서 심문이 불가능했고, 조광조는 심문관이었던 병조판서 이장곤에게 "희강(希剛; 이장곤의 자)아! 나한테 어떻게 그럴 수가 있냐? 못난이 같으니라구!"라는 반말도 했다고 실록에 기록되어 있다.

● 조선시대 감옥의 사식(私食)
조선시대의 감옥은 사식이 없으면 생존이 거의 불가능한, 사식에 극도로 의지하는 방식이었다. 이는 역으로 생각하면 잘살던 사람이 옥에 들어갈 때 다른 가족만 멀쩡하다면 그만큼 사식이 잘 들어갈 수 있었다는 것이다. 이런 제도로 인해 조광조는 감옥에서도 술을 마셨던 것이다.

마침내 중종은 대사헌 조광조와 우참찬 이자(李耔), 도승지 유인숙(柳仁淑), 좌부승지(左副承旨) 박세희(朴世熹), 우부승지(右副承旨) 홍언필(洪彦弼)을 비롯하여 조광조파로 지목되는 많은 사람을 잡아 가두게 하였다.

이날 성균관의 유생 1천여 명이 달려와서 광화문 밖에 모여 조광조 등의 억울함을 울며 호소하고 주모자 이약수(李若水) 등 몇 명을 체포하자 모두 자진 포승을 지고 들어가 감옥은 가득차 있었다고 역사에 기록되어 있다. 조광조는 능주(綾州)에 귀양갔다가 곧 사약(賜藥)을 받았으며, 김정(金淨)과 기준(奇遵)·한충(韓忠)·김식(金湜) 등은 귀양가다 사형당하고, 김구·박세희·박훈 등은 귀양을 갔는데 모두 30대의 청년이었다. 이 옥사가 기묘년에 일어났으므로 '기묘사화'라 하며, 이때 죽은 사람들을 후에 '기묘명현(己卯名賢)'이라 하였다.

■ 외척의 대두

조광조를 비롯한 급진적인 사림파들이 몰락한 뒤 견제세력이 없어지자 다시 공신들의 세력이 부활할 조짐을 보였다. 중종은 공신들의 권력 집중을 차단할 목적으로 외척인 윤여필·윤여해·윤지임·김안로 등을 등용한다. 처음에는 이들에게 내섬시와 장악원 등의 제조직을 제수했다가 훈련대장 등을 제수하여 도성의 숙위를 맡겼고, 이후 이들의 자녀들이자 자신의 처남격인 윤임·윤원로·윤원형 등이 출사하게 된다. 그러나 외척세력은 또다른 세력을 형성하여 정쟁의 소용돌이를 만들게 된다.

조광조 등 사림파가 숙청되자 훈구파인 권신들의 세상이 되었다. 1521년에는 조정에 남아 있던 소수의 친 신진사류 계열의 정승 안당 등을 제거하고자 송사련의 무고로 일어난 신사무옥(辛巳誣獄)은 전형적인 사건이었다. 이후에도 중종의 시대는 옥사와 피바람이 지속되었다.

권신들이 권력을 잡게 되자 이번엔 권신들 안에서 권력투쟁이 일어나 경빈 박씨 세력이 세자의 후견세력이었던 김안로 일파를 몰아내고, 이후 김안로가 '작서의 변'을 이용하여 경빈과 복성군을 제거하고 권력을 잡는가 하면, 김안로가 몰락한 후 문정왕후의 남동생인 윤원형 일파가 득세하는 등 중종은 조광조의 도학정치 개혁시절을 제외하고는 정치적으로 자신의 뜻대로 정국을 이끌어 나가 본 적이 없었다.

● 김안로의 장서인

● 김안로(金安老)
1519년 기묘사화로 조광조 일파와 함께 유배되었다가 아들 김희가 중종과 장경왕후의 딸인 효혜공주(孝惠公主)와 결혼한 뒤부터 외척이 되어 권력을 장악하였고, 그 뒤 문정왕후의 친족인 윤원형·윤원로 등과 갈등하였으며, 윤임과 손잡고 세자(훗날의 인종)를 보호한다는 미명하에 사림파 및 윤원형 일파를 숙청하였다. 1537년 문정왕후를 폐출하려다가 실패하고 유배되었다가 사형당했다.

설상가상으로 외부에서는 이민족들의 침략이 기승을 부렸다. 세종대왕과 세조 때에 평정된 여진족들이 북방에서 다시 힘을 회복하여 조선의 북방을 괴롭혔고, 남방에서는 왜구의 침략이 잇달았다. 그 왜구의 침략 중 가장 규모가 큰 것이 '삼포왜란'이다. 비변사(備邊司: 군국의 사무를 맡아보던 관아)가 생겨난 것도 이때였다.

사림파인 조광조와 정세를 나눌 때에는 향약(鄕約: 조선시대 향촌사회의 자치규약)을 전국적으로 권장하여 중앙집권을 강화하기도 했고, 다양한 책들을 발간했으며, 군적을 개편하고, 전국적으로 전라도·평안도·강원도의 양전(量田)사업을 시행했으며, 북방의 진들을 보수하고 여진족들을 격퇴하기도 했다.

그러나 중종의 치세 중기와 후기에는 외척세력과 반정공신들간의 정권다툼으로 인해 크고 작은 사건이 연달아 일어나 정국이 편안할 날이 없었다. 우리가 잘 알고 있는 의녀인 장금(長今)을 어의로 임명하는 등 호방한 면모도 있었지만, 기묘사화 이후로는 문화 발전 정책이 거의 정지되었고, 윤임·김안로·윤원형·윤원로 등의 척신세력이 발호하였으나 중종은 이를 막지 못했다.

38년 2개월이라는 긴 세월 동안 왕위에 머물러 있었던 중종은 정국이 혼란을 거듭하는 바람에 이렇다 할 만한 업적을 제대로 남기지 못한 채 1543년 3월부터 대리청정을 맡긴 왕세자에게 왕위를 넘겨 준 다음날인 1544년 11월 29일(음력 11월 15일), 57세를 일기로 승하하였다

● **정릉(靖陵)**
1545년(인종 1년) 서삼릉(西三陵) 능역에 있는 중종의 첫 번째 계비 장경왕후 윤씨의 능 오른쪽 언덕에 왕릉을 조성하고 능호를 정릉(靖陵)이라 하였다. 그로부터 17년 후인 1562년(명종 17년), 중종의 두 번째 계비 문정왕후 윤씨가 풍수지리가 좋지 않다 하여 현재(서울 강남구 선릉로)의 위치로 옮겼다.

조선왕조실록

중종의 가계

중종은 반정으로 집권한 두 번째 군주다. 그러나 사적인 욕심이나 원한으로 반정을 일으킨 세조찬위, 인조반정과는 다른 각도에서 평가된다. 재위 중반에 조광조 등의 사림을 일시에 기용하였으나 공훈 삭제와 관련한 공신세력들의 반발과 자신의 왕권의 위협에 대해 우려하여 사림세력들을 기습적으로 숙청한다. 이후에는 남곤이 정국을 주도하고, 남곤 사후에는 김안로가 주도하지만, 김안로의 지나친 권력쟁투와 횡포로 인해 위협을 느낀 중종은 조광조와 마찬가지로 김안로를 기습적으로 제거한다. 이후에는 외척에게 정사를 맡긴다. 그는 12명의 아내를 거느리고 있었고, 외척의 경쟁은 후일 대윤·소윤간의 정쟁의 원인이 된다.

■ 단경왕후 신씨(端敬王后 愼氏; 1487~1557년)

중종의 정비이다. 시호는 공소순열단경왕후(恭昭順烈端敬王后)이다. 익창부원군 신도공 신수근(益昌府院君 信度公 愼守勤)의 딸로, 조선의 역대 왕비 중 제일 짧은 7일의 재위 기간을 보유하고 있으며, 역적의 딸(고모가 연산군의 후비이고, 아버지가 연산군의 매부라는 이유로)로 연좌되어 폐출된 후 영조 때에 부모와 함께 복위되었다. 기록을 보면 중종은 신씨를 폐출하는 일에 별다른 망설임이나 반대가 없어 보인다. 오히려 1506년 9월 9일 초저녁에 신씨가 궐 밖으로 나가자 다음날 9월 10일에 새 왕비를 책봉하는 일을 허락한다. 그러나 야사에 따르면, 중종이 그녀를 매우 그리워해서 신씨가 폐출되어 나와 있던 사가 방향을 자주 바라보았다. 그 사실을 전해 들은 신씨는 자신의 치마를 중종이 볼 수 있도록 인왕산의 바위 위에 널어 놓았다고 한다.

● 인왕산 치마바위

장경왕후 윤씨가 인종을 낳은 후 사망하자 신씨를 다시 복위시켜야 한다는 일부 대신들(박상·김정 등)의 주장이 있었지만 정국만 혼란해졌을 뿐 실현되지 않았고, 엉뚱하게도 이 일을 비판한 조광조의 이름만 빛내 주는 계기가 되었다. 이후 사가에 거처하면서 살다가 명종 때 71세의 나이로 세상을 떠났다.

■ 장경왕후 윤씨(章敬王后 尹氏; 1491 ~ 1515년)

중종의 계비이다. 시호는 숙신명혜선소의숙장경왕후(淑愼明惠宣昭懿淑章敬王后)이다. 파원부원군 정헌공 윤여필(坡原府院君 靖憲公 尹汝弼)의 딸이다.

1506년(중종 1년) 내명부 종2품 숙의(淑儀)의 후궁 신분으로 입궐하였다가 1507년에 단경왕후가 폐위되자 같은 반정공신의 딸인 다른 후궁들을 제치고 정비에 책봉되었다. 당시 조정은 외숙부인 박원종이 장악하였는데 중전이 되는 데에는 외숙부 박원종의 도움이 컸으며 월산대군의 처조카라는 신분이 장점으로 작용하였다.

1511년에는 중종의 맏딸인 효혜공주를, 1515년에는 적통 대군인 원자(인종)를 낳았으나 산후병으로 엿새 만에 25세의 나이로 세상을 떠났다.

■ 문정왕후 윤씨(文定王后 尹氏; 1501 ~ 1565년)

중종의 제2계비이다. 시호는 성렬인명문정왕후(聖烈仁明文定王后)이다. 1515년(중종 10년) 장경왕후가 승하하여 1517년(중종 12년)에 왕비로 간택·책봉되었다. 1544년 대비가 되고, 1545년 아들 경원대군이 12세의 어린 나이로 즉위하자 섭정이 되어 막강한 권력을 행사하였으며, 국왕의 고유 권한인 인사 문제에까지 개입한 그녀는 아들 명종(明宗)이 12세로 즉위한 1545년부터 1553년까지 8년간 수렴청정으로 섭정하였다.

● 문정왕후의 어보

문정왕후에게는 9촌인 삼당고모인 장경왕후가 죽자 세자의 외숙부 윤임의 뒷배로 간택되어 가례를 치르고 중전이 되었다. 중전이 되었으므로 당시 장경왕후에게서 태어난 원자(훗날의 인종)를 돌봐야 할 책무가 있었고, 처음엔 성심성의껏 훈육하였다. 당시 중종은 후궁들로부터 많은 서통왕자들을 얻은 상태였으나 적통왕자는 장경왕후가 낳은 원자가 유일했다. 한미한 집안 출신인지라 든든한 배경에 왕자들까지 생산한 후궁들보다도 기반이 미약했던 문정왕후는 적통왕자를 낳아 입지를 다지려 했다.

문정왕후는 연달아 네 차례나 임신해 의혜공주(懿惠公主)·효순공주(孝順公主)·경현공주(敬顯公主)·인순공주(仁順公主)를 낳았으나 왕자를 낳지 못했다. 문정왕후가 아들을 회임하지 못하자 경빈 박씨가 자신의 아들인 복성군을 놓고 양자인 세자와 암투가 벌어졌다. 이에 세자의 또 다른 친위세력인 세자의 누나인 효혜공주의 시아버지 김안로가 '작서의 변'을 조작하여 경빈 박씨를 몰아내고 조정의 가장 큰 세력으로 성장하였으며 문정왕후는 이들과 잠시 한배를 타기도 했다. 그러다 문정왕후가 34세의 나이에 마침내 고명아들 경원대군(훗날의 명종)을 낳으면서 정국에는 소용돌이가 치기 시작했다.

문정왕후가 17세에 궁에 들어와 결혼 17년 만에 자신의 다섯째아이로 첫아들을 낳았다는 것은 여인 승리였다. 중종도 늦은 나이에 두 번째 적자를 보게 된 것에 몹시 기뻐했다.

아들을 낳은 문정왕후는 이제 노골적으로 세자를 적대시하기 시작했다. 이때부터 자신의 남동생들을 불러 당파를 만드는데, 그 유명한 윤원로와 윤원형이고, 윤원형을 내조한 조선의 요부 정난정이 등장한다.

● 왕후 처소인 교태전 후원의 아미산 굴뚝

■ 경빈 박씨(敬嬪 朴氏; 1492 ~ 1533년)

중종반정을 주도한 정국공신 박원종의 수양딸로 친아버지는 경상도 상주지방의 사족 출신인 박수림(朴秀林)이다. 연산군 재위 시절에 흥청으로 선발되어 궁에서 지내다가 진성대군(훗날의 중종)의 눈에 들었고, 중종반정 이후 박원종의 수양딸이 되어 왕으로 즉위한 중종의 정식 후궁이 되었다. 숙의(淑儀) 시절에 중종의 장자 서성군(瑞城君; 후에 복성군이 됨)을 낳았고, 이어 1512년에 혜순옹주를, 1514년에 혜정옹주를 출산하였으며 중종의 총애를 받았다.

장경왕후가 원자 호(후일의 인종)를 낳고 죽자 박씨가 중종의 장자를 낳았다는 점에서 그녀를 중전으로 추천하자는 여론이 일었다. 하지만 그녀가 박원종의 친딸도 아니고 수양딸로서 아무리 공신 가문이라지만 명문가 출신이 아니었고, 또한 적실 왕후에서 낳은 원자와 그녀가 낳은 복성군의 왕위 다툼에 대한 우려와, 왕후는 마땅히 좋은 가문의 규수로 골라야 한다고 주장한 정광필의 반대로 결국 그녀는 중전이 되지 못했고 윤원형의 일가인 문정왕후가 간택되었다. 그러나 중종은 대신 그녀를 정1품 빈(嬪: 중전 다음의 위치)으로 승격시켜 경빈(敬嬪)에 봉했다.

그러나 그녀는 야망이 커서 자신의 아들을 세자로 만들고 싶어했다고 한다. 그녀의 야망은 김안로에게 역으로 이용당해 '작서의 변'에 연루되었다는 누명을 쓰고 아들 복성군과 두 옹주와 함께 폐서인되어 유배당했다. 그러다가 다시 1533년에 일어난 '가작인두(목패의 변)' 사건의 배후로 지목되어 사약을 받고 죽었다.

● 작서(灼鼠)의 변(變)
1527년, 동궁전 후원에 불에 태워 마치 돼지와 같은 형상을 하게 된 쥐와 방서(榜書)를 매달아 세자를 저주한 사건이다. 김안로의 사주에 의해 벌어진 일로 경빈 박씨를 모함하여 결국 경빈 박씨와 복성군은 폐서인되었고 이후 사약이 내려져 죽임을 당했다. 이후 김안로가 몰락하고 1541년에 작서의 변에 쓰였던 방서의 글씨체가 김안로의 아들 김희의 글씨체와 같다는 사실이 밝혀져서 경빈 박씨와 복성군은 신원이 회복되었다.

● 경빈 박씨 묘의 입수와 문신석상

제11대 중종

중종의 가계도

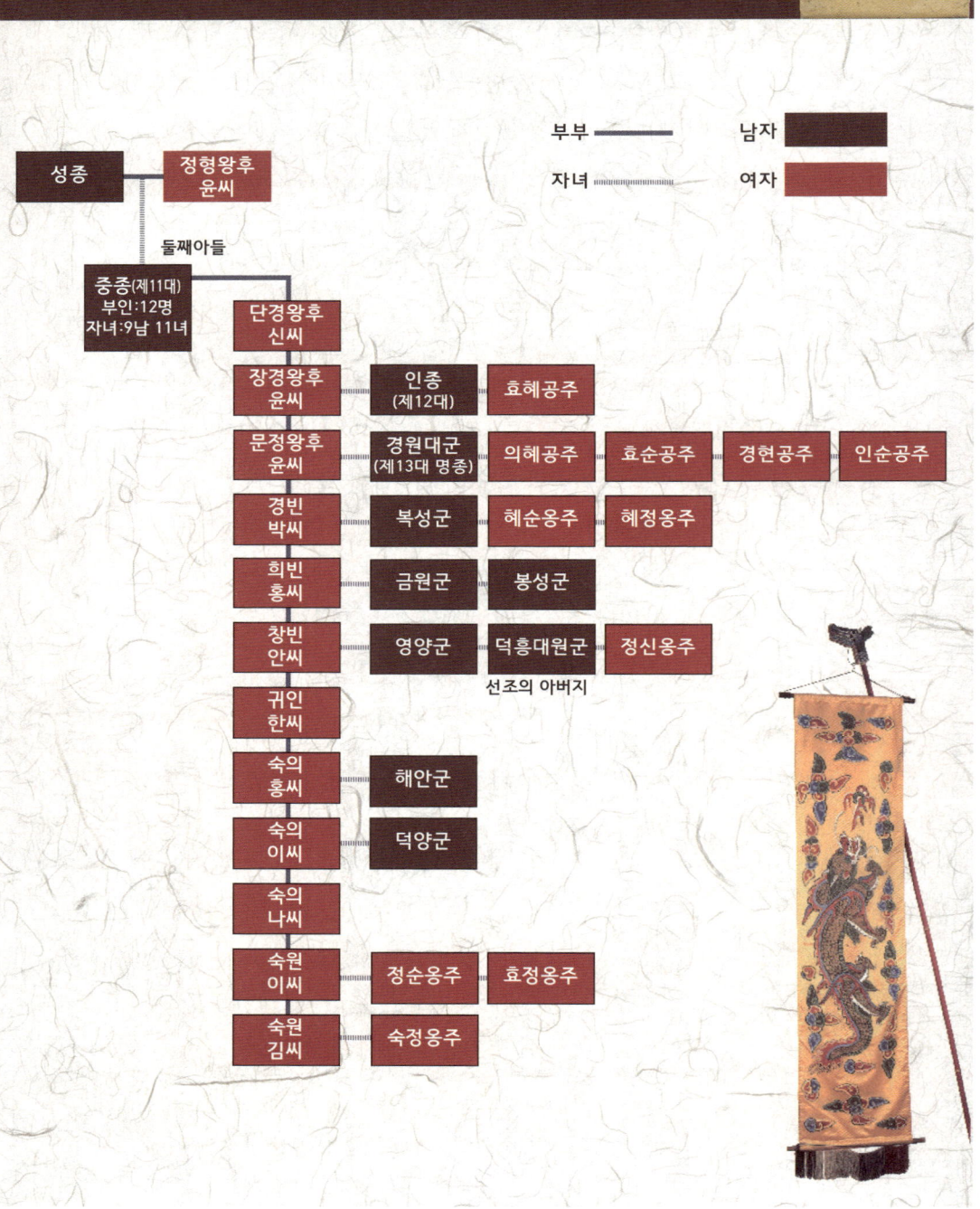

《인종실록(仁宗實錄)》

《인종실록》 편찬 경위

《인종실록》은 조선왕조 제12대 왕이었던 인종의 원년부터 재위 기간(1544년 11월~1545년 7월)의 역사를 편년체로 기록한 사서이다. 정식 이름은 《인종영정헌문의무장숙흠효대왕실록》이며 모두 2권 1책으로 활판 인쇄되었다.

인종의 즉위년(1544년 11월 16일~12월 말일)까지의 기사는 《중종실록》 제105권에 합편되어 있다.

인종은 재위 기간이 9개월밖에 되지 않았기 때문에 《중종실록》의 편찬에 착수하지 못하였고 명종이 즉위한 뒤에도 을사사화가 발생하여 착수하지 못하였다.

명종 원년(1546년) 가을에 이르러 비로소 춘추관에 실록청을 설치하고 《중종실록》과 《인종실록》을 동시에 편찬하게 되었다.

이때 우의정 정순붕이 실록청 총재관에, 그리고 대제학 신광한 등이 실록청 당상관에 임명되어 편찬의 실무를 관장하였다.

명종 2년(1547년) 12월에 우의정 정순붕이 총재관을 사직하고 좌의정 이기가 대신 실록청의 총재관에 임명되었다. 그러나 《중종실록》의 편찬을 마치고 《인종실록》을 편찬할 때는 좌의정 심연원이 실무를 주도하였던 것으로 짐작된다.

묘호는 인종(仁宗), 시호는 영정(榮靖), 존호는 헌문의무장숙흠효(獻文懿武章肅欽孝)이며, 능호는 효릉(孝陵)으로 경기도 고양시 덕양구 원당동에 있다.

《인종실록》의 내용

　인종(1515~1545년)의 휘는 호(峼)이며, 자는 천윤(天胤)이다. 중종과 장경왕후 윤씨 사이에서 태어난 큰아들이다. 1520년(중종 15년) 세자로 책봉되었고, 25년간 세자로 있다가 중종 39년(1544) 11월 15일 중종이 승하하자 다음날 즉위하였다. 그리고 이듬해(1545년) 7월 1일에 세상을 떠났으므로 재위 기간이 9개월(윤정월 포함) 밖에 되지 않았다. 재위 기간이 짧아 치적은 기록할 만한 것이 적다.
　본 실록에 나타난 행적과 즉위 이후의 치적은 대략 다음과 같다.
　인종은 자질이 뛰어나 3세 때 글을 배웠고 8세에 성균관에 입학했는데, 행동이 바르고 학문에 열중하였다.
　원년 3월에 성균관 진사 박근 등의 상소를 필두로 대간·시종·경연관 등이 여러 번 상소하여 조광조의 복직을 청하였다. 그때마다 인종은 결정을 미루다가 병환이 위중하게 되자 대신들에게 유교(遺敎)하여 그를 복직시키고 기묘사화에 희생당한 사람들을 복직시켰다.
　인종은 중종이 승하했을 때 6일 동안 식음을 전폐하고 5개월 동안 곡하며 죽만 먹었고 소금과 장을 들지 않았다. 이 때문에 건강이 악화되어 병세가 더하였으나 대신들의 권고를 듣지 않았다.
　1545년 6월 29일, 아우인 경원대군에게 왕위를 전위하고 대신들에게 잘 보필할 것을 부탁한 뒤 31세의 젊은 나이로 세상을 떠났다. 인종은 학문을 좋아하고 인자하였으며 효성이 지극하여 인종(仁宗)이란 묘호를 얻었다.

제12대 인종

▶생애 : 1515~1545년
▶재위 : 1544~1545년

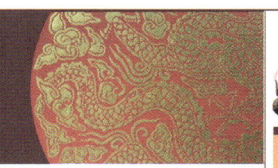

성은 이(李), 휘는 호(岵), 본관은 전주(全州), 자는 천윤(天胤)이다. 사후 시호는 인종영정헌문의무장숙흠효대왕(仁宗榮靖獻文懿武章肅欽孝大王)이며 중종의 장남으로, 어머니는 영돈녕부사 윤여필(尹汝弼)의 딸 장경왕후이며, 비는 첨지중추부사 박용(朴墉)의 딸인 인성왕후이다. 실록에, "전하께서는 어릴 때부터 검소한 생활을 하였고, 화려한 치장을 한 궁녀들을 쫓아내었으며, 우애가 깊어 병든 동생을 정성스럽게 간호해 주었다."라는 구절이 적혀 있을 정도로 자애한 왕이었다고 한다.

■ 왕세자 시절과 즉위

장경왕후 윤씨가 인종을 임신했을 때 꿈을 꿨는데 아기의 이름을 '억명'으로 지으라는 것이었다. 이후 인종을 낳은 뒤에 자신의 병세가 위독해지자, 이 꿈이 어떤 계시로 생각되었는지, 중종에게 이름을 '억'으로 지어 달라고 부탁하고는 세상을 떠났다. 그러니까 원자의 성명은 '이억'이 된다. 하지만 결국 세자에 책봉되면서 피휘(避諱: 옛 관습에서 함부로 부르는 것이 꺼려지는 군주 등의 이름을 뜻하기도 한다)를 위해 '호'로 개명했다.

3세 때부터 책을 읽기 시작하는 등 어려서부터 학문적 기상을 풍겼으나, 태어난 지 며칠 만에 어머니 장경왕후 윤씨가 산후병으로 죽었고, 이 때문에 인종은 세자 시절에 상당한 고생을 겪어야만 했다.

어릴 때는 남곤의 보호를 받았지만 그는 죽었고, 아버지 중종이 각별히 아끼는 아들이었지만 자신의 소생 복성군을 왕으로 만들기 위해 호시탐탐 기회만을 노리던 경빈 박씨의 견제 때문이었다. '작서의 변'으로 경빈이 몰락한 뒤에는 세자를 보위한다는 명목으로 권세를 휘두르는 김안로가 문제가 되었다. 하지만 김안로가 세자의 후원자를 자처한 덕에 세자의 지위는 안정될 수 있었다.

조선왕조실록

김안로가 몰락하고 나자 권력은 그의 의붓어머니 문정왕후와 그녀의 동생 윤원형의 손에 넘어갔다. 문정왕후는 먼 친척이기도 하고, 아들을 낳기 전까지는 필요에 의해서 세자를 감쌌지만, 경원대군을 낳은 뒤에는 자신의 아들을 세자로 세우기 위해 인종을 견제했다. 이런 가운데 세자궁에 의문의 화재가 일어나 인종이 죽을 뻔한 사건이 있었다.

야사에 따르면, 이때 불이 나자 당시 인종은, "어머니가 나의 죽음을 원하시니 그에 따르는 것이 효가 아니겠는가."라며 자리에 앉아 불에 타 죽기를 기다렸다고 한다. 그러나 밖에서 중종이 나타나 그의 아명인 백돌을 애타게 부르자, '이대로 죽으면 어머니에게는 효가 되지만 아버지에게는 불효가 된다'는 사실을 깨닫고 밖으로 나왔다고 한다. 세간에선 문정왕후가 세자를 죽이려고 벌인 짓이란 소문이 떠돌았다.

중종이 승하한 후 인종은 왕위에 올랐다. 인자하고 학문을 좋아하는 성격의 소유자답게 유학에 바탕을 둔 정치를 펼치려 노력했다. 기묘사화 때 죽은 조광조를 신원하고 현량과를 부활시키는 등 중종 때 좌절된 도학정치를 재현하려 노력했다.

실제로 인종이 왕위에 오르자 그동안 압박받던 사림들이 환호했다. 또한 사간원의 건의를 받아들여 사관은 자신이 기록하는 사초(실록의 원본)에 이름을 써 넣지 않아도 된다는 옛 규정을 부활시켰다.

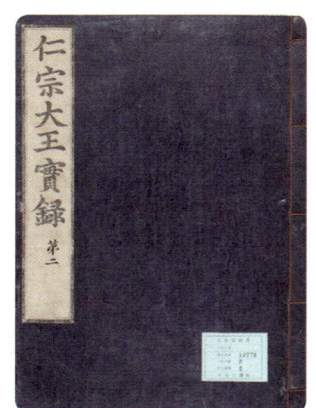

● 《인종실록(仁宗實錄)》
인종 사후에 발생한 을사사화로 인하여 그와 가까운 인물들이 다수 숙청됨으로써 《인종실록》은 편찬 계획조차 수립되지 않았다. 1546년 《중종실록》의 편찬을 재시작하였을 때 그 부수적 작업으로 편찬되기 시작하였는데, 1550년에 편찬을 완료하였다.

■ 인종의 죽음

인종은 몸이 약했고 문정왕후의 도가 넘은 압박 때문에 고생해야 했다. 야사 등에선 문정왕후가 인종을 늘 괴롭혔다고 하는데, 경원대군과 함께 편전에 들어서, "우리 모자를 언제 죽일 거냐. 죽이려거든 지금 죽여라."라며 포악한 행동을 일삼았다는 이야기가 전한다. 그러나 정작 인종 자신은 그런 문정왕후를 극진히 대우하였고, 나이 차이가 아들뻘인 이복동생 경원대군과도 매우 친밀하게 지냈다고 한다.

야사에서는 인종이 원인 모를 병으로 앓다가 죽게 된 것도 문정왕후가 독을 넣어 만든 떡을 먹었기 때문이라고 전해진다.

어느 날 인종이 문안인사차 대비전에 들어가자 그날 따라 문정왕후는 평소와 다르게 입가에 웃음을 흘리며 인종을 반기며 떡을 대접했다. 난생 처음 계모가 자신을 반기자 인종은 기분이 좋아 아무 의심 없이 그 떡을 먹었다. 그런데 그 이후로 인종은 갑자기 시름시름 앓기 시작하더니 얼마 못 가서 숨을 거두고 말았다고 한다. 하지만 이는 근거가 없는 야사에 불과하고, 인종이 죽게 된 진짜 원인은 상례 도중 너무 단식을 오래 하여 거식증에 걸렸기 때문이다.

중종이 병에 걸려 앓아 누웠을 때 인종은 침식을 거르며 간호에 몰두했고, 즉위 이후에도 5개월 동안 음식도 제대로 먹지 않고 단식했던 것이다. 이때 걱정이 된 신하들이 말렸으나 듣지 않았다고 한다. 죽기 한 달 전인 6월 4일부터 실록에 기록이 될 정도로 몸 상태가 악화되고 있었으나 걱정이 되어 찾아온 신하들에게 "괜찮으니 진료를 받지 않아도 된다"고 고집을 부리다가 한 달 만에 죽고 말았던 것이다. (신하들이 인종에게 고기를 먹도록 권하자 인종은 문정왕후께서도 고기를 드시지 않는데 어찌 자신이 고기를 먹을 수 있겠느냐고 거부했고, 그래서 신하들이 문정왕후를 찾아가서 인종께 고기를 드시라고 권해 드려 달라고 부탁했으나 문정왕후는 그러겠다고 하고는 실제로는 고기를 권하지 않았다고 전한다. 즉 인종의 사망을 방조하였던 것이다.)

제12대 인종

문정왕후의 독살설을 배제하더라도 문정왕후의 심리적 압박이 인종의 건강을 해쳤을 것으로 보고 있다. 효(孝)를 숭상하고 있는 조선에서 인종은 특히 매우 인자하고 효성스러운 인물이었다. 인종의 지극한 효성은 《연려실기술》에 실린 아버지 중종의 제문에 나타나 있다.

"태어난 지 열흘 만에 어머니를 여의매 외로운 이 몸을 보살펴 줄 이 없어 제대로 자라나지 못할 것 같더니, 부왕께서 극진한 은혜를 내리시어 잔약한 몸을 보전하였도다."

평소에 이런 마음을 품고 있던 인종이 문정왕후의 압박에 대해 매우 민감하게 받아들이고, 이를 자신의 불효 때문이라며 자책하는 것은 당연한 일이 아니었을까싶다.

인종의 죽음을 계기로 그동안 이일역월제(以日易月制), 즉 하루를 한 달로 치면서 3년상을 하는 편법으로, 국정의 안정과 실용성을 꾀하던 조선 왕실이 점차 성리학적 예법을 신봉하는 계기가 되는 사건으로 평가하기도 한다.

● 효릉(孝陵)
경기도 고양시 덕양구 원당동에 있는 조선조 제12대왕 인종과 비 인성왕후 박씨의 능.

인종의 가계

인종의 짧은 재위 기간과 취약한 입지는 부인인 인성왕후 박씨에게도 영향을 미쳤다. 그녀는 명종 즉위 후 왕대비가 되고 문정왕후 사후에는 왕실 최고 어른이 되었는데 정작 명종의 후계자는 손아랫동서인 명종비 인순왕후 심씨가 결정했고 선조 즉위 초의 수렴청정도 인순왕후가 담당했다. 하지만 이는 선조가 명종의 양자로 들어와 대를 이은 것을 생각한다면 왕통상 큰어머니인 인성왕후보다 양어머니인 인순왕후가 수렴청정을 보는 것이 보다 더 자연스럽다.

■ 인성왕후 박씨(仁聖王后 朴氏; 1514 ~ 1578년)

인종의 왕비이며 정식 시호는 효순공의인성왕후(孝順恭懿仁聖王后)이다. 본관은 반남, 금성부원군 박용의 딸이다. 1524년 11세로 세자빈에 책봉되고, 1544년 세자였던 인종이 즉위하면서 왕비가 되었다. 1년 뒤인 1545년 인종이 승하하고 인종의 이복동생인 명종이 즉위하면서 왕대비로 올라갔으며, 2년 뒤인 1547년 공의(恭懿)의 존호를 받아 공의 왕대비가 되었다.

1567년 명종이 후사 없이 사망하자 중종의 서손인 선조가 명종의 양자로 입적하여 즉위하였는데, 그녀의 아래 항렬인 명종비 인순왕후가 선조의 수렴청정을 하였다.

인성왕후 박씨는 1577년(선조 10년)에 향년 64세로 세상을 떠났다.

● 효릉(孝陵)
왕릉(인종)과 왕비(인성왕후)릉이 한 곳에 나란히 놓인 쌍릉으로, 효성이 지극했던 인종을 기려 능호도 효릉(孝陵)으로 정해졌다.

인종의 가계도

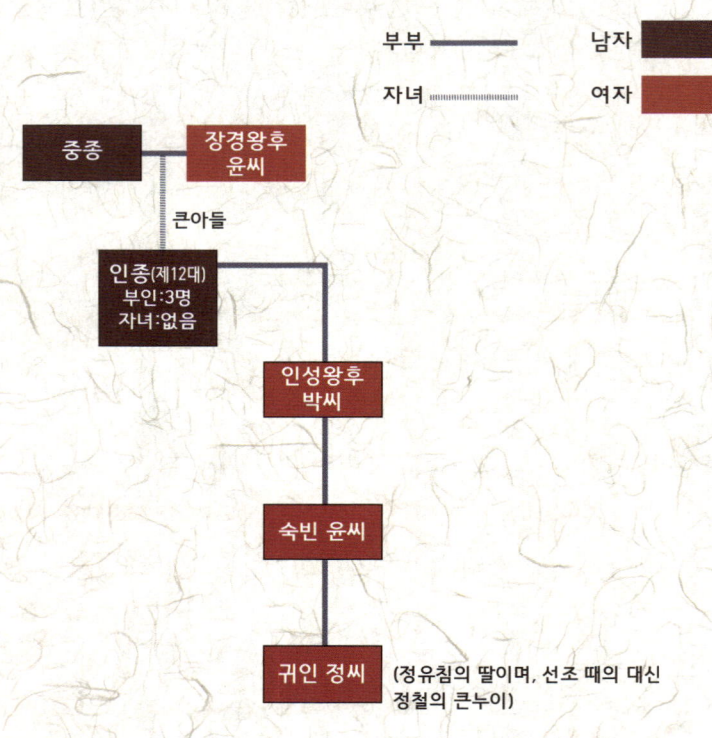

　야사에는 명나라의 사신이 인종을 보고, "조선의 왕은 공자에 버금가는 성인이다. 그런데 조선은 땅이 좁아 성인이 태어날 수 없다. 그러니 곧 얼마 안 가 왕은 죽을 것이다."라고 예언했다고 한다. 또한 인종에게 자식이 없는 이유는, 이복동생인 경원대군에게 왕위를 물려주기 위해 일부러 자식을 낳지 않기 때문이라고 야사에 나와 있다.

《명종실록(明宗實錄)》

《명종실록》 편찬 경위

《명종실록》은 조선왕조 제13대 왕이었던 명종의 재위 기간(1545년 7월~1567년 6월)인 21년 11개월간의 역사를 기록한 실록이다. 정식 이름은 《명종대왕》이며 모두 34권 34책으로 활판 인쇄되었다.

《명종실록》의 편찬은 선조 원년(1567년) 8월 20일에 영의정 이준경 · 우의정 홍섬이 춘추관에 나와 실록 편찬 인원을 선정함으로써 시작되었다.

《명종실록》권말에 부기된 전후 편찬관은

감관사 : 홍섬,

지관사 : 오겸 · 이황 · 이탁 · 송기수 · 김개 · 박충원 · 정종영 · 임열 · 송순,

동지관사 : 박순 · 김귀영 · 이탁 · 이문영 · 이영현 · 강사상 · 송찬 · 윤의중 · 박응남 · 백인걸,

편수관 : 이제민 · 이산해 · 안자유 · 민기문 · 권벽 · 유감 · 신담 · 황정욱 · 양희 · 신희남 · 이담 · 이기 · 유희춘 등이다.

명종의 시호는 공헌(恭憲), 존호는 헌의소문광숙경효(獻毅昭文光肅敬孝), 묘호는 명종(明宗)이며, 능호는 강릉(康陵)으로 서울시 노원구 공릉동에 있다.

《명종실록》의 내용

　명종(1534~1567년)의 이름은 환(峘), 자는 대양(對陽)이며, 중종과 계비 문정왕후 사이에서 태어났다. 태어나자마자 경원군에 봉해졌고 인종이 즉위하면서 경원대군에 봉해졌다. 명종은 인종의 뒤를 이어 12세에 즉위하여 어머니인 문정왕후가 수렴청정하게 되었다.

　문정왕후의 아우인 윤원형 일파(소윤)와 장경왕후의 아우인 윤임 일파(대윤)는 중종 때부터 갈등을 벌였는데, 1545년 명종이 제13대 왕으로 즉위하자 윤원형 일파가 을사사화를 일으켜 대윤을 숙청하고 조정의 정권을 장악하게 되었다.

　명종 2년에는 '여주(女主)가 집권하고 간신 이기가 정권을 농단한다'는 익명서가 양재역에 붙은 '양재역 벽서사건'이 일어났고, 그 다음해에는 윤임의 사위 이홍윤 형제의 역모 사건인 충주옥사 등이 연이어 일어나 1백여 명의 사류가 참화를 당하였다. 그리고 임꺽정의 도적 떼가 일어나 민심이 흉흉하였다.

　명종 초 9년 동안에 걸친 문정왕후의 섭정 아래 윤원형 일파의 외척정치 폐단이 극에 달하였다.

　명종 6년 6월에 승 보우는 판선종사·도대선사로서 봉은사 주지가 되고, 승 수진은 판교종사·도대사로서 봉선사 주지가 되었다. 명종 20년에 문정왕후가 세상을 떠나자 보우는 제주도에 유배되었다가 곤장을 맞아 죽었고, 윤원형도 고향으로 물러났다가 강음(江陰)에서 죽었다.

　1555년, 왜구가 전라도에 쳐들어와서 백성들을 괴롭히자 이들을 전라도 영암에서 크게 무찔렀다.

제13대 명종

▶생애 : 1534~1567년
▶재위 : 1545~1567년

성은 이(李), 휘는 환(峘), 본관은 전주(全州), 자는 대양(對陽), 사후 시호는 공헌(恭憲), 존호는 헌의소문광숙경효(獻毅昭文光肅敬孝)이며, 묘호는 명종(明宗)이다. 중종의 차남으로 문정왕후의 소생이다. 이복형 인종(부왕 중종의 적장자)이 후사 없이 붕어하기 3일 전 인종의 선위를 받아 왕위에 올랐다. 그러나 이후로 모후인 문정왕후의 섭정, 그리고 친정 이후에는 외척인 윤원형·윤원로·윤춘년·윤백원·이량·심연원·심통원 등에 의해 정사가 좌지우지되면서 혼란을 겪었다.

■ 문정왕후의 수렴청정

중종과 문정왕후 윤씨 사이에서 태어났다. 왕이 되기 전에는 경원대군(慶源大君)이었으며, 인종이 즉위할 때까지만 해도 그저 전왕(前王) 중종의 아들이자 현왕(現王)인 인종의 이복동생일 뿐이었으나 인종이 즉위한 지 8개월 만에 급사함으로써 왕이 되었다.

어릴 때 양쪽 눈에 안질이 있었다는데 인종의 갑작스러운 승하로 자신의 생명의 위협을 느낀 윤임이 대군은 안질 때문에 눈이 안 보이니 왕을 못한다는 핑계로 그를 후계 선상에서 제외시켜 보려 했지만, 이언적 등이 대군의 승계를 지지하고 문정왕후가 강력히 자신의 존재감을 드러내면서 포기하게 됐다.

1545년에 경원대군이 12세의 어린 나이로 제13대 왕으로 등극하자 전례에 따라 20세가 될 때까지 어머니 문정왕후가 대왕대비로 수렴청정을 하게 되었다.

● 명종 태실(明宗 胎室)
충청남도 서산시 운산면 태봉리에 있는 명종의 태실 부도(浮屠).

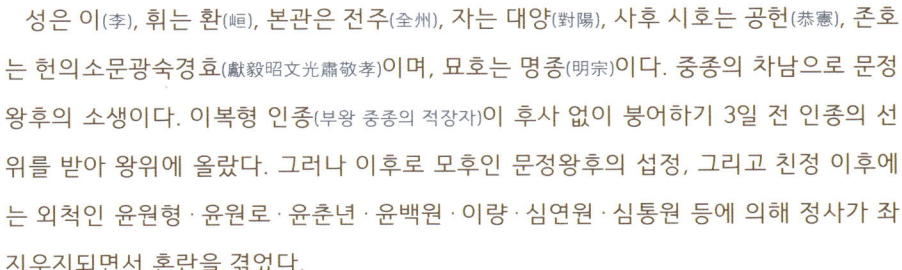

조선왕조실록

1544년 중종이 죽고 인종이 왕에 올랐을 때 인종의 외숙부인 윤임(장경왕후의 오빠로 대윤의 수장)의 세상이 되었다. 중종 재임시 대윤과 소윤(문정왕후의 친동생인 윤원형 형제의 세력)의 갈등은 첨예하였다. 인종이 왕세자로 있을 때 중종의 계비인 문정왕후가 명종을 낳자 중종은 이를 매우 사랑하였다.

그러나 세자(인종)는 생모(장경왕후 윤씨)도 일찍 여읜 데다 병약하였는데, 윤임은 그것을 염려하였다. 김안로(金安老: 인종의 누나인 효혜공주의 시아버지)가 정권을 잡았을 때 윤임은 김안로와 함께 동궁(인종)을 보호해야 한다고 주장하여 문정왕후와 알력이 생겼다.

그후 윤원형 일파는 윤임이 경원대군(명종)을 해치려 한다는 말을 퍼뜨려 모함했으며, 윤임은 또 윤원형 형제가 인종을 해치려 한다는 설을 조작하여 대윤과 소윤간에 큰 싸움이 벌어졌다. 중종은 불문율에 부치기로 하고 이들의 갈등을 중재하지만 대·소윤의 알력은 가라앉지 않고 벌어졌다.

1544년(인종 원년) 인종이 즉위하자 윤임은 윤원로와 윤원형을 파직시켜 조정에서 축출하였다. 윤임에 의해 동생들이 퇴출되자 문정왕후는, "나와 경원대군을 죽이시려거든 어서 빨리 죽이시오!" 하며 표독스럽게 인종을 몰아세우기 시작했다. 문정왕후는 삭망전(朔望奠: 초하루와 보름날에 지내는 제사)을 중지하고 대비전이 좁다고 옮기는 등 거칠 것 없는 행보를 밟는다. 그러나 인종이 재위 8개월 만에 죽자 명종이 어린 나이로 즉위했으므로 문정왕후가 수렴청정하게 되어 전세는 역전하게 된다.

● 명종 태실(明宗 胎室)
조선은 갓 태어난 아기의 탯줄을 소중히 여겼다. 궁중에서는 아기의 탯줄을 깨끗이 씻어서 백자 항아리에 담아 보관했다. 보관 장소를 태실이라 한다. 경복궁 고궁박물관의 명종 태실의 모형도이다.

■ 을사사화(乙巳士禍)

1545년(명종 즉위년) 조선왕실의 외척인 대윤(大尹)·소윤(小尹)의 반목으로 일어난 사림(士林)의 화옥(禍獄)으로 소윤이 대윤을 몰아낸 사건을 말한다.

● 죄인의 등에 북을 매어 그 북을 치면서 사람들에게 죄인의 죄를 알리는 모습을 그린 그림이다.

윤임 일파는 이들(소윤)의 대두를 막으려고 윤원로를 귀양 보냈으나 이는 오히려 그들의 원한만 쌓이게 한 꼴이 되었다.

문정왕후가 실권을 쥐자 윤원형이 득세하여 전일(前日)의 윤임 일파를 제거한다. 즉 예조참의로 있던 윤원형은 자신을 지지하는 세력을 만회하기 위하여 평소 대윤파와 사감(私感)이 있던 중추부사 정순붕(鄭順朋), 병조판서 이기, 호조판서 임백령(林百齡), 공조판서 허자(許磁) 등 심복들과 더불어 계책을 꾸몄다. 또 한편으로 그의 첩 정난정으로 하여금 문정왕후와 명종을 선동케 하여 형조판서 윤임 및 그 일파인 이조판서 유인숙(柳仁淑), 좌의정 유관(柳灌) 등을 반역 음모죄로 몰아 귀양 보냈다가 죽이고, 이어서 전직 주서(注書) 이덕응(李德應)을 협박하여 그의 무고로 수찬(修撰) 이휘(李輝), 부제학 나숙(羅淑), 참봉 나식(羅湜) 및 정희등(鄭希登)과 박광우(朴光佑), 사간(司諫) 곽순(郭珣), 정랑(正郎) 이중열(李中悅)·이문건(李文楗) 등 10여 명을 죽였다. 또 성종의 일곱째아들인 계성군이 조카인 봉성군(鳳城君: 중종의 다섯째아들)에게 왕위를 옮기도록 획책하고 있다고 무고하는 한편, 궁궐 밖으로는 인종이 승하할 당시 윤임이 경원대군(훗날의 명종)의 추대를 원치 않아서 봉성군을 옹립하려 하였다는 등의 소문을 퍼뜨렸다. 결국 봉성군과 계성군은 유배지에서 사사되었다.

사화의 여파는 그후 6년에 걸쳐 계속되었고, 윤임 등을 찬양하였다는 등의 갖가지 죄명으로 유배되거나 죽은 자의 수가 거의 100명에 달하였다.

■ 양재역 벽서 사건

조선시대의 사화(士禍)로 일명 '벽서의 옥(壁書獄)'이라 한다. 조선 4대사화인 을사사화보다도 연루된 자들이 더 많고 여파가 컸던 사건이다. 종친 봉성군·송인수·이약빙·이언적·노수신·정황·유희춘·권응정·이천제·권벌·백인걸 등이 처벌받거나 처형되었다. 을사사화가 소윤이 대윤을 몰아내기 위한 시작점이었다면 이 사건은 마침점이라고 할 수 있다. 다만 을사사화의 일부로 보기 때문에 한국사와 관련해서 잘 다뤄지진 않는다.

대윤세력을 제거하자 문정왕후와 윤원형의 일파는 무소불위의 권력을 휘두르기 시작했다. 특히 윤원형과 그의 첩인 정난정의 권세는 백성들의 원성을 샀다. 그런 시점에서 양재역 말죽거리에 있는 한 주막의 벽에 붉은 글씨의 비방문이 나붙었다.

양재동(良才洞)은 어질고 재주 있는 선비들이 많이 산다고 하여 붙여진 동네 이름이다. 그런 양재동에 느닷없이 문정왕후를 비방하는 괴상한 벽보가 나붙은 것이다.

"여자가 임금 위에 있고, 간신이 그 아래서 국권을 농락하고 권력을 휘두르니, 나라가 곧 망할 징조라, 어찌 한심하지 아니하랴!"

부제학 정언각과 선전관 이로가 양재역 한 주막에서 익명의 벽보를 발견하고 문정왕후에게 보고했다.

난데없는 붉은 비방문을 받아든 대궐은 발칵 뒤집혔다. 임금 위의 여자는 문정왕후이고, 간신은 그의 남동생 윤원형과 이기 일파를 지칭하는 것이었다.

문정왕후는 노발대발 길길이 뛰며 분노했다.

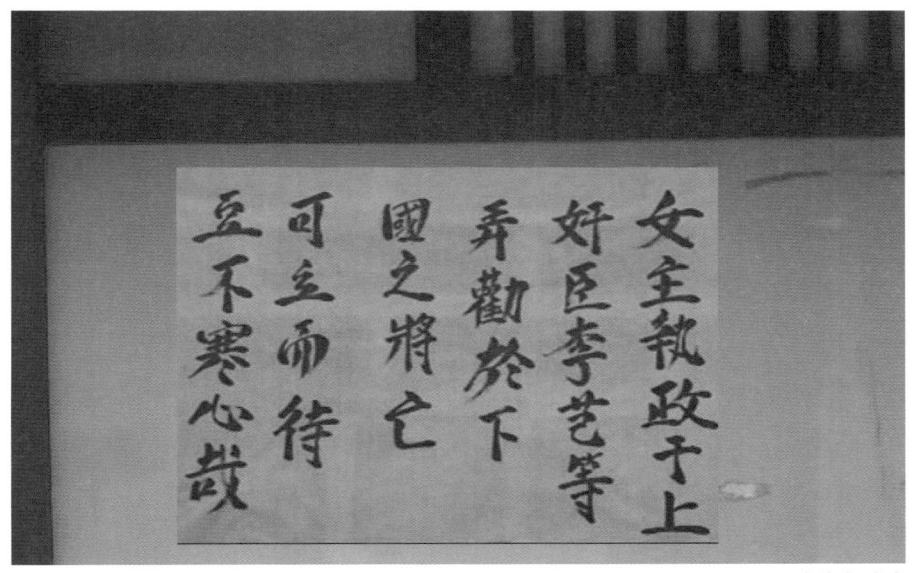

● 양재역 벽서

　범인이 누군지 알 수 없는 상황이다 보니 불똥은 엉뚱한 곳으로 튀었다. 평소에 문정왕후의 섭정을 못마땅하게 여기던 충신들이 무더기로 끌려 들어가고 죽임을 당했다. 살아남은 선비들은 귀양살이를 하게 되었다. 이를 '정미사화(丁未士禍)'라 하고, '양재역 벽보사옥' 또는 '양재역 벽서 사건'이라고도 한다.

● 양재역 사건의 진실
　사건의 여파가 매우 큰 데다 이를 옥사로 연결할 때 윤원형 일파의 억지가 심하다 보니 벽서 자체가 조작된 게 아니냐는 의심도 있었다. 벽서를 썼다고 의심되는 자를 처벌하려든 것도 아니고 '이전의 옥사 때 제대로 처벌이 되지 않아서 이런 여론이 나오는 것이니 이 참에 제대로 해야 한다'는 논리로 윤임의 잔여세력을 공격했기 때문이다. 실록의 사관조차 처음 벽서를 발견하고 사건을 확대한 정언각 본인을 조작범으로 의심하기도 했다. 정언각은 이후의 옥사에도 적극 참여하면서 악명을 쌓았는데, 어찌나 평가가 나빴는지 정언각이 말에서 떨어지는 사고로 사망할 당시 사람들은 그 말을 '의로운 말'이라고 칭찬했고, 심지어는 이 말이 옥사 때 죽음을 당한 임형수의 말이었기 때문에 주인의 복수를 한 것이라는 이야기까지 떠돌았다.

조선왕조 최고의 악독한 여인

조선시대 여성 가운데 신사임당이 최고의 현모양처였다는 것은 너무나 유명한 이야기이다. 그렇다면 그 반대로 가장 악독한 여성으로 기록된 인물들은 누구일까?

그 대표적인 실존 인물 가운데 한 명이 정난정으로 기록되어 있다. 출생 연도는 알려지지 않고 사망 연대는 1565년 11월 13일로 문헌에 나와 있다. 그녀는 명종의 넷째외삼촌이자 재상인 윤원형의 애첩으로 나중에는 그의 두 번째 부인이 되었다. 정난정은 윤원형의 본부인 연안김씨를 독살했다는 의혹을 받았으며, 사후 사림파에 의해 악녀의 대명사로 몰린 여인이다.

정난정의 본관은 초계, 도총부 부총관을 지낸 정윤겸의 첩에게서 태어난 서녀였다. 어머니는 상민이 아니었으나 조정에 반기를 든 신하들의 난에 연루되어 노비가 되었고, 그후 정윤겸의 집에 배정되어 그의 첩이 된 것이다. 그러나 정난정은 어머니처럼 그 집에서 노비로 살지 않고 어릴 때 뛰쳐나와 기생이 되었다. 그리고 문정왕후의 동생인 윤원형의 눈에 들어 그의 첩이 된 후에 윤원형의 본처 김씨를 내쫓고 자신이 아내 행세를 했다.

재물에 눈을 밝히고 경제에도 능했던 정난정은 윤원형의 권세를 배경으로 상업권을 장악하여 전매·모리 행위로 많은 돈을 긁어모아 축적하였다. 그런 일로 그때 권력을 탐내던 간신들이 윤원형과 정난정 사이에서 태어난 자녀들과 앞다투어 혼인줄을 연결하느라고 정신이 없었다. 정난정은 그런 기회를 놓치지 않고 자신이 기생 시절에 낳은 딸들을 양반 가문에 시집보내고 부귀를 누렸다. 특히 문정왕후와 친밀한 관계를 맺고 신임을 얻어 궁궐을 마음대로 출입했다. 더구나 그녀는 남편인 윤원형으로 하여금 양반 계급인 적자와 첩 출신인 서자의 신분 차별을 폐지하고 서자도 벼슬길에 나설 수 있도록 하는 상소를 올리게 하였다.

이런 일은 그때 양반사회를 결성하고 있던 신분제도의 근간을 뒤흔드는 엄청난 개혁정책이었다. 그런 관계로 신분제도 때문에 벼슬에 나아가지 못해 좌절하던 사람들에게 엄청난 호응을 받았다.

정난정은 간사스러운 요승인 봉은사의 승려 보우를 문정왕후에게 소개시켜 선종판사라는 높은 직책에 오르게 하였다. 이를 계기로 정난정은 보우가 문정왕후의 총애를 받게 하고 병조판서에 오르게 하였다. 이로 인하여 양쪽으로 갈라져 으르렁거리던 선종과 교종이 각각 인정받게 되고 새로 중이 되는 승려에게 나라에서 허가증을 내주는 도첩제도가 다시 실시되는 등 한때나마 불교가 융성하는 길을 열었다.

정난정은 남편에게 반대파의 선비들을 내쫓고 권력을 잡으라고 충동질하였다. 이 사태로 을사사화가 일어났는데, 사화가 성공하면서 정난정의 신분이 고속으로 상승하는 일이 거듭되었다. 을사사화의 한복판에서 충신 선비들을 내쫓거나 사약을 내리고 귀양을 보내는 일을 조정했던 장본인이나 마찬가지였던 정난정은 윤원형이 이조판서에 오를 때 자신도 정부인으로 승급되고, 윤원형이 의정부 우의정과 영의정에 오를 때에도 직급이 올라 정경부인의 작호를 받았다.

기생에서 세도가의 첩이 되고 다시 그 집에서 본부인을 내쫓고 안방마님이 된 그녀는 그후 사화를 종용하였다. 그리고 정경부인에 오른 뒤에는 대궐 출입을 더욱 마음대로 하면서 문정왕후를 사이에 놓고 명종 임금과도 친분을 두텁게 쌓았다. 하지만 그런 행실에 눈살을 찌푸린 대신이 많았다. 성리학자인 사대부들은 정난정의 대궐 출입 행각을 못마땅하게 여겼지만 세도 때문에 대놓고 반대할 수도 없었다. 그러면서 정난정의 후원자인 문정왕후가 죽기만을 기다렸다.

● 정난정 묘지석

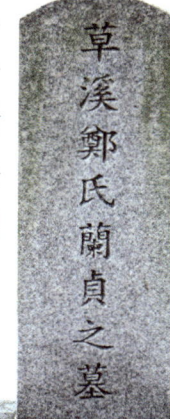

마침내 1565년에 일이 벌어졌다. 문정왕후가 죽자 사림들이 일어나 승려 보우를 제주도로 귀양 보냈고, 정난정을 탄핵하여 본래 신분인 천민으로 강등시켰다. 또한 권세를 휘두르던 윤원형과 정난정을 황해도 강음 땅으로 함께 귀양 보냈다. 그와 동시에 윤원형의 본처인 김씨를 정난정이 독살했다는 의문을 풀자며 사실을 규명하는 일에 나섰다. 그런 연유는 문정왕후가 죽자 윤원형의 본부인 가문인 연안김씨 문중에서 정난정이가 김씨를 독살했다며 의금부에 고발한 데서 불거졌다.

이 사건으로 점차 사대부의 공격이 심해지자 정난정은 1565년 11월 13일 술에 독약을 넣어 마시고 스스로 목숨을 끊었다. 그 남편 윤원형도 뒤를 이어 자결하였다.

정난정이 죽자 그녀는 사림파에 의해 악녀의 대명사로 역사에 기록되었다. 조선의 사대부는 정난정을 조선의 질서를 어지럽힌 타락한 여성으로 묘사하였다. 이를 계기로 한쪽에서는 이야기로 전해 오는 구전과 민담을 통해 작품과 희극의 소재로 활용되었다.

● 정난정의 무덤은 경기도 파주 교하면 당하리 산 4-20번지 선산 근처. 윤원형과 본부인 연안김씨가 매장된 묘소 뒤쪽에 있다.

■ 을묘왜변(乙卯倭變)

조선이 건국된 이후 가장 큰 규모로 벌어진 왜구의 침입이었다. 왜구들이 전라남도 해남군 달량포를 기습하여 전라남도 영암·강진·진도 일대를 습격하고 10진이 함락되었으나 곧 수습, 토벌되었다. 일설에는 임진왜란의 전조로 간주하기도 한다.

조선 정부는 1510년 삼포왜란(三浦倭亂), 1544년 사량진왜변(蛇梁鎭倭變) 등 왜구의 행패가 있을 때마다 이에 대한 조치로 조선에의 입국을 엄격히 제한하고 파견 가능한 세견선(歲遣船; 조선과 교역할 수 있는 허가를 받은 일정한 수의 무역선)의 수를 감축하

● 16세기 왜구의 모습

여 허가했으므로, 조선에 생선과 해산물을 팔고 물자를 보급받아야 했던 왜인들은 조선 정부에 수차례 규제완화를 요청해 왔다.

하지만 조선 정부가 서신을 묵살하거나 이에 응하지 않자 왜구는 불만을 품고 1555년(명종 10년) 5월초, 배 70여 척으로 전라남도 연안지방을 습격, 해남군의 달량성(達梁城)·어란포(於蘭浦)를 기습 공격하였다. 이어 진도와 금갑도(金甲島)·남도(南桃) 등의 보루(堡壘)를 기습 공격하여 병력을 학살하고 불태웠으며, 민가를 약탈하고 방화하여 해남·영암·진도 일대를 쑥대밭으로 만든 뒤 장흥(長興)·강진(康津)에도 침입하였다.

1555년 5월 13일, 왜구들은 먼저 영암 달량포를 점령하고 어란포·장흥·강진·진도 등을 짓밟으며 갖은 만행을 저질렀다. 이때 절도사 원적과 장흥부사 한온 등이 전사하고, 영암 군수 이덕견이 사로잡히는 등 사태가 매우 긴박하였다.

가리포 수군첨사(加里浦水軍僉使) 이세린(李世麟)으로부터 보고를 받은 전라도 병마절도사(兵馬節度使) 원적(元績)은 장흥부사 한온(韓蘊), 영암군수 이덕견(李德堅) 등과 함께 군사를 거느리고 영암 달량포로 출전했으나 오히려 왜구에게 포위되어 원적과 한온은 항복했다가 피살되고 이덕견은 항복하는 척하다 탈출했다. 전라도 병마절도사 휘하의 정예군사가 붕괴하자 침입한 왜구의 횡행을 막을 수 없었다.

정부는 급히 이광식을 후임 전라도 병마절도사로 임명해 병력을 주어 내려보냈다. 전라병사와 장흥부사를 사살한 왜구는 5월 하순까지 별 저항을 받지 않고 어란포·완도·장흥·강진·진도 등을 공격, 주민을 사살하고 민가를 방화하면서 약탈하다가 다시 영암으로 침입했다.

이에 조정에서는 호조판서 이준경(李浚慶)을 도순찰사로, 김경석(金慶錫)·남치훈(南致勳)을 좌·우도 방어사로 임명하고, 전주부윤 이윤경을 파견하여 왜구를 토벌하도록 하여 영암에서 적을 크게 파하여 그들을 몰아내었다. 이때 금군(禁軍) 등 서울의 정예군사를 동원함과 아울러 산직(散職) 무신과 한량(閑良)·공사노(公私奴)·승도(僧徒) 등을 강제 징집하였다. 또 부산포에 있는 일본인들도 전부 내보내 삼포 왜인의 준동을 방지하고 침입한 왜구의 진공을 막도록 경상도와 충청도에도 각각 장수를 파견했다.

● **이준경(李浚慶)의 간찰**
1555년(명종 10년) 전라도 도순찰사로서 내륙 깊숙이 침입한 왜구를 소탕하고 돌아와 의정부 우찬성 겸 병조판서가 되었다. 1558년 의정부 우의정에 오른 이후 좌의정을 거쳐 1565년 영의정이 되었다.

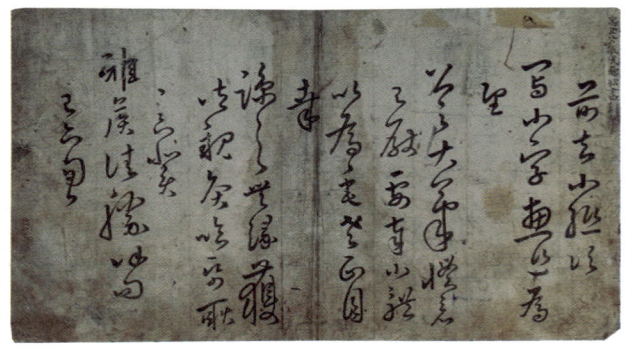

후원군이 도착하자 전주부윤 이윤경(李潤慶)이 군사를 이끌고 영암으로 가서 남치훈 군사와 합세하여 5월 25일 영암 해변에서 왜구를 격파하여 승리하였다.

왜구는 퇴각하는 길에 녹도(鹿島)를 습격한 데 이어 6월 27일 제주도를 습격했으나 상륙한 왜구를 목사 김수문(金秀文)이 군사를 이끌고 토벌하였다.

그 해 10월 대마도주(쓰시마 국주) 소 요시시게(宗義調)는 이들 전라남도 해안가를 습격한 왜구의 목을 잘라 보내어 죄를 사과하고 세견선의 증가를 호소해 왔으므로 조정에서는 이를 승낙, 세견선 5척을 증가시켰다.

왜구들의 침략을 물리쳤지만 지속적인 왜구의 침략에 대항하고자 중종 때 만들어진 임시기구 비변사를 상설기구로 승격했다. 공조판서를 제외한 5조판서가 모두 참석한 비변사는 이후 권한이 점점 막강해져 세도정치 때에는 다른 모든 기구를 초월한 강력한 부서가 되어 버렸고, 따라서 흥선 대원군은 집권하자마자 비변사를 없애 버렸다.

● **비변사 터** ; 외적의 방어와 국가 최고 정책을 논의하던 관아 터의 표지석으로 창덕궁 맞은편에 있다.

▶ **비변사**(備邊司)

1510년(중종 5년)에 삼포왜란이 일어나자 도체찰사(導體察使)가 설치되고 다시 병조(兵曹) 안에 1사(司)를 두어 종사관(從事官)에게 그 사무를 맡기면서 '비변사'라 칭하게 되었다. 당시의 비변사는 그 자체로는 아무 권한도 가지지 못하였고 외침이 있을 때마다 편성되었던 임시 관청이었다.
1554년(명종 9년) 정규 관청으로 독자적인 합의기관이 되었고, 이듬해 을묘왜변 이후 상설화되어 청사(廳舍)가 설치되고 도제조 · 제조 · 낭청이 정해졌다. 비변사의 권한은 임진왜란 · 정유재란 이후 최고 기구화되어 일반 행정은 물론 정치 · 경제 · 외교 · 문화 등 국내의 모든 행정도 협의 · 결정하게 되어 의정부의 기능을 마비시키는 역효과를 가져왔다.

■ 허응당(虛應堂) 보우(普雨)

보우는 1530년 금강산 마하연암에 들어가 수도하다가 명종의 모후로서 불심(佛心)이 깊은 문정왕후의 신임을 얻어 1548년에 봉은사 주지가 되었다. 그후 선종과 교종을 부활시키고, 문정왕후가 섭정할 때 보우는 봉은사를 선종의 본산으로 삼았으며 봉선사를 교종의 본산으로 삼았다. 이와 더불어 승과를 부활시키고 도첩제를 다시 실시하게 하는 등, 억불숭유정책으로 탄압받던 불교의 부흥에 노력하였다. 후에 도대선사(都大禪師)에 올랐다.

보우는 조선 중종 25년 금강산 마하연암(摩訶衍庵)에 입산하여 참선과 경학 연구에 전심하였다. 그리고 그후 다시 하산하였다가 설악산 백담사의 승려로 있던 중, 문정왕후가 선·교(禪敎) 양과를 부활시키자 판선종사도대선사 봉은사 주지(判禪宗寺都大禪師奉恩寺住持)가 되고 봉선사(奉先寺) 주지로서 교종(敎宗)을 맡았던 수진(守眞)과 더불어 선·교 양면에서 그 위세가 빛나기 시작하였다.

철저한 억불숭유의 나라 조선에서 이처럼 보우가 불교 진흥에 앞장서자 사림의 선비들은 문정왕후가 살아 있던 시절에도 그를 죽이란 요구를 쏟아냈으며, 그러다가 문정왕후가 세상을 떠나자 성균관 유생들의 시위와 조정 대신들의 방관 및 비호로 그는 제주도로 유배되었다가 제주목사 변협에 의해 죽었다. 문정왕후가 보우를 밀어준 건 개인의 신앙심 때문이기도 했지만 지나치게 강화된 사림을 약화시키려는 목적도 있었다. 변협이 자기 멋대로 죽였는데도 제대로 된 처벌을 받지 않았으니 보우는 억울한 최후를 맞이한 셈이다.

● 보우대사의 좌상
보우의 선·교 양종의 과(科)도 폐지되었으나 그때 들어온 승려 중 임진왜란 때에 휴정(休靜)·유정(惟政) 등이 배출되어 법맥이 이어진 것은 조선의 불교로서는 매우 다행스런 일이다.

■ 대도 임꺽정(林巨正)

조선 명종 때의 황해도 지방의 백정 출신 도적이다. 홍길동·장길산과 함께 조선 3대 도적 가운데 한 사람으로 여겨지며, 조선시대에도 도적은 많았으나 임꺽정처럼 수차례 관군과 맞붙어 싸워 이겼을 뿐만 아니라 거의 한 나라를 뒤집어 엎을 정도로 활약했던 도적은 전무후무하다. 한글로는 임꺽정이라 불리지만 한자 표기는 林巨正(임거정)이라 표기한다.『조선왕조실록』에서는 '林巨叱正(임거질정)'으로 나타나고 있다.

경기도 양주시 유양동 출신인 임꺽정은 백정의 신분으로 태어났다. 임꺽정이 도적이 된 명확한 원인이나 시기는 알기 힘들지만 아마도 백정의 신분으로 겪는 차별과 혼란스러웠던 당시 조선의 정치 상황이 큰 영향을 끼쳤을 것으로 추측된다.

임꺽정이 도적으로 활동하던 무대가 되었던 명종 대에는 명종의 나이가 아직 어린 탓에 문정왕후와 그녀의 동생인 윤원형이 제멋대로 권력을 휘둘러 나라가 안팎으로 어지러워지고 관리들이 부패하여 민생이 어려워졌던 시기였다.

● **안성 칠장사 명부전 벽화에 나타나는 임꺽정**
흔히 을묘왜변 당시에 군공을 세웠음에도 불구하고 백정 신분 때문에 차별당한 것이 도적질을 하게 된 주원인이라 알려져 있지만, 이는 홍명희의 소설『임꺽정』으로 널리 알려진 이야기일 뿐 사실이 아니다.

임꺽정은 민심이 흉흉해지자 그 틈을 타서 자신과 비슷한 처지의 불평분자들을 선동하여 황해도 및 함경도를 중심으로 각지의 관아와 민가의 재물을 훔치며 종횡무진하였다. 이때 그 악명이 얼마나 대단했던지, 임꺽정이 한 고을에 나타났다 하면 짐을 나르던 사람들이 길을 나서기를 두려워하여 교통이 끊어질 지경이었다고 한다.

　1559년부터는 제법 세력이 커져서 황해도와 경기도 일대에서 관아를 습격하여 관리를 살해하고 그 재물을 털어 백성들에게 나누어 주는 등 본격적인 의적 행위를 벌였다. 덕분에 백성들과 아전들이 임꺽정을 두려워하기는커녕 오히려 임꺽정의 무리들과 내응하는 사태까지 발생하였다. 이들은 임꺽정과 그 무리들을 숨겨 주기도 하였으며, 관아에서 병력을 내보내면 도망치도록 도와주기도 하였다. 게다가 조정에서 보낸 선전관들마저도 이들에 의해 죽임을 당하였다.

　제법 큰 세력에다가 백성들의 지지까지 얻게 된 임꺽정 일당은 점차 대담해져서 여러 지역에 신출귀몰하며 조선의 전역을 무법천지로 만들어 놓았다. 이들은 곧 세력 범위를 넓혀 개성에 나타나는가 하면 1560년에는 서울에까지 출몰하였다. 게다가 관가에 일당들이나 그 가족들이 잡히면 관가로 쳐들어가서 그들을 구출하는 일까지 있었다. 사태가 이 지경에까지 이르자 임꺽정과 그 도적 떼는 더이상 일개 도적 떼가 아닌 반체제적 세력(반란군)으로 간주되었으며, 급기야는 조정에서 평산부와 봉산군의 군사 500명을 보내어 평산에 집결한 임꺽정의 무리를 토벌하도록 하였다. 그러나 임꺽정은 오히려 관군을 무찌르고 군관을 살해하였으며 군마를 약탈해 갔다.

　결국 임금인 명종이 직접 어명을 내려서 황해도·경기도·평안도·강원도·함경도 등의 5도에 대장을 정하여 임꺽정을 잡도록 하였다. 또한 모든 관청에 명을 내려 자잘한 업무는 모두 쉬게 하고 임꺽정을 잡는 데 주력하라고 명할 정도로 임꺽정의 악명은 자자했다.

　체포령이 내려졌음에도 불구하고 임꺽정은 여전히 전국을 헤집고 다니면서 3년 동안이나 잡히지 않았다. 조정의 독촉을 받던 장수들과 포상을 노리던 고을 수령들은 마음이 조급한 나머지 엉뚱한 사람을 잡아다 놓고 임꺽정과 한패라 하여 벌주고 고문하는 일도 여럿 있었다.

이런 허위사실로써 함부로 죄 없는 백성을 죽이거나 허위보고를 올리는 이들도 파직당하거나 유배당하는 등 온 나라가 혼란에 빠졌다.

이런 난리통에 1560년 12월, 임꺽정의 참모였던 도적 서림이 붙잡혔다. 임꺽정과 도적 떼의 사정에 대해 낱낱이 알고 있었던 서림은 관군의 앞잡이 노릇을 하여 임꺽정을 추격하였고, 마침내 도적 떼들을 토벌하는 데 성공을 거두게 된다.

1562년에 임꺽정은 군관 곽순수와 홍언성 등의 토벌군들에 의해 포위당했다. 탈출할 길이 없어지자 임꺽정은 토벌군 복색으로 변장한 후 꾀병을 부리면서 은근슬쩍 뒤로 빠지려고 하는데 토벌군 병졸들이 이를 수상히 여겼고, 때마침 서림이 임꺽정을 알아보고 토벌군에게 알리는 바람에 들켜 체포되고 말았다.

실록에는 그가 언제 죽었는지에 대한 정확한 기록이 없다. 다만 명종 17년 1월 17일 형조에서, "도적의 괴수는 이미 처단하였습니다."라고 아뢴 기록이 있어 임꺽정이 체포 이후 처형당했음을 짐작할 수 있다.

● 임꺽정의 평가

조선후기 실학자 성호 이익은 조선의 3대 도적으로 홍길동·장길산·임꺽정을 꼽았다. 성호가 3대 도적으로 이들을 꼽은 것은 비단 대도(大盜)라는 이유만은 아닐 것이다. 당시 위정자들은 이들을 도적 떼로 몰고 갔지만 실제로는 자신의 이익만을 추구하며 가렴주구를 일삼는 위정자들에 대한 농민의 저항이자 신분해방의 부르짖음이 담긴 의적(義賊)이라는 시각이 담겨 있다고 본다.

■ 문정왕후의 죽음과 명종의 친정

1553년 문정왕후가 수렴청정을 거둠으로써 친정(親政)을 하게 된 명종은 문정왕후와 윤원형을 견제하고 왕권을 안정시키기 위하여 이량(李樑)을 이조판서로, 그 아들 이정빈(李廷賓)을 이조전랑으로 기용했다. 그러나 이량 등은 왕의 신임을 믿고 파벌을 형성하여 횡령을 일삼았으며 사림 출신의 관료들을 외직으로 추방했다. 이에 사림들이 반발하자 이량은 사화(士禍)를 꾀했으나 심의겸(沈義謙)에게 탄핵당하여 1563년 숙청되었다. 결국 1565년 문정왕후가 죽기까지 20년 동안 명종은 자신의 세력기반을 지니지 못한 채 문정왕후와 윤원형의 전횡 속에서 왕위를 지킬 수밖에 없었다.

명종이 친정을 시작했을 때 경복궁이 근정전만 남긴 채 편전과 침전 구역이 모두 소실됐다. 게다가 1550년에는 더이상 줄 땅이 없어 직전법을 폐지해야 했다. 좋게 보면 공신·대신들의 땅 불리기가 공적으로는 중단된 것이지만, 거꾸로 말하면 이미 그러지 않아도 될 만큼 부패가 성횡하여 정점에 이르렀다는 것이다. 하지만 명종은 경복궁 재건을 기울여 불과 1년 만에 모두 복원해 냈다.

명종은 주로 환관(내시)들과 어울려 지냈는데, 문제는 명종이 앓고 있는 조울증에 따라 총애하는 환관이 자주 바뀌었다고 한다. 이런 모습은 외아들 순회 세자를 일찍 잃은 이후로 더욱 심해졌다. 단순히 총애의 정도가 바뀌는 것이 아니라 술에 취해서 하옥시키고 국문하곤 하여 환관들이, "신하들에게는 성군이면서 우리에게는 걸주(桀紂)나 다름없다."고 투덜거렸을 정도라고 한다.

1565년 문정왕후가 사망하였다. 죽음의 원인은 보우가 목욕재계를 권하여 그것을 따르다가 한기가 들어 중병에 걸렸기 때문이라고 한다. 그녀의 죽음 이후로 윤원형과 정난정도 몰락하고, 보우는 제주도로 귀양갔다가 불교 중흥을 못마땅하게 여기던 제주목사 변협에 의해 곤장을 맞다가 마침내는 참수를 당했다.

● 문정왕후의 장례 행렬 미니어처

한편, 계속된 사화에도 불구하고 꾸준히 지방에서 힘을 기르던 사림은 문정왕후와 윤원형 등의 척신들이 물러나자 본격적으로 진출하게 된다. 이때는 성종 때처럼 훈구파도, 연산군 때처럼 반사림적인 임금도 중종 때처럼 신진 사림을 제어할 세력이 없었으므로 그야말로 순수 지방 사림의 시대가 도래한 것이다.

이렇게 조정을 가득 채운 사림은 조광조 일파처럼 왕도정치를 구현하고자 했고, 명종은 이래저래 힘을 쓸 수 없었다. 명종은 사림의 대두인 이황(李滉)을 존경하였다. 퇴계 이황은 을사사화 때 형 이해의 일에 연좌되어 한때 파직되었다가 복직하였으나 이미 벼슬에 뜻을 두지 않았을 때이므로 다시 사직하고 고향에 내려가 양진암을 짓고 학문과 후학 양성에 힘을 기울였다.

명종은 그에게 출사(出仕)를 종용하였으나 조광조의 죽음을 봤던 그는 왕의 출사 요청을 쉽게 받아들이지 않았다. 이황이 출사 요청을 계속 거절하자 명종은 근신(近臣)들과 함께 '초현부지탄(招賢不至嘆)'이라는 제목으로 시를 짓고 몰래 화공을 도산으로 보내어 그 풍경을 그리게 하였다. 그리고 송인(宋寅)으로 하여금 도산기(陶山記) 및 도산잡영(陶山雜詠)을 써넣게 하여 병풍을 만들어서 그것을 통하여 조석으로 이황을 흠모하였다.

■ 퇴계 이황

이황(李滉; 1501년 ~ 1570년)의 본관은 진보(眞寶), 자는 경호(景浩), 호는 퇴계(退溪)·퇴도(退陶)·도수(陶叟)이다. 이언적의 사상을 이어받아 영남학파의 중추적 학자가 되었으며, 나아가 한국을 대표하는 성리학자가 되었다. 당시에 가장 성리학에 정통한 대학자로 인정되어 많은 사람이 그에게 문의하곤 했다. 서인을 창시한 율곡 이이(李珥)도 그런 사람 가운데 한 명이다.

● 퇴계 이황의 영정

1501년 11월 25일, 경상도 안동부 예안현 온혜리(현재의 경상북도 안동시 도산면 온혜리)에 있는 할아버지 이계양의 집에서 진사 이식의 아들로 태어났다. 여덟 남매 중의 막내인 퇴계 이황에게는 형이 여섯, 누나가 하나 있었다. 모친은 춘천박씨인 박치의 딸로, 전처인 의성김씨와 사별한 후 아버지 이식이 들인 후처였다.

1528년(중종 23년) 생원시에 합격하고 성균관에 들어가 수학하다가 1534년(중종 28년) 문과에 급제하였다. 1533년 다시 성균관에 입학하여 하서 김인후(金麟厚) 등과 교유하였고, 이때《심경부주(心經附註)》를 입수하여 크게 심취하였다. 또한 노수신과도 만나 친분을 쌓았는데, 이황은 조광조의 직계 제자는 아니었으나 노수신은 조광조의 제자인 이연경(李延慶)의 문인이었으므로 그를 통해 조광조의 영향을 받게 된다. 1533년, 관직을 사퇴하고 귀향 도중 김안국(金安國)을 만나 성인군자에 관한 견문을 넓혔다.

1534년 다시 문과에 급제, 1539년 홍문관 수찬이 되었으며, 동년에 곧 사가독서(賜暇讀書)에 임명되었다. 중종 말년에 조정이 어지러워지자 먼저 낙향하는 친우 김인후의 소식을 접한다. 그후 승진을 거듭하여 성균관 사성이 되었으나 사직하고 고향에 돌아가 학문을 연마하였다. 그러나 조정에서 다시 불러 홍문관 교리를 지내고 그 해 7월 홍문관 전한(弘文館典翰)이 된다. 그러나 그 해 10월 이 기로부터 을사사화의 역신인 김저와 같은 무리라 하여 탄핵을 당하고 파직당하였다.

이황이 지방 풍기군수 재직 시절 임금 명종의 친필 사액(賜額: 임금이 이름을 지어서 새긴 편액 등을 하사하는 것)을 받아 '백운동서원(중종 때 주세붕이 경북 영주시 백운동에 세운 사원)'을 '소수서원(紹修書院)'으로 만듦으로써 사액 서원의 모범 선례가 되었고, 사림파는 서원을 근거지 삼아 세력을 확대해 나가게 된다. 그의 소수서원 사액 실현은 사림파의 세력이 확장하는 결정적인 계기를 마련하였다.

1560년 고향 토계동에 도산서당(陶山書堂)을 짓고 아호를 도옹(陶翁)으로 고쳤으며, 이후 7년간 주로 서당에 기거하면서 독서·수양·저술에 전념하는 한편 많은 문하생이 찾아와 이를 지도하였다. '동방의 주자(朱子: 중국 송나라의 유학자인 주희를 높여 부르는 말)'라는 칭호를 받으면서 다른 나라에서도 그의 가르침을 받기 위해 찾아왔고, 일본에도 영향을 끼쳐서 메이지 시대의 교육이념에까지 영향을 미쳤다.

1569년(선조 3년) 이조판서가 되어 상경하였으나 얼마 뒤 병을 핑계로 낙향하여 1570년 음력 12월 8일 고향인 안동 토계동에서 의관을 정제하고 조용히 숨을 거두었다. 그의 나이 향년 70세였다.

● 도산서원(陶山書院)
경상북도 안동시 도산면(陶山面) 토계리(土溪里)에 있는 서원이다. 1574년(선조 7년) 이황(李滉)의 학덕을 추모하기 위하여 그의 문인(門人)과 유림(儒林)이 세웠다.

■ 명종의 최후

명종의 말년은 제대로 뜻을 펼치지 못한 채 숨을 거두고 말았다. 문정왕후가 죽은 뒤 윤원형과 보우(普雨)를 내쫓고 인재를 고루 등용하여 정치를 하려고 노력했으나 문정왕후 사후 2년 만에 그 뜻을 보지 못하고 승하하고 만다.

1567년 6월 27일부터 병이 위독하여 대신들이 경복궁 양심당에 입사(入侍)하였으나 명종은 이미 말을 제대로 할 수 없을 정도로 상태가 급격히 나빠져 있었다. 대신들과 약방 의원들이 손을 쓰려 했지만 이미 때는 늦고 말았다. 결국 다음날인 음력 6월 28일 축시(오전 1시~3시)에 이질과 그동안 지속되어 온 과도한 스트레스로 인하여 경복궁 양심당에서 34세를 일기로 승하하였다.

명종은 조선의 정식 국왕 중 재위 기간이 짧고, 쫓겨난 임금을 제외하면 유일하게 종묘 정전(正殿)에 불천위(不遷位)로 모셔지지 못한 왕이기도 하다(대신 한 단계 급이 낮은 영녕전(永寧殿) 동협에 경종, 추존왕인 원종·진종·장조, 그리고 의민태자와 함께 모셔져 있다). 22년이나 왕위에 있었지만 심지어 추존왕인 목조나 망국의 군주인 순종에게도 밀렸다. 원래 위패를 옮기지 않고 매년 제사를 모시는 불천위의 경우, 신하들이 왕에게, "모모 대왕께오서는 나라에 큰 공이 있으므로 정전에 불천위로 모시옵소서!"라고 주창하고 왕이 이를 수용하는 형식으로 이루어지는데, 명종은 후대의 신하들이나 임금에게 '나라에 큰 공이 있는 임금'으로 인정받지 못했다는 뜻이기도 하다.

● 서울 공릉동의 명종의 능 강릉(康陵)

명종의 가계

명종은 일곱 명의 아내를 거느리고 있었지만 아들 한 명밖에 낳지 못했다. 명종의 유일한 혈육인 순회세자도 요절하고 말아 후사가 없는 왕이 되었다. 명종은 외아들 순회세자가 죽자 대를 이을 아들을 낳기 위해 노력했는데, 꿈 속에 한 노인이 어느 여자를 얻으면 아들을 볼 수 있다고 하여 그 여자를 후궁으로 삼았지만 끝내 아들을 보지 못했다.

■ 인순왕후 심씨(仁順王后; 1532~1575년)

명종의 정비(正妃)이며 본관은 청송이다. 정식 시호는 선렬의성인순왕후(宣烈懿聖仁順王后)이며 청릉부원군(靑陵府院君) 심강의 딸이다.

1532년 6월 27일(음력 5월 25일)에 태어났다. 세종의 국구(임금의 장인)로 소헌왕후의 아버지인 심온의 6대손이며 심연원의 손녀이자 심강의 딸이다.

1544년에 당시 경원대군(慶原大君)이던 명종과 혼인하여 부부인이 되었고, 1545년 명종이 후사가 없는 인종의 뒤를 이어 즉위하자 왕비로 책봉되었으며, 1551년에 순회세자를 낳았다. 그러나 순회세자가 1563년에 요절하고 4년 뒤 후사가 없던 명종이 승하하자 하성군(河城君)을 즉위시켰는데 그가 바로 선조이다.

1567년 선조가 즉위하면서 왕대비가 되어 1년 가까이 수렴청정을 한 뒤 물러났고, 1569년 의성(懿聖)의 존호를 받아 의성 왕대비가 되었으며, 1575년 2월 12일(음력 1월 2일) 창경궁 통명전에서 44세의 나이로 승하하였다.

● 창경궁 통명전. 인순왕후가 승하한 곳이다.

■ 순회세자 이부(順懷世子 李暊; 1551 ~ 1563년)

순회세자는 조선 제13대 임금인 명종대왕 이환(李桓)의 아들로 1551년 7월 1일(음력 5월 28일)에 태어났다. 7세 때인 1557년에 왕세자에 책봉되었다.

1561년 윤원형의 인척인 황대임(황대임의 처남의 양자의 장인이 윤원형이다)의 딸을 세자빈으로 간택하여 책빈례(冊嬪禮)까지 마쳤으나 그녀에게 복병이 있다는 이유로 양제(良娣)로 강등시키고, 다시 윤옥(尹玉)의 딸 공회빈(恭懷嬪) 윤씨(尹氏)와 가례를 올렸다. 그러나 가례를 치른 지 얼마 안 된 1563년 중병에 걸렸고, 명종은 대사면을 하라는 명까지 내렸으나(《명종실록》 18년(1563년) 10월 6일(음력 9월 20일) 첫 번째 기사) 바로 그날 13세의 나이로 요절하였다(《명종실록》 18년(1563년) 9월 20일 두 번째 기사).

묘는 경기도 고양시 서오릉 경역 내에 위치한 순창원(順昌園)으로, 부인인 공회빈(恭懷嬪) 윤씨(尹氏)와 함께 안장되었으나 그녀의 시신은 임진왜란 당시 행방불명되었기 때문에 신주(神主)로만 안장되었으며, 그마저도 병자호란 때 분실되어 현재는 빈 관만 안장되어 있다.

● 순창원(順昌園)
명종의 장자인 순회세자(順懷世子)와 세자빈인 공회빈(恭懷嬪) 윤씨의 합장묘. 조선왕실의 무덤은 품격에 따라 능·원·묘로 구분하였는데, 이 가운데 원은 왕의 생모나 왕세자, 빈의 무덤을 가리킨다. 봉분 주변으로 정자각과 문인석 등의 여러 석물이 배치되었으나 홍살문 옆의 배위·수라간·수복방·비각이 없다.

■ 공회빈 윤씨(恭懷嬪 尹氏; 1550? ~ 1592년)

공회빈 윤씨는 조선의 세자빈 중에서 가장 불행한 삶을 살았던 비운의 빈궁이다. 소현세자의 빈인 강빈이나 사도세자의 빈인 혜경궁 홍씨도 불행했지만 자식이라도 있었기에 공회빈 윤씨에 비하면 불행의 빈도가 낮다고 본다.

공회빈 윤씨는 공조판서를 지낸 윤사익(尹思翼)의 손녀이자 윤옥(尹玉)의 딸로 태어났는데, 정확한 생년은 미상이나 실록에 의하면 간택되었을 때 10세였다고 한다.

1561년 순회세자와 가례를 올리고 세자빈이 되었으나 2년 뒤인 1563년에 순회세자가 사망하자 어린 나이에 과부가 되어 덕빈(德嬪)이라 불렸다. 공회(恭懷)는 시호이다. 순회세자 사후, 선조 즉위 후에도 궁에서 계속 생활하다가 임진왜란 발발 직전인 1592년 음력 3월 3일 창경궁 통명전에서 사망하였다.

창경궁에 빈소를 설치하고 시신을 안치하여 상례 절차를 진행하던 중 임진왜란이 발발하였다. 선조와 신하들이 의주로 급히 피난을 가면서 어가가 벽제에 이르렀을 때에야 덕빈의 시신을 후원에 임시로 가매장하라는 전갈을 보냈으나 1593년에 선조가 다시 한양으로 돌아와 그녀의 시신을 수습하려 하였을 때 찾지 못하였다. 당시 사평(司評) 이충(李忠)이 시신을 함춘원(含春苑)에 묻었다고 했으나 그가 이미 죽은 뒤라 덕빈의 남동생 윤백상에게 찾아보게 했지만 끝내 찾을 수 없었다.

1603년, 결국 선조는 신주(神主)만 봉안하여 순회세자와 공회빈을 순회묘(順懷墓; 고종7년 이후 순창원)에 합장하였으나 이마저도 병자호란 때 분실되었고 순창원(順昌園)에는 순회세자의 재궁(梓宮; 관)과 공회빈의 빈 재궁만 안장되었다.

명종의 가계도

부부 ——— 남자 ■
자녀 ┈┈┈ 여자 ■

- 중종 — 문정왕후 윤씨
  - 명종(제13대)
    부인:7명
    자녀:1남
    - 인순왕후 심씨 ┈ 순회세자
    - 숙빈 이씨
    - 숙의 신씨
    - 숙의 정씨
    - 숙의 정씨 (동성이인)
    - 숙의 한씨
    - 숙의 신씨 (동성이인)

조선왕조실록

조선왕실 문화

조선왕조의 궁중예법은 매우 엄격하면서도 격식을 따졌다. 궁중의 모든 신하와 궁녀는 물론 나라를 통치하는 임금에게도 엄격한 예법은 예외가 아니었다. 조선의 왕은 날마다 수많은 눈과 귀를 의식하며 '의무감에 투철한 피곤한 삶'을 강요받은 것이다. 조선왕조의 엄격한 궁중예법으로 무엇이 있는지 나열해 본다.

■ 궁중 용어

- **마마**- 왕·왕비·대비·상왕·세자에게만 붙일 수 있는 극존칭.
- **마노라**- 세자빈에게만 붙이는 존칭으로 격하되었다.
- **자가**- 공주·옹주, 정일품 빈에게 붙이는 존칭.
- **마마님**- 상궁에게 붙이는 존칭. 빈 이하의 후궁들도 이에 해당된다.
- **매화**- 왕의 변. 매우라고도 한다.
- **성체**- 옥체 ; 왕의 몸.
- **용안**- 옥안 ; 왕의 얼굴.
- **어수**- 왕의 손.
- **면부**- 왕 이외 왕족의 얼굴.
- **옥루**- 용루 ; 왕의 눈물.
- **안수**- 왕 이외 왕족의 눈물.
- **옥음**- 왕의 목소리.
- **수라**- 왕의 밥.
- **상후 미령하시다**- 왕/중전께서 편찮으시다.
- **아뢰다**- 말씀드리다.

● **매화틀**
조선시대에 임금이 썼던 휴대용 변기. 왕이 일을 보고 나면 상궁은 깨끗한 명주수건을 준비하고 있다가 뒤를 닦아 주고, 나인은 매화틀에서 구리 변기를 꺼내어 이를 왕실 병원인 내의원에 보낸다. 내의원에서는 왕의 대변 상태, 즉 변의 농도와 색깔 등을 살피고 심지어 맛까지 보면서 왕의 건강 상태를 점검했다.

제13대 명종

■ 궁중 예법

◉ 후궁은 자신의 자식에게도 반드시 존대를 해야만 하며, '너'라고 함부로 칭해서도 안 된다(효종의 후궁 안빈 이씨가 딸 숙녕옹주에게 무심코 '너'라고 했다가 효종이 격분한 것을 중전이 중재해서 무마한 일이 있었다). 왕의 자식들은 태어나는 순간부터 무품이지만 후궁들은 가장 높아 봤자 정일품으로 자식보다 품계가 낮았다.

◉ 마마는 왕·왕비·대비·세자에게만 사용할 수 있는 극존칭이다. 세자빈조차 마마라 할 수 없었다.

◉ 혼인하지 않은 왕의 자식들은 아기씨라 한다. 혼인을 하거나 관례를 치르면 대군이나 군은 대감·공주나 옹주는 자가라 불렀다.

◉ 왕의 자식들은 후궁 소생이라 해도 중전이 공식적인 어머니다. 그렇기에 후궁 소생의 왕자가 왕위에 올라도 대비를 더욱 깍듯하게 모셨다. 한 예로, 덕혜옹주가 어릴 때 누군가 그녀에게 외가가 어디냐 물었더니 생모인 복녕당 양씨의 고향이 아닌 명성황후의 고향인 안국동이라 대답한 일화가 있다. 즉, 왕의 자식은 생모가 누구인지는 상관없이 '어마마마'가 곧 중전이다.

◉ 후궁들은 세자나 세자빈 등에게 먼저 말을 걸 수 없다. 세자빈은 무품 빈이지만 후궁 빈은 정일품이다. 또한 세자빈은 세자의 정실부인이자 왕의 공식적인 며느리이므로 후궁들보다 세자빈이 더 높다.

● 덕혜옹주의 모습
조선왕조 최후의 황녀. 고종의 막내딸로 13세 때 일본에 볼모로 잡혀가 쓰시마 섬 도주의 아들과 강제로 결혼했다.

◉ 상궁의 존칭은 '마마님'이다. 빈 이하의 후궁 역시 마찬가지로 마마님이라 해야 한다. 정일품 빈의 존칭은 왕녀와 마찬가지로 '자가'다.

◉ 자신이 일하거나 머무는 구역 이외로 함부로 갈 수 없다. 예를 들어, 세답방 나인이 마음대로 수라간에 갈 수 없다. 하지만 수라간에 다녀오라는 심부름을 받았을 때에는 갈 수 있다. 이는 왕자와 왕녀들에게도 해당되는 것으로, 후궁 소생의 군이 궁에 왔다고 하여 아무데나 갈 수 있는 것이 아니라 강녕전과 교태전, 생모인 후궁의 처소 등으로 제한된다. 자신의 구역이 따로 있다는 얘기이다.

◉ 나비 모양의 떨잠은 왕비나 대비 등의 정비는 똑바로 달 수 있다. 하지만 후궁은 정일품 빈만이 거꾸로 뒤집어서 착용한다.

◉ 봉황 문양과 봉잠을 후궁이나 일개 왕족이 사용할 수 없다. 왕비와 대비·세자빈에게만 허락된다.

◉ 왕족 이외의 사람은 궁 안에서 죽을 수 없다. 궁녀의 임종이 임박할 경우 사가로 내보내진다.

● 봉잠
조선시대 왕비가 예장할 때 어여머리나 낭자에 꽂았으며 은이나 도금을 하여 만든다.

◉ '대감'은 정2품 이상의 당상관에게 사용하는 경칭이며, '영감'은 종2품과 정3품의 당상관에게 사용한다. '나리'는 지체 높은 사람이나 당하관에 대한 존칭이다. 즉, 공주의 부마는 종1품이므로 대감, 옹주의 부마는 종2품이므로 영감이라 불렸다. 군주의 남편(부위)은 정3품 당상관이므로 '영감'이라 부른다. '경'은 시대에 따라 다르나 조선조에는 왕이 2품 이상의 신하에게 사용하는 호칭이었다.

■ 합방/승은(承恩) 관련

◉ 일식과 월식, 동지와 하지에는 합방을 하지 않았다. 일식은 태양의 양기가 막히고 월식은 달의 음기가 막히며, 동지는 밤이 길어 음기가 지나치고 하지는 낮이 길어 양기가 지나쳐서 이때 임신하게 되면 음양의 부조화로 산모와 아이가 고생하고 아이는 평생 병이 많은 등 고통스럽게 살아간다고 여겼다.

◉ 비·뇌우·바람·천둥·폭풍우 등으로 인해 기상이 비정상적일 때에는 합방하지 않았다. 역시 음양이 균형을 이루지 않아 고생하게 된다고 여겼다.

◉ 초하루와 그믐, 상현달과 하현달이 뜰 때에는 달의 음기가 지나치거나 모자라 합방하지 않았다.

◉ 중전의 합방은 후궁의 합방과 달리 '국가지대사'로 여겨졌다. 관상감과 제조상궁이 협의하여 길일을 잡았는데, 금기가 워낙 많아 실제로 합방이 가능한 날은 1년에 며칠도 되지 않았다.

- 합궁일은 왕비의 생리 후 닷새가 지난 날로 한다.
- 일진에 사(巳)가 들어가는 뱀날, 인(寅)이 들어가는 호랑이날과 앞에 나온 사례에 해당하는 날은 합궁할 수 없었다.
- 각종 질병이 있을 때는 합방할 수 없었다.
- 객지에서는 합방할 수 없었다.
- 술에 취한 상태에서 합방할 수 없었다.
- 회임한 후부터 해산한 뒤 첫 생리혈이 비칠 때까지 합방할 수 없었다.

● 강녕전(康寧殿) 홀 내전

- 중전과 합방을 위한 길일이 정해지면 대전상궁들의 지휘 하에 모기장·이부자리·물수건·타구(침 뱉는 그릇)·촛불 5개 등 합방에 필요한 것들을 준비했다.
- 강녕전에는 방이 9개 있는데, 우물 정(井)자로 이루어진 형태다. 가운데에 왕이 머물고 각 방마다 숙직상궁이 한 명씩 들어가 있는데, 왕이 힘이 부족하거나 복상사의 위험이 있을 경우를 대비해 닭을 들고 대기했다. 비상시에 닭의 목을 따서 피를 마시게 하기 위함이었다(왕이 위급할 때 침을 놓기 위해 바늘을 들고 대기했다는 설도 있다). 합궁할 때 이 상궁들이 이래라 저래라 지시했는데 과하다 싶으면 자중하라고까지 했다.
- 이부자리를 정돈하고 나서 숙직상궁들이 촛불 5개를 켜놓고 나가면 왕과 왕비가 들어왔다. 숙직상궁을 제외한 모든 궁녀는 철수하는데, 왕의 침전 주위에 머물 수 있는 숙직상궁은 보통 60~70대 이상이었다. 이보다 젊으면 무조건 철수해야 했다.

● 강녕전(康寧殿) 내실 전경

- 침전의 불을 꺼서 중전이 왕의 몸을 볼 수 없어야 했다. 그리고 왕이 오른쪽, 왕비는 왼쪽에 누워야 했다.
- 왕비는 합궁 중에 절대 눈을 뜨거나, 소리를 내거나, 옥체에 손을 대거나, 스스로 몸을 떨고 흔드는 등 움직이거나, 옥체 위에 올라가서는 안 되었다. 그냥 눈을 감은 채 움직이거나 소리도 내지 않고 조용히 누워 있어야 했다.

◉ 궁녀가 승은을 입게 될 경우, 목욕재계 후 손발톱을 모두 깎고 옷을 모두 벗겨 왕에게 위해가 될 만한 것이 없는지 검사한 뒤 그 상태 그대로 들여보내졌는데, 합방 후 왕이 잠들기를 기다렸다가 그대로 나와야 했다.

■ 조선왕실의 왕후

조선의 역대 왕비의 특징으로 성씨 중에 이씨가 없다. 성리학을 기본 이념으로 건국된 나라로, 왕가는 물론 사대부 및 일반 중인층에서도 동성동본간의 혼례를 터부시했기 때문이다. 왕조 초기에 정통성 강화 목적으로 근친혼이 장려되었던 고려왕실과 정반대인 셈이다.

이에 더해 세종 시절, "본관이 다르더라도 성씨가 같다면 분명 그 이유가 있을 것"이라는 논조의 국시를 내리면서 당시 세자(문종)의 혼례부터는 오얏 이(李) 자 성을 쓰는 규수는 아예 심사 대상에서 빠지게 되었다.

그리고 이즈음 조선왕실의 가계도인 선원계보, 종친회인 종정시 등이 체계화되면서 이 불문율은 조선이 문을 닫을 때(대한제국) 까지 지켜졌다.

따라서 조선의 왕비 중에서 이씨는 추존된 왕인 목조의 효공왕후 이씨와, 본래 일본인이었다가 대한제국 멸망 후 사적으로(일본은 부부동성 제도를 채택하고 있다) 남편의 성씨를 따른 이방자(엄밀히 말하면 왕비가 아니라 세자빈(황태자비)이다), 이 둘뿐이다.

● **왕비의 상징인 적의용**
적의란 왕비가 종묘와 사직에 참배할 때나 신하들에게 아침 문안인사를 받을 때 갖추어 입던 대례복으로 친애(親愛), 해로(偕老)를 의미하는 꿩[翟] 무늬를 수놓은 두루마기와 비슷한 조선시대 최고 신분의 여성 복식이었다.

《선조실록(宣祖實錄)》

《선조실록》편찬 경위

 《선조실록》은 조선왕조 제14대 왕이었던 선조 재위 기간(1567년 명종 22년 7월 ~1608년 선조 41년 1월)인 41년간의 역사를 편년체로 기록한 사서이다. 정식 이름은 《선조소경대왕실록》이며 모두 221권 116책으로 활판 인쇄되었다.
 선조의 묘호는 처음에 선종으로 정하였기 때문에《선조실록》의 판심에는《선종대왕실록》이라 인각되어 있다. 광해군 8년(1616년) 8월에 묘호를 선조로 고치면서 실록의 표제도《선조소경대왕실록》이라 하였다.
 《선조실록》은 광해군 원년(1609년) 7월 12일부터 편찬하기 시작하여 광해군 8년(1616년) 11월에 완성하였다.《선조실록》은 그 대부분이 선조 25년(1592년) 임진왜란 뒤 16년간의 기사로 되어 있으며 전체 221권 중 195권에 달한다. 반면 선조 즉위년(1567년)부터 임진왜란 이전까지 약 25년간의 기사는 모두 26권에 지나지 않는다. 그 이유는 임진왜란 때《시정기》와《승정원일기》등의 공공 기록과 사초들의 대부분이 소실되어 실록 편찬의 자료가 부족하였기 때문이다. 또한《선조실록》이 광해군 때 대북 정권의 주도로 편찬되었기 때문에 서인과 남인들에게 불리한 기사가 많았다. 이 때문에 인조반정 뒤《선조수정실록》의 편찬이 시작되어 효종 8년에 완성되었다.
 《선조실록》의 편찬에 참여한 실록청 관원들은 아래와 같다.
  총재관영춘추관사 : 기자헌, 감춘추관사 : 이항복, 도청 당상 지춘추관사 : 이호민 · 유근 · 이이첨 · 이정귀 · 박홍 · 조정 · 민몽룡 · 정창연 · 이상의 · 윤방 등이다.
 묘호는 처음에 선종(宣宗)으로 정하였으나 광해군 8년(1616년) 8월에 선조(宣祖)로 개정하였다. 존호는 정륜립극성덕홍렬지성대의격천희운경명신력홍공융업(正倫立極盛德洪烈至誠大義格天熙運景命神曆弘功隆業), 시호는 현문의무성예달효(顯文毅武聖睿達孝), 능호는 목릉(穆陵)이며 경기도 구리시 인창동 동구릉 경내에 있다.

《선조실록》의 내용

　선조(1552~1608년)의 이름은 공(昖), 초명은 균(鈞)으로, 중종의 일곱째아들인 덕흥대원군과 하동부대부인 정씨의 셋째아들이다. 처음에는 하성군에 봉해졌다.
　명종은 외아들 순회세자가 1563년에 세상을 떠나고 후사가 없었으므로 1567년 7월 3일 임종 때 유명을 내려 하성군을 후계자로 즉위케 하였다.
　선조 23년(1590년)에는 왜국의 동태를 파악하기 위하여 통신사를 파견하였으나 정사 황윤길과 부사 김성일이 상반된 보고를 함으로써 국방 대책을 제대로 세우지 못하게 되었다.
　그리하여 선조 25년(1592년) 4월에 임진왜란이 일어났다. 선조는 개성과 평양을 거쳐 의주로 피난하는 한편, 명나라에 사신을 보내어 원병을 청하였다. 이때 광해군을 세자로 책봉하고, 분조(分朝)를 설치하여 의병과 군량미를 확보하도록 하였다.
　전국에 의병이 봉기하여 왜적의 후방을 위협하였고, 관군도 곳곳에서 승리를 거두었으며, 전라좌수사 이순신의 수군이 한산도 대첩으로 제해권을 장악하여 왜군의 진출을 막는 데 크게 공헌하였다.
　명나라의 원병과 관군이 합세하여 평양을 수복하고, 권율의 행주대첩으로 선조 26년(1593년) 10월에 서울을 환도하여 질서를 정비하고 전국을 수습하였다.
　1575년(선조 8년) 심의겸과 김효원간의 갈등으로 인하여 동·서인으로 나뉘게 되고, 정여립 모반 사건으로 인한 기축옥사의 처리 문제로 1589년(선조 22년), 동인은 다시 남·북인으로 분열되었다.
　선조는 재위 41년 되던 해(1608년) 2월 1일, 별궁인 경운궁에서 57세의 나이로 세상을 떠났다.

제14대 선조

▶생애 : 1552~1608년
▶재위 : 1567~1608년

조선 최초의 서자 출신 임금이며, 최초의 방계 혈통의 임금이기도 한 선조의 휘는 공(昖), 성상(聖上) 즉위 전의 작위는 하성군(河城君)이었고, 존호는 정륜립극성덕홍렬지성대의격천희운경명신력홍공융업(正倫立極盛德洪烈至誠大義格天熙運景命神曆弘功隆業), 시호는 현문의무성예달효(顯文毅武聖睿達孝)이다. 1567년 7월부터 1608년 2월까지 재위하는 동안 1567년 8월부터 이듬해 1568년까지 이복숙모 인순왕후 청송심씨가 섭정을 하였고, 1568년부터 1608년까지 친정하였으며, 같은 해인 1608년 3월 훙서(薨逝)할 때까지 둘째서자 광해군 이혼이 세자 신분으로 잠시 대리청정을 하였다.

■ 잠저 시절

선조는 1552년 11월 11일, 서울 인달방에서 중종의 일곱째아들인 덕흥대원군과 하동부대부인(세종대왕 때 집현전 학사였으며 세조 때 영의정을 지낸 정인지의 증손녀)의 3남으로 태어났다. 원래 이름은 이균이었고, 이후 하성군(군호는 경남 하동군(河東郡)에서 유래했다)으로 봉해졌다.

이 시기 큰아버지 명종은 그의 외아들 순회세자가 요절한 후 조카들과 자주 교류했는데 이때 두각을 드러낸 것이 이균 하성군이었다. 《선조실록》에 있는 선조의 묘지문에 따르면, 선조가 아직 하성군이던 시절의 어느 날, 명종은 덕흥군의 세 아들인 하원군 이정, 하릉군 이린, 하성군 이균(선조)을 대전으로 불렀다. 명종은 대뜸 머리에 쓰는 익선관을 벗어 이들에게 한 번씩 써 보라고 시켰다.

하원군과 하평군은 별 생각 없이 써 보았지만 하성군은, "군왕께서 쓰시는 것을 어찌 신하된 자가 쓸 수 있겠사옵니까?"라며 사양했다.

● 익선관(翼善冠): 임금이 정무(政務)를 볼 때 쓰던 관.

이에 명종이, "그렇다면 너는 임금과 아버지 중 누가 더 중요하다고 생각하느냐?"라고 묻자 하성군은, "임금과 어버이는 비록 같지 않사오나 충과 효는 본래 하나인 것입니다."라고 대답해서 명종이 크게 칭찬했다고 한다. 선조 행장에는, 이때 명종이 선조를 칭찬하며, "그래, 이 관을 마땅히 너에게 주겠다."라 했다고 쓰여 있다.

1565년(명종 20년) 9월에 명종이 의식이 없을 정도로 심하게 아팠던 적이 있다. 이때 신하들 사이에서는 명종이 사망할 것을 대비해서 후계자 지정에 대한 여론이 있었고, 이런 여론을 의식했는지 명종은 9월 15일 사람을 구분 못 할 정도로 아픈 상황인데도 신하들을 불러 모았고, 여기서 영의정 이준경 등은 계사(繼嗣; 양자 들이는 것)에 대해 말을 꺼냈다.

당시 명종은 병 때문에 지쳐서 대답 없이 넘어간 상황이었는데, 이틀 뒤인 9월 17일에는 의식이 없을 정도로 상태가 심각해지자 신하들은 인순왕후 심씨에게 후계자 문제를 논의했고, 이때 하성군에게 병간호를 시키면서 간접적으로 후계자로 낙점하였다. 이에 신하들은 바로 공식적인 후계자 선정을 왕후에게 요구했지만, 명종의 반대로 후계자 선정은 일단 미루어졌다.

1567년 6월 28일, 명종이 의식이 없을 정도로 위독해지자 인순왕후 심씨는 을축년의 일(2년 전에 하성군을 후계자로 정한 일)을 예로 들어가며 하성군을 후계자로 세웠고, 그렇게 해서 마침내 하성군 이균이 14대 국왕으로 즉위하게 되었다.

야사에 따르면, 명종이 갑자기 승하함으로써 후계자를 남기지 못해 계승 문제가 생길 뻔했으나 당시 영의정 이준경이 기지를 발휘하여(이미 시체가 된) 명종에게 다가가 평소 명종이 하성군에게 마음이 있음을 알고, "신이 귀가 잘 들리지 않사온데 하성군으로 하여금 대통을 잇게 하오리까?"라고 말했고, 다행히도 그게 잘 먹혀들어 하성군이 왕이 되었다고 한다.

■ 선조의 즉위

　명종 22년(1567년) 음력 6월 28일, 명종이 평소 앓고 있던 병이 위독해짐으로써 대신들이 입시하였으나 명종이 말을 할 수 없었고, 2년 전에 덕흥군의 셋째아들 이균(李鈞)을 후사로 삼은 일이 있어 그를 그대로 따르기로 하였다. 1567년(선조 즉위년) 선조는 음력 6월에 즉위하였다. 그렇지만 명나라는 바로 선조를 조선의 왕으로 책봉하는 칙서를 내려주지 않았으며, 그동안 선조의 지위는 조선국 권서 국사(朝鮮國權署國事)였다. 그 해 11월에 명나라가 드디어 책봉 고명을 내림으로써 선조는 정식으로 조선의 국왕이 되었다.

　처음부터 선조는 왕이 되기 어려운 위치에 있었다. 선조의 부친인 덕흥대원군은 중종의 7남이고 선조 자신은 덕흥부원군의 3남이었다. 물론 선조는 명종이 승하하기 2년 전에 명종이 크게 앓았을 때 왕위 계승의 물망에 오른 왕족 중의 하나였지만, 물망에 올랐던 왕족 중에는 선조보다 항렬이 높은 왕족들도 많았는데, 왕의 아래 항렬에서 양자를 뽑기 때문에 원칙상 제외되며, 명종은 한 항렬 아래의 조카들 중에서 후계자를 뽑아야만 했다.

● **덕흥대원군의 묘비석**
중종(中宗)의 일곱째아들로, 중종의 후궁인 창빈 안씨(昌嬪安氏)의 소생이다. 1569년(선조 2년) 왕의 생부로 대원군에 추존되었다.

　명종이 말년에 자리에서 일어난 후 이준경이 명종에게 만일의 경우 후사를 묻자 명종이 "그런 사람이 없다"고 대답한 일이 실록에 실려 있다. 덕흥대원군 항목을 참조하면, 덕흥군 부부는 일찍 죽은 데다가 덕흥군의 외가도 한미한 집안이었기 때문에 문정왕후에게 20년간 시달려 온 조선 신료들에 의해 정치적 목적으로 선택되었다고 봐도 무방하다. 조선시대에 적서 차별이 있긴 했지만 사대부들과 달리 왕실에서는 그렇게 심한 차별이 없었다. 적자가 있으면 당연히 승계할 수 없지만, 적자가 없거나 양자로 들이는 건 허용되었기 때문이다.

조선왕조실록

1567년 선조가 즉위하면서 왕대비가 된 인순왕후는 1년 가까이 수렴청정을 한 뒤 물러났다. 선조는 즉위 초기에 낭비를 줄이고 쇠락한 훈구파 대신 사림파를 끌어들여 부족한 정통성을 세우고, 또한 명종 치세 때 외척의 전횡이 심했던 내정을 장악하고 조선 조정의 관례가 된 그간의 폐정을 회복시키려는 조치를 취했다. 기묘사화로 조광조가 밀려난 후 무시되었던 방납(防納: 조선시대 공물(貢物)을 대신 납부하고 이자를 붙여 받은 일)의 폐단을 비롯한 각종 사회 모순 해결에 주의를 기울이기도 했다. 정치적으로는 사림 정치세력들을 상호 견제시켜 정계를 장악했다.

즉위 2년 만인 1569년, 중국 명나라 영종의 예를 들어 아버지 덕흥군을 덕흥대원군으로, 어머니 하동군부인은 하동부대부인으로 추존했다(하동부대부인은 선조의 즉위 한 달 전에 서거했다).

선조가 아무리 총명하였다고 할지라도 즉위 당시 16세라는 어린 나이로, 그것도 세자로서 제대로 된 수업도 없이 즉위하여 아직 제왕교육도 제대로 받지 못했기에 적극적인 개혁을 추진하기가 쉽지 않았다.

오랜 기간 왕조가 이어지면서 적지 않은 문제들이 발생한다는 것을 인식하였으나 제대로 이를 고치지 못했다. 무엇보다 명종의 후사가 정해지지 않은 상황에서 척신 집안의 일원인 인순왕후 심씨의 지명을 받아 왕위에 올랐기에 적어도 인순왕후가 살아 있는 동안에는 적극적으로 나설 수가 없었다. 즉위 직후 이이(李珥)를 통해 즉위를 반대하던 부패한 척신 심통원(심의겸과 인순왕후의 작은아버지)을 파직시키는 등 단호한 면모는 보였지만 붕당이 대두되면서 파당 갈등 문제도 새롭게 부각되었다.

● **심통원 신도비(神道碑)**
조선 중기의 문신. 명종 때 좌의정에 오른 인물이지만 삼사(三司)의 탄핵을 받고 사직, 1567년(선조 즉위년), 관직이 삭탈되었다.

■ 기축옥사(己丑獄事)

조선 선조 때의 옥사로, 1589년 10월에 정여립이 모반을 꾸민다는 고변으로부터 시작되어 정여립과 함께 3년여간 그와 연루된 많은 동인이 희생된 사건이다. '정여립의 옥사'라고도 부른다.

● 정여립(鄭汝立)

정치 분야에서 선조는 처음엔 다소 덜 다듬어진 면이 있었지만 왕으로서 감각을 기른 중기 이후에는 상당한 정치적 수완으로 신하들을 편가르고 이용했다.
이러한 선조의 정치적 수완을 볼 수 있는 사건이라면 정철과 합작하여 몰아간 '정여립의 난'을 예로 들 수 있다.

정여립은 본래 서인 세력이었으나 수찬이 된 뒤에 당시 집권세력이던 동인 편에 들어가 이이를 배반하고 성혼과 박순을 비판한 인물이었다. 하지만 선조가 그의 이당(離黨)을 불쾌히 여기자 벼슬을 버리고 낙향해 버린다.

이이와 정여립 사이에 서인과 동인에 대한 인식 차이로 약간의 갈등이 있었던 것으로 보이기는 하지만, 두 사람 모두 붕당에 얽매이는 것을 별로 좋아하지 않았던 인물들이다. 이이는 평소 선조에게 붕당을 초월하여 인재를 등용할 것을 건의한 바 있었고, 정여립은 이이 문하에 의외로 서인 편이 많고 그들의 편견이 심하다는 사실에 반발하였던 것이다. 그런 이유로 정여립은 이미 이이가 죽기 전에 서인당을 떠났던 것이다.

그런가 하면 정여립이 이이를 배반했다는 당시 서인들의 주장에도 불구하고 정여립은 이이를 참다운 성인으로 숭배했다는 이야기도 있다. 오히려 이이는 정여립의 과격한 성격을 상기시켜 그가 이조전랑의 물망에 올랐을 때 반대하였다.

이이가 죽자 이이에 대한 동인들의 공격이 집중되었다. 이에 따라 이이에 대한 선조의 믿음도 점차 변하여 이른바 '삼찬(三竄)' 사건(1583년 이이를 탄핵한 송응개· 박근원·허봉을 유배시킨 사건으로, 이들 셋을 삼찬이라 했다. 계미변란이라고도 한다) 관련자들을 용서한 일이 일어났다. 이때 정여립은 이러한 선조의 마음을 헤아려 경연에서 이이를 공격하는 데 앞장선 일이 있었는데, 이 일은 궁지에 몰린 서인들에게 절호의 빌미를 제공하였다.

이이의 문하생이었던 정여립은 1583년 수찬이 된 후 서인을 비판하다가 귀향하였다. 정여립은 호남지역에 대동계(大同契)를 조직하여 무술연마를 하며, 1587년에는 왜구를 소탕하기도 하였다. 그는 낙향한 몸이었음에도 불구하고 동인들 사이에서는 명망이 높았다.

호남 금구현으로 간 뒤로는 전주에 거주하기도 하고 김제와 진안의 별장을 왕래하기도 하였다. 조정에서 그가 물러가는 것을 애석하게 여겨 그에게 다시 벼슬길을 열어 줄 것을 간청하는 신하들이 나타났지만 선조는 끝내 허락하지 않았다.

기축옥사는 1589년(선조 22년) 황해 관찰사 한준, 안악군수 이축, 재령군수 박충 간의 연명 상소로부터 시작되었다. 이들은, "정여립이 한강이 얼 때를 기다렸다가 한양으로 쳐들어가 병조판서 신립과 조정 중신들을 죽이고, 어명을 위조하여 지방관들을 파직하거나 죽이는 등의 혼란을 야기하여 반란을 일으키려 한다."고 주장했다.

선조는 이들의 세력이 막강함을 우려하여 정여립에 대한 체포령을 내렸다. 정여립은 토굴에서 자결하고, 관련자 80명이 압송되었으며, 점차 범위가 확대되어 2년간 국문장이 열렸다.

정여립이 자결한 후 선조는 조정 중신들을 위관으로 임명하고 정여립의 모반 사건을 조사하도록 지시했다. 당초 정언신도 위관에 포함되어 있었지만 입궐한 정철은 정언신이 정여립과 인척지간이므로 위관을 해서는 안 된다고 선조에게 간언하여 정언신 대신 정철이 위관으로 들어가게 되었다.

다른 중신들도 위관이었지만 사실상 '정여립 사건' 수사는 정철이 주도했다. 정철은 정여립의 집에서 압수한 문서와 편지들을 샅샅이 검토하여 정여립과 조금이라도 교류가 있었던 사람들은 모조리 잡아들이게 했다. 일차로 정여립과 모반을 주도했다는 혐의로 이기·황언윤·신여성 등이 처형되었다. 정여립의 조카 이진길의 집을 수색해 보니 "지금 임금의 어두움이 날로 심하다."라고 쓴 편지가 발견되어 이진길은 장형(杖刑) 끝에 죽고 말았다.

그러나 정철 등 서인들의 진정한 목표는 이발을 위시한 동인세력들의 제거였다. 서인측 유생들은 동인측 인사들이 정여립과 모반을 꾸몄다며 이들을 처벌하라고 상소를 올렸다. 결국 이발을 위시한 동인의 중요 인물들은 원지로 귀양에 처해지게 되었다. 그러나 12월 12일, 교생 선홍복을 문초하는 과정에서 다시 이발 등을 위시한 동인 중요 인물들의 이름이 나오자 이들은 다시 끌려와 국문을 받게 되었고 국문 과정 중에 매를 맞다가 죽고 말았다.

정여립의 난은 실로 임진왜란 직전까지 조선 정계를 뒤흔들었던 사건이다. 단지 정여립과 시국을 논했거나 편지를 주고받았다는 이유만으로 붙잡혀 와서 참혹한 고문 끝에 희생되었다.

●정철(鄭澈)
조선 중기 당대 가사문학의 대가로서 시조의 윤선도와 함께 한국 시가 사상 쌍벽으로 일컬어진다. 1589년 우의정으로 발탁되어 정여립(鄭汝立)의 모반 사건을 다스리게 되자 서인(西人)의 영수로서 철저하게 동인세력을 추방했고 다음해 좌의정에 올랐다.

　심지어 조대중(曺大中)은 당시 전라도 도사로 있으면서 관내 순찰 중 전라남도 보성에서 정여립의 자살 소식을 들었는데 그때 그가 눈물을 흘렸다는 죄로 장살(杖殺)을 당하였다고 한다. 사실은 마침 부안에서 데려온 한 관기가 이별의 정 때문에 흘린 눈물이 잘못 전달되어 그런 참혹한 형벌을 당한 것이라고 하는데, 한 여인과의 '이별의 눈물'이 나라에 반역한 '역적의 눈물'로 오인되어 목숨을 잃었던 것이다.

　가장 처절했던 죽음으로는 멸문당한 이발의 가족들일 것이다. 동인의 영수였던 이발은 본인뿐만 아니라 일가가 모조리 붙잡혀 선조 앞에서 국문을 당했다. 이때 선조가 이발의 어린 아들에게, "너는 네 아비에게 무엇을 배웠느냐?"라고 묻자 이발의 어린 아들은, "저는 아버지께 충·효 외에는 배운 것이 없습니다."라고 답했다. 이 말에 선조는 격노하여, "역적의 자식놈이 저런 참람한 말을 하다니!"라며 이발의 어린 아들을 고문했다. 이발의 아들은 압슬형(壓膝刑)을 받고 사망했으며, 이발의 노모는 장형, 즉 맞아 죽었다.

● 압슬형(壓膝刑)
무릎에 무거운 걸 짓누르는 형벌. 원래 건강한 장정들에게는 무릎에 무거운 걸 올려놓고 짓누르는 것이 고문의 용도였지만 어린이에게는 치명적일 수 있다.

　이런 엄청난 비극적인 사건을 두고 오익창은 상소문에서, "간교한 무리들이 그 기회를 틈타 역적을 토벌한다는 구실을 빌어 사사로운 원수를 갚으려고 온갖 날조를 다하여 평소 원한 관계에 있던 사람들을 모조리 다 죽이고야 말았습니다."라고 지적하고 있는데, 정여립 사건을 빌미로 이에 얽혀들어 희생을 당한 사람이 천여 명에 이르렀고, 그 중에서도 전라도의 인사가 가장 큰 피해를 입었다. 피해를 입은 동인측의 사람으로는 이발·이길·정언신·백유양·최경영·정개청 등이 있으며, 이 일을 '기축옥사(己丑獄事)'라 하는데, 이때 서인이 조정의 권력을 차지했으나 1591년에 정철이 세자 책봉 문제로 물러가자 다시 동인이 득세하였다.

조선의 붕당

			강경파	온건파	
훈구파	사림파				
	동인		서인		
	북인	남인	소론	노론	
	대북	소북	청남	탁남	준론	완론	시파	벽파

제14대 선조

　붕당(朋黨)의 시작 자체는 성종 이후 사림파가 정계에 진출하면서다. 그런데 붕당이 두드러지기 시작한 건 사림파와 훈구파의 대립 이후 훈구파가 몰락, 사림파가 득세한 뒤에 내부 분열이 일어나면서부터다. 그러니까 사림파와 훈구파의 대립(사화)이 아니라 사림파 내부의 정치투쟁을 가리키는 용어가 붕당이다.

　사림의 시작은 조선 초, 조선의 건국에 참여하지 않은 유학자를 중심으로 학문에 임했던 향촌사회 집단에서 시작된다. '고려의 삼은(三隱)' 중의 하나인 야은(冶隱) 길재(吉再)의 학풍을 이어받았으며, 조선왕조 제9대 성종이 훈구파(공신)를 견제할 목적으로 김종직을 비롯한 사림을 등용하면서 사림파가 형성된다. 이들은 성종의 승하 이후 네 차례나 훈구파의 사화를 받으며 탄압받다가 중종이 즉위하자 잠깐 동안 조광조가 그 기틀을 잡아 중흥을 이루게 되지만, 곧 기묘사화로 조광조가 몰락하고 사림파 대부분이 사사당하거나 낙향하였다. 그리고 선조 때에 이르러 본격적으로 정권을 잡게 된다. 하지만 이들이 정권을 차지하자 이조전랑 문제('이조전랑'은 정랑(正郎; 정5품)과 좌랑(佐郎; 정6품)을 일컫는 말로 관(官)의 인사권을 담당하는 이조 내에서도 핵심에 속하는 실권직(이조판서나 참판 등은 이조전랑이 올린 결정사항을 결재나 하는 정도)이었기에 자연히 이를 어느 파벌이 차지하는가에 따라 세력 균형이 송두리째 바뀔 수도 있었다)로 동인과 서인으로 나뉘게 되면서 본격적인 붕당이 이루어지게 된다. 동인은 기존 훈구파에 대해 강경한 입장을 취했던 반면, 서인은 비교적 온건한 입장을 취해 서로 대립하게 되었다. (온건한 입장의 이유는 우선. 대상이 된 훈구파가 사림에 우호적인 면도 있었던 세력이었던 점, 그리고 이황과 조식 등 기존의 거목들이 존재하던 동인과는 달리 서인의 주류학설인 주기론의 최초 주장자인 서경덕은 서인에서도 받아들이지 못한 조선 유학계의 이단아라서 결국 중심이 될 이율곡이나 정철 등이 성장할 때까지는 배후세력이 필요했기 때문이다. 이런 상황 때문에 초기의 서인들은 서로 좌충우돌하게 된다.)

김효원-심의겸의 대립으로 붕당이 본격화되기 전에도 한 차례의 위기가 있었으니 노당-소당의 분쟁이 그것이었다. 노당은 영의정 이준경을 중심으로 하는 원로 사림들의 세력으로, 중종 때부터 이어져 오던 권신 집권기 와중에도 조정에 남아 있었지만 권신에게 굴복하지 않고 소신을 지킨 이들이었고, 소당은 조식·서경덕·이황을 비롯하여 재야에 내려가 학문을 닦은 처사들을 추종하는 젊은 사림들을 일컫는 말이었는데, 이들의 수장은 기대승이었다.

이황을 비롯한 재야 사림들이 선조가 즉위한 후에도 벼슬에 그다지 뜻을 두지 않자 기대승을 비롯한 소당의 인물들은 이준경 때문에 재야의 사림들이 출사를 안 한다고 여겨 윤원형 밑에서 벼슬을 한 영감들은 물러가라고 주장했다.

그러자 이준경은 격노했고, 소당을 소기묘라고 부르면서 기묘사화 때 조광조의 죽음을 보고도 정신을 못 차렸다며 맹비난했다.

이때의 분쟁은, 기묘사화 때의 일을 한번 재현해 보자고 접근한 구 윤원형 세력을 이준경이 물리치면서 선을 지킨 덕에 유혈사태로까지 격화되지는 않았으며, 노당의 수장 이준경이 얼마 지나지 않아 죽고 소당의 수장 기대승도 낙향했다가 46세를 일기로 사망하는 바람에 일단락되었다. 더우기 노당은 수장인 이준경을 잃고는 완전히 와해되었다. 이준경의 뒤를 이어 수장 노릇을 할 법한 원로 사림 유희춘·백인걸·노수신 등이 소당을 지지했고, 사림의 분열은 이렇게 봉합되었으나 김효원-심의겸의 문제를 놓고 끝내 다시 동인과 서인으로 분열하였다. 하급관리 인사권을 쥐고 있는 이조전랑이라는 직책을 두고 김효원과 심의겸이 서로 다투게 되었는데, '동인'과 '서인'이라는 이름은 동인이 옹호한 김효원의 집이 건천동(현 충무로 일대)에, 서인이 옹호한 심의겸의 집이 정동에 있었다는 데에서 유래했다. 건천동과 정동은 청계천 남쪽의 육조거리-숭례문 구간을 기준으로 경복궁을 바라보며 각각 동쪽, 서쪽에 있다.

동인은 주로 퇴계 이황과 조식에게 학문을 배운 영남지방 출신이었고, 서인은 율곡 이이와 성혼의 학풍을 같이 한 기호지방 출신이었다. 한동안 정권은 동인에게 유리한 쪽으로 흘러갔으나 송강 정철 등의 주도로 '정여립 사건'의 규모가 커지면서 잠시 서인이 우세한 상황이 되었다(그러나 이 상황에도 경상도 지방은 거의 피해를 입지 않았고, 전주시를 중심으로 한 전라도 지방 출신 선비들의 피해가 극심했다. 이것이 후에 남·북인 분열을 낳게 된다).

이로써 서인 입장에서는 나름대로 입지를 넓힐 수 있다고 여겨졌으나 얼마 후 정철이 선조의 후임 임금 자리를 계승한 왕세자를 정하는 '건저문제(建儲問題)'로 실각하고 다시 정권을 잃었다.

1591년(선조 24년) 임진왜란이 발발하기 전 서인은 전쟁을 예견하고 '이이의 십만양병설'을 주장하였지만 붕당의 세력 다툼으로 인해 준비하지 못함으로써 엄청난 고초를 치러야 했다.

● **이이(李珥)의 십만양병설(十萬養兵說)**
1582년(선조 15년) 병조판서에 임명된 이이는 이듬해인 1583년 '시무 6조'란 글을 올리면서 국방 강화를 건의하기도 했다. 그러나 그러한 주장이 조정의 반대에 부딪혀 받아들여지지 않자 이이는 '십만양병설'을 주장했다. 십만양병설에는 십만의 병사를 길러야 하는 까닭과 병사 양성 방법 등이 실제적으로 제시되어 있는데 조정은 이 문건을 찬성하지 않았다. 임진왜란이 일어난 것은 그가 죽은 지 몇 년 지나지 않아서이다.

제14대 선조

조선왕조실록

■ 임진왜란(壬辰倭亂)

　대내적으로 붕당간의 권력쟁탈전이 치열하게 전개되고 있을 때, 대외적으로는 여진족과 일본의 외침이 있었다. 1583년 니탕개(尼蕩介)를 중심으로 회령지방에 살던 여진족이 반란을 일으켜 경원부(慶源府)가 함락되자 경기감사 정언신(鄭彦信)을 도순찰사로 하여 금군대를 출동시켜 이를 진압했다. 또한 1587년에도 니응개(尼應介)가 이끄는 여진족이 대거 침입하자 조산만호(造山萬戶) 이순신(李舜臣)과 경흥부사 이경록(李景祿)이 이를 격퇴했으며, 이듬해 북병사(北兵使) 이일(李鎰)을 시켜 두만강 건너에 있는 여진족 근거지를 소탕했다. 그러나 당시 일본에서는 도요토미 히데요시(豊臣秀吉)가 전국시대(戰國時代)를 통일하고 자신의 천하야욕을 이루기 위해 대륙침략을 계획하고 있었다.

　조선왕조는 개국 후 100여 년 간 창업을 주도했던 개국공신과 이후 세조의 집권을 도왔던 공신 집단, 그리고 그 후손들로 형성된 훈구파 세력과 더불어 왕조의 안정과 융성을 유지할 수 있었다. 그러나 훈구파는 정권이 안정되자 그 부패가 극심해졌고, 이런 변화 속에서 이른바 사림파 세력이 등장하여 성리학을 기반으로 한 새로운 정치와 사회질서 재정립을 강조하면서 전반적인 국가 통치질서를 재정립하려고 나섰다. 그 결과 신진 사림세력과 기존 훈구파 세력은 마찰이 불가피하게 되었고, 두 세력의 대립은 성종이 훈구세력을 견제하려고 사림들을 삼사(三司; 임금에게 직언할 수 있는 사헌부·사간원·홍문관의 세 관아)의 청요직(淸要職)에 등용함으로써 더욱 불거졌다.

　사림파와 훈구파의 권력 갈등은 15세기 말에서 16세기 중엽에 이르는 근 반세기 동안에 무오사화·갑자사화·기묘사화·을사사화 등 네 차례에 걸친 사화가 일어나 사림파 신진세력들은 크게 타격받고 정국은 큰 혼란을 겪었다. 이러한 영향으로 정치·경제·사회 각 방면에서는 큰 혼란이 일어나 신분제도와 군역제도가 무너져 권문 세도가가 농장을 확대하기 시작했으며, 이와 때를 같이하여 공납제도도 문란해지는 등 사회 전반이 동요하는 기미를 보였다.

이러한 와중에 조정에서는 왕위 계승을 둘러싼 왕실의 척신(戚臣)들의 정권쟁탈전이라 할 수 있는 을사사화가 발생하였고, 사림도 내홍(內訌) 탓에 상호 대립하는 양상이 나타났다. 명종이 모후 문정왕후의 대리정치 탓에 외척세력이 정치 중심으로 권력이 개편되면서 부패가 극심하였다. 이후 사림파 집권 이후 정권은 동인과 서인 양대세력으로 분열되어 대립을 거듭하였으며, 때문에 국정에 들인 노력보다 얻는 결과가 매우 적었다.

선조가 명종에 이어 조선의 왕으로 등극하였을 당시 대한해협 건너 일본에서는 새로운 '일본판 전국(戰國)시대'가 전개되고 있었다. 전국시대를 평정하고 일본 열도를 통일하여 대권을 거머쥔 도요토미 히데요시는 스스로 '태양의 아들'이라 자처하면서 민심 이반을 달랜다는 허울 좋은 구실로 대륙 진출이라는 과대망상에 사로잡혀 있었다.

"나의 이름을 동양 3국에 떨치는 것이 소원이다."

도요토미 히데요시는 자신의 이름을 조선과 명나라에까지 떨치겠다는 과욕을 거침없이 내뱉은 것이었다. 그는 이런 망상으로 공명심과 정복욕에 불타는 제후들을 자극하여 더 많은 영지를 만들어 분배하겠다는 당근을 미끼로 조선 침략 음모의 불씨를 키웠다.

● **도요토미 히데요시(豊臣秀吉)**
오다 노부나가 · 도쿠가와 이에야스와 함께 일본 전국 3영걸로 불린다. 또한 임진왜란을 일으킨 장본인이기도 하다. 전국시대를 통일한 히데요시는 자국 내 불만세력을 잠재우려는 수단으로 조선 출병이라는 무모한 야망을 품게 된다.

◀ 도요토미 히데요시의 동상과 그의 관모

도요토미 히데요시는 재차 쓰시마 국주를 이용하여 조선에 교섭을 청하였는데, 그들은 명나라와 사대외교를 하고 싶어했다. 이에 조선의 조정에서는 오랜 논의 끝에 1590년(선조 23년)에 일본의 요구에 대한 응대와 더불어 일본 내의 실정과 히데요시의 저의를 살피고자 황윤길을 통신사의 정사로, 김성일을 부사로, 그리고 허성을 서장관(書狀官)으로 임명하여 일본에 파견했다.

1591년 음력 3월, 통신사 편에 보내온 히데요시의 답서에는 정명가도(征明假道; 명을 정벌할 수 있도록 길을 빌려 달라)의 문자가 있어 그 침략의 의도가 분명하였으나 통신사 중 정사와 부사의 의견은 일치하지 않았다.

서인의 정사 황윤길은, "도요토미 히데요시는 한 마디로 무례하기가 이를 데 없는 권력가요 야심가로서 침략의 야욕을 은폐하고 본심을 감추고 있다. 우리 통신사를 대접하는 엄숙한 자리에 어린애를 데리고 나온 것도 그런 맥락이다. 일본이 많은 병선을 준비하고 있어 반드시 병화(兵禍)가 있을 것이며, 도요토미 히데요시는 안광이 빛나고 담략이 있어 보인다. 모두가 도요토미 히데요시의 위장전술이다."이라고 보고하였다.

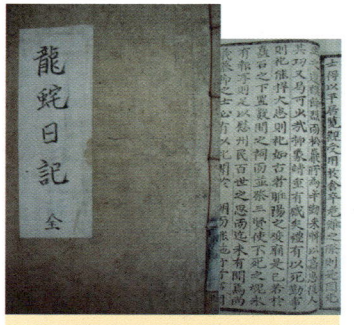

● 용사일기(龍蛇日記)
김성일의 부하였던 이로(李魯)의 일기로서 1590년(선조 23년) 김성일이 부사로, 그리고 황윤길의 정사로 일본에 건너갔을 때부터 1593년까지의 일을 기록한 것이다.

이에 반하여 동인의 부사 김성일은 황윤길의 견해에 강력하게 반발하면서, "일본이 조선을 침입할 정형(情形)을 발견하지 못했으며, 도요토미 히데요시는 사람됨이 쥐와 같은 형국의 서목(鼠目)이라 두려워할 것이 없다."고 하였다.

이때 서장관 허성은 동인쪽 사람이면서도 서인의 정사(正使) 황윤길과 의견을 같이했고, 김성일을 수행했던 황진(黃進) 장군도 분노를 참지 못하여 부사의 무망함을 책했다고 한다.

■ 전쟁의 발발

1592년 음력 1월, 히데요시는 쓰시마 도주에게 "조선으로 하여금 일본에 복속하고 명(明)을 정벌하는 과정에서 일본군의 길잡이를 맡으라."고 명령하였다. 1598년에 신임 쓰시마 도주 소 요시토시는 "명(明)을 정벌하는 데 길을 빌려 달라"는 말로 좋게 바꾸어 조선에 교섭해 왔으나 조선은 이를 거절하였다.

1592년(선조 25년) 4월 13일(양력 5월 23일) 임진왜란이 시작되었다. 선봉장 고니시 유키나가가 700척 18,700명(경상우수사 원균은 90척, 경상감사 김수는 400척으로 보고함)을 이끌고 제일 먼저 침공했다. 갑작스레 적의 대군을 맞은 부산진 첨사 정발은 백성들을 성 안으로 대피시키고 배 3척(전선·중선·방패선 각 1척)을 자침시킨 다음 600이 채 안 되는 병력으로 끝까지 싸우다 전사했다.

왜병들은 조총 사격을 퍼부으며 부산진성을 공격해 왔다. 조선 군사들의 화살 방어는 왜병의 신무기인 조총 공격 앞에 여지없이 무너지고 말았다.

일시에 부산진성을 함락한 왜병들은 동래로 치달았다. 여기서 또다시 혈전이 벌어졌다. 그러나 무력에서 절대 열세인 조선군은 역부족으로 인하여 왜병을 막는 데 한계에 부딪혔다. 동래성을 지키던 송상현 부사는 부채를 펴놓고 무명지를 잘라 혈서를 남기고 장렬히 전사하였다.

● 부산진 전투도
임진왜란 최초의 전투로 병력·식량·무기 등 모든 것이 부족했던 조선군이 완패하고 부산진성은 함락되었다.

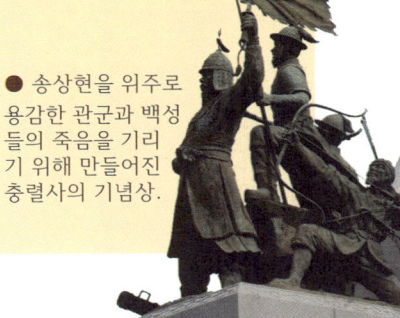

● 송상현을 위주로 용감한 관군과 백성들의 죽음을 기리기 위해 만들어진 충렬사의 기념상.

■ 조선의 초기 대응

왜적이 일시에 대거 침입했다는 지방의 왜란 보고가 중앙으로 쏟아져 올라오기 시작한 것은 왜군이 들어온 지 4일째 되는 날부터였다. 경상좌수사 박홍(朴泓)으로부터 부산 진성이 함락된 것 같다는 장계(狀啓)에 이어 그 장계 내용이 확실하다는 보고가 다시 올라왔다. 급보를 접한 조정에서는 급히 대책을 논의한 끝에 임시변통으로 이일·성응길·조경·유극량·변기·변응성을 급히 선발하여 왜적의 북침에 대비하게 하였다.

선조는 이일(李鎰)을 순변사로 임명하여 조령·충주 방면의 중로(中路)를, 성응길(成應吉)을 좌방어사에 임명하고 죽령·충주 방면의 좌로(左路)를, 그리고 조경(趙儆)을 우방어사로 삼아 추풍령·청주·죽산 방면의 서로(西路)를 방어하도록 하였다. 유극량(劉克良)을 조방장(助防長: 주된 장수를 도와서 적의 침입을 방어하는 장수)으로 삼아 죽령을 지키게 하고, 변기(邊璣)를 조방장으로 삼아 조령을 방수하게 했으며, 강계부사를 지낸 변응성(邊應星)을 급히 불러 경주 부윤에 임명하고, 각자 관군을 뽑아 임지로 떠나도록 임기응변으로 조치를 취하였다.

하지만 오랜 기간 세월아 네월아 하며 태평세월이 계속되어 백성들은 군인이 무엇인지조차 모르는 형편이었기 때문에 사실 인솔하여 전장으로 떠날 군사 자체가 없었다.

그러나 명령을 받은 장수가 자발적으로 군사가 모이기를 마냥 기다릴 수도 없어서 이일은 명령을 받은 지 3일 만에 홀로 떠나야 했고, 별장(別將) 유옥으로 하여금 군사를 모아 뒤따라오도록 일렀으니 참으로 무책임하고 한심하기 이를

● **이일 장군 신도비**
이탕개가 침입하자 이일 장군은 이를 격퇴했고 임진왜란 때 명나라 원병과 평양을 수복했다. 서울 탈환 후 훈련도감이 설치되자 좌지사로 군대를 훈련했다.

● 성을 방어하는 조선군
일본군의 북상을 저지하려는 조선군의 모습이다.

데 없었다. 이일 등이 내려가기에 앞서 경상감사 김수는 왜란이 있다는 소식을 듣고 열읍(列邑)에 공문을 내어 각자 소속 군사를 인솔, 안전한 지역에 모여 주둔하게 하고, 중앙에서 파견하는 경장의 지휘를 받도록 하였다. 그리고 신립을 도순변사로 삼아 이일의 뒤를 이어 떠나게 하고, 좌의정 유성룡을 도체찰사로 삼아 모든 장군들을 감독하게 하였다.

문경 이하의 수령들도 각기 소속 군사를 영솔(領率)하고 대구 천변에 나가 순변사를 기다렸으나 여러 날이 지나도 당도하지 않았다. 그러던 중 왜적의 공격이 눈앞으로 점차 가까워 오기 시작하자 군사들이 놀라 동요하기 시작하였다. 마침 비가 많이 내리는 바람에 우장(雨裝)이 모두 젖어 비옷의 기능을 못 하는 데다가 군량 보급마저 끊기게 되자 밤중에 모두 우왕좌왕하며 흩어져 싸워 보지도 못하고 붕괴되는 참담함을 겪었다.

지휘관이나 수령들은 할 수 없이 말을 달려 순변사가 있다는 문경으로 바삐 돌아갔으나 고을은 이미 텅 비어 사람 구경조차 할 수가 없었다. 이에 식량 창고를 털어 잔여 군사를 먹이고 함창을 거쳐 상주에 이르니, 목사 중로의 방어 책임을 지고 내려간 이일은 상주에 이르러 판관에게 군사가 없음을 꾸짖으며 참수하

자 그는 용서를 빌며 자신이 직접 나가서 군병을 불러 모으겠다고 자청하였다. 그리고 밤새 촌락을 탐색하여 수백 명을 불러 모았으나 그들은 군사훈련을 한 번도 받아 보지 못한 농민들이었으니, 싸울 병력이 아닌 단순한 농민 장정에 불과했다.

이일이 상주에 하루를 머무르면서 창고를 열고 관곡을 내서 흩어진 백성들을 모았다. 산속에 숨어 있던 사람들이 하나하나 모여들어 수백 명에 이르자 이일은 급히 대오를 편성하였다. 그는 상주에서 모은 사람과 서울에서 내려온 장정 중 800~900명을 인솔하고 상주 북천변에서 훈련을 시키며 산을 의지하여 전열을 가다듬고 전세를 갖추었다.

그러나 조총을 쏘아대며 습격해 오는 제1번대 고니시 군사의 공격 앞에서 관군은 전의를 잃고 크게 패하고 말았다. 이일은 단신으로 탈주하여 문경 땅에 이르러서야 상주에서의 대패한 상황을 장계로 올리고 조령을 지키려고 하였다.

신립이 충주에 와 있다는 소식을 들은 이일은 급히 그곳으로 달려갔다. 신립은 고니시의 부대가 4월 26일에 조령을 넘어 다음날 충주로 들어온다는 소식을 들었다. 눈앞이 캄캄해진 신립은 충북지방에서 모은 8천여 명의 군사를 이끌고 탄금대에서 배수진을 치고 일전을 각오하며 만반의 준비를 하고 있었다.

● **고니시 유키나가**(小西行長)
도요토미의 심복 부하로 임진왜란 때 제1대 선봉장으로 조선에 출병하여 부산진성과 다대포진성, 동래성을 함락시킨 인물이다. 독실한 천주교 신자로서 신앙심이 깊은 장군으로 일본 내에서는 화전파(和戰派)의 한 사람으로 명나라와 강화회담을 주도하였다.

■ 탄금대 전투와 신립

신립은 명종 원년(1546년) 10월 23일, 평산신씨 화국과 부인 파평 윤씨의 셋째아들로 태어났다. 고려 개국 공신인 신숭겸의 후손으로 본관은 평산(平山)이며 자는 입지(立之)이다. 무과에 급제하여 오위도 총부와 진주판관·한성판윤 등을 지냈다. 임진왜란 첫 해에 충주 탄금대에서 배수진을 펼치고 왜군과 싸우다 전사한 장군으로 시호는 충장(忠壯)이다.

신립이 함경도 은성 부사로 재임할 무렵, 여진족 니탕개(尼湯介)가 쳐들어와서 여러 고을을 뒤흔들었으나 장군들은 모두 싸움에 지고 말았지만, 그가 몸소 나가서 그들을 도와 싸우니 그 위세에 적은 도처에서 패전하고 도망갔다. 그는 즉시 두만강을 건너 적의 소굴을 소탕하고 돌아왔다. 이 전승보가 조정에 들어가니 그는 함경북도 병사에 승진되었고, 이어서 평안 병사를 거쳐 한성부 판윤이 되었다.

1592년(선조 25년), 임진왜란이 일어나자 신립은 도순변사에 임명되었다. 싸움터로 떠날 때 선조가 친히 보검을 하사하면서 격려해 주었다. 그가 임지로 떠나는 도중에 병정을 모집하여 충주에 도착하였을 때 순변사 이일이 상주에서 패하고 쫓겨 왔다. 신립은 그를 사형에 처하려 하였으나 재주를 아깝게 여겨 선봉에 나서서 힘껏 싸워 속죄하도록 용서해 주었다.

이때 김여물은 조령에 진지를 구축하자고 건의했다. 그러나 "적은 이미 고개 밑에 당도하였으니 고개에서 서로 부딪치게 되면 매우 위험하다. 더구나 우리 병정들은 아무 훈련도 받지 못한 장정들이니 죽음의 전선으로 내몰 수는 없다." 면서 병사들의 사기를 북돋아 주니 모두들 용기가 충전하였다.

● 탄금대 전투
신립은 충주 탄금대에 배수의 진을 치고 왜군의 고니시 유키나가와 일전을 벌였다.

　마침내 달천을 뒤에 두고 배수의 진을 쳤다. 고니시가 지휘하는 왜적들이 조령을 넘어오는데 그 무리가 산과 들에 가득차고 위풍이 대단하였다. 신립은 휘하의 여러 부대를 지휘하며 몸소 나가 싸워서 두 번이나 적진을 돌파하려 하였으나 왜적의 수가 너무 많고 강해서 뜻을 이루지 못하였다.
　왜적은 우회작전으로 그들의 우측에 진출하여 동서에서 압도적인 세력으로 협공하였다. 이에 신립은 탄금대로 돌아가서 김여물에게 명하여 임금에게 올리는 글을 짓게 하여 이것을 부하에게 주어 조정에 달려가서 바치도록 하였다.
　그리고 나서 그는 김여물과 함께 적진으로 돌진해서 왜적 10여 명을 죽이고 두 사람 모두 강물에 몸을 던져 죽었다. 그러나 이일(李鎰)은 동쪽 계곡을 따라 탈주하는 데 성공하였고, 고니시의 왜군은 가토의 왜군과 충주에서 잠시 합류했으나 다시 진로를 달리하여 한양으로 향하였다.

■ 선조의 어가 몽진

왜군이 북진하고 있다는 급보가 계속 한양으로 전해 왔다. 그러나 충주에서 크게 패했다는 보고를 접하기 이전까지는 도성을 사수해야 한다는 중신들의 결의는 변함이 없었다. 이때 선조의 피난을 주장하는 일부 조관(朝官)들도 있었으나 전체 중론에 억눌려 강력한 주장을 드러내지 못하고 전전긍긍하였다.

4월 29일, 충주 방어선마저 무너졌다는 패보가 올라오자 시비를 따질 겨를도 없이 황망하게 그날 밤으로 선조의 서행(西行)을 결정하였다. 긴박한 상황이 전개되자 대신들도 이를 받아들였다.

"전세가 여기에 이르렀으니 평양으로 이어(移御)하시어 명나라에 원병을 청하고 회복을 도모하소서!"

더 이상의 묘안을 찾지 못하여 대신들은 이렇게 아뢸 수밖에 없었다. 그런데 장령(掌令) 권협 등이 도성 한양을 끝까지 지켜야 한다고 강력하게 주장하자 영의정인 서애 유성룡이 나섰다.

"권협의 말은 진실로 충성이나 다만 사세가 부득불 그렇지 못하다."

이어서 왕자를 여러 도에 파견하여 성난 민심 이반과 동요를 달래고 군사와 백성들을 격려하는 일이 급선무였다. 그래서 광해군은 평안도 · 황해도 · 강원도 등지를 돌면서 소요하는 민심을 달래는 한편 근왕병을 불러 모아 회복을 도모하는 일을 맡았고, 세자는 선조의 피난 어가(御駕)를 따라갈 것을 청하니, 선조도 그렇게 하라고 응하였다.

● **권협(權悏) 영정**
임진왜란 때에는 사헌부의 정4품 관직인 장령(掌令)으로서 서울을 굳게 지킬 것을 주장하였다. 1596년에 교리·시강관을 거쳐 이듬해 응교(應敎; 홍문관 예문관의 정4품 관직)로 있을 때 정유재란이 일어나자 고급사(告急使)로 명나라에 가서 사태의 시급함을 알리고 원병을 청하였다.

● 양요정의 선조 피난도
임진왜란 때 선조를 호위하고 피난길에 나섰던 공신의 사당에 그려진 그림이다.

이와 더불어 맏아들 임해군(臨海君)에게 명하여 함경도로 가게 했으며, 김귀영·윤탁연 등이 임해군을 따르게 하였다. 셋째아들 순화군(順和君)을 강원도로 가도록 하고, 왕의 명을 받아 의병을 모집하는 직책인 당시 호조사(號召使) 황정욱과 그의 아들 혁(赫)을 비롯하여 이기(李墍)가 따르도록 하였다.

그러나 이기(李墍)는 강원도에 이르러 신병이 들어 더 이상 행차하지 못했다. 순화군 또한 얼마 되지 않아 일본군이 강원도에 쳐들어오자 북으로 향하여 임해군과 동행했으며, 중추부영사인 김귀영과 황정욱에게 명하여 협동해서 호행(護行)하도록 하였다.

선조 일행이 서행(西行)에 오르기에 앞서 우의정 이양원을 유도대장(留都大將: 임금이 서울을 떠나 거동할 때 도성 안을 지키던 대장)에 임명하여 도성을 수비하게 하고, 김명원을 도원수로 삼아 한강을 수비하도록 하였다. 그러나 병사와 장비가 절대적으로 허술하여 왜군과 대적하기가 사실상 불가능한 실정이었다. 밤이 깊어 이일의 장계(狀啓)가 도착했는데, "왜적이 금명간에 확실히 도성에 다다를 것이다."라는 내용이 들어 있었다.

장계가 계속해서 줄지어 들어오고 시간이 조금 지났을 때 사관에게 명하여 종묘와 사직의 주판(主版)을 받들고 먼저 가도록 하고 선조 왕은 군복인 융복 차림으로 말 위에 올라 그 뒤를 따라나섰다. 세자 광해군이 왕의 뒤를 따랐고, 왕세자 신성군 후와 정원군 부가 광해군의 뒤를 따라 한양성의 서대문인 돈의문을 나와 도성을 떠났다. 왕비 의인왕후가 가마를 타고 인화문을 나서자 시녀 수십 명이 그 뒤를 따랐다. 그런데 이날은 달이 없는 그믐인 데다가 비까지 억세게 내려 칠흑같은 어둠 속에서 한 치 앞도 분간하기 어려웠다.

《선조수정실록》에 이렇게 기록하였다.

"왕이 도성을 떠나자 난민(亂民)이 그의 문적(文籍)인 노비문서를 보관하고 있던 장례원과 형조를 불질러 버렸다. 이때 경복궁·창덕궁·창경궁 세 궁궐이 모두 불타 없어진 것으로 되어 있다."

그러나 이와는 달리 고니시가 이끄는 왜군 1번대를 따라온 종군 승려의 일지인 《서정일기(西征日記)》에는 '5월 7일, 경복궁이 전소되었음이 확인되었다'고 기록되어 있다. 이를 통해 경복궁은 백성들이 불지른 것이 아니라 왜군에 의해 불탔다는 것을 유추해 볼 수 있다는 문제가 제기되기도 했지만 역사적으로 단정하기는 궁색하다고 볼 수 있다.

323

선조의 일행이 불과 100리 남짓한 개성까지 도착하는 데 무려 3일이나 걸렸다. 도성을 나올 당시 100여 명이던 호종(護從) 인원이 그 사이에 상당히 줄어들었다. 그리하여 개성까지 따라온 인원만으로 관원을 재구성할 수밖에 없어 관직의 변동도 많았다.

왜군이 한양에 당도한 것은 고니시의 부대가 5월 2일, 가토의 군대가 그 다음날인 3일이었다. 이때 한강을 수비하던 김명원은, 적이 쏜 탄환이 지휘본부인 용산 보광동의 제천정(濟川亭)에 떨어지자, 한강 수비가 불가능함을 깨닫고 임진강으로 퇴각하였다. 따라서 유도대장(留都大將) 이양원도 도성 수비를 포기하고 물러났다.

개성에 머무르고 있던 선조 일행은 도성이 왜적에게 함락되었다는 소식을 듣고 왕이 대궐 밖에서 거처하는 행재소(行在所)를 다시 평양으로 옮겼다. 이어 김명원의 임진강 방어마저 실패하여 개성도 함락되고 왜군이 계속 북침한다는 소식을 접하자 평양 수비마저 포기하고 평북 의주로 또다시 옮겼다.

● **한양 점령**
임진왜란 초기 조선은 왜적에게 일방적으로 당하는 전세로 한양의 도성이 함락되었다.

선조는 만일의 사태에 대비하여 세자로 책봉한 광해군으로 하여금 분조(分朝)를 설치하게 하는 한편, 명나라에 구원병 파견을 요청했다.

한양 도성을 함락한 왜군은 한양을 본거로 하고 잠시 쉬었다가 전열을 정비하여 바로 북침을 계속하였다. 그러던 중 양주 해령 고개에 진을 치고 있던 부원수 신각의 관군이 북진하는 왜군의 일부 부대를 기습공격하여 괴멸시켰다. 그러나 왜군이 북침을 중단할 만한 큰 타격은 아니었다. 그 뒤 임진강에서 도원수 김명원이 지휘하는 관군이 왜적의 침입을 저지하려 했으나 도리어 적의 전술에 말려들어 실패하였다.

한가닥 희망을 걸었던 경상도·전라도·충청도의 하삼도(下三道)의 대군마저 한양을 수복하기 위하여 북상하던 도중에 경기 용인과 수원 사이에서 소수의 왜군을 맞아 싸우다가 대패하자 관군에 대한 기대는 절망적이었다.

임진강을 건넌 왜군은 3군으로 나누어 북상하였다. 고니시의 군사는 평안도 방면으로 침입하여 6월에 평양을 점령하고 본거로 삼았다. 함경도로 침입한 가토의 군사는 함경도 감사 유영립을 체포하고 병사(兵使) 이혼(李渾)은 반민(叛民)에게 피살되었다. 또한 함경도로 들어간 임해군과 순화군도 격앙된 반민에 의해 포박되어 왜군에게 인도되는 등 함경도 전체가 적의 수중에 들어갔다. 황해도로 들어간 구로다의 군사는 해주를 본거로 삼고 대부분의 고을을 침범하여 극악무도하게 노략질과 약탈을 자행하였다.

● **가토 기요마사(加藤清正)의 갑옷**
가토 기요마사는 임진왜란 당시 조선을 침략한 일본의 강경파 무장이다. 임진왜란 때 일본군의 동군을 이끌고 함경도까지 진격하여 두 왕자인 임해군 진과 순화군 보를 사로잡았다. 그러나 함께 출병한 왜군 장수 이시다 미츠나리, 그리고 고니시 유키나가와 의견이 맞지 않아 내분을 겪었으며, 명과 일본의 화의교섭에 반대하여 전쟁을 계속하자는 강경주장을 펼치다가 도요토미의 노여움을 사게 되어 1596년 본국으로 소환당했다.

조선왕조실록

■ 반격의 시작

의주로 피난한 선조는 요동으로 망명하기 위해 수 차례 요동 총독에게 가서 요청하였으나 오히려 일본과 합세해서 중원을 침공하려는 걸로 의심한 명이 수행원을 100명으로 제한하고 배를 전부 자기들 쪽으로 가져가 버리자 뜻을 단념했다. 그러는 사이 전라도를 중심으로 곽재우 · 김덕령 · 고경명 등이 이끄는 의병이 활발히 일어나 일본으로부터 건너오는 일본군의 물자와 병력을 수송하던 해군을 이순신 장군이 번번히 격퇴하자 전황은 고착된다.

왜군은 임진왜란을 일으킨 지 보름 만에 한강에 이르렀고, 20일 뒤에는 임진강 방어선도 간단히 뚫은 채 평양까지 손쉽게 점령했다.

이때 남쪽 바다에서는 전라좌수사 이순신이 거북선을 앞세워 옥포 · 사천 · 한산도 해전에서 왜군 수군을 통쾌하게 격파하여 일본에서 왜군에게 보내는 군사 보급 수송 작전을 거의 끊어 버렸다. 그러자 왜군의 육군은 일본으로부터 들어와야 하는 보급이 막혀 더 이상 싸울 힘을 잃었다. 그러는 사이에 의병과 관군의 반격은 계속되면서 싸움은 지리멸렬하게 이어졌다.

이순신의 활약으로 인해 제해권을 완전히 장악당한 왜군은 전라도 해안으로 진출하려던 작전이 일격에 분쇄되고 말았다. 이로써 왜군은 공격의 전략이 크게 흔들리게 되었다. 이순신의 제1차 출동에는 경상우수사 원균도 함께 가세했으나 원균은 작전 계획이나 지휘 능력에서 도저히 이순신을 따를 수가 없었기 때문에 이순신 단독 지휘로 왜군과 맞서 전쟁을 치르는 것이나 다름없었다.

● 이순신 장군 동상
이순신 장군은 임진왜란 때 조선의 삼도수군통제사가 되어 부하들을 통솔하는 지도력과 뛰어난 지략, 그리고 탁월한 전략과 능수능란한 전술로 일본 수군과의 해전에서 연전연승함으로써 나라를 구한 성웅(聖雄)으로 추앙받고 있다.

임진왜란이 일어난 지 20일 만인 1592년 5월 4일부터 8일까지에 걸쳐 벌어진 해전에서 이순신 함대는 옥포·합포·적진포 해전에서 적선 37척을 분파시키며 대승을 거두었다. 우리 피해는 경상 1명에 불과했을 뿐이었으니 그야말로 완전한 대승이었다.

그 뒤 제2차 출동은 5월 29일에서 6월 10일에 있었다. 사천·당포·당항포·율포 등에서 네 차례의 해전이 벌어졌다. 이때에도 왜선 72척을 침몰시키고 왜병 88명을 참획하였다. 반면에 아군의 피해는 전사 11명, 부상 26명으로 왜군에 비하여 매우 경미하였다. 이처럼 1, 2차 출동에서는 도중에 전라우수사 이억기의 함대도 가세하여 원균의 3척을 합하여 연합 함대의 규모는 51척이나 되었다.

특히 1592년 5월 29일 벌어진 사천 해전부터 비장의 무기인 병선(兵船) 거북선이 등장되면서 연전연승으로 치달았다. 거북선의 등장은 제해권을 완전장악하고 그 탁월한 전투력이 증명되면서 왜군의 수군 주력부대를 모조리 괴멸시켜 버리는 막강한 위력을 발휘하였다.

그때까지 큰소리 치던 왜군들은 바다의 제해권을 빼앗긴 것은 말할 것도 없고 해전 전략마저 상실하고 거북선만 보면 줄행랑을 치기가 바빴다. 거북선의 등장으로 인해 남해안 제해권 장악과 함께 해전의 주도권까지 잡게 되면서 바다의 전세는 완전히 이순신의 천하로 되었다.

● **거북선**
거북선은 판옥선(板屋船)을 기본으로 하여 배 위의 네 귀에 기둥을 세우고 사면을 가려 마룻대를 얹어 널빤지로 지붕을 덮은 전투선이다. 그리고 이 나무판에는 적병이 못 뛰어오르도록 무수한 송곳과 칼을 꽂았었다. 선수부에는 거북머리를 구조하여 그곳에서 전면부로 화포를 쏘게 했고, 선미부에는 거북의 꼬리를 세우고 역시 화포를 쏘았다.

이순신 장군의 가장 통쾌하고 위대한 승리는 바로 한산도 대첩이다. 1592년(선조 25년) 5월 29일부터 제2차로 출동한 이순신의 수군은 6월 10일까지 사천 선창·당포·당항포·율포 해전 등에서 일방적인 승리를 거두었으나 육지에서는 계속 패전의 소식만이 들려왔다.

그렇게 되자 왜적은 해상에서도 다시 머리를 쳐들기 시작하여 가덕도와 거제도 부근에서 왜적선이 10여 척에서 30여 척까지 떼를 지어 나타나면서 육군과 호흡을 맞추었다.

● 이억기 장군의 영정
이억기 장군은 북방의 경비에 만전을 기했고, 임진왜란 때 당항포·옥포 등지에서 크게 승리했다. 이순신이 원균의 참소로 하옥되자 무죄를 변론했고, 칠천량 싸움에서 전사했다.

이런 보고를 받은 전라좌수사 이순신은 우수사 이억기와 연락하여 재차 출동을 결정하였다. 이때 왜군은 해상에서의 패전을 만회하기 위하여 병력을 증강하였다.

와키자카 야스하루의 제1진은 70여 척을 거느리고 웅천 방면으로 출동하였고, 구키 요시타카의 제2진은 40여 척을, 제3진의 가토 요시아키는 많은 병선을 이끌고 합세하였다.

이순신의 제3차 출동은 제2차 출동 후 약 1개월이 지난 7월 6일부터 13일 사이에 있었다. 만반의 태세를 갖춘 이순신은 7월 6일 이억기와 더불어 47척을 거느리고 좌수영을 출발, 노량에 이르러 경상우수사 원균의 함선 7척과 합세하였다. 7일 저녁 조선 수군 함대가 고성 당포에 이르렀을 때, 왜적 선박 70여 척이 통영의 견내량 지역으로 들어갔다는 정보를 입수하고 이튿날 전략상 유리한 한산도 앞바다로 적을 유인할 작전을 세웠다. 한산도는 거제도와 고성 사이에 있어 사방으로 헤엄쳐 나갈 길도 없고, 적이 궁지에 몰려 상륙한다 해도 굶어 죽을 수밖에 없는 열악한 섬이었

● 한산도 대첩의 기록화
이 전투에서 일본 수군은 후방에 있던 큰 배 한 척과 중간 배 일곱 척, 그리고 작은 배 여섯 척만이 도망을 칠 수 있었고 모두 바다 속으로 침몰되었다.

다. 이리하여 먼저 판옥선 5~6척으로 하여금 적의 선봉을 쫓아가 급습하는 척하면서 적선이 일시에 쫓아 나오기를 기다렸다.

 조선 해역에 대한 기본 지식이 없던 왜군은 이순신의 유인작전에 순순히 말려들었다. 이순신은 여기서는 너희가 도망칠 수도 없고, 설사 한산섬으로 도망친다 해도 먹을 것이 없어 굶어 죽을 것이라는 계산을 한 것이다. 이순신의 작전 계획이 적중하자 후퇴를 가장하면서 왜선을 유인하였다.

 왜선들이 거침없이 다가오자 수군은 예정대로 미리 약속한 신호에 따라 모든 배가 일시에 북을 울리며 뱃길을 돌리고, 호각을 불면서 학이 날개를 활짝 펴듯 군사를 좌우로 배치하여 학익진(鶴翼陣)을 펴고 일제히 왜군을 향하여 진격하였다. 모든 지자총통(地字銃筒)·현자총통(玄字銃筒)·승자총통(勝字銃筒)을 한꺼번에 쏘아 적선을 불사르니 왜군의 비명소리가 한산섬 바다에 메아리쳤다.

329

그 바람에 왜군 대선단(大船團)은 전의를 상실하고 혼비백산하여 도망하려고 뱃머리를 돌리는 것이었다. 이때 이순신은 미리 배치한 거북선을 앞세워 일시에 달려들어 총공격을 퍼부어 왜군의 층각선(層閣船) 7척, 대선 28척, 중선 17척, 소선 7척을 파괴하고 나포하는 등 대전과를 올렸다. 파괴된 적선은 무려 66척이나 되었다.

이 싸움을 지휘했던 와키자카(脇坂安治)는 쾌속선으로 겨우 탈주하고 적선 10여 척이 간신히 도망했을 뿐이었다. 살아 남은 왜군 400여 명은 배를 버리고 한산섬으로 기어올랐으나 먹을 것이 없어 풀뿌리를 캐먹으며 13일을 버티다가 탈출하거나 굶어 죽었다. 이것이 그 유명한 이순신의 '한산도 대첩'이다.

그 뒤 12일에 한산도에 이르러 원균에게 한산도 해전에서 육상으로 도망친 적을 소탕하게 하고 13일 여수로 돌아왔다. 안골포 해전에서 대패한 왜군은 구키가 지휘한 수군이었다. 이때 3차 출동에서는 왜군의 선박 약 100여 척을 격파 또는 나포하고, 왜군의 선박 중 250급(級)을 참획하여 개전 이래 최대의 성과를 거두었으나 아군의 손실도 적지 않았다. 하지만 이 한산도·안골포 해전으로 조선의 수군이 제해권을 완전히 장악하여 왜군의 서해 진출을 차단할 수 있었다.

● 한산도 대첩 민족기록화와 충무공 이순신

■ 임진왜란 3대 대첩 '진주성 대첩'

　진주성 대첩은 임진왜란에서 최초로 수성(守城)에 성공한 전투이다. 이처럼 시대상 최신식 무기로 무장했던 일본군을 방어할 수 있었던 것은 군과 민이 합심하여 지형의 이점을 잘 이해하고 활용하였으며, 기각지세(掎角之勢)를 취하여 적을 혼란케 하고, 다양한 종류의 무기를 효율적으로 사용하였기 때문이다. 당시 전투에서 일본군 전사자는 지휘관급이 3백 명, 병사가 1만여 명에 달했으며, 이처럼 큰 병력을 손실한 사실 외에도 패배의 여파는 대단했다고 한다.

　진주성 대첩은 권율의 행주대첩과 이순신의 한산대첩과 더불어 임진왜란 3대 대첩으로 일컬어지고 있다. 이순신이 해전에서 수차례 승리를 거두어 서해로 나아가는 바닷길을 장악하였고, 이로 인해 왜군은 해로를 이용한 보급에 차질이 빚어졌던 것이다. 그러므로 왜군은 바닷길을 포기하고 싸움에 필요한 군량과 같은 전쟁 물자를 적국인 조선에서 충족시키고자 하였다. 왜군은 전라도의 곡창지대를 노렸다. 그리고 병력을 집결시켜 한산도의 관문인 경상도를 장악하려고 하였으나 그들은 전란 이래 진주성만은 공략하지 못하였다. 왜냐하면 진주성은 천혜의 요새로, 우선 외성과 내성으로 이루어져 있었고, 성의 앞에는 남강이 흐르고 후방 삼면에는 적의 침입을 막기 위해 넓고 깊게 판 해자(垓字)가 있었기 때문이다.

　도요토미 히데요시는 남도를 장악할 본거지이자 전라도 침입의 교두보 역할을 해낼 요충지가 바로 진주성이라 간주하고 공략을 명령했다.

● **김시민과 곽재우의 진주성 대첩**
진주대첩은 조선 중기 임진왜란 당시에 벌어진 공방전이다. 이 공방전은 권율의 행주대첩과 이순신의 한산대첩과 더불어 3대 대첩이다.

조선왕조실록

1592년 11월 7일(음력 10월 4일), 왜군은 군사 3만 명을 이끌고 진주성을 포위하였다. 전투에 앞서 조선의 관군과 의병들은 군을 나누어 기각의 지세를 이루었다. 성 내에는 진주 목사(牧使) 김시민을 위시한 관군 3천 8백여 명과 백성이 합세해 결전을 준비했고, 성 밖에서는 홍의장군 곽재우가 이끄는 경상도 의병들이 왜군을 배후에서 견제하고 있었다.

이런 상황에서 왜군은 섣불리 공격을 시작하지 못하다가 마침내 주위의 민가를 모조리 불지르고 총탄과 화살을 마구 쏘아대며 공격을 개시했다. 성 내에 있던 조선 관군은 화차와 현자총통을 비롯한 총포와 화살로써, 그리고 백성들은 돌과 뜨거운 물로써 대항하였다. 더불어 임계영과 최경회가 이끄는 전라도 의병 2천여 명은 성외에서 왜군의 후방을 기습공격했고, 나아가 홍의장군 곽재우도 유격전을 전개하여 왜군을 혼란에 빠뜨렸다.

곽재우는 피리를 불어 왜군의 군심을 흔들었다. 11월 12일(음력 10월 9일), 승리가 점차 목전에 다가오는 순간에 진주 목사 김시민이 안타깝게도 왜군이 쏜 총탄에 맞아 정신을 잃고 쓰러졌다. 진주성을 공격한 지 이레 만인 11월 13일(음력 10월 10일), 싸움에 지친 왜군은 진주성을 포기한 채 마침내 퇴각하였다. 그러나 이 공방전의 주역인 김시민은 치료를 받았음에도 불구하고 11월 21일(음력 10월 18일)에 순국하였다. 향년 39세였다.

● 김시민 장군상
진주성 전투에서 3,800명의 병력으로 2만여 명의 왜적을 격퇴하고 전사하였다.

● 곽재우의 기마상
붉은 비단으로 된 갑옷을 입고 활동하여 '천강홍의장군'이라는 별명을 얻었다.

■ 임진왜란 3대 대첩 '행주대첩'

　행주대첩은 임진왜란 때 행주산성에서 권율이 지휘하는 조선군과 백성들이 하나 되어 일본군과 싸워 크게 이긴 전투이다. 행주대첩은 진주성 대첩·한산도 대첩과 함께 임진왜란 3대 대첩(大捷; 크게 이긴 전투)으로 불리고, 진주성 대첩·연안대첩과 함께 임진왜란 육전 3대첩으로 불리며, 살수대첩·귀주대첩·한산도 대첩과 함께 한민족 4대첩으로 불린다.

　권율은 1593년 음력 2월에는 병력을 나누어 부사령관 선거이(宣居怡)에게 금천 금주산(衿州山)에 진을 치게 한 후 병력을 이끌고 한강을 건너 행주산성에 주둔하였다. 이때 의병장 김천일과 승병장 처영의 병사들도 합세하여 총병력은 관군 3천여 명과 의병 6천여 명 등 병력은 총 9천여 명에 이르게 되었다.

　행주산성의 지형은 후방에 한강이 흐르고 있었으므로 배수진의 형태였다. 또한 행주산성은 말이 좋아 산성이었지 높이가 120m밖에 안 되는 낮은 언덕에 위치한 것에 불과하였고 지대 역시 험준한 것과는 거리가 멀었다. 더욱이 행주산성은 그 규모가 작을 뿐만 아니라 성벽도 매우 낮은 토성에 불과하였기 때문에 조선군은 토성 위를 목책으로 둘러싼 채 싸움에 임할 수밖에 없었다.

　이런 열악한 조건 속에서도 조선군은 휘하 다이묘들을 이끌고 공격해 온 우키타 히데이에의 일본군을 맞아 비격진천뢰 및 신기전 같은 최신 무기들과 천자총통을 비롯한 각종 화포, 그리고 바위·화살·불덩이, 그리고 심지어 끓는 물까지도 퍼부어 7차례에 걸친 적의 총공격을 모두 격퇴하는 데 성공하였다.

● 권율 장군 상
임진왜란 7년간 군대를 총지휘한 장군으로 금산군 이치(梨峙) 싸움, 수원 독왕산성 전투, 행주산성 전투 등에서 승리했다.

그 결과 최소 5천여 명의 적군 사상자와 함께 적장 우키타 히데이에 및 이시다 미츠나리, 요시카와 히로이에에게 부상을 입혔다. 특히 우키타 히데이에는 중상을 입고 죽을 위기에 몰렸으나 부하 병사들이 그를 업고 줄행랑을 친 덕택에 목숨을 부지할 수 있었다.

행주대첩의 승리를 듣고 나서야 평양으로 회군하던 명나라의 군세도 다시 움직이기 시작하였고, 나흘 뒤인 2월 16일, 권율은 파주산성으로 군세를 옮겨 정세를 관망하게 된다. 파주 공격을 계획했던 일본군은 결국 4월 18일 한성에서 철수하였고, 이로써 일 년 만에 조선군은 수도를 수복했다. 후에 권율은 이 공으로 도원수가 되었다.

이때 성내의 아녀자들이 치마 위에 짧은 덧치마를 대어 적군들에게 던질 돌덩이를 운반한 것이 행주치마의 유래가 되었다는 이야기가 있으나 이는 사실이 아니다. 산성에서 백성들까지 끌어모아 돌로 적을 내리칠 정도로 처참한 전투를 펼친 것으로 잘못 알려져 있는데, 실제로는 산에 목책을 두 겹 정도로 둘러치고 공방전을 벌였다.

따라서 행주치마는 백성들이 돌을 모으기 위해 입은 치마라서 행주치마가 되었다는 이야기는 낭설이다. 행주대첩이 일어나기 두세 대 전인 1517년 최세진이 쓴 《사성통해》와 1527년에 최세진이 지은 《훈몽자회》에 이미 행주치마란 단어가 사용된다.

● **돌을 옮기는 여인들**
왜적에 맞서 여인들이 덧치마에 돌을 싸서 보급하여 행주산성의 승리를 이룰 수 있었다는 일화가 있지만 이는 사실과 다르다.

■ 이몽학의 난(李夢鶴-亂)

임진왜란 직후 정유재란이 발발하기 직전까지 조선과 일본은 잠시 휴전 상태가 되었다. 이때를 노리고 왕족 서얼인 이몽학은 의병을 모집한다는 핑계로 장정들을 끌어모으기 시작하여 결국 반란을 일으켰다. 이로 인해 김덕령 등이 하옥되는 등 전라도 지역이 불안해지자 선조는 이를 빨리 수습하기 위해 원균을 다시 전라병사로 임명했다. 이 반란은 결국 홍주목사 홍가신(洪可臣)에 의해 진압되기는 했으나 선조는 이몽학의 난으로 인하여 정치에 대한 자신감을 잃었다.

당시 농민들의 생활은 임진왜란 등으로 인해 몹시 궁핍해져 있었다. 이때 본래 서얼 출신인 이몽학은 아버지에게 쫓겨나 충청도·전라도를 떠돌아다니다가 모속관(募粟官) 한현(韓絢)의 선봉장이 되었다. 관원으로서 충남 전역을 다니던 한현은 지역 사정을 잘 알고 있었으며, 그 전에 일어난 '송유진의 난'에 연루되었다는 의심을 받고 감시 대상이 되어 있었다.

이몽학뿐만 아니라 한현·권인룡·김시약 등도 서얼 출신으로 계급적 한계로 인하여 불만을 품고 있었다. 수년을 끈 왜란으로 나라가 황폐해진 데다 흉년까지 겹쳐 민심이 극도로 흉악해진 때이므로 "왜적의 침입을 바로잡겠다."는 반도(叛徒: 반란을 일으키거나 참여한 무리)들의 선동이 크게 호응을 얻었다.

1596년 음력 7월 6일, 이몽학 군대는 홍산현에 쳐들어가 현감 윤영현을 홍산 동헌에서 생포하였고, 임천군으로 쳐들어가서 군수 박진국을 포박했다. 이어서 그는 7일에 정산현을 함락시켰다. 정산현감 정천경은 도주했다. 계속해서 그는 8일에 청양을, 9일에 대흥을 차례로 함락시켰는데, 이 과정에서 가난한 농민들까지 합세해 반란군은 수

● 이몽학의 난
1596년 임진왜란 뒤 정유재란 전에 이몽학이 불만에 찬 농민들을 선동하여 충청도 일대에서 일으킨 반란이다.

천 명으로 불어났다. 이몽학 군대는 10일에 홍주성으로 진격하였다. 이에 홍주목사 홍가신은 관속 이희수를 시켜 거짓 항복을 함으로써 이몽학을 속이고 시간을 지체하였다.

이 틈을 이용해 홍가신은 인근 수령들에게 구원을 요청했고, 마침 고을에 체재 중인 무장 임득의(林得義)는 가솔과 의병 800명을 이끌고 포위된 성안으로 들어와 고을에 사는 무장 박명현을 불러들이도록 하여 함께 수성 계책을 세운다. 이에 따라 인근의 순찰사 신경행·수사 최호·박동선·황응선 등이 와서 홍주성에서 이몽학 군과 전투를 벌여 반란군을 퇴치하고 위기에 처한 홍주성을 구했다.

이때 조정에서는 충청병사 이시언이 이끄는 토벌군이 여러 번 패퇴하자 권율 장군을 진압군 대장으로 임명하여 호남의 군사를 이끌고 여산을 거쳐 이산까지 진군하였다. 그러나 반란군의 형세가 워낙 흉흉하여 충용장군 김덕령에게 급히 지원군을 이끌고 진압군에 합류토록 연락하고, 심지어 포로로 잡은 왜군까지 지원군으로 보내도록 영남에 연락하고는 더이상 진격을 하지 못했다.

그 사이 도원수 권율, 충청병사 이시언, 장군 이간 등이 홍주 주위로 향했다. 이때 홍가신은 민병을 동원하여 반격하였고, 판관아병 윤계가 총포를 쏘면 이몽학 군은 모두 살아남지 못할 터이니 주동자인 이몽학의 머리만 베어 오면 큰 상을 주겠다고 하였다. 또한 홍주에 살던 무장 임득의, 박명현, 전 병사 신경행 등은 홍주성에 들어가 홍가신을 도왔다. 남포현감 박동선도 충청수사 최호와 상의한 후 군사를 이끌고 합세하였다.

홍주성 공격에 실패한 반란군은 밤에 청양까지 도주하였고 이몽학의 부하 김경창(金慶昌)·임억명(林億明)·태척 등이 이몽학의 머리를 베어 살해했는데, 이몽학이 죽자 이몽학 군은 뿔뿔이 흩어졌다.

면천(沔川)에서 형세를 살피며 움직이지 않던 모속관 한현은 홍주에서 수천 명을 모병하여 이몽학 군과 합세하려 했으나 관군의 공격으로 인해 패하여 달아나다가 붙잡혔다. 이 난에 가담한 자들 중에서 한현을 비롯한, 죄가 무거운 자 100여 명은 한양으로 압송되어 경중에 따라 처벌되니, 이로써 '이몽학의 난'은 평정되었다.

한현에 대한 친국(親鞫: 임금이 직접 중죄인에게 일일이 따져 묻는 일) 과정에서 의병장 김덕령과 홍계남·곽재우·최담령·고언백이 반란에 가담했다는 소문이 퍼지고, 이에 따라 김덕령·홍계남·곽재우·최담령이 붙잡혀 갔다. 이몽학이 처음에 군사를 일으킬 때, "김덕령은 나와 약속하였고, 도원수와 병사·수사도 모두 함께 계획하였으므로 반드시 우리에게 호응할 것이다."라고 거짓으로 선동했고, 사람들이 모두 그 말을 믿었으므로 난이 평정되어 선조가 친국을 할 때에 이들의 죄를 물었던 것이다. 그 뒤 홍계남과 곽재우는 풀려났으나 김덕령은 선조의 친국 과정에서 고문을 이기지 못하여 장독(杖毒; 매를 심하게 맞아 생긴 상처의 독)으로 사망하였고, 최담령은 결국 처형되었다.

이 사건으로 선조의 의심병으로 인해 의병장들이 숙청당했다는 인식이 있으며, 그 주장으로 아래와 같은 근거가 나온다.

'송유진의 난' 때는 의병장 이산겸이 반란군과 무관함을 뻔히 알면서도 그를 그대로 때려 죽이더니, '이몽학의 난' 때는 이몽학이 반란군을 결성할 당시에 했던, "김덕령은 나와 약속하였고, 도원수와 병사·수사도 모두 함께 계획했다."는 거짓말을 빌미로 김덕령을 모진 고문 끝에 죽게 만들었다.

또한 이때부터 선조는 본격적으로 이순신을 경계하면서 동시에 원균을 추켜세우기 시작한다. 그 똑똑한 머리로 두 사람의 차이를 정말 몰랐을 리는 없고 순전히 무장(武將)들에 대한 견제와 의심 때문이었다. 그리고 끝내 이순신은 파직을 당한다.

■ 정유재란

임진왜란의 정전회담이 결렬됨에 따라 일본군이 재차 조선을 침공하여 이듬해인 1598년 연말까지 지속된 전쟁이다. 초기에는 일본군의 공세가 이루어지다가 명량해전을 변곡점으로 남해안의 왜성(倭城; 임진왜란과 정유재란 때 부산지역에 일본군이 축조한 일본식 성)들에 틀어박힌 일본군에 대한 조명연합군의 공격이 주를 이루었다. 때문에 정유재란 때 조선군은 대부분 공격측에, 일본군은 대부분 방어측에 서게 되었고, 명량해전과 노량해전을 제외하면 조선군이 결정적 승리를 거둔 전투는 거의 없는 교착 상태의 모습을 나타냈다.

임진왜란을 종식시키기 위해 명(明)과 일본군의 교섭이 시작되었다. 그러나 서로 자국이 유리한 처지에서 화의(和議)를 교섭하려고 하였다. 일본군은 명나라의 황녀(皇女)를 일본의 후비(後妃)로 삼을 것, 한반도의 남부 4도를 내줄 것, 감합(勘合: 외교 및 무역의 목적으로 내왕하던 왜인들의 입국 확인서 또는 그것을 확인하던 일) 무역을 부활할 것, 조선 왕자와 대신 12명을 인질로 삼을 수 있게 해줄 것을 명나라에 요구하였으나 대부분 수용되지 않았고, 결국 3년에 걸친 화의교섭은 결렬되고 말았다. 이에 남해안에 주둔해 있던 일본군은 1597년 다시 전쟁을 시작하였다.

● 원균(元均) 영정
칠천량 해전에서 일본군의 교란작전에 말려 전사했다.

일본 수군은 그들이 가장 두려워하던 이순신 장군이 선조의 의심병으로 인해 파직당하여 전쟁에 나설 수 없음을 알고 쾌재를 불렀다. 그 당시 이순신 장군 대신 원균이 삼도수군통제사가 되어 있었다. 일본 수군과의 전투를 벌인 칠천량 해전에서 원균이 이끄는 조선 수군은 전멸되어 재기가 불가능할 정도였다. 조정에서는 원균이 이순신 정도의 활약까지는 아니더라도 현상유지는 해줄 것으로 기대하고 있었는데, 선조까지 직접, "나도 원균이 저 정도로 무능할 줄은 몰랐다."고 한탄했을 정도였다.

1597년 9월 25일(음력 8월 15일) 남해안 대부분의 제해권을 장악한 일본군은 대규모의 부대를 진주시켜 9월 29일(음력 8월 19일) 남원성 전투와 전주성 전투에서 조·명연합군을 대파하여 전라도를 점령하고 충청도 직산까지 진격하여 조·명연합군과 대치하기에 이른다. 일본군은 임진왜란 때와는 달리 전공을 증명하고자 조선인들의 코를 베어 일본에 보냈고, 남녀노소를 불문하고 마구 잡아 서양에서 온 노예상에게 팔아 넘겼다.

● 이총(耳塚)
정유재란 때 왜군이 베어 간 조선군사와 백성의 코와 귀를 묻은 귀무덤이다.

　이러한 때에 다시 복권한 이순신의 조선 수군이 명량해전에서 일본 수군을 대파시키자 보급선이 끊길 것을 우려한 일본 육군은 직산을 끝으로 더이상 진격하지 못했다. 이후 조·명연합군과 일본 육군의 공수(攻守)가 바뀐다. 1597년 12월 말에서 1598년 1월 초에 걸쳐 조·명연합군은 울산 왜성을 공격했으나 함락시키지 못하였다. 이때 도요토미 히데요시가 도중에 죽자 왜군은 결국 이를 극비에 부치고 본국으로 철수하기 시작하였다. 이순신은 노량에서 철수하는 왜군을 쫓아 함대를 대파하여 승리했으나 전투 중에 전사하였고, 왜군은 전투에서는 패배했으나 본국으로 철수하는 데는 성공하여 임진왜란과 정유재란은 드디어 끝을 맺었다.

● 명량해전(鳴梁海戰)
명량해전은 1597년(선조 30년) 음력 9월 16일(양력 10월 25일) 정유재란 때 이순신이 지휘하는 조선 수군 13척이 명량에서 일본 수군 300여 척을 격퇴한 세계 해전사에서 유례를 찾을 수 없는 해전이었다. 또한 이순신의 명언(名言)이 빛나는 전투이기도 하다.

"아직 배가 12척이나 있고 미천한 신하가 살아 있습니다."
(尙有十二 舜臣不死)

"싸움에 있어 죽고자 하면 반드시 살고 살고자 하면 죽는다."
(必死卽生 必生卽死)

제14대 선조

■ 선조와 광해군

　선조는 임진왜란 발발 후 의주까지 몽진(蒙塵)하면서 광해군을 세자로 책봉하였고, 그에게 분조(分朝; 임진왜란 때 선조가 광해군에게 명하여 임시로 두었던 조정)를 맡겨 황폐해진 민심을 달래고 만약을 대비하도록 했다. 그런데 세자에게 분조를 맡겨 놓고서도 항전 활동 중인 광해군이 민심을 얻자 선조는 자신이 왕의 자리에서 밀려날까 불안감을 가진다. 그래서 임진왜란 중에도 잦은 양위 소동을 벌였으나 양위하지는 않았다. 오히려 잦은 양위 소동은 세자의 정치적인 위상을 떨어뜨리고자 하는 선조의 속마음이었다. 선조의 너무 잦은 양위 소동은 실록에도 잘 나타나 있다.

　"사신은 논한다. 상이 200년 조종(祖宗)의 기업(基業)을 당저(當宁)에 이르러서 남김없이 다 멸망시켜 놓고 겸퇴(謙退)하면서 다시는 백성의 윗자리에 군림하지 않고자 하여 하루아침에 병을 이유로 총명하고 인효(仁孝)한 후사(後嗣)에게 대위(大位)를 물려주려고 하니, 그 심정은 진실로 서글프나 그 뜻은 매우 아름다운 것이다. 진실로 현명한 판단이 아니었으면 어떻게 이러한 결론을 내릴 수 있었겠는가. 대신(大臣)으로서는 눈물을 흘리며 봉행(奉行)하더라도 잘못됨이 없을 것인데, 어찌하여 백관을 인솔하고 끈질기게 설득하고 극력 간쟁(諫諍)하여 반드시 승낙을 받고서야 그만두려 하는가. (중략) 끊임없이 간쟁하여 상의 훌륭했던 생각을 중지시켰으니 매우 애석한 일이다."

-《선조실록》1593년 9월 7일-

　사관의 기록을 보면, 한 마디로 그냥 말리지 말고 양위하라고 내버려 뒀어야 했다는 이야기인 데다가, 그것도 모자라 마치 선조의 결단을 칭찬하는 듯한 단어를 써서 무척이나 비아냥거리고 있음을 알 수 있다. 잦은 양위 소동에서 드러난 변덕과 견제, 이후 영창대군 탄생까지 겹치면서 광해군으로선 선조와의 사이가 균열의 틈이 생기기 시작했다.

선조는 정비 의인왕후 박씨와의 사이에서 자식을 두지 못했다. 대신 후궁들에게서 많은 서자를 두었다. 광해군이 세자로 책봉된 것은 임진왜란이라는 혼란 속에서 이루어졌다. 그것도 대군(大君: 정궁(正宮)의 몸에서 태어난 적실(嫡室)왕자) 이 아닌 군(君: 후궁의 소생, 서자)의 신분이자 차남이었다. 장남인 임해군이 서열상 위였지만 그는 백성들을 살해할 정도로 광폭하였다.

전쟁이 끝나고 의인왕후 박씨가 세상을 떠나자 자신이 직접 말을 꺼내 연안 김씨 가문 김제남의 차녀를 계비로 맞았는데 이분이 곧 인목왕후다. 인목왕후는 1603년에 정명공주를 낳고, 1606년에는 훗날 영창대군이 되는 왕자 이의(李㼁)를 낳았다.

한편 선조는 임진왜란 이후 땅에 떨어진 자신의 권위로 고심하고 있었다. 임금이 도성을 떠나 다른 곳으로 피난한 파천(播遷)도 문제였지만, 전쟁 중에 왕이 요동으로 망명을 추진한 것과 이순신을 파직시켜서 수군을 궤멸시키고 삼남지역을 통째로 내줄 뻔하는 등 위신이 땅에 떨어졌던 것이다.

반면, 세자 광해군은 임란 기간 중의 분조 활동을 통해 선조가 위협을 느낄 정도로 권위가 강해져 있었다. 때문에 신하들이 선조에게 선위(禪位: 왕이 살아서 임금의 자리를 물려주는 것)를 요구하는 등 반역에 가까운 일이 발생했다. 유생 남이순·송희록은 선조에게 직접적으로 '선위하고 물러나라'는 상소까지 올렸고, 신하들도 내색은 안 했지만 선조가 보여 준 한심한 행태와, 혹시나 선조가 요동으로 도망쳐 버리면 제대로 정사를 돌볼 수 없게 된다는 현실적인 문제 때문에 내심 선조가 양위해 주기를 바랐다. 평양에서 의주로 가던 중 선천에서 유성룡과 정철이 선조에게 직접적으로 양위해 줄 것을 요구하려다가 서로 말을 못 꺼내서 실패했고(《선조실록》 1592년 6월 18일), 선조의 충신이었던 이항복과 이덕형조차 분조 후 즉위한 당나라 숙종의 사례를 거론하며 대놓고 선위를 주장했다.

● **유성룡의 영정**
《징비록》의 저자이자 이순신·권율 등 명장들을 등용하여 국난을 극복한 명재상이다.

제14대 선조

　더군다나 임란 이후의 집권당은 정인홍과 같은 광해군 과잉 충성파가 다수 포함된 북인들이었다. 서인인 정철도 전에 광해군을 염두에 두고 '건저의(建儲議) 문제'를 일으켰고, 이귀 역시 광해군을 호종(扈從)했다. 남인도 당장 수장 유성룡이 개경에서 광해군을 세자로 만든 사람이었고, 선조에게 양위를 주장하는 등 광해군 지지파에 가까웠다. 이런 와중에 선조는 50세가 넘어서야 적자 이의(영창대군)를 낳았는데, 이에 따라 북인파는 또다시 영창대군을 지지하는 소북과 광해군을 지지하는 대북으로 나뉘게 되었다. 그러나 광해군과 영창대군의 나이 차이는 무려 31세, 어머니 인목왕후조차 광해군보다 아홉 살이나 어렸다.

　선조는 자신이 승하하기 며칠 전에 광해군을 정식 후계자로 인정한다는 교지까지 완성해 영의정 유영경에게 건넸으나 영창대군을 지지하는 유영경은 이를 자신의 집에 몰래 빼돌린 채 선조가 입장을 번복해 주길 빌며 시간을 끌다가 끝내 적발당하게 되었다. 이런 음모론 때문에 《동의보감》을 집필한 어의 허준까지도 졸지에 국왕 살해범으로 왜곡되기도 했다.

　선조가 1608년 3월 16일(음력 2월 1일)에 승하하자 명나라에서 시호를 소경(昭敬)으로 올려주었다. 묘호는 원래 선종(宣宗)이라고 정해졌으나 임진왜란과 정유재란을 극복한 공로가 있다는 점과 새 왕통을 시작하는 군주라는 점이 감안되어 광해군 9년에 선조(宣祖)로 격상되었다.

● **목릉(穆陵)**: 선조의 능으로 경기도 구리시 동구릉에 자리하고 있다.

선조의 가계

선조는 부친 덕흥대원군을 임금으로 추존하려다가 끝내 실패했다. 선조는 이후에 생부 덕흥대원군의 묘를 덕릉(德陵)이라 부르고, 사람을 시켜 남양주 근처에 나무하러 오는 나무꾼들 중에 '덕묘'나 '덕흥대원군 묘'라 하지 않고 '덕릉 근처에 다녀온다' 라고 하는 사람에게는 후한 돈을 주고 그의 나뭇짐을 샀다 한다.

■ 덕흥대원군(德興大院君; 1530 ~ 1559년)

조선 최초의 대원군이다. 1530년 4월 2일, 궁궐에서 중종의 서7남이자 증(贈) 의정부 좌의정에 추증된 안탄대의 딸 창빈 안씨의 둘째아들로 태어났으며, 친형제로는 영양군 이거와 정신옹주가 있다. 처음 이름은 환수(歡壽)였다가 뒤에 초(岹)로 개명하였다. 1538년(중종 33년)에 덕흥군(德興君)으로 책봉되었다.

1542년, 영의정 하동부원군 정인지의 손자로 지중추부사와 판중추부사를 지낸 정세호의 딸인 하동정씨와 가례를 올리고 출궁하였다. 그의 집이었던 도정궁은 처음에 한성부 사직동 근처에 있었다.

1567년(명종 13년), 덕흥군의 셋째아들 하성군 균(鈞)이 후사 없이 죽은 명종의 뒤를 이어 조선 14대 왕인 선조로 즉위했다. 중종 이후 외척의 발호(跋扈)에 부정적이었던 신하들은 명종의 하성군 낙점에 이의를 제기하지 않고 바로 동의하였다. 선조는 즉위 후 번번이 아버지를 왕으로 추존하려 하였으나 삼사(三司; 사헌부·사간원·홍문관)의 반대로 무산되었다. 선조는 중국 북송 영종의 생부 복왕(濮王)을 추존하는 고사를 따라 생부 덕흥군을 추숭하여 덕흥대원군으로, 생모 하동군부인은 하동부대부인(河東府大夫人)으로 추존하고, 나라에서 제사를 지내 고하려면 황백부모(皇伯父母)를 칭하기로 하였다.

■ 의인왕후 박씨(懿仁王后 朴氏; 1555~ 1600년)

　1555년 5월 5일(음력 4월 15일)에 출생하여 선조 즉위 2년째인 1569년에 열다섯 살의 나이로 왕비로 책봉되었으나 의인왕후는 아이를 낳지 못하는 불임이었고 선조는 후궁인 공빈 김씨를 총애하였기 때문에 왕비임에도 불구하고 왕실에서 상대적으로 소외될 수밖에 없었다. 그런 이유로 그녀는 자식의 생산을 기원하기 위해 전국 각지에 원찰(願刹: 소원을 빌기 위해 지은 절)을 설치하였고, 건봉사(乾鳳寺)와 법주사 등을 비롯한 여러 사찰에 자주 재물을 베풀었다.

　1590년 장성(章聖)의 존호(尊號)가 올려졌으며, 1592년 임진왜란이 발발하자 선조는 후궁인 인빈 김씨만을 데리고 의주로 피난을 떠났고 의인왕후는 선조와 떨어져 평안도 강계로 피난을 떠났다. 그리고 이후에 한양이 수복되었을 때도 선조는 인빈 김씨를 데리고 한양으로 돌아갔지만 의인왕후는 여전히 해주에 머물렀고, 1597년 다시 정유재란이 발발했을 때도 선조는 인빈 김씨를 데리고 피난을 떠났지만 의인왕후는 왕세자인 광해군과 함께 피난길에 올랐다.

　연이은 피난길로 인해 몸이 쇠약해진 의인왕후는 1600년 8월 5일(음력 6월 27일) 46세의 나이로 소생 없이 승하하였다. 이에 선조는, "생전에 왕비는 투기하는 마음이나 의도적인 행동, 수식하는 말 같은 것은 마음에도 두지 않았을 뿐 아니라 권하여도 하지 않았으니 대개 그 천성이 이와 같았다. 인자하고 관후하며 유순하고 성실한 것이 모두 사실로 저 푸른 하늘에 맹세코 감히 한 글자도 과찬하지 않는다."고 말하며 덕망 높은 그녀의 죽음을 슬퍼하며 칭송하였다.

● **목릉(穆陵) 경내의 의인왕후 능**
경기도 구리시 동구릉에 자리하고 있다.

■ **인목왕후 김씨**(仁穆王后 金氏; 1584 ~ 1632년)

　흔히 인목대비(仁穆大妃)로 불리곤 하는데, '인목(仁穆)'은 죽은 뒤에 받은 시호(諡號)이기 때문에 이는 잘못된 호칭이다. 선조 때 '소성(昭聖)'이라는 존호를 받고 광해군 때 '정의(貞懿)'라는 존호를 받아 통칭 소성대비(昭聖大妃)라 불렸다. 인조가 반정으로 즉위한 뒤 대왕대비가 되어 '명렬(明烈)'이라는 존호가 더해졌고, 죽은 뒤 '광숙장정(光淑莊定)'이라는 휘호와 '인목'이라는 시호가 올려졌다. 고종 때 '정숙(正肅)'이라는 존호가 추가로 더해짐으로써 정식 시호는 소성정의명렬광숙장정정숙인목왕후(昭聖貞懿明烈光淑莊定正肅仁穆王后)이다.

　연안김씨 김제남(金悌男)과 광주노씨의 딸로, 선조의 정비인 의인왕후가 사망한 뒤 1602년에 왕비로 간택되어 19세의 나이로 51세의 선조와 가례를 올렸다. 1603년에 정명공주(貞明公主)를, 1606년에 영창대군(永昌大君)을 낳았다.

　1608년 광해군이 즉위하자 대북(大北)이 집권하였는데, 이들은 왕통의 취약성을 은폐하기 위해 인목왕후의 아버지 김제남을 사사(賜死)하고 이어 영창대군을 폐서인시킨 뒤 살해하였다. 인목왕후 역시 폐비되어 서궁(西宮)에 유폐되었다가 인조반정으로 광해군이 폐위되자 복호되어 대왕대비가 된 후 1632년 8월 13일(음력 6월 28일) 49세를 일기로 죽었다.

　인목왕후의 서궁 유폐 생활은 그녀의 궁녀로 추정되는 작가가 쓴 《계축일기(癸丑日記)》에 전해진다.

● **계축일기**
《한중록》·《인현왕후전》과 함께 3대 궁중문학의 하나로 《서궁록(西宮錄)》이라고도 한다. 광해군과 영창대군과의 왕위 계승을 위한 싸움 및 영창대군 처형 사건을 중심으로 인목왕후의 심정을 상세하고 실감있는 필치로 그려냈다. 순 한글로 중후하고 아름다운 궁중어를 구사하여 각 인물과 사건을 그려 놓은 점 등에서도 그 가치가 높이 평가된다.

■ 영창대군(永昌大君; 1606 ~ 1614년)

선조에게는 적자와 서자를 합해 총 14명의 아들이 있었는데, 그 중 영창대군은 선조가 55세 때 얻은 유일한 적자이다. 이 때문에 영의정인 소북의 유영경 등은 한때 영창대군을 왕세자로 추대하려 했고, 이는 광해군 집권 후에 그가 억울하게 처형당하는 원인이 되었다.

방계승통(傍系承統; 직계에서 갈라져 나간 혈통이 종가의 대를 이음)에다가 서출이라는 점을 의식하던 선조는 이미 세자로 책봉한 광해군을 싫어하여 유영경 및 몇몇 신하들과 영창대군의 세자책봉을 몰래 의논하였다. 임진왜란으로 권정례(權停禮; 절차를 다 밟지 않고 진행하는 의식. 또는 임금이 참석하지 않은 채 조정의 의식이 임시방편으로 거행되던 식) 없이 광해군을 세자로 책봉했던 선조는 영창대군이 태어나자 세자를 바꿀 계획을 세우기도 했으나 무산되었다.

선조가 승하하자 그 뒤를 이어 즉위한 광해군에 의해 '영창대군'에 봉해졌다. 그러나 1613년 계축옥사가 일어나 대북 일파는 박응서 등에게 영창대군 추대 음모를 거짓으로 자백하게 하고 영창대군의 외할아버지 김제남을 반역죄로 사사하였으며, 영창대군도 폐서인(廢庶人)되어 강화도에 유배되었다.

1614년, 이이첨 일파가 강화부사(江華府使) 정항(鄭沆)을 시켜 악의적으로 영창대군의 방에 불을 때게 하여 방바닥을 뜨겁게 하였고 음식도 끊었다. 그 결과 영창대군은 뜨거운 바닥 위에 앉지도 눕지도 못한 채 밤낮 없이 창살을 부여잡고 울부짖다가 기운이 다해 죽었는데, 이이첨과 정항은 영창대군이 병으로 죽었다고 보고했다. 이때 영창대군의 나이 9세였다.

● 영창대군의 묘
경기도 안성시 일죽면 고은리에 있는 조선 선조의 왕자 영창대군의 묘로, 1614년(광해군 6년)에 경기도 광주시 남한산성 아래에 만들었으나 성남시 개발지역에 포함되어 1971년 지금의 안성시 일죽면으로 옮겼다.

■ 임해군(臨海君; 1572 ~ 1609년)

선조의 장자이며 광해군의 친형으로 공빈 김씨의 소생이며, 이름은 진(珒)이고 초명은 이진국(李鎭國)이다. 임진왜란 때 동생 순화군과 함께 함경도로 떠나 병력을 모으는 임무를 맡았다. 결국 1592년 7월 23일, 임해군과 순화군은 함경도 주민들을 비롯한 반란군의 주동자인 국경인·국세필 등에게 포박되어 왜장 가토 기요마사에게 넘겨졌다.

이후 임해군은 몇 차례의 포로 협상 끝에 풀려났으나 방탕하고 포악함과 난폭함 등 성격에도 문제가 있어, 선조의 장남임에도 불구하고 왕세자로 책봉되지 못했다. 또한 삼사(三司)는 임해군이 임진왜란 이후에도 민가를 약탈하거나 공물을 횡령하고 무고한 사람을 죽인다는 등의 이유로 파직시켜야 한다는 상소를 계속해서 올렸다.

광해군이 즉위한 1608년에 임해군이 몰래 사병을 양성하고 있으니 처벌해야 한다는 상소에 따라 진도에 안치됐던 임해군이 교동으로 이배됐다. 이후 의금부는 광해군의 지시에 따라 역모 혐의의 관련자들을 추국(推鞫; 의금부에서 임금의 특명에 의해 중죄인을 신문하던 일)했으며, 삼사는 임해군을 비롯한 기자헌·이흥로(李弘老) 등을 처단해야 한다고 아홉 차례나 진언했다. 또한 홍문관도 차자(箚子; 간단한 서식의 상소문)를 올려 임해군의 사형을 진언했으나 광해군은 이를 끝까지 윤허하지 않았다. 그후 임해군은 교동으로 다시 이배되어 이이첨 일파에 의해 살해되었다.

● 임해군의 묘
1608년(광해군 1년), 일부 대신들과 명나라에서 왕으로 즉위시킬 것을 주장하자 이를 불안해 한 광해군에 의해 역모죄로 몰려 진도(珍島)에 유배되고 다시 강화군 교동으로 이배되어 그곳에서 사사(賜死)되었다. 묘역은 경기도 남양주시 진건읍 송능리 산56번지에 있다.

선조의 가계도

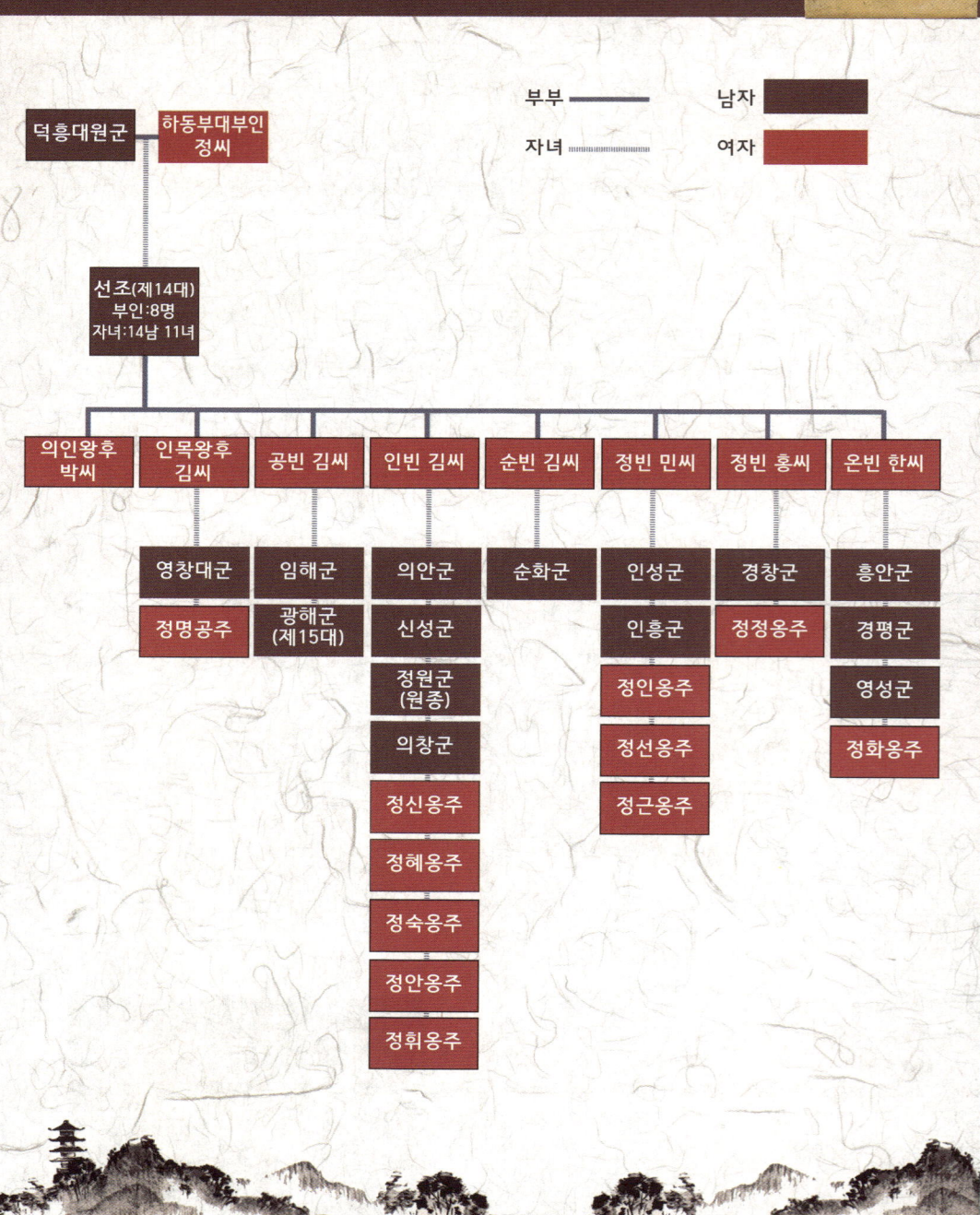

《광해군일기(光海君日記)》

《광해군일기》 중초본의 편찬 경위

《광해군일기》는 조선왕조 제15대 왕이었던 광해군(1575~1641년)의 재위 15년 2개월 간의 사실을 기록한 실록이다. 광해군은 선조의 뒤를 이어 15년 간 왕으로 재위하였으나 1623년 3월 인조반정으로 임금의 자리에서 쫓겨났다.

《광해군일기》는 모두 187개월에 걸친 정치·외교·국방·경제·사회·문화 등 역사적 사실을 연월일 순서에 의해 편년체로 서술되었다. 각 달마다 1권씩으로 편철되어 총 187권으로 구성되었다.

《광해군일기》는 조선시대 국왕들의 실록 가운데 유일하게 활자로 간행되지 못하고 필사본으로 남아 있다.

《광해군일기》의 편찬에 참여한 전후 찬수청 관원은 다음과 같다.

총재관 : 좌의정 윤방, 도청 당상 : 이정귀·김유, 도청 낭청 : 이식·이명한·이경여·유백중·김시야·정백창·정홍명·김세렴·김육, 일반 당상 : 한준겸·서성·홍서봉·이수광·권진기, 일방 낭청 : 8명, 이방 당상 : 정광적·정엽·장유·오백령·남이공 등이다.

광해군은 종묘에 들어가지 못하여 묘호·존호·시호를 받지 못하였고, 왕자 때 받은 봉군 작호인 '광해군'으로 호칭되었다. 묘는 경기도 남양주시 진건면 송릉리에 있다.

《광해군일기》의 내용

《광해군일기》는 인조반정에 의하여 집권한 서인들이 편찬하였기 때문에 그들의 주관적인 비판이 많이 작용하였다. 정초본이 곧 완성본이므로 이것이 곧 본디 의미의 《광해군일기》이다.

광해군의 이름은 혼(琿)이며, 선조와 공빈 김씨의 둘째아들이다. 광해군은 1592년(선조 25년) 임진왜란이 일어나 서울이 함락될 위기에 놓였던 4월 29일에 세자로 책봉되었다. 형인 임해군이 있었지만 그가 더 총명하고 효경스럽다는 이유로 지명된 것이다. 다음날 선조와 조정은 피난길에 올랐는데, 도중에 영변에서 국왕과 세자가 조정을 둘로 나누게 되었다.

1606년, 선조의 계비 인목왕후에게서 영창대군이 태어나자 그의 세자 지위는 매우 위태로웠으나 정인홍 등 북인의 지원으로 1608년에 선조의 뒤를 이어 즉위할 수 있었다. 그가 즉위한 후에도 명나라에서는 한동안 그의 임명을 거부하였다. 이 때문에 임해군을 교동에 유배시키고 유영경을 죽이는 파란이 있었다.

1613년에는 인목왕후의 아버지 김제남을 죽이고, 영창대군을 서인으로 삼아 강화에 위리안치(圍籬安置: 귀양살이하는 곳에서 죄인이 달아나지 못하도록 가시로 울타리를 만들고 그 안에 가두어 두는 일)했다가 죽였다. 1615년에는 대북파의 무고로 능창군 전(佺)을 죽였고, 1618년에는 인목대비를 폐비시켜 서궁에 유폐시켰다.

1619년에는 명나라의 원병 요청에 따라 강홍립에게 1만여 명의 군사를 주어 후금을 치게 하였다. 그러나 사르후(중국의 푸순 근처) 전투에서 패한 뒤에는 명나라와 후금 사이에서 실리적인 외교 균형을 취하였다.

광해군은 1623년 3월 인조반정으로 쫓겨나 강화도와 제주도 등지에서 18년 동안 유배 생활을 하다가 1641년에 세상을 떠났다.

제15대 광해군
▶생애 : 1575~1641년
▶재위 : 1608~1623년

광해군은 양위 및 폐위로 묘호가 추숭(追崇; 죽은 이에게 임금의 칭호를 주던 일)되지 않았던 4인의 조선국왕 중의 한 명이다. 다른 3명은 2대 공정왕, 6대 노산군, 10대 연산군이다. 다만 공정왕과 노산군은 숙종 대에 들어서 각각 정종과 단종으로 추숭되었으므로 결국에는 연산군과 같이 둘밖에 남지 않았다. 더불어 광해군은 『조선왕조실록』에서도 노산군·연산군과 같이 '실록'이 아닌 '일기'의 형식으로 그들에 대한 기록이 실린 단 셋뿐인 임금이다. 광해군은 치적의 공과가 뚜렷하여 재위기를 떼어 놓고 보더라도 세자 시절 구국을 위해 전장을 누볐던 면모부터 노년기 제주도에서 유배 생활 끝에 숨을 거두기까지 군주가 아닌 한 인간의 생애로 보더라도 굉장히 파란만장하고 굴곡이 큰 편이기도 하다.

■ 광해군의 세자 시절

광해군은 1575년에 선조와 후궁 공빈 김씨의 사이에서 둘째서자로 태어났다. 선조의 장남이자 광해군의 동복형으로는 임해군이 있었지만, 그는 너무나 제멋대로이고 포악한 성격의 소유자였기에 뭇사람들로부터 외면을 받았다.

선조처럼 광해군에게도 그의 왕자 시절, 부왕의 물음에 영특하게 답한 일화가 전해진다. 《연려실기술》에 의하면, 하루는 선조와 의인왕후가 10명이 넘는 왕자들을 모아놓고, "세상에서 가장 맛난 음식이 무엇이냐?"고 묻자 다른 왕자들은 저마다 자기가 좋아하는 음식 이름들을 댔으나 유독 광해군만은 조미료인 소금이라 답했다 한다. 그 이유를 묻자 광해군은, "소금이 아무리 흔한 물건이라지만, 아무리 맛난 산해진미도 소금 없이는 100가지 맛을 이루지 못합니다."라고 답했다 한다. 그리고 이어서 선조가 왕자들에게, 세상에서 가장 아쉽게 여기는 점이 무엇이냐 묻자, 다른 왕자들의 답변과 달리 광해군은 모후와 일찍 사별한 것이라고 답했다 한다.

이 일화를 전해 들은 신료들은 일찌감치 광해군을 왕의 재목으로 주목했다고 한다.

임진왜란이 벌어지자 선조는 국가의 위기상황에서 유능한 왕자를 세자로 삼아야겠다는 결단을 내려 둘째아들인 광해군을 왕세자로 책봉하였다. 당시 청년시절의 광해군의 활약은 그에 대한 평가의 좋고 나쁨과는 별개로 조선왕조 역사상 그리 많지 않은, 신분에 맞는 책임을 다하는 실천 사례로서 뭇사람에 의해 긍정적으로 인정되고 있었다.

조선의 역사를 통틀어 조선의 창건자인 이성계와, 그리고 그와 함께 전쟁터에 나갔던 정종과 태종을 제외한다면, 외적과의 전면전에 직접 뛰어들어 맞서 싸운 경험이 있는 국왕은 광해군이 유일하다. 광해군은 둘로 분할된 조정을 이끌었으며, 왜군이 길을 막아 북쪽으로 갈 수 없게 되자 분조(分朝)를 남으로 이끌어 백성들을 위무하고 항쟁을 지휘하여 높은 성과를 올렸다.

선조의 도주로 궁궐을 불지르고 왕의 아들들을 왜군에게 넘길 정도로 왕실의 권위가 땅에 떨어지고 백성들에게 분노와 실망을 안겨주던 시절, 유일하게 왕실의 일원으로서 해야 할 일을 책임있게, 그리고 꽤 성공적으로 임한 인물로, 그의 그러한 유사시의 행동들은 민심 수습, 사기 회복, 왕실의 권위 회복의 효과가 컸다.

● 광해군의 활약
임진왜란 당시 광해군은 분조를 이루어 민심을 위로하고 전쟁을 독려하여 백성들에게 신망을 얻었다.

전란이 계속되면서 명이 광해군을 새로운 조선의 국왕으로 즉위시키려는 움직임을 보이고 신하들도 그에 동조하려는 분위기를 보이자 선조는 왕위를 빼앗기지나 않을까 하는 두려움에 의심이 짙어졌다. 그런 와중에 몇 차례의 반란(이몽학의 난) 등으로 인해 가뜩이나 의심이 많아진 선조는 불안감에 휩싸이게 되면서 광해군까지도 신뢰하지 않았으며, 여러 차례 양위 소동을 벌여 일을 복잡하게 만들었다.

임진왜란이 끝나자 선조는 인목왕후를 새로이 정비로 맞아들였고, 그녀와 사이에서 영창대군이 태어났다. 적자인 동생이 태어나자 그렇지 않아도 선조와 껄끄러운 관계를 유지하고 있던 광해군은 처지가 더욱 곤란하게 되었다.

선조는 전란을 수습한 광해군에 대한 열등감과 질투심을 크게 느끼고 그를 멸시했지만, 영창대군은 나이가 어려도 너무 어린 데다가 현 세자인 광해군이 유능하고 별 흠이 없었기 때문에 이러지도 저러지도 못하는 애매한 태도를 보이고 있었다. 그러자 유영경을 비롯한 영창대군 옹위파 신하들은 그런 선조의 마음을 읽고는 적통을 우선하여 세자의 지위를 흔들었기에 문제가 더욱 복잡해졌다. 더구나 명나라의 황제 만력제까지도 조선 광해군의 세자책봉에 부정적인 태도를 보였다.

선조는 병상에서까지 후계에 대한 확정을 미루다가 죽음이 임박해서야 결국 "광해군을 왕위에 앉히고 왕비와 영창대군을 잘 보살피라."는 교지를 내렸다. 그러나 당시 탁소북(濁小北; 소북의 한 분파)의 영수이자 권신이었던 영의정 유영경이 영창대군의 옹립을 위해 이 교지를 자신의 집에 몰래 빼돌려 감추어 놓고 왕의 계승을 교란시켰는데, 결국 정비였던 인목왕후가 언문교지를 통해 광해군의 후계성을 인증하고서야 광해군이 즉위할 수 있었다. 즉위부터 걸림돌이 되었던 영창대군 문제는 계속해서 광해군을 괴롭혔고, 인목대비의 시위도 적지 않았다.

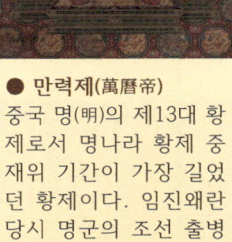

● 만력제(萬曆帝)
중국 명(明)의 제13대 황제로서 명나라 황제 중 재위 기간이 가장 길었던 황제이다. 임진왜란 당시 명군의 조선 출병에 적극적인 입장이었는데, 그런 이유로 '고려천자'라는 별명이 붙었다.

광해군은 초기에 탕평인사를 주장하면서 대북뿐만 아니라 다른 파벌도 감싸 안는 대정체제를 취했지만, 당시 이이첨을 중심으로 한 대북세력은 권력을 더욱 강화하고자 광해군의 불안감을 증폭시키려 했다.

기폭제가 된 것은 임해군을 시작으로 봉산옥사, 김직재와 신경희의 옥, 계축화옥 등 거듭 발각되는 역모 모의 사건이었다. 이 과정에서 광해군은 부왕 선조가 이몽학의 난 이후부터 보여 준 모습과 마찬가지로 왕위 사수에 대해 극심한 정신상태를 보였다. 그 결과 왕권을 위협할 만한 징후가 보이면 친국을 통해 이를 가차없이 눌러 버렸으며, 이 과정에서 옥사에 찬동한 이이첨 등 대북에 다대한 권력이 집중되었다.

선조의 사망에 허준과 광해군이 관여했다는 독살설 음모론을 주장하는 사람들도 있다. 그들의 주장에 대한 근거를 열거해 보면, 우선 선조가 의외로 건강했는데도 불구하고 돌연사했으며, 당시에 어의였던 허준이 광해군의 비호 아래 그에게 내려졌던 형벌이 귀양으로 그쳤다는 점, 심지어는 북인의 신하들도 허준에게 더한 중벌을 내려야 한다는 상소를 내렸으나 광해군이 이를 모두 묵살했다는 점, 이후 광해군의 전폭적인 지원하에 허준이 《동의보감》을 완성했다는 점 등을 들었다. 그러나 독살설과 관계 없이 광해군이 허준에게 호의를 보일 만했던 점은, 광해군이 왕자였을 때 두창에 걸려 사경을 헤매던 와중에 자원하여 치료를 해주고 마침내 완쾌시킨 사람이 허준이었다는 것이다.

● **허준(許浚)**
《동의보감》의 저자로 유명하다. 1592년(선조 25년) 임진왜란으로 인해 백성들이 살상되고 선조가 의주로까지 피신하는 사태가 벌어졌을 때 허준은 선조의 건강을 돌보았다. 선조를 호종하며 건강을 돌본 공로로 허준은 뒷날 공신의 대열에 끼게 된다. 또한 1596년 왕세자 광해군의 병을 맡게 되어 이를 고친 공로로 허준은 정2품으로 가자(加資)되었다. 이어 허준은 정헌대부 중추부 지사에 오르게 되는데, 그러자 즉시 삼사의 간원들이 나서서 탄핵, 의관들의 가자를 취소할 것을 청했으나 선조가 '공로가 있는 자들'이라며 듣지 않았다.

■ 광해군의 즉위

1608년 음력 2월 2일, 광해군은 34살의 나이로 왕위에 올랐다. 이후 유영경은 사류사회(士類社會)의 지지를 얻지 못했다. 선조의 갑작스런 죽음과 유영경의 척신정권에 대한 의도는 사류사회의 거부감만 가중시켜 유영경은 잇단 탄핵으로 주살되고, 사후에도 그 죄를 물어야 한다는 항의가 빗발치기도 했다. 유영경의 세자 교체 기도에 대해 적극 반대하고 나선 것은 그에 의해 축출되었던 북인의 다른 계열인 이산해·이이첨·정인홍 등이고, 이들은 광해군이 즉위함에 따라 정통을 지지한 공로로 중용되어 대북(大北)이라 하였다.

조선 제15대 임금으로 즉위한 광해군은 바로 생모인 공빈 김씨를 공성왕후로 추존하였다. 유영경의 세자 교체 기도에 대해 적극 반대하고 나섰던 대북파의 이산해·이이첨·정인홍 등은 광해군이 즉위함에 따라 광해군을 정통으로 지지한 공로로 중용되었다.

즉위 초 광해군은 당쟁의 폐해를 알고 억제하려 하였다. 남인인 영의정 이원익을 포함하여 북인에게 밀린 남인계 인사들과 서인계 인사들을 일부 등용하고, 소북파를 대북파 못지않게 대우하는 등 초기에는 당쟁을 수습하려고 노력했으나 대북파의 반발로 별다른 성과를 거두지 못하였다.

대북파는 광해군을 옹호하여 그를 왕으로 등극시켰지만 대북파의 힘이 너무 커져 광해군은 대북파에게 위협을 느끼기 시작한다.

대북파는 이후 각종 국가기관들과 심지어 과거시험까지 조작해 가면서 권력을 다지게 되었고, 광해군 초기 실세 그룹이었던 소북파인 박승종과 유희분마저 손을 쓸 수 없게 되었다.

● **이산해(李山海)의 영정**
이산해는 영창대군을 지지하는 소북세력과 대립하여 광해군을 옹립하는 대북의 입장에 있었다. 선조가 사망하자 원상(院相)으로 국정을 주도했고 대북파가 정권을 장악하는 데 지대한 역할을 하였다.

막강한 권력을 휘둘렀던 이이첨과 상궁 김개시·허균 등은 무수한 옥사를 일으켜 반대파 신료들을 무자비하게 숙청하였으며, 이 과정에서 왕권을 위협하는 절대적인 권력을 구축하게 되었다. 이 같은 행위들은 광해군에게 치명적인 정치적 약점으로 작용하게 되는데, 성리학의 도덕주의·도의정치·왕도정치를 기본 이념으로 삼던 조선 사대부들로부터 반발을 사게 되었다.

허균은 광해군 때 대북에 가담하여 실세로 활동하였으나 1617년(광해군 10년) 인목대비 폐모론에 적극 가담하였다. 그는 또한 신분제도와 서얼 차별에 항거하기 위해 서자와 불만 계층을 규합하여 이를 비판하던 기자헌을 제거하려다가 오히려 역으로 반역을 도모하려 했다는 기준격의 밀고로 발각되어 능지처참되었다.

광해군이 총애하였던 허균이 죽기 직전에 할말이 있다고 외쳤고 광해군 또한 허균의 말을 들어보려 하였으나 이이첨이 광해군의 의견을 무시하고 독단적으로 허균을 처형하는 등 대북에게 왕권이 잠식되어 있는 상황이 되었다.

이 때문에 광해군은 옥사에 대한 시각이 바뀌었으나 이미 때늦은 뒤였다. 광해군의 잦은 옥사로 인해 피해를 입었던 서인세력들은 광해군에게 원한을 품어 잠재적 불만론자들이 되어 버렸고, 광해군이 그들에 대한 경계를 거두고 오히려 권신인 이이첨 등 대북파로부터 권력을 거둬들이기 시작했으나 이처럼 경계를 푼 결과는 거사 당일의 밀고마저 일축함으로써 인조반정이 성공하는 결정적 요인이 되었다.

● **허균과 허난설헌**
《홍길동전》의 저자인 허균과 그의 누나인 허난설헌이다. 허균은 광해군 때의 권신인 이이첨의 막후에서 종사하던 중, 눈 밖에 나 반역 혐의를 쓰게 되어 결국 거열형을 당했다. 그는 인목왕후를 끔찍이 싫어하였으므로 몇 차례에 걸쳐 암살을 기도하였다.

■ 폐모살제

반정세력이 광해군을 축출하기 위해 세운 명분 중의 하나가 소위 폐모살제(廢母殺弟: 어머니를 유폐시키고 동생을 죽임)라 불리는 친족에 대한 견제였다. 형인 임해군을 독살시키고 조카인 능창군과 이복동생인 영창대군을 유배 보내 살해했으며 인목대비를 서인으로 강등하여 경운궁에 유폐시키는 폐륜을 저질렀다는 주장이다.

1609년 광해군은 자신의 세자책봉 과정에서 장자 승계 원칙을 주장하며 자신을 압박하던, 명나라가 활용하던 친형제이자 장자인 임해군을 교동으로 유배하여 죽이고, '김직재의 옥'과 '계축옥사(癸丑獄事)'가 발생하자 영창대군을 추대하여 역모를 꾀했다는 혐의로 1613년 인목왕후의 아버지 김제남과 세 아들을 사사했다.

또한 광해군과 북인은 1616년, 선조의 제2왕후인 인목왕후가 선조의 제1왕후인 의인왕후 능(陵)을 저주했다면서 역모로 몰아, 죽은 지 3년이나 지난 김제남의 시신을 꺼내어 부관참시하는 사건을 일으켰다.

광해군에게 있어서 임해군은 자신의 왕권강화에 걸림돌이 되었다고는 하나 광해군 자신의 유일한 친형제였고, 투명하지 못한 살해 과정으로 인해 일부 신료들에게 의구심을 주기도 하였다. 영창대군 살해 역시 광해군과 북인들의 측근들이 치밀한 계획 아래 주도함으로써 결과적으로 광해군에게 패륜군주 이미지를 심어 주는 데 결정적인 역할만 하고 말았다.

1614년, 광해군은 이복동생인 영창대군을 강화도에 유배하였다가 얼마 후 방안에 가두고 장작불을 지펴 죽였는가 하면, 1615년, 훗날 인조가 되는 능양군의 동생인 능창군까지 폐서인하여 교동에 안치해 버렸고, 결국 목을 매어 자결하게 하는 등 왕권을 위협하는 모든 세력을 제거함으로써 지나치게 많은 사람을 희생시켰는데, 이는 서인세력에게 반정의 명분을 제공하는 결과를 낳았다.

　광해군과 이이첨 세력은 영창대군 살해 시점 직후부터 각종 조작설과 허균 등을 비롯한 강경파 관료·유생들을 동원하여 계속된 상소전을 펼치며 끊임없이 인목왕후 폐비 공작을 전개하였다.

　광해군 5년 당시 이위경이 이이첨의 사주를 받고 정조·윤인 등을 비롯한 태학생 19명을 대동해 폐모론의 상소를 올리자 처음에 광해군은 그 주된 근거인 신덕왕후 및 이방석·방번의 전례를 상고해 보라는 명을 내렸다. 그러나 대사헌 이지완과 최유원이 이에 반하여 상소하자, "국모를 동요하니 그 죄가 윤리와 기강에 관계된다."며 이위경 등 20명 모두에게 정거(停擧: 과거 응시 자격 박탈. 사실상 관직에 빨간 줄을 긋는 것) 조치를 내렸다.

　여기서 일단락될 뻔했던 폐모론은 4년이 지난 광해군 9년 11월에 다시 유생들(박몽준·한보길·윤유겸 등)의 빗발치는 상소로 불거져 의정부에서 논해졌는데, 당시 《광해군일기》 11~12월자를 보면 온통 유생들의 폐모 상소 관련 내용들이다. 결국 유생들의 이어지는 상소로 촉발된 폐모정국 과정에서 조정은 허균·이이첨 등 대북을 위시한 찬성파와 기자헌·이원익·이덕형 등의 반대파로 갈라졌고, 심지어 양사(兩司: 사헌부와 사간원)까지 나서서 폐모를 주청하는 등 몇 년을 끌다가 광해군 11년 무렵에야 겨우 서궁에 안치시키는 선에서 마무리되었다.

● **덕수궁 내의 석어당**(昔御堂)
석어당은 궁전에 지어진 건물 중 전각을 제외한 유일한 이층집이다. 원래의 건물은 선조 26년(1593년)에 창건되었고 현재의 건물은 1904년(광무 8년) 화재 후 중건되었다. 이곳은 인목대비가 유폐되었던 곳이며, 역대 국왕들이 임진왜란 때의 어렵던 일을 회상하며 선조를 추모하던 곳이기도 하다.

■ 광해군의 무리한 궁궐 복원 공사

임진왜란으로 소실된 궁궐을 복원하기 위해 무리한 토목공사를 연이어 강행하자 백성들의 민심도 이반하기 시작했다. 이로써 광해군은 그동안 자신이 임진왜란 때부터 쌓아 왔던 일반 백성의 민심을 점차 잃어 가기 시작했다. 또한 측근들의 월권과 부패가 문제시되었으며, 궁궐 복원 과정에서의 자금 문제도 민심 이반의 원인이 되었다.

● 광해군 당시의 백성들은 임진왜란의 고초가 아물지 않은 가운데 무리한 궁궐 복원에 차출되어 힘든 생활을 영위하였다.

고금에 토목공사를 자주 벌였던 임금치고 말로가 좋은 경우는 드문데, 광해군은 역대에서 유례가 없을 만큼 새로 짓고 꾸미는 데 열심이었다. 광해군은 즉위 직후 불타 버린 종묘의 중건을 마쳤고, 선조가 시작한 창덕궁 중건사업을 재개하여 1611년 완성하고 창덕궁으로 옮겼다.

중건 뒤엔 다시 창경궁을 중수했고, 정원군(광해군의 이복동생이며 인조의 아버지)의 사저가 있던 자리에 왕기가 있다는 풍문을 이유로 돈의문 안에 경덕궁(경희궁)을 짓고, 풍수에 따라 또 인왕산에 왕기가 있다며 인경궁을 짓고, 북학 자리에는 자수궁(인조 때 자수원으로 이름을 고치고 비구니를 위한 이원으로 사용함)을 짓는 등, 궁궐을 짓고 또 지었다.

임진왜란 때 궁궐들이 다 불탔으니 원래 있던 자리에 다시 궁궐을 짓는다면 신하들도 반대하기 힘들었겠지만 광해군은 그런 수준을 훨씬 뛰어넘었다. 선조 때 이미 창덕궁 공사가 시작되어 거처할 궁궐을 확보했는데도 새로운 궁궐들을 대규모로 건설했다. 인경궁은(인조반정으로 공사가 중단됨) 아예 옛 정궁 경복궁의 10배 크기나 되었다니 백성들의 삶이 더욱 고단해졌음은 더이상 말할 나위가 없다.

게다가 궁궐을 짓고 나서의 행보도 납득하기가 어렵다. 즉위 초에 이미 창덕궁 중건을 마쳤음에도 그곳에 계속 거처하지 않고 수시로 '좁고 불편한' 정릉동 행궁(덕수궁)으로 옮겨가서 거처했던 것이다. 그리고 또 신료들의 반대를 뿌리치고 경덕궁을 중건한 다음에도 그랬다.

광해군은 일찍이 이의신에게 "창덕궁은 두 번이나 큰일을 치러서 머물고 싶지 않다."고 했고, 그러자 이의신은 "고금의 제왕가에서 피할 수 없었던 변란들은 궁궐의 길흉에 달린 것이 아니라 오로지 도성의 기가 쇠하였기 때문에 그런 것입니다. 속히 옮길 곳을 점쳐야 합니다."고 아뢰었다.

광해군은 이후에도 창덕궁에 거처하지 않았다.

이의신의 주장에 신료들은 격렬히 반대했다. 그러나 광해군만큼은 이의신의 주장에 동조했다. 광해군 7년 5월 23일, 광해군은 머물고 있던 창덕궁 대조전을 떠나 창경궁이나 정릉동 행궁으로 옮기겠다고 했다. 대조전은 유암(幽暗:그윽하고 어둠침침함)하고 불편하여 오래 머물 수 없으니 창경궁으로 옮기고 싶다는 것이었다. 두 궁궐을 수리하라고 지시한 것은 이런 이유였다. 그리고 이건 수리에 그치지 않고 새 궁궐을 짓는 것으로 연결되었다. 왕권의 위상을 높이려는 광해군의 욕구도 그 원인 중의 하나라고 한다.

광해군은 임진왜란 당시 부왕 선조의 권위가 무너지는 걸 두 눈으로 직접 보았다. 선조는 명군(明軍)의 지휘관들한테도 수모를 당했었다. 명군의 최고 지휘관인 병부시랑 송응창이나 이여송은 물론, 연대장급 정도인 장교들과도 맞절을 했다고 한다.

● 이여송(李如松)
중국 명나라의 장수로서 임진왜란 당시 원병을 이끌고 참전하였다. 그는 조선 출신인 이영(李英)의 후손이며, 랴오둥(遼東) 지역의 방위에 큰 공을 세운 이성량(李成梁: 1526~1615년)의 장자(長子)이다.

■ 광해군의 외교와 국방

광해군은 파주 교하가 군사적으로 방어에 유용할 뿐 아니라 중국 대륙과의 해상교역이 가능해 새로운 문물을 받아들이기에 적당한 곳이라고 생각하고 수도를 교하로 옮길 계획을 세웠으나 계속 미루어지다가 결국 시행되지 못했다. 광해군은 1618년 만주에서 여진족이 세력을 키워 후금을 건국하자 북방의 성(城)과 병기를 수리하고 군사를 양성하는 등 국경 방비에 힘썼다.

"적의 형세는 날로 치열해지고 있는데 우리나라의 병력과 인심은 하나도 믿을 만한 것이 없다. 고상한 말과 큰소리만으로 하늘을 덮을 듯한 흉악한 적의 칼날을 막아낼 수 있겠는가? 적들이 말을 타고 들어와 마구 짓밟는 날에 이들을 담봉(談鋒: 말)으로 막아낼 수 있겠는가? 붓으로 무찌를 수 있겠는가?(중략)"

《광해군일기》 13년 6월 1일의 기록이다.

광해군은 임진왜란의 전쟁에 직접 참여한 왕으로 국방 정책에 많은 관심을 가졌다. 신무기의 도입도 적극 추진했다. 누르하치의 철기군의 위력에 주목한 그는 화포와 조총의 전력화에 박차를 가했다. 그는 기존의 조총청(鳥銃廳)을 화기도감(火器都監)으로 전격 개편해 '파진포'라는 개량형 화포를 생산시켰다. 또한 전보다 더욱 무과 등용을 늘려, 쓸 만한 장교 양성에도 관심을 기울였다. 광해군은 직접 전투훈련과 방어진지를 참관하며 현장의 상황을 직접 눈으로 확인했다. 또한 정충신을 만포첨사(滿浦僉使)에 임명하기도 하며 직접 후금에 다녀오게 하여 후금의 상세한 정보들을 알아오게 하고, 또한 방비하게 하였다.

● 누르하치
여진족을 통솔하였고 후금의 건국자로 곧 중국 최후의 왕조인 청 제국의 초대 황제다.

1619년, 후금의 누르하치가 심양지방을 공격하여 명나라가 후금과의 전쟁에서 원군을 요청해 오자 광해군은 출병을 꺼렸지만, 임진왜란 때 명나라로부터 도움을 받은 일이 있기 때문에 거절하지 못하고 도원수 강홍립에게 1만의 병력을 주어 압록강을 넘게 했다.

● 김응하(金應河) 장군을 기리기 위해 편찬된 충렬록(忠烈錄)의 삽화도

● 돌풍이 분 후 김응하 장군의 최후

명나라군은 사르후와 상간하다, 그리고 아부달리에서 잇달아 패주하고, 부차 전투에서 조선군의 강홍립은 조총과 장창으로 전면에 방어선을 구축하고 후금의 부대를 맞아 싸웠으나 강한 역풍으로 인해 불이 꺼지고 화기의 연기로 말미암아 시야를 빼앗겼다.

● 강홍립의 항복

그 틈을 이용해 후금군 기병이 돌격하여 선봉부대를 돌파하였다. 이때 좌영을 방어하던 조선군 장수 김응하가 전사하였다.

이후 광해군은 후금측에 본의 아닌 출병임을 해명함으로써 후금의 침략을 모면하는 중립외교를 펼쳤는데, 서인세력들은 크게 반발하고 대로하여, "후금(여진족 세력, 흔히 오랑캐라고 불림)에게 사대(事大)로 대하는 것은 아니 되는 일이오! 왜란 때 명나라에서 군을 파병하여 우리 조선을 도와주었는데 사대를 저버린다는 것은 배은망덕하고 오랑캐만도 못한 천한 놈이오!"라고 말하였다.

이 말이 나중에 말의 씨가 되어 광해군은 서인세력들이 이끌었던 인조반정에 의해 폐위되는 빌미를 제공해 준 셈이었다. 그러나 1622년 명나라 장수 모문룡이 가도에 주둔함으로써 긴장감이 갈수록 높아진다.

■ 광해군의 폐위

광해군은 당론의 폐해를 통감하고 이를 초월하여 좋은 정치를 하려고 노력했다. 그래서 이원익·이항복·이덕형 등 명망 높은 인사를 조정의 요직에 앉혀 어진 정치를 행하려 했으며, 명나라와 후금 사이에서 어느 한쪽의 손을 들어주지 않고 실리를 취하는 중립외교정책을 폈다. 그러나 이이첨·정인홍 등 대북파의 무고로 친형 임해군을 사사했으며, 1613년(광해군 5년) 계축옥사가 일어나 이복동생 영창대군을 죽이고 인목왕후를 폐비시켜 서궁에 유폐하였다. 이와 같은 광해군의 패륜 행위를 명분삼아 서인 김유·김자점·이귀·이괄·심기원 등은 반정을 일으켰다.

광해군은 재위 초부터 서자라는 불안정한 위치와 수시로 후계자 선정을 번복하는 부왕 선조의 견제에 시달리는 과정에서 자연히 자신을 지지해 주는 남명학파(조식의 문하) 인사들과 친교하는 경향을 보였다. 이들은 훗날 북인(대북)으로 권력을 장악하게 되었다. 다만 광해군 정권 초기의 실세는 대북이 아니라 소북이었고 여기에 대북과 서인·남인이 공존하는 체제였으나, 광해군의 잦은 옥사로 인해 정인홍과 이이첨 같은 대북 인물들에게 힘을 몰아주게 되자 이로 인해 이이첨 일파의 독주를 불러오게 되었고 자연히 권력 핵심에서 멀어진 서인과 남인·소북의 반감을 사게 되었다.

결국 광해군 집권 후반기에는 대북파를 견제하며 국정을 주도하고자 했다. 그러나 그 와중에 서인의 일부 세력은 권력 회복을 위해 반정을 획책했으며, 끝내 이를 막을 수 없게 되자 소북이 방관하고 남인이 방조하였으며 서인이 주도한 '인조반정'을 당하게 된다.

● 죄인의 신분으로 유배를 떠나는 광해군.

1620년(광해군 12년), 신경진과 김유가 처음으로 반정을 모의하기 시작했고, 이서와 이귀·김자점·최명길과 그의 형 최내길 등이 이에 동조했다. 1623년 4월 11일 밤, 능양군을 주축으로 한 서인세력이 반정을 일으켰다. 이이반이 도중에 밀고하였으나 예정대로 거사는 실행에 옮겨졌다. 능양군과 이서·신경진·이귀·이괄·김유·김자점·심기원·구굉·구인후·최명길·최내길 등은 2천여 명의 군사를 이끌고 창의문으로 진격하여 성문을 부수고, 창덕궁에서는 미리 포섭되어 있던 훈련대장 이흥립의 내응으로 훈련도감의 군사가 궁궐 문을 열어 줌으로써 반정에 성공했다.

이때 광해군은 대궐 뒷문으로 달아나 의관 안국신의 집에 숨었으나 곧 체포되어 왕자의 신분인 군(君)으로 강등되었고, 광해군 정권 때의 권세가였던 이이첨·정인홍·유희분을 비롯하여 무려 40여 명이 참수되었으며, 숙청되어 귀양간 자가 2백여 명이라 전해진다.

광해군은 곧 강화도 교동에 유배되었다. 유배지에서 탈출하려던 아들 폐세자 질과 며느리 박씨는 탈출에 실패하여 자결하였고, 부인 유씨 역시 화병으로 사망하였다. 그 뒤 광해군은 다시 제주도로 옮겨져 유배살이를 하였으며, 1641년(인조 19년)에 67세를 일기로 세상을 떠났다.

● 경기도 남양주시 진건면 송릉리에 있는 광해군과 문성군부인 유씨의 묘이다.

광해군의 가계

　임진왜란으로 폐허가 된 조선의 임금이 된 광해군은 즉위 초부터 안으로는 왕권을 강화하면서 전후 복구사업을 시행하였으며 밖으로는 실리적인 외교를 펼쳤다. 1608년 선혜청을 두어 경기도에 대동법을 시행하고, 1611년 양전사업(量田事業; 조선시대 국가재정 확충을 위해 시행된 사업으로 토지측량과 토지 소유지 및 조세 부담자를 조사함)을 벌였다. 이어 임진왜란 때 화재로 소실된 창덕궁·경희궁·창경궁을 재건하고 인경궁을 건설했으며, 임진왜란 때 소실된 서적 간행에도 힘써《신증동국여지승람》《용비어천가》《동국신속삼강행실》등을 다시 간행했다. 그러나 인목대비의 유폐와 영창대군의 교살 등 반대파의 척출에 반감을 가진 서인들에게 왕위를 폐위당하게 된다. 광해군은 10명의 부인을 거느린 가운데 폐세자인 아들 1명과 옹주 1명을 두었다.

■ 폐비 유씨(廢妃 柳氏; 1573~ 1623년)

　1573년 8월 15일(음력 7월 21일), 판윤 유자신의 딸로 태어나 선조 때에 광해군의 부인으로 간택되어 길례를 올렸다. 그 뒤 광해군이 세자에 책봉되자 왕세자빈(王世子嬪)이 되었으며, 그후 광해군이 34세로 즉위하자 왕비(王妃)로 진봉되었다.

● **광해군비 당의**
광해군의 왕비인 중궁 유씨의 저고리를 말한다. 청삼(靑衫)이라고도 하는 이 옷은 저고리 위에 덧입는, 단추가 없는 조끼 모양의 배자(褙子)로 중요 민속자료 제215호로 지정되었다.

　1623년 4월 11일(음력 3월 12일), 정원군의 아들 능양군이 반정을 일으켜 왕으로 즉위하면서(인조반정) 유씨도 남편 광해군과 함께 폐위되어 강화도에 유배되었다. 그 해 6월에 아들 폐세자 지(祬)와 며느리 박씨가 탈출 기도 실패 후 자결하는 사건이 있었으며, 결국 같은 해 10월 31일(음력 10월 8일) 폐위된 지 7개월여 만에 유배지에서 사망하였다(공식적으로 병사로 기록되어 있으나 야사집《대동야승》중의 〈일사기문〉(逸史記聞)에는 이때 그가 굶는 방법으로 스스로 목숨을 끊은 것이라고 전한다).

■ 폐세자 이지(廢世子 李祬; 1598 ~ 1623년)

1598년(선조 31년) 12월 31일(음력 12월 4일)에 광해군의 장남으로 탄생하였다. 1608년(광해 즉위년) 2월 2일 광해군의 즉위로 원자(元子)의 칭호를 받게 되었고, 13세인 1610년(광해군 2년) 윤 3월 20일 세자의 관례를 합문(閤門) 안 대청에서 거행토록 하고, 이 해 4월 11일 명나라에서 이지의 세자책봉을 승인하였다.

26세인 1623년(인조 1년) 3월 14일 인조반정으로 선조의 계비 인목대비가 왕을 폐하여 광해군으로 삼고 정원군의 아들 능양군(綾陽君)에게 왕위를 계승케 하여 인조(仁祖)가 등극하였다. 이질은 인조반정으로 폐세자로 강등되었고, 이 해 3월 23일 아버지 광해군 및 가족들과 강화(江華) 교동에 위리안치되었다. 같은 해 5월 22일 위리안치된 상황에서 땅굴을 파고 도망치다 나졸한데 붙잡혔고, 사흘 후 폐세자빈 박씨는 목 매어 자결하였다. 인조는 그로부터 한 달 후 세자에게 자결을 명하였고, 그 명에 따라 세자는 7월 22일 목을 매어 자결하였다.

■ 상궁 김씨(? ~ 1623년)

상궁 김씨는 광해군의 가계는 아니지만 후궁보다도 더 광해군의 총애를 받은 인물이다. 그녀는 선조와 광해군 때의 상궁으로 본명은 김개시(金介屎)이다. 광해군 때 국정에 개입해 권력을 휘두르다 인조반정으로 인해 참수되었다.

그녀의 출신에 대해서는 특별히 전하여 기록된 것이 없으며 천한 노비의 딸이라고만 기록되어 있다. 『조선왕조실록』《광해군일기》에는, "김상궁은 이름이 개시(介屎)로, 나이가 차서도 용모가 피지 않았는데, 흉악하고 약았으며 꿍꿍이 셈이 많았다."고 기록되어 있다《광해군일기》69권 5년 8월 11일 11번째 기사). 광해군의 아버지인 선조의 눈에 띄어 승은(承恩)을 받고 특별상궁이 되었으며, 민첩하고 꾀가 많아 선조와 광해군의 총애를 받았다.

광해군의 왕위 계승을 위해 광해군을 추종하는 세력과 손잡고 반대세력을 숙청하였고, 광해군이 즉위한 후에는 선조의 유일 적자인 영창대군을 죽음으로 내몰고 그 어머니인 인목왕후를 유폐하는 데 성공했다.

상궁 김개시는 권신 이이첨과 쌍벽을 이룰 정도로 권력을 휘둘렀다. 매관매직(賣官賣職)을 일삼는 등 그 해독이 커서 윤선도·이회(李洄) 등이 여러 번 상소하여 논핵(論劾)하였으나 도리어 그들이 유배되었다. 《조야집요(朝野輯要)》에 따르면, 그녀의 권력은 중전 유씨를 능가하여 광해군에게 어느 후궁의 처소에 침소를 드는 것까지 직접 정해 줬다고 한다.

추후 그녀는 반정의 조짐이 보이는 것을 알게 되었는데, 막을 수 없을 정도로까지 사태의 심각성을 느끼자 결국 광해군을 배신하였다. 그녀는 반정의 주력 인물인 김자점으로부터 뇌물을 받고, 반정 후에도 자신이 권력을 유지하는 조건으로 반정을 묵인하였으며, 수차례 반정 상소를 받았던 광해군을 안심시키기까지 했다.

광해군은 구체적인 반정자 명단이 올라왔음에도 불구하고 김개시의 말을 듣고 묵인해 버렸고, 상소는 폐위되기 하루 전까지 계속 올라왔지만 김개시는 광해군의 마음을 돌리는 데 성공했다. 하지만 그녀는 결국 1623년(광해군 15년) 3월 13일, 서인들이 주도한 인조반정이 일어난 뒤에 인조반군에 의해 요부로 지목되어 처형되었다.

● **광해군과 김개시**
김개시가 선조에게 이미 승은을 입어 특별상궁이 되었다는 설이 있다. 광해군이 그녀를 총애하면서도 그녀를 자신의 후궁으로 삼지 못한 이유가 이 때문이라는 것이다. 야사에도 김개시를 침실로 들이려던 광해군에게 나이 든 궁녀가 "개시는 이미 선조대왕의 은혜를 입었다."라고 간언하자 광해군의 얼굴에 부끄러운 기색이 드러났다고 한다.

제15대 광해군

광해군의 가계도

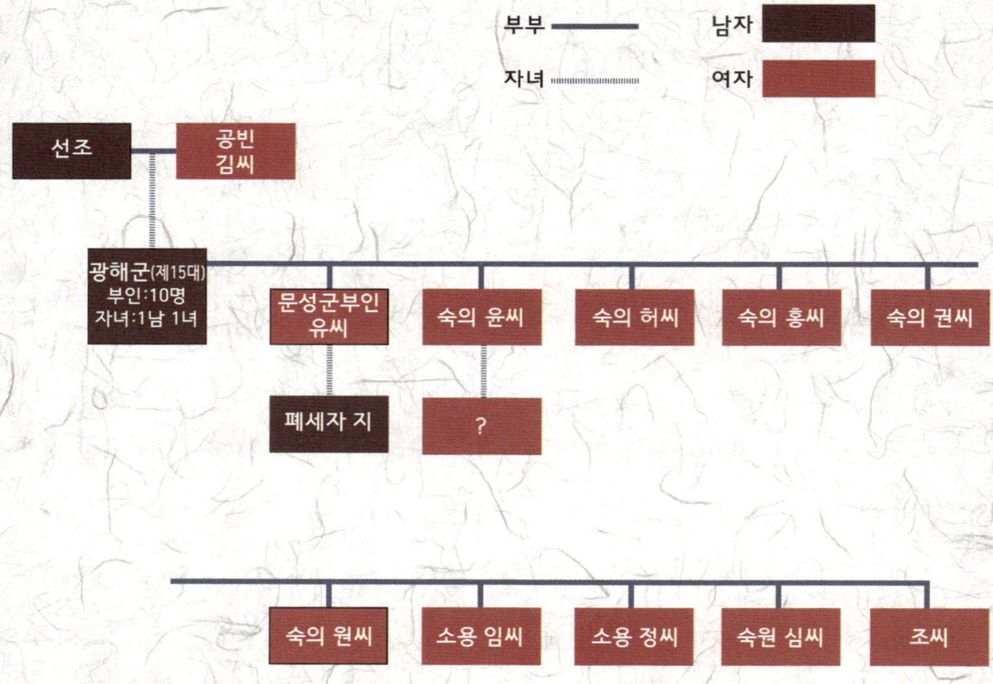

부부 ——— 남자
자녀 ┈┈┈ 여자

```
선조 ─── 공빈 김씨
        │
┌───────┼───────┬───────┬───────┬───────┐
광해군(제15대)  문성군부인  숙의 윤씨  숙의 허씨  숙의 홍씨  숙의 권씨
부인:10명      유씨
자녀:1남 1녀    │         │
            폐세자 지    ?

┌───────┬───────┬───────┬───────┐
숙의 원씨  소용 임씨  소용 정씨  숙원 심씨  조씨
```

　인조반정 이후 조선 후반기 내내 친형 임해군을 죽인 패륜사건과 폐모살제(인목대비를 사사시키고 영창대군을 평민으로 강등하는 사건)를 이유로 연산군에 이어 패륜의 군주로 규정되어 왔다. 그러나 현대에 들어오면서 조금씩 재조명 여론이 나타나기 시작했다. 조선시대에는 명나라와 후금의 전쟁 중 강홍립을 파견하여 이중적인 태도를 보인 점 역시 명나라에 대한 의리를 배신하고 사대를 저버린 것으로 간주되어 비판의 대상이 되어 왔지만 현대에 들어와서는 광해군 대의 외교를 중립외교 혹은 실리외교로 보는 시각이 등장하고 여러모로 재평가되면서 폭군으로서의 이미지가 많이 희석되었다.

《인조실록(仁祖實錄)》

《인조실록》 중초본의 편찬 경위

《인조실록》은 조선왕조 제16대 왕인 인조의 재위 기간(1623년 3월~1649년 5월) 26년 2개월 간의 역사를 편년체로 기록한 사서이다. 정식 이름은 《인조대왕실록》이며 모두 50권 50책으로 활판 인쇄되었다.

조선시대 다른 왕들의 실록과 함께 국보 제151호로 지정되었다.

《인조실록》은 인조가 세상을 떠난 다음해인 1650년(효종 1년) 8월 1일 춘추관에 실록청을 설치하고 편찬을 시작하였다. 인조는 반정에 의하여 광해군을 폐하고 즉위하였기 때문에 즉위년칭원법(卽位年稱元法; 즉위한 해를 원년, 그 다음해를 2년으로 하는 방식)을 사용하였다.

《인조실록》은 1653년(효종 3년) 6월에 완성되었다.

여기에 관여한 관원들은 아래와 같다.

총재관 영춘추관사 : 이경여·김육, 도청 당상 지춘추관사 : 오준·이후원, 동지춘추관사 : 윤순지·조석윤·채유후, 도청 낭청 편수관 : 홍명하·조한영·이응시·김홍욱·심세정·이천기·권우·홍처윤·심지한·조빈 등이다.

인조는 26년 간 재위한 뒤 1649년 5월 8일 창덕궁 대조전에서 세상을 떠났다. 묘호는 인조(仁祖), 존호는 헌문열무명숙순효(憲文烈武明肅純孝)이며, 능은 장릉(長陵)으로 경기도 파주시 탄현면 갈현리에 있다.

《인조실록》의 내용

　인조(1595~1649년)의 휘는 종(倧)이며, 자는 화백(和伯)이다. 아버지는 선조의 다섯째아들인 정원군 부(뒤에 원종으로 추존)이며, 1607년(선조 40년)에 능양도정에 봉해지고 그 뒤에 능양군으로 진봉되었다. 1623년(광해군 15년) 3월 13일에 반정(反正)으로 광해군을 쫓아내고 경운궁에서 제16대 왕으로 즉위하였다.

　이괄을 2등공신으로 녹봉하여 도원수 장만 휘하의 부원수 겸 평안병사로 임명하자 이괄은 불만을 품고 1624년(인조 2년)에 난을 일으켰다. 이괄의 군대가 한양을 점령하자 인조는 공주까지 피난하였다가 도원수 장만이 이끄는 관군에 의해 이괄의 반군이 격파되어 진압되자 다시 한양으로 돌아왔다.

　1627년(인조 5년)에 정묘호란이 일어났다. 이때 후금은 군사 3만여 명을 이끌고 의주를 함락시키고 평산까지 쳐들어왔다. 이에 조정은 강화도로 천도하여 최명길의 강화 주장을 받아들여 양국이 형제의 의를 맺는 강화조약을 맺었다.

　1636년(인조 14년) 형제의 관계를 군신의 관계로 바꾸자는 후금의 제의를 조선이 거절하자 청나라 태종이 10만여 명의 군사를 이끌고 재차 침입하였다. 이것이 병자호란이다. 소현세자와 봉림대군 및 비빈을 강화도로 보낸 뒤 인조와 조정대신들은 남한산성에서 항거하였다. 이때 척화파와 주화파 간에 치열한 논쟁이 벌어졌으나 결국 삼전도에서 항복하여 후금과 조선 간에 군신의 예를 맺고 소현세자와 봉림대군을 청나라에 볼모로 보내게 되었다.

　1644년 소현세자가 볼모 생활에서 풀려나 돌아왔는데 곧 의문의 죽음을 맞았다. 따라서 인조는 둘째아들인 봉림대군을 세자로 책봉하고 소현세자의 빈이었던 강씨를 죄에 엮어 사사하였다.

　1623년 강화도에 대동법을 실시하여 점차 넓혀 나갔고, 1633년 상평청을 설치하고 상평통보를 주조하여 민간무역을 공인하였으며, 학문을 장려하여 우수한 학자가 많이 배출되었다.

제16대 인조

▶생애 : 1595~1649년
▶재위 : 1623~1649년

　선조의 서손이었지만 이와 동시에 선조의 첫 손자로 할아버지 선조의 특별한 총애를 받았으며 왕궁에서 자랐다. '신경희의 옥사' 때 광해군과 대북파 조정 대신들에 의해 동생 능창군이 사사당하고 아버지 정원군마저 화병으로 세상을 떠나자, 능양군은 복수를 다짐하고 반정에 참여하여 인조반정을 일으키고 즉위한다. 이후 친명반청 정책을 추진하다가 정묘호란과 병자호란의 빌미를 제공하였다. 병자호란 이후 청나라에 볼모로 잡혀간 장남 소현세자가 베이징에 온 천주교 선교사와 과학자들의 문물을 접하고 청나라에 호의적인 자세를 보이자, 귀국 후 소현세자를 독살하고 세자빈 강씨와 손자들 역시 사약을 내린다.

■ 인조의 생애 초반

　인조는 1595년 12월 7일(음력 11월 7일) 임진왜란 중에 선조의 다섯째 아들인 정원군과 의정부좌찬성을 지낸 구사맹(具思孟)의 딸 군부인 구씨(인헌왕후) 사이에서 장남으로 조선 황해도 해주부(海州府) 관사에서 태어났다. 그가 해주에서 태어나게 된 이유는, 당시는 임진왜란 난중으로 전란이 계속되어, 왕자 제궁(王子諸宮)이 모두 해주에 머물러 있었기 때문이다.

　《인조실록》 즉위일 기록에 의하면, 그가 탄강할 때 붉은 광채가 빛나고 이상한 향내가 진동하였으며, 그 외모가 비범하고 오른쪽 넓적다리에 검은 점이 무수히 많았다고 한다.

　할아버지 선조에게는 여러 아들들이 있었으나 그 중 정원군이 일찍 결혼하여 얻은 첫 손자였다.

●정원군(定遠君)
인조의 아버지로 조선 건국 이후 최초로 왕세자를 역임하지 않고도 왕으로 추존된 인물이다. 또한 명나라로부터 시호를 받은 마지막 추존 왕이기도 하다.

선조는 그 자신이 방계 출신에 서출인 탓에 첫손자인 그가 서손(서자 정원군의 아들)이었음에도 특별히 불러다 왕궁에서 기르며 총애하였다. 이름은 이종(李倧)이고, 본관은 전주(全州)이며, 자는 천윤(天胤) 또는 화백(和伯)이라 하였으며, 호는 송창(松窓)이었다.

그의 자(字: 본이름 대신 부르던 이름) 중 천윤(天胤: 천자의 계승자)이라는 자는 당시 국왕이었던 할아버지 선조가 종(倧)이라는 이름과 함께 지어 준 것이다. 나중에 광해군이 이 말을 듣고, "어찌 이름지을 만한 뜻이 없어서 하필 이것으로 이름 지어야 했는가."라면서 몹시 언짢아했다고 한다.

● 한고조 유방(劉邦)
중국 한(漢)나라의 제1대 황제(재위 BC 202~BC 195). 진나라 말기에 군사를 일으켜 진왕으로부터 항복을 받았으며, 4년 간에 걸친 항우와의 쟁패전에서 항우를 대파하고 천하통일의 대업을 이룬 인물로, 그도 인조처럼 다리에 사마귀가 많았다고 한다.

능양군은 태어나면서 모습이 범상하지 않았고 오른쪽 넓적다리에 사마귀가 많이 있었는데, 이듬해 봄에 할아버지 선조가 이를 보고 기이하게 여기며, "이것은 한고조(漢高祖)와 같은 상(相)이니 누설하지 말라."고 했다 한다. 그러나 선조의 이와 같은 말은 곧 누설되었고, 정원군의 집에 왕기가 서려 있다는 설로부터 시작된 광해군의 경계 때문에 동생 능창군을 잃었다.

2, 3세가 지나서는 사저에서 자라지 않고 할아버지 선조의 배려로 궁중에서 자랐는데, 의인왕후는 그를 특별히 귀여워하였다.

1601년 능양수(綾陽守)에 첫 책봉되었으며, 1607년(선조 40년) 능양도정(綾陽都正)에 봉해졌다가 이어 능양군에 봉해졌다. 할아버지 선조가 별세하면서 정원군 일가는 경희궁으로 나와 살았고, 부모를 따라 경희궁으로 갔다.

■ 동생 능창군의 죽음

인조의 동생인 능창군은 승마와 무예(특히 활쏘기)에 능했다. 1601년 3세 나이로 능창수(綾昌守)에 첫 책봉되었고, 11년 후 1612년 14세 나이로 겨울에 능창군으로 개봉되었으며, 광해군 때 왕위를 위협한다 하여 '왕이 되고자 한다'는 고변이 있은 뒤 역모로 몰려 교동(喬桐)에 위리안치(圍籬安置)된 후 스스로 목매 자진(自盡)하였다.

1615년(광해군 7년) 8월 14일 능창군을 추대하려 했다는 역모 고변이 있자 양사와 홍문관에서는 능창군을 국문할 것을 계속 청했다. 8월 22일 광해군은 능창군을 잡아다가 인정문(仁政門)에서 친히 국문을 한 뒤 옥에 가두었다가 강화 교동도로 유배 보냈다.

체포된 이들 중의 소명국(蘇鳴國)은 "능창군이 의붓외삼촌 신경희(申景禧)의 추대를 받아 왕이 되고자 한다."고 증언했다. 소명국에 의하면, 신경희는 윤길 등과 사람을 모아 흉모와 은밀한 계책을 몰래 서로 의논했으며, 임금의 관상과 명운·국운·길흉을 멋대로 점치고는 능창군이 40년 간 치평할 임금이라는 점괘가 나왔다."는 것이었다. 이로써 주모자로 지목된 신경희는 사형을 당했고, 능창군을 비롯한 그를 따르는 일행들은 유배되었다.

능창군은 배소에서 위리안치(圍籬安置)형을 받고, 구시백(具㻒伯)은 그의 목에 칼을 채웠다. 그때 아무도 그를 찾지 않았지만 정숙옹주만이 그를 찾아 위문하였다고 한다. 광해군은 지역 주민 고봉생(高封生)을 지정하여 그로 하여금 위리 안에 같이 거주하게 하고 밖에서 석회수(石灰水)로 밥을 지어서 위리안치된 집으로 들여보내게 했다.

● 위리안치(圍籬安置)
귀양을 간 죄인이 그곳에서 달아나지 못하도록 가시로 울타리를 만들고 그 안에 가두어 두는 것을 말한다.

그러나 고봉생은 날마다 제 밥을 덜어서 그에게 주었다고 한다. 그 밖에 강화 군청의 사동인 수생(壽生) 역시 배소로 유배된 능창군을 돌보며 자신의 밥을 그에게 주었다. 이를 확인한 수문장은 수생에게 위리안치된 곳에서 밥을 먹지 못하게 했다.

1615년(광해군 8년) 11월 17일 능창군은 관청의 사동 수생에게 '부모에게 고하는 글'을 써서 전해 준 뒤 자결하였다. 그가 자결한 것을 알지 못한 광해군은 11월 19일 그에게 의원을 보내어 그의 병구완을 하라는 지시를 내렸다가 그의 자결 소식을 접하게 된다. 광해군은 교동 현감과 별장 등을 처벌하였다. 술을 좋아하던 정원군은 이 일로 인해 화병을 얻어 술을 더 마시다가 세상을 떠나게 되었다. 그리고 수생은 능창군이 준 편지를 바로 정원군 내외에게 전달하지 못하고 사합(沙盒)에 넣어 흙속에다 묻어 두었다가 1623년 3월 인조반정 이후 인조에게 올린다.

집안의 풍비박산을 초래한 이 사건으로 능양군(인조)은 빈소에서 곡을 하며 복수를 다짐하였다. 1620년(광해군 12년) 무인 이서·신경진·김유와 그의 외척인 구굉·구인후 등이 반정을 모의하고 능양군을 추대할 계책을 결정하였다. 능양군은 이들과 비밀리에 만나며 정변을 모의하였고, 서인과 남인계 인사들의 지지와 자문을 구하였다. 반정을 감행하기까지에는 우여곡절이 있었다.

1622년 가을, 정변 계획이 누설되어, 평산부사 이귀·신경진 등이 거사를 계획한다 하여 대간이 이귀를 잡아다 문초할 것을 청하였다. 동년 겨울에는 이귀·김자점 등이 유폐된 서궁(西宮: 인목왕후를 일컬음)을 비호한다는 소문이 떠돌기도 했다.

● 경기도 포천군 신북면 신평리에 자리한 능창군의 묘이다.

■ 인조반정

1623년(광해군 15년) 3월 서인의 김유·이귀·이괄·최명길 등이 정변을 준비하고, 그 해 3월 13일 새벽에 군사를 이끌고 궁궐에 진입하여 정변을 성공한 반정군에 힙입어 인조가 왕위에 올랐다. 즉위 직후 인조는 반정의 명분을 확립하여 정통성을 다지는 동시에 서인계를 중심으로 정부를 재구성하고 왕권을 안정시키는 작업을 폈다. 반정의 명분은 광해군 정권의 부도덕성과 실정에서 구했다.

능양군의 600~700명의 병력을 필두로 장단의 이서(李曙) 군, 이천의 이중로(李重老) 군이 속속들이 합류했다. 그러나 반정 직전 포섭한 이이반(세종의 아들 광평대군의 후손으로. 다시 말해 왕가의 종실 출신이다. 결국 고변한 대가로 반정 직후 처형된다)이라는 인물이 어찌된 셈인지 내막을 고변해 반정세력들 사이에서 혼란이 일어났고, 특히 대장을 맡기로 한 김유가 집안에 틀어막혀 두문불출하자 급한 대로 무관인 이괄을 대장으로 삼아 창의문으로 진군했다. 이미 이들과 내통한 훈련대장 이흥립이 창의문을 열어 주어 별다른 저항 없이 궁궐을 접수했다.

반정군은 도끼로 돈화문을 부수고 궁궐로 쳐들어갔고, 반정이 성공했다고 느낄 무렵 궁궐에 불을 질렀다. 반정에 참여한 이들은 가족들에게 궁궐에 불길이 보이지 않으면 실패한 것으로 알고 자결하라는 유언을 남겼기 때문이다.

반정이 성공하자 서궁에 유폐중이던 인목대비는 혹시나 자신을 해하려는 음모가 아닌가 싶어 궐문을 걸어잠갔으나 능양군이 직접 와서 반정의 성공을 알리자, "내가 이날을 보기 위해 구차하게도 목숨을 이어 나갔구나!"라며 눈물을 흘렸다. 그리고 기다렸다는 듯이 반정세력을 지지하여 명분을 실어 주었다. 광해군은 야밤의 기습에 제대로 대처해 볼 겨를조차 없이 궁궐을 탈출해 의관 안국신의 집에 피신했으나 밀고자 때문에 붙잡혔고, 결국 폐위된 뒤 유배되었다.

조선왕조실록

　인조는 즉위 직후 광해군이 인목왕후를 유폐하고 영창대군·임해군을 죽인 것과 후금과 우호적인 관계를 맺은 일을 문제삼아 반정을 합리화했다. 또한 광해군을 폐위시켜 강화도로 유배 보내고, 광해군대의 정국을 주도했던 대북파의 이이첨·정인홍 등 수십 명을 처형했다.

　조선시대에서 고관대작들을 수십 명이나 처형한 기록은 연산군 때의 사화 등에서도 존재하지 않으며, 이처럼 조선시대의 왕이 즉위 직후에 수십 명의 고관대작들을 처형한 기록은 인조가 유일하다. 반면, 반정에 공을 세운 33명은 3등급으로 나누어 정사공신(靖社功臣)에 봉하고 관직을 내렸다. 이와 함께 광해군 대의 정치를 비판 또는 자진해서 물러났거나 대북계로부터 축출당했던 서인·남인의 사림들을 중앙 정계로 불러들였다. 서인계의 정엽·오윤겸·이정구·김상헌 등과 남인계의 이원익·정경세·이수광 등이 그들이었다. 그러나 반정으로 안정되리라는 정세는 공신의 논공행상에서 또 다른 혼란을 야기시켰다.

● 김유(金瑬)의 영정
본관 순천, 자 관옥(冠玉), 호 북저(北渚), 시호 문충(文忠). 임진왜란 당시 신립(申砬) 휘하에서 종군하다가 탄금대 싸움에서 죽은 여물(汝岉)의 아들.
1623년 인조반정 때 대장으로 추대되었고 거사의 성공으로 정사(靖社) 1등공신에 책록되어 정치적 전성기를 맞았다. 이후 인조의 절대적 신임 속에 이조판서·좌의정·도체찰사(都體察使)·영의정 등을 역임하면서 인조 초·중반의 정국을 주도하였다. 그러나 병자호란 전후에 주화(主和)와 척화(斥和) 사이에서 일관되지 못한 입장을 가졌다는 비판을 받았다. 전란 당시에는 방어를 총책임진 도체찰사의 직임을 소홀히 했을 뿐 아니라 휘하의 군관을 주로 자신의 가족과 재물을 보호하는 데 동원하였다. 병자호란 이후로는 뚜렷한 정치적 입장을 표시하기보다는 왕의 측근에서 원만히 처신하였다.

■ 이괄의 난

　인조반정은 이괄의 과단성이 없었으면 성공하지 못했을 반정이었다. 반정군의 대장을 맡기로 한 김유는 정보가 누설되었다는 소식을 듣자 거사 장소에 나타나지 않고 자신의 무관함을 보이기 위해 집에서 근신하고 있었다. 이괄이 대신 대장을 맡아 군사를 움직이자 김유는 그제서야 뒤늦게 현장에 나타나 반정에 합류했다. 이 반정에 공을 세워 집권한 이귀·김유 등 33명은 3등으로 나누어 정사공신(靖社功臣)의 훈호(勳號)를 받고 각기 등위에 따라 벼슬을 얻었다. 그러나 이 논공행상이 공평하지 못함으로써 잇단 내부 분열에 시달렸다.

　무신 이괄은 인조반정 때 군사적으로 지휘를 했음에도 불구하고 인조의 총애를 받던 김유와 이귀 등의 다른 공신들과 사이가 틀어져서 2등공신으로밖에 배정을 받지 못했다. 이괄은 반정 당시에 집에서 벌벌 떨다가 막판에나 등장한 김유가 1등공신이 되고, 앞장서서 군대를 지휘했던 자신이 2등공신이 된 것에 불만을 품었다. 하지만 인조가 가벼운 생각으로 청나라에 대비하여 이괄을 평안병사로 보낸다는 결정을 내리면서 이괄의 앙금은 더욱 커졌다.

　이괄이 북방으로 좌천된 이후에도 정적인 김유와 이귀를 비롯한 서인들의 견제는 끊이지 않았고, 결국 이괄의 아들이 반란을 일으키려고 한다는 무고를 받고 압송될 처지에 놓이게 되었다. 당시 조선의 법으로 볼 때 이괄도 목숨이 위험한 상황이었다. 하지만 인조는 관서의 병사들이 두려웠으므로 주모자로 거론된 이들 중에 이괄과 정충신은 체포하지 말라고 했으나 이괄의 아들은 압송하도록 금부도사에게 명령하였다.

　결국 분노한 이괄은, "아들이 역적인데 아비가 무사한 경우가 있다더냐?"라고 묻고, 금부도사 기억헌 등 압송하러 온 사람들을 죽였다.

조선왕조실록

　1624년 3월 11일(음력 1월 22일), 이괄은 항왜병 100명을 선봉장으로 하여 1만 2천 명의 군사를 이끌고 반란을 일으켰다. 그러자 인조는 김유의 말을 들어 기자헌과 김원량 등 40명의 연루자들을 처형시켰다. 이괄은 황주 신교에서 정충신과 남이흥의 군대를 격파하고 마탄에서 다시 부도제찰사 이시발이 이끄는 관군을 격파한 뒤에 황해도 방어사 이중로와 우방어사 이성부를 전사시켰다.

　이괄군이 개성을 지나 3월 26일(음력 2월 8일) 임진강을 건넜다는 소식이 전해지자 인조는 그날 밤 서울을 버리고 수원에 도착하였다. 천안에서 반란군의 평정 소식을 접하였으나 패주하는 반란군이 이천 쪽으로 내려갔다는 소식을 듣고 다시 12일 새벽 공주로 피난을 갔다. 3월 29일(음력 2월 11일) 이괄군은 한양에 입성하여 경복궁 옛터에서 선조의 열 번째 아들 흥안군 제(興安君 瑅)를 왕으로 세웠다. 인조는 6일 동안 공주에서 난을 피해 있어야 했고, 한편 이괄은 포로가 된 풍천 부사 박영신이 끝내 협력하지 않자 그를 참살했다.

　이괄은 길마재 전투에서 패배하면서 밀리기 시작했다. 이괄은 3월 29일(음력 2월 11일)에 군대를 둘로 나누어 장만과 임경업이 지키는 길마재를 포위 공격했으나 패배하고, 수구문을 나와 광주로 향하다가 장만·정충신·남이흥 등이 이끄는 관군의 추격으로 완전히 흩어졌다. 도망가던 이괄은 4월 1일 (음력 2월 14일) 이천에서, 자신의 휘하에 있던 기익헌·이수백에 의해 아들 이전, 부하 한명련과 함께 살해되었다. 이로써 반란은 마무리되었고, 이괄이 왕으로 세운 흥안군은 왕자의 신분임에도 불구하고 아무런 국문도 없이 심기원에 의해 처형당했다.

● **장만 (張晩) 장군의 영정**
1623년 인조반정 후 팔도도원수(八道都元帥)로 등용되었으며, 이듬해 이괄의 난이 일어나자 의병을 모아 이를 진압한 공으로 1등공신이 되었다. 이괄의 난을 진압하면서 왼쪽 눈을 실명하여 검은 안대를 하였다.

■ 정묘호란

광해군은 국경의 경비에 유의하여 군비를 게을리 하지 않아 성지(城池; 성과 그 주위에 파놓은 해자)와 병기를 수리하고 군사훈련을 실시하는 등 국방에 힘썼다. 그리고 명과 후금 사이에서 중립외교를 펼쳐 실익을 추구하였다. 그러나 인조가 반정으로 왕위에 등극하자 광해군의 중립외교정책을 과감히 버리고 친명배금의 정책을 실행하여 명나라를 대국으로 섬기고 후금인 여진족들에게는 비난과 멸시를 하였다.

● **숭덕제(崇德帝)**
후금의 제2대 칸. 청나라 황제.

이괄의 난을 평정했지만 이괄과 함께 난을 일으킨 한명련의 아들 한윤이 후금으로 도망갔다. 그들은 후금의 숭덕제(홍타이지)에게 광해군의 폐위와 인조 즉위의 부당성을 호소하고, 또 조선의 병력이 약하며 모문룡의 군사가 오합(烏合)임을 말하여 속히 조선을 칠 것을 종용하였다.

모문룡의 군대는 1621년 후금의 요동 공격으로 인해 조선으로 도망쳐 온 군대로, 모문룡은 후금의 배후에서 싸운다는 명분으로 1629년까지 평안도 철산 앞바다의 가도(椵島)에 머무르며 후금의 배후를 노리고 있었다. 그때 인조는 이들의 부족한 식량을 지원했는데, 이러한 사실들이 후금을 자극하였다.

1627년 3월 1일(음력 1월 14일) 인조 5년에 후금 숭덕제는 광해군을 위하여 보복한다는 구실을 내세우고 아민(阿敏)에게 군사 3만 명을 주어 조선을 침입케 했다. 아민은 앞서 항복한 강홍립 등 조선인을 길잡이로 삼아 압록강을 건너 의주를 공략하고, 이어서 용천·선천을 거쳐 청천강을 넘었다. 그리고 안주·평산·평양을 점령하고 황주를 장악하였다.

　이에 소현세자는 전주로 피난가고, 인조와 조선 조정은 강화도로 피난하였다. 조선 곳곳에서 의병이 일어나 평안북도 철산의 정봉수와 용천의 이립의 의병이 전투에서 승리하자 황주까지 이른 후금군은 2월 9일 부장 유해를 강화도에 보내어, '명나라의 연호 천계(天啓)를 쓰지 말 것, 왕자를 인질로 보낼 것' 등의 조건으로 화의를 제의해 왔다.

　이에 양측은 화친을 하여, '후금군은 즉시 철병할 것, 후금군은 철병 후 다시 압록강을 넘지 말 것, 양국은 형제국으로 정할 것, 조선은 후금과 화약을 맺되 명나라와 적대하지 않을 것' 등을 조건으로 정묘조약을 맺고 3월 3일 그 의식을 행하였다.

　이에 따라 조선측은 왕자 대신 종실인 원창군(성종의 아들 운천군의 증손)을 왕의 동생으로 속여 인질로 보내고 후금군도 철수하였다.

"조선 국왕은 지금 정묘년 모월 모일에 금국(金國)과 더불어 맹약을 한다. 우리 두 나라가 이미 화친을 결정하였으니 이후로는 서로 맹약을 준수하여 각각 자기 나라를 지키도록 하고, 작은 일로 다투거나 도리에 어긋나는 일을 요구하지 않기로 한다. 만약 우리나라가 금국을 적대시하여 화친을 위배하고 군사를 일으켜 침범한다면 하늘이 재앙을 내릴 것이며, 만약 금국이 불량한 마음을 품고서 화친을 위배하고 군사를 일으켜 침범한다면 역시 하늘이 앙화를 내릴 것이니, 두 나라 군신은 각각 신의를 지켜 함께 태평을 누리도록 할 것이다. 천지 산천의 신명은 이 맹약을 살펴 들으소서."

-《인조실록》15권, 인조 5년 3월 3일 경오 2번째 기사-

● 정묘호란 이후
후금은 전쟁을 승리로 이끌었으나 3만이라는 적은 병력으로 침략해 왔기에 내부 고립의 위험이 있어 빨리 화약을 맺을 필요성이 있었다. 한편, 조선은 유생들을 위로한다고 강화도에서 과거시험을 치르는 등 여유 아닌 여유를 부렸다.

■ 병자호란

후금은 자신들의 세를 불려 나가며 1632년에는 '형제의 맹'에서 '군신의 의'로 양국 관계를 수정할 것을 요구하면서 많은 세폐(歲幣: 해마다 음력 시월에 중국에 가는 사신에게 보냈던 공물)를 요구했다. 이에 조선은 경제적 부담이 되어 왔던 세폐에 대해서는 절충을 시도했지만 오랑캐와 형제 관계를 맺은 것도 굴욕적으로 여기는 분위기여서 '군신의 의'로 전환하는 것은 결코 받아들일 수 없다며 절화(絶和)의 태도를 굳히게 되었다. 그러다가 정묘호란 발발 10년째인 1636년에 후금은 국호를 청이라 고치고 사신을 보내어 청태종의 존호를 알리고 군신의 의를 강요하였다. 결국 조선은 청나라와 전쟁을 선포하고 만다.

조선은 정묘호란 이후 후금과 형제의 관계를 맺었으나 강화조약에 따라 명과의 관계에는 변함이 없었다. 그러나 홍타이지가 칭제를 결심하고 조선에 의견을 구하는 사신을 보냈을 때, 조정이 사신의 접견조차 거부하고 즉위식에 참석한 조선 사신이 홍타이지에게 배례하지 않는 등 친명정책을 변경할 의사가 없는 것을 확인하자 명과의 전면전 전에 조선을 확실히 굴복시켜 배후의 위협을 제거하고자 1636년 12월 2일, 10만여 군사로 조선을 침략했다.

당시 조선의 대청 방어전략은 청야견벽(淸野堅壁)으로, 강한 청의 기병과 직접 맞부딪치는 것을 피하고 침공로 주변의 성에 군사를 집결하여 공성전(攻城戰: 성이나 요새를 공격하는 싸움)을 강요함으로써 전쟁을 장기전으로 이끄는 것이었다. 이 전략은 명이 아무리 약체화되었더라도 이를 배후에 두고서는 장기전을 벌이기 어려운 청의 약점을 노린 것으로, 유사시에는 수군이 약한 청의 공세를 피할 수 있도록 강화도에 파천하는 계획도 포함되어 있었다.

● 후금의 팔기군 모습으로, 청나라 최정예 상비군이다.

● 인조가 수성전을 펼친 남한산성

　그러나 정묘호란 당시 인조가 강화도로 파천하는 것을 지켜본 경험이 있는 청은 수성에 들어간 평안도와 황해도의 조선군을 무시하고 한양과 인조를 목표로 남하하여 인조와 조정이 강화도로 피난하는 길을 차단하였다. 봉화를 통한 긴급 통신 체계가 제대로 작동하지 않아 조정이 청군의 침공을 인지한 것은 12월 13일이었으며, 인조는 청군이 한양에 거의 접근한 12월 14일에서야 파천에 나섰으나 강화도로 향하는 길이 이미 차단당한 이후라 남한산성으로 피할 수밖에 없었다.

　남한산성은 천혜의 요새로 1만 3천여 명의 조선군이 수성(守城)에 나서 청군이 이를 공략하기는 쉽지 않았으나 사전에 방어를 위한 준비가 갖춰지지 않았던 터라 한 달 남짓 버틸 수 있는 군량밖에 없어 장기전을 도모하기 어려웠다. 조정은 남한산성과 강화도가 항전하는 동안 전국 각지의 관군이 집결하여 청군의 포위를 풀 것을 기대하였으나 충청도 근왕병의 진격이 죽산에서 멈추었고(12월 19일), 12월 27일에는 강원도 근왕병이 검단산 전투에서 청군에게 패배하였으며, 수원 광교산 전투에서 청군에게 승리를 거둔 전라도 근왕병마저 탄약 부족으로 퇴각함으로써 남한산성의 고립은 심화되었다.

한편, 평안도와 황해도에서 청야견벽 전략에 따라 수성을 준비하다 허를 찔린 조선군은 청군의 뒤를 쫓아 남하하였으나, 12월 25일 도르곤이 이끄는 청의 우익군에게 기습을 당하여 양근 미원으로 퇴각하였다. 양근 미원에는 약 1만 7천여 명의 조선군이 집결하였으나 청군과 정면으로 대결하지 못하였다.

강화도에는 소현세자와 세자빈, 그리고 봉림대군(후일 효종)을 비롯하여 왕실과 역대 임금의 신주(神主)가 피난해 있었다. 인조와 조정은 수전(水戰)의 경험이 적은 청군이 강화도를 공략하기 어려울 것으로 판단하였으나 청군은 명 수군 출신의 공유덕과 경중명 등을 앞세워 강화도를 공격하였다. 청군은 1월 22일 새벽부터 강화도 상륙을 시도하여 당일 오후에 강화성을 점령하였다. 세자와 왕족들은 한양으로 압송되었다. 이에 조선은 최명길 등이 여러 차례 청군과 화평 교섭을 진행하였다.

최명길은 인조의 굴욕을 최대한 줄이기 위해 곤룡포를 입을 수 있도록 허락해 줄 것과 삼배구고두례(三拜九叩頭禮) 대신에 남한산성에서 청태종을 향해 절하는 것 정도로 의식을 대신하는 것을 제안하는 등 최대한 노력했지만 용골대는 완강했고 죄인인 인조가 정문인 남문으로 나오는 것도 허락할 수 없다고 거부했다. 결국 인조는 1월 27일에 항복문서를 보내고 삼전도에서 굴욕적인 항복을 하기에 이른다.

● 삼전도의 굴욕
청군은 항복 의식으로서 반함(飯啥)을 요구했다. 이는 마치 장례를 치르듯 임금의 두 손을 묶은 다음 죽은 사람처럼 구슬을 입에 물고 빈 관과 함께 항복하는 것이었다. 나중에 삼배구고두례만을 하기로 타협했으나 이 또한 세 번 절하고, 한 번 절할 때마다 세 번씩 모두 아홉 번 머리를 조아려야 하는 굴욕적인 의식이었다. 1월 30일, 남한산성을 나온 인조의 어가(御駕)는 한강 건너편 삼전도에서 청태종에게 삼배구고두례를 행했고 공식적으로 청에 항복했다.

■ 소현세자의 죽음과 인조의 최후

조정에서는 전쟁 수행 여부를 놓고 김상헌·정온을 중심으로 한 척화파와 최명길 등의 주화파 간에 치열한 논쟁이 전개되었으나, 주화파의 뜻에 따라 항복을 결정하고 삼전도에서 청과 조선 간에 군신의 예를 맺었다. 이와 함께 소현세자·봉림대군과 척화론자인 삼학사, 즉 홍익한·윤집·오달제를 청나라에 인질로 보냈다. 이러한 사건으로 명나라의 멸망 이후 중화의 도를 계승하였으며, 여진족·거란족·왜인·유구인·월남인 등을 야만인으로 간주하던 조선의 사대부와 지식인들은 엄청난 정신적 공황과 충격에 사로잡히게 된다.

인조가 삼전도(지금의 송파)에 설치한 수항단(受降壇)에서 숭덕제에게 삼배구고두(三拜九叩頭)의 예를 올리며 항복하자, 소현세자는 자진해서 부인 강씨와 봉림대군 부부, 그리고 주전파 대신들과 함께 볼모로 청나라 수도 심양(선양)으로 가서 심양관에 억류되었다. 그는 그곳에서 오랫동안 청나라와 조선을 중재하는 역을 하였으며 청나라가 조선을 많이 핍박하지 못하도록 노력하였다. 그리고 함께 끌려와 재판을 받은 반청파 김상헌 등과 조선 백성 보호에도 많은 힘을 썼으며, 또 몽골어를 배우고 서역 원정에 출전하기도 했다.

1644년 음력 9월, 소현세자는 명나라 정벌을 위해 나선 도르곤이 이끄는 청군을 따라 베이징에 70여 일을 머물면서 독일인 신부 아담 샬 등의 예수회 선교사와 친하게 지냈으며 그들을 통해 로마 가톨릭과 서양 문물을 접하였다.

당시 세자가 신문물(新文物)을 조선에 전하기를 열망하는 포부는(지금은 라틴어로 번역되어 전하는) 세자가 아담 샬에게 보낸 서신에 잘 나타나 있다.

● 아담 샬(Adam Schall)
독일 출신의 예수회 신부, 선교사. 마테오 리치의 요청으로 중국으로 파견되어 선교활동을 시작했다. 명과 청 시대에 중국에서 외국인으로선 거의 유일하게 벼슬을 하고 가장 출세한 사람이다.

청나라가 명을 완전히 접수한 뒤인 1645년, 청황제는 소현세자의 영구 귀국을 허락했고, 이에 따라 소현세자는 강빈과 함께 귀국했다. 그러나 백성들로부터 인망이 높은 소현세자가 자신을 왕위에서 쫓아낼 것을 두려워한 인조는 그를 제거할 계획을 세운다. 인조의 총애를 받던 후궁 소용 조씨(후일의 귀인 조씨)와 김자점 일파는 소현세자를 공격했고 1645년에 그를 독살하였다. 소현세자가 죽은 뒤에는 그 아내인 민회빈 강씨가 세자를 독살하고 소용 조씨를 저주했다는 소문을 이유로 민회빈과 그녀의 친족들을 죽이고 소현세자의 세 아들은 제주도로 유배를 보냈다. 이후 유배 간 세 아들 중 장남 경선군(慶善君)과 차남 경완군(慶完君)은 제주도에서 죽고 막내 경안군(慶安君)만이 살아남았다. 소현세자의 죽음과 강빈의 옥사, 봉림대군의 세자책봉과 왕위승계는 이러한 대립 속에서 이루어졌다.

1635년(인조 13년) 정비 인렬왕후가 죽자 3년 후인 1638년(인조 16년)에 왕비 간택령을 내려 그 해 10월, 당시 14세인 인천 부사 조창원의 딸 장렬왕후를 간택하여 가례를 올렸다. 그러나 인조는 그로부터 10년 뒤에 사망하고 아들과 며느리보다 나이 어린 계비는 후일 복상(服喪)과 예송(禮訟) 등의 문제를 야기하게 된다.

● 장릉(長陵)
경기도 파주시 탄현면 갈현리에 있는 인조의 능으로, 인조와 원비 인렬왕후가 합장되어 있다.

조선왕조실록

인조의 가계

 인조 이후의 조선 임금들은 마지막 군주인 순종까지 모두 인조의 후손들이다. 다만 아들인 효종의 혈통적인 직계는 헌종·철종에서 일단 끊겼고, 고종의 경우 인조의 셋째아들인 인평대군의 후손(형식적인 양자관계를 따지면 왕통은 계속 이어지는 걸로 간주한다)으로 많은 이들에게 조선왕조를 대표하는 가장 비극적인 임금으로 치부(삼전도의 굴욕)되고 있다. 인조는 5명의 부인과 6남 1녀를 두었지만, 장자이자 세자인 소현세자를 죽이는 비정의 왕이기도 하다.

■ 인렬왕후 한씨(仁烈王后; 1594 ~ 1636년)

 인조의 정비(正妃)로 소현세자와 제17대 왕 효종의 모후이다. 정식 시호는 정유명덕정순인렬왕후(正裕明德貞順仁烈王后)이며 본관은 청주이다. 선조가 영창대군의 보필을 부탁한 유교칠신(遺敎七臣)의 한 사람이며, 홍문관 부제학과 호조판서 등을 역임한 보국숭록대부 영돈녕부사 한준겸의 넷째딸이다.

 1594년 8월 16일(음력 7월 1일) 원주읍내 우소에서 탄생하였으며, 1610년에 17세의 나이로 한 살 연하였던 능양군(綾陽君)과 가례를 올리고 청성현부인(淸城縣夫人)에 봉해졌다. 이후 1623년 4월 11일, 능양군이 인조반정을 일으키고 왕위에 오르자 왕비에 책봉되었다. 1636년 1월 12일(1635년 음력 12월 5일)에 대군을 낳았으나 곧 숨졌고, 나흘 뒤인 1636년 1월 16일(1635년 음력 12월 9일)에는 왕후 자신도 산후병으로 창경궁 여휘당(麗輝堂)에서 향년 43세를 일기로 승하하였다.

● 인조와 인렬왕후 능인 장릉(長陵)의 망주석 세호
매우 뚜렷한 호랑이의 형상을 하고 있는 망주석이다. 인조의 비극적인 나약한 삶에 죽어서라도 힘을 갖추라는 염원에서 '힘'을 상징하는 세호 상을 안치하지 않았나싶다.

■ **장렬왕후 조씨**(莊烈王后 趙氏; 1624 ~ 1688년)

1624년 12월 16일(음력 11월 7일)에 태어나 1635년에 승하한 인열왕후의 뒤를 이어 1638년 음력 12월에 인조의 왕비로 책봉되었으나 슬하에 아들을 두지 못하였고 남편인 인조와 사이가 좋지 못하여 1645년에 경덕궁으로 거처를 옮겼다 (《인조실록》인조 23년 11월 2일). 1649년에 인조가 승하하자 대비가 되었으며, 이후 자의(慈懿)의 존호가 추상되어 자의왕대비(慈懿王大妃)가 되었다. 그 뒤 의붓아들인 효종이 승하한 1659년과 며느리인 효종비 인선왕후가 승하한 1674년에 대비인 장렬왕후의 상복(喪服) 문제를 두고 서인과 남인 간에 두 차례의 예송논쟁이 있었는데, 이 논쟁은 조선 중기의 대표적인 당쟁으로 기록된다.

그녀는 효종이 승하하고 현종이 즉위하자 대왕대비가 되었으나 슬하에 자식이 없어 쓸쓸한 여생을 보냈으며, 증손자인 숙종 때인 1688년 9월 20일(음력 8월 26일)에 창경궁 내반원에서 65세의 나이로 승하하였다. 능(陵)은 경기도 구리시 동구릉(東九陵) 내에 위치한 휘릉(徽陵)이다.

■ **소현세자**(昭顯世子; 1612 ~ 1645년)

그의 본명은 이왕(李汪)이고, 본관은 전주(全州)이며, 효종(봉림대군)의 친형이다. 빈은 우의정 강석기(姜碩期)의 딸 민회빈 강씨이다. 병자호란 이후 청나라에 볼모로 잡혀 간 사람 중의 한 명인 그는 8년 동안 심양에 머무르면서 베이징에서 만난 천주교 선교사 아담 샬 등과 서구문명을 접하고는 반청 노선보다 대청 실용주의로 전환하였다.

1644년 11월에 석방되어 3개월 만에 귀국하였다. 그러나 귀국 후 반청사상을 고수하던 아버지 인조와 갈등하던 중 독살로 추정되는 죽음을 맞았다.《인조실록》에는 진원군 이세완의 아내가 세자의 염습에 참여했다가 사람들에게 말한 내용이 실려 있다.

온몸이 전부 검은빛이었고 이목구비의 일곱 구멍에서는 모두 선혈이 흘러나오므로 검은 멱목으로 그 얼굴 반쪽만 덮어 놓았으나 곁에 있는 사람도 그 얼굴빛을 분별할 수 없어서 마치 약물에 중독되어 죽은 사람과 같았다. 그런데 이 사실을 외인들은 아는 자가 없었고 상(임금)도 알지 못했다.

-《인조실록》 인조 46권, 23년, 소현세자의 졸곡제를 행하다-

그러나 세자의 죽음 이후에 인조는 세자의 장례를 크게 간소화했고, 인조는 죽을 때까지 한 번도 소현세자의 무덤을 방문한 적이 없다. 능원은 원래 소현묘라 불렸으나 고종 때 세자의 묘를 봉원토록 하는 제도를 시행하여 소경원(昭慶園)으로 격상되었으며, 경기도 고양시에 있다.

● **비극의 소현세자와 세자빈 강씨**

소현세자빈 강씨는 병자호란 후 소현세자와 함께 청나라의 심양(瀋陽)에 볼모로 갔다가 8년 만에 귀국하였다. 그러나 귀국 2개월 만에 인조와 불화 관계에 있던 소현세자가 갑자기 죽자 소현세자와 강빈 사이에 태어난 원손(元孫)이 폐위되고, 봉림대군(鳳林大君)이 세자로 책봉되어 강빈은 설 자리를 잃었다. 또한 소의(昭儀) 조씨(趙氏)의 무고로 궁중에서 일어난 인조 저주 사건과 왕의 음식에 독약이 들어갔다는 사건의 배후자로 몰려 1646년 3월 사사되었다.

이 사건은 여기에서 끝나지 않고 강빈의 어머니와 네 형제가 처형되거나 고문으로 죽었다. 강빈의 소생인 세 아들도 제주로 유배되었으며, 두 아들은 곧 죽었다. 1654년 김홍욱(金弘郁)은 이의 신원을 주장하다가 사사되었으며, 1717년(숙종 43년)에야 영의정 김창집(金昌集)의 발의로 신원되어 민회빈 강씨로 봉해지고, 그녀의 아버지 강석기(姜碩期) 등 관련자들도 복관되었다.

● 소현세자의 능인 소경원. 서삼릉에 있다.

● 민회빈 강씨의 영회원. 경기도 광명시에 있다.

■ 인평대군 이요(麟坪大君 李㴭; 1622 ~ 1658년)

인조의 셋째아들이자 효종의 동생이다. 성은 이(李), 본명은 요(㴭), 본관은 전주(全州), 자는 용함(用涵), 아호는 송계(松溪), 시호는 충경(忠敬)이다.

1622년에 능양군의 셋째아들로 태어났고, 이듬해 아버지가 인조반정으로 즉위하면서 1629년 왕명으로 인평대군에 책봉되었다. 병자호란 후 두 형인 소현세자와 봉림대군(훗날의 효종)과 함께 청나라에 인질로 끌려갔다가 이듬해에 돌아왔고, 1650년부터 네 차례에 걸쳐 사은사(謝恩使: 나라에 베푼 은혜에 감사한다는 뜻으로 중국 황제에게 보내던 사신)로 청나라를 방문했다. 오단의 딸과 혼인하여 4남 2녀를 두었다.

인평대군은 효종 즉위 후까지 살아남은 효종의 유일한 동복아우였기에 효종은 인평대군과 우애가 좋았으며 그의 아들들 또한 총애했다. 인평대군이 서인들로부터 몇 차례 모함을 받았을 때도 효종의 총애로 위기를 모면하기도 했다. 인평대군이 궁궐을 출입할 때에는 집안사람처럼 후히 대접하였고 희귀한 물건을 두고 승부를 벌이기도 하였다. 효종의 아들 현종 또한 사촌인 인평대군의 아들들과 친형제처럼 가까이 지내며 조정 일에 참여시켰고, 외아들로 태어나 가까운 종친이 없었던 숙종 또한 오촌당숙인 삼복형제들을 대접하였다.

숙종의 외척인 김우명과 김석주는 삼복형제의 외숙부들이 남인정권의 실세인 오정위·오정일 등임을 경계하였고, 어리고 후사도 두지 못한 숙종에게 변고가 생기면 왕위가 인평대군의 아들들에게로 갈지도 모른다는 위험성 때문에 이들 형제를 제거하려 하였다. 이로 인해 일찍 죽은 복녕군을 제외한 나머지 복창군·복선군·복평군은 훗날 삼복의 변에 연루되었다. 1658년 인평대군의 병세가 위독하자 효종이 직접 집을 찾아갔으나 임종을 보기 전에 죽었다. 묘는 경기도 포천시에 있다.

인조의 가계도

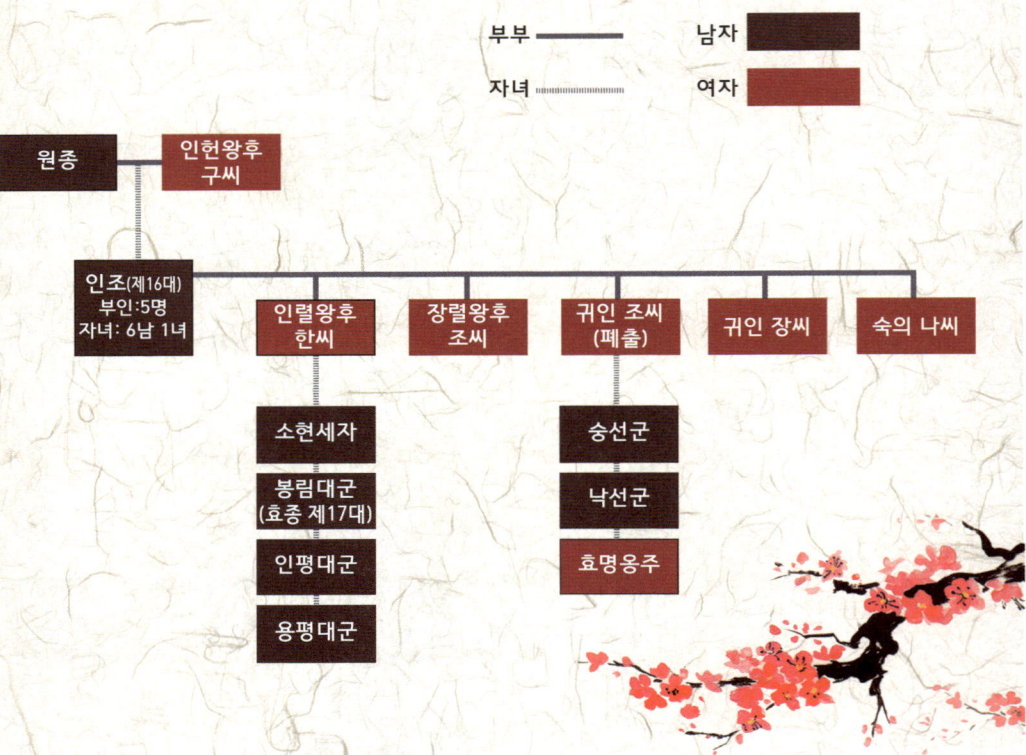

● 요녀석, 녀석의 유래

소현세자와 봉림대군이 청나라에서 돌아오기 전에 청의 황제는 그들이 원하는 것을 하나씩 주었는데, 소현세자는 황제 청태종의 벼루인 용연(龍硯)을 원했고, 봉림대군은 볼모로 잡혀 온 백성들과 함께 갈 수 있기를 원했다. 돌아와서 인조를 만난 두 아들이 각자 자신이 받은 선물에 대해 답하자 인조는 대로하여 소현세자가 받아 온 벼루를 그에게 집어 던졌다고 한다. 이때 인조가 '용연석'이라고 외친 말이 '요년석' 또는 '요녀석'이라는 단어가 되었다는 설이 있다.

《효종실록(孝宗實錄)》

《효종실록》 중초본의 편찬 경위

《효종실록》은 조선왕조 제17대 왕인 효종(1619~1659년)의 재위 기간(1649년 5월~1659년 5월) 10년 간의 사실을 편년체로 기록한 실록으로 정식 명칭은 《효종대왕실록》이다.

《효종실록》은 본문 21권 21책과 효종의 행장·지문·시책문·애책문 등이 수록된 부록을 합쳐 총 22책으로 구성되었다. 활자로 인쇄되었으며, 조선왕조 다른 실록들과 함께 국보 제151호로 지정되었다.

《효종실록》은 효종이 세상을 떠난 다음해인 1660년(현종 1년) 5월에 편찬을 시작하여 익년 2월에 완성되었다.

편찬에 참여한 실록청 관원은 다음과 같다.

총재관 : 영춘추관사 이경석, 도청 당상 : 지춘추관사 홍명하·채유후, 동지춘추관사 : 이일상, 도창 낭청 : 목겸선·조귀석·심세정·김수홍, 지춘추관사 : 허적, 동지춘추관사 : 김수향 등이다.

묘호는 효종(孝宗), 존호는 선문장무신성현인(宣文章武神聖顯仁)이며, 능호는 영릉(寧陵)으로 처음 구리시 인창동 동구릉 경내에 있었으나, 1673년(현종 14년)에 경기도 여주군 능서면 왕대리 세종의 영릉 뒤편으로 옮겼다.

《효종실록》의 내용

　효종의 휘는 호(淏), 자는 정연((靜淵)이고, 인조와 인렬왕후 한씨의 둘째아들이다. 1619년 5월 22일 한성부 경행방에서 태어났고, 1626년(인조 4년) 봉림대군에 봉해졌다.

　1636년 병자호란이 일어나자 인조의 명으로 아우 인평대군과 함께 왕족들과 강화도에 피난하였으나 이듬해 강화도가 함락되고 인조가 항복하자 형 소현세자 및 삼학사 등과 함께 청나라에 볼모로 잡혀갔다.

　1645년 4월에 소현세자가 갑자기 죽자 그는 청나라에서 돌아와 9월 27일 세자로 책봉되었다. 1649년 인조가 세상을 떠나자 왕으로 즉위하였다. 효종은 즉위 후 사림정치의 이상을 내세우고 북벌계획을 추진하기 위하여 충청도 지역의 재야 학자들을 조정에 대거 등용하였다.

　1659년 6월, 김집을 선두로 송시열·송준길 등이 조정에 들어왔다. 그들은 정계에 진출하자 김자점 및 원두표 중심의 훈구세력을 탄핵하고, 1651년(효종 2년) 조 귀인의 옥사를 계기로 친청파 김자점을 비롯한 낙당계 관료들을 조정에서 제거하였다. 원당계에서도 이행진과 이시해 등 중진들이 파직되었다.

　효종 10년(1659년) 3월에 이조판서 송시열과 효종에 의해 북벌계획이 논의되었다. 이때 효종은 양병에 치중한 북벌정책을 내세웠고 송시열은 원칙론만 내세웠다.

　효종이 주도한 군비 증강 계획은 중앙군의 강화와 수도방위에 역점을 두었다. 효종은 군비 강화를 내세우면서 대동법의 확대 등을 통하여 국가 재정의 확보책에 주력하였는데, 이러한 정책은 왕권 강화와 직결된 문제였다. 1659년 5월 효종은 얼굴에 난 종기가 악화되어 갑자기 41세로 세상을 떠났다.

제17대 효종

▶생애 : 1619~1659년
▶재위 : 1649~1659년

효종은 인조와 인렬왕후의 둘째아들로 태어나 1623년 인조반정 후 왕자로 책봉되었고, 1626년에 봉림대군의 작위를 받았다. 1635년 대군 사부로 임명된 송시열·윤선도·송준길 등에게서 성리학을 수학하였으며, 1637년 병자호란 이후 소현세자 등과 함께 청나라에 볼모로 끌려갔다가 8년 만에 귀국했다. 그 뒤 형 소현세자가 갑자기 죽으면서 부왕 인조에 의해 세자로 책봉되었다. 1647년부터는 부왕 인조를 대신하여 대리청정을 시행하였고, 1649년 5월 부왕 인조가 죽자 창덕궁 인정전에서 즉위하였다.

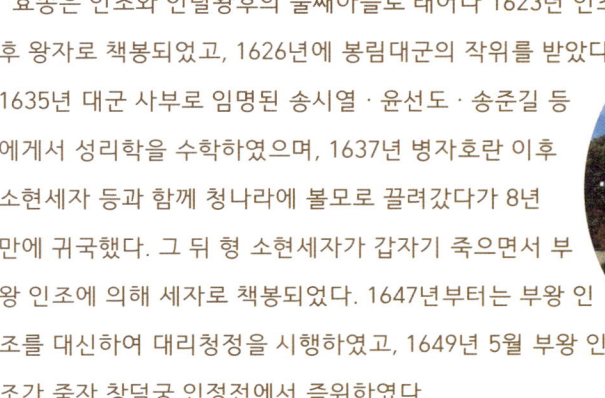

● 효종이 즉위한 곳인 창덕궁 인정전.

■ 효종의 생애 초반

효종은 인조와 인렬왕후의 둘째아들로 태어났으며, 성은 이(李), 휘는 호(淏), 본관은 전주(全州), 자는 정연(靜淵), 호는 죽오(竹梧)이고, 비(妃)는 신풍부원군(新豊府院君) 장유(張維)의 딸 인선왕후이다.

1623년 인조반정으로 아버지 능양군이 즉위하면서 왕자로 책봉되고 1626년(인조 4년) 봉림대군(鳳林大君)에 봉해졌다.

1635년(인조 13년) 송시열과 윤선도 등이 대군 사부(師傅)에 임명되어 봉림대군과 인평대군을 가르쳤다. 그 중 송시열은 청나라의 침략을 당한 조선의 현실을 금나라의 침략을 당한 남송과 같이 보았고, 주자의 사상이 이를 극복하는 해답이라 보았다. 송시열이 항상 주자를 언급하자 효종은, "말마다 옳은 이는 오직 주자이며, 일마다 옳은 이가 오직 주자이십니까?"라고 반문했다 한다.

■ 효종의 세자 책봉과 즉위

1636년 병자호란이 일어나자 인조의 명으로 아우 인평대군을 비롯한 왕족을 거느리고 강화도로 옮겨 장기 항전을 꾀했으나 남한산성에 고립되었던 인조가 이듬해 정축하성을 결행, 청나라에 항복함에 따라 삼전도의 굴욕을 본 뒤 형 소현세자 및 홍익한·윤집·오달제 등 강경 주전론자(主戰論者)들과 함께 청나라에 볼모로 잡혀가 선양에 8년 동안 머물렀다. 청나라 인질 기간 중 형 소현세자는 청나라의 문물과 베이징에 도착한 아담 샬 등의 천주교 선교사들과 만나 새로운 지식과 문물을 접견하였으나 봉림대군은 인질 생활 내내 복수심과 청나라를 정벌할 것을 다짐하게 된다.

1645년 2월에 먼저 귀국했던 소현세자가 그 해 4월 갑자기 죽자 봉림대군(효종)은 5월에 청나라로부터 돌아왔다. 그는 귀국 후 청나라를 정벌하고 치욕을 씻어야 한다는 부왕 인조의 주장에 전적으로 동의하였으며, 당시 총애를 받던 귀인 조씨의 눈 밖에 나지 않기 위해 이복형제들과도 친하게 지냈다. 당시 귀인 조씨는 인조의 총애를 한몸에 받

● 소현세자(昭顯世子)
인조의 장자로 병자호란 이후 청나라에 볼모로 잡혀갔다가 조선으로 돌아온 지 3개월 만에 세상을 떠난 비운의 세자이다.

았으며, 이로 인해 장렬왕후 및 인조의 또다른 후궁인 숙의 장씨 등은 인조의 사랑을 받지 못하였다.

그녀는 특히 소용이던 시절 밤낮으로 인조에게 세자와 세자빈을 헐뜯고 세자 내외에게 누명을 씌우는 등 항상 둘을 모함하기 일쑤였다. 실록에서는 그녀와 소현세자의 죽음과의 관계를 직접적으로 언급하고 있지는 않으나 소현세자의 부검 결과와 함께 그녀가 평소 소현세자 내외를 모함하던 모습을 한 기사에 함께 적고 있다. 훗날 세자빈 강씨는 귀인 조씨에 의해 소현세자를 독살하고 나아가 인조까지 독살하려 했다는 무고를 받아 사사(賜死)되었다.

그런 상황에서 효종(봉림대군)은 세자 물망에 오르자 처음에는 사양하였다. 대다수의 중신들은 원손의 세자책봉을 주장했으나 국유장군론(國有長君論)을 내세운 인조의 강한 의지에 따라 윤6월에 세자로 책봉되었다.

1649년 5월, 효종은 인조의 뒤를 이어 조선 제17대 왕으로 즉위했다. 세조 이후 처음으로 즉위한 무인 기질을 타고난 군주이다. 즉위 직후 그는 인조반정의 반정공신인 서인 공신 계열과 김자점 등의 외척세력을 견제하기 위해 새로운 인재들을 발탁했다. 제일 먼저 자신의 대군 시절 사부였던 송시열과 송준길을 발탁했는데, 이들의 건의를 받아들여 서인 내에서도 비공신인 사림 계열의 영입을 추진하였고, 김집·김상헌·안방준 등과 그들의 문인들을 적극 발탁했다. 이 중 안방준을 제외하고는 그의 영입에 적극 호응하여 조정에 출사하였다. 또한 서인이었으나 역시 비공신 계열인 김육을 발탁하였다. 김육은 효종 재위 기간 내내 대동법 실현을 위해 노력하였다.

즉위 초부터 효종은 과거 반정 공신들과 외척의 전횡과 개혁안을 듣기 위해 널리 여러 중론을 모으겠다는 뜻에서 구언(求言) 정책을 펼쳤다. 이에 잠곡 김육이 대동법을 주장하고 김홍욱이 이를 적극 지지하자 대동법 시행령을 내렸다. 이어 김육으로부터 대동법 시행의 적임자로 추천받은 김홍욱을 승지(承旨)로 임명했다가 1651년 충청도 관찰사로 임명하여 충청도에서 대동법을 실시하게 했다.

● 대동법 시행 기념비
대동법 시행의 성과를 기리기 위하여 1659년에 건립된 기념비이며, 1659년(효종 10년) 영의정으로 있던 김육이 세운 것으로 경기도 평택시 소사동에 있다. 대동법은 1608년(선조 41년)~1894년(고종 31년)까지 실시되었는데, 이 제도를 시행한 후로 공부(貢賦)의 불균형과 부역(賦役)의 불공평이 줄어들었고 민간의 상거래까지 원활해졌다. 호서지방(湖西地方)에 실시한 대동법 역시 좋은 성과를 거두었다.

그 뒤 충청도 홍주목사로 있던 김홍욱은 상소를 올려 '청감염철소(請減鹽鐵疏)를 올려 서산·태안 지방의 철물·소금 생산에 종사하는 사람들이 바쳐야 하는 세금 부담이 너무 과중해 염전업자들이 염전을 중단하거나 도망가는 일이 많고 생산이 감축된 실정에 있으니 이를 탕감해 줄 것을 청'하였고, 이를 효종이 전폭적으로 들어주니 백성들이 매우 기뻐하였다.

1654년(효종 5년) 6월 17일, 김홍욱과 홍우원 등이 소현세자의 아들 경안군 석철의 석방을 주장하는 상소를 올렸다. 처음에 효종은 이를 받아들이지 않았으나, "사람들이 말하기 어려워하는 말을 그대가 능히 말하니 진실로 가상하다. 유념하도록 하겠다."라고 하며 그 상소를 문제 삼는 의견을 물리치고 특별하게 해를 입히지 않았다. 김홍욱은 홍우원의 주장에 적극 동의하다가 이듬해 소현세자빈 강씨의 옥사가 무고임을 주장한다.

● 김육(金堉)의 영정
실사구시(實事求是)의 선구자. 충청감사로 있을 때 대동법(大同法)을 실시하도록 상소하여 공부(貢賦)의 불균형과 부역의 불공평을 없애고자 하였으나 왕의 승낙을 받고도 조정에서 실시하지 않았으므로 그가 우의정을 지내게 되자 각계 각층의 반대를 무릅쓰고 다시 상소하여 호서지방에 실시한 바 좋은 성과를 거두었다.

효종은 서양역법인 시헌력(時憲曆)을 반포하여 개력(改曆)을 단행하는 등 망가진 조선의 시스템을 정비하고 기강과 기초적 군사력을 다듬는 일에 주력했다(이 시헌력이 바로 오늘날 한국에서 쓰이는 음력이다). 게다가 청에 대한 복수심에 불탔다는 소리와는 달리 효종은 청의 문물을 매우 높게 평가해서 신하들로부터 오랑캐 문물을 숭상한다는 비판을 듣기도 했다.

■ 효종의 북벌계획

병자호란이 치욕적인 성하(城下)의 맹(盟)으로 끝나고, 청나라에 볼모로 잡혀갔던 효종이 인조의 뒤를 이어 왕위에 올랐다. 그는 이러한 민족적 굴욕을 씻기 위해 북벌을 계획하게 되었다. 효종은 이완(李浣)을 훈련대장에 임명하여 비밀리에 군대를 훈련시키고 성지(城池)를 개수했다. 또한 제주도에 표착한 네덜란드인 하멜 등에게 신무기를 만들게 하고, 송시열·송준길 등을 등용하여 군비를 확충하였다.

청나라에 당한 치욕을 씻고자 북벌을 최우선 과제로 삼았던 효종은 즉위 후 정권을 장악하고 있던 김자점 등 친청파(親淸派)를 조정에서 몰아내고 김상헌·김집·송시열·송준길 등 서인계 대청(對淸) 강경파를 중용하여 북벌 계획을 추진했다. 이들은 청을 군사적으로 응징하는 것은 군부국(君父國)인 명에 대한 신자국(臣子國)의 당연한 의무라는 복수설치(復讐雪恥)의 논리로 효종의 북벌을 이념적으로 지원했다.

아울러 이러한 북벌론은 양란(임진왜란과 병자호란) 이후 체제 붕괴 위기를 극복하기 위한 지배층의 내실 자강책(內實自强策), 즉 '국가재조'(國家再造)라고 하는 대내적인 지배 안정책의 의미를 갖고 있는 것이기도 했다. 그러나 궁지에 몰린 김자점 등의 친청세력이 역관(譯官) 이형장(李馨長)을 통해 일련의 북벌 계획을 청나라에 알려 청의 간섭을 유도함에 따라 즉위 초기에는 적극적인 군사 계획을 펼 수 없었다.

● 송시열(宋時烈)
주자학의 대가로서 이이의 학통을 계승하여 기호학파의 주류를 이루었으며, 이황의 이원론적인 이기호발설을 배격하고 이이의 기발이승일도설을 지지. 사단칠정이 모두 이(理)라 하여 일원론적 사상을 발전시켰으며 예론에도 밝았다.

1651년(효종 2년), 조선에 대하여 강경책을 펴던 청나라의 섭정왕 도르곤의 죽음은 북벌 계획을 추진시켜 나가는 데 좋은 계기가 되었다. 이에 친청파에 대한 사림세력의 대대적인 공세가 시작되고, 그 해 12월에는 조귀인 옥사(趙貴人獄事)를 계기로 김자점 등의 친청파에 대한 대대적인 숙청이 단행되었다.

이후 본격적인 군비 강화가 추진되기 시작했는데, 효종은 이완(李浣)·유혁연(柳赫然) 등 무신을 특채하여 군사 양성의 실제 임무를 맡겼다. 이러한 군인사 정책은 이전에 훈신·종척(宗戚) 등을 임명하던 예와는 다른 파격적인 것으로, 효종의 북벌 군사 강화책 중 가장 성공적인 것으로 평가받고 있다.

1652년 북벌의 선봉부대인 어영청(御營廳)을 대대적으로 개편·강화했으며, 금군(禁軍)의 기병으로의 전환, 모든 금군의 내삼청(內三廳) 통합, 수어청의 재강화 등 제반 군제개혁을 통해 군사 강화책을 모색했다. 이와 함께 금군의 군액을 1천, 어영군을 2만, 훈련도감군을 1만으로 증액시키고자 했다. 어영군은 많은 군사를 확보하고 3명의 보인제(保人制)를 통하여 재정적인 난점을 극복함으로써 군사 증강에 성공했으나 훈련도감은 재정이 뒷받침되지 못하여 실패했다.

한편, 1654년 3월 유명무실했던 영장제(營將制)를 강화, 각 지방에 영장을 파견하여 직접 속오군을 지휘하게 함으로써 지방 군사력의 약화를 시정하는 한편, 1656년에는 남방지대 속오군에 보인(保人)을 지급하여 훈련에 전념하도록 했다.

1655년에는 능마아청(能麽兒廳)을 설치하여 무장들에게 군사학을 강의하기도 했으며, 평야전에 유리한 장병검(長柄劍)의 제작, 표류해 온 네덜란드인 하멜을 통해 조총 제작 등 무기의 개량에도 힘을 기울였다.

● 헨드릭 하멜(Hendrik Hamel)
1653년 일본 나가사키로 가던 도중 일행 36명과 함께 제주도에 표착했다.
1666년 억류 생활 끝에 탈출하여 1668년 귀국했다.

효종이 북벌의 지휘관을 등용시키고자 할 때의 일화가 전해진다.

어느 날 효종이 무신들을 모두 불러모으게 하고는 갑자기 그들에게 화살을 날리게 하였다. 놀란 무신들이 화살을 피하기 위해 모두 도망갔는데 오직 이완만이 어명을 받들기 위해서 등에 화살이 꽂힌 채 그대로 효종의 앞에 나타났다. 당시에 그는 임금이 급하게 부를 때는 변고가 있는 것이라 하여 갑옷을 의복 안에 갖춰 입어서 화살을 맞아도 무사할 수 있었다. 그를 본 효종은 그의 충성심과 준비성에 감탄하여서 그를 북벌의 지휘관으로 임명하였다고 한다.

이후에도 계속해서 북벌을 위한 군비 확충을 기하여 군제의 개편과 군사훈련의 강화 등에 힘썼다. 청의 국세(國勢)가 더욱 일어나 북벌의 기회를 얻지 못하고 1654년 러시아와 청나라 간의 충돌 사건이 일어나자 오히려 청의 강요로 러시아 정벌에 2회 출정하기도 하였다.

효종의 군비 증강은 나선정벌에서 그 힘을 나타내었다. 나선정벌 당시 조선군을 지휘했던 신유 장군은 전리품으로 얻은 플린트 록 머스킷 300~400정 중 단 한 정만 힘들게 빼돌려서 조정에 진상하였고, 시험적으로 양산이 이루어졌다. 하지만 구조가 복잡해서 생산이 힘들고 단가는 조총보다 훨씬 비싸면서도 성능은 조총보다 약간 앞서는 정도였기에 효종은 차라리 같은 값으로 조총 3정을 만드는 게 낫겠다 싶어 수백 정만 소수 생산한 후 백지화했다. 한편, 하멜이 머스킷을 진상했지만 마찬가지로 양산은 되지 못했고, 하멜은 이후 조선에 정착하여 조용히 살다가 나중에 탈출하게 된다.

● 플린트 록 머스킷
착화 방식으로, 가장 오랫동안 전장식 총기에 채택된 무기이다.

■ 효종의 팔장사(八壯士)

효종에게는 '팔장사(八壯士)'라는 8명의 호위무관이 있었는데, 이들은 박배원·신진익·오효성·조양·장애성·김지웅·장사민·박기성, 이렇게 8명이다. 이들은 효종이 왕자 시절 청에 끌려갔을 때부터 효종을 호위했고, 귀국 후 효종이 즉위한 이후에도 가까이에서 왕을 보필하였다. 뭔가 야사나 민담에나 나올 법한 이름들이지만, 이들은 분명히 실록에서도 찾을 수 있는 이름이다. '팔장사'라는 표현은 실제로 실록에 등장하는 표현이지만, 《효종실록》과 《현종실록》에는 등장하지 않고 《영조실록》과 《정조실록》에만 등장하는 것으로 보아 당대가 아니라 후대에 붙여진 표현인 듯하다.

효종의 호위무사인 팔장사(八壯士)들 중 오효성이라는 사람의 일화가 유명하다. 효종이 청에서 돌아올 때, 4세였던 현종을 교자에 태울 수 없어서 팔장사가 번갈아 가며 어린 현종을 등에 업고 걸었다. 어린 현종은 다른 장사들이 안으면 계속 울었지만 오효성이 안으면 얌전해져서, 심양에서 한성에 도착할 때까지 결국 오효성이 현종을 계속 업고 걸었다고 한다. 그 때문에 아기가 물거나 침을 하도 흘리는 바람에 어깨에 상처가 생기고 옷의 등이 많이 닳아 버렸다. 뒷날 효종은 팔장사의 공적을 치하하기 위해 그들의 초상화를 그렸는데, 오효성은 현종을 업고 있는 모습으로 그리게 했다고 한다.

그후 효종이 오효성과 술자리를 가졌는데, 취기가 오른 효종이 오효성을 총애한다는 것을 보여 주기 위해 그의 팔을 잡고 이야기하려 하자 오효성은 이를 사양했다. 그러자 마음이 상한 효종은 갑자기 거문고를 들어서 오효성의 오른쪽 어깨를 내리쳐 버렸다. 당연히 오효성은 오른쪽 어깨를 다쳤고, 결국 다음날 술에서 깬 효종은 이 사실을 알고 오효성에게 크게 사과하면서 더욱 총애했다는 야사가 남아 있다.

하지만 공식 기록인 실록에는 효종이 세자가 된 이후 술은 한 모금도 마시지 않았다고 기록되어 있다.

조선의 왕들은 술을 좋아하였다. 세조의 경우에는 워낙 술을 좋아했고 술자리 정치까지 논했다. 효종은 그래도 술은 자제했던 임금으로 조선의 술 문화에 대해서 한 마디 하기도 했다. 이는 <효종행장>에 나온 기록이고, 조선시대 관리들의 음주문화를 비판한 말이지만, 오늘날의 술 문화에도 시사할 바가 많은 말이라 하겠다. 실제로 《효종실록》을 보면 관리들에게 술을 줄이라고 교지를 내렸다는 기록도 찾아볼 수 있으며, 1658년에는 아예 금주령을 내린 기록도 있다.

"크게는 천하와 국가를 잃고 작게는 필부의 일신을 망치는 것이 술에서 생기는 일이 많은데, 관직에 임한 사람의 경우는 본래 말할 것도 없다. 술로 인해 말을 실수하는 데에서도 화를 자초하기에 이르기 일쑤이니 이보다 더 심한 해로움이 어디 있겠는가."

-《효종실록》효종대왕 행장-

● **효종의 금주령**
효종 못지않은 북벌론 지지자였던 인선왕후는 효종과 더불어 검소한 생활을 하였다. 굿판을 근절하고 금주령을 내리는 한편, 이불의 색을 적색과 청색의 2가지 색으로 통일하여 전시에 군복으로 활용할 수 있도록 대비하였다. 이렇게 대비된 재원은 모두 북벌 계획에 사용되었다.

■ 효종의 죽음

1659년 5월 초부터 과로로 인하여 정사를 도저히 볼 수 없는 상황이 이어지자 효종은 침을 맞는 것이 어떻겠느냐는 의견을 신하들에게 물었다. 신하들은 일시적으로 만류하는 듯했으나 효종이 이에 대해 동의하여 침을 맞게 된다. 그런데 어의인 신귀주의 진료를 받던 도중 실수로 침을 잘못 놓게 되어 출혈이 발생한다. 출혈을 멈추게 하기 위해 갖은 시도를 다하였으나 출혈이 멈추기는커녕 오히려 더욱 심해졌다. 결국 효종은 과다출혈로 인한 쇼크로 갑작스럽게 사망하였다.

● 효종의 북벌 의지를 상징하는 효종 능의 무인석은 아이러니하게도 청나라 군사 형식의 투구를 쓰고 있다.

당시 효종의 얼굴에 난 종기의 치료를 놓고 침으로 피를 빼내어 독기를 제거하자는 신가귀와, 머리에 경솔히 침을 놓을 수 없다는 유후성의 의견이 엇갈린다. 이에 효종이 가귀의 의견을 취하여 침을 놓았는데 침을 놓았던 자리에서 피가 쏟아져 나왔다. 그러자 왕이, "이제는 정신이 좀 든다. 가귀가 아니었으면 큰일날 뻔했다."라 하였으나 정작 큰일은 그 다음에 일어났다. 신가귀의 수전증으로 인해 침이 혈락(血絡)을 범하여 피가 멈추지 않고 계속해서 쏟아져 나와 과다출혈로 효종이 승하하였던 것이다.

책임자인 신가귀는 당초 참형에 처해질 예정이었지만 효종의 뒤를 이은 현종의 배려로 교수형에 처해졌다. 예전부터 수전증이 있던 신가귀는 당시 효종을 치료할 때 본인 역시 오랜 병에 시달리고 있는 상황이었는데 이러한 상황이 겹쳐 혈락을 범했을 가능성이 높다.

현종도 그 점을 감안했기에 신가귀를 참형이 아닌 교수형에 처한 것이다. 조선의 법제도에서 교수형은 시신을 그나마 보존할 수 있으므로 같은 사형이라도 참형에 비해 온건한 형벌이었다.

효종의 죽음을 놓고 전해 오는 이야기가 많다.

효종이 승하하기 두 달 전에 거사를 자처하는 한 노인이 창덕궁 돈화문 앞에 엎드려 소리치기를, "5월에 나라에 큰 화가 있을 것이니, 경복궁 옛터에 초옥을 짓고 그곳으로 옮겨 화를 물리치는 굿을 하소서!"라고 외쳤으나 사람들은 그냥 미친 노인 취급했다는 기록이 있다(《효종실록》 효종 10년(1659년) 윤3월 26일).

효종의 부마인 정재륜이 저술한 《공사견문록》에는 왕이 승하하던 해 4월에 세자(현종)가 학질에 걸려 10여 일이 되도록 침과 약의 효력이 없었는데 어떤 사람이 "놀라게 하면 학질을 뗄 수 있다."는 말을 하였다. 효종이 이 말을 듣고 세자를 징광루(澄光樓) 아래에 있게 하고 궁녀를 시켜 몰래 질기와를 가지고 누각 위로 올라가서 내던져 깨뜨리게 하고는, "궁녀 아무개가 누각에서 낙사했다."고 일제히 외치게 하였다.

그러자 궁중에 난리가 났는데, 이를 본 늙은 궁녀가 의미심장한 말을 했다.

"나는 그동안 4대 조정을 받들어 왔다. 궁중에 일이 있더라도 마땅히 조용히 진정시킬 것인데 이렇게 일부러 일이 일어난 것처럼 꾸며대었으니 상서롭지 못한 징조이다."

그런데 그것이 실제로 일어났다. 그 해 5월에 효종이 죽음을 맞았던 것이다.

● **효종 어전희우시회 인물도**
그림의 내용은 효종 4년(1653년)에 가뭄이 오래 계속됨에 따라 효종이 친히 기우제를 지내고 이로 인하여 단비가 내리자 효종이 기뻐하며 13인의 홍문관 옥서신을 불러 모아 놓고 '희우(喜雨; 비가 내리니 기쁘다)'라는 제목으로 시제를 정하여 시를 짓게 하였다.

효종의 가계

　효종은 무인의 기질이 넘쳤으나 가정 생활에서는 상당히 다정한 아버지이면서도 아내에게 쥐여사는 애처가였던 것으로 보인다. 효종은 정실왕비인 인선왕후 장씨에게서 훗날의 현종인 세자를 얻고 공주들도 여러 명 낳았다. 후궁에게서 낳은 아이는 안빈이씨(安嬪李氏) 소생의 숙녕옹주(淑寧翁主)가 유일했다. 효종은 어느 날 세자와 공주들을 불러서 선물을 주었는데, 숙녕옹주에게도 선물을 주고 싶었으나 정실인 인선왕후의 눈치를 보며 선뜻 주지 못하였다. 그러자 인선왕후는 숙녕옹주를 불러서 선물을 주었다. 부부가 둘 다 마음이 좋았던 것 같다.

■ 인선왕후 장씨(仁宣王后 張氏; 1619 ~ 1674년)

　효종의 정비(正妃)이자 현종의 어머니이다. 신풍부원군 우의정 장유의 딸로 본관은 덕수이다. 정식 시호는 효숙경렬명헌인선왕후(孝肅敬烈明獻仁宣王后)이다.

　1619년 2월 9일(1618년 음력 12월 25일)에 태어났다. 인조의 차남인 봉림대군(뒷날의 효종)과 가례를 올리고 풍안부부인(豊安府夫人)의 작호를 받았으며 남편인 봉림대군과 함께 선양에서 8년 간의 볼모 생활을 하고 돌아왔다.

　1645년 소현세자가 죽고 남편인 봉림대군이 왕세자로 책봉되자 왕세자빈에 책봉되었고, 1649년 인조가 승하하고 세자 봉림대군의 즉위로 왕비에 진봉되었다. 이후 1659년 효종은 머리에 난 종기에 침을 맞다가 피를 너무 많이 쏟아 재위 10년 만에 사망하자 북벌론은 물거품이 되었고, 아들 현종이 왕위에 오른 뒤에는 세력이 커진 조정대신들에 의해 실권에서 멀어져 갔으며, 왕대비로서 효숙(孝肅)의 존호를 받아 효숙왕대비(孝肅王大妃)가 되었다. 소생으로는 일찍 죽은 두 아들(대군)과 현종, 그리고 6명의 공주를 두었다.

● 효종과 인선왕후의 능인 영릉(寧陵)
경기도 여주에 있는 영릉으로 남편인 효종과 함께 동원상하릉(同原上下陵)의 방식으로 묻혀 있다.

그러나 『조선왕조실록』에는 1남 5녀로 기록되어 있다. 인선왕후는 몸이 무척 뚱뚱했다고 전해지며, 남편 효종의 북벌 계획의 수행을 못 보고 1674년(현종 15) 57세로 사망하였다. 그러나 그녀가 죽었을 때는 인조의 계비로서 자신보다 6살 어린 시어머니 자의대비가 생존해 있던 상황인지라, 남편인 효종의 사망 이후 문제되었던 예론이 또다시 불거졌고, 결국 인선왕후의 사망은 제2차 예송논쟁(禮訟論爭; 인조의 계비인 조대비의 복상문제를 둘러싸고 서인과 남인 사이에 크게 논란이 된 두 차례의 예법에 관한 논쟁)의 시발점이 되었다.

■ 안빈 이씨(安嬪 李氏; 1622 ~ 1693년)

효종의 후궁으로 본관은 경주이다. 1622년(광해군 14년)에 태어났으며, 아버지는 이응헌이다. 효종이 봉림대군으로 있을 때 그의 첩이 되었다. 이씨는 병자호란 당시 청나라 심양에 볼모로 끌려갔던 봉림대군을 끝까지 보필하였고, 훗날 효종의 손자인 숙종은 이 공을 높이 사서 그녀를 조천(祧遷; 종묘의 본전에 모시던 신주를 영녕전으로 옮기는 것)하지 못하도록 하고 역대 왕이 계속해서 제사를 지내 주게 하였다. 이씨는 효종과의 사이에서 숙녕옹주를 낳았다.

■ 숙안공주(淑安公主; 1636 ~ 1697년)

효종이 봉림대군이었을 때 언니인 숙신공주가 청나라로 가던 중에 두 살의 나이로 사망하여 사실상 장녀로서 여겨졌다. 제18대 왕인 현종의 누나이다.

인조 23년(1645년) 소현세자가 급서하여 이 해 윤6월에 아버지 봉림대군이 왕세자로 책봉되자 다음해인 인조 24년(1646년)에 왕세자의 적녀에게 내려지는 작위인 군주(郡主)로 봉작되어 숙안군주(淑安郡主)가 되었다. 1648년에 부마 간택령이 내려져 다음해인 1649년 4월에 현감 홍중보의 아들인 홍득기(洪得箕)가 익평부위(益平副尉: 군주의 남편에게 처음 내리는 작위)로 간택되었다. 그러나 다음달인 5월 8일에 인조가 사망하여 혼례가 미루어졌다.

아버지 효종이 왕으로 즉위하여 효종 즉위년(1649년) 6월 9일에 왕의 적녀에게 내리는 작위인 공주로 책봉되어 숙안공주가 되었고, 앞서 익평부위로 책봉된 정혼자 홍득기는 익평위(益平尉)로 진봉되었다.

인조의 삼년상을 마치기 전까지 혼례가 마땅히 미루어져야 했지만, 효종 1년(1650년) 조선의 공주를 비(妃)로 맞이하겠다는 청의 섭정왕 도르곤의 구혼이 있자, 혼기를 맞은 공주가 없다고 거짓말을 한 효종은 1651년 1월에 간략한 절차로 숙안공주와 홍득기를 은밀히 혼례토록 했다. 그녀를 대신해 종실 금림군의 딸이 효종의 양녀가 되어 의순공주의 작위를 받고 도르곤의 비(妃)가 되었다.

1673년 11월 27일에 남편 홍득기가 39세의 나이로 급작스레 사망하였다. 당시 그녀의 나이 38세였다. 1689년에 발발한 기사환국 후 선왕의 딸이자 현왕(숙종)의 고모인 어머니의 뒷배를 믿고 악행을 거듭해 온 아들 홍치상(洪致祥)이 교형(絞刑)에 처해졌다. 그는 자기 어머니가 '효종의 딸, 현종의 큰누나, 숙종의 고모'라는 입장을 앞세워 횡포를 부리고 백성의 땅과 세금을 갈취함으로써 왕의 노골적인 비호에도 불구하고 탄핵과 소송이 끊이지 않았다.

또한 정사에 간여하여 조카인 숙종에게 정승 임명에 대한 불만을 토로했다. 기사환국 후엔 아들 홍치상을 잃은 원한을 갚기 위해 서인에게 자금을 대어주고 환국과 인현왕후의 복위를 도모하다가 1694년 3월 26일 체포된 한중혁·이시도 등의 자백으로 발각되어 극형을 피하기 어려웠지만 다음날 숙종이 일으킨 갑술환국으로 무사할 수 있었다.

1697년 음력 12월 22일에 훙서하였다. 조카 숙종은 비망기를 내려 그 상제를 동생인 숙휘공주의 것을 따르게 하였고 다음날인 음력 12월 23일 선왕대의 관례에 따라 친히 숙안공주의 초상에 나아가 임곡(臨哭)하였다. 숙안공주의 시신은 앞서 사망한 남편 홍득기의 무덤에 같이 안장되었다. 두 사람의 묘는 경기도 양평군 용문면 화전리 산 24번지에 위치하고 있다.

● 숙안공주 묘비석

■ 의순공주(義順公主; 1635~1662년)

조선 효종의 양녀로 병자호란 때 조선 공격에 앞장선 인물 중의 하나인 청나라 예친왕 아이신기오로 도르곤에게 시집갔던 비운의 인물이다. 본래는 성종의 서자 익양군의 후손인 이개윤의 딸로 이름은 이애숙(李愛淑)이다.

청나라가 당시의 섭정왕이었던 예친왕 아이신기오로 도르곤의 새 왕비로 조선의 공주를 맞이하고 싶다며 적당한 나이의 공주를 보내라고 요구했다. 하지만 효종은 자신에게 혼인 적령기의 딸은 물론이고 조카딸도 없다고 거짓말을 하며 거절했다. 그러자 청나라에서는 왕에게 딸이 없다면 종친의 딸이라도 괜찮으니 보내 달라고 요구했다. 그러던 와중에 금림군 이개윤(성종의 8남인 익양군(益陽君) 이회의 후손)이 자신의 딸을 보내겠다고 나서자 효종은 금림군의 딸을 양녀

로 삼고 의순공주(義順公主: "의롭게 순응했다"하여 효종이 내린 이름이다)로 책봉해 청나라로 보냈다. 물론 청나라에게 효종의 친딸이라며 속인 것은 아니고 종친의 딸을 대신 보내는 것으로 공식 합의하였다.

당시는 병자호란의 상처로 인해 반청 분위기가 대단했기 때문에 금림군은 청나라가 지참금조로 보낸 비단을 노리고 딸을 보냈다며 주변 사람들로부터 온갖 멸시와 핍박을 당했다.

● 도르곤
청나라의 초대 황제 누르하치의 열네 번째 아들이며, 누르하치의 네 번째 정실 효열무황후의 소생이다. 작위는 예친왕(睿親王)이며, 시호는 충(忠), 정식 시호는 예충친왕(睿忠親王)이다.

효종 1년(1650년) 4월 22일 의순공주가 청나라로 출발하자 효종은 서대문 밖 모화관까지 나가 송별했으며, 백관들을 반으로 나누어 홍제원까지 수행토록 했다. 그녀의 오빠 두 명이 수행원으로서 그녀를 청나라까지 배종하였고, 우수한 역관 5명, 공노비 중에서 선발된 시녀 16명과 유모·몸종·수모(首母: 머리 단장과 화장을 책임지는 여성)·의녀 등이 그녀를 따랐다. 5월 21일, 도르곤이 6만 명의 수행인을 이끌고 산해관 부근의 연산(連山)으로 마중나와(친족과 종복·지인 등으로 최대한 인원을 갖춰 새로 맞이한 정실부인을 마중나가는 것은 여진족의 혼인예법이다) 혼인의식과 초야를 치렀다.

의순공주가 도르곤의 대복진(大福晉: 정실 중의 으뜸 부인)이 된 지 약 7개월 후인 1650년 12월 31일에 도르곤이 사냥 중에 돌연 사망하였다.

● **의순공주**
청의 도르곤은 조선의 의순공주에게 '송골매'라는 별명을 지어 주었다고 한다.

다음해인 1651년 1월에 청의 순치제는 도르곤을 성종의황제(成宗義皇帝)로 추존하여 태묘에 부묘하였고, 도르곤의 첫 대복진이었던 박이제길특씨를 경효충공의황후(敬孝忠恭義皇后)로 추숭하였으며, 도르곤의 다른 계복진이자 순치제의 생모인 효장문황후에겐 소성자수황태후(昭聖慈壽皇太后)라는 존호를 올렸다.

새 대복진인 의순공주가 황후로 격상되지 않은 것에 대한 정확한 사료는 남아 있지 않지만, 추존 황제의 살아 있는 정부인에게 황후의 작위를 내리지 않는 것이 전 황·왕실의 관례라는 점과, 청에 비호의적인 타국의 공주이기에 황태후로 격상시키기도, 또는 누르하치의 대복진이었던 오랍나랍씨처럼 순장을 시킨 뒤에 황후로 추존하기도 어려웠을 점 등을 감안하면 특이점은 아니다.

도르곤의 사후에 친왕 보로에게 재가하였지만 1년 만에 보로가 사망하여 다시 홀로 지냈다. 그녀의 재가에 대해 조선에서는 도르곤에게 대역죄가 물어지자, 다른 도르곤의 여인들과 함께 황족들에게 노비로 분배된 것으로, 그녀의 자의가 아님을 피력한다.

효종 7년(1656년) 4월 26일, 청의 봉명사신(奉命使臣)으로 온 아버지 금림군이 황제에게 요청해 의순공주를 다시 조선으로 귀국시켰다. 그녀의 귀국에 앞서 청의 순치제가 보낸 칙서의 내용에 따르면, "그녀가 미망인이 되어 종친의 사저(私邸:《효종실록》에는 일반 집으로 번역되어 있지만, 저(邸)는 왕후와 종친의 궁이다)에 지내며 부모 형제와 멀리 떨어져 있으니 측은하게 여긴 지 오래되었는데, 아비인 이개윤

이 딸을 보고자 주청하니 더욱 안쓰러워 의정대신(議政大臣)과 함께 귀국시켜 친지와 함께 살 수 있도록 하니 조선에선 따르라."는 것이다. 효종은 호조에 명을 내려 그녀에게 매달 쌀을 내려 평생을 마치도록 하였다(《효종실록》 7년(1656년 병신 / 청 순치(順治) 13년) 5월 9일(정해) 1번째 기사).

하지만 오랑캐에게 시집을 갔고, 남편의 사후에 수절치 않고 이내 재가까지 했던 그녀와 그녀의 가족에 대한 조선의 시선은 곱지 못하였으며, 더이상 정치적 가치도 사라진 그녀에 대한 조정의 태도도 돌변했다(《승정원일기》에 도르곤이 살아 있을 당시 조정에서 그녀에게 건어물과 해삼·과실 등을 연이어 선물로 부친 기록이 있으며, 보로에게 재가한 후에는 보로가 조선을 포함한 동국(東國)을 주관하니 안부를 물어야 한다는 기록이 《효종실록》에 있다).

윤5월 1일, 사헌부에서 의순공주를 조선으로 데려온 금림군 이개윤을 탄핵하여 파직시켰으며, 윤5월 10일에는 사간원에서 '파직으로는 벌이 부족하다' 하여 이개윤은 삭탈관작(削奪官爵)되어 성 밖으로 쫓겨났다. 또한 귀국한 의순공주의 칭호는 이개윤의 딸(女 혹은 女子)로 격하되었으며, 《현종실록》에는 의순공주가 정식으로 공주로 봉호(封號)된 것이 아닌 공주로 일컬어졌을 뿐으로 기록되어 있고, 당연히 공주의 예우도 받지 못하여 오히려 청에서 황족의 예우를 받았던 시절보다 처지가 나빠졌다.

청의 시선 때문인지 이개윤은 다시 서용(敍用)되어 청의 사신으로 활동하였다. 여자에게만 정조를 강요하던 그 시대의 분위기에 청나라에 대한 강한 적개심까지 겹쳐서, 사실상 강제로 혼인했던 것인데도 의순공주를 오랑캐에게 두 번이나 몸을 더럽힌 여자(만주족 사회에서는 형사취수(兄死娶嫂)의 풍습 때문에 누군가의 아버지나 형 혹은 친척이 죽으면 그 처첩을 자기 처첩으로 맞는 경우가 많았다. 같은 만주지역을 차지하고 있었던 고구려·부여도 똑같은 풍습이 있었다. 의순공주는 도르곤이 죽자 남편의 조카와 재혼했다)로 환향녀가 되어 돌아왔다고 매도하고 손가락질을 했다.

의순공주의 청국행(清國行)을 동행한 호행사 원두표는 귀국하여 도르곤의 반응에 대해 말하기를, 도르곤이 처음 의순공주를 보고 기뻐하였으며 수행원들을 대우하는 것도 후하였지만, 북경에 도착해서는 공주가 아름답지 않고 시녀들이 못생겼으니 조선의 정성이 없다며 힐난하였다고 전한다. 그러나 도르곤이 이러한 말을 하였을 당시에 조선이 북벌을 준비하는 것에 대한 의혹을 제기했던 것이나, 성해응의《연경재집》에 "도르곤이 의순공주를 매우 기뻐하여 백송골(白松鶻; 조선에서 산출되는 '흰 빛깔의 매'. 날렵하고 매끈하게 생겼다고 한다)이라 하였으니, 백송골이란 그 자태가 뛰어나다는 말이었다."고 수록된 것으로 미루어 보면, 의순공주가 아닌 조선에 대한 불만을 비춘 것으로 해석되고 있다.

야사에서는 의순공주가 청나라로 가기 직전 강물에 뛰어들어 자결해서 시신 대신 유품인 족두리를 매장했다고 한다. 물론 의순공주가 조선으로 돌아온 것은 분명히 역사에 기록된 사실이므로, 이런 야사는 당시 민중 사이에 퍼진 청나라에 대한 적개심과 금림군에 대한 멸시에서 나온 이야기로 추정된다.

● **의순공주의 묘**
성종의 4세손인 금림군(錦林君) 이개윤(李愷胤)의 딸인 의순공주의 묘역으로 경기도 의정부시 금오동 천보산 기슭에 있다. '족두리묘'로도 불린다. 봉분의 앞에 상석과 향로석 및 1쌍의 문인석이 조성되어 있으며, 의정부문화원에서 세운 묘역의 내력을 소개한 표시판이 있다.

효종의 가계도

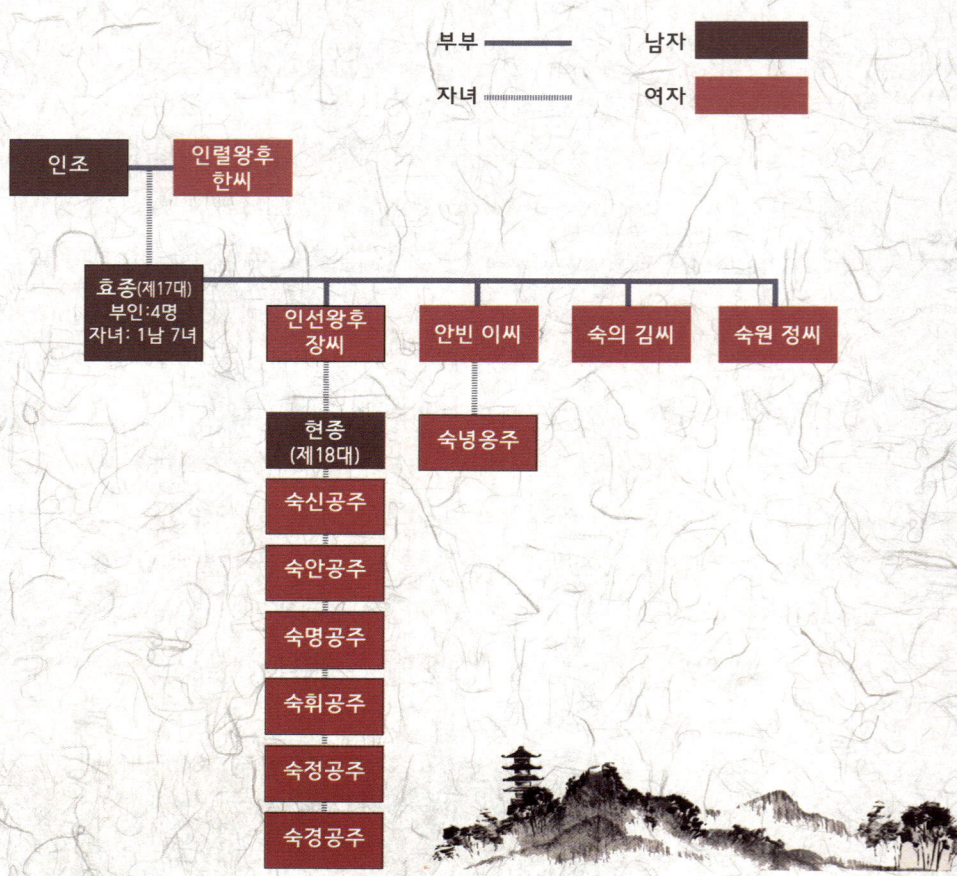

효종은 청소년 시기부터 두드러기와 여드름이 얼굴 전체에 너무 심하게 나서 치료를 받다가 왕위에 즉위했는데, 그 증세가 아직 얼굴에 그대로 머물러 있어 정무를 못 볼 정도로 고생을 겪게 되자 의원에게 침을 맞다가 쇼크사로 갑작스럽게 사망하였다.

《현종실록(顯宗實錄)》

《현종실록》 중초본의 편찬 경위

　《현종실록》은 조선왕조 제18대 왕 현종의 재위 기간(1659년 5월~1674년 8월)인 15년 간의 역사를 편년체로 기록한 사서이다. 정식 이름은《현종순문숙무경인창효대왕실록》이다. 두 종류가 편찬·간행되었는데《현종실록》과《현종개수실록》이 그것이다.《현종실록》은 남인이 정권을 잡고 있던 숙종 1~3년에 편찬되어 모두 22권으로 간행되었고,《현종개수실록》은 서인이 정권을 잡은 숙종 6~9년에 28권으로 편찬·간행되었다. 조선시대 다른 왕들의 실록과 함께 국보 제151호로 지정되었다.

　《현종실록》은 현종이 세상을 떠난 익년 숙종 1년(1675년) 5월부터 편찬하기 시작하였다. 실록청이 설치되고 영의정 허적이 총재관이 되어 숙종 3년 2월에는 당상과 낭청의 인원을 늘리고 편찬에 박차를 가하여 5월 9일에 찬수를 마쳤다.

　실록의 출간을 앞두고 허적이 신병을 이유로 사임하여 숙종 3년 5월 10일부터 좌의정 권대운이 이를 맡아 5월 23일부터 간행을 시작하고 우의정 민점이 최종적으로 검열하였다.

　실록 편찬에 참가한 찬수관들은 아래와 같다.

　총재관 : 허적·권대운,　도청당상 : 김석주·오시수·민점·홍우원·이관징·이당규,　도청 낭청 : 유명현·강석빈·이항·유하익·권유·육창명·육임유·이담명·오시대 등이다.

　현종은 제2차 예송이 완결된 직후 병으로 1674년 8월에 세상을 떠났다. 시호는 소휴(昭休), 존호는 순문숙무경인창효(純文肅武敬仁彰孝), 묘호는 현종(顯宗), 능호는 숭릉(崇陵)으로 경기도 구리시 인창동 동구릉 경내에 있다.

《현종실록》의 내용

현종(1641~1674년)의 이름은 연(棩), 자는 경직(景直)이며, 효종과 인선왕후 장씨의 맏아들이다. 그는 효종이 봉림대군으로 청나라의 심양에 볼모로 있을 때 심양에서 태어났다.

1649년(인조 27년) 왕세손에 책봉되었고, 효종이 즉위하자 1651년(효종 2년)에 왕세자로 책봉되었다. 1659년 5월 효종이 갑자기 세상을 떠나자 왕으로 즉위하였다. 현종은 즉위하자 바로 복제(服制) 문제에 부딪혔다. 효종의 상에 입을 자의대비의 복제가 《국조오례의》에 규정되어 있지 않았기 때문이다.

송시열 등은 효종이 인조의 둘째아들이라 하여 '기년복'을 주장하였고, 윤휴는 효종이 대통을 계승하여 왕위에 올랐다는 이유로 '3년복'을 주장하였다. 이에 영의정 정태화의 조정으로 큰아들과 둘째아들을 구별하지 않은 《경국대전》에 따라 기년복으로 정하였다. 그러나 익년 2월에 허목이 《의례》를 근거로 다시 장자 3년설을 주장하여 격심한 논쟁이 일어나게 되었다. 이것이 제1차 예송인 기해예송이다.

서인과 남인들 사이에 치열한 논쟁이 전개되었으나 결국 서인들의 주장이 우세하여 기년복으로 귀결되었다. 그러나 1674년 2월 효종의 비 인선왕후가 죽자 자의대비의 복제 문제가 다시 대두되었는데, 이것이 제2차 예송이다.

1662년(현종 3년)에는 호남지방에 대동법을 확대 시행하였고, 1666년에는 난파되어 조선에 들어온 하멜 등이 일본으로 탈출하였으며, 1668년에는 동철활자 10여만 자를 주조하였고, 혼천의를 만들어 천문 관측과 역법 연구에 사용하였다.

1669년(현종 10년)에는 훈련별대를 설치해 급료를 주는 군사들을 줄여 나라의 재정을 절약하고자 하였다.

제18대 현종

▶생애 : 1641~1674년
▶재위 : 1659~1674년

조선의 제18대 임금이다. 본관은 전주(全州), 휘는 연(棩), 자는 경직(景直), 시호는 소휴(昭休), 존호는 순문숙무경인창효(純文肅武敬仁彰孝), 묘호는 현종(顯宗), 이후에 존호가 더해져 정식 명칭은 현종소휴연경돈덕수성순문숙무경인창효대왕(顯宗昭休衍慶敦德綏成純文肅武敬仁彰孝大王)이다. 효종의 장자로, 어머니는 우의정 장유(張維)의 딸 인선왕후이고, 비는 청풍부원군 김우명의 딸 명성왕후이다. 조선의 역대 왕 중에서 유일하게 외국(청)에서 출생한 왕이고, 왕비 외의 후궁을 단 한 명도 두지 않은 검소하고 소박한 조선의 왕이기도 하다.

■ 현종의 즉위

현종은 효종이 봉림대군이던 시절, 심양에 인질로 가 있을 때 태어났다. 그렇기 때문에 조선 역대 국왕 중 유일하게 외국에서 태어난 임금이기도 하다. 이후 인조가 봉림대군을 세자로 책봉하면서 왕세손이 되었고, 효종이 즉위한 뒤에는 세자로 책봉되었다. 사실 단종과 함께 '세손→ 세자→ 왕'의 절차를 정상적으로 밟은 인물이다.

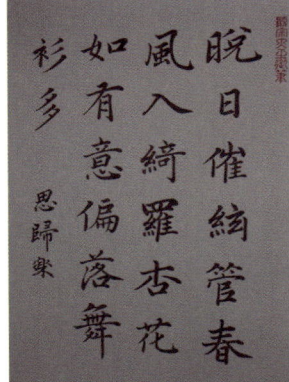

● 현종의 어필

인지도가 거의 없어서 단명한 왕으로 착각하기도 하지만, 효종의 재위 기간이 10년이고 현종은 15년이므로 재위 기간 자체는 결코 짧지 않다(다만 18세의 나이로 즉위했기 때문에 사망 당시는 33세였는데, 그의 아버지 효종은 41세에 사망했다).

1659년 효종이 승하하자 18세의 나이로 즉위하였다.

현종은 재위 기간 중 양란을 겪으면서 흔들렸던 조선왕조 지배질서의 확립을 위해 노력했다. 그리고 선왕인 효종이 추진해 오던 명분론적 북벌론은 중단했으나 군비강화는 계속하였다.

■ 제1차 예송 ; 기해예송

　예송(禮訟) 또는 예송논쟁(禮訟論爭)은 예절에 관한 논란으로, 효종과 효종비 인선왕후에 대한 계모 자의대비(慈懿大妃)의 복상 기간을 둘러싸고 현종·숙종 대에 발생한 서인과 남인 간의 논쟁이다. 조선 후기에 차남으로 왕위에 오른 효종의 정통성과 관련하여 1659년 효종 승하 시와 1674년 효종비(妃) 인선왕후의 승하 시에 일어났다. 이때 인조의 계비 자의대비의 복제가 쟁점이 되었기 때문에 복상문제(服喪問題)라고도 부른다.

　조선의 여러 정치적 사건 중에서도 매우 중요하며, 이후 정치·사회 등 조선 전체에 큰 영향을 끼친 대논쟁이자 조선의 정신·철학적 사고의 정점을 보여 주는 두 번에 걸쳐서 일어난 사건이다.

● 예송 문제는 왕실 어른의 장례 의식을 놓고 벌인 복식 논쟁이다.

　이 논쟁은 표면상으로는 효종과 효종의 왕비가 사망했는데 인조의 계비인 장렬왕후(자의대비)가 상복을 몇 년 입느냐(자의대비 조씨는 효종보다는 5살, 효종비인 인선왕후(효숙대비)보다는 6살이 어리다. 1659년 사건이 터졌을 당시 그녀의 나이는 불과 35세였다)였으나 궁극적인 원인은 인조반정과 소현세자의 죽음으로까지 거슬러 올라가야 할 정도로 오래된 사건이다.

　1660년(현종 1년) 남인 허목(許穆) 등이 상소하여 조대비의 복상에 대해 3년설을 주장하면서 들고 일어나 맹렬히 서인을 공격하여 잠잠하던 정계에 풍파를 일으켰다. 이에 대하여 서인 송시열·송준길 등은 "효종은 인조의 제2왕자이므로 계모후(繼母后)인 자의대비의 복상에 대해서는 기년설(朞年說 : 만 1년)이 옳다."고 대항하였고, 남인 허목과 윤휴 등은 또다시 이를 반박하여 "효종은 왕위를 계승하였기 때문에 적장자(嫡長子)나 다름없으니 3년설이 옳은 것"이라고 반박하였다.

복제를 몇 년이나 입느냐를 놓고 논란이 진행되면서 남인 허목은 효종이 일단 왕위를 계승하였으니 왕통과 국통을 이은 장자라고 해석했고, 소북계의 윤휴는 장자가 죽으면 적처 소생 제2자를 장자로 세운다고 한 의례의 경구를 인용하여 효종은 비록 둘째아들이나 적자로서 왕위를 계승했기 때문에 차장자이므로 3년상을 치러야 한다고 주장했다. 그러자 송시열은 《의례》의 사종지설(四種之說; 왕위를 계승했어도 3년상을 치를 수 없는 이유) 중 체이부정(體而不正; 적자이지만 장자가 아닌 경우)에 입각하여 효종은 인조의 차자이므로 1년상이 옳다고 반박했다.

● **허목(許穆)**
사상적으로 이황(李滉)·정구의 학통을 이어받아 이익(李瀷)에게 연결시킴으로써 기호 남인의 선구이며 남인 실학파의 기반이 되었다.

허목과 윤휴는 누구든지 왕위를 계승하면 어머니도 일단 신하가 되어야 한다는 입장이었고, 송시열과 송준길은, "효종이 자의대비를 지존(왕후)으로 받들었을 뿐더러 아들이 되어 어머니를 신하로 삼을 수 없다."고 하자 윤휴는 "왕자의 예는 일반 백성과는 다르다."며 반론을 제기했다.

영의정 정태화 등의 대신들은 송시열이 주장하는 시왕지제(時王之制; 《국조오례의》에 있는 모자간의 복식)에 따라 기년복을 채택했지만, 1660년 허목이 상소를 올려 예송은 다시 일어나게 되었다.

허목은 윤휴의 차장자설(次長子說)에 입각한 3년상을 찬성하면서 첩의 자식으로 왕위에 오른 경우만 체이부정에 해당한다며, 효종은 정실이 낳은 차자이니 서자가 아니라고 했고, 송시열과 송준길은 《주자가례》에 적장자 외의 중자는 모두 서자로 본다고 했다. 허목은 송시열·송준길이 효종을 첩의 자식으로 둔갑시켰다며 문제삼았고, 결국 자기 주장을 관철시키기 위해 상복도까지 첨부시켜 현종의 앞에서 송시열과 송준길을 공격했다.

그러나 송시열은 끝내 초지를 굽히지 않아, 결국 기년설이 그대로 채택되고 서인은 더욱 세력을 얻게 되었다. 이것이 소위 '기해예송(己亥禮訟)'이다.

허목·윤휴와 송시열의 예론 대결로 흘러가던 중 윤선도가 송시열은 효종의 정통성을 부정했다고 지적하였다. 이 사건을 계기로 예송은 토론에서 이념 대립으로 격화된다.

남인 윤선도는 자의대비의 복제를 효종의 종통과 연결시켜, "효종은 적통을 이은 왕인데 송시열 등의 기년복을 따른다면 효종의 종통은 애매하게 되고, 소현세자와 그의 자손들에게 적통을 주는 것이 된다. 그러면 효종은 가짜 왕이냐 섭정 황제냐?"라고 비판하였다. 여기에 서인이 당론으로 소현세자와 민회빈 강씨, 김홍욱 복권을 정한 것도 문제삼았다.

서인들은 이를 정치공세로 해석하고 격분한다. 이에 위기감을 느낀 서인들은 일제히 윤선도가 이종비주(貳宗卑主: 종통을 둘로 나누고 임금을 비천하게 함)를 내세워 송시열과 송준길을 공격한 것은 예론을 빙자한 흉악한 모함이라고 성토하여 윤선도를 삼수로 유배 보냈다.

서인 부제학 유계는 윤선도의 상소를 불태울 것을 주장하여, 현종이 상소를 돌려주었는데도 결국 불사르게 한다. 그리고 허목·윤휴의 원론이 맞다고 주장한 윤선거·김수홍 등 몇몇 서인에게 당론 통일에 협조하라며 서인 내부를 단속하기에 이른다.

● 윤선도(尹善道)의 영정
치열한 당쟁으로 일생을 거의 벽지의 유배지에서 보냈으나 경사에 능하고 의약·복서·음양·지리에도 해박하였으며, 특히 시조에 뛰어나 시조문학의 대가로서 고산 윤선도는 가사문학의 대가인 송강 정철과 더불어 국문학사상 쌍벽을 이루고 있다.

● **녹우당(綠雨堂)**
윤선도의 고택(故宅)으로 윤선도가 낙향하여 후학을 양성하였고, 증손자인 윤두서는 다산 정약용의 외조부가 되므로, 윤선도는 정약용에게는 5대조 외조부가 된다. 전남 해남군 해남읍 연동리에 자리하고 있다.

송시열의 사돈이며 윤선거의 사돈인 탄옹 권시는 "송시열과 송준길이 장악한 조정에서 바른말을 하는 것이 무슨 죄가 되느냐?"며 옹호했다가 서인 언관들의 성토로 관직을 잃고 낙향했고, 조경은 윤선도를 구원하면서 송시열을 공격하다가 좌천되었으며, 남인 홍우원은 윤선도의 유배지가 너무 멀다고 선처를 호소하다가 파직당했다. 서인과 남인의 대립이 격화되었는데, 1666년(현종 7년) 영남 남인 선비 1천 7백여 명이 송시열에 대한 비난 상소를 올리고, 성균관 유생 등의 반박 상소로 절정에 이르렀다.

결국 현종이 직접 중재에 나서 "기해년 복제는 사실상《국조오례의》에 따른 것이지 고례를 채택한 것이 아니다. 따라서 다시 복제를 가지고 서로 공격하는 일은 없어야 할 것이며, 기해예송을 다시 언급하는 자가 있으면 중형으로 다스리겠다."고 하여 1차 예송은 일단락되었다. 그 뒤에도 예에 관한 논란이 약간 있었으나 이를 뒤집지는 못했다.

그러나 비록 이 논쟁(기해예송)이 서인의 판정승으로 귀결되었지만, 지속적으로 남인 유생들의 반발 상소가 올라오고 몇 년이 지나도록 상소와 주장이 빗발치는 등 여전히 불씨로 남아 있었다. 그리고 이 불씨는 15년 뒤 다시 불타오르게 된다.

■ 제2차 예송 ; 갑인예송

　1674년 효종의 부인이자 현종의 어머니인 인선왕후가 사망했다. 이때 자의대비가 살아 있었기 때문에, 그녀가 몇 년 동안 상복을 입어야 하나로 또다시 논쟁이 벌어지게 되었다. 효종 때는 《경국대전》이 장남과 차남을 같게 취급해 1년복을 입어도 그렇게 큰 문제가 되지 않았으나, 문제는 며느리의 경우 《경국대전》이 맏며느리는 1년, 그 외 며느리는 9개월을 입도록 규정했다는 것. 그런데 이게 무슨 문제가 될 수 있느냐면, 역적으로 몰린 강씨(소현세자빈)가 맏며느리고 인선왕후 장씨는 둘째며느리란 문제에서 발단이 되었다.

　1674년(효종 15년) 효종비가 죽자 시어머니뻘 되는 자의대비의 복상 문제를 에워싸고 또다시 서인·남인 간에 논쟁이 벌어졌다. 《가례》에 의하면 효종비를 장자부로 보면 기년, 차자부로 보면 9개월 대공복이고, 《국조오례의》에 의하면 장자부든 차자부든 모두 기년이었다.

　이때 남인은 대공설(大功說: 자의대비)의 복상을 서인의 주장대로 기년(朞年)으로 정해 놓았는데, 이제 와서 서인의 주장대로 대공(大功)으로 고친다는 것은 이치에 닿지 않는 부당한 일이라고 들고 일어나며, 전번에 정한 대로 기년(朞年)으로 해야 한다고 주장하였다. 현종은 기해년의 복제는 고례(古禮)를 쓴 것이 아니라 국제(國制)를 쓴 것인데, 선왕의 은혜를 입고도 체이부정이란 말을 할 수 있느냐며 기년복을 찬성했다.

　결국 남인이 예송에서 승리하게 되어 대공복설을 주장한 영의정 김수홍 등 서인들이 정계에서 축출되고, 남인의 우두머리인 허적을 제외하고 축출되어 있던 남인들이 다시 조정에 돌아오게 되었다. 이번에는 남인이 주장하는 기년설이 채용되어 남인이 다시 득세하게 되었으니, 이것이 '갑인예송(甲寅禮訟)'이다.

　1674년 현종이 갑자기 죽고, 13세의 소년 숙종이 왕위에 올랐다. 그런데 1차 예송 때부터 송시열이 예를 잘못 인용하여 효종과 현종의 적통을 그르쳤다는 진주 유생 곽세건(허목의 문하생)의 상소가 올라온다.

서인들은 곽세건의 처벌을 말했으나 숙종은 곽세건의 주장을 받아들여 현종의 묘지명에 그 사실을 기록하려 했으나 송시열이 이를 거부했다. 결국 그의 제자 이단상에게 묘지문을 맡겼으나 거절했고, 격분한 숙종은 스승만 알지 임금은 모른다며 이단상을 파직시키고 송시열을 덕원부로 귀양 보냈다.

서인들은 송시열을 구원하는 상소를 올렸고 허목과 윤휴는 송시열과 그를 옹호하는 서인 세

● **송시열(宋時烈)의 영정**
송시열은 윤선도와 함께 효종·현종을 가르쳤으나 그는 승승장구하고 윤선도는 한직에 머물렀으므로 이는 갈등의 불씨가 되기도 했다.

력들까지 처벌하려 하여 서인과 남인의 대립은 다시 격화되었다. 그러나 복제 문제로 인한 당쟁은 끊이지 않았다. 숙종은 1679년 3월, 앞으로 예론을 가지고 문제삼거나 상소를 올리는 자가 있으면 역률(逆律: 역적을 처벌하는 법률)로써 다스리겠다며 논쟁을 금지시킴으로써 2차 예송이 종결되었다.

두 차례의 예송은 표면상으로는 예학과 관혼상제의 문제였지만 사실은 왕위계승의 정당성 문제와 왕위계승 원칙인 종법(宗法)의 이해 차이가 얽힌 서인과 남인 간의 논쟁이었다. 처음에 예론을 이견으로 접수했던 송시열은 이 사건을 계기로 남인을 대하는 태도가 경직된다. 논쟁이 일어나기 전에는 서인과 남인이 기본적으로 서로를 인정하는 토대 위에서 상호 비판적인 공존체제를 이루어 나갔다. 이러한 건전한 공존의 붕당정치는 예송논쟁을 기점으로 무너지고, 서인과 남인 사이의 대립은 격화되어 훗날 숙종 때 환국(換局)으로 이어지게 된다.

■ 현종의 업적과 최후

　백성들을 장악하기 위하여 오가작통사목(五家作統事目)을 제정했고 수리시설(水利施設)과 양전사업(量田事業)에 힘썼으며, 나라 재정을 수습하고 동활자 10만 개를 주조하는 등의 치적도 남겼다. 국가적인 관계, 국가적인 문제로 아버지 대에 준비하던 북벌을 중단시키기도 하였으며, 군사적으로는 북벌정책은 계승하지 않았으나 부왕의 군사력 강화정책을 계승, 화포를 개량하여 대량생산하는 등 군비증대를 하였고, 온천 행 때마다 군사훈련을 시키기도 하였을 정도로 군사력 증강에 심혈을 기울였다. 또한 큰아버지 소현세자처럼 서양의 문물이나 과학기술 분야에도 관심이 많아서 혼천의의 개량이나 자명종 제작에 힘을 기울이기도 했다.

　현종은 재위 기간 중 양란을 겪으면서 흔들렸던 조선왕조 지배질서의 확립을 위해 노력했다. 재정 구조의 재건을 위해서는 호구수의 증가와 농업의 발전, 조세징수 체계의 확립에 노력했다. 우선 호구의 증가를 위해 1660년 양민의 삭발과 입승(入僧)을 금했으며, 이듬해 도성 내의 자수(慈壽)·인수(仁壽)의 두 사찰을 폐지하고 어린 승려는 환속하게 했다.

　1670년 산간지방의 유민을 단속하여 호적에 편성하고, 1672년 국경지대의 범월인(犯越人)을 처벌하는 법을 정했으며, 호구 장악을 위해 오가작통사목(五家作統事目)을 제정했다.

　농업의 발전을 위해 1662년 전주·익산 등지에 관개시설을 만들어 수리 면적을 늘렸고, 이듬해에는 양관(量官)을 각 도에 보내어 관개시설을 점검하게 했다. 아울러 조세 체계의 정비를 위해 1660년 호남의 산군(山郡)에 대동법을 실시하고, 1663년에는 호남대동청을 설치했으며, 1662년 경기도에 균전사를 임명하여 양전을 실시했다. 1669년에는 조운선의 파선 사고를 막기 위해 충청도 안흥에 남창(南倉)과 북창(北倉)을 설치하고 이 구간은 육로로 운반하게 했다.

1660년 재정 부족을 메우기 위해 영직첩(影職帖)과 공명첩(空名帖)을 대량으로 발급했는데, 이것은 이후 정부의 재정 보충책으로 보편화되어 신분제의 해체에 크게 기여하게 된다.

　1669년에는 양인 확보책의 일환으로 공사천인(公私賤人)으로서 양처(良妻)의 소생은 모역(母役)을 따르게 하여 합법적으로 양인이 될 수 있는 길을 열었다. 1669년에는 송시열의 건의를 받아들여 성이 같으면 본관이 다르더라도 혼인을 못하게 했으며, 문묘 안에 계성묘(啓聖廟)를 세웠다.

　현종은 몸이 병약하여 평생 동안 고생했는데, 특히 피부병과 그로 인한 부스럼이 심해 고름이 한 되나 나올 정도의 종기가 얼굴에 붙은 적도 있을 정도였다. 그래서인지 재위 기간 내내 온천을 자주 애용한 군주로, 가히 조선 역대 국왕 중 최고로 많이 온천을 다녀간 왕이라 해도 과언이 아니다(그 외 온천을 자주 애용한 왕으로는 세종·세조·숙종·영조가 있다. 세종은 안질, 세조는 가려움증, 숙종은 어지러움증, 영조는 피부병으로 고생했는데, 온양온천이 유명해진 이유가 이 임금들이 모두 여기서 효험을 봤다고 했기 때문이다. 물론 현종도 온양온천을 자주 이용했다).

　1674년 9월 17일(음력 8월 18일) 신시(오후 3시~5시)가 되자 건강하던 현종의 병세가 급속히 악화되었다. 결국 해시(오후 9시~11시)에 학질과 과로로 인하여 창덕궁 대조전 양심각에서 34세를 일기로 승하하였다.

● 숭릉(崇陵)
조선 제18대 왕 현종과 정비 명성왕후 김씨의 능이다. 동구릉의 하나로 1970년 5월 26일 사적 제193호로 지정되어 있으며, 경기도 구리시 인창동에 위치하고 있다.

현종의 가계

현종은 후궁을 하나도 두지 않은 왕으로, 정비인 명성왕후와의 금실이 그만큼 좋았기 때문이라고 하나, 또다른 이유는 명성왕후의 지능이 비상하고 총명하였으며 성격이 거칠고 사나웠기 때문이라고도 전해진다.

■ 명성왕후 김씨(明聖王后 金氏; 1642 ~ 1684년)

조선의 제18대 국왕인 현종의 정비(正妃)이자 숙종의 어머니이다. 숙종과 명선·명혜·명안 3공주를 낳았다.

1651년 세자빈에 책봉되었고, 1659년 현종이 보위에 오르자 왕비가 되었으며, 1674년 현종이 승하하고 아들인 숙종이 즉위하자 왕대비가 되었다. 왕대비에 오른 뒤 조정의 일에 자주 간섭하여 남인들의 비난을 샀고, 인평대군의 세 아들 복창군(福昌君)·복선군(福善君)·복평군(福平君)이 숙종의 왕권에 위협이 된다고 판단하여 그들이 궁녀들과 불륜의 관계를 맺었다고 모함하여 죽이려 하였는데, 이것이 바로 '홍수(紅袖: 나인을 뜻함)의 변'이다.

이때 수렴청정을 하는 상황이 아닌데도 대전까지 와서 통곡하여 물의를 빚기도 했다. 이는 명성왕후의 아버지 김우명이 '홍수의 변' 때 앞장서 삼복(복평군 형제들)을 탄핵했지만 결정적 증거가 없었기 때문에 오히려 삼복과 반대 당파에게 무고죄로 위기에 몰린 상황이었다.

명성왕후의 아버지 김우명이 무고죄로 몰려 처벌을 받게 되자 명성왕후는 왕이 집무를 보는 편전으로 나아가 대성통곡을 하며 인평대군의 세 아들이 궁녀들과 불륜을 맺은 것은 진실이라며 아들 숙종을 다그쳤다.

● 현종과 명성왕후의 능인 숭릉(崇陵)
매우 아름답고 중후한 기단석으로 왕릉의 품격을 나타내고 있다.

결국 숙종은 그들 세 형제를 귀양 보냈으나 남인들은 명성왕후를 조선 중기 중종의 계비로서 권력을 휘두른 문정왕후에 빗대어 "문정왕후를 다시 보는구나!"라고 비아냥거리며 명성왕후의 정치 간섭을 비난하였다.

급기야 이 사건으로 큰 망신을 당한 명성왕후의 아버지 청풍부원군 김우명은 두문불출하다 1675년 화병으로 사망하였고, 이 사건을 계기로 서인과 남인의 관계는 더욱 악화되었다.

1683년에는 아들 숙종이 기질(奇疾)에 걸려 사경을 헤매게 되자 평소 무속신앙을 신봉했던 그녀는 숙종의 무사쾌유를 기원하는 굿을 하였는데, 무당이 '현왕(現王; 숙종)에게 삼재(三災)가 있어 기질을 앓고 있는 것이니 현왕의 쾌유를 위해서는 왕의 어머니(명성왕후)가 삿갓을 쓰고 홑치마만 입은 채 물벌을 서야 한다'고 계시를 내리자, 명성왕후는 무당의 터무니없는 주장을 받아들여 혹독한 겨울 날씨에 삿갓을 쓰고 홑치마만 입은 채 물벼락을 맞았고, 결국 그 후유증으로 지독한 독감을 얻어 그 해 1월 21일(음력 12월 5일)에 창경궁 저승전(儲承殿)에서 세상을 떠났다.

현종의 가계도

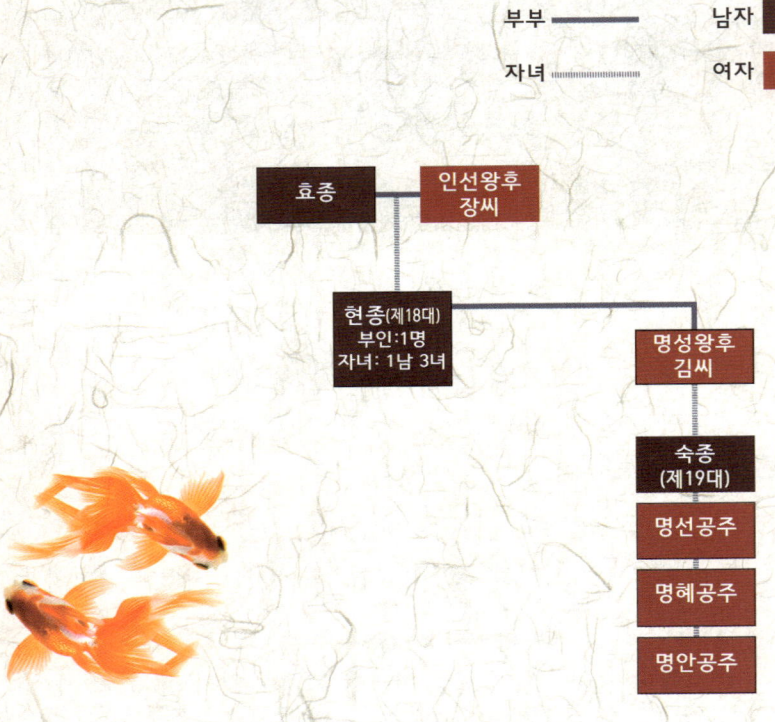

　현종은 후궁 없이 중전 명성왕후(제26대 고종의 비인 명성황후 민씨와는 동명 존호) 김씨에게만 충실했는데, 금실 자체는 좋았다고 한다. 현종은 화를 낼 때는 단호했지만 아버지나 아내·아들과는 정반대로 매우 온화한 성품이었다고 한다. 명성왕후 김씨와의 사이에서 1남 3녀를 두었는데, 이때부터 조선왕조는 점점 후손이 귀해지기 시작했으며, 결국 어렵게 왕통을 이어가다가 헌종 때 단절되었고, 철종이 간신히 이었으나 그마저도 단절되면서 왕위를 이을 가까운 왕손이 없다는, 명종 사후 때보다 훨씬 심각한 상황까지 가게 된다.

《숙종실록(肅宗實錄)》

《숙종실록》 중초본의 편찬 경위

《숙종실록》은 조선왕조 제19대 왕 숙종의 재위 기간(1674년 8월~1720년 6월)인 46년의 역사를 편년체로 기록한 사서이다. 정식 이름은《숙종현의광륜예성렬장문헌무경명원효대왕실록》이며 모두 65권 73책으로 간행되었다.

다른 왕들의 실록과 함께 국보 제151호로 지정되었다.

《숙종실록》은 숙종이 세상을 떠난 지 반년 뒤인 경종 즉위년(1720년) 11월부터 편찬에 착수하여 영조 4년(1728년) 3월에 완간되었다.

실록 편찬에 9년이 소요되었는데, 이는 숙종의 재위 기간이 46년이나 되어 기사의 분량이 많았고, 편찬 도중에 노론·소론의 정쟁으로 신임옥사가 생기는 등 정국이 자주 바뀌고 편찬 책임자가 여러 번 바뀌었기 때문이다.

《숙종실록》을 편찬한 전후의 실록청 관원은 아래와 같다.

총재관 : 김창집·조태·최규서·최석항·이광좌·정호·이관명·민진원·이의현, 도청당상: 송상기·이덕수 외 30명, 도청낭청: 김제명·서명균·박사익 외 62명, 각방당상: 강현·이진망·이병상 외 32명, 각방낭청: 김취로·신절·이중협 외 64명, 등록낭청: 박문수·유겸명·홍성보 외 31명, 분판등록낭청: 김우철·이정박 외 33명이다.

숙종은 46년(1720년)에 세상을 떠났는데, 묘호는 숙종(肅宗)이고, 존호는 장문헌무경명원효(章文憲武敬明元孝)이며, 능은 명릉(明陵)으로 경기도 고양시 덕양구 용두동 서오릉에 있다.

《숙종실록》의 내용

숙종(1661~1720년)은 현종의 큰아들로서 휘는 순(焞), 자는 명보(明普)이다. 숙종은 1674년 8월, 14세에 왕으로 즉위하였는데, 숙종 6년에 경신환국, 숙종 15년에 기사환국, 숙종 20년에 갑술환국이 일어나, 그때마다 남인·서인 사이에 정국이 바뀌고 많은 사람이 죽었다.

숙종 6년에 왕비 인경왕후 김씨가 세상을 떠나자 이듬해 7년에 계비 민씨가 왕비로 책립되었으나 아들을 낳지 못하였다.

후궁인 숙원 장씨가 숙종의 총애를 받아 숙종 14년 10월에 왕자(후일에 경종)를 낳자 숙종 15년 정월에 왕자를 원자로 책봉하고 장씨를 희빈으로 봉하였다.

1689년 인현왕후 민씨는 폐출되었고 장희빈이 중전이 되었다. 이때 송시열이 "인현왕후를 폐하는 것은 왕비가 아직 젊어 후사를 낳을 가망이 있기 때문에 시기상조"라고 주장하자 숙종은 송시열의 관직을 빼앗고 서인 일파를 내쫓았다. 이어 장희빈을 왕비로 승격시키고 경종을 세자로 책봉하였다. 이에 남인들은 송시열을 제주에 위리안치시켰다가 그 해 6월에 전라도 정읍으로 옮기는 도중에 사사하였다.

폐비 민씨는 다시 왕비로 복위되고, 왕비 장씨는 다시 희빈으로 강봉되었으며, 나중에 숙종은 호서·호남지방에 시행하던 대동법을 영남에도 시행했으며, 상평통보라는 동전을 주조하여 시행하였다. 그리고 서원의 중첩 설치를 금하고 서북인의 임용을 장려하였다.

숙종 38년(1712년)에는 백두산의 분수령(압록강과 두만강이 갈리는 곳)에 정계비(定界碑)를 세웠다.

제19대 숙종

▶생애 : 1661~1720년
▶재위 : 1674~1720년

숙종(肅宗)은 조선의 제19대 왕으로 성은 이(李), 휘는 순(焞), 본관은 전주(全州), 자는 명보(明普), 사후 시호는 숙종현의광륜예성영렬장문헌무경명원효대왕(肅宗顯義光倫睿聖英烈章文憲武敬明元孝大王)이며 이후 존호가 더해져 정식 시호는 숙종현의광륜예성영렬유모영운홍인준덕배천합도계휴독경정중협극신의대훈장문헌무경명원효대왕(肅宗顯義光倫睿聖英烈裕謨永運洪仁峻德配天合道啓休篤慶正中恊極神毅大勳章文憲武敬明元孝大王)이다. 현종과 명성왕후의 외아들로 비(妃)는 김만기의 딸 인경왕후, 계비(繼妃)는 민유중의 딸 인현왕후, 제2계비는 김주신의 딸 인원왕후이다.

● 열성어진에 실린 숙종의 어진

■ 숙종의 즉위

숙종은 1661년(현종 2년) 10월 7일(음력 8월 15일) 현종과 명성왕후 김씨의 외아들로 태어났다. 그러나 이후 모후 김씨는 다른 아들을 생산하지 못했고, 그는 독자로 성장했다. 숙종은 어려서부터 병약하였는데, 모후 김씨는 형제도 없는 데다가 병약한 체구를 타고 난 그가 일찍 죽지 않을까 늘 염려하였다.

1667년(현종 8년)에 왕세자로 책봉되었으나 14세의 어린 나이에 부왕 현종이 급서(急逝)하면서 즉위하게 된다. 즉위 당시엔 14세라 숙종의 어머니인 명성왕후와 계증조모 자의대비(인조의 계비인 장렬왕후 조씨)가 생존했으므로 수렴청정을 해도 되었지만, 숙종은 그 어린 나이에 누구의 간섭도 없이 직접 나라를 통치하였다. 즉위한 그 해에 제2차 예송으로 남인 허목 등의 기년설(만 1년설)을 지지하고 대공설(9개월설)을 주장하는 서인을 배척하여 남인 정권을 수립했다. 숙종이 조선을 다스렸던 기간은 조선이 개국된 이래 당파싸움이 가장 심했던 시대였다.

■ 환국(換局)정치

숙종의 재위 기간 중에 남인과 서인의 당파 간의 대립 관계가 더더욱 치열해지고, 1680년 초부터는 서인이 노론과 소론으로 분리되어 이들도 서로 당파싸움을 하게 되었다. 그리고 어느 한 당파가 다른 당파를 완전히 몰아내고 1당 정치를 하는 이른바 환국정치가 주된 현상이 되었다.

숙종의 치세는 크고 작은 정치 논쟁으로 인해 하루도 조용한 날이 없었다. 갑인예송에 이어 남인들이 서인의 처벌 문제로 강온파로 분열되자 허적 등 탁남(濁南)을 지지하였다가 1680년에 허견 등이 복선군을 추대하려던 음모가 발각되자 남인들을 축출하고 서인들을 등용시켰다. 당시 서인의 김석주가 떳떳하지 못한 수법으로 남인의 박멸을 기도하자 그 방법이 졸렬하다며 같은 서인의 소장파에서 이를 비난하였고 1683년에 서인이 노·소론으로 분열하게 되었다.

● 숙종의 어필

인조반정 이후 현종 때까지의 정국이 붕당 간의 적절한 견제와 균형으로 이루어졌다면, 숙종 즉위 후에는 임금이 남인을 선택하면 서인이 죽어 나가는 것이었고, 서인을 선택하면 남인이 죽어 나가는 형태였다. 붕당이 처음 일어난 선조 시절에 정철과 정여립의 난으로 대표되는 붕당 간에 피비린내 나는 권력혈투를 벌인 것과 비슷한 상황이 다시 전개된 것이다.

이로 인해 집권 당파가 바뀔 때마다 보복성 숙청으로 피바람이 몰아쳤다. 그리고 숙종은 왕비인 인현왕후와 장희빈을 적절히 이용해 환국을 일으켰다. 보통 조선 역사를 배울 때 이러한 숙청 시기를 환국으로 표현한다. 대표적인 환국과 그에 준하는 정국 뒤집기로는 다음과 같다.

● 1675년(재위 2년차), 예송논쟁 직후 긴장상태에 있던 정국을 남인 우위로 뒤집었다(사실 현종 대의 연장선상에 있다).

● 6년 만에 1680년(재위 7년차) 경신환국(庚申換局)으로 허적 · 윤휴를 비롯한 남인을 친위 쿠데타에 가깝게 몰아냈다.

● 1689년(재위 16년차) 기사환국(己巳換局)으로 다시 왕비 교체에 반대하는 서인을 내몰고 남인을 중용했다. 이때의 남인은 민암 중심.

● 1694년(재위 21년차) 갑술환국(甲戌換局)으로 다시 6년 만에 남인을 내몰고 서인으로 정권 교체.

● 이미 숙종 즉위 이전, 분명해진 것은 경신환국 이후로 서인이 소론과 노론으로 분열되자 초기엔 소론을 중용했으나 1716년의 병신처분(丙申處分)으로 소론을 대거 내몰고 노론을 등용. 재위 21년 시절, 마지막 환국 이후 20년 만에 벌어진 속편(續編)격이라 잘 알려지지 않았지만 이후의 붕당 대립에는 큰 영향을 미쳤다.

　이러한 환국정치는 숙종의 왕권 강화책으로 보는 것이 정설이며, 숙종이 살아 있는 동안에는 큰 문제가 없었다. 그 여파로 숙종은 살아서 신하들에게 존호까지 받게 되었고(그만큼 신하들이 그를 두려워한다는 뜻), 충(忠)의 상징인 관우를 대대적으로 홍보해 신하들에게 반강제로 충성을 강요하게끔 한다(조선의 인물 중 충(忠)의 상징으로 내세운 인물은 사육신이다. 남효온의 육신전의 예에서 알 수 있듯이 이전부터 선비들 사이에 사육신과 단종에 대한 복권론이 있긴 했지만 받아들여지지 못하던 것을 실행에 옮기고 강조한 이가 숙종이다. 이후로 사육신의 사적을 복원하는 사업도 착착 진행된다. 사육신의 시조는 모두 원래 원작자 미상으로 전해 오던 것을 숙종-정조 시기를 거치면서 사육신의 것으로 '비정'된 것이다).

■ 홍수의 변(紅袖之變)

 숙종 1년, 인조의 셋째아들 인평대군의 아들인 종친 복창군과 복평군이 궁녀와 간통하여 자식을 보았다는 청풍부원군 김우명의 거짓고발로 발발한 사건이다. 홍수(紅袖)란 '붉은 옷소매'란 뜻으로 옷소매 끝동에 자주색 물을 들인 젊은 나인을 상징하는 호칭이다. 홍수의 변은 숙종 6년에 발생한 '삼복(三福)의 변'의 발판이 되었으며, 삼복의 변은 경신환국의 발판이 되었다.

 1674년, 현종이 병으로 급서하자 14세에 불과한 숙종이 즉위하였다. 나이가 어리고 병약한 아들 숙종의 즉위에 불안함을 느낀 현종비(妃) 명성왕후 김씨는 남편 현종의 사촌동생이자 현종 12년에 발생한 조선 대기근 당시, 왕권보다 신권이 강한 조선왕실을 조롱하는 청 황제에게서 조선의 자존심을 지키고 대량의 구휼품을 얻어온 호국의 공이 있는 복선군(福善君)에게 아들의 왕위를 빼앗길까 염려하였다.

 이에 복선군의 형제인 복창군(福昌君)과 복평군(福平君)이 평소 여색을 탐하여 궁녀에게까지 희롱을 하였던 것을 빌미삼아 이들 세 형제(복창군·복선군·복평군) 및 남편 현종의 승은(承恩) 궁녀였던 연적 김상업(金常業)의 제거를 꾀하였다(복선군은 여색에는 관심이 없고 사냥과 술을 좋아했던 것으로 알려진다).

 숙종1년(1675년) 3월 12일, 명성왕후 김씨의 친정아버지인 청풍부원군 김우명이 차자(箚子)를 올려 삼복(복창군·복선군·복평군) 형제를 고발하였다. 복창군이 인선왕후의 초상 때 입궁하여 현종의 승은 궁녀인 김상업을 범해 임신시켰고, 복평군은 명성왕후가 왕비 시절 중병을 앓을 때 현종의 부름으로 그녀의 치료 절차를 맡아 궁에 지내면서 비자(婢子) 귀례를 희롱하다 강제로 범하고 임신시켰다는 것이다.

● 김우명(金佑明)의 영정
딸 명성왕후가 세자빈에 간택된 뒤 왕비에 오르면서 국구로서 청풍부원군(淸風府院君)에 봉작되었다.

그러나 이 사건에 대해 조정 관료들은 왕실의 일이니 간여하지 않겠다고 발을 빼려 할 정도로 의혹스러웠으며, 형식적으로 시작한 수사에서도 복창군과 복평군이 간통을 저지른 증거는 고사하고 이에 대한 근거와 흔적도 찾을 수 없었고, 의금부에서 신문된 복창군·복평군·상업, 그리고 명성왕후가 개별적으로 체포하여 대비전에서 고문을 한 귀례마저도 억울하다며 무죄를 호소하였다.

김우명의 고발과 "현종 역시 일찍부터 복창군과 상업의 간통 사실을 알고 내치려 했으나 인선왕후가 상업을 신임하여 벌을 주지 못한 것뿐"이라는 명성왕후의 증언 이외엔 그 어떤 물증·증언·증인도 찾을 수 없고 당사자들도 강력히 부정하니 수사는 진행될 수 없었고, 평소 모후 명성왕후와 외조부 김우명의 지나친 내정간섭(숙종이 미성년인 나이로 즉위했지만 왕실 최고 어른인 장렬왕후(인조의 계비)가 생존한 상태였기에 명성왕후 김씨는 수렴청정을 할 자격이 없었다. 그러나 명성왕후 김씨는 법과 편전에 자신의 자리를 마련하여 정사에 직접적으로 간여하였고, 숙종이 자신의 말을 들어주지 않으면 스스로 죽어 버리겠다고 협박하였다)에 시달려 왔던 숙종은 부왕이었던 현종이 지극히 아꼈던 복선군 형제에게 굳이 벌을 주고 싶지 않다며 하루만에 무죄판결로 사건을 종결시켰다.

그러자 남인 세력의 윤휴와 허목은 차자를 올려 왕족을 모함한 청풍부원군 김우명을 무고죄와 반좌율(反坐律; 무고죄를 범한 사람에게 무고한 내용에 기준하여 처벌하는 법에 따라 처벌을 받게 하는 법이다. 한국에서는 조선시대에 시행되었으며 현대 대한민국에서는 국가보안법에서 반좌율 규정이 있다)로서 다스릴 것을 주청하는 상소를 올렸다.

3월 13일 오전에 입궐한 윤휴와 허목은 김우명을 반좌율로 처단하라며 3월 14일 새벽까지 대궐 앞에서 시위하였고, 숙종은 이를 품처(稟處: 윗사람의 명령을 받아 처리하는 일)하려 하였다. 현종시대부터 세도를 부려 온 김우명의 행적에 대한 탄핵이 일어났으며, 왕실의 가까운 종친을 모함하여 죽이려고 한 김우명은 의금부에 대기하여 무고죄와 반좌율로 처벌받게 될 사태가 발생했다.

사태가 여기에 이르자 이 일에 개입한 대비 명성왕후는 숙종의 왕명을 사칭하여 한밤중에 대신들을 긴급 소집한 뒤, 편전에서 소복차림과 대성통곡으로 이들을 맞이하여 자진을 하겠다고 협박하며 삼복 형제와 상업들에게 유죄판결을 내리고 김우명을 방면하라는 교지에 서명해 그녀 앞에서 즉결 시행토록 할 것을 강요했다.

전 국모이자 현왕의 모후인 명성왕후의 협박에 대신들은 굴복할 수밖에 없어 결국 김우명은 방면되었으며 삼복 형제와 상업들에겐 유죄판결이 내려져 유배형이 집행되었다. 그러나 이 사건은 2차 예송논쟁 때의 관계 탓에 그간 묵인해 왔으며, 현종 때부터 자행되어 숙종 즉위와 함께 극대화된 청풍김씨 외척 일족의 세도 행위 및 왕실 최고 어른인 장렬왕후의 존재를 무시하고 불법으로 유사 수렴청정 행위를 자행하며 국사에 함부로 간여해 온 명성왕후의 월권 행위에 대한 남인의 불만이 결국 폭발하는 계기가 됐다.

이 사건에 대해 청남 영수 윤휴는 숙종에게 직설적으로 "왕대비를 조관(도맡아 관리하는 것)하라."는 간언을 올렸고, 허목은 "내종(內從)의 부녀가 정치에 간섭함은 부당하다."며 숙종에게 사사로운 정을 버릴 것을 주청했다. 그리고 또 부제학 홍우원·이제학 등은 왕대비의 행위가 월권이라 지적하였고, 승지 조사기는, "문정왕후를 다시 보는구나!"라고 한탄했다.

그러나 당시 의정부 영의정인 허적은 모후께서 주상전하에게 하실 말씀이 있다면 주상전하를 모시는 신하된 도리로 우리가 어찌 듣지 않을 수 있겠느냐며 명성왕후의 정사 개입을 합리화했다. 이에 명성왕후는 삼복 형제가 궁녀들과 불륜을 맺은 것은 조작이 아닌 사실이니 김우명을 즉시 무죄방면할 것과 삼복 형제들을 처형하겠다고 맹세할 것, 그리고 당장 그녀의 눈앞에서 교지를 적을 것을 명했다. 왕대비의 행위에 곤혹스러워진 대신들은 그녀의 요구대로 할 수밖에 없었고, 모후의 난행에 입장이 난처해진 숙종은 다음날 즉시 삼복 형제에게 유배령을 내렸다.

딸 덕분에 처벌은 면하였으나 대대적인 망신을 당한 김우명은 조정에선 그의 외척 행위를 비난하는 상소가 빗발치고, 뒤에선 명성왕후를 사대부가 조선 최고의 악후(惡后)로 꼽는 문정왕후에 빗대어 비아냥거려지자 큰 충격을 받았다. 또한 불편한 처지를 모면하기 위해 병을 핑계하여 자리에 누워 버리곤 공개적으로 치료를 거부하며 숙종과 대신들을 압박하는 명성왕후의 행위는 상황을 더욱 악화시켰다. 수치심과 분노를 견디지 못한 김우명은 낙향하여 술로 여생을 보내다가 6월 18일에 사망하였는데, 일설에는 화병으로 사망, 혹은 자살하였다고 전한다. 그리고 유배를 간 복창군·복평군 등은 겨울 한파가 심했던 것을 핑계로 그 해가 가기 전에 방면된다.

● **청풍부원군 김우명(金佑明)의 상여**
숙종(재위 1674~1720년)이 자신의 외할아버지인 청풍부원군 김우명에게 하사한 상여(喪輿)이다. 김우명(1619~1675년)의 본관은 청풍(淸風)이고 이름은 이정(以定)이다. 대동법을 실시한 김육(金堉)의 둘째아들이며, 조선 18대 임금인 현종의 왕비 명성왕후(明聖王后)의 아버지이다. 김우명이 화병으로 세상을 뜨자 장례에 쓰이는 모든 물품은 궁궐에서 나왔고 이 상여도 함께 하사받은 것으로 전해진다.

■ 경신환국(庚申換局)

경신환국(庚申換局)은 1680년(숙종 6년) 남인 일파가 정치적으로 대거 실각한 일이다. 경신사화(庚申士禍), 경신출척(庚申黜陟)이라고도 한다. 숙종 대 최초로 일어난 환국으로 서인의 입장에서는 경신대출척(庚申大黜陟)이라고도 한다.

숙종은 아버지인 현종이 예송논쟁에 휩싸여 신하들이 펼치는 신권에 끌려다니는 것에 불만을 품고 있었다. 그래서 14세에 등극하자마자 모후나 대비의 수렴청정 없이 곧바로 친정을 하게 되었고, 갑인예송으로 서인들의 세도를 단 한 번에 몰아내어 버렸다.

● 강희제(康熙帝)
청나라의 제4대 황제로 사신으로 간 복선군에게 "청나라는 군주가 강하고 신하가 약한데, 조선은 군주가 약하고 신하가 강하니 안 된다."는 군약신강(君弱臣强)이라는 표현을 하여 숙종에게 전하라고 했다.

숙종은 삼복(복창군·복선군·복평군)·남인과 가깝게 지냈으며, 복선군은 현종 경신 대기근 시기 청나라에 가서 강희제에게 대량의 구휼품을 얻어왔다. 군약신강(君弱臣强)이란 표현이 나온 바로 그 사행이다. 이 사행은 서인인 현종비 명성왕후와 외척 김우명·김좌명 등을 불안하게 만들었다.

이 무렵 북벌론을 강경하게 주장했던 윤휴나 허적 등은 청나라가 '삼번의 난(1673년부터 1681년까지 청나라에 대항하여 명나라 장군 오삼계 경중명 상가희가 일으킨 난)'으로 혼란스러운 국제정세를 틈타 요동을 정벌해야 한다고 주장했고, 무과를 실시해 무려 1만 8천 명을 선발하여 대흥산성에 모아 전쟁을 대비하고 있었다. 이것이 갑인예송에서 남인에게 쫓겨나 절치부심하고 있던 서인들의 남인 공격 빌미가 되었다.

1680년 3월, 남인의 영수인 영의정 허적(許積)이 할아버지 잠(潛)의 시호(諡號)를 맞이하는 잔칫날에 벌어진 이른바 '유악사건'이 그 발단이 되었다. 마침 이날 비가 내려 숙종은 유악(유막, 버들막)을 허적의 집에 보내고자 하였으나 이미 가져간 것을 알고 크게 노하여 패초(牌招: 나라에 급한 일이 있을 때 국왕이 신하를 불러들이는데 사용하던 패)로 군권(軍權)의 책임자들을 불러 서인에게 군권을 넘기는 전격적인 인사조처를 단행하였다. 즉 훈련대장직을 남인계의 유혁연(柳赫然)에서 서인계의 김만기(金萬基)로 바꾸고, 총융사에는 신여철(申汝哲), 수어사에는 김익훈(金益勳) 등 모두 서인을 임명하였다. 그러나 어영대장은 당시 김석주가 맡고 있었기 때문에 보직을 그대로 고수하게 되었다.

이와 같이 남인을 멀리하는 숙종의 태도가 확실하게 드러난 뒤에 정원로(鄭元老)의 고변으로 이른바 '삼복의 변(三福之變)'이 있게 되었다. 즉 허적의 서자 견(堅)이 인조의 손자이며 인평대군의 세 아들인 복창군·복선군·복평군 등과 함께 역모를 도모하였다는 것이다.

이들은 숙종이 초년에 자주 병을 앓는 것을 보고 왕위를 넘겨다보았고, 근자에는 그들에 의하여 도체찰사부(都體察使府) 소속 이천(伊川) 둔군(屯軍)의 특례적인 조련(操鍊)이 몇 차례나 있었다는 것이다. 도체찰사부 둔군에 관한 보고는 이 사건의 피해가 남인계 여러 인사에게 미치는 중요한 근거가 되었다.

이리하여 종실인 복창군 3형제와 허견은 물론, 허적과 윤휴도 살해되었고, 허목은 파직되어 문외출송되었으며, 나머지 일파는 옥사·사사·유배되었다. 이로써 남인은 큰 타격을 받고 실각하였다.

● **허적(許積)의 영정**
탁남(濁南)의 영수로 서인세력의 정치보복으로 사사되었다. 1689년 기사환국(己巳換局)으로 신원되었다.

제19대 숙종

조선왕조실록

■ 기사환국(己巳換局)

숙종 15년(1689년), 소의(昭儀) 장씨 소생의 아들 윤(昀)을 왕세자로 삼으려는 숙종에 반대한 송시열 등 서인이 이를 지지한 남인에게 패배하고 정권이 서인에서 남인으로 바뀐 일이다. 일명 '기사사화'라고도 한다. 숙종 대 두 번째로 일어난 환국이다.

숙종은 오랫동안 아들이 없었는데 장소의가 왕자 윤(昀)을 낳았다. 왕은 크게 기뻐하여 원자로 삼고 장소의를 희빈으로 책봉하려 하였으나 서인들이 반대하므로 남인들의 도움을 얻어 왕자를 원자로 세우려 하니 서인들은 노·소론을 막론하고 왕비 민씨가 아직 젊으니 후일까지 기다리자고 주장했다.

숙종은 1689년(숙종 15년)에 서인의 요청을 묵살하고 원자의 명호(名號)를 정하고 장소의를 희빈으로 책봉하였다. 송시열은 상소를 하여 송나라의 신종(神宗)이 28세에 철종(哲宗)을 낳았으나 후궁의 아들이라 하여 번왕(藩王)에 책봉하였다가 적자(嫡子)가 없이 죽음에 태자로 책봉되어 신종의 뒤를 계승하였던 예를 들어 원자 책봉의 시기가 아님을 주장하였다.

원래 숙종은 송시열을 싫어했고 송시열은 하던 버릇대로 숙종과 각을 세우다 (종묘에 고한 일을 뒤집으려 했을 정도로 직언하였다) 제주도로 유배를 떠났다. 그리고 송시열을 따르던 유생들이며 신하들이 상소를 올리자 상소를 올린 이들조차 모두 유배를 보내 버린다.

결국 계속되는 상소에 분노한 숙종이 국문을 열기 위해 송시열을 한양으로 불렀다. 그때 송시열이 올라오는 길에 그를 따르는 노론들이 몇백 명이었다. 점점 한양으로 올라가며 그의 뒤를 따르는 이가 500명이 넘었다고 하자 숙종은 금부도사에게 사약을 보내어 정읍에서 사사(賜死)하였다.

송시열은 할아버지인 효종을 둘째아들이라 하여 예송문제로 폄하 아닌 폄하를 하였고, 현종 때는 강씨의 신원 회복을 주장하는 등 당대 왕가에 껄끄러운 문제를 건드렸다. 이는 적자-적손으로 이어지는 숙종의 정통성을 건드리게 되는 일이니 좋아할 리 없었다. 그리고 송시열의 세자책봉 반대는 단순 반대로 여기기에는 문제가 있다. 송시열 같은 거물이 세자책봉에 반대한다면 세자의 정통성이 흔들리지 않는다는 보장이 없다.

숙종과 송시열의 다툼은 야사에서는 숙종 탄생 시기까지 간다. 숙종의 회임 기간으로 볼 때 숙종을 임신한 시기가 하필이면 효종 초상기와 맞물린 것이다(원래 유교사상으로 볼 때 상중에는 부인과 동침도 안 해야 한다. 예학이 교조화된 조선 후반기엔 시부 상중에 임신한 부인이 자살하는 일까지 나온다). 이때 송시열이 원자 축하를 거부했다고 한다(사실은 상경하다가 중간에 일이 생겨 기일을 못 맞추게 되자 송시열이 이것을 이유로 다시 고향으로 돌아갔다).

숙종의 모후 명성왕후도 조선사에서 둘째 가라면 서러워할 불 같은 성격의 소유자로 송시열이 왕실에 한 소리 하기만 하면, "저놈의 영감탱이는 네가 태어났을 때부터 어쩌고……" 하면서 송시열에 대한 험담을 늘어놓곤 했다. 이런 송시열에 대해 부담스러웠고, 그래서 숙종은 장희빈을 이용한 것이었다는 이야기도 있지만, 장희빈이 숙종의 마음을 얻기도 전인 즉위 직후인 14살 시절부터 송시열의 제자들을 죄다 내쫓고 송시열을 귀양 보낸 게 숙종이었다. 이 사건 후 남인 권대운(權大運) 등이 등용되었고, 이후 갑술옥사 때까지 남인이 정권을 잡았다.

● **송시열(宋時烈)의 신도비**
충청북도 괴산군 청천면 청천리에 있는 송시열의 신도비 및 묘소.

■ 갑술환국(甲戌換局)

숙종시대의 3차 환국으로, 기사환국이 발생한 1689년 2월 2일 이후로 정권을 집권해 온 남인이 몰락하고 기사환국 때 몰락했던 서인(노론·소론)이 재집권한 사건이다. 기사환국으로 인해 인현왕후가 폐위되고 장희빈이 정비가 되고 그녀의 아들은 왕세자에 책봉되었으며 남인이 정권을 독점하게 되었다. 그러나 남인의 집권 기간도 그리 오래 가지 않고 1694년 갑술환국이 일어나면서 정권이 다시 서인에게로 돌아갔다.

숙종 20년(1694년) 3월 23일, 민암(閔黯)이 한성 내 노·소론가의 자제들이 재물을 모아 환관(宦官)·폐인(嬖人: 왕의 총애를 받는 후궁을 일컫는 단어로, 폐총·폐희를 쓰기도 한다. 당시 시점에선 숙종의 유일한 후궁이었던 숙빈 최씨를 지목한다)과 척가(戚家; 왕실의 내·외척을 가리키는 단어로, 실록의 당일 기사에선 장희재만 지목했지만 해당 사건의 모든 관련 기사에는 숙종의 세 고모인 숙안·숙명·숙휘 등이 함께 등장한다)에게 뇌물을 써서 거짓말과 허위의 풍문(風聞)을 만들어 내어 조신(朝紳)을 헐뜯고 인심(人心)을 불안하게 하여 음험하게 간악한 짓을 시행하려는 계획을 만든다는 함이완의 내부 고발이 있음을 아뢰었다.

이에 숙종은 이들을 모두 체포하여 의금부로 하여금 엄중히 조사토록 허가하고, 특별히 엄한 형벌을 쓰라고 명하였다. 3월 25일, 왕비 장씨(희빈 장씨)의 오라비인 우윤 겸 포도대장 장희재가 소론과 친분이 있어 왕래해 온 것을 사죄하며 사직서를 제출하였지만 숙종은 곡절이 있을 테니 작은 일에 불안해하지 말라며 위로했다.

장희재의 뇌물수수 혐의는 26일의 국문 과정 중에 장희재가 자리에 있었으나 뇌물은 받지 않았다는 죄인측의 증언으로 무죄판결되었다. 3월 26일, 한중혁(韓重爀)·김춘택(金春澤)·이진명(李震明)·이후성(李後成)·이기정(李起貞)·김도명(金道明)·이동번(李東蕃)·변진영(邊震英)·유복기(兪復基)·이시도(李時棹)·이시회(李時檜)

등이 체포되었다. 이 중 지방 거부(巨富) 출신 무인(武人) 이시도가 "한중혁(소론) 부자(父子)가 남인을 제거할 목적으로 남인의 삼대장(三大將: 훈련도감·수어영·금위영)이 종실 의원군을 왕으로 세울 역모를 꾸민다고 무고하려고 했다. 한중혁은 이 계획을 동평군이 알면 반드시 기뻐할 것이라고도 했다."고 거짓 토설을 하니, 숙종은 분개하여 이시도를 더욱 엄히 고문할 것을 허가하고 국청을 확대시킨다. 이 과정에서 피의자들이 효종의 딸이자 숙종에겐 고모가 되는 숙안공주·숙명공주·숙휘공주가 노론의 대표인 김춘택과 손을 잡고 환국 도모에 동참했음을 내세우자, 민암을 위시한 남인이 세 공주를 엄히 다스릴 수밖에 없음을 일제히 상소하여 숙안공주 자매는 물론 숙종의 여동생인 명안공주의 유가족조차 화(禍)(죽음)를 피하기가 어려워졌다.

3월 29일, 유생 김인이 고변서를 올려 신천군수(信川郡守) 윤희(尹憘)와 훈국별장(訓局別將) 성호빈(成虎彬) 등이 반역을 도모하는 데 장희재도 참여하였으며, 민암(閔黯)·오시복(吳始復)·목창명(睦昌明)도 서로 연결되어 있는 것을 직접 들은 것과 장희재가 1693년에 숙빈 최씨(당시 숙원)의 외숙모 일가에게 돈을 주고 회임 중인 최씨를 독살토록 사주하는 것을 자신이 목격했다고 고발했다. 이에 민암·장희재 등이 숙종에게 억울함을 토로하였으며 숙종은 김인의 고변이 허황되어 믿지 않는다며 이들을 위로했다. 그러나 다음날인 4월 1일, 숙종은 돌연 민암 등 남인을 대거 정계에서 축출하고 서인에게 다시 정권을 주는데, 이를 '갑술환국'이라고 한다.

● **갑술환국의 여파**
숙종이 돌연 장희재에게 직권남용의 죄를 물어 삭탈관직 하고 체포함과 동시에 폐비 민씨(인현왕후)를 왕비로 복위하고, 동시에 국모가 둘일 수 없다는 조선의 국법을 들어 왕비 장씨(희빈 장씨)에게 옛 작호로 강봉(降封)하라 명한다.

■ 숙종의 업적과 최후

숙종은 조선의 제2대 국왕인 공정왕에게 정종이라는 묘호를 올렸으며, 숙부 세조에게 왕위를 빼앗기고 외롭게 죽은 노산대군과 그 아내 노산대군부인 송씨의 복위를 청하는 주장을 받아들여 단종과 정순왕후를 복위시키고 각각 단종이라는 묘호와 정순왕후라는 시호를 올림(1698년)과 동시에 사육신의 명예도 회복시켜 주었으며(1691년), 폐서인되었던 인조 적장남 소현세자의 아내인 소현세자빈 강씨를 민회빈으로 복위시켰다. 종래 4영이던 군제에 금위영을 만들어 5영을 완성하였고, 《선원록》·《대명집례》 등의 간행과 《대전속록》·《신증동국여지승람》 등 귀중한 책이 편찬되었다. 또 쟁쟁한 학자들이 많이 배출되어 조선 후기 성리학의 전성기를 이루었다.

숙종은 크고 작은 당파싸움으로 인해 약해진 왕권을 회복하고 세력이 강한 붕당의 힘을 약화시키기 위해 집권 정당을 수시로 교체시키는 환국을 실행하였고, 그로써 왕권을 강화하는 데 성공하였다. 그러나 숙종의 왕권 강화 정책은 정치 세력을 철저히 이용해야 한다는 단점이 있기에 그가 죽은 후 절대 왕권은 숙종의 치세에서만 끝이 나게 된다. 숙종은 재위 46년 동안 서인과 남인 간에 당파 싸움을 완화하고 왕과 신하들 간에 균형을 조절하는 과정에서 적잖은 스트레스를 받았고 여기에 등창이 생기고 노환까지 겹쳐 결국 1720년 7월 12일(음력 6월 8일) 경덕궁 융복전에서 58세를 일기로 승하하였다. 승하하기 전에 시력이 급격하게 나빠지고 배가 심하게 부풀어오르는 증상이 있었다고 한다. 『조선왕조실록』에서는 의식이 흐려지기 시작한 지 얼마 지나지 않아 구토를 한 번 크게 한 뒤 승하하였다고 기록하고 있다.

● **명릉(明陵)**
경기도 고양시 덕양구 용두동 산30-1번지 서오릉 안에 있는 조선 제19대 왕 숙종과 계비 인현왕후, 그리고 두 번째 계비 인원왕후의 능이다.

숙종의 가계

숙종은 세자 시절 낙죽(우유)을 마시다가 송아지가 우는 소리를 듣고 불쌍한 마음에 먹는 것을 그만두었다는 기록이 있을 만큼 본래 부드러운 성격이었으나 한번 화가 나면 걷잡을 수 없을 정도로 신경질을 내었으며, 때로는 극단적인 행동도 곧잘 취했다고 한다. 이러한 울화병은 영조와 사도세자, 그리고 정조까지 이어졌다. 그러나 자식 사랑만큼은 조선의 어느 왕보다 못하지 않았다.

■ 인경왕후 김씨(仁敬王后 金氏; 1661 ~ 1680년)

숙종의 정비이다. 본관은 광산(光山), 시호는 광렬효장명현선목혜성순의인경왕후(光烈孝莊明顯宣穆惠聖純懿仁敬王后), 본명은 김진옥(金盡玉)이며, 광성부원군 김만기와 서원부부인 한씨의 딸이다. 그녀의 사후에 숙종의 계비가 되는 인현왕후와는 친인척간이다.

1670년 10세 때 세자빈에 간택되어 의동별궁에 들어갔으며, 다음해 음력 3월에 왕세자빈으로 책봉되었다. 1674년 현종이 승하하고 숙종이 즉위를 하자 왕비가 되고, 1676년 16세의 나이로 정식으로 왕비에 책봉되었다. 두 명의 공주를 낳았으나 모두 일찍 죽었다. 1680년 음력 10월, 천연두 발병 8일 만에 20세의 젊은 나이로 승하했다. 그러나 젊은 나이에 승하한 인경왕후와 오랫동안 아이를 가지지 못하는 인현왕후 때문에 인현왕후를 중심으로 하는 서인과 희빈 장씨를 중심으로 하는 남인이 대립하는 계기가 되어 후일 인현왕후가 폐위되는 기사환국과 갑술환국 등 조선 역사의 비극을 초래하게 된다.

● **익릉(翼陵)**
인경왕후의 능으로, 경기도 고양시 용두동의 서오릉에 있다.

■ 인현왕후 민씨(仁顯王后 閔氏; 1667 ~ 1701년)

숙종의 두 번째 왕후(王后)이다. 본관은 여흥(驪興)으로, 여양부원군 민유중과 은성부부인 송씨(송준길의 딸)의 차녀(次女)이다.

숙종의 초비(初妃) 인경왕후가 죽은 뒤 1년 후에 숙종의 모후인 명성왕후 김씨와 외가 친척인 송시열의 추천에 의해 중궁으로 뽑힌다. 가례 초기부터 숙종의 애정을 받지 못한 것으로 전해진다. 더욱이 명성왕후가 세상을 떠나자 숙종은 과거 명성왕후에 의해 출궁되었던 궁인 장씨(희빈 장씨)를 환궁시켜 후궁으로 삼고 총애하였다. 인현왕후는 장희빈을 견제하고자 김수항의 종손녀인 영빈 김씨를 간택 후궁으로 추천하여 입궐시키기도 했지만 성공하지 못하였다.

● 인현왕후의 영정
경북 울진 불영사 의상전에 안치되어 있다.

1688년 후궁 장씨(본명은 장옥정. 희빈 장씨)가 아들 윤(昀: 후일의 경종)을 낳자 숙종은 이 왕자를 원자로 정하고자 했으나 당시 조정을 장악하고 있던 서인들은 이 일을 뒤로 미룰 것을 주장했다. 송시열 등은 송나라 철종의 고사를 예로 들기도 했다. 원자 정호 문제는 결국 기사환국으로 이어져서 1689년 서인들이 쫓겨나고 남인들이 집권하였으며, 그녀 역시 폐서인되어 안국동 사가로 내쳐졌다.

폐출된 지 5년이 지난 후인 1694년 4월 1일, 숙종이 남인들을 몰아내고 서인들을 기용하여 정권을 교체하였는데, 이를 '갑술환국'이라 한다. 하지만 이 당시 숙종은 폐비(민씨)를 신원하는 자는 역률(逆律: 역적을 처벌하는 법률)로 다스린다는 명을 내려 왕비를 교체할 마음이 없음을 선포했다. 하지만 4월 9일, 숙종은 마음을 바꾸어 민씨를 서궁으로 이전해도 좋다는 명령을 내렸고, 4월 12일 서궁으로 입거한 그녀에게 왕비 복위령이 내려졌다. 동시에 왕비였던 장씨는 국모가 둘일 수 없다는 이유로 왕비의 아래 지위인 빈으로 강등되어 본래의 희빈의 작호를 돌려받았다.

민씨는 복위된 지 8년 만인 1701년 9월 16일(음력 8월 14일)에 35세로 서거한다. 그후 2개월 정도가 지난 11월 7일(음력 10월 8일), 숙종은 왕세자의 생모 희빈 장씨에게 자진을 명한다. 이때 공식적인 죄명은 장씨와 궁인들이 민씨를 저주했다는 것이었다. 하지만 자진을 명한 이후에 뒤늦게 수사를 시작하는 등 그 과정이 정상적이지 않아 당시 조정 안팎에서 장씨의 무고의 사실성과 판결에 의구심과 불만을 드러내기도 했다. 숙종은 제주도에 유배 중인 장씨의 오빠 장희재를 처형하라는 명을 내림으로써 숙빈 최씨의 저주설에 손을 들어 주었다.

■ 인원왕후 김씨(仁元王后 金氏; 1687년 ~ 1757년)

조선 숙종의 두 번째 계비이다. 본관은 경주(慶州), 휘호는 혜순자경헌렬광선현익강성정덕수창영복융화휘정정운정의장목인원왕후(惠順慈敬獻烈光宣顯翼康聖貞德壽昌永福隆化徽靖正運定懿章穆仁元王后)이다. 경은부원군 김주신과 가림부부인 조씨의 딸이다.

인현왕후의 승하 이후 1701년(숙종 28년) 10월 3일에 16세의 나이로 숙종의 세 번째 왕비로 책봉되었다. 경종이 즉위한 이후에는 왕대비가 되었고, 영조 즉위 이후에는 대왕대비가 되었다. 소론의 딸이었지만 남편 숙종의 사후, 노론으로 당색을 바꿨다. 후궁인 숙빈 최씨·영빈 김씨와 가깝게 지냈으며, 숙빈 최씨 소생인 연잉군(훗날의 영조)의 왕세제 책봉에 결정적인 역할을 하였고, 연잉군이 역모의 주범으로 용의 선상에 오르자 몸소 보호하였다.

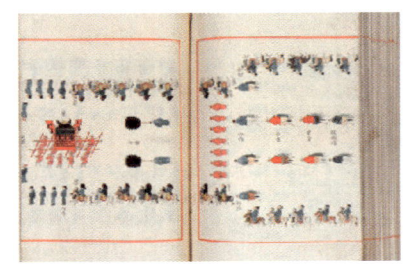

● 숙종과 인원왕후의 가례도감 의궤도

경종 원년(1721년)에는 영조를 왕세제로 등극시키고 양자로 입적했다. 인원왕후는 영조가 임금으로 즉위하는 과정에서 결정적인 인물로 활약하였으며 그 방패막이 되어 준다.

영조의 효도와 며느리인 정성왕후의 호강을 받았으며, 정성왕후가 65세로 승하하고 약 한 달 후인 1757년 5월 13일(음력 3월 26일) 창경궁 경춘전(景春殿)에서 71세로 승하했다.

■ 희빈 장씨(禧嬪 張氏; 1659 ~ 1701년)

장희빈(張禧嬪)은 조선의 제19대 왕 숙종의 빈(嬪)으로, 제20대 왕 경종(景宗)의 어머니이다. 숙종보다는 2년 연상이다. 본명은 장옥정(張玉貞), 본관은 인동(仁同)이다. 아버지는 역관 출신인 장형(張炯)이며, 어머니는 장형의 계실인 윤씨이다. 역관(驛官) 장현(張炫)의 종질녀이다. 조선왕조 역사상 유일하게 궁녀 출신으로 왕비까지 오른 입지전적인 여인이다.

희빈 장씨의 입궁 시기는 불분명하다. 그녀가 11세의 어린 나이에 아비 장형을 잃고 생계가 어려웠던 탓에 궁녀가 되었다는 주장과, 장형이 사망하기 전에 역시 궁녀였던 딸이 있는 장형의 사촌형 장현의 권고를 받아 막내딸인 장씨를 입궁시켰다는 주장이 존재한다. 생부 장형(張炯)의 옥산부원군신도비 기록에 따르면 희빈 장씨가 어린 나이에 간택되어 입궁해 성장한 것으로 되어 있으며,《숙종실록》에도 머리를 스스로 땋아 올리기 전에 입궁하였다고 기록되어 있다.

조사석의 도움으로 대왕대비전의 궁녀였던 장씨는 인조의 계비이자 숙종의 증조모 뻘인 자의대비 조씨를 웃전으로 모셨다. 장씨가 출궁되었을 때 자의대비가 친필로 서신을 써서 법적 며느리이자 친정 외질녀인 숭선군의 부인 신씨에게 장씨를 돌보게 한 것이나 장씨의 재입궁을 주선했던 것, 조씨가 내전(인현

소원하고 장씨를 치우치게 사랑했다는 기록의 존재 등으로 미루어 장씨가 자의대비의 각별한 애정을 받았음을 알 수 있다.

1680년 10월 26일, 숙종의 초비(初妃) 인경왕후 김씨가 천연두로 요절했다. 장씨가 숙종을 모시게 된 시기는 불분명하지만 《숙종실록》에 "인경왕후가 죽고 난 후에야 비로소 숙종을 모셨다."는 기록이 여럿 존재하며, 11월 이후 혜성이 나타났는데 장씨가 숙종의 총애를 받기 시작한 무렵이 이때라는 기록이 존재하니 그녀가 숙종의 승은을 입은 시기가 인경왕후의 죽음 이후임을 부정할 수 없다.

같은 해, 숙종의 어머니였던 대비 명성왕후 김씨에 의해 강제로 출궁되었다. 《숙종실록》이나 〈인현왕후전〉 등에는 숙종을 모시기에 장씨의 출신이 천하고 성품이 극악하기 때문에 쫓아낸 것으로 언급하고 있지만, 경신환국 당시 장현 일가가 "복평군 형제와 절친한 사이이니 죄를 물어야 한다."고 주장해 몰락시킨 장본인이 바로 명성왕후 김씨의 사촌오라비 김석주였던 것으로 비추어 볼 때 장씨의 보복을 견제한 탓이었음을 짐작할 수 있다.

또한 그녀가 출궁된 직후인 1681년 1월 3일에 계비 간택령이 내려졌고, 3월에 숙종의 모후인 대비 김씨와 송시열의 추천으로 민씨(인현왕후)가 간택되어 1681년 5월 14일 숙종과 가례를 올렸는데, 본래 대비 김씨의 친정 가문과 원한이 있던 송시열과 함께 추천하여 민유중의 혈육인 민씨가 숙종의 계비가 된 것은 경신환국 당시 서인과 손을 잡았던 명성왕후의 정치적 계약임을 짐작할 수 있는 만큼 인경왕후의 죽음 직후 계비로 내정된 민씨를 위해서 장씨를 숙종의 곁에서 치운 것일 가능성도 존재한다.

1680년 겨울, 장씨가 출궁되자 자의대비가 숭선군저에 친필 서찰을 넣어 자의대비의 친정 질녀이자 숭선군의 부인인 신씨의 보호를 받도록 하였다. 출궁된 장씨는 가장이 된 오라비 장희재 부부의 집에서 어머니 윤씨와 함께 지냈다.

1683년 10월, 숙종이 두질(豆疾: 두창, 마마, 천연두)을 앓았다. 숙종의 모후 왕대비 김씨는 중전 민씨와 함께 숙종의 쾌차를 기원하기 위해 무당의 권고대로 절식(絶食)을 하고 매일 속옷 차림으로 냉수욕을 하며 치성을 올리다가 감질(感疾: 감기)에 걸렸는데, 숙종이 와병 중이라 쉬쉬하며 치유치 않다

● 조선시대 왕후의 국장 행렬

가 점점 위중해졌고, 숙종이 온전히 병석에서 일어나지 못한 12월 5일에 열병으로 사망하였다.

1685년 대비 김씨의 3년상이 끝나자 대왕대비 조씨는 숙종 부부에게 과거 대비 김씨가 출궁시켰던 그녀의 궁녀 장씨를 재입궐시킬 것을 권고하였다고도 하고, 그녀를 그리워하는 숙종을 안타깝게 여긴 인현왕후가 숙종에게 간해 그녀의 재입궁을 주선했다고도 한다.

궁으로 돌아온 장씨를 향한 숙종의 총애가 지극하자 서인과 인현왕후 민씨의 반발이 격렬해졌다. 인현왕후는 장씨를 견제하기 위해 서인과 합세해 1686년 3월, 서인 영수 김수항의 종손녀인 영빈 김씨를 간택 후궁으로 입궐시켰다. 숙종 12년인 1686년 2월 27일 기사에 인현왕후가 여러 차례 간택 후궁을 들일 것을 종용했다는 기록이 있는 것으로 미루어 짐작하면 장씨가 재입궁한 것을 인현왕후가 후회하였거나 애초 원했던 것이 아님을 알 수 있다.

숙종은 인현왕후와 영빈 김씨에게서 장씨를 떨어뜨리기 위해 중궁전과 후궁의 처소가 있는 창덕궁이 아닌 창경궁에 비밀리에 인부를 불러 장씨의 처소를 새로 건축하였다. 같은 해 12월에 숙종이 직접 장씨를 종4품 숙원으로 봉해 정식 후궁으로 만듦으로써 인현왕후의 처지를 위해 장씨의 출궁을 종용하던 서인은 더이상 숙종에게 장씨를 출궁시킬 것을 강력히 요구할 수 없게 된다.

인현왕후는 직접적으로 숙종에게 숙원 장씨를 쫓아낼 것을 종용하기도 하였는데, 숙종에게 명성왕후 김씨가 꿈에서 계시를 내리길, 장씨가 원한을 품고 환생한 짐승의 화신이며 불순한 무리(남인)의 사주를 받고 입궁했으니 쫓아내야 한다고 발언했던 기록이 《숙종실록》에 실려 있다.

1688년 소의(昭儀: 내명부 정2품)로 승격한 장씨는 같은 해 10월 28일, 드디어 왕실이 그토록 고대하던 숙종의 장남 '균(昀)'을 낳았고, 이 왕자가 후에 조선왕조 제20대 왕 경종(景宗)에 오르게 된다. 그러나 서인의 반응은 싸늘하여 대왕대비 조씨의 상(喪) 중임을 앞세워 숙종의 득남에 축하연은커녕 하례인사조차 드리지 않았다. 또한 다음 달인 11월 12일에는 숙종으로부터, "입궁하여 장씨의 산후조리를 도우라."는 어명을 받고 입궁하는 장씨의 생모 윤씨를 지평 이익수가 사헌부 관원들에게 명을 내려 그녀를 가마에서 강제로 끌어내리도록 하고, 그녀의 하인들을 체포하여 눈앞에서 매질하도록 하였다. 덮개가 달린 가마인 옥교(屋轎)를 탈 수 있는 부녀자는 3품 이상인 동반(문관) 당상관의 어미와 처, 딸과 며느리로 국법이 정해져 있는데 당하관에 불과한 천한 역관의 아내인 윤씨가 옥교를 탄 것은 엄연한 불법이라는 이유 때문이었다.

● **옥교(屋轎)**
위를 꾸미지 않은 가마로 4인교(四人轎)와 비슷함.

● 경종의 태실
충주시 엄정면에 있는 희빈 장씨의 아들 경종의 태실이다.

하지만 이 법은 '여인은 얼굴을 공개하고 외출할 수 없다'는 조선시대의 사정에 의해 오래 전부터 지켜지지 않았고, 이에 서반(무관) 가문의 여인이나 당하관의 처첩은 물론 관직이 없는 양반가의 부녀자나 중인·양인에 불과한 아속의 처를 비롯한 환관의 처부와 궁녀, 하물며 천민인 기녀와 침선비(針線婢: 상의원(尙衣院)에 속하여 바느질을 맡아보던 기녀(妓女))도 타고 다녔다. 명성왕후 김씨의 친신무당이었던 막례(莫禮)도 옥교를 타고 궁을 출입하며 굿을 했던만큼, 사실은 아들을 생산한 소의 장씨에 대한 반감을 표면적으로 드러낸 것이었다.

'옥교 사건'은 그때까지 장씨에 대한 서인의 공격에 소극적으로 대응하던 숙종을 강하게 자극하였다. 이에 숙종은, 같은 당하관의 아내인 귀인 김씨의 어미도 옥교를 타고 수시로 궁에 드나들지만 문제 삼아진 적이 없으며, 장씨의 생모가 옥교를 타고 입궁하려 했던 것은 후궁이 해산할 때 교자를 타고 입궁할 수 있다는 왕실 규례에 따라 왕의 어명에 따른 것이며, 어명을 상징하는 선소동패(宣김銅牌)를 보였음에도 입궁치 못하고 내쫓긴 것은 왕을 능멸하는 행위임을 선포하며, 이익수 및 사헌부 관원을 체포하여 엄형을 내리고 사형에 처할 것을 명하였고, 그들을 옹호하는 이들에게도 벌을 내릴 것을 선포했다.

하지만 숙종의 척신이자 최측근이기도 했던 우의정 조사석마저 윤씨가 탄 가마가 8인교였음을 강조하며 귀인 김씨의 어미는 비교 대상이 아님을 주장함으로써 숙종은 서인 대신은 물론 윤씨를 모욕한 하리에게 내린 벌조차도 취소하고 그들을 위로해야 했다. 서인은 장씨의 생모는 앞으로도 옥교를 탈 수 없는 명을 내릴 것을 종용함과 동시에 윤씨의 '옥교 사건'을 예로 삼아 가마에 대한 법을 개정하여 선포하라는 보복성 주장을 제기하여 숙종을 재차 굴욕시켰다. 이 사건이 발발한 지 불과 2개월 후에 숙종은 반격을 가한다.

1689년 1월 11일, 숙종은 아들 윤에게 원자(元子: 왕의 큰아들) 명호를 내릴 뜻을 알린다. 왕자 윤이 후궁 소생이라는 사실에 방심하고 있던 서인은 숙종의 선언에 당황했지만 제대로 반대를 하거나 저지를 할 준비도 되지 않은 상황 속에 숙종은 불과 닷새 후인 1월 15일에 왕자 윤에게 원자 명호를 내려 종묘사직에 고했다. 또한 숙종은 원자 윤의 생모 소의 장씨를 정1품 빈(嬪)으로 책봉하여 귀인 김씨를 제치고 후궁 1위로 만들었다. 앞서 숙종이 원자 정호에 대한 불만이 있으면 관직을 내놓고 떠나라는 선언이 있었으며, 이미 종묘사직에 고한 일을 무르라는 것은 선대 왕들을 한꺼번에 능멸하는 행위이자 신권이 왕권의 위에 있음을 입증하는 행위나 다름없기에 서인은 소극적인 반박으로 의사를 표현할 수밖에 없었고, 숙종은 이 또한 용서하지 않아 그들을 파직하였다.

숙종 15년(1689년) 2월 1일에 인현왕후의 외가 친척이기도 한 송시열이 이미 종묘에 고한 원자 정호를 철회하라는 비판상소를 올리자 숙종은 진노하여 송시열을 치죄(治罪: 죄나 허물을 가려내어 벌을 줌)하라는 명을 내리지만 서인으로 이루어진 승정원에서 명을 받들지 않았다. 앞서 숙종이 김만중의 치죄를 명할 당시와 흡사한 배경이었기에 숙종은 분개하여 삼사와 승정원·사간원 등 왕의 최측근 요직에 있던 서인을 파직하고 경신환국 때 실권하여 은신중이었던 남인을 조정

● 역관(譯官)

이들은 중국·왜·몽골·여진과의 외교에서 주로 통역업무를 맡아 하였는데, 사행을 따라가 통역을 하거나 외국 사신이 방문하였을 때 통역을 맡아 외교 관계에서 중요한 역할을 하였다. 역관들은 기술과 행정실무뿐만 아니라 지식과 경제력에서도 양반계층에 뒤지지 않았으나 늘 중인으로 대우받는 불평등을 받았다.

정을 불러들여 교체해 버린다. 동시에 숙종은 2월 2일, 장씨의 선조 3대를 정승으로 추증(追贈)했다. 다음달 3월엔 그녀의 외조부인 일본어 역관 윤성립을 2품 정경으로 추증하고, 외삼촌인 윤정석에게 사포별제직을 내려 장씨가 더이상 비천한 역관에 불과한 가문 출신이라는 손가락질을 받지 않도록 하였다.

서인이 차지하고 있던 삼사(三事: 삼정승, 즉 영의정·좌의정·우의정)와 승정원·사간원의 중앙 최고 요직이 경신년에 조정에서 밀려나 은신 중이던 남인으로 교체되자, 조정으로 돌아온 이현기(李玄紀)·남치훈(南致薰)·윤빈(尹彬) 등은 먼저 원자 윤의 탄생과 숙종의 원자가 정해진 것에 대해 경하와 찬사를 올려 서인과는 극적으로 상반된 모습을 보였다. 이는 경신년에 남인에게 대역죄를 씌워 '경신환국(庚申換局)'을 일으켰던 서인을 향한 정치보복의 시작이었다.

송시열에게 유배령을 내리고 김수항 및 일부 서인을 조정에서 내쳐 버리긴 했지만 분노가 가시지 않았던 숙종은 남인의 부추김으로 송시열을 최고 유배지인 제주로 유배할 것을 명하고 김수항 등에게도 진도 유배령을 내렸다. 민암을 위시한 남인은 이에 만족하지 않고 6판서·참판·참의 등 남인 경재(卿宰) 수십인과 사헌부·사간원이 합계(合啓)하여 과거의 환국(경신환국)을 위해 역모를 날조하여 무고한 남인 영수 허적과 윤휴 등을 살해하였고, 과격한 처벌로 죄 없는 남인 인사를 학살한 김석주와 김익훈의 죄를 묻게 하였으며, 이들을 옹호하였던 송시열과 남인 옥사의 위관으로서 남인 재상 오시수 등을 죽게 한 김수항의 가중처벌을 맹렬히 주장하였다.

1689년 4월 21일, 귀인 김씨가 숙종이 빈청 인견의 공사를 적어 놓은 종이를 훔쳐 소매에 숨긴 것이 발각되어 유배 중인 김수항에게 사형의 명이 내려지고, 22일 귀인 김씨의 작호가 삭탈되고 사가로 폐출되었다.

다음날 23일은 중전 민씨의 생일이었는데 숙종이 대왕대비 조씨의 국상 기간 등을 이유로 탄일 하례 의식을 생략하라는 어명을 내렸지만, 국모의 당연한 권한이라는 이유로 어명이 무시되고 중전 민씨에게 하례가 올려졌다. 이에 숙종이 분노하여 중전 민씨와 크게 다투고, 조정대신들에게 중전 민씨를 교사스럽고 간특한 부인으로 칭하며 평소의 언동을 비난하고, 중전 민씨에게 국모로서 군림할 자격이 없으니 고사를 찾아보라는 명을 내렸다.

이는 민씨를 폐서인하고 싶다는 의사를 피력한 것이다. 이에 서인 대신뿐만 아니라 남인조차 당황하여 권대운·목래선·김덕원·민암 등은 중전 민씨에게 올려진 탄일 문안은 신자(臣子)들의 상례이니 중전 민씨에게는 죄가 없음을 주장하며 강력히 중전 민씨를 변호하였고, 권대운은 고사를 찾으라는 숙종의 명에 불복하며 사직을 청하였다.

이러한 조정 안팎의 반발에 대해 숙종은 서인은 처벌하고 남인은 용서하는 차별을 보임과 동시에 24일에는 중전 민씨가 숙종과 크게 말다툼을 하면서 그녀 자신의 입으로 "진실로 나의 죄이다. 어찌할 것인가? 폐출시키려거든 폐출시키라."는 과격한 언사들을 입에 담았던 사실을 폭로했다.

25일 밤 오두인·박태보 등 서인 86인이 상소를 올려 전날 국모의 위엄을 훼손한 숙종의 발언을 맹렬히 비판하며 중전 민씨의 명예를 회복할 것을 요구했다. 남인의 강경한 반발에 주춤하던 숙종은 이 상소에 극노하여 오두인·박태보 등 86인을 친국하였고, 중전 민씨의 친오빠 민진원 형제에게도 국문을 내렸다. 이 사건으로 서인이 대거 연루되기에 이르자, 중전 민씨를 적극 변호해 왔던 남인은 정치보복을 위해 입장을 바꾸어 중전 민씨를 옹호한 상소의 내용을 적극 비판하며 서인에게 극형을 내릴 것을 종용한다. 이에 서인이 정계에서 완전히 축출되고 남인이 정계를 독점하게 되는 '기사환국(己巳換局)'이 발발했다.

5월 2일, 숙종은 당시 사대부 여성으로선 입에 담을 수 없는 발언을 했던 중전 민씨의 언사를 낱낱이 폭로하여 공개적으로 망신을 시킨 후 폐서인하여 강제로 출궁시켰다. 인현왕후가 폐출된 후 숙종은 새로이 계비를 간택하지 않고 원자의 생모인 희빈 장씨를 왕비로 삼을 것을 선포하였다.

5월 13일, 희빈 장씨의 왕비 명호가 정해졌다. 이는 후궁 소생의 원자가 왕비 소생의 정통성을 얻게 되는 사건임과 동시에 중인 출신이자 궁녀 출신인 후궁이 국모의 위에 오르는 조선 역사상 최초의 사건이었다.

● **장희빈(張禧嬪)의 왕후책봉**

궁녀 출신의 희빈 장씨의 왕후책봉은 대왕대비 조씨의 복상 기간이 끝나지 않은 탓에 장씨가 정식으로 왕후로 책봉된 것은 다음해인 1690년 10월 22일이다. 숙종은 장씨의 부모인 장형(張炯)과 장형의 첫 아내 고씨는 옥산부원군(玉山府院君), 영주부부인(瀛洲府夫人)으로 추숭하였고, 장씨의 생모인 윤씨는 파산부부인(坡山府夫人)으로 책봉하였으며 장형 묘소에 옥산부원군 신도비를 세우도록 하여 장씨가 새로운 왕비가 되었음이 기정사실화되었다.

1694년(숙종 20년)에 서인의 김춘택(金春澤)·한중혁(韓重爀) 등이 폐비의 복위운동을 꾀하다가 고발되었다. 이때 남인의 영수이자 당시 우상(右相)으로 있던 민암(閔黯) 등이 이 기회에 반대당 서인을 완전히 제거하기 위해 김춘택 등 수십 명을 하옥하고, 범위를 넓혀 일대 옥사를 일으켰다. 이때 숙종은 갑자기 마음을 바꾸어 옥을 다스리던 민암을 파직하고 사사하였으며, 권대운·목내선·김덕원 등을 유배하고 소론(少論) 남구만(南九萬)·박세채(朴世采)·윤지완(尹趾完) 등을 등용하고 장씨를 희빈으로 강등시켰는데, 이를 일컬어 '갑술환국(甲戌換局)'이라 한다.

● **남구만(南九萬)**
숙종 때의 소론의 거두로 자는 운로(雲路)이고, 호는 약천(藥泉), 미재(美齋)이며 본관은 의령이다. 1694년 갑술환국이 일어나자 노론에 맞서 희빈 장씨를 두둔하였고 장씨가 인현왕후의 제거를 위해 장희재와 주고받은 언문 편지로 인해 장희재가 위기에 몰렸을 때에도 세자의 외숙임을 생각해 그의 목숨을 살리는 데 일조하였다. 이로 인해 남구만은 서인 강경파인 노론을 비롯한 유생들의 공격을 받게 되었고 1701년 무고의 옥에 연루되어 파직되었다.

갑술환국의 발발 후 12일째가 되던 1694년 4월 11일에 숙종은 돌연 장희재를 긴급 구속하고, 훗날 길일을 잡아서 해야 할 폐비 민씨(인현왕후)의 서궁(西宮; 덕수궁)으로의 입처(이사)를 길일과 상관없이 당장 다음날로 할 것을 명하며 민씨의 사가에 수직(호위)을 붙였다. 그리고 다음날 폐비 민씨가 서궁으로 입처했다는 소식이 전달되자 숙종은, "민씨가 스스로 죄를 간절히 뉘우치고 있으며 두 자전(慈殿; 장렬왕후와 명성왕후)의 삼년상을 함께 보낸 아내이니 쫓아냈던 것은 지나친 처사였다."며 민씨를 중전으로 복위하고, "백성에게 두 임금이 없는 것은 고금을 통한 의리이다."며 중전 장씨의 왕후새수(王后璽綬)를 거두고 희빈(禧嬪)으로 강등하여 거처를 옛 처소인 창경궁 취선당으로 옮기라는 비망기(備忘記: 임금이 명령이나 의견을 적어서 승지에게 전하던 문서)를 내렸다.

숙종의 복위 명령에 병조판서 서문중은 이조참판 박태상 등과 함께 사람을 모아, "9년과 6년이라는 것과, 아들이 있고 없는 것 중에서 어느 것이 중하고 어느 것이 경한가?"라고 주장하였는데, 이는 인현왕후가 비록 희빈 장씨보다 3년 더 오래 왕비로 있었으나 왕세자의 생모인 희빈 장씨가 더 귀하다는 뜻이다.

정원(政院)은 조정백관과 신중히 공론을 한 후에 결정지어질 때까지 명을 받들 수 없다는 거부의사를 표명했다. 인현왕후의 복위가 당연하다고 주장하는 노론과 부당하다고 주장하는 소론의 격렬한 언쟁이 오가던 가운데 우의정 윤지완, 공조판서 신익상, 한성부윤 임상원, 병조참의 이유 등 소론의 대표 인물들이 단체로 사직상소를 올리기에 이르렀는데, 숙종이 '갑술환국'을 일으키며 중앙 요직을 소론 중심으로 채웠던 만큼이나 사태가 심각했다.

이 사건은 엿새 후인 4월 17일, 영의정이자 소론 영수였던 남구만이 "이미 복위하라는 왕명이 내려졌고, 자식이 어미의 죄를 논하며 도로 쫓아내라 마라 의논하는 것은 도리가 아니."며 소론을 중재하여 결국 인현왕후가 왕비로 복위하는 것으로 결론지어졌다. 이 사건을 계기로 소론은 희빈 장씨를, 노론은 인현왕후를 지지하는 세력이 되었는데, 소론 영수인 남구만은 중립을 지켰다.

이로 인해 장씨의 부모인 장형과 윤씨·고씨는 부원군과 부부인의 작호가 취소되었고, 장씨 역시 강봉되어 취선당으로 거처를 옮기게 되었으며, 그녀의 왕비 옥보(玉寶)는 관례대로 부수어져 승정원에 묻혀졌다. 인현왕후의 복위가 확정된 직후 장희재는 '갑술환국' 발발 직전에 유생 김인이 고발했던 숙빈 최씨의 독살 사주 혐의로 국문된다.

● 드라마 세트장의 취선당 전경

1701년 음력 8월 14일, 오랜 지병을 앓던 인현왕후가 사망하였다. 조정은 인현왕후를 위한 국상을 준비함과 동시에 조정 한편에선 희빈 장씨를 다시 왕비로 복위시키려는 움직임이 전개되었다. 이는 당연한 수순이었지만, 노론과 숙빈 최씨에게 치명적인 상황이었으며 숙종에게도 좋지 않은 상황이었다.

1701년 9월, 인현왕후와 함께 노론에 있던 숙종의 후궁 숙빈 최씨는 숙종에게 희빈 장씨가 취선당 서쪽에 신당(神堂)을 설치하고 인현왕후를 저주했다고 왕에게 발고하며, 인현왕후는 병이 아닌 희빈 장씨의 저주에 의해 시해당한 것이라고 주장하였다. 또한 인현왕후의 동복 오라비인 민진후(閔鎭厚) 형제는 인현왕후가 생전에, "지금 나의 병 증세가 지극히 이상한데 사람들이 모두 '반드시 빌미가 있다'고 한다."고 그들에게 말한 바가 있었음을 숙종에게 발고했다. '빌미'란 '장씨의 저주로 병에 걸렸다'는 뜻이었다.

실제로 희빈 장씨는 그녀의 처소인 취선당 한편에 신당을 지었고 굿을 하였다. 하지만 희빈 장씨의 측근은 1699년 세자 윤이 두창에 걸리자 쾌유를 기원하기 위함이었다고 주장했다. 이미 세자의 두창은 완쾌되었지만 세자가 후유증으로 안질을 앓았고, 병이 나았다고 하여 신증(떡을 바치는 것)을 그만 두면 귀신의 분노를 산다는 무당의 말에 철거하지 못하였다는 것이다. 이들의 주장은 고문 중에도 번복되지 않았으며, 다만 인현왕후의 죽음을 기원하였다는 추가 증언이 더해졌을 뿐이다.

주자학을 신봉하는 조선 사회에서 무속 행위는 국법으로 엄중히 금하였지만 궁 밖은 물론 궁 안에서도 자주 치러졌고, 숙종의 모후 명성왕후 김씨도 인현왕후와 함께 숙종의 두창의 쾌유를 기원하는 굿을 하였던만큼 장씨의 신당 설치 자체는 굳이 문제삼을 사안이 아니었다.

하지만 숙빈 최씨는 신당의 존재에 이견을 주장하였고, 숙종은 숙빈 최씨가 거론한 신당의 존재를 조정대신들에게 공식화하며, 장씨가 몰래 신당을 차려 인현왕후를 시해하는 저주굿을 하였다고 발표한 것이다. 숙종은 먼저 제주 유배 중인 장희재에게 처형의 명을 내리고, 그에 이어 희빈에게 자진을 명하는 비망기를 내린다.

노론의 입장에서 집필된 《수문록》과 《인현왕후전》에는 장씨가 숙종에 의해 강제로 사사된 것으로 묘사되어 있는 것에 반해, 정사 기록인 《숙종실록》과 《승정원일기》에는 자진한 것으로 기록되어 있다.

천벌로 인해 죽자마자 온몸이 썩어 냄새가 진동해 즉시 궁 밖으로 시체를 버렸다고 기록한 소설 《인현왕후전》이나, 죽기 직전에 세자 윤에게 위해를 가해 병신으로 만들었다고 기록한 《수문록》 등의 야사에서와는 달리, 실록에 기록된 희빈 장씨의 죽음에 대한 예우는 지극히 극진하였을 뿐만 아니라 전례는 물론 후에도 그 예를 찾아 볼 수 없을 만큼 파격적이었다.

● 드라마 세트장의 일반인 장희빈의 사약 재연 장면.

장씨의 상례부터 장례까지의 모든 절차는 궁에서 주관하여 치러졌으며 종친부 1품의 예로 받들어졌다. 그녀의 무덤 역시 여느 후궁들과는 달리 친정 식구나 궁속 환관이 구한 것이 아니라 왕실 종친인 금천군 이지와 예조참판 이돈이 지관들을 거느리고 여러 곳을 다니며 구하였다. 경기도 양주 인장리로 결정된 장씨의 묘는 숙종의 명으로 종친부 1품의 예로 단장되었다. 장씨의 장례 역시 여느 후궁의 장례처럼 3일장으로 치러지지 않고 왕과 왕후의 장례인 5일장보다 단지 하루 부족한 4일장으로 1702년 1월 30일에 치러졌다. 장례식 전날에 세자가 친림(親臨)하였고, 수일 전부터 입관 당일까지 궁에서 식을 거행하였다.

　현재 그녀의 무덤은 서오릉 경내의 대빈묘(大嬪墓)로 1960년대 도시화 개발로 옮겨진 것이다. 경내 한구석의 음지에 그녀의 무덤과 장식품만이 초라하게 옮겨진 탓에 현대인의 오해를 얻고 있다. 그녀의 사당은 칠궁의 하나인 대빈궁(大嬪宮)이며 궁정동 칠궁 경내에 존재하고 있다. 대빈궁은 왕후만이 사용하는 원형기둥 등의 양식을 보이는데, 이는 희빈이 한때나마 국모의 위(位)에 있었음을 보여주고 있다.

● **대빈묘(大嬪墓)**
경기도 고양시 덕양구 용두동의 서오릉 경내에 있는 숙종의 후궁 희빈 장씨의 무덤이다.

숙종의 가계도

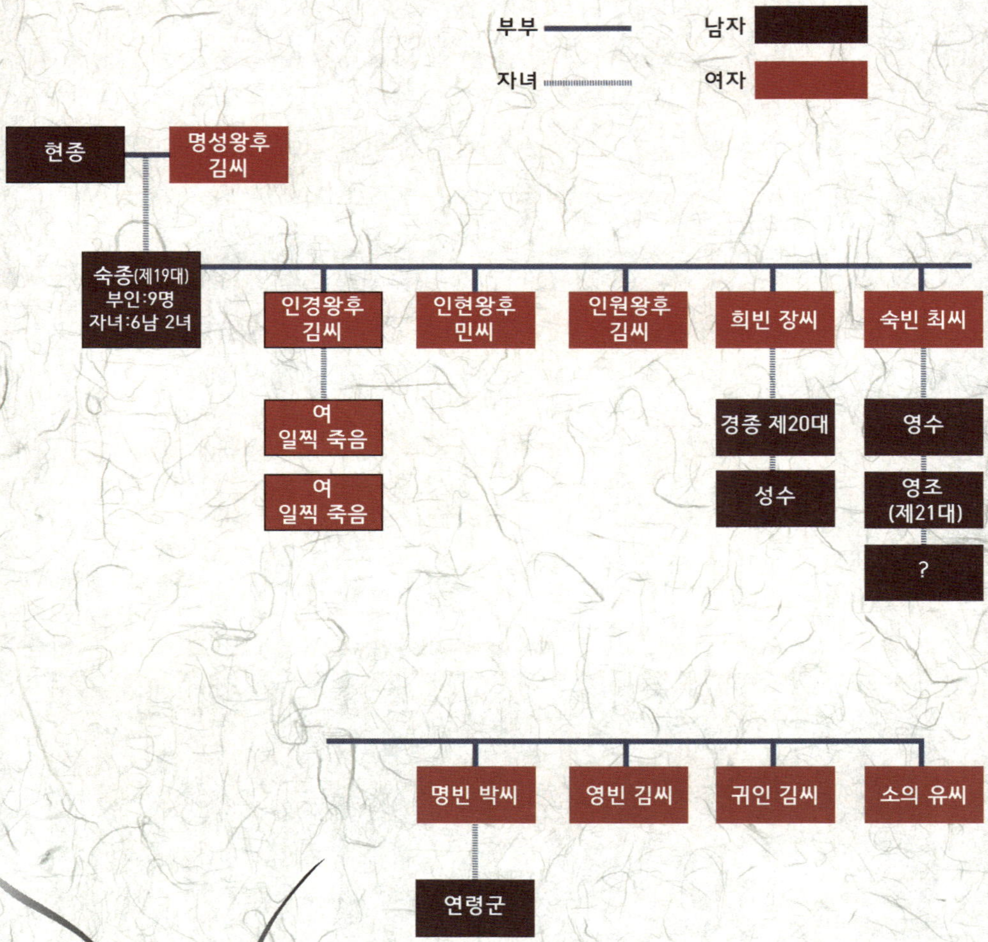

조선왕조실록

부부 ———
자녀 ┈┈┈
남자 ■
여자 ■

현종 — 명성왕후 김씨

숙종(제19대)
부인:9명
자녀:6남 2녀

- 인경왕후 김씨
  - 여 일찍 죽음
  - 여 일찍 죽음
- 인현왕후 민씨
- 인원왕후 김씨
- 희빈 장씨
  - 경종 제20대
  - 성수
- 숙빈 최씨
  - 영수
  - 영조 (제21대)
  - ?
- 명빈 박씨
  - 연령군
- 영빈 김씨
- 귀인 김씨
- 소의 유씨

《경종실록(景宗實錄)》

《경종실록》 중초본의 편찬 경위

　《경종실록》은 조선왕조 제20대 왕인 경종의 재위 기간(1720~1724년)인 4년 간의 역사를 편년체로 기록한 사서이다. 정식 이름은《경종덕문익무순인선효대왕실록》이며 모두 15권 7책으로 활판 인쇄되었다.
　조선시대 다른 왕들의 실록과 함께 국보 제151호로 지정되었다.
　《경종실록》은 영조 2년(1726년)부터 편찬하기 시작하여 영조 8년(1732년) 2월에 완간되었다. 불과 7책의 작은 실록임에도 6년 간의 긴 세월이 걸린 것은 당시 노론·소론 간의 대립이 심하여 1727년(영조 4년)의 정미환국 등 몇 차례의 정국 변동이 있었고, 신임옥사의 후유증을 극복하는 데도 어려움이 있었기 때문이다.
　《경종실록》은 좌의정 이집, 우의정 조문영이 총재관이 되고, 대제학 이덕수, 부제학 서명균 등이 도청 당상이 되어 편찬을 주관하였다.
　《경종수정실록》은 영조 초에 편찬된《경종실록》을 정조 때 수정하여 편찬한 실록이다. 모두 5권 3책으로 원 실록의 1/3 분량에 해당한다. 1778년(정조 2년) 편찬이 시작되어 1781년 7월에 완성·간행되었다. 그 이유는 영조 2년에 시작하여 8년에 완성된《경종실록》은 소론인 이집·조문영·이덕수·서명균 등이 중심이 되어 편찬함으로써 노론에게 불리한 내용이 많이 수록되어 있었기 때문이다.
　경종은 1724년 8월에 세상을 떠났다. 존호는 덕문익무순인선효(德文翼武純仁宣孝), 묘호는 경종(景宗), 능호는 의릉(懿陵)으로 서울 성북구 석관동에 있다.

《경종실록》의 내용

경종(1688~1724년)은 숙종의 큰아들로서 휘는 이윤(李昀), 자는 휘서(輝瑞)이다. 생모는 희빈 장씨이다. 숙종 46년(1720년) 6월 13일에 즉위하여 4년여 동안 재위하다가 경종 4년(1724년) 8월 25일에 세상을 떠났다.

《경종실록》에 수록된 신임옥사의 개요는 다음과 같다.

경종 즉위년(1720년) 7월에 조중우가 상소하여 경종의 생모인 장희빈의 명호를 높일 것을 건의하였다가 노론에 의해 죽었다.

경종 1년(1721년) 8월에 정언 이정소가 상소하여 후계자를 세울 것을 주청하자 노론의 위세에 눌려 아우인 연잉군을 세제(世弟)로 책봉하였다.

연잉군을 세제로 책정한 지 2개월 뒤인 이 해 10월에 노론은 다시 집의 노성복을 시켜 세제에게 국정을 위임하자는 대리청정을 건의하였다. 좌참찬 최석항이 입궐하여 간절하게 만류하자 경종은 대리청정을 취소했다.

세제의 대리청정이 실패로 돌아가자 노론의 위신은 크게 손상되었다. 이에 소론 일파가 반격을 가하여 마침내 정국에 태풍을 일으키게 되었다.

이때 노론의 힘으로 세제가 되었던 영조의 지위도 매우 위태로웠으나 경종의 보호로 무사하게 되었다.

제20대 경종

▶생애 : 1688~1724년
▶재위 : 1720~1724년

경종의 성은 이(李), 휘는 윤(昀), 본관은 전주(全州), 자는 휘서(輝瑞), 시호는 경종덕문익무순인선효대왕(景宗德文翼武純仁宣孝大王)이다. 숙종과 옥산부대빈 장씨의 아들이다. 숙종 16년(1689년), 서자인 그에게 원자(왕의 적장자)의 명호를 내리는 원자정호 사태로 기사환국이 발발하였고, 갑술환국 후 그와 그의 생모인 옥산부대빈 장씨의 처우 문제로 노론과 소론이 격쟁하여 영구히 절연, 경종이 즉위한 후에 발생한 신임사화로 노론의 원한을 얻었다.

● 경종(景宗)의 어진

■ 출생과 성장

숙종의 첫아들이었던 까닭에 태어난 지 100일도 안 되어 원자 책봉을 받았다. 무엇보다 당시 숙종의 마음을 사로잡고 있던 희빈 장씨의 소생이었고, 연잉군과 연령군 같은 다른 왕자들이 태어나기 전에는 왕자가 경종과 숙빈 최씨 소생의 요절한 아들밖에 없었기에 숙종의 지극한 총애를 받았다. 그리고 장희빈과 이를 배경으로 하는 남인들이 든든하게 버티고 있었던 까닭에 유년기에는 비교적 평탄한 세자 시절을 보냈다.

하지만 숙종은 무수한 환국을 일으키며 신하들을 압박했고, 생모인 희빈 장씨가 후궁으로 낮추어지고 인현왕후가 복위되면서 그도 인현왕후의 아들이 된다. 어찌 보면 어머니의 원수지만 그래도 인현왕후를 극진히 모셨다고 한다. 14세가 되던 해에는 결국 생모 희빈 장씨까지 사약을 받는 사태가 터졌다. 이때 세자였던 경종은 대신들에게 찾아가 어머니를 죽이지 말아 달라고 간청했지만, "이게 다 세자 저하를 위한 것"이라 둘러대면서 세자의 요청을 거절했다.

■ 험난한 즉위 과정

　숙종 재위 39년(1713년)이 밝아오자 집권 노론은 숙종 즉위 40주년을 기념해 존호(尊號)를 올리겠다고 주청하고 숙종은 사양하는 진풍경이 벌어졌다. 영의정 이유(李濡)는 백관을 거느리고 연일 대궐 뜰에 모여 정청(庭請; 백관이 중요한 국사에 계를 올리고 국왕의 전교를 바라는 것)을 열었다. 이 문제로 국정이 거의 마비된 후 숙종은 못 이기는 척 수락했고, 그 해 3월 장엄한 의식을 거쳐 '현의광륜예성영렬(顯義光倫睿聖英烈)'이란 존호를 받았다. 집권 노론이 숙종에게 이런 정성을 쏟는 속내는 장희빈 소생의 세자를 최씨 소생의 연잉군으로 대체하려는 의도가 있었다. 숙종은 노론의 때아닌 존호 추상 요청을 사양하였으나 마지못해 수락한다.

　장희빈 사사의 분위기 속에서 숙종은 숙종 43년(1717년)에 사관·승지를 배제한 채 노론 영수인 좌의정 이이명과 '정유독대(丁酉獨對)'를 실시했다. 이때 숙종은 이이명에게 연잉군을 부탁한다는 청을 하였는데, 사관을 들이지 못하게 한 이 독대 사건은 후일 '신임옥사(辛壬獄事)' 때 이이명의 발목을 잡는다.

● 이이명(李頤命)

노론 4대신의 한 사람이다. 숙종 말년에 숙종과의 독대를 종종 하였는데, 그 내용은 숙종이 교묘하게 사관(史官)들을 따돌렸으므로 왕조실록에 기록되지 않았다. 이 점이 문제가 되어 뒷날 신임옥사 때 사형의 빌미가 된다.

　독대 직후 숙종은 느닷없이 세자의 대리청정을 명령했는데, 이는 노론의 이이명이 숙종과 독대한 후에 청한 것으로서 경종의 대리청정의 실수를 통해 세자를 교체하고자 하는 목적이었다. 그런데 대리청정에 대한 경종의 내리는 비답(批答; 상소에 대하여 말미에 임금이 적는 가부의 하답(下答))은 "아뢴대로 하라", "따르지 않겠다", "유의하겠다"가 전부라고 해도 과언이 아닐 정도로 극도로 조심스러웠다. 경종이 이처럼 신중하게 행동한 것은, 생모인 희빈 장씨가 사약을 받아 숨을 거뒀고, 자신도 언제 변할지 모를 숙종의 성격에다 연령군·연잉군이 숙종의 총애를 한몸에 받고 있었기에 언제든지 세자의 자리가 갈릴 수 있다는 생각에서였던 것 같다. 실제로 숙종은 세자 교체를 내심 고려했는데, 당시 청나라 강희제의 태자가 교체되었고, 연약하고 강하지 못한 경종을 못미더워하는 점이 실록에도 간간히 보인다.

노론에서는 이런 왕의 의도를 알고 연잉군을 밀어주려 안간힘을 썼고, 숙종의 의중을 어떻게든 활용하려고 하였다. 그러나 세자를 지지하던 소론측 인사들이 격렬하게 반발했고, 숙종이 앓아 누워 있는 데다 대리청정을 별 탈 없이 잘해내고 있는 세자를 함부로 바꾸자고 말하기가 어려웠다.

이때 대개 경종은 소론의 지지를, 연잉군은 노론의 지지를 받는 형국이었으며, 때문에 소론과 노론 간의 권력투쟁은 날로 심해져 갔다. 그런 가운데 1720년에 숙종이 승하하자 경종은 부왕의 뒤를 이어 즉위하게 되었다. 그때 경종의 나이는 이미 33세였고, 숙종이 아파서 누워 있던 3년 동안 대리청정을 하면서 숙종 대신 국정을 돌본 경험이 있었으므로 정사를 처리하는 데는 서툴지 않았다. 또한 숙종 말년에야 비로소 강행되어 1720년에 완성된 양전사업(量田事業; 조선시대 토지를 측량하고 토지소유자와 조세부담자를 조사하던 제도)은 대리청정 중인 경종이 민진후 · 김창집 등 노론의 심한 반발을 무릅쓰고 시행되었다.

노론의 세자 교체 의도는 실패했다. 소론이 격렬하게 반발한 데다 세자의 결정적 흠도 드러나지 않았고 숙종의 건강도 좋지 않았기 때문이다. 불안한 세자 대리청정이 유지되는 가운데 숙종은 재위 46년(1720년) 6월 8일 세상을 떠났다. 이로써 그는 조선의 제20대 국왕으로 즉위하게 되었다.

● 연잉군(延礽君)
경종에 이어 왕위에 오른 영조의 군(君) 시절의 초상화이다.

■ 경종의 재위

경종이 즉위 후 노론의 우려와는 달리 피의 복수가 벌어지지는 않았다. 하지만 즉위했다고 해도 다수파인 노론의 지지를 얻지 못했고, 경종도 하루가 멀다 하고 자리 보전하고 눕기 일쑤였으니 치적을 세울 만한 환경은 못됐다. 노론은 경종만이 자기들 편이 아닐 뿐 비변사·육조·삼사 등이 노론 차지이며 성균관·사학의 유생들 대다수는 물론이고 심지어 내관·궁녀도 노론과 줄이 이어져 있어서 경종과 비등한 대적을 이루고 있었다.

경종이 즉위한 직후에 선왕이었던 숙종이 희빈 장씨의 작호를 거두지 않았고 천장(遷葬: 묘를 옮김)과 망곡례(望哭禮: 슬퍼하며 곡을 하는 것)를 허가했던 것은 경종이 즉위한 후에 그녀를 추존할 수 있도록 한 숙종의 은밀한 뜻이었으니 희빈 장씨에게 마땅히 명호를 올려야 한다는 상소가 빗발쳐 올라왔다.

노론의 격렬한 반발 속에 경종은 선왕의 국상 중에 논할 일이 아니라며 상소를 올린 자 중 유학 조중우를 유배 보내지만, 노론은 이에 만족하지 못하고 조중우와 그 무리들을 압송해 국문하여 기어코 죽이기에 이른다.

그 직후 성균관 장의 윤지술(인현왕후의 조카 민우수의 처남)이 장의의 권한으로 권당(捲堂: 성균관 유생들이 시위를 하느라고 일제히 성균관에서 물러나는 일)을 선언하며 "숙종이 희빈 장씨를 죽인 것은 빛나는 업적이니 지문에 명기하여 만백성과 후세인이 알 수 있도록 하라."는 장계를 올렸고, 이에 경종의 즉위와 함께 국구로 행세해 온 민진원(인현왕후의 둘째오빠)을 주축으로 한 노론은 윤지술의 의기를 칭찬하며 그를 보호한다.

경종은 몸이 허약하였기에 후사가 없었다. 이에 노론의 주도로 경종에게 연잉군을 왕세제로 책봉할 것을 주장하였다. 이것이 관철되어 1721년(경종 1년) 왕제(王弟) 연잉군(훗날의 영조)이 왕세제로 책봉되었다.

● **경종의 친필**
'경(敬)으로써 안을 곧게 하고 의(義)로써 밖을 바르게 한다'는 뜻으로 《주역》 곤괘(坤卦) '문언전(文言傳)'의 효사(爻辭)를 풀이한 글이다.

기세등등한 노론은 한 발 더 나아가니, 노론의 조성복이 아예 왕세제에게 대리청정을 맡길 것을 상소하였다. 그러자 경종은 조성복의 상소를 윤허하였다.

일이 여기에 이르자 소론파들은 들고 일어났고, 상황을 몰랐던 노론과 뒤통수를 맞은 노론 수뇌부들이 정청(庭請; 세자나 의정(議政)이 백관(百官)을 거느리고 궁정에 이르러 큰일을 임금에게 아뢰고 명령을 기다리는 일) 을 하며 명을 거두어 주길 청하고, 또 좌참찬 최석항 등의 만류에 왕은 명을 철회하였다.

노론은 수세에 몰렸고, 조태억·이광좌를 비롯한 소론의 강경파들이 노론 대신들을 잇달아 탄핵했다. 노론은 도승지 절차를 빌미로 변명했지만, 한세량 등 소론 준론이 맹렬한 탄핵에 나섰고 노론도 이에 맞섰다. 그런데 경종이 다시 대리의 명령을 내린다.

　　이번에는 노론·소론·세제(연잉군)가 한몸이 되어 반대했지만 왕의 결심은 확고하였다. 경종이 한 번 더 대리의 명을 내리니 노론은 소론의 반대에도 불구하고 속으로 반기며 명을 받아들였다.

　　노론이었던 도승지 홍계적은 한술 더 뜬다. 최석항 등 소론 신하들의 반대 상소를 모조리 물리치고 우상 조태구의 알현 요청까지 물리친다. 거기에 왕에게 직접, "조태구는 세제를 반대했던 유봉휘나 옹호하는 자"라며 처벌을 요청했다. 그러나 이런 홍계적의 쟁의에도 불구하고 세자 때부터 경종의 손발이었던 내관들이 직접 나서서 우상 조태규가 왔다는 사실을 알림으로써 경종과 조태구의 알현이 전격적으로 이루어지게 되었다.

　　이에 경악한 승지들이 이 사실을 노론 대신들에게 알리면서 4대신을 비롯한 삼정승과 육조판서 및 조정대신들이 한밤중에 입궐하여 온 도성이 반란이라도 일어난 것처럼 난리가 났다. 조태구가 "임금의 자리는 임금 혼자서 결정하는 사사로운 자리가 아니옵니다."라고 울면서 간하자 김창집 등 노론 대신들도, "힘써서 막지 못한 신들의 죄를 먼저 다스리시옵고 대리의 명을 거두셔야 할 것입니다." 하고 몸둘 바를 몰라했다.

　　그러자 경종은 분위기에 맞추어 세제의 대리청정을 취소했다. 일이 이렇게 되니 대리는 실현되지도 않았는데, 노론은 반대도 하지 않고 스스로의 불충을 자인하는 최악의 상황이 닥친 것이었다. 그 순간 경종의 숨겨 왔던 본 모습이 드러났다. 세자 시절의 대리 때는 물론이고 평소 때는 말도 어눌하게 더듬던 왕이 신하들에게 일성하였다.

　　"결탁이니 교통이니 따위의 말은 심히 무엄하다. 번거롭게 하지 말라!"

　　실록에서는(경종이) '하룻밤 사이에 건단(乾斷)을 크게 휘둘렀다'라고 표현했는데, 이는 왕을 하늘에 빗대어 용단을 내렸다는 의미이다.

정쟁은 소강상태에 들어갔는데 50일 후 김일경이 중심이 된 소론파가 연명한 상소를 올려 4대신 및 노론을 탄핵한다.

"강(綱)에는 삼강(三綱)이 있는데 '군위신강(君爲臣綱)'이 으뜸이 되고, 윤(倫)에는 오륜(五倫)이 있는데 '군신유의(君臣有義)'가 으뜸이 됩니다. 이것은 하늘의 떳떳한 이치요 백성의 떳떳한 법칙입니다. 공자(孔子)가 《춘추(春秋)》를 저술하여 대강(大綱)을 바로잡고 인륜(人倫)을 밝혀서 군주를 섬기는 의리를 엄정히 하고 신하된 직분을 한결같이 하였습니다. 은미한 데 삼가고 싹이 틀 때 살펴서 배반하면 역적이 되고 모해(謀害)하려 하면 반드시 주살(誅殺)됩니다. 몇 마디의 붓대를 움직여 삼척(三尺)의 율(律)을 게시(揭示)하였으므로 난신(亂臣)과 적자(賊子)가 두려워하니, 진실로 천하 만세의 대경 대법(大經大法)입니다. 아! 《춘추》를 이 세상에서 강론하지 않은 지 오래되었습니다. 은미할 때 방지하지 않고 싹이 터서 또 자라나 기강을 무너뜨리고 윤리를 타락시킨 것이 오늘날 같은 때가 없었습니다. 조성복(趙聖復)이 앞에서 느닷없이 머리를 쑥 내밀었는데도 현륙(顯戮: 죄인을 죽여서 그 시체를 여러 사람에게 보임)의 형벌을 오히려 시행하지 않았고, 사흉(四凶)이 뒤에 방자하게 굴었으나 목욕(沐浴)하고 토벌을 청하였다는 것을 아직까지 듣지 못하였습니다. 군주의 형세는 날로 외롭고 흉도(凶徒)는 실로 번성하여 다시 군신(君臣)의 분의(分義)가 있지 않으니 사직(社稷)이 폐허가 되는 것은 단지 다음 차례가 되는 일일 뿐입니다."

노론은 상소의 내용이 흉참하다고 말했으나 경종은 김일경의 상소에, "구언에 응하여 진언(盡言)한 것을 깊이 가납(嘉納)한다."며 환국을 진행한다. 승지와 삼사가 모두 삭탈관직·문외출송되었고, 훈련대장 이홍술을 비롯한 영의정과 좌의정이 모두 갈렸으며, 우의정인 조태구가 영상이 되고, 좌의정에 최규서, 우의정에 최석항이 임명되었다. 이 같은 조치에 노론은 물론이요 소론도 놀랐다.

■ 의문의 갑작스런 죽음

경종의 재위 기간 4년은 노론과 소론의 정권다툼으로 정치가 잠잠할 날이 없던 시기였으므로 특별한 업적 또한 남기지 못했다. 이 시기에 독도가 조선의 영토임을 밝혀 놓은 남구만의 《약천집》이 발간되었고, 서양의 것을 모방한 소화기가 만들어지기도 했다. 경종의 치세 중에 신임옥사가 일어나 20여 명이 처형당했고, 옥사를 하거나 스스로 목숨을 끊은 죄인의 아내 등 52명이 죽었으며, 유배형을 받은 이는 114명이었다. 노론을 축출한 경종은 비로소 어머니 희빈 장씨를 옥산부대빈(玉山府大嬪)에 추존할 수 있었다. 경종은 희빈 장씨를 왕비로 추존하려 하였으나 일찍 죽는 바람에 끝내 뜻을 이루지 못했다.

1724년 음력 8월 25일, 경종은 갑자기 최후를 맞이한다. 특별히 병세를 앓고 있지 않은 상태에서 왕세제인 연잉군이 보낸 게장과 생감을 먹었다가 고통을 호소하면서 죽어 갔는데, 소론측 일부는 영조가 경종을 독살한 것이라고 주장했다. 이 주장의 근거는 이러하다.

본래 경종은 왕위에 오르기 전부터 시름시름 앓는 날이 많았고 항상 피곤해 하는 날이 잦았다. 이 때문에 연잉군(훗날의 영조)은 경종의 입맛을 돋우기 위해 게장(아마도 간장게장이었을 것으로 추정된다)을 올렸다. 경종이 그제서야 입맛이 도는지 수라를 조금씩 들게 되니, 이번에는 생감을 올렸다.

그런데 한의학에서 볼 때 게장과 생감을 서로 궁합이 맞지 않는 음식으로 여겨 게장과 생감을 함께 올리는 것을 극구 반대했으나 연잉군이 막무가내로 올렸고, 게장과 생감을 올린 지 이틀이 지난 뒤부터 경종이 심한 복통을 호소하자 연잉군은 인삼을 올리려 하였다. 그때 의원이, 그렇게 할 경우 기(氣)를 되돌리지 못하여 상태는 더욱 악화될 것이라며 극구 반대했으나 왕세제의 명령인지라 그대로 따를 수밖에 없었다. 그리고 그후 인삼을 세 번 더 올렸는데 그 다음날 새벽에 급사하였다는 것이다.

'김일경의 난'이나 청주성을 중심으로 벌어진 '이인좌의 난' 당시 난군은 위와 같은 주장을 펼치며 영조의 경종 독살설을 보다 구체화시킨다. 경종 독살설은 널리 퍼져, 신치운(申致雲)은 영조가 자신을 친국할 때, "신은 갑진년(경종이 사망하고 영조가 즉위한 1724년)부터 게장을 먹지 않습니다."라며 경종 독살설을 비꼬아서 대답했고, 이 이야기를 들은 영조가 분통하여 눈물을 흘릴 정도였으며, 1754년(영조 30년)에 영조는 경종을 자신이 독살한 것이 아니라는 것을 해명하는 글을 남기기도 하였다.

1721년 신임옥사가 노론측에서 경종을 독살하려고 시도했다는 게 발단이 된 사건이라는 걸 상기한다면 독살을 한 번 더 시도했다는 게 놀랄 만한 일은 아니다. 《경종실록》(영조 초기 1732년 발행)에서는 신임옥사가 노론측에서 경종 독살을 시도해 일어난 사건으로 기록하고 있다

《경종실록》 수정편(정조 초기 1781년 발행)에서는 신임옥사는 소론이 독살 누명을 씌웠다고 기록하고 있다. 그 당시나 지금이나 역사를 자기들 마음대로 작성하는 건 여전한 듯하다.

● **의릉(懿陵)**
제20대 왕 경종과 그의 계비 선의왕후(宣懿王后)의 능으로 서울 성북구 석관동에 자리하고 있다.

경종의 가계

경종은 자식을 두지 못했고, 이미 연잉군을 왕세제로 지명해 뒀기 때문에 연잉군이 그 뒤를 이었다. 이에 잘 알려진 경종의 불임설이 있다. 경종이 자식을 두지 못한 것에 대해서는 여러 설이 있으나 가장 유명한 일화는 이렇다. 사약을 받기 전 희빈 장씨가 "죽기 전에 세자를 보고 싶다."고 애원했고, 이에 마음이 약해진 숙종이 세자를 데려오도록 했다. 세자가 나타나자 희빈 장씨는 돌연 세자의 생식기를 꽉 붙잡고 당기는 만행을 저질렀고, 그 때문에 경종이 기절했는데 이로 인해 자식을 둘 수 없는 성불구자가 됐고 병약해졌다는 것이다.

■ 단의왕후 심씨(端懿王后 沈氏; 1686 ~ 1718년)

경종(景宗)의 정비이다. 시호는 공효정목단의왕후(恭孝定穆端懿王后)이다. 1696년에 11세의 나이로 세자빈에 간택되어 경종과 가례를 올렸다.

흔히 병약한 왕세자(경종)를 곁에서 극진히 모시다가 급환을 얻어 사망한 것으로 묘사되지만 《숙종실록》의 기록을 확인하면 오히려 왕세자는 건강한 편이었고 병약한 쪽은 세자빈 심씨였다. 숙환으로 풍질(風疾: 중풍 등의 신경질환)을 앓았고, 1701년 8월에는 병으로 인현왕후의 상사에 예를 갖추지 못했다. 가례 당시에도 극심한 복통을 일으켜 식을 전부 취소해야 한다는 언급이 있었을 만큼 심각한 소동이 있었다.

경종 즉위 2년 전인 1718년(숙종 44년)에 갑자기 혼절하여 돌연사하였다. 왕세자인 경종이 손수 지문(誌文: 죽은 사람의 이름. 태어나고 죽은 날. 행적(行跡), 무덤의 위치, 좌향(坐向) 따위를 적은 글)을 지었고, 숙종은 그녀의 죽음을 비통해하며 단의(端懿)의 시호를 추서하고 단의빈으로 삼았다.

● 혜릉(惠陵)
단의왕후의 능으로 동구릉 경내에 있다.

■ 선의왕후 어씨(宣懿王后 魚氏; 1705년 ~ 1730년)

경종의 계비이며 정식 시호는 경순효인혜목선의왕후(敬純孝仁惠睦宣懿王后)이다. 본관은 함종어씨로 영돈녕부사 어유구(魚有龜)의 딸이다. 어유구는 노론 영수 김창집의 제자이며 일가가 모두 노론계이다.

1718년 14세(만 12세)의 나이로 세자빈에 간택되어 같은 해에 왕세자(경종)와 가례를 올렸고 다음해인 1719년 9월에 관례를 올렸다.

1720년, 숙종이 서거하고 경종이 즉위하자 왕비가 되었다. 경종의 초비인 단의왕후 심씨의 왕비추봉과 그녀의 왕비책봉을 동시에 주청한 것이 청나라에 트집 잡혀 1721년에야 고명을 받을 수 있었다.

경종 1년, 경종 부부에게 후사가 없다는 이유를 내건 노론 4대신(이이명·김창집·이건명·조태채)과 왕대비(인원왕후)의 강력한 추진으로 연잉군(영조)의 왕세제 책봉이 결정되었을 때 그녀의 나이는 갓 17세에 불과했다. 일설에 따르면, 연잉군을 반대하여 종실과 비밀리에 연합, 소현세자의 직손인 밀풍군 탄, 혹은 밀풍군의 아들인 관석을 입양하려 하였으나 경종의 급서로 인해 실패하였다고도 한다.

1724년, 경종이 서거하고 영조가 즉위하면서 불과 20세의 나이로 왕대비가 되었다. 영조 2년에는 대비전이 있는 창덕궁이 아닌 경종이 세자 시절 거처하던 창경궁 저승전에서 지냈으며, 1730년 8월 12일(음력 6월 29일)에 창경궁 어조당에서 세상을 떠났다.

● 경종과 선의왕후의 능인 의릉(懿陵)의 문인석과 무인석
선의왕후가 사망한 것은 지문에 기록된 대로 오랜 지병을 앓아서가 아니라, 1730년 4월 15일에 발생했던 영조 암살 사건의 주모자로 지목되어 어조당에 유폐되었고, 이로 인해 분개한 선의왕후가 음식을 거부하여 끝내 아사한 것이라고 전한다.

경종의 가계도

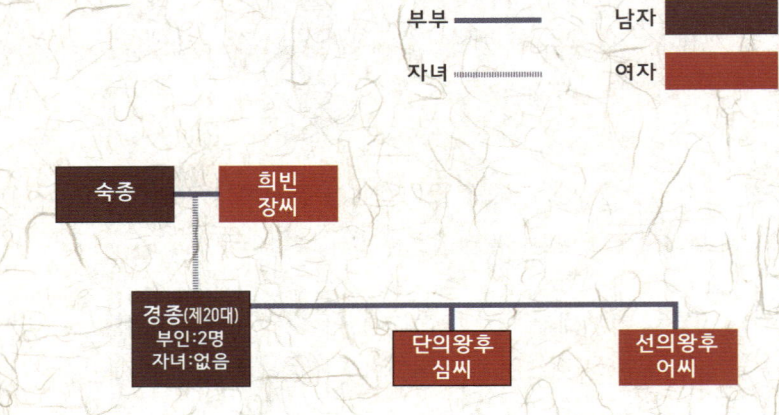

경종은 어려서부터 병약하였는데, 뒤에 단의왕후 심씨와 선의왕후 어씨 등 두 부인을 두었으나 자녀를 두지 못했다. 선의왕후는 노론의 추대를 받는 연잉군을 음흉한 시동생으로 간주하여 소현세자나 인평대군의 후손 중에서 한 명을 양자로 삼으려고 물색하였으나 실패하였다.

청나라에서 내린 시호는 각공왕(恪恭王)이었으나 청나라와의 외교 이외에는 사용하지 않았다. 묘호인 경종(景宗)은 당시 왕세제였던 영조가 왕위에 즉위한 후에 이복형을 '노숙한 마음으로 크게 생각했다'는 뜻으로 지어 주었다.

《영조실록(英祖實錄)》

《영조실록》 중초본의 편찬 경위

《영조실록》은 조선왕조 제21대 왕인 영조의 재위 기간(1724~1776년)인 52년 간의 역사를 편년체로 기록한 사서로서 모두 127권으로 간행되었다. 고종 26년(1889년)에 묘호를 영조로 추존 개정한 뒤에는 《영조실록》으로 부르게 되었다.

조선시대의 다른 실록들과 함께 국보 제151호로 지정되었다.

《영조실록》은 영조가 세상을 떠난 2년 뒤인 1778년(정조 2년) 2월에 영조실록청이 설치되면서부터 편찬이 시작되었다. 그 뒤 3년 6개월 만인 1781년 7월에 완성 간행되어 사고(史庫)에 봉안되었다.

편찬에 참여한 전후 실록청 총재관과 도청당상은 다음과 같다.

총재관 : 김상철·서명선·이은·이휘지·정존겸, 도청 당상 : 이휘지·서명응·황경원·이복원·채제공·조준·김종수·유언호·이성원·이명식·이연상·정일상·김익·김노진·김이소·서유령·윤이동 등이다.

영조는 1736년 83세에 세상을 떠났으며, 원래 묘호는 영종(英宗)이었으며 시호와 존호를 합쳐 '지행순덕영모의열장의홍륜광인돈희제천건극성공신화대성광운개태기영요명순철건건곤녕익문선무희경현효(至行純德英謨毅烈章義弘倫光仁敦禧體天建極聖功神化大成廣運開泰基永堯明舜哲乾健坤寧翼文宣武熙敬顯孝)'이었다. 그러나 1889년(고종 26년)에 묘호를 높여 영종에서 영조(英祖)로 바꾸고 존호를 더하였다. 능은 원릉(元陵)으로 경기도 구리시 인창동 동구릉 경내에 있다.

《영조실록》의 내용

　영조의 휘는 금(昑), 자는 광숙(光叔)이다. 숙종의 둘째아들이며 생모는 숙빈 최씨이다. 6세에 연잉군으로 책봉되고 경종 1년(1721년)에 왕세제로 책봉되었다가 경종 4년(1724년) 8월 25일 경종이 세상을 떠나자 왕으로 즉위하였다.
　영조는 왕위에 오른 직후 소론인 이광좌·조태억을 영의정·좌의정으로 삼고, 세제책봉을 격렬하게 반대했던 유봉휘를 우의정으로 발탁하였으며, 신임옥사 때 자신을 모해한 김일경과 노론 역모설의 고변자인 목호룡을 처형하였다.
　1727년, 영조는 갑자기 노론을 축출하고 이광좌를 중심으로 하는 노론 정권을 구성하였다. 이를 '정미환국'이라 한다.
　영조의 탕평책이 본궤도에 오른 것은 1728년 무신란(이인좌의 난)을 겪고 나서였다. 1757년(영조 33년) 2월, 정성왕후가 죽고 1759년(영조 35년) 정순왕후가 계비로 들어오자 그녀의 아버지 김한구를 중심으로 또 하나의 척신세력이 등장하여 분열이 가속화되었고, 소론과 남인은 이런 틈새를 이용하여 독자 세력화를 시도하였다.
　1762년(영조 38년), 영조가 대리청정하던 사도세자를 뒤주에 가두어 죽게 만든 참변이 일어났다. 영조는 1729년 사형수에 대해 삼복법(三覆法; 사형에 해당하는 죄인에게 억울함이 없도록 세 번 심리하던 일)을 엄격히 시행하였고, 신문고 제도를 부활시켜 백성들이 억울한 일을 왕에게 직접 알리도록 하였다. 1729년에는 오가작통 및 이정법을 엄수하게 하여 탈세 방지에 힘썼다.
　1760년 개천(오늘날의 청계천)을 준설하고 준천사를 설치하여 이를 지속적으로 관리하게 하였으며, 영조 재위 기간에 시행된 경제정책 중 가장 중요한 것이 균역법이다.
　1729년에 《감란록》을, 그리고 이듬해 《숙묘보감》을 편찬하였고, 1732년에는 이황의 《퇴계언행록》을 비롯하여 많은 책을 편찬하였다.

제21대 영조

▶생애 : 1694~1776년
▶재위 : 1724~1776년

영조(英祖)의 성은 이(李), 휘는 금(昑), 본관은 전주(全州), 자는 광숙(光叔), 호는 양성헌(養性軒)이다. 원래 묘호는 영종(英宗)이었으며 시호와 존호를 합쳐 지행순덕영모의열장의홍륜광인돈희체천건극성공신화대성광운개태기영요명순철건건곤녕익문선무희경현효대왕(至行純德英謨毅烈章義弘倫光仁敦禧體天建極聖功神化大成廣運開泰基永堯明舜哲乾健坤寧翼文宣武熙敬顯孝大王)이었다. 그러나 이후 고종 때 묘호를 높여 영조로 바꾸고 존호를 더하여 지행순덕영모의열장의홍륜광인돈희체천건극성공신화대성광운개태기영요명순철건건곤녕배명수통경력홍휴중화융도숙장창훈정문선무희경현효대왕(至行純德英謨毅烈章義弘倫光仁敦禧體天建極聖功神化大成廣運開泰基永堯明舜哲乾健坤寧配命垂統景曆洪休中和隆道肅莊彰勳正文宣武熙敬顯孝大王)이 되었다.

■ 출생과 성장

영조는 1694년 10월 31일에 창덕궁(昌德宮) 보경당(寶慶堂)에서 탄생하였다. 숙종의 총애를 받던 숙빈 최씨의 아들로 태어나 연잉군으로 책봉되어 숙종의 많은 귀여움을 받았다. 숙종은 희빈 장씨의 아들인 경종을 몰아내고 연잉군을 세자로 삼기 위해 노론 대신 이이명과 독대(정유독대)를 하고 노론에게 세자(경종)를 탄핵할 것을 지시한 것으로 추정된다.

● **연잉군의 초상**
영조의 21세 때 모습이다.

당시 숙종이 이이명을 불러 독대한 상황을 두고 소론은 "왕세자의 대를 연잉군에게 결코 넘길 수 없다"며 상소를 올려 이이명은 물론 숙종까지 격렬히 비난하였다. 이에 대해 연잉군에 동조적인 노론은 연잉군을 어떻게든 비호하려 하여, 그렇지 않아도 살얼음 같던 소론과 노론의 당쟁이 이 독대로 말미암아 더욱 격화되어 전장을 방불케 했다.

조선왕조실록

　1720년 숙종이 세상을 떠나자 병약한 왕세자가 조선왕조 제20대 왕으로 즉위하였는데(경종 원년), 이때를 일컬어 훗날 영조가 목숨이 위태로웠다고 말할 만큼 소론과 노론의 당쟁이 홍수처럼 밀려왔으나 경종은 큰 흐름만을 지켜볼 뿐 당쟁에는 이렇다 저렇다 관여하지 않았다. 왕세제의 '제' 자만 튀어나와도 소론이 죽일 듯이 달려드는 정국에서 노론 김창집(金昌集) 등이 결사적으로 왕세제 책봉을 상소했으나 소론 유봉휘(柳鳳輝) 등이 격렬히 논박하였다.

　소론의 논박에도 불구하고 경종에게 자식이 없고, 경종에게 가장 가까운 혈족이라고는 연잉군뿐이라는 사실은 달라지지 않았다. 소론은 연잉군의 왕세제 책봉을 미루고 그 책봉의 문제점을 부각시킬 수 있을 뿐 연잉군의 왕세제 책봉은 이미 정해진 일이었다. 그러나 연잉군은 왕세제 직위를 몇 번이고 사양했다. 그러다가 결국 그는 1721년(경종 1년) 음력 8월에 왕세제로 책봉되었다.

　이후 노론측에서 세제 대리청정을 건의하자 소론측에서는 노론의 불순한 의도를 지적했고, 경종은 그에 대해 입장표명을 하지 않다가 목호룡의 고변이 터지면서부터 사태가 달라졌다. 이어 노론의 대리청정 건의로 일시 정무를 담당했으나 소론의 반대로 청정이 취소당했고, '신임사화'로 인해 노론이 실각하자 자신을 지지하던 김창집·이이명·이건명·조태채 등의 4대신과 50여 명의 고관들이 사형당하고 그 일족이 유배·투옥되는 등 지지세력을 잃었으며, 1722년 김일경 등의 사주를 받은 박상검·문유도의 음모로 생명의 위협을 받기도 했다.

● **신임사화**(辛壬士禍)
1721년(경종 1년)~1722년, 왕통 문제와 관련하여 소론이 노론을 숙청한 사건. 노론은 경종 즉위 후 1년 만에 연잉군을 세제로 책봉하는 일을 주도하고 세제의 대리청정을 강행하려 하였다. 그러나 소론측은 노론의 대리청정 주장을 경종에 대한 불충(不忠)으로 탄핵하여 정국을 주도하였고 결국에는 소론 정권을 구성하는 데 성공하였다.

■ 영조의 즉위

경종 때 신임사화로 멸문 지경에 이른 노론세력이었지만, 그런 중에 살아남은 노론은 세를 키워 나갔고, 연잉군도 다시 세력을 회복할 수 있었다. 1724년 음력 8월, 병약하던 경종이 승하하자 연잉군(영조)이 왕위를 물려받게 된다.

붕당의 폐습을 통감한 영조는 등극하자마자 노론과 소론의 극심한 당쟁의 폐해를 막고 왕권을 강화하기 위해 탕평책(蕩平策)을 강력하게 시행하였다.

노론세력의 보호를 받고 성장한 영조가 왕위에 올랐을 때 조정은 영의정 이광좌를 중심으로 소론들이 정권을 잡고 있었는데, 노론의 이의연이 소론을 탄핵하는 상소를 올려 당쟁을 부추기는 물의를 일으키자 영조는 그를 유배시켰다. 또 노론의 송재후가 소론의 영수 김일경과 남인계 목호룡이 허위 날조로 '신임옥사'를 일으킨 것을 문제삼아 탄핵하는 상소를 올리자 영조가 친히 국문하여 김일경과 목호룡을 처형하고, 신임옥사 때 김일경에 동조한 이진유 등을 귀양 보냈으며, 영의정 이광좌와 우의정 조태구 등 소론의 세력을 조정에서 내쫓고 민진원 등 노론세력을 등용하였는데 이것을 '을사처분'이라고 한다.

이후 조정의 권력을 잡은 노론세력이 계속 '신임옥사'를 문제삼아 소론세력에 대해 보복하려고 하자 영조는 노론의 정호·민진원 등을 파직시키고, 소론의 이광좌·조태억을 정승으로 임명하여 다시 조정으로 불러들였는데 이 사건이 '정미환국(丁未換局)'이다.

● 조선국왕의 상징인 면류관
구장복을 입을 때 머리에 쓰는 최고 격식의 모자이다. 앞뒤로 옥과 구슬이 늘어져 있어서 시야를 가리고, 좌우에는 두 개의 옥구슬 귀막이가 늘어뜨려져 있다. 이는 '악은 보지 말고 나쁜 말은 듣지 말라'는 깊은 뜻이 담겨 있다.

■ 이인좌(李麟佐)의 난

　이인좌의 난은 조선 영조 4년(1728년), 소론 강경파와 남인 일부가 경종의 죽음에 영조와 노론이 관계되었다고 주장하면서 일으킨 반란이다. 난이 일어난 영조 4년이 간지로는 무신년이었기에 '무신난(戊申亂)'이라고도 하고, 난의 주요지역이었던 경상도(영남)의 이름을 따서 '영남란(嶺南亂)'이라고도 한다.

　신임사화 이후 실각당하였던 노론이 영조의 즉위와 동시에 다시 집권하고 앞서 노론 4대신을 무고한 바 있는 소론파 김일경·목호룡이 죽음을 당하자 소론의 잔여세력은 이에 대해 불만을 품고 기회만을 엿보고 있었다. 그러던 중 1727년(영조 3년) 음력 7월 1일 노론의 일부가 실각함을 보고 이듬해 음력 3월에 이인좌·김영해·정희량·박필현·이유익 등이 주동이 되어 소현세자의 증손자인 밀풍군 탄(坦)을 임금으로 추대하여 반란을 일으켰다.

　먼저 이인좌는 청주를 습격해 병사(兵使) 이봉상을 죽이고, 병졸을 모아 스스로 대원수(大元首)라 칭하며 사방으로 격문을 돌렸다. 격문의 요지는 경종의 죽음은 자연스러운 죽음이 아니라 흉악한 무리(즉 영조와 노론세력)에 의한 독살이고, 연잉군(영조)은 숙종의 왕자가 아니므로 왕대비의 밀조(密調)를 받아 경종의 원수를 갚고 소현세자의 적파손(嫡派孫)인 밀풍군 탄(坦)을 왕으로 세워 왕통을 바르게 한다는 내용이었다.

　모든 군사는 경종을 애도한다는 뜻에서 상복과 같은 흰옷을 입고 평안병사(平安兵使) 이사성, 총융사 김중기, 금군별장(禁軍別將) 남태징 등과 통모(通謀)하여 내외 상응(內外相應)하려 하였으나 용인(龍仁)에 퇴거하고 있던 소론의 원로 최규서가 이를 조정에 고변해 반군의 계획은 무너지고 새로 도순무사(都巡撫使)에 임명된 병조판서 오명항(吳命恒)의 관군에 의하여 반란은 진압되었다.

비록 단시일의 내란이긴 하였으나 청주성을 중심으로 진천(鎭川)·죽산(竹山)·안성(安城) 등지는 그 형세가 몹시 위태로웠으며 이인좌를 비롯한 반란의 주모자들은 서울로 압송되어 처형되었고 밀풍군 탄도 사사된다(자결했다는 설도 있다).

6일 천하로 끝난 이인좌의 난은 영남지역을 조선 후기 정치에서 소외시키는 결과를 낳았다. 비록 거병지는 청주였지만 남인들의 고장 영남에서 모의자와 동조자가 가장 많이 나왔기 때문이다. 즉 안동 등 일부 지역의 사대부들을 제외하고는 대다수가 거사에 심적으로 동조했던 것이다. 난이 평정된 후 영조는 대구부의 남문 밖에 평영남비(平嶺南碑)를 세워 영남을 반역향(叛逆鄕)으로 못박았다. 이 반란으로 삼남지역의 민심이 흉흉해지자 영조는 암행어사를 파견하여 민심을 살폈는데, 그 사람이 바로 어사 박문수다.

소론(완론)이 이 난을 진압하는 데 큰 공을 세우긴 했으나 이 난의 주동자 대부분도 소론 강경파(준론)이기에 이 난으로 소론의 세력은 크게 타격을 받았으며 이후 정권은 대개 노론에서 차지하게 되었다.

이후 50여 년에 걸쳐서 안동을 제외한 경상우도 사람들에게는 과거에 응시할 수도 없게 했으며, 조식의 문하인들은 아예 벼슬길에 나갈 생각을 갖지 못했다.

● 박문수(朴文秀)
1727년의 정미환국으로 소론이 득세하자 사서(司書)에 등용되어 영남 암행어사로 나가 부정관리들을 적발했다. 이듬해 이인좌의 난 때는 종사관(從事官)으로 출전, 전공을 세워 경상도 관찰사에 발탁되고, 분무공신(奮武功臣) 2등에 책록되어 영성군(靈城君)에 봉해졌다. 군정(軍政)과 세정(稅政)에 밝았으며 암행어사 때의 많은 일화가 전해지고 있다.

영조 김춘택 아들설 음모론

숙종 때부터 영조 때까지도 김춘택(金春澤)이 숙빈 최씨와 사통(私通)했다는 소문이 파다했는데, 악형을 금지한 영조였지만 영조 때 이를 언급하는 자에게는 예외로 심한 형문(刑問)을 가하였다.

일부 야사에서는 영조가 숙종의 아들이 아닐 것으로 추정한다. 가장 큰 근거는 영조의 외모가 숙종의 외모와 전혀 다르다는 것이다. 18세기 조선에서는 영조가 김춘택의 아들이라는 소문이 확산되었고, 소론과 남인 강경파 중에는 '영조 김춘택 아들설'을 신봉하기도 했다. 일설에는 이인좌의 난 당시 형장에 끌려간 소론 인사들이 경종의 복수를 다짐하면서 영조의 면전에서 김춘택의 아들이라고 불렀다는 설도 있다. 『조선왕조실록』에서 영조가 소론계 인사들을 심문할 때의 내용을 기록하지 않은 것이 그 근거라는 설이 돌기도 했다.

숙빈 최씨와 사랑을 나누던 김춘택이 임금의 씨가 아닌 자기 씨앗을 숙빈 최씨에게 잉태시키고, 그래서 태어난 것이 영조라는 것은 당시 18세기를 살던 조선 사람들 사이에서 유포되었던 소문이었다.

결국, "영조는 숙종의 아들이 아니다. 왕실의 씨가 바뀌었다."라는 내용으로 영조 집권 4년 만인 1728년 3월 15일에 '이인좌의 난'이 일어난다. 이인좌의 난은 보름 만에 진압이 되지만 영조는 집권 내내 190여 차례의 괘서 사건을 접하게 된다. 그 내용 중의 하나가 바로 영조는 숙종의 아들이 아닌 김춘택의 아들이라는 내용이었다 한다.

● 김춘택(金春澤)
숙종 때 폐비복위운동을 벌이는 등 당쟁에서 서인과 노론을 대표하는 인물이다.

■ 인권과 경제정책

영조는 유능한 학자를 발굴하여 실학의 학통을 수립하게 하고 풍속·도의의 교정에도 힘써 사회·산업·문화·예술 등 각 방면에 걸쳐 부흥기를 이룩했다. 영조의 이러한 실용 정책의 영향으로 조선은 이익(李瀷)을 선봉으로 실학이 자라기 시작했다.

영조는 조선사회를 개혁한 계몽군주로서 가혹한 형벌을 폐지 또는 개정하여 민중들이 인권을 존중받도록 하였으며, 신문고 제도를 부활하여 민중들이 억울한 일을 당했을 경우 이를 직접 알리게 했다. 그리고 그는 금주령(禁酒令)을 내려 사치와 낭비의 폐습을 바로잡고 농업을 장려하여 민생의 안정에 힘썼다. 배고픈 민중들의 실태를 조사하여 국가 비축미로 그들을 구제하고, 민중들이 국방의 의무를 대신하여 세금으로 내던 포목을 2필에서 1필로 줄이는 균역법을 제정함으로써 세제(稅制)의 합리화를 기하는 한편 민중들의 세금 부담을 크게 줄였으며, 서얼 차별로 인한 사회적 불만 요인을 없애기 위해 서얼 출신도 관리로 등용할 수 있도록 하였다.

또 일본에 조선 통신사로 갔던 조엄이 고구마를 들여왔는데, 그가 들여온 고구마는 훗날 흉년 때 식량으로 대신할 수 있게 되었다. 백성뿐만 아니라 영조 자신도 소식(小食), 물자 절약 등으로 검소한 생활을 함으로써 국가 지도자로서의 모범을 보였다.

또한 북관의 군병에게 조총훈련을 실시하고, 1729년에는 화차를 개량하게 하였으며, 이듬해에는 수어청에서 조총을 만들게 했고, 진(鎭)을 설치하여 각 보진(堡鎭)의 토성(土城)을 개수하는 등 국방 대책에 힘썼다. 또 오가작통법을 부활하여 조세 수입을 늘리고, 1756년에는 기로과(耆老科: 60세 또는 70세 이상인 노인만 보는 과거)를 신설하였다.

● 화차(火車) 이인좌의 난 진압 때 큰 활약을 한 무기이다.

■ 임오화변(壬午禍變)

1762년(영조 38년) 윤5월 13일에 벌어진 조선 역사상 가장 충격적인 왕실 사건이다. 이날 영조가 사도세자에게 뒤주에 들어가라고 명령했고, 뒤주에 갇힌 사도세자는 8일 뒤에 사망한다. 이 사건을 '임오화변'이라고 하는데, 엄밀히 말하면 뒤주에 갇힐 당시 폐서인 됐기 때문에 죽을 때의 신분은 세자가 아니었다.

사도세자는 제21대 영조의 두 번째 왕자로 태어났다. 영조는 조선의 국왕 중에서 83세로 가장 오래 살았고, 통치 기간도 가장 길어 52년 간 재위했다. 영조는 정성왕후·정순왕후 등 왕비 두 명과 정빈 이씨·영빈 이씨·귀인 조씨·후궁 문씨 등 후궁 네 명을 두었다. 그런데 왕비에게서는 후사가 없고 후궁에게서만 2남 12녀를 두었다.

첫째 아들인 효장세자는 영조가 즉위하기 전에 정빈 이씨와의 사이에서 태어났지만 9세 때 요절했고, 둘째이자 마지막 아들인 사도세자는 7년 뒤에 태어났다. 그때 41세였던 영조의 기쁨은 당연히 매우 컸다. 그래서 그는 이렇게 말했다고 한다.

"삼종(三宗: 효종·현종·숙종)의 혈맥이 끊어지려고 하다가 비로소 이어지게 되었으니 죽은 뒤에 여러 성조(聖朝)를 뵐 면목이 서게 되었다. 즐겁고 기뻐하는 마음이 지극하고 감회 또한 깊다."

그런 기쁜 마음은 즉각적인 조처로 반영되었다. 영조는 즉시 왕자를 중전의 양자로 입양하여 원자로 삼았으며 이듬해에는 왕세자로 책봉했다. 원자와 세자 책봉 모두 조선 역사에서 가장 빠른 기록이었다.

● 사도세자의 영정

영조는 태어난 지 100일도 안 된 갓난아기를 생모 영빈 이씨와 떨어뜨려서 선의왕후(경종의 계비)가 살던 저승전에 머물게 하고, 경종과 선의왕후를 모시던 궁인들로 하여금 세자의 시중을 들게 하였다.

저승전은 1730년 선의왕후가 죽은 후 오랫동안 비어 있던 곳으로 근처에는 장희빈이 머물면서 인현왕후를 저주했던 취선당이 있었다. 그런데 영조는 취선당을 소주방(燒廚房; 조선시대, 대궐 안의 음식을 만들던 곳)으로 삼아 그곳에서 세자를 위한 음식을 만들게 했던 것이다. 《한중록》에서 혜경궁 홍씨는 이것들이 세자를 망치게 한 원인이라고 지적한다. 부모의 손길이 필요한 아기를 엄마의 품에서 떼어놓고 불길한 곳에서 키우게 했다는 것이다.

영조의 입장에서야 선왕을 모시던 궁인들로 하여금 세자를 모시게 함으로써 사도세자의 권위를 세워 주고 또 경종 독살설로부터도 벗어나기 위함이었지만, 이 궁인들은 워낙에 친소론 성향이었고 영조의 뜻과는 다르게 동궁에서 여러 가지 크고 작은 분란을 일으킨 사람들이었다. 그러다 보니 자연히 사도세자는 유년기부터 그들을 통해 경종 독살설을 접하고 노론에게 반감을 갖게 되었다. 영조의 원비이자 사도세자를 양자로 입양한 정성왕후 서씨가 죽고 나서 다시 맞이한 김한구의 딸 정순왕후 김씨와 후궁 숙의 문씨 역시 사람을 심어 사도세자의 행적을 영조에게 고해 바치며 양자 사이를 이간질했다.

김상로·홍계희·김한구 등은 세자가 그릇된 정치관을 갖고 있다고 영조에게 고해 바쳤고, 영조에게 경종 독살설의 진실을 묻기도 했다. 또한 세자는 대리청정 기간 중 이인좌의 난 이후 꾸준히 요구된 소론계 인사들에 대한 연좌제 처벌을 반대하고 소론계 인사들을 등용하여 노론에게 경계심을 불러일으켰다.

● 영조의 어진

결국 영조는 '아들마저도 자신이 경종을 죽인 살인자로 보는 게 아닌가' 하는 의심을 가졌을지도 모른다. 그런 연유로 인해 영조와 사도세자는 점점 서로의 마음을 주고받을 수 있는 부자지간에서 멀어져 가고 있었다. 이러한 영조의 어정쩡한 태도는 세자로 하여금 심적으로 병들게 만들어 부왕인 영조를 원망토록 했다.

《승정원일기》는 "사도세자는 울화증이 생겨 잠도 못 자고 식사도 잘 못했다."고 기록했다. 이런 상황에서 세자빈 혜경궁 홍씨는 시아버지인 영조와 남편 사도세자 사이에서 이러지도 저러지도 못하는 샌드위치 처지가 되었다.

영조와의 불화로 인해 사도세자의 정신건강 상태는 점점 악화되어 갔고, 마침내 내시 김한채를 밀고자로 의심한 나머지 사도세자는 그의 머리를 베어 버리는 사건을 저지르고야 말았다. 세자빈 혜경궁 홍씨는 이러한 남편의 살인 행각을 안타까운 마음으로 지켜볼 수밖에 없었다. 평소에는 멀쩡하던 남편인데 발작이 일어나면 전혀 다른 사람이 되는 것이었다.

사도세자가 천연두를 앓고 얼마 지나지 않아 영조의 정비인 정성왕후와 대비였던 인원왕후가 승하했다. 그후 사도세자는 다섯 달 동안 빈소에서 머물렀는데, 영조는 빈소에 곡하러 올 때마다 사도세자의 사소한 흠을 찾아내어 신하들 앞에서 야단치며 망신을 주곤 했다.

● **사도세자의 개 그림**
사도세자가 그렸을 것으로 추정되는 궁궐의 개 그림으로, 사도세자는 청나라에서 보내온 개를 보면서 마음의 위안을 얻고자 했을 것이다. 그림을 보면, 작은 개 두 마리가 어미인 듯한 큰 개를 향해 달려들지만 큰 개는 먼산만 바라본다. 마치 자신과 영조의 관계를 나타낸 듯한 작품이다.

몸이 쇠약해진 상태에서 이러한 꾸중과 모욕까지 겹치다 보니 사도세자의 정신병적 증세는 날로 심해지기만 했다.

의대증(衣帶症; 옷 입기를 어려워하는 일종의 강박증)이 생긴 1757년, 사도세자는 최초의 살인을 저질렀다. 장기간 궁중에서 유숙하며 교대하지 아니하고 근무하는 내시인 장번내관(長番內官) 김한채를 죽이고 머리를 잘라 내인들과 혜경궁 홍씨에게 자랑하듯 보인 것이다. 이때의 일을 혜경궁 홍씨는 《한중록》에서 이렇게 말하고 있다.

"내 그때 사람의 머리 벤 것을 처음 보았으니 흉하고 놀랍기 이를 것이 어이 있으리오. 사람을 죽이고야 마음이 조금 풀리시는지, 그때 내인 여럿을 죽이시니라. 병환은 점점 더하시고 사람 죽이는 데 길이 나시니, 주위 사람들이 두려워할 뿐만 아니라 죽을 자리조차 제대로 못 잡게 되니, 그런 일이 어디 있으리오."

《영조실록》은 이때 죽은 내인이 총 6명이라 밝혔다. 사도세자의 아내 혜경궁 홍씨는 남편의 살인을 차마 영조에겐 알리지 못하고 사도세자의 생모 선희궁 영빈 이씨에게만 은밀하게 알렸다. 소식을 전해 들은 생모는 너무 놀라 식음을 전폐하고 눈물만 흘리며 "이 사실을 임금에게 아뢰자"고 말하였다. 하지만 사도세자에게 내려질 날벼락을 감당할 길이 없었다. 그 일이 두려웠던 혜경궁 홍씨의 저지로 영조에게 알리는 일이 이루어지지 않았다. 그러나 세상에 비밀은 없다. 한정된 대궐 안에서 사도세자가 사람을 죽였다는 소문이 나돌고, 대궐 밖으로 퍼져 나가 백성들 사이에도 널리 알려졌다.

● 혜경궁 홍씨(惠慶宮 洪氏)의 영정
사도세자의 빈(嬪)으로 조선의 22대 왕인 정조(正祖)의 생모이다. 헌경왕후(혜경궁 홍씨)는 회고록인 《한중록》을 썼는데, 《인현왕후전》·《계축일기》와 더불어 궁중문학을 대표하는 작품이다.

　　세자의 만행은 살인뿐만이 아니었다. 혜경궁 홍씨는 《한중록》에서, "세자가 여러 내인들, 궁녀들을 가까이 했는데, 그 내인들이 순종하지 않으면 치고 때려서 피가 철철 흐른 다음에라도 가까이 하시니 뉘 좋아하리오."라는 기록을 남겼다.

　　사도세자가 궁녀를 성폭행한 것만 보더라도 사도세자의 폭력성과 공격성이 가공된 헛소문이거나 근거 없는 이야기만은 아닐 것이다. 실제로 사도세자가 화완옹주를 만나 궁궐을 옮기도록 아버지에게 청하라며, "이후에 내게 무슨 일이 있으면 이 칼로 너를 베리라."고 위협했다는 소문도 있다. 이에 놀란 화완옹주는 울며, "앞으로 잘할 것이니 목숨만 살려 달라."고 빌었다고 한다.

　　상황이 이 지경까지 이르렀으니 대궐 안은 그야말로 전전긍긍이었다.
　　영조가 새로운 후궁을 맞이한 이후 사도세자는 자신의 생일날 모욕을 준 아버지 영조를 두고 무례한 언행을 하고, 어머니 선희궁 영빈 이씨에게도 무례한 말을 하기 시작했다. 효가 제1의 덕목이었던 유교국가 조선의 세자로서 넘지 말아야 할 선을 넘은 것이다. 이때 세손인 어린 정조 남매가 사도세자를 문안하러 오자 사도세자는, "부모도 모르는 것이 자식을 어찌 아랴."라며 아이들을 다 물러가게 했다고 한다.

　　사도세자는 영조 37년(1761년) 4월 2일부터 22일까지 20여 일 간 관서지방인 평안도 지방을 여행하고 돌아왔다. 평안도 관찰사 정희량 등의 계교에 빠져 비밀리에 여행을 가서 기생 파티를 하는 등 놀이판을 펴고 돌아온 것이다.

　　그 직후 사도세자의 학문을 도와주는 대사헌 서지수(徐志修)가 관서행의 소문이 불러올 파장을 우려하자 세자는, "내가 이미 후회하고 있는데 명심하지 않을 수 있겠는가?"라고 대답했다.

영조가 그 사건을 알게 된 것은 그로부터 4개월 뒤였다. 세자는 며칠 동안 금식하면서 사죄했지만, 영조와 세자의 관계를 돌이킬 수 없는 사건이 되고 말았다. 영조는 그 여행의 목적을 변란을 모의하려는 중대한 정치적 의도로 해석하였던 것이다. 이로 인해 영조와 세자의 관계는 정신적으로나 물리적으로나 돌아올 수 없는 강을 건너게 되었다.

세자의 정치적 성향은 소론에 가까운 것으로 평가되는데, 이 때문에 임오화변의 원인을 노론과 소론의 당쟁에서 찾는 견해가 유력하게 제시되기도 한다. 사도세자가 소론에 가까운 정치적 성향을 가졌다는 판단의 중요한 근거는 1755년(영조 31년) 2월에 발생한 나주벽서사건이다. 그때 세자는 자신의 정치적 입장을 갖기에 충분한 20세의 청년이었다. 그 사건은 나주 객사에 "간신들이 조정에 가득해 백성이 도탄에 빠졌다."는 내용의 벽서가 붙은 것이었다.

범인은 영조 초반에 숙청된 소론의 중심인물 중의 하나인 병조판서 출신 윤취상의 아들 윤지로 밝혀졌다. 그는 나주에 귀양 가서 몰래 역심을 품고 조정을 원망하며 같은 무리들과 합심하여 흉서를 내걸은 것이었다. 이 사건으로 인해 탕평의 틀이 깨지고 정국이 노론 중심으로 돌아가는 계기로 작용했다.

● **나주벽서사건(羅州壁書事件)**
소론파의 윤지는 숙종 때 과거에 급제하였으나 1722년 임인무옥(壬寅誣獄)을 일으킨 김일경의 옥사에 연좌되어 1724년 나주로 귀양갔다. 그는 오랜 귀양살이 끝에 노론을 제거할 목적으로 동지들을 규합하고 민심 동요를 위하여 1755년 나라를 비방하는 글을 나주 객사에 붙였는데, 이것이 윤지의 소행임이 발각되어 거사하기 전에 붙잡혀 서울로 압송되었다.

창경궁 휘령전 앞에 심상치 않은 기운이 흘렀다. 이곳은 영조의 중전 정성왕후의 신주를 모신 곳이다. 칼을 빼든 군사들이 전각(殿閣)을 둘러싼 가운데 영조가 무거운 침묵을 깨고 비장한 명령을 내렸다.

"세자가 죽으면 조선의 종사를 보존할 수 있다. 세자는 즉시 나와서 자결하라!"

한여름 왕실 경내에 날벼락이 떨어진 것이다.

영조가 신하들에게 물었다.

"정성왕후의 혼령이 짐에게 변란이 가까이 닥쳤다고 하는 소리를 그대들도 들었는가?"

그 주동자는 바로 외아들 세자를 가리킨 것이다.

사도세자는 곧장 휘령전을 나와 관과 용포, 그리고 신발까지 벗고 바깥에 엎드리며 죄를 빌었다. 용포 안에 입은 무명옷을 보자 왕은 크게 분노했다. 무명옷은 상례 때나 착용하는 것인데, 세자가 영조의 승하를 바라며 늘 입고 다닌다는 소문을 이미 들었던 터라 오늘 직접 두 눈으로 확인한 셈이다.

세자는 거듭 용서를 구했지만 영조의 태도는 전혀 변하지 않았다. 아버지의 태도를 본 세자는 칼을 들어 스스로 목숨을 끊고자 했다. 그러자 주변의 신하들이 필사적으로 제지했다. 이때 사도세자의 아들이자 영조의 손자인 세손(훗날의 정조)이 달려와 아버지의 용서를 청했다. 영조는 신하들과 세손을 물러가게 한 다음 다시 명령을 내렸다.

"뒤주를 대령하라!"

뒤주는 곡식을 담는 궤짝이다. 명령에 따라 대궐의 잔치음식을 담당하는 곳인 밧소주방(外燒廚房)의 뒤주가 당도했다.

영조는 세자에게 뒤주 안으로 들어가라고 명령했다.

세자가 들어가려고 했지만, 세자의 장대한 체구에 비해 그 뒤주는 너무나도 작앉다. 그리하여 궁궐 밖에 위치한 병영인 어영청의 군사용 대형 뒤주를 가져오도록 했다. 영조는 지엄한 명을 다시 내렸다.

"궁인들을 살해하고 효를 다하지 않았으며, 자신의 어머니와 아내, 그리고 더 나아가 짐을 죽이려 한 세자의 죄를 물어 이 시간 이후로 세자에서 폐위한다!"

교지에 따라 뒤주 안에 갇혀 있던 세자가 한여름의 더위와 목마름을 견디지 못하고 별안간 뒤주를 박차고 나왔다. 그러자 영조는 단호하게 그를 다시 집어 넣고 못과 동아줄로 뒤주를 봉했다.

뒤주에 갇힌 지 10일 만인 5월 22일, 영조의 명에 따라 뒤주를 개봉했다. 그러나 세자는 이미 죽어서 시신이 되어 있었다.

그렇게 세자는 싸늘하게 죽은 몸으로 바깥세상으로 나왔다. 사도세자의 시신을 본 영조는 죽은 아들을 다시 세자로 복위시키고, '생각할 사(思)', '슬퍼할 도(悼)'자를 써서 '사도세자'라는 시호를 내렸다.

● **창경궁 문정전(昌慶宮 文政殿)**
문정전은 조선왕실 최대의 참극이 일어났던 공간으로 이곳 마당에서 사도세자는 영조의 명령으로 뒤주에 갇혀 숨을 거뒀다. 영조는 세자가 제거된 후에는 '사도(思悼)'라는 시호를 부여하면서 슬픈 감정을 표시했다.

　사도세자가 굶어 죽은 뒤 세자의 장인 홍봉한은, "전하께서 결단하지 못할까 염려했는데 결국 혈기가 왕성할 때와 다름없이 결단하셨으니 흠앙(欽仰)해 마지않는다."고 말했다. 이후 후속 조처는 신속하게 이뤄졌으며 장례를 치르고 즉시 세손을 동궁으로 책봉했다.

　2년 뒤 영조는 세손을 효장세자의 후사로 입적하면서 사도세자를 추숭(追崇)하지 말라고 엄중하게 당부했다. 이를 '갑신처분'이라고 일컫는다.

　사도세자 사건으로 기록된 비정한 사건을 역사는 '임오화변(壬午禍變)'이라고 한다. 이 사건을 영조의 며느리이자 사도세자의 아내인 혜경궁 홍씨가 《한중록》으로 엮어냈다.

● **임오화변 관련 서적**
영조는 정조의 품의를 받아들여 《승정원일기》에 실린 임오화변 관련 내용을 삭제했다. 왼쪽부터 《대천록(待闡錄)》·《읍혈록(泣血錄·한중록)》·《궁원의(宮園儀)》 등 사도세자 관련 민간 기록이 그 공백을 메운다.

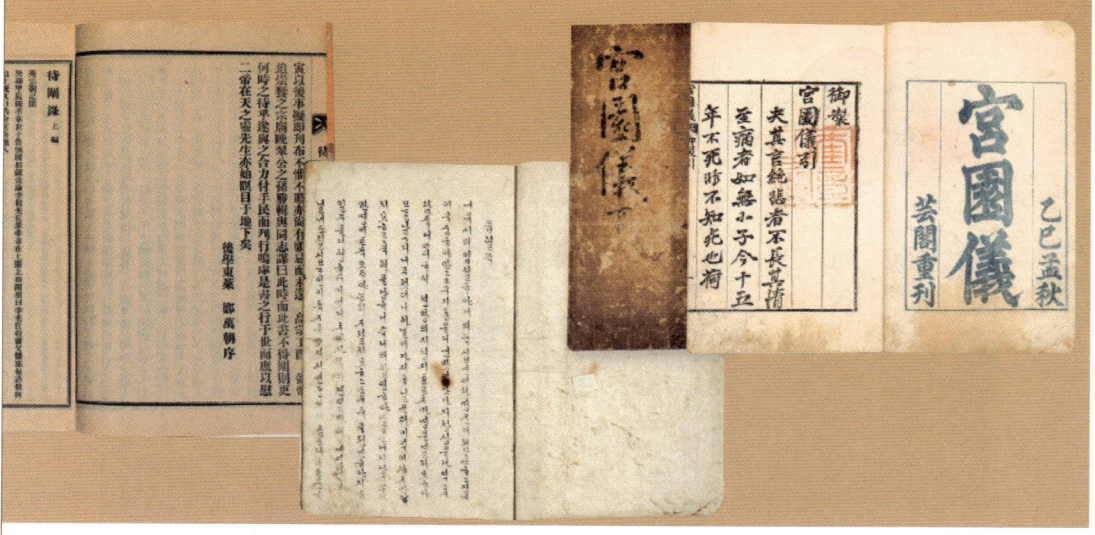

■ 영조의 말년

사도세자가 죽은 이후로 영조는 세손(사도세자의 아들 정조)을 동궁으로 삼고 후계자로 보호했다. 영조는 정권 후반기에 몇 달마다 영의정을 갈아치우는 등 더 외골수적이고 포악한 면모를 많이 보였으며, 동시에 수천 명의 백성을 만나 보는 등 여러 가지 행보를 이어갔으나 뚜렷한 업적은 잘 보이지 않는다. 그의 업적은 대부분 재위 전반부에 몰려 있다.

영조는 세손에게 보위를 양위하려 하였으나 신하들의 만류로 대리청정을 결심한다. 1774년(영조 50년), 그가 세손에게 대리청정을 명할 때 홍인한 등 노론의 지도부가 승정원의 승지와 사관(史官)들을 가로막고 붓을 빼앗으면서까지 방해하였으나 그는 세손에게 대리청정을 명하였고, 곧 이어 병권을 움직일 수 있는 감국권과 부절 승인 권한 역시 세손에게 넘겨주었다.

한편, 은언군과 은신군 등이 시장에서 송사에 휘말린 뒤 홍봉한이 이들의 뒤를 후원하였다는 것이 알려지면서 손자 은언군과 은신군을 제주도로 유배 보내게 된다. 은신군은 곧 풍토병을 얻어 사망하고 은언군은 세손이 즉위한 뒤에 석방된다.

만년에 기로소(耆老所)에 들어갔으며, 1776년 3월 5일, 영조는 83세의 나이로 경복궁 강녕전(康寧殿)에서 승하하여 조선 왕조의 역대 임금 중 최장 재위 기간(51년 7개월) 및 최장수 임금으로 기록되었다.

한편, 조선 후반기로 들어서면서 임금의 국상에도 3년상복을 입는 사대부 수가 감소하게 되면서, 영조의 국상 당시 빈소를 마련하고 3년상을 마친 선비들에게는 특별히 상을 내려 포상하기도 했다.

● 영조의 국상 당시 상복을 입은 조선의 사대부.

영조의 가계

영조의 치적(治績)인 노론과 소론의 중재와 공정한 등용, 탕평책을 통한 당쟁의 완화, 악형과 인습의 폐지와 문예부흥은 높이 평가받는다. 그러나 아들 사도세자를 뒤주에 가두어 죽인 점은 부정적인 평가의 대상이 되고 있다. 영조는 세손(정조)의 아내였던 정비 효의왕후를 각별하게 생각하고 있었다고 전해진다. 평소에 세손빈으로서 당시에 중전 정순왕후를 비롯하여 시어머니인 혜경궁 홍씨한테도, 지고지순하게 잘하며 조용하고 검소했던 터라, 영조의 극찬이 끊이지 않았고 화완옹주처럼 끔찍하게 총애하고 아꼈다고 한다.

■ 정성왕후 서씨(貞聖王后 徐氏; 1693 ~ 1757년)

영조의 정비(正妃)로서 조선의 역대 왕비 중에서 왕비 재임 기간이 가장 길다. 정식 시호는 혜경장신강선공익인휘소헌원렬단목장화정성왕후(惠敬莊愼康宣恭翼仁徽昭獻元烈端穆章和貞聖王后)이다. 본관은 달성(達城)으로, 달성부원군(達城府院君) 서종제와 잠성부부인(岑城府夫人) 이씨(李氏) 사이에서 태어났다.

1704년 연잉군(훗날의 영조)과 혼인하여 달성군부인(達城郡夫人)으로 책봉되었다. 혼인 첫날밤 연잉군이 그녀의 손을 보고는 왜 이리 곱냐고 물어보자, 고생을 안 한 덕에 손에 물을 묻히지 않아 그리되었다고 대답하니, 연잉군이 자신의 어머니인 숙빈 최씨를 깔본 것으로 간주하고 이후로 그녀를 찾지 않았다는 일화가 전해진다.

1721년 연잉군이 왕세제로 책봉되자 세제빈(世弟嬪)이 되었으며, 1724년 경종이 승하하고 왕세제인 연잉군이 조선의 21대 국왕으로 즉위하자 왕비로 책봉되었다. 어질고 너그러운 성품을 가졌다고 전해지며, 생전에 정빈 이씨의 소생인 효장세자와 영빈 이씨의 소생인 사도세자를 친아들처럼 대하였다.

● 홍릉(弘陵)

영조의 원비 정성왕후 서씨의 능이다. 경기도 고양시 용두동 산30-1에 위치하며 서오릉 중의 하나로 1970년 5월 26일 사적 제198호에 지정되었다. 영조는 훗날 정성왕후의 옆에 묻히기 위해 우측 옆을 비워 놓았으나 1776년 영조가 승하한 후 손자인 정조는 영조의 뜻과는 다르게 서오릉의 정반대에 위치한 동오릉(오늘날의 동구릉)에 정하였다. 결국 정성왕후 옆의 빈 자리는 아직도 그대로 전해져 온다.

1757년 66세의 나이로 정성왕후가 승하하자 영조는 정성왕후의 능을 아버지인 숙종의 명릉(明陵) 근처에 만들고 훗날 자신이 정성왕후의 옆에 묻히기 위해 옆자리를 비워 놓았다. 그러나 1776년 영조가 승하한 뒤 손자인 정조는 당시 왕대비였던 영조의 계비(繼妃)인 정순왕후를 의식하여 현재의 동구릉 위치에 영조와 정순왕후의 무덤인 원릉을 조성하였고, 결국 정성왕후는 옆자리가 비워진 채 홍릉에 홀로 남겨지게 되었다.

■ 정순왕후 김씨(貞純王后 金氏; 1745년 ~ 1805년)

영조의 계비이다. 정식 시호는 예순성철장희혜휘익렬명선수경광헌융인정현소숙정헌정순왕후(睿順聖哲莊僖惠徽翼烈明宣綏敬光獻隆仁正顯昭肅靖憲貞純王后)이다. 본관은 경주(慶州)로 오흥부원군 김한구와 원풍부부인 원씨의 딸이다.

1757년 정비인 정성왕후가 승하하자 영조는 부왕인 숙종의 유지에 따라 후궁들 중에서 새 왕비를 책봉하지 않았다.

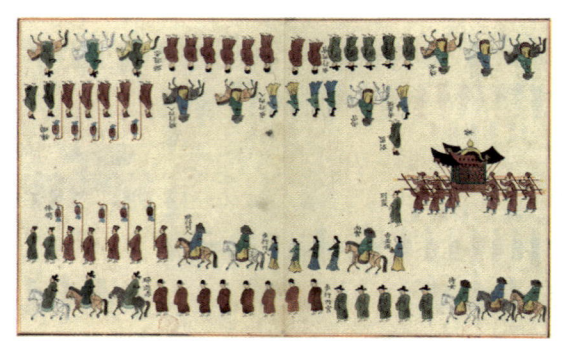

● 영조정순왕후가례도감의궤
(英祖貞純王后嘉禮都監儀軌)

창경궁에서 가마를 타고 나온 영조는 정순왕후가 거처하던 어의동(현재 종로) 별궁에 가서 왕비를 맞이하고 창덕궁에 돌아간다. 이때 실제 있었던 1.5km 왕의 행렬을 〈영조정순왕후가례도감의궤〉가 생생하게 기록하고 있다.

　1759년 6월 9일, 정식 중전 간택을 통해 김한구의 딸을 새 왕비로 맞아 6월 22일에 창경궁에서 혼례를 올렸다. 당시 영조의 나이는 66세, 정순왕후는 15세로 조선 개국 이후 가장 나이 차가 큰 혼인이었고, 그가 왕비에 책봉될 때 부모 내외는 물론 조부 김선경도 생존하고 있었다. 심지어 1735년에 태어난 영조의 아들인 사도세자와 며느리인 혜경궁 홍씨보다 10살이나 어렸다.

　간택 당시의 일화로 영조는 간택 규수들에게 세상에서 가장 깊은 것이 무엇인지 물었는데, 다른 규수들은 "산이 깊다", "물이 깊다"는 답을 했지만, 유독 정순왕후는 "인심이 가장 깊다"고 답하여 영조의 눈길을 사로잡았다고 한다. 또 가장 아름다운 꽃이 무엇이냐는 질문에 대해, "목화꽃은 비록 멋과 향기는 빼어나지 않으나 실을 짜 백성들을 따뜻하게 만들어 주는 꽃이니 가장 아름답다"라는 말로 영조를 감탄시켰다고 한다.

　왕비책봉 이후에도 상궁이 옷의 치수를 재기 위해 잠시 돌아서 달라고 하자 단호한 어조로 "네가 돌아서면 되지 않느냐!"고 추상같이 답하였다 하니, 어린 나이에도 왕비의 체통을 중시하였던 그녀의 면모를 알 수 있다. 남편인 영조의 총애는 깊었지만 대군은커녕 공주도 생산하지 못하였으며, 임신했다는 기록도 없고 유산했다는 기록도 없다.

친정이 노론의 중심 가문이었음에 비해 사도세자는 소론에 기울어져 노론에 비판적이었고, 그 내외가 어머니뻘인 자기보다 10세나 연상인 데서 빚어지는 갈등 때문에 1762년 영조가 사도세자를 뒤주에 가두어 죽이는 데 적지 않은 역할을 했다고 전해진다. 오빠 김귀주가 이끄는 세력이 영조 말년에 사도세자의 장인인 홍봉한 중심세력과 맞서고, 친정 인물들을 중심으로 하는 벽파(僻派)가 정조 대에 시파(時派)와 대립하는 데 중요한 정치적 배경이 되었다.

1800년, 순조가 11세로 즉위하자 신료들의 요청을 받아들이는 형식으로 수렴청정을 실시하였는데, 스스로 여자 국왕[女主·女君]임을 칭하고 신하들도 그녀의 신하임을 공언하는 등 실질적으로 국왕의 모든 권한과 권위를 행사하였다. 과감하게 국정을 주도하여 조정의 주요 신하들로부터 개인별 충성서약을 받았으며, 정조의 장례가 끝나자마자 사도세자에게 동정적이었던 시파 인물들을 대대적으로 숙청하였다. 이때 정조의 이복동생 은언군 인(恩彦君 裀)과 정조의 친모 혜경궁 홍씨(惠慶宮 洪氏)의 동생인 홍낙임 등은 처형되었다. 다음해에는 격렬한 천주교 탄압을 일으켜 정약용 등의 남인(南人)들을 축출하고, 국왕 친위부대인 장용영을 혁파하는 등 정조가 수립한 정치질서를 부정하였다.

1803년 음력 12월에 수렴청정을 거두고 순조의 친정이 선포되자, 순조의 장인이자 정조의 친위세력이었던 김조순에 의해 대부분의 벽파 관료가 숙청되고 자신의 영향력도 약화되어 허망한 말년을 보내다가 1년 뒤인 1805년 2월 11일 경복궁 교태전에서 승하하였다.

● 원릉(元陵)
경기도 구리시 인창동 산8-2번지 동구릉 내에 있는 영조와 계비 정순왕후 김씨의 무덤이다.

■ 영빈 이씨(暎嬪 李氏; 1696 ~ 1764년)

영조의 총관후궁이다. 본관은 전의(全義)로, 증찬성 이유번(李楡蕃)과 부인 한양 김씨(김우종의 딸) 사이에서 태어난 딸이다. 1701년에 궁녀로 입궁하였다. 1726년 11월 16일, 영조의 승은을 입어 내명부 종2품 숙의(淑儀)에 책봉되었다. 1728년에 내명부 종1품 귀인(貴人)이 되었다가 마침내 1730년 11월 27일, 내명부 정1품 빈(嬪)의 첩지를 받아 영빈(暎嬪)이 되었다.

슬하에 화평옹주·화협옹주·화완옹주 및 조졸(早卒)한 옹주 셋을 포함한 1남 6녀, 모두 일곱 명의 자식을 두었으나 화완옹주를 제외한 6명의 자식들이 그녀의 살아 생전에 요절했으며, 그 중의 한 명인 사도세자는 비참한 죽음을 겪었다.

인원왕후는 영빈 이씨가 거처를 옮기면 왕자를 낳을 것이라는 점을 보고 그녀에게 창경궁 집복헌으로 거처를 옮기라고 명을 내렸다.

인원왕후의 명에 따라 거처를 옮긴 영빈 이씨는 마침내 1735년 왕자 사도세자를 출산하였고, 사도세자 출생 당시 영조는 그녀의 곁을 직접 지키고 있었다고 한다. 그러나 그 누구보다 영조의 총애를 받던 화평옹주와, 영빈을 닮아 미색이었다는 화협옹주는 병을 얻어 숨졌다.

고명아들인 사도세자는 애초에 아버지 영조와 사이가 멀었던 데다 성격이나 정치적인 견해 차이로 자주 영조와 갈등했다. 그러다 보니 세자는 이로 인한 정신병과 우울증을 얻어 살인과 비행을 일삼았다.

한편, 사도세자에게 아들 다섯이 태어나면서 영조는 아들 사도세자 대신 손자들 후계자를 택하려 했다.

● 영빈 이씨의 은인(銀印, 1899년 제작).

정신적인 질환을 앓는 상태에서 자신의 후궁을 살해하고 영조의 시해까지 운운하자 영빈 이씨는 며느리와 세손을 살리기 위해 친아들의 단죄를 간하고, 결국 세자는 쌀 담는 뒤주 속에 갇혀 8일 만에 굶어 죽게 되었다. 영조는 자신의 꿈에 정성왕후가 나타나 세자가 다른 마음을 먹는다고 예지해 준 적이 있다며 사도세자를 처분하기로 결심했을 때 법적 모친인 정성왕후의 계시와 생모 영빈 이씨의 밀고를 그 근거로 내세웠다.

자식들과 손주들(의소 세손, 화완의 딸 등)의 죽음을 지켜보던 그녀는 1764년 음력 7월 26일, 사도세자가 죽은 지 2년 후에 사망하였다. 영조는 그녀의 죽음을 슬퍼하며 영빈의 장례를 후궁 제일의 것으로 하였고 의열(義烈)의 시호를 내렸다.

■ **장조** (莊祖; 1735 ~ 1762년)

조선의 왕세자이자 추존왕이다. 영조의 둘째서자로 효장세자의 이복동생이며 정조의 생부이다. 흔히 사도세자(思悼世子) 또는 장헌세자(莊獻世子)로 더 잘 알려져 있다. 생후 1년 만에 세자로 책봉되었으며, 1749년 왕명으로 대리청정을 시작하였으나 노론·부왕과의 마찰과 정치적 갈등을 빚다가 1762년(영조 38년) 왕명으로 뒤주에 갇혀 아사하였다. 사후 지위만 복권되었고, 양주 배봉산에 안장되었다가 다시 수원 화성 근처 현륭원(융릉)에 안장되었다.

정조 즉위 후 장헌의 존호를 받았다. 정조는 재위 중 그를 왕으로 추존하려는 시도를 하였으나 노론계열의 반발로 무산되고 만다. 한편, 부인 헌경왕후는 후일 《한중록》에서 그가 의대증과 정신질환을 앓았다고 진술했고, 실록에도 그의 병이 기록되어 있는 것으로 보아 적어도 우울증이나 화병 같은 병을 앓고 있었던 것은 확실해 보인다.

● 장조의 능인 융릉 앞에 세워진 망주석. 세호(細虎)가 내려오고 있는 형상이다.

■ 헌경왕후 홍씨(獻敬王后 洪氏; 1735 ~ 1816년)

영조의 차남 장조(莊祖: 사도세자)의 비이자 정조의 어머니이다. 원래 시호는 헌경혜빈(獻敬惠嬪)이었으나 고종 때 왕후로, 그리고 다시 황후로 추존되었다. 시호는 효강자희정선휘목유정인철계성헌경왕후(孝康慈禧貞宣徽穆裕靖仁哲啓聖獻敬王后)로, 정조가 내린 궁호인 혜경궁(惠慶宮) 또는 혜경궁 홍씨로도 알려져 있다.

생전에 받은 존호로는 1778년(정조 2년)에 효강(孝康), 1783년(정조 7년) 자희(慈禧), 1784년(정조 8년) 정선(貞宣), 1795년(정조 19년)에는 그의 회갑을 기념하여 휘목(徽穆)이란 존호를 받고 효강자희정선휘목혜빈이 되었다. 정조 즉위 후에는 정조의 생모였으므로 법적으로는 혜빈이었지만 혜빈이라는 칭호 대신 혜경궁으로 불렸다.

정조가 왕으로 즉위하여 아버지 사도세자에게 '장헌(莊獻)'이라는 시호를 올리고, 어머니 혜빈 홍씨 역시 '혜경궁(惠慶宮)'으로 궁호가 높아졌다. 당시 왕실에서 혜경궁 홍씨가 제일 연장자였으나, 서열상 10살 아래인 정순왕후가 대비의 위치를 차지하여 왕실 서열상 제2위의 위치에 있었다.

1800년 정조가 죽고 정조의 아들이자 혜경궁 홍씨의 손자인 순조가 왕위에 올랐다. 1805년(순조 5년)부터는 담현증(痰眩症)을 앓아 오래 병석에 누웠다. 1815년에 창경궁 경춘전에서 81세를 일기로 생을 마감하며 헌경빈(獻敬嬪)의 시호를 받았다. 이는 총명하고 예지(睿知)함을 헌(獻)이라 하고, 밤낮으로 경계함을 일러 경(敬)이라 하였다 한다.

● 화성 행궁의 혜경궁 홍씨 밀랍.

■ 진종 (眞宗; 1719 ~ 1728년)

영조의 큰아들로 왕세자이며 추존왕이다. 효장세자(孝章世子)로 더욱 잘 알려져 있다. 양자 정조가 즉위하면서 진종온량예명철문효장대왕(眞宗溫良睿明哲文孝章大王)으로 추존되었다.

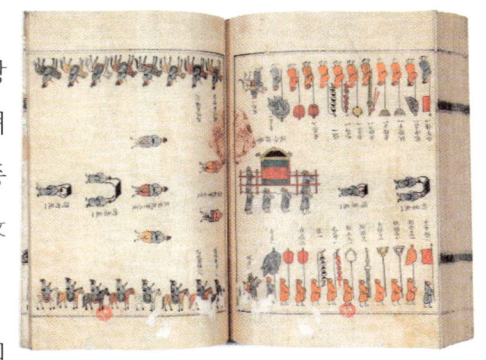

● 효장세자 책례도감 의궤.

1719년 2월 15일, 영조와 정빈 이씨의 아들로 태어났다. 그의 사후에 태어나는 사도세자는 그의 이복동생이었다. 처음 이름은 만복(萬福)이라 했다가 뒤에 행으로 고쳤다. 그는 할아버지 숙종 생전에 태어났다. 그러나 영조의 생모인 숙빈 최씨의 상중에 잉태되어 태어난 탓인지 영조의 장남이자 숙종의 첫 손자임에도 불구하고 《숙종실록》과 《경종실록》에 존재가 기록되지 않았다. 영조 즉위년인 1724년에 경의군(敬義君)에 봉해졌으며 다음해 왕세자에 책봉되었다.

1726년, 그는 조문명의 딸 효순왕후와 가례를 올렸고, 1728년 11월 16일 경복궁 자선당(資善堂)에서 훙서하였으며, 그가 세상을 떠날 당시 그의 아버지 영조의 보령은 35세였다. 영조는 친히 그의 임종을 지켰다 하는데, 그는 병석에 누워서도 마지막까지 효를 다하고 가지 못함을 애통해하였다고 한다.

이후 효장세자로 불리다가 훗날 영조에 의해 이복동생 사도세자가 폐서인되면서 사도세자의 아들 정조가 양자로 입적된 후 승통세자(承統世子)라는 별호를 얻었다. 1776년 정조가 즉위하면서 영조의 유지에 따르는 방식으로 진종(眞宗)에 추존되었다.

영조의 가계도

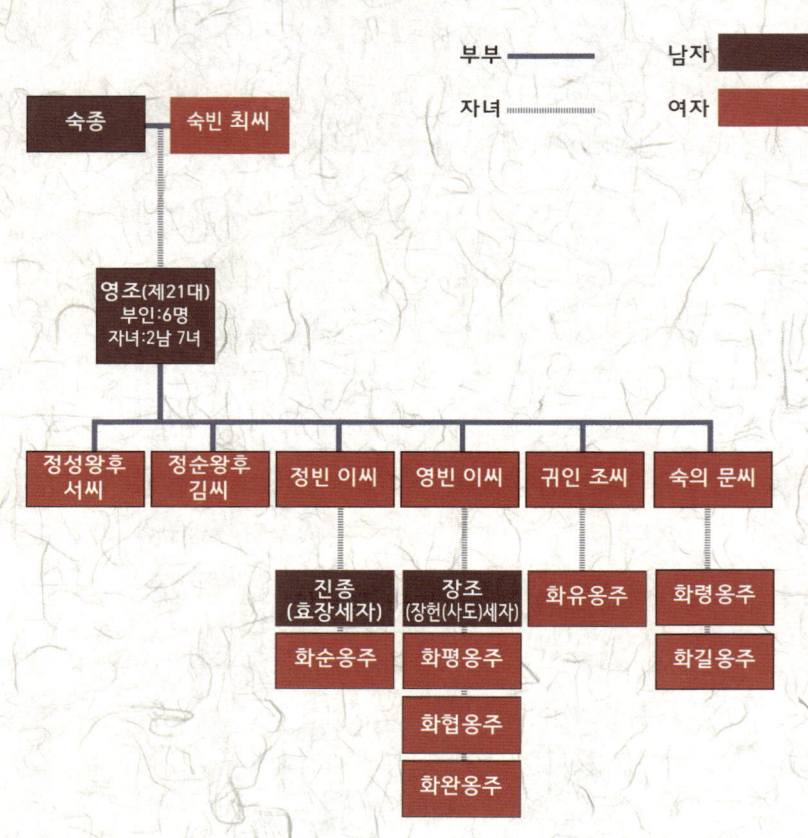

    수명과 재위 기간 외에도 영조가 세운 기네스가 하나 더 있는데, 역대 조선 국왕 중에서 가장 정식 시호가 긴 임금이다. 정식 시호는 영조장순지행순덕영모의렬장의홍윤광인돈희체천건극성공신화대성광운개태기영요명순철건건곤영배명수통경력홍휴중화융도숙장창훈정문선무희경현효대왕(英祖莊順至行純德英謨毅烈章義洪倫光仁敦禧體天建極聖功神化大成廣運開泰基永堯明舜哲乾健坤寧配命垂統景曆洪休中和隆道肅莊彰勳正文宣武熙敬顯孝大王). 총 70자다. 그야말로 시호에 쓰는 글자들 중에서 좋은 글자는 거의 다 가져다 붙였다. 성군의 대명사로 알려진 요(堯)와 순(舜)의 이름까지 들어가 있을 정도이다.

《정조실록(正祖實錄)》

《정조실록》 중초본의 편찬 경위

《정조실록》은 조선왕조 제22대 왕이었던 정조의 재위 기간(1776년 3월~1800년 6월)의 역사를 편년체로 기록한 사서이다.

정조의 본디 묘호는 정종이었으므로 그 실록의 이름도《정종문성무열성인장효대왕실록》으로 약칭《정종대왕실록》이라 하였다.

광무 3년(1899년)에 묘호를 추존 개정함으로써 그 실록도《정조실록》으로 부르게 되었다.

본서 54권과 부록 2권을 합쳐 모두 56권 56책이며 활자로 간행되었다.

《정조실록》은 그가 세상을 떠난 익년인 순조 즉위년(1800년) 12월에 편찬하기 시작하여 순조 5년(1805년) 8월에 완성되었다.

정조 대에는 정치가 안정되었기 때문에 실록 편찬에도 특별한 이유가 없었으며 그 편찬 경위도 다른 실록의 편찬 사례와 대체로 같았다.

실록청 총재관에는 이병모·이시수·서용보·서매수 등 4명이 임명되어 편찬을 주도하였다.

정조는 1800년 6월에 48세로 세상을 떠났다. 존호는 문성무열성인장효(文成武烈聖仁莊孝)이며, 능호는 건릉(健陵)으로 사도세자가 묻힌 융릉 서쪽에 있다.

1897년에 대한제국이 성립되자 1900년에 황제로 추존되어 선황제로 개칭되었다.

《정조실록》의 내용

정조는 영조 28년(1752년)에 사도세자의 둘째아들로 태어나 영조 35년(1759년) 8살에 세손으로 책봉되었다. 영조 38년(1762년)에 장현세자가 죽음을 당하자 정조는 어려서 죽은 영조의 맏아들 효장세자(뒤에 진종으로 추존; 1719~1728년)의 아들로 입적되었다.

정조는 친아버지의 죽음과 시파·벽파의 대립 갈등으로 그 지위가 매우 위태로웠으나 홍국영 등의 보호로 어려움을 이겨낼 수 있었다.

영조 51년(1775년)부터 대리청정을 하다가 다음해 영조가 세상을 떠나자 25세로 즉위하였다. 정조는 왕위에 오른 후 곧 규장각을 설치해 문화정치를 표방하는 한편, 그의 즉위를 방해했던 정후겸·홍인한·홍상간·윤양로 등을 제거하였다. 정조 4년(1780년)에는 홍국영을 축출하고 친정세력를 구축하였다. 정조는 영조 이래의 탕평책을 계승하였다. 유능한 학자와 관료들을 우대하고 젊은 문신들을 선발하여 학문과 문예를 장려함으로써 자신의 친위세력으로 삼았다.

정조는 아버지 사도세자를 장헌세자로 추존하고 그의 묘를 수원 화산 아래로 이장하여 현륭원을 조성하였다.

17세기부터 조선에는 천주교가 들어오게 되어 권철신·정약용 형제·이벽 등과 같은 신자들이 나타나게 되었다. 정조 7년(1783년)에는 이승훈이 북경 천주교회당에서 영세를 받았고, 다음해에는 서울 남부 명례동 역관 김범우의 집에 최초의 천주교회가 창설되었다. 정조 15년(1791년)에는 조상의 신주를 불태운 진산의 윤지충·권상연 등의 사건이 있었고, 정조 19년(1795년)에는 중국인 신부 주문모가 입국하여 활동하였다. 정조는 천주교를 금지하기는 하였지만 심하게 단속하지 않았으므로 1800년경에는 신도가 1만여 명으로 불어나게 되었다.

제22대 정조

▶생애 : 1752~1800년
▶재위 : 1776~1800년

조선의 22대 왕. 이름은 산(祘), 자는 형운(亨運), 호는 홍재(弘齋)이며, 선왕인 영조(英祖) 28년에 장헌세자와 혜경궁 홍씨 사이에서 태어났다. 1759년(영조 35년)에 세손(世孫)으로 책봉되었고, 1762년에 장헌세자가 비극적인 죽음을 당하자 조세(早世)한 영조의 맏아들 효장세자의 후사가 되어 왕통을 이었다. 1775년부터는 대리청정을 하여 국가의 정사를 직접 관장하였으며, 이듬해 영조가 죽자 25세의 나이로 왕위에 올라 25년 간 재위하였다.

■ 출생과 성장

정조 이산(李祘)은 할아버지인 영조와 함께 조선 최후의 부흥기를 이끈 임금으로 평가된다. 또한 드라마나 각종 작품들의 소재가 될 정도로 인생이 상당히 변화무

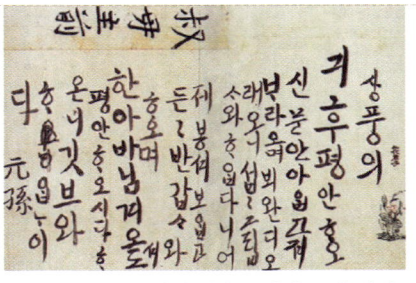
● 정조가 원손 시절 외숙모에게 보낸 편지.

쌍한 왕이었기 때문에 후대에도 많은 이야깃거리를 남겼다.

아버지인 사도세자가 비정한 정치판 위에서 끝내 할아버지의 손에 죽는 무서운 광경을 보고 어린 정조는 큰 충격을 받았다. 이때 영조의 서슬 퍼런 어명이 내려지자 세손 정조만이 마지막까지 할아버지 영조에게 매달려 자신의 아버지 사도세자를 살려 달라고 애원하는 눈물겨운 일이 있었을 정도였다. 사도세자가 죽고 나서 어머니 혜경궁 홍씨와 함께 외갓집으로 내려가지만, 곧 어머니와 생이별하고 궁으로 돌아간다. 이때 사도세자의 생모 영빈 이씨의 극진한 보살핌을 받았다고 한다. 영빈 이씨로서는 자식을 죽음으로 내몰았으니 그에 대한 죄책감도 겹쳐 손자에게 극진하게 대하지 않을 수 없었을 것이다.

왕세손 시절에는 할아버지 영조에게 극진한 총애를 받았다. 실록을 보면 단 한 번도 세손을 꾸짖지 않고 칭찬만 했다고 나와 있다. 아들 사도세자의 경우 정신병에 걸리게 할 정도로 혹독하게 대한 것과는 참으로 대조적인데, 이런 세손에 대한 편애가 임오화변의 원인 중 하나라는 해석도 있다.

정조는 일부러 흠을 잡을래야 잡을 수 없을 정도로 모범적이고 공부를 잘했는데, 그것은 영조의 아래에서 살아남기 위한 정조의 생존전략이기도 했다. 아버지가 죽은 뒤 살아남아서 왕위에 오르려면 영조에게 후계자로 인정을 받는 게 유일한 방법이었기 때문이다.

하지만 정신병이라는 핑계를 대긴 했어도 엄연히 죄인인 사도세자의 아들로서는 왕위를 이을 수 없을 거라고 판단한 영조에 의해, 죽은 백부인 효장세자의 양자가 되는 방식으로 왕위 계승권을 유지하게 된다(정조는 즉위 이후 정통성 확보를 위해 효장세자를 진종으로 추존했다. 친부는 끝내 추증하지 못했는데 양부는 거의 즉위하자마자 추존할 수밖에 없었다. 사도세자는 고종 대에 '장조'로 추존되었다). 어린 시절에 아버지를 잃었다는 사실은 어렸을 때 생모를 잃었던 연산군과 비슷하기 때문에 비교되곤 한다. 다른 점은 연산군의 경우 성종이 사실을 숨겼다가 뒤늦게 알게 되었고, 그 충격으로 인해 정사를 돌보지 않게 되었다는 점이다.

● **조선은 연좌제의 왕국**

조선은 연좌제가 존재하는 왕국이었다. 연좌제는 '부모가 죄인이면 자식도 죄인'이라는 것으로 죄가 대물림되는 것을 말한다. 흔히 '역적의 자식은 과거시험을 볼 수 없다'라는 것이 바로 그것이다. 조선에서 과거시험을 보아 관리가 되는 것은 입신양명에 목적이 있었다. 입신양명은 나라에 충성하고 왕을 잘 받드는 것에 초점이 맞춰져 있는데, 역적은 왕을 배신한 사람이므로 왕을 배신한 자를 믿고 쓸 수 없다는 논리였다. 왕을 배신한 자에게 합당한 벌로 당사자는 물론이고 그 자식의 자식까지 과거를 보지 못하도록 한 것이다.

■ 아버지 사도세자의 죽음과 세손 정조

정조의 아버지인 사도세자는 1749년(영조 15년)부터 영조를 대신하여 대리청정을 하였다. 당시 세자의 나이는 15세였다. 영조는 세자에게 대리청정을 맡겼으나 그의 일처리에 대해서는 끊임없이 질책하였고 임금의 자리를 넘겨주겠다고 짐짓 떠보기도 하여 사도세자는 홍역을 앓는 와중에도 돗자리를 깔고 석고대죄를 하기도 하였다.

사도세자는 아버지인 영조와의 불화로 심리적인 위기를 겪었다. 그는 장인이었던 홍봉한에게 보낸 편지에서 "극심한 우울증에 시달리고 있으니 남몰래 약을 지어 보내 달라"고 요청하기도 하였다. 사도세자는 노론이었던 홍봉한 가문을 처족으로 맞이하였지만 대리청정을 하면서 소론에 우호적이었고 노론과는 충돌을 거듭하여 영조와 불화를 자초하였다.

그리고 세자는 관서행, 서연 불참, 기녀들과 놀기 등 세자로서 문제되는 행동을 많이 했다. 영조 자신이 경종 시절에 노론의 힘을 업고 왕세제(王世弟)가 되어 즉위할 수 있었기 때문에 영조의 탕평책 역시 노론의 입장을 두둔할 수밖에 없었다.

1762년 윤5월에 영조는 세자를 폐위하고 뒤주에 가두었으며, 세자는 뒤주에 갇힌 지 8일 뒤에 죽었다. 영조는 세자가 죽은 뒤 그를 복위시키고 사도(思悼)라는 시호를 내려 장례를 치렀다. 장례를 치른 후 얼마 지나지 않은 8월 26일 세자의 장인인 홍봉한은 상소를 올려 세자의 죽음이 병 때문에 일어난 어쩔 수 없는 일이라 하였고, 영조는 금등고사(金縢故事)를 언급하며 더 이상 이 일을 언급하지 못하도록 하였다.

● 홍봉한(洪鳳漢)
혜경궁 홍씨의 아버지이자 정조의 외조부이다.

● 금등고사(金縢故事)
금등(金縢)은 《서경(書經)》의 한 편명(篇名)으로 쇠줄로 봉한 궤짝을 말한다. 옛날에 무왕이 은나라를 토평(討平)하고 이태 만에 편찮게 되자 주공이 제단을 만들고 조상인 태왕·왕계·문왕에게 고하여 자신이 무왕의 목숨을 대신하겠다 빌고 돌아와 그 축책(祝冊)을 괘에 넣어 봉했다. 그 뒤 관숙·채숙·곽숙이 주공이 조카 성왕의 자리를 노리고 있다고 유언비어를 퍼뜨리자 주공은 동도인 낙읍으로 물러갔다. 2년 뒤 유언비어를 퍼뜨린 자를 알아내어 시를 지어 금등과 함께 성왕에게 주자 성왕이 의심을 풀었다.

1761년(영조 37년), 세손은 관례를 하고 자를 받았다. 관례식(冠禮式; 옛날에 남자가 성년에 이르러 어른이 된다는 뜻으로 상투를 틀고 갓을 쓰게 하던 예식)에서는 대재학 김양택이 지은 반교문(頒敎文; 나라에 경사가 있을 때 백성에게 그 사실을 알리는 교서)이 낭독되었는데, 나라의 맏손자로서 대통을 이을 사람임을 명심하고 요·순과 같은 사람이 되라는 당부가 있었다(『조선왕조실록』, 영조 97권). 1762년 2월, 훗날 김시묵의 딸을 세손빈으로 맞아 가례를 올렸으니 뒷날의 효의왕후이다.

1762년(영조 38년) 사도세자가 사망하자 세손의 어머니였던 혜경궁 홍씨는 영조에게 세손을 경희궁에 머무르게 해 달라고 요청하였다. 당시 혜경궁 홍씨는 창덕궁에 있었으므로 자식과 생이별을 하는 셈이었지만, 아버지가 죄인으로 몰려 죽은 상황에서 세손을 보호하기 위한 방법이었다. 당시 세손은 9세였다. 이후 정조는 국왕으로 즉위하는 1776년까지 경희궁에서 살았다.

세손 시절 정조는 엄격한 관리를 받으며 공부에 열중하였다. 조선시대의 왕과 세자는 정기적으로 유학 강연을 듣고 토론을 하는 학습을 하였는데, 왕이 하는 것은 경연(經筵)이라고 하였고, 세자가 하는 것은 서연(書筵)이라고 하였다. 세손 역시 세자와 같이 서연을 열었고, 서연을 전담하는 세자시강원과 함께 원래는 세자의 호위를 담당하던 기관인 세자익위사의 문관들이 이를 담당하였다.

■ 세손 정조의 대리청정

세손인 정조는 1774년 《경희궁지》를 지어 자신이 기거하는 곳과 공부하는 곳에 대한 기록을 남겼다. 정조는 경학 못지 않게 무예의 단련에도 관심을 보였다. 그는 활쏘기를 즐겨 하였는데, 즉위 이후 정조의 활쏘기 결과를 기록한 《어사고충첩》에는 50발을 쏘면 49발을 명중시킨 날이 10회가 넘게 기록되어 있다. 영조는 노환으로 정무를 볼 수 없게 되자 세손인 정조에게 대리청정의 정무를 보게 하였다.

노론의 벽파 계열이 당론으로 세손을 제거하려 하자 세손은 일거수일투족을 조심하며 신경썼다. 특히 홍국영은 세손에게 불리한 증거자료로 작용할 만한 것들을 찾아 제거했고, 세손 시절 사부인 김종수는 당론에 맞서며 택군(擇君; 신하가 임금을 선택했다는 뜻)이라며 벽파를 공격했다.

한편, 김종수는 외척이 주를 이룬 벽파와는 또다른 정파를 구성한다. 1772년 청명(淸名: 청렴함과 명예)을 존중하고 공론을 회복해 사림 정치의 이상을 이루려는 노론 내 청명류(淸名流)의 정치적 결사체가 드러날 때, 당파를 없애려는 영조는 이들이 오히려 당론을 조장한다고 보고

● 김종수(金鍾秀)의 영정
세손 시절의 정조의 스승으로 당론에 반하여 세손을 옹호하였으며, 그 뒤 정조 즉위 후 이조판서와 병조판서를 거쳐 우의정·좌의정에 이르렀다.

김종수를 비롯한 조정(趙鼎)·김치인(金致仁)·정존겸(鄭存謙)·이명식(李命植) 등을 유배 보냈다. 이때 김종수는 경상도 기장현의 금갑도(金甲島)로 유배되었다가 다음해 방면되었다.

1775년(영조 51년) 봄, 영조는 82세의 나이로 노환에 시달려 정무를 제대로 볼 수 없게 되자 세손에게 대리청정을 맡겼다. 그러나 세손이 대리청정을 할 경우 입지가 궁색하게 될 것을 염려한 노론 벽파는 이를 극구 반대하였다.

509

"임금이 이르기를, '근래 나의 신기(神氣)가 더욱 피로하여 한 가지의 공사를 펼치는 것도 역시 수응(요구에 응함)하기가 어렵다. 이와 같고서야 만기(萬幾)를 처리할 수 있겠느냐? …… 두 자(전선(傳禪) 즉 양위를 의미한다)를 하교하려 하나 어린 세손의 마음을 상하게 할까 두렵다. 청정(聽政)에 있어서는 우리 왕조(王朝)의 고사(故事)가 있는데, 경 등의 의향은 어떠한가?' 하니 적신(賊臣) 홍인한이 앞장서서 대답하기를, '동궁께서는 노론과 소론을 알 필요가 없으며 이조판서와 병조판서를 알 필요가 없습니다. 조정의 일에 이르러서는 더욱이 알 필요가 없습니다.' 하였다. 임금이 한참 동안 흐느껴 울다가 기둥을 두드리며 이르기를, '경 등은 우선 물러가 있거라.' 하였다."

-『조선왕조실록』, 영조 125권, 51년 11월 20일(계사)-

당시 세손의 나이는 24세였다. 영조는 홍인한을 파직시키고 옥새를 세자궁으로 옮겨 대리청정을 맡겼다. 사도세자를 죽음으로 몰고 갔던 홍계회·김상로·정후겸·김귀주 등 노론 벽파는 정조의 즉위를 어떻게든 막아 보려고 시도하였다. 영조는 세손에게 "김상로는 너의 원수이다."라고 한 바 있다.

이때 세자시강원의 홍국영이 이들을 탄핵하여 세손은 위기를 모면할 수 있었다. 영조 또한 순감군(巡監軍)의 수점권을 세손에게 주어 만약을 대비하였다.

● 홍국영(洪國榮)
사도세자를 죽이는 데 주동 역할을 한 벽파(僻派)들이 세손인 정조(正祖)까지 해하려고 음모를 꾀하자 이를 막아 세손에게 깊은 신임을 얻었다. 정조를 즉위시키는 데 진력하여 도승지에 올라 누이동생을 빈으로 들여보내 세도정권을 이루고 갖은 횡포와 전횡을 일삼았다.

■ 정조의 즉위

1776년(영조 52년) 음력 3월 5일 묘시(오전 5시~7시)에 영조가 경희궁 집경당에서 승하하였다. 영조가 승하한 지 5일이 지나 왕세손 이산은 조선의 제22대 임금으로 즉위하였다. 즉위 후 정약용·채제공·안정복 등 권력에서 배제된 소론과 남인계 인사들을 등용하여 정계로 다시 발탁하는 동시에 노론 청명당의 원칙론자인 스승 김종수와 이미 사망한 유척기의 문하생들을 각별히 중용하였다.

● 정조의 어진

정조는 즉위식을 연 바로 그날 자신이 사도세자의 아들임을 천명하였다. 정조의 이러한 천명은 '죄인지자 불위군왕(罪人之子 不爲君王: 죄인의 아들은 임금이 될 수 없다)'이라는 여덟 자의 흉언(凶言)을 유포시키던 노론 벽파측에 정면으로 대응한 것이었다. 정조는 양아버지인 효장세자를 '진종(眞宗)'으로 추숭하고 생부인 사도세자의 존호를 '장헌(莊獻)'으로 추숭하였다.

그러나 생부를 장헌으로 추숭하는 것은 "오직 종천(終天)의 슬프고 사모하는 마음을 나타내려고 한 것일 뿐"이라고 말하며, 더이상 생부의 추도사업을 할 뜻이 없음을 함께 내비쳤다. 이는 당시 정부를 장악하고 있던 노론과 첨예하게 대립하지 않겠다는 의미였다.

정조는 아버지의 죽음에 관여한 정후겸과 홍인한을 유배 보내었다가 사약을 내려 죽이는 것으로 이 문제를 일단락지었다. 신하들은 정조의 외할아버지가 되는 홍봉한의 사형도 요구하였으나 어머니 혜경궁 홍씨가 단식을 하며 반대하여 그만두었다.

사도세자의 추숭과 복권은 정조의 오랜 숙원이었으나 진행이 쉽지는 않았다. 세손 시절 대리청정을 시작하며 정조는 사도세자의 묘를 배알하고 영조가 사도세자를 죽인 '임오년 처분'에 대해 어떠한 언급도 하지 않을 것이라는 상소를 올렸고, 영조 역시 이 일을 언급하는 자는 왕법으로 처단하라는 유훈을 남겼다.

정조 즉위 직후 소론측이 사도세자 문제를 거론하며 재조사를 요구하자 정조는 홍국영을 앞장세워 이들을 사형에 처했다. 이 일로 정조는 노론이 장악하고 있는 조정에서 그들의 의구심을 풀 수 있었지만, 사실상 정적인 노론 벽파를 견재할 수단을 잃은 셈이었다. 정조가 사도세자의 묘를 옮기고 다시 추숭사업을 시작한 것은 그로부터 13년이 흐른 뒤였다.

정조는 즉위 3일 만에 자신의 오른 날개와 같은 홍국영을 승정원 동부승지에 발탁한다. 그리고 이어 7월에는 승정원 최고직인 도승지로 승진시킨다. 홍국영은 1772년(영조 48년) 과거에 급제한 후 1774년에 동궁시강원의 설서가 되었다. 이를 계기로 하여 당시 세손이었던 정조의 측근이 된 것으로 보인다.

● **융릉(隆陵)**
사도세자와 혜경궁 홍씨의 능으로 조선의 어느 왕릉보다 화려하면서도 미려한 치장은 아버지(사도세자)를 위하는 정조의 마음이 묻어난다.

■ 홍국영의 득세

정조는 홍국영을 '의리의 주인'이라고 부르며 그가 자신의 즉위 과정을 도운 1등공신이자 최측근 신하임을 대내외에 천명했다. 정조가 세손 시절 당시 궁료들이 서연에서 아뢴 말들을 모아 《현각법어》(賢閣法語)라는 책을 펴냈는데, 실제로 이 책의 대부분을 차지하는 것은 홍국영의 언행이라고 한다. 《명의록》 등은 이 시기에 홍국영은 '세손의 오른쪽 날개(右翼)'라고 불렸다고 적고 있다.

야사에 따르면, 홍국영이 정조의 측근이 된 에피소드는 다음과 같다.

무수리 출신의 어머니를 두었다는 컴플렉스를 가지고 있었던 영조는, 《자치통감강목(自治通鑑綱目)》- 줄여서 강목 - 중에 나오는 '이모비야(爾母婢也: 네 어미는 종년이다)'라는 어구 때문에 강목을 금서로 지정했다. 그런데 세손(정조)은 그 사실을 알면서도 강목을 읽고 있었다.

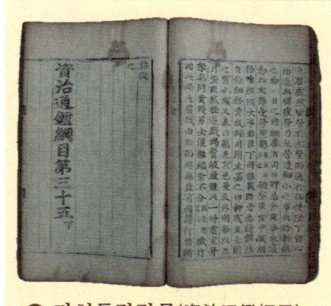

● 자치통감강목(資治通鑑綱目)
송(宋)나라 주희(朱熹)가 쓴 역사서로 역사적인 사실의 기술보다는 의리(義理)를 중히 여기는 데 치중하였으므로 너무 간단히 적어 앞뒤가 모순되거나 틀린 내용도 적지 않다.

어느 날 영조가 세손에게, "최근 어떤 책을 읽고 있냐?"는 질문에 세손은 아무런 생각없이, "강목을 읽고 있습니다."라고 대답했다. 그 말에 영조는 대로했고, 세손(정조)은 해당 부분을 읽지 않았다고 발뺌을 했다. 그러나 영조는 그 말을 믿지 않았으며 내시로 하여금 동궁전에서 세손이 읽고 있던 강목을 찾아오라고 했다.

동궁전에서 근무하던 홍국영은 이 사실을 눈치채고 강목에서 문제가 되는 해당 부분만 잘라낸 후 내시에게 건네줬고, 이 내시가 받아온 '수정본'을 확인하고 나서야 세손의 말을 믿게 된 영조는 정조에게, "할애비 말을 잘 듣는 기특한 세손"으로 칭찬을 하였다.

　홍국영의 기지로 인해 정조는 폐세손의 위기에서 벗어났다. 동궁전에 돌아온 세손은 수소문 끝에, 그때 홍국영이 강목의 문제시 되는 부분을 잘라낸 것을 알게 되고 홍국영을 최측근으로 삼았다.

　홍국영은 '세손(정조)의 오른쪽 날개'라는 표현이 사서에 등장할 정도로 정조의 신임을 받았다. 1776년 정조의 즉위 직후 정후겸·홍인한을 숙청할 때 그들의 숙청사유가, '세손의 대리청정을 막았다'는 것과 '세손의 오른쪽 날개, 즉 홍국영을 제거하려 했다'는 것이었다. 그뿐 아니라 정조는 홍국영을 자신의 즉위를 도운 1등공신이라고 대내외에 천명하며 그에게 힘을 실어 주었다. 이후에 그는 동부승지에 발탁되고, 곧 도승지로 승진한다. 그후로 5년을 내리 도승지로 재임하면서 그 당시 도승지의 별칭인 '지신사'는 곧 홍국영을 가리키는 대명사처럼 사용되었다고 한다. 그리고 훈련대장도 역임하면서 구선복을 비롯하여 당시 군에서 엄청난 위세를 떨치고 있던 구씨 가문을 자기 편으로 끌어들였고, 곧 군권을 장악하게 되었다.

　1777년(정조 1년) 7월, 괴한이 경희궁에 침입하자 정조는 창덕궁으로 거처를 옮겼다. 그러나 8월에 다시 괴한이 침입하다 잡혔는데, 조사 결과 정조의 외척인 홍상범·홍계능 등이 유배되어 있던 홍술해와 모의하여 반정을 꾀한 것이 드러났다. 홍국영이 이 사건을 책임지고 처리하였다.

　이 사건에 호위청의 무사가 연루되어 있다는 이유로 호위청을 축소하였다. 대신 숙위소(宿衛所)를 창설하고 홍국영을 그 대장에 임명하였다. 정조는 숙위대장에게 특별히 대장패와 전령패를 차게 했으며, 안으로 위장·부장·금군과 도감의 군병, 각문의 수문장·국별장을 비롯하여 궁궐 담장 밖에서 입직하는 삼군영의 순라에 이르기까지 매일 숙위대장에게 보고하도록 조치했다.

■ 정조의 규장각 설치

　세조 때에 양성지가 임금의 시문을 보관할 규장각을 두기를 청하였으나 실시하지 않았다. 이후 숙종 때에는 작은 전각을 마련하여 '규장각'이라 이름하였으나 직제는 갖추지 않았다. 정조가 즉위한 뒤인 1776년 11월 5일(정조 1년 음력 9월 25일)에 창덕궁 금원의 북쪽에 규장각을 세우고 제학·직제학·직각(直閣)·대교(待敎)·검서관(檢書官) 등의 관리를 두었다. '규장(奎章)'은 임금의 시문이나 글을 가리키는 말이다. 이때 규장각은 그 이름대로 역대 왕의 글과 책을 수집 보관하기 위한 왕실 도서관의 역할을 하였다.

　정조는 즉위 후 창덕궁 후원에 영조의 글과 어진, 유품 등을 모아 보관할 건물을 짓고 규장각이라 하였다. 규장(奎章)은 28수의 규성(奎星)에서 이름을 딴 것으로 규성은 문장(文章)을 관할한다고 여겨져 왔다. 규장각은 선대 왕의 유품을 보관하는 왕실 박물관이자 왕실 도서관으로서 중국의 사신이 가져온 선물도 이곳에 보관하였다.

　규장각에는 두 명의 제학(提學)과 두 명의 직제학(直提學)을 두었는데, 제학에는 황경원·이복원을 임명하였고, 직제학으로는 홍국영과 유언호를 임명하였다. 네 사람 모두 시파로 정조의 정책에 호응하는 사람이었을 뿐만 아니라 홍국영을 관여케 한 점으로 보아 규장각 설치가 처음부터 단순한 도서관이 아니라 왕권 강화를 위한 친위세력 형성에 목적이 있었음을 알 수 있다.

● **규장각(奎章閣)**
창덕궁 후원 부용지 주변에 세워진 규장각(2층 건물의 1층)과 서향각.
정조(正祖)가 즉위한 1776년 궐내(闕內)에 설치한 규장각은 조선시대의 왕실 도서관이자 학술과 정책을 연구하는 기관이었다.

정조는 규장각 제도를 정비하여 자신을 지지하는 정예 문신들로 친위세력을 형성시켜 '우문지치(右文之治)'와 '작인지화(作人之化)'를 규장각의 2대 명분으로 내세우고 문화정치를 표방하였다.

'우문지치(右文之治)'는 문치주의와 문화국가를 추구하는 정책으로 정조는 많은 책을 출판하도록 하였다.

'작인지화(作人之化)'는 인재를 양성하겠다는 의지 표명으로, 규장각에서 정조가 유생들을 모아 그 중에서 젊은 문신(文臣)을 뽑고, 뽑힌 신하들을 자신이 직접 가르치고 시험을 보게 해서 평가하였다. 정조가 불시에 문제를 내고 그 문제를 맞히지 못하는 자는 부용지 안의 작은 섬에 유배를 보내기도 하였다.

그러나 정조가 규장각을 설치한 목적은 당시 왕권을 위협하던 척리(戚里)·환관의 음모와 횡포를 누르고 학문이 깊은 신하들을 모아 경사를 토론케 하여 정치의 득실과 백성의 질고(疾苦) 등을 살피게 하는 데 있었다. 또한 문교를 진흥시키고 타락한 당시의 풍습을 순화시키려는 목적도 있었다.

1781년(정조 5년) 규장각은 내각과 외각으로 확대 개편하였고, 남인에 속한 채제공을 규장각 제학으로 임명하면서 남인을 중용하였다. 채제공은 이후 우의정에 임명되어 정조의 최측근이 된다. 창덕궁에 자리잡은 내각 외에 강화도에 규장각 외각을 설치하여 왕실의 책들을 보관하는 한편, 제학과 직제학 이외에 직각(直閣)과 대교(待敎)를 한 명씩 더 두어 모두 6명의 각신(閣臣)을 두었다.

● 채제공(蔡濟恭, 1720~1799년)의 영정.

● **외규장각(外奎章閣)**
1782년 2월 정조가 왕실 관련 서적을 보관할 목적으로 강화도에 설치한 왕립 도서관인 규장각의 부속 도서관 역할을 하였다. 1866년 병인양요 때 프랑스군이 강화도를 습격하면서 왕실의 주요 행사를 기록한 의궤 191종 297책을 포함한 도서 359점을 약탈해 갔다.

규장각의 권한이 커지고 실제 정조의 친위세력으로 등장하자 반대파의 반발 역시 끊임없이 제기되었다. 1782년(정조 6년) 이택징은 상소를 올려, 규장각의 각신은 임금의 사사로운 신하이지 조정의 신하가 아니며, 일이 비밀스럽게 진행되고 경비를 많이 쓴다고 비판하였다. 이에 정조는 세손 시절부터 외척이 발호(跋扈: 권세나 세력 따위를 함부로 휘둘러 날뜀)하여 자신을 해치려 하였기에 이를 원천적으로 차단하고, 규장각에서 인재를 살펴 사대부를 가려 뽑아 직책에 발탁하고, 퇴폐한 문풍을 진작시키기 위해 규장각을 운용한 것이니 결코 폐지할 수 없다고 답하였다. 이는 규장각의 설치가 근위세력 육성임을 천명한 것이다.

한편, 규장각의 검서와 초계문신 가운데는 당대에 실학을 주장한 문인들로 북학파나 남인 실학자들이 많았지만, 정조는 이들의 문체나 사상에 공감하지는 못하였다. 정조는 새로운 문체로 지어진 글들을 잡스럽다고 비판하였고, 문체반정을 통해 옛 문체를 지키지 않은 글을 쓴 문인들에게 자송문(반성문)을 지어 올리라고 명하였다. 그러나 박제가는 자송문을 지어 올리라는 이덕무의 권유에, "학식이 높지 않은 것은 분명 제 잘못이나 남과 다른 것은 제 잘못이 아닙니다. 음식으로 비유하여 소금과 매실에게 '왜 너희는 기장과 좁쌀과 같지 않느냐?' 하고 책망하면 이로 인해 천하의 맛있는 음식은 모두 사라지고 말 것입니다."라고 답하여 불만을 드러내었다.

■ 문체반정(文體反正)

　정조시대를 얘기하는 데 있어선 문체반정 이야기를 하지 않을 수 없다. 일반적으로 알려진 정조의 개혁적인 이미지와 다르게 문체반정은 북학이나 청나라 문물, 박지원의《열하일기》로 대표되는 새롭고 신선한 문체에 관심을 보이던 조선의 젊은 선비들을 탄압한 것이라는 평가가 많다.

　정조가 규장각을 통해 진작시키고자 한 것은 새로운 학문이 아니라 성리학에 기반한 옛 사상의 부흥이었다. 그러나 당시 실학이 대두되는 시기에서 정조는 새롭고 신선한 문체에 거부감이 있었다. 그 중에서 문학으로 명성이 드높았면 이옥에 대한 탄압은 너무나 심했다. 이옥은 과거에 장원급제를 하고도 문체 때문에 정조에 의해 꼴찌로 바뀌는 어처구니없는 일을 겪는다.

● **이옥(李鈺)**
정조 때의 문신으로 문체반정에 연루되면서 잘못된 글을 짓는다는 공식 낙인이 찍혀 벼슬길에 나아가지 못하였다. 이옥은 그림처럼 양반과 평민을 가리지 않고 담배를 즐겼던 당대의 풍경을 담은 '연경(煙經)'이라는 작품을 썼다.

　후에도 이옥이 자신의 소신을 굽히지 않자 정조는 자신이 죽는 날까지 이옥에 대한 탄압을 멈추지 않았다. 그러나 이옥에 대해 예외를 인정하게 되면 그 또한 문제가 된다는 맹점이 있었다. 역설적으로 박지원이나 김조순 같은 정치적 상황을 고려한 타협을 하지 않은 이옥 본인에 있어서도 문제가 있었다.

　애초에 정치적 측면에서 정조는 문체반정을 포기할 수가 없었다. 신해통공(1791년 신해년에 일어난 우리나라 최초의 가톨릭 박해사건으로 신해교난 · 신해사옥 · 진산 사건으로도 불림)으로 왕이 노론을 타격하고 천주교 신앙을 문제삼아 노론이 정조 측근의 남인 시파들을 공격하고 이걸 다시 문체반정으로 박지원이 포함된 노론에 재반격한 형국이 되었다. 그리고 정조가 죽은 후에 이에 대한 벽파의 반격이 '신유박해'라고도 하는 '신유사옥'이다.

문체반정을 보는 시각 중, 철저하게 보수적인 성리학자로서의 정조의 성향이 문체반정의 중요한 요소라는 이야기도 있다. 이는 정조가 자신의 일기에, "나는 본래 책을 읽어도 성현의 말씀만 읽었으며 패관잡기에 대해서는 눈도 돌리지 않았다. 아무 쓸 데가 없을 뿐만 아니라 마음을 혼란스럽게 하여 이루 말할 수 없는 해독이 있기 때문이다."라고 밝힌 대목을 보면, 정조는 진심으로 유학경전만이 진리이며 다른 것에는 매우 적대적이었던 유교근본주의자였다는 것을 알 수가 있다.

실제로 당시 사상계에서는 중국의 양명학·고증학 등이 들어와서 성리학의 한계를 공격하는 상황이었으며, 이러한 흐름이 원칙주의자 성리학자였던 정조의 심기를 무척이나 불편하게 했다는 것이다. 이와 관련해서 정조가 오늘날의 소설격인 패관문학을 무척 싫어하여, 당시 소설 중독에 빠진 관료를 징계한 사례가 있고, 김조순도 숙직 중에 연애소설을 읽다가 걸려서 청나라 사신단에 포함되어 가는 길에 반성문을 써야 했다. 하지만 그 반성문이 명문(明文)이라 왕을 감동시켰고 왕과 사돈지간이 된다.

유교문화권에서 글이라는 것이 갖는 상징성을 생각해 보면, 새로운 문체를 구사하던 사람들 중에서 가장 큰 피해를 본 이옥의 경우, 문체 교정 안 하면 평생 과거 금지라는, 선비로서는 치명적인 벌을 내리기까지 한다. 정조는 온건한 분서갱유라 할 수 있는 문체반정을 한 것이다.

● 김조순(金祖淳)
순조 2년에 딸이 순조의 비로 책봉되면서 안동김씨 세도정치의 기틀을 만들었다.

정조는 문체 면에서는 노론, 그 가운데서도 벽파였다. 세손에서 즉위하여 척신과 홍국영을 물리칠 때까지 김종수를 위시한 노론 벽파와 정조는 사실상 동맹관계였으며 심환지에게 보낸 어찰에는 "우리 벽파는"이라는 식으로 자신의 노론 정체성을 강조했다. 송시열에게 송자라는 호칭을 내리고 《송자대전》을 편집하게 한 사람도 정조다.

정조는 징계한 관료들이 자기 뜻에 맞게 반성하면 나중에 중용하는 모습을 보였다. 김조순이 반성문을 잘 써서 정조로부터 용서를 받고 정조의 사돈으로까지 정해진 게 그 예이며, 문체가 난잡해진 원흉으로 지목한 《열하일기》의 저자 연암 박지원에게도 옛 고문 문체로 '반성문'을 쓰면 크게 중용하겠다는 뜻을 전하지만 박지원은 고사하였다.

문체반정을 일으키는 과정에서 재밌는 일화가 있다. 바로 천주교에 관한 이야기이다. 서학에 관해 정조와 채제공 이하 신하들이 토론을 하였다.

채제공이, "말이야 불교를 배척한다고 하지만 하는 소리가 불교와 별반 다를 것도 없으니 그냥 불교의 한 별파라 하겠고, 죽은 사람을 살리고 봉사를 눈뜨게 하고 천상의 문을 연다니 어떤 멍청이가 그걸 믿겠습니까?"라고 하자 정조가, "이게 다 패관문학을 하도 많이 보니까 그따위 황당무계한 소리도 믿게 되는 것이니 이제부턴 순정고금체만 쓰라!"고 했다.

● 박지원(朴趾源)
조선 후기의 실학자이자 소설가. 배청의식이 강하게 작용하던 시기에 홍대용·박제가 등과 함께 북학론을 전개하였으며, 중상주의를 주장하기도 함. 저서로는 《열하일기》·《허생전》·《연암집》 등이 있다.

■ 서체반정과 조선의 르네상스

정조는 문체만 개혁하자고 주장한 것은 아니었다. 심지어 서체까지도 개혁할 것을 주장했는데, 이를 '서체반정'이라고 한다. 문체반정과 더불어 정조의 문화개혁정책이 얼마나 치밀했는지 알 수 있는 사례이다. 또한 정조는 회화(繪畵)에도 관심이 많았다. 그 자신이 회화에서 뛰어난 기량을 발휘했으며, 조선 제일의 화가인 김홍도를 도화서(圖畵署)로 임명하여 자신이 이루지 못한 그림을 그리도록 하였다.

조선시대는 문인 우위의 시대였으므로 서체야말로 자신을 나타내는 인품이자 선비로서 제일의 덕목이었다. 조선 개국기에는 반듯반듯한 고려풍 안진경체가 유행하였고, 전기에는 정밀하고 우아한 조맹부의 송설체가 유행하였으며, 중기 무렵에는 품위 있고 강경한 왕희지체가 유행하였다.

안평대군이나 선조가 명필로 이름난 왕족들이다. 특히 선조의 글씨는 워낙 유명해 명나라의 사신들까지도 탐을 낼 정도였으며, 본인도 자신의 글씨에 상당한 자부심이 있었고, 한석봉을 매우 총애하여 석봉체로 문서를 작성토록 했다. 이러한 영향 때문에 영조에 이르기까지 선조의 글씨에 기반을 둔 서체를 구사하였는데, 대가 내려갈수록 화려해졌다. 영조 즈음 되면,

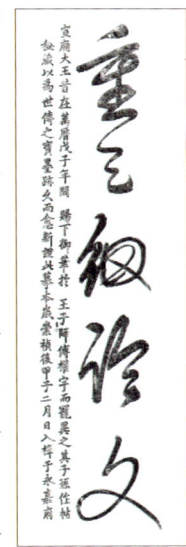

● 선조어필

거의 이건 여자가 쓴 게 아닐까 싶을 정도로 부드럽고 미려한 글씨도 볼 수 있다.

그러나 정조는 어린 시절부터 남들과는 다른 자신만의 서예 철학이 매우 뚜렷하였다. 왕위에 오른 뒤에도 이 철학은 유지되어, 글씨란 무릇 굵직굵직하게 꾸밈없이 소박하게 써야 한다고 믿었으며, 양난 이후로 바뀐 서체를 점잖은 서체로 되돌릴 것을 주장했다.

그의 이런 영향을 받아 추사 김정희의 추사체가 탄생하게 되었으며, 이러한 굵직굵직하고 소박하며 남성적인 서체는 조선 후기에 주류로 자리잡게 된다.

정조는 스스로도 그림을 즐겨 그렸으며, 김홍도에게 《주부자시의도》를 그리도록 하고, 송시열의 자찬이 담긴 《송시열 초상화》에 감상평을 적는 등 문화 활동에 남다른 관심을 가졌다.

정조는 화원들의 그림을 관심있게 지켜보았고 스스로 도화서의 운영에 관여하기도 하였다. 1783년(정조 7년) 도화서의 화원 가운데 자비대령화원을 선발하고 규장각에 파견하여 왕실의 주요 화사(畵事)를 담당하게 하였다. 정조는 규장각 자비대령화원제를 운영하면서 각 화원들의 장단점을 일일이 품평할 만큼 세심한 안목을 지니고 있었다.

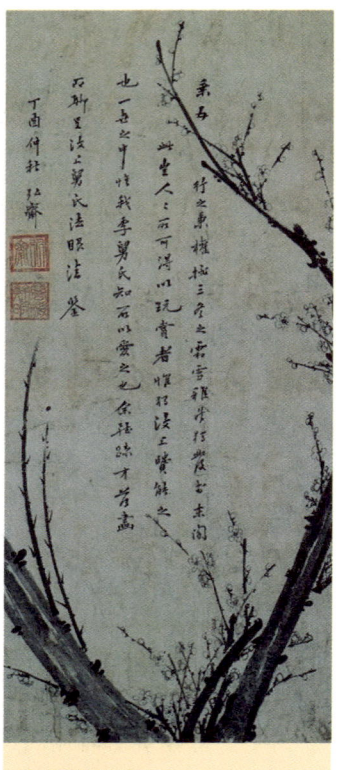

● 묵매도(墨梅圖)
이 작품은 정조가, 즉위한 이듬해인 1777년 26세 때 자신의 외숙에게 그려 준 그림으로, 화면 가득 큰 매화가지를 그리고, 그 중간에 외숙에게 드리는 내용의 문장이 적혀 있다. 젊은 군왕의 힘과 기백이 날카롭게 서려 있는 그림과 필체가 들어 있는 그림이다. 홍재는 정조대왕의 호로서 그림 왼쪽에는 홍재라는 낙관이 찍혀 있다.

정조는 평소에 금강산을 지극히 보고 싶어 했다. 그러나 바쁜 국사로 인해 자신의 소원을 이룰 수 없었다. 그리하여 정조는 아끼던 두 화원과 선비 한 명을 보내어 금강산의 모습을 그리고 시로 담아오게 하였다. 이때 정조의 명을 받은 화원은 김홍도와 김응환이었고 선비는 강세황이었다.

● 금강사군첩(金剛四郡帖)의 금강산
김홍도가 1788년 정조의 어명으로 그린 〈금강산화첩〉에 있는 그림이다. 이 화첩은 김홍도가 44세 때 금강산 및 관동팔경 지역을 직접 보고 그린 것이다. 김홍도는 채색횡권본과 화첩본 두 가지를 정조에게 진상했다.

● 송하맹호도(松下猛虎圖)
김홍도가 그의 스승 강세황과 함께 그렸다고 한다.

이때 그려진 금강산 그림은 유명한 《금강사군첩》으로 관동팔경과 금강산의 절경을 보여 주고 있다. 또한 정조시대에는 이름난 화원과 화가들이 즐비했다. 당시 이인문·박유성·김응환·신한평·김덕성·김득신·이명기·신윤복·김석신, 그리고 김홍도와 강세황이 활동하였다.

정조는 규장각을 통하여 많은 서적을 간행하였다. 이때 각종 의궤와 더불어, 군사의 훈련을 다룬 《무예도보통지》, 송시열의 문집을 정리한 《송자대전》, 정조 스스로의 글을 정리한 《홍재전서》와 같은 것들이 간행되었다. 또한 이순신의 문집을 정리하여 《이충무공전서》를 발간하고, 특히 이순신의 일기에 《난중일기》라는 이름을 붙였다.

정조는 파란만장한 삶을 살아오면서 자신이 꿈꾸던 조선으로 개혁하고자 했지만 안타깝게도 젊은 나이에 요절하고 말았다. 그러나 짧은 치세에도 그가 이룬 업적은 실로 대단하였다.

■ 홍국영의 낙향

정조는 세손 시절부터 늘 신변의 위협을 느끼고 있었다. 정조는 즉위 초기에 반대세력에 둘러싸여 있었기 때문에 홍국영에게 의지할 수밖에 없었다. 1776년(정조 즉위년) 6월에 정후겸과 홍인한의 수하였던 윤약연·홍지해 등을 직접 친국하였다. 이때 노론이 홍국영을 제거하려고 한 시도에 대해 세손 시절 오직 홍국영만이 자신을 보호하였다고 언급하면서 홍국영에 대한 깊은 신임을 보였고, 홍국영은 정조시대 실권자로 부상한다.

달도 차면 기우는 법, 홍국영의 권세는 둥근 대보름달처럼 만월이었다. 홍국영은 사사로운 관계에 따라 인사를 전횡하는가 하면 영조의 계비이자 정조에게는 할머니가 되는 정순왕후가 독단적인 한글 전교를 통해 후궁을 간택한다고 하자 자신의 누이를 원빈으로 들이는 등 무리한 권력 강화를 시도하였다.

이때 원빈 홍씨의 지위는 유례 없는 것이었다. 후일 이 모든 이례적인 처사는 모두 홍국영의 세도로 인해 일어난 일이란 식으로 설명되게 된다. 혜경궁 홍씨는 《한중록》에서 "홍국영이 자교(慈敎: 이 경우 후궁 간택령)를 내리게 했다."라고 쓰고 있다. 《한중록》에서는 이어 원빈의 입궁에 대해, 홍국영이 세도를 탐내어 제 누이를 들여보낸 것으로, 자신은 이에 반대하는 입장이란 식으로 기록했다.

홍국영의 누이 원빈 홍씨(元嬪 洪氏)는 가례를 올린 지 1년이 되지 않아 급작스럽게 사망했다. 《한중록》에는 홍국영이 원빈의 죽음을 독살로 여기고 그 배후로 효의왕후를 의심하여 왕비의 나인들을 혹독하게 고문했다는 내용을 전하며 그 죄를 성토하는 대목이 있다.

원빈 사망 당일 정조는 자신의 서제인 은언군의 아들 완풍군(完豊君)을 원빈의 수원관으로 삼았다. 후일 홍국영이 이 완풍군을 "내 조카"라고 부르며 그를 통해 대계를 저지하려 했다는 기록이 남아 있다.

이 완풍군 준(濬)은 홍국영의 몰락 후 상계군(常溪君) 담(湛)으로 개명(改名) 개봉(改封)되고, 왕실세력들의 견제를 받았으며, 결국 5년 후인 정조10년(1786년)에 생을 마감했다.

1779년 음력 9월 26일, 홍국영은 자신이 맡고 있던 모든 조정의 실직(實職)에서 물러난다는 뜻을 담은 은퇴 상소를 올렸으며, 정조는 당일 이를 수락했다. 이 때 정조는 불과 32세의 홍국영에게 봉조하(奉朝賀)란 직함을 내려주는데, 일찍이 백발의 봉조하는 있어도 흑발의 봉조하는 없었는데 이제 있게 되었다고 하여 그는 '흑두봉조하'로 불리게 된다.

정조는 홍국영을 퇴진시키고 숙위소를 혁파시켰으나 동시에 그의 백부 홍낙순(洪樂純)을 정승에 임명했다. 따라서 한동안 그의 세력은 조정에 계속 건재했으며 그 자신도 계속 궁중에 출입할 수 있었다. 그러나 12월에 홍국영의 편에 속한 사람들이 서명응에 대한 탄핵을 시도하다가 반대로 조정에서 축출당하게 된다.

1780년 1월에는 홍낙순이 파직과 문외출송(門外黜送; 죄지은 사람의 관작을 빼앗고 한양 밖으로 추방하던 형벌)되고, 다음달 26일 김종수의 탄핵 상소가 올라오는 것과 동시에 그는 방출 처분을 받았다. 김종수의 탄핵 상소를 시작으로 하여 홍국영에 관한 탄핵이 이때부터 본격적으로 시작되었다. 처음에는 강원도 횡성, 그 다음에는 강릉으로 방출되었던 홍국영은 결국 이듬해인 1781년에 34세의 젊은 나이로 세상을 떠난다.

● 원빈 홍씨의 묘 출토 화장용기
홍국영의 누이 원빈 홍씨는 서삼릉 권역 내의 후궁 묘역에 안장되어 있으나 홍국영의 묘소는 강원도 강릉시 교동에 있었다고 한다. 그러나 이 지역은 강릉 종합운동장으로 개발되어 지금은 그 흔적조차 찾아보기 힘들다.

■ 장용영(壯勇營) 설치

초기에는 장용위(壯勇衛)였으나 1788년 장용영으로 명칭이 변경되었다. 500여 명의 군사를 5대(隊)로 나누어 만들었다. 1793년에는 한양의 내영(內營)과 수원 화성의 외영(外營)으로 나누었는데 다른 군영보다 규모가 컸다. 1795년 다른 군영의 병사들을 편입하여 5사(司) 23초(哨)의 큰 규모로 군대를 편제하였다. 왕권 강화에 큰 역할을 하였으나 1800년 정조가 승하하고 왕권이 급격히 약화되면서 당시 대왕대비였던 정순왕후에 의해 1802년에 폐지되었다.

● 화성 행궁의 장용영 군사

1785년(정조 9년) 정조는 왕권 강화를 위해 반대세력을 무력으로 제압할 수 있는 친위부대로서 장용영을 설치하였다. 정조는 "쓸모없는 군사는 도태시키고 낭비되는 군량은 줄여 나가야 한다."고 주장하여 새롭게 장용영을 세우는 대신 기존의 5군영에서 수어청과 총융청의 폐지를 관철시키는 한편, 군영의 장군 임명은 병조판서를 통해 임금이 재가하도록 하여 군 인사권에 대한 국왕의 통제권을 강화하였다.

기존의 5군영은 외척을 비롯한 여러 권신들에게 장악되어 있었고 인사권 또한 사실상 임금에게 있지 않았기 때문에 정조는 이를 일원화하고자 하였으나 창설의 목적과 규모가 서로 달라 이를 통합하기가 쉽지 않자 새롭게 군영을 만들게 된 것이다.

정조는 병학통을 직접 지어 군사 훈련을 중요시하였고, 정기적인 훈련을 감독하는 한편 직접 군사를 지휘하기도 하였다. 30명에서 출발한 장용영은 수원으로 진영을 옮긴 뒤 1만 8천 명까지 늘어났다.

장용영의 장교는 무과를 통하여 선발하였는데 양반의 서얼과 평민 가운데에서도 급제자가 많았다.

　정조는 아버지인 사도세자의 헌륭원을 수원에 이장한 뒤 수원 화성을 축조하고 능행을 명분으로 자주 거둥하였는데, 1795년(정조 19년) 을묘 원행에서는 어머니 혜경궁 홍씨의 환갑을 기념하여 수원에서 과거를 열어 대소신료와 군사를 이끌고 대규모 원행을 하였다. 장용영의 군사들을 수반한 을묘 원행은 군주의 힘을 대내외에 과시한 것이었다.

　이때의 원행을 기록한 그림이 〈정조대왕 능행 반차도〉로 경기감사가 앞을 서고 채제공이 그 뒤를 이었다. 반차도에는 모두 1,779명의 인물과 779마리의 마필이 등장하고 있다. 장용영은 정조의 각별한 관심 속에 정예군으로 성장하였으나 정조 사후 순조를 대리하여 수렴청정을 한 정순왕후에 의해 해체되었다.

● **정조반차도(正祖斑次圖)**
정조가 어머니 경의왕후(敬懿王后: 혜경궁 홍씨)의 환갑을 기념하여 아버지 장헌세자(莊獻世子; 사도세자)가 묻힌 화성 현륭원(顯隆園)으로 행차하는 모습을 그린 그림이다.

■ 정조의 토목사업

　정조는 아버지 사도세자의 묘를 수원으로 옮기고 새롭게 성을 축조하였다. 1789년(정조 13년) 10월, 묘를 이장하고 현륭원(顯隆園)이라 하였고 인근에 화성(華城)을 축조하였다. 1792년(정조 16년) 초여름, 정조는 정약용에게 성을 축조하는 데 유용한 도구를 개발하라고 지시하여 거중기(擧重器; 무거운 것을 들어올리는 재래식 기계)를 고안하게 하였다. 이때 정조는 정약용에게 참고할 자료로 청나라 강희제 때 편찬한 백과사전인《도서집성》과 스위스 출신의 선교사 요하네스 테렌츠(Johannes Terrenz; 중국명 鄧玉函)가 지은 물리학의 원리와 도르래의 이용을 설명한《기기도설》을 전달하였다.

　화성은 1794년 착공하여 1796년에 완공되었는데 성의 둘레는 5,744m, 면적은 130ha이다. 동쪽 지형은 평지를 이루고 서쪽은 팔달산에 걸쳐 있는 평산성 형태의 성으로 문루 4개, 수문 2개, 공심돈 3개, 장대 2개, 노대 2개, 포(鋪)루 5개, 포(砲)루 5개, 각루 4개, 암문 5개, 봉돈 1개, 적대 4개, 치성 9개, 은구 2개 등 총 48개의 시설물로 하나의 성곽을 이루었다.

　수원 화성의 공사 책임자는 채제공이었다. 공사 도중 가뭄으로 인해 한때 공사가 중지되기도 하였으나 2년 7개월 만에 완공하였다. 축조에 동원된 인부에게는 급여를 지급하였고, 공사에 사용된 자재며 인건비 등을 모두 세세하게 기록 정리하여《화성성역의궤》를 간행하였다.

● 화서문　　● 화홍문

● 서장대

● 장안문

 정조는 화성에 유수부(留守府)를 두고 행궁과 군영을 설치하여 정치적·군사적 기능을 부여하였다. 화성에 주둔한 장용영은 기존의 중앙군영이 노론세력에게 장악당한 것과 달리 국왕이 직접 관리할 수 있었다. 이는 화성의 축조가 단순히 아버지를 추숭하는 것에 그치는 것이 아니라 왕권강화와 밀접한 관련이 있음을 보여 준다.

 정조는 정약용이 고안한 거중기를 사용하여 공사의 비용과 기간을 단축하였으며, 수원 화성까지 능행에 편리함을 도모하고자 새롭게 길을 닦았는데, 이 길이 시흥대로의 시초이다.

 정조는 화성 안에 노래당(老來堂)과 미로한정(未老閑亭)을 지어 자신의 뜻을 내비쳤다. 즉 세자가 15세가 되는 1804년에 왕위를 물려주고 상왕으로 물러나 어머니 혜경궁 홍씨와 함께 화성에서 여생을 보내려 하였으나 그보다 일찍 1800년에 사망함으로써 뜻을 이루지 못하였다.

● 북포루

● 거중기

■ 정조의 붕당정치와 탕평책

정조는 영조시대부터 이어져 온 탕평책을 계속하여 이어갔다. 조선 중기 이후 조선의 정치는 붕당정치를 기반으로 하고 있었다. 탕평책은 원론적으로 붕당에 연연하지 않고 인재를 두루 등용한다는 의미를 지니고 있으나 실제로는 신하들의 붕당 위에 국왕의 권위를 먼저 내세우는 왕권강화정책이었다.

● 정조의 어진

영조는 스스로를 군주이자 신하들의 스승인 군사(君師)로 자처하였고, 집권 후기 정조 역시 자신을 '만물을 비추는 달과 같은 존재'인 만천명월주인옹(萬川明月主人翁)이라 칭하였다.

탕평책의 실현에 있어서는 영조와 정조가 차이를 보이는데, 영조가 노론과 소론 등 붕당의 인물 가운데 비교적 온건한 사람들을 등용하여 타협책을 이끄는 완론탕평(緩論蕩平)을 실행하였다면, 정조는 사안의 시시비비를 분명히 가르는 논쟁을 통해 정치를 펼치는 준론탕평(峻論蕩平)을 실행하였다.

정조는 명절(名節)과 의리(義理)를 앞세운 준론탕평을 앞세워 소론·노론·남인 등에서 준론파를 새롭게 영입하고 기존의 외척과 노론 벽파를 제거해 나갔다. 그러나 영조나 정조가 내세운 명리와는 달리 영조시대에는 각색 당파가 탕평파와 반대파로 나뉘어 재편된 형국이 되었고, 정조에 이르러서는 벽파와 시파로 구분되게 되었다. 또한 사상의 측면에서도 정조의 준론탕평은 이미 시대적 한계와 모순을 드러내던 주자학적 세계관을 극복하지 못하고 오히려 주자학의 의리론을 그대로 보존하는 명백한 한계를 지니고 있었다.

탕평책은 강화된 왕권으로 정치운영을 하여 세력간 균형을 이루고자 한 것이었으나 기존 정치세력의 참여 기반은 좁아지고 새롭게 성장하는 세력을 포섭하지도 못하였다. 왕권을 중심으로 하는 정치운영은 결코 새로운 정치논리를 제시하지 못하였고 점차 보수화되었다. 결국 관료·산림·외척 등이 정치적 논리 없이 서울과 왕실을 중심으로 가문을 팽창시키는 데 몰두하였다. 그 결과 정조 사후 특정 가문이 권력을 독점하는 세도정치가 나타나게 되었다.

　세도정치(勢道政治)는 조선시대 왕의 신임과 직접적인 위임을 받는 형식으로 정권을 잡고 나라를 다스리던 일이다. 이 세도정치는 그 형태에 따라 정조 이전과 이후 둘로 나누어 볼 수 있다.

　정조 때 홍국영이 세도정치를 하기 전의 세도(世道)는 단순한 정치권력보다는 어떤 지도이념과 공정한 언론을 주체로 하여 세도인심(世道人心)을 바로잡으려는 사상적·도의적인 일면이 있었다. 그러므로 이런 일을 감당하기 위해서는 훌륭한 인격과 뛰어난 학식이나 덕망을 가져야만 되었고, 따라서 왕도 높은 관직을 주어 우대하였다. 그러나 정조 때에 이르러서는 치세(治世)의 도리를 주장하여 정신적으로 왕을 보좌하기보다는 실지로 정치권력의 행사를 위임받아 권세를 부리는 정치 형태로 변질되면서 세도(世道)는 흔히 세도(勢道)로 일컫게 되었다.

　정조가 승하하기에 앞서 양주와 장단 등 고을에서 한창 잘 자라던 벼포기가 어느 날 갑자기 하얗게 죽어 있는 것을 보고 노인들이 슬퍼하며 말하기를, "이것은 이른바 거상도(居喪稻; 상복을 입은 벼)이다."라고 하였는데, 과연 얼마 지나지 않아 대상(大喪)이 났다. 정조는 음력 6월 28일 유시(오후 5시~7시)에 창경궁 영춘헌에서 49세를 일기로 승하하였다. 정조의 죽음은 조선 붕당정치의 종언을 의미하였고 조선 망국의 세도(勢道)로 들어서게 되었다.

붕당의 계보

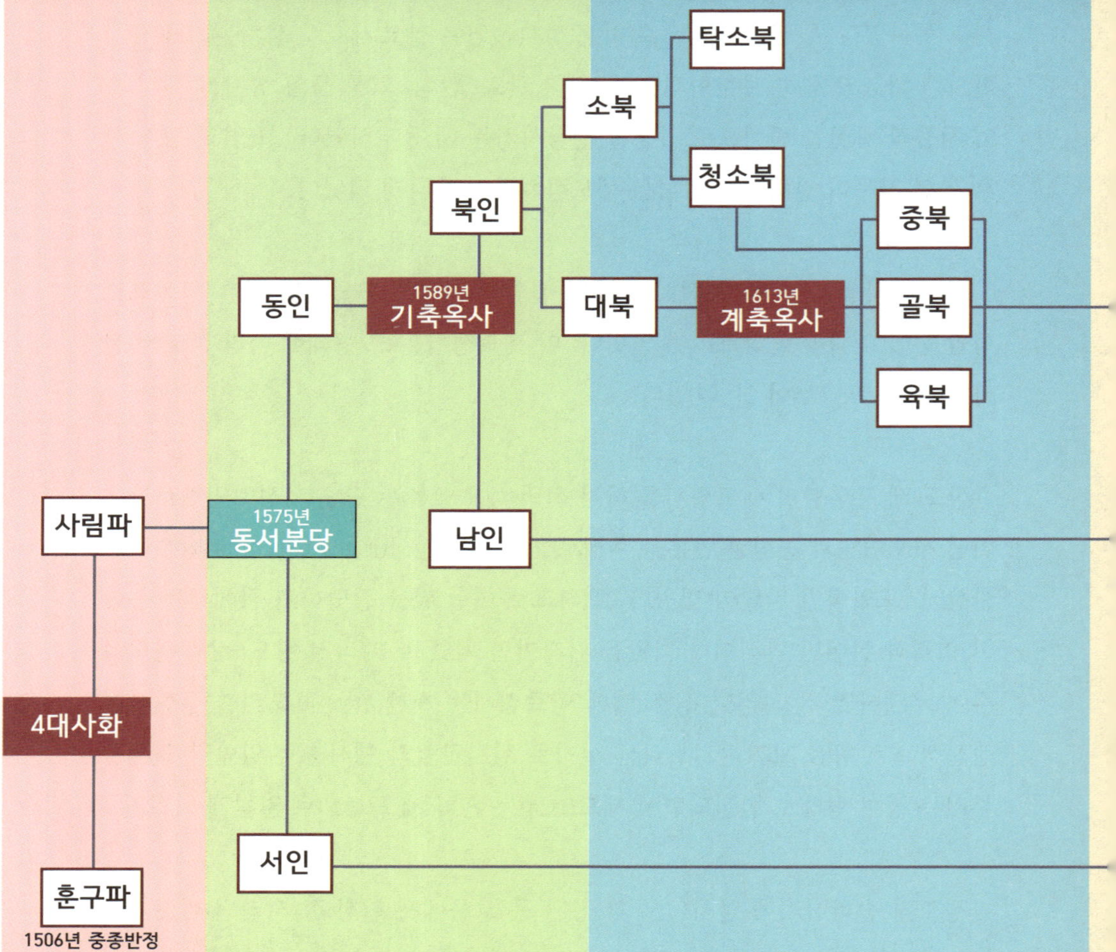

```
사림파 ─── 1575년 동서분당 ─┬─ 동인 ─── 1589년 기축옥사 ─┬─ 북인 ─┬─ 소북 ─┬─ 탁소북
                          │                          │        │       └─ 청소북
                          │                          │        └─ 대북 ── 1613년 계축옥사 ─┬─ 중북
                          │                          │                                  ├─ 골북
                          │                          │                                  └─ 육북
                          │                          └─ 남인
                          └─ 서인

4대사화
훈구파
1506년 중종반정
```

● 4대 사화
무오사화(1498)
갑자사화(1504)
기묘사화(1519)
을사사화(1545)

● 연산군~경종

● 동서분당
서인: 기호학파(율곡학파, 우계학파).
동인: 영남학파 (퇴계학파, 남명학파)
● 기축옥사
북인: 서인에 대한 강경 보복 주장.
남인: 서인에 대한 보복 반대.
　　　주로 퇴계학파

● 선조 시기

● 계축옥사
탁소북: 광해군 폐위와 영창대군 세자 옹립 주장.
청소북: 광해군 폐위 반대.
육북: 광해군의 폐모살제 찬성.
골북: 광해군의 폐모 반대, 살제는 찬성.
중복: 광해군의 폐모살제 반대.

● 광해군 시기

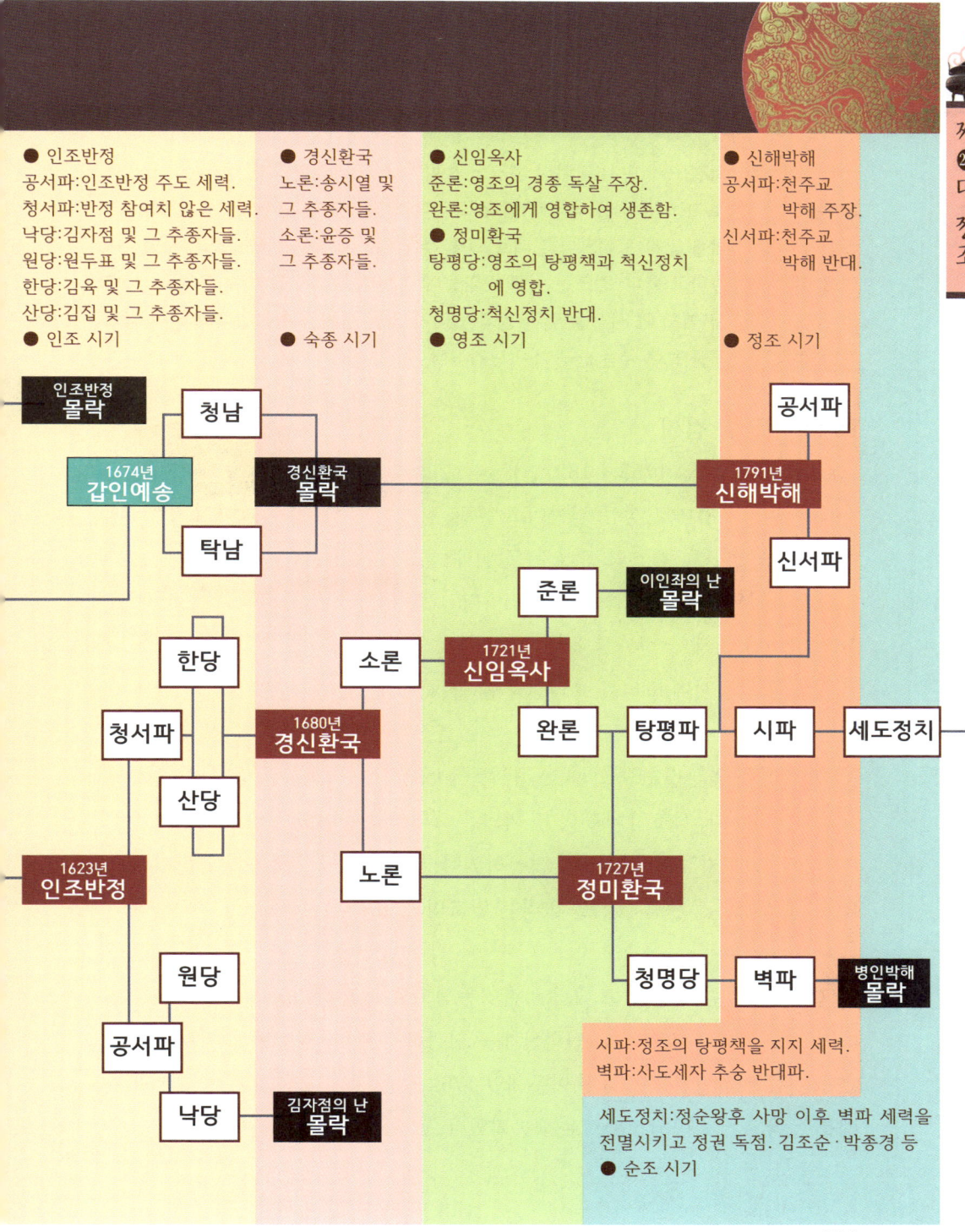

정조의 가계

정조가 세손 시절(15세) 당시 어머니 혜경궁 홍씨 처소 궁녀였던 의빈 성씨(당시 14세)에게 승은(왕이 궁녀와 합방하는 것)을 내리려 했다. 그러나 의빈 성씨는 울면서 "효의왕후(당시 14세)가 아직 아이를 낳지 못했으니 절대로 그럴 수 없다."며 죽음을 무릅쓰고 사양하며 명을 따르지 않았다고 한다. 정조는 이를 받아들여 더는 재촉하지 않았다. 그리고 15년의 세월이 흐른 뒤에도 이 사실을 잊지 않고 있다가 의빈 성씨를 취하였다고 하니 참으로 로맨틱한 면모를 보여 주는 군왕이 아닌가싶다.

■ 효의왕후 김씨

(孝懿王后 金氏; 1753 ~ 1821년)

조선 정조의 왕비로 성은 김씨이고 본관은 청풍(淸風)이다. 시호와 존호는 장휘예경자수효의왕후(莊徽睿敬慈粹孝懿王后)이다. 1899년 고종황제가 정조를 선황제(宣皇帝)로 추존함과 동시에 그녀를 효의선황후(孝懿宣皇后)로 추존하게 된다.

● 효의왕후 책봉 어보와 어책

아버지는 청원부원군(淸原府院君) 김시묵(金時默)이고, 어머니는 당성부부인(唐城府夫人) 홍씨이다. 정조의 배필이 된 까닭은 그녀가 현종비 명성왕후 김씨의 친정 집안인 청풍김씨라는 것이 크게 작용하였다. 명성왕후가 숙종을 낳았듯이 정조의 배필이 되어 후손을 낳기를 바라는 영조의 뜻이었다.

그녀가 세손빈이 된 후 그녀의 사촌여동생도 시모인 혜경궁의 남동생과 혼인하여 왕실과 이중 삼중으로 인척관계를 형성하게 된다. 삼간택을 거쳐 별궁으로 들어갔으나 천연두를 앓아 이듬해인 1762년(영조 38년) 2월 10세에 세손과 가례를 올리고 세손빈(世孫嬪)으로 책봉되었다.

1776년 정조가 즉위하면서 왕비로 책봉되었고, 슬하에 소생이 없어 수빈 박씨의 아들을 양자로 삼았다. 그녀가 왕대비에 오른 것은 정조 승하 후였다. 정조 때부터 순조 때까지 수많은 존호가 올랐으나 검소하고 깨끗한 탓에 모두 거절하여 사후에 '예경자수(睿敬慈粹)'라는 존호를 받았고, 효심이 깊어 정순왕후 등을 극진히 모셨다. 69세의 일기로 승하하였고 정조와 함께 합장한 건릉(健陵)에 능이 있다. 사후 시호는 예경자수효의왕후(睿敬慈粹孝懿王后)였다가 고종 때 장휘(莊徽)의 존호가 추시되었고, 1898년 대한제국 때 선황후(宣皇后)로 추존되었다.

정조가 직접 쓴 《어제의빈묘표》에 따르면, 후궁 의빈 성씨는 죽기 전날 밤 정조에게, "나라의 자손 번창의 소망이 정전(正殿: 효의왕후)에서 나온 것이 아니라 천한 몸에서 나왔는데 천한 몸이 병들어 죽으니 이는 아름답지 못한 재앙입니다. 이제부터 자주 정전에 납시어 부지런히 대를 이을 아들을 얻기를 구하시면 죽어도 한이 될 것이 없겠습니다."라고 말했다고 한다.

그 덕분인지 효의왕후는 1787년(정조 11년)에 임신하였다. 정조는 산실청을 설치하자는 신하들의 주청을 두 번이나 거절하고 해산달이 되어서야 산실청을 설치하였다. 그러나 이후에 상상임신임이 드러나 1년 뒤인 1788년(정조 12년) 음력 12월 30일, 산실청이 철수되었다. 정조는 이후 1790년(정조 14년) 음력 6월 18일, 후궁 수빈 박씨가 장차 조선왕조 제23대 왕이 될 순조를 낳자 순조를 효의왕후의 양자로 삼았다.

● 건릉(健陵)
정조는 생전에 부친 곁에 묻히고 싶어하였는데, 이에 따라 정조의 능이 아버지 장조가 묻혀 있는 현륭원의 동쪽에 위치하고 있었다. 그러나 효의왕후가 승하하자 영돈녕부사 김조순은 현재의 건릉 자리가 흉지이므로 능을 옮겨서 합장해야 한다고 순조에게 건의했고, 건릉은 현재의 자리로 옮겨져 효의왕후와 함께 합장되었다.

정조의 가계도

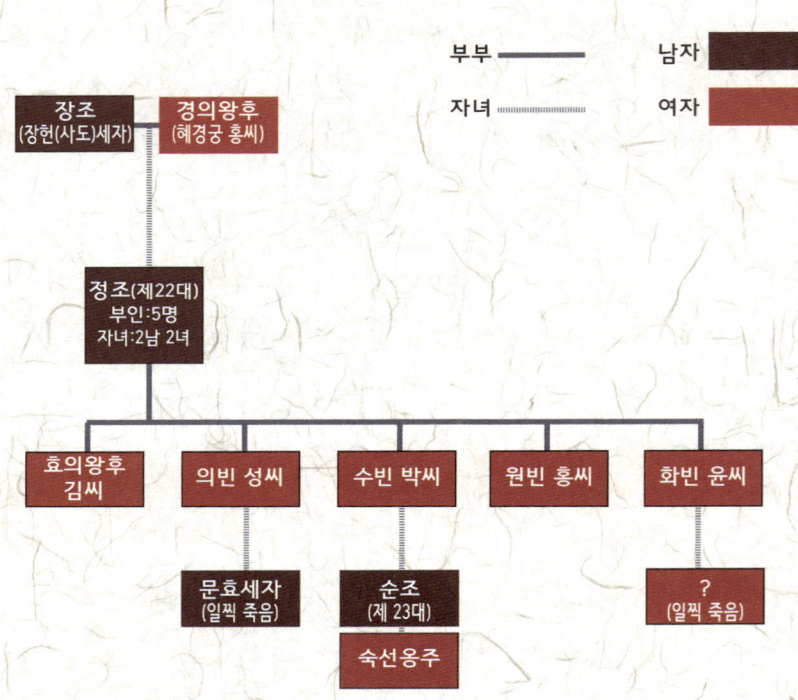

정조 사후에 독살설이 제기되었다. 그 근거는 연훈방(煙薰方)을 써서 수은에 중독되어 죽었다는 것이다. 더욱이 이 방법을 주선한 심환지와 이시수가 노론의 벽파라는 것과 정순왕후가 정조를 독대한 후 얼마 지나지 않아 정조가 사망하였다는 것이 이러한 독살설을 부추겼다. 남인들 사이에서는 이러한 정황 때문에 정조가 독살되었다고 보는 견해가 파다하였다. 8월 18일, 경상도 안동의 남인 출신 거족 여헌 장현광의 후손 장현경과 그의 친족인 장시경 3형제 등은 정조가 독살당했음을 주장하며 원수를 갚겠다고 거병하였다가 실패하여 일족이 처형을 당하였다. 정약용은 여성 유배인이 현지에서 성희롱을 당하는 일을 개탄한〈기고금도장씨녀자사〉(紀古今島張氏女子事)를 적으면서 심환지가 심인을 추천하여 정조를 독살하였다는 의심을 남겼다.

《순조실록(純祖實錄)》

《순조실록》 편찬 경위

 《순조실록》은 조선왕조 제23대 왕이었던 순조의 재위 기간(1800년 7월~1834년 11월)인 34년 5개월 간의 역사적 사실을 편년체로 기록한 사서이다. 본서 34권 34책과 부록 2책을 포함하여 모두 36책이며 활자로 간행되었다.
 순조의 묘호는 본디 순종(純宗)이었고, 그 실록의 명칭도 《순종연덕현도경인순희문안무정헌경성효대왕실록》으로 약칭 《순종대왕실록》이라 하였다.
 1857년(철종 8년) 8월에 묘호를 순조(純祖)로 추존하면서 실록을 《순조대왕실록》으로 개칭하게 되었다.
 다른 왕의 실록과 함께 국보 제151호로 지정되었다.
 《순조실록》은 헌종 원년(1835년)에 편찬이 시작되어 헌종 4년(1838년)에 완성되었다.
 총재관에는 이상황·심상규·홍석주·박종훈·이지연 등이 임명되어 편찬을 주관하였다.
 순조는 1834년 11월, 45세에 세상을 떠났다. 존호는 연덕현도경인순희문안무정헌경성효(淵德顯道景仁純禧文安武靖憲敬成孝)이며, 능호는 인릉(仁陵)으로 처음에 교하군(현 파주시 탄현면) 장릉(인조의 능) 경내에 조성하였으나 철종 7년(1856년)에 현재의 서초구 내곡동 헌인릉 경내로 옮겼다.

《순조실록》의 내용

　순조(1790~1834년)의 이름은 공(玜), 자는 공보(公寶), 호는 순재(純齋)이다. 정조의 둘째아들이며, 어머니는 수빈 박씨이다. 정조 14년(1790년)에 태어나 1800년(정조 24년) 정월 왕세자에 책봉되었다. 그 해 6월 정조가 세상을 떠나자 7월에 즉위하였다. 이때 그의 나이는 11세였으므로 대왕대비 정순왕후(영조의 계비)가 수렴청정하였다. 1802년(순조 2년) 10월, 정조가 간택하였던 영안부원군 김조순의 딸을 왕비로 맞았다.

　시파를 숙청하기 위한 구실로 사교 탄압을 시작하여 200여 명의 천주교 신자들을 처형하였는데 이를 '신유사옥'이라 한다. 1804년 순조가 친정을 하기 시작하였으나 이때부터 부원군 김조순을 비롯한 안동김씨 일문이 정권을 장악하여 세도정치가 시작되었다.

　1811년 12월, 평안도 가산에서 홍경래의 난이 일어나 평안도 일대를 유린하였고, 난은 이듬해 4월 정주성이 함락됨으로써 평정되었다. 그러나 이후에도 1813년 제주도의 양제해의 모반, 1815년 용인의 이응길의 난, 1817년 유칠재·홍찬모 등의 흉서사건, 1819년 액예·원예 등의 모반, 1826년 청주 괘서사건 등이 계속 일어났다.

　순조 19년(1819년), 왕세자(후일의 익종)가 풍은부원군 조만영의 딸을 세자빈으로 맞아들이고, 1827년에는 세자가 대리청정을 하게 되자 풍양조씨가 조정에 등용되어 안동김씨의 세도를 견제하였으나 1830년 세자가 죽자 세력을 잃었다.

　순조 때에는《양현전심록》·《사부수권》·《대학유의》등이 간행되었다.

제23대 순조

▶생애 : 1790~1834년
▶재위 : 1800~1834년

순조(純祖)는 조선의 제23대 임금으로 성은 이(李), 휘는 공(玜), 본관은 전주(全州), 자는 공보(公寶), 호는 순재(純齋), 사후 시호는 순종연덕현도경인순희문안무정헌경성효대왕(純宗淵德顯道景仁純禧文安武靖憲敬成孝大王)이다. 이후 철종 때 정원용(鄭元容)의 의견에 따라 묘호가 순종에서 순조로 바뀌었고, 1897년 숙황제(肅皇帝)로 추존하고 존호를 더하여 정식 시호는 순조연덕현도경인순희체성응명흠광석경계천배극융원돈휴의행소륜희화준렬대중지정홍훈철모건시태형창운홍기고명박후강건수정계통수력건공유범문안무정영경성효숙황제(純祖淵德顯道景仁純禧體聖凝命欽光錫慶繼天配極隆元敦休懿行昭倫熙化峻烈大中至正洪勳哲謨乾始泰亨昌運弘基高明博厚剛健粹精啓統垂曆建功裕範文安武靖英敬成孝肅皇帝)이다.

● 순조가 태어난 창경궁 집복헌의 전경

■ 순조와 세도정치

정조가 갑작스레 승하해 11세에 즉위하는 바람에 당시 조선 왕실에서 가장 큰어른이었던 영조의 계비 정순왕후 김씨가 수렴청정을 했다. 정순왕후는 영조 때에 사도세자의 폐위를 주장했던 친오라버니 김귀주(金龜柱; 그는 이미 1786년에 사망하였다)를 비롯한 벽파(僻派)와 뜻을 같이하고 있었고, 수렴청정 기간 동안 벽파가 정권을 장악했으므로, 이들은 정조 때 집권세력이었던 시파(時派)의 숙청에 주력했다.

이들 벽파는 사학(邪學)에 대한 강경책을 주장해 온 터였다. 무너져 가는 조선왕조의 사회질서를 지탱하기 위해 정순왕후는 천주교 엄금(사교금압(邪敎禁壓))에 관해 하교를 내려 많은 천주교 신자들과 주문모 신부가 처형되었다. 천주교도뿐만 아니라 남인과 시파의 주요인물들을 처형하거나 유배 보냈다.

이때 이가환·이승훈·정약종 등을 처형하고, 정약용·채제공 등의 관직을 빼앗고 귀양을 보내 남인과 시파는 대거 몰락했다. 한편 수렴청정기에 공노비(公奴婢)를 없애고 서얼허통(庶孽許通)을 시행하는 등 조선 후기의 신분질서 변화를 추인하는 정책이 나오기도 했다.

1805년 정순왕후가 사망하고, 순조의 장인이자 한때 정조의 충신이었던 온건 시파 김조순을 중심으로 한 안동세력이 벽파를 몰아내고 60년 장기집권의 서막을 연다. 이른바 세도정치의 시작이다. 이후 세도정치는 무너져 가던 조선의 멸망을 가속화하는 촉매 역할을 했다.

● **정약용(丁若鏞)**
《목민심서(牧民心書)》의 저자로 학자 겸 문신. 사실적이며 애국적인 많은 작품을 남겼고, 한국의 역사·지리 등에도 특별한 관심을 보여 주체적 사관을 제시했다.

순조는 1804년부터 친정을 관장했으나 여전히 권력의 핵심은 김조순을 비롯한 안동김씨 일문이 장악했다. 김이익(金履翼)·김이도(金履度)·김이교(金履喬)·김조순(金祖淳)·김문순(金文淳)·김희순(金羲淳)·김명순(金明淳)·김달순(金達淳) 등이 주요인물로, 이들은 정부의 요직을 거의 독점하면서 중앙과 지방의 인사권을 장악했다.

이러한 세도정치로 인해 뇌물수수 등 부정과 부패가 극에 달했으며, 관직에 나아가기 위해서는 안동김씨 일족에 줄을 대는 것이 지름길이 되었다. 이에 과거제도가 문란해지는 등 양반 관료체제가 안정을 잃었을 뿐 아니라, 중간 수탈의 가중으로 말미암아 국가의 조세 체계도 크게 흔들렸다. 탐관오리의 중간 수탈이나 토호(土豪)의 세금 전가는 주로 일반 농민층에 집중되어 그렇지 않아도 지주제의 압박에 시달리던 농민층의 몰락을 촉진했다. 이른바 '삼정(三政)의 문란'이 그것이다.

■ 효명세자의 대리청정

세도정치가 득세한 데에는 순조가 선왕들과 달리 신하들을 단속하는 데 신경쓰지 않았던 점도 크다. 영조 시절의 초기에는 과열된 붕당으로 인해 조정이 거의 피바다가 되었고 후기에는 척신정치로 귀결되었지만, 영조는 초기에는 완론 탕평책, 후기에는 압도적인 왕권을 바탕으로 제어했고, 정조 시절엔 준론탕평으로 남인과 벽파의 피비린내 나는 싸움이 이어졌지만, 정조가 채제공과 김종수 등을 동시에 우대하면서 지속적 관리를 하여 조정의 균형이 무너지진 않았다.

안동김씨 세도정권이 정국을 주도하는 가운데 순조는 이를 견제하기 위한 여러 가지 방책을 강구했다.

1819년, 조만영(趙萬永)의 딸로 세자빈을 삼은 것을 계기로 풍양조씨(豊壤趙氏) 일문을 중용했다. 순조는 아들 효명세자(孝明世子 : 훗날의 익종)가 매우 영특해 나름대로 기대를 걸고 있었으며, 신하들 앞에서 스스로 무능한 임금임을 자처하며 양위 선언을 하기도 하였다.

● **효명세자(孝明世子)**
순조의 세자. 이름은 영(旲). 순조 12년(1812년)에 왕세자에 책봉되고, 동왕 27년부터 대리청정하여 형옥을 삼가고 민정에 힘썼으나 4년 만에 죽었다. 후에 익종(翼宗)으로 추존되었다.

한 가지 재미있는 것은 대개 양위니 대리청정이니 하는 소리가 나오면 온 나라가 뒤집혀서 반대를 하지만, 효명세자에게 대리청정을 명하자 온 신하들이 종사의 무궁무진한 복이라며 입에서 침이 마르게 칭찬을 했다는 것이다. 아마도 대리청정을 극력 반대하다 죽은 홍인한(영조 때 세손인 정조의 대리청정)을 의식해서인 듯하다.

효명세자는 강단있고 뚝심있는 태도로 매사를 분명하게 판단하였고 말에는 거침이 없었다. 세자는 안동김씨의 세도정치를 견제하고 왕권을 강화코자 했다. 이에 처가인 풍양조씨와 다른 당파의 인물들을 중용하였으며 특히 이인좌의 난 이후 축출됐던 소론 계열 인사까지 등용했다. 1828년에는 창덕궁 안에 사대부의 집을 본따 연경당(演慶堂)을 건립했다. 사대부들의 학구열을 궁 안에 도입하는 한편, 부왕인 순조가 존호를 받는 행사를 치를 목적이었다.

1829년에는 신하들에게 명하여 구양수와 소식의 글을 가려 뽑아 사문조영(史文咀英)의 편찬·간행을 명하고 정리자(整理字) 활자로 간행했다. 노론 내의 다른 정파들과 일부 소론까지 중용하여 일각에서는 그가 왕권을 강화하고 국정을 쇄신하리라 기대하고 있었다. 그러나 1830년 5월, 창덕궁 대조전에서 급서하였다. 그리하여 대리청정기에 정국을 장악했던 안동김씨에 우호적이지 않던 김로·김노경 등이 유배되었다. 그 뒤 안동김씨 일문은 풍양조씨의 협력을 얻으면서 정치적 기반을 더욱 굳건히 다져 나갔다.

효명세자가 죽고 다시 친정을 펼친 순조 말년에는 안동김씨에 거슬리는 벽파들에 대한 대대적인 숙청이 시작되는데 대표적인 것이 추사 김정희의 아버지인 김노경 등이다. 이에 순조는, "우리가 백성들 먹여 살리려고 정치하는 것인데 오늘 나는 어찌 죽이거나 탄핵하는 말 말고는 한 마디도 들은 게 없느냐?"라고 탄식하기도 했고, 막판에 왕권을 휘둘러 김노경 등을 석방하고 안동김씨 반대파들을 대거 풀어주기도 했다.

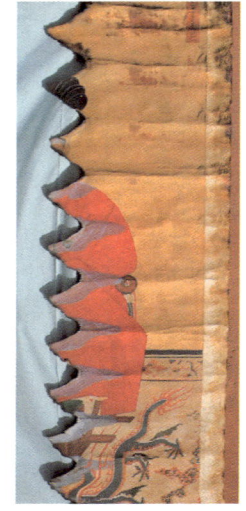

● 불에 탄 순조의 어진

■ 신유박해(辛酉迫害)

1801년에 발생한 조선왕조의 천주교에 대한 최초의 대대적 박해이다. 순조 즉위와 정순왕후 김씨의 수렴청정을 계기로 그녀를 중심으로 한 노론 강경세력이 천주교 박해를 주도하였다. 그들에게는 정치적 의도가 있었다. 정조 재위 시기에 유력하게 성장한 남인계 인사들을 찍어내기 위함이었다. 박해의 결과, 중국인 주문모 야고보 신부를 포함한 300여 천주교 신자들이 순교하였으며 남인세력은 치명상을 입었다.

로마 가톨릭교회에 대해서 온화한 정책을 써 오던 정조가 1800년 8월 18일에 승하하였다. 이어서 순조가 11세로 왕위에 오르면서 영조의 계비 정순왕후가 55세의 나이로 수렴청정을 시작하였으므로, 정순왕후의 친오라버니 김귀주(그는 이미 1786년에 사망하였다)가 주축을 이루었던 벽파가 정권을 장악하였다. 이후 벽파가 정순왕후를 움직이면서 조선 천주교회에 대한 박해가 일어나게 되었는데, 박해의 진짜 이유는 벽파와 대립하였던 남인·시파를 숙청하기 위함이었다. 야당인 남인 중에 천주교 신앙을 가진 이들이 많았기 때문이다.

1801년 2월 22일(음력 1월 10일), 정순왕후는 천주교 엄금에 관해 하교를 내렸다. 그 내용은 "천주교 신자는 인륜을 무너뜨리는 사학(邪學)을 믿는 자들이고 인륜을 위협하는 금수와도 같은 자들이니 마음을 돌이켜 개학하게 하고, 그래도 개전하지 않으면 처벌하라."는 것이었다.

정순왕후는 이 하교에서 오가작통법을 언급하였다. 다섯 집 중의 한 집에서 천주교 신자가 적발되면 모두 처벌하는 가혹한 연좌제를 예고한 것이었다.

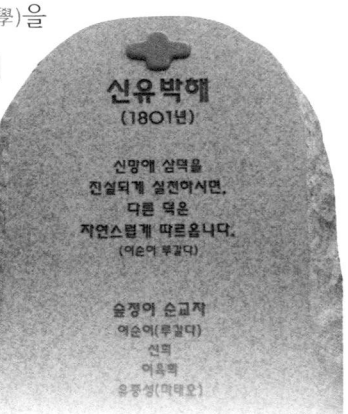

● 신유박해 추모석

이 사건으로 중국인 천주교 신부이자 한국교회 최초의 선교사인 주문모를 비롯하여 이승훈과 정약종(다산 정약용의 형), 여성 평신도 지도자인 강완숙 등이 사형을 당했고, 한때 천주교에 관심을 가졌지만 이념의 차이로 멀리한 정약용 등은 귀양 보내져 박해 피해자는 수백 명에 달하였다. 이 옥사로 인해 만 1년 내외에 박해 받아 죽은 신도만 해도 300명이 넘었다. 오가작통법을 통해 수많은 사람이 애꿎은 피해를 보았다.

이에 정약종의 조카사위였던 천주교 신자 황사영(黃嗣永)이 신유박해의 실상과 대응 방안을 적어 청국 북경의 구베아 주교에게 보내려고 했지만 밀서(密書)가 발각되었다(1801년 10월 29일 직후). 이 밀서에는 조선의 천주교가 박해를 받은 사실과 청나라의 힘에 기대어 무력으로라도 조선에 천주교를 허용토록 해 달라는 내용이 담겨져 있었다. 이 밀서를 지은 황사영은 11월 5일에 붙잡혀 한양으로 압송되어 그 해 12월 10일에 처형되었다. 당시 황사영은 청나라의 무력을 빌어 조선의 종교적 자유를 얻고자 했기 때문에 조선 천주교회가 박해를 받게 되었다.

● **황사영 백서**(로마 교황청 민속박물관 소장)
황사영이 신유박해의 전말과 그 대응책을 흰 비단에 적어 중국의 구베아 주교에게 보내고자 했던 밀서이다. 하얀색 비단에 가는 붓으로 1행당 110여 자씩 122행을 써서 전체 글자 수가 무려 13,311자에 달한다. 박해받는 천주교를 지키고 신앙의 자유를 획득할 수 있는 방안에 대한 평신도 황사영의 고민이 잘 담겨 있다. 그러나 그 방안이 청의 종주권 행사나 군대 파병 등 조선이 청에 종속되는 것도 마다하지 않았다는 점에서 문제점으로 지적되기도 한다. 1894년에 의금부의 옛 문서들을 소각할 때 우연히 발견되어 당시 제8대 조선교구장으로 재임하던 뮈텔(Mutel) 주교에게 전달되었고, 이후 1925년 7월 5일 조선 순교 복자 79위 시복식이 로마에서 거행되었을 때 그 기념으로 교황 비오 11세에게 선물하였다. 현재는 로마교황청 민속박물관에 소장되어 있다.

■ 홍경래의 난

순조 11년, 세도정치 결과 농촌 경제가 파탄에 이르렀고 서북인(西北人)에 대한 차별 대우로 인해 불만이 컸다. 계속되는 가뭄과 탐관오리의 횡포 등이 원인이었다. 평안도민의 동요는 민란의 선동에 동조하게 하였고 이를 계기로 많은 민란이 발생하였다. 평안도 가산군에서 중소 지주 출신의 몰락양반인 홍경래의 주도로 광산 노동자·영세농민·중소상인·유랑민 등이 일으킨 봉기이다.

홍경래의 난의 표면적인 이유는 조선시대에 서북인을 일반적으로 문무 고관에 등용하지 않았다는 것으로 홍경래의 격문에 나타나고 있다.

"임진왜란 때 재조(再造)의 공이 있었고 종묘의 변에는 양무공(襄武公 : 정봉수)과 같은 충신이 있었다. 돈암(遯庵 : 선우협)·월포(月浦 : 홍경우)와 같은 재사가 나도 조정에서 이를 돌보지 않고, 심지어는 권문세가의 노비까지 서북인을 평한(平漢)이라고 멸시하니 분개하지 않을 수 없다. 국가 완급(緩急)의 경우에는 서북인의 힘을 빌리면서도 4백 년 동안 조정에서 입은 것이 무엇이냐?"

● 홍경래의 난 기록화

당시 조선은 사마시에 실패한 뒤 그 급제한 자를 보면 모두가 다 귀족의 자제들이었다. 과거제도도 크게 부패하여 권문세가의 자제는 무학둔재(無學鈍才)라도 급제의 영예를 차지하지만, 그렇지 못한 자들은 쉽게 성공할 수 없었으며, 특히 평안도 사람들을 제외하고 있었으니, 이것이 홍경래로 하여금 개조범상(改造犯上)의 뜻을 굳히게 하였다고 하였다.

홍경래의 난은 1811년 12월 18일부터 1812년 4월 19일까지 5개월 동안 진행되었다. 홍경래 난의 지도층에는 총지휘를 맡은 홍경래, 부원수로 불린 김사용, 광산을 경영하며 농민군 조직을 담당한 우군칙, 이념 지도를 담당한 김창시, 대상인으로서 물자 조달을 맡은 이희저 등이 있었다.

이들은 가산군 다복동을 근거지로 삼아 광산 노동자 모집을 구실로 군사를 모아 훈련시켰는데, 이 과정에서 힘을 잘 쓰는 역사(力士)들인 홍총각·양시위·김운용·이제초 등도 가담하였다. 조선시대에 완전히 하급무관 양성소 취급을 했던 서북 출신답게 홍경래·김사용 등 지도부는 상당히 전투적 모습을 보였으며, 심지어 모사로 취급받는 우군칙마저 칼 빼드는 모습이 기록에 남아 있다.

완전한 문관은 진사 출신 김창시 정도였다. 여기에 더해서 역사 출신들은 농민층과의 연결고리로서도, 그리고 일선 지휘관으로서도 높은 평가를 받는다. 그야말로 서북 지방민들은 전투민족이라 칭해도 부족함이 없었다.

봉기군은 남진군·북진군으로 나뉘어 거병한 지 열흘 만에 별다른 관군의 저항도 받지 않고 가산·곽산·정주·선천·철산 등 청천강 이북 10여 개 지역을 점령하였다. 그러나 수적인 면에서나 군비에 있어 몇 배나 우세한 경군(京軍)·향군(鄕軍)·민병(民兵)의 토벌대와 맞서 거의 4개월 간 공방전을 펼쳤으나 결국 관군의 화약 매설에 의한 성의 폭파로 농민군은 진압되고, 생포자 가운데 남정(男丁) 1,917명과 홍경래 등 주모자가 모두 처형되었다.

● 홍경래 반군과 관군의 전투를 그린 〈순무영진도〉
비록 조정의 힘으로 평정되기는 하였으나 정치의 폐단이 가시지 않고, 이후로 계속되는 민란으로 인해 순조는 무기력함을 나타내었다.

순조의 가계

순조의 생모 유빈 박씨는 아들의 즉위를 살아 생전에 본 유일한 조선 후궁이었다. 순조가 즉위하고도 20년이 넘게 지켜봤던 현숙한 여인이다. 순조는 어머니를 왕비로 추숭하진 못했지만 사당을 높이고 상복을 오래 입는 등 최대한의 예의를 지켰다. 이는 순조가 신하들의 반대를 무릅쓰고 시행했던 몇 안 되는 일 중의 하나였다.

■ 순원왕후 김씨(純元王后 金氏; 1789 ~ 1857년)

순조의 정비(正妃)이자 효명세자의 어머니이며 헌종의 할머니이다. 시파 계열이자 정조의 최측근으로 활약한 아버지 김조순의 영향으로 당시 왕세자였던 순조의 유력한 세자빈으로 떠올랐고, 초간택과 재간택을 거쳐 사실상 세자빈으로 확정되었으나 정조가 갑작스럽게 승하하자(1800년) 최종적인 삼간택이 미루어졌고, 결국 순조의 즉위 2년 뒤에 왕비로 책봉되었다.

대왕대비인 정순왕후가 수렴청정을 거두고 순조의 친정이 선포되자 순조의 장인이자 순원왕후의 아버지인 영안부원군(永安府院君) 김조순은 그때까지 정순왕후와 함께 권력을 쥐고 있던 김관주를 비롯한 경주김씨의 벽파를 대규모로 숙청하고 안동김씨 세도정치의 시발점을 조성하였다. 안동김씨의 60년 세도정치가 절정에 달하던 1857년 9월 21일, 창덕궁 양심합(養心閤)에서 69세를 일기로 승하하였다.

● 인릉(仁陵)

순조는 1834년 11월 13일에 숨을 거둬 경기도 파주에 있는 인조 무덤 장릉(長陵) 원쪽 산줄기에 예장(禮葬)하였다가 풍수가 좋지 않다 하여 1856년 10월 11일 현 위치로 옮겼다. 순원왕후는 1857년 8월 4일에 숨져 그 해 12월 17일 순조와 합장되었다. 서울 서초구 내곡동 헌인릉길에 자리하고 있다.

순조의 가계도

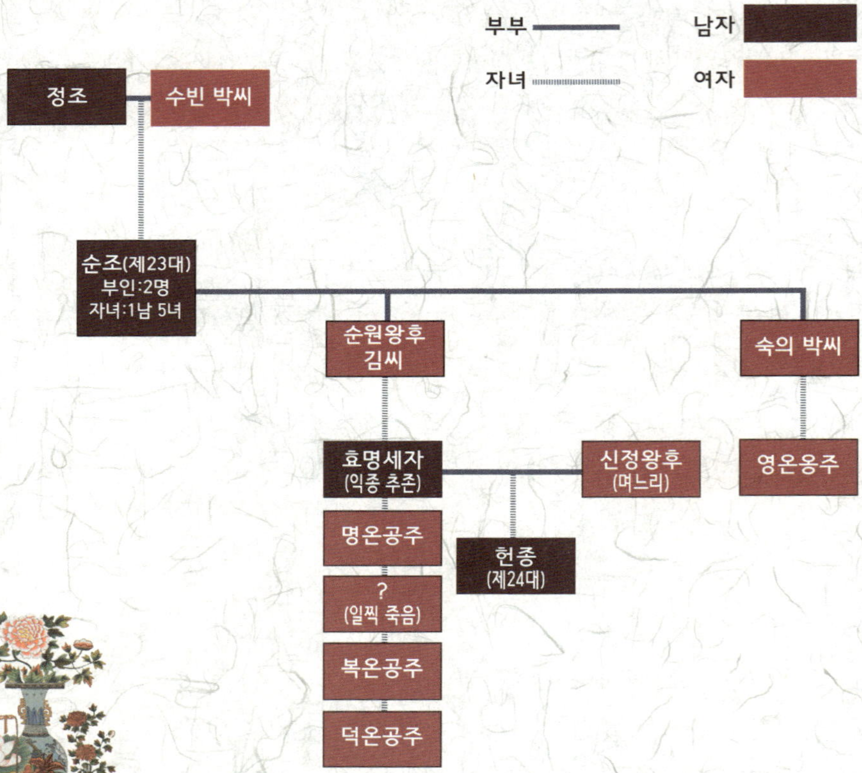

```
부부 ─────    남자 ■
자녀 ┄┄┄┄┄    여자 ■

정조 ─── 수빈 박씨
         │
     순조(제23대)
     부인:2명
     자녀:1남 5녀
     ├──────────────────────────┐
  순원왕후 김씨              숙의 박씨
     │                         │
  효명세자 ─── 신정왕후      영온옹주
  (익종 추존)   (며느리)
     │
  명온공주
     │
  헌종(제24대)
     │
   ?(일찍 죽음)
     │
  복온공주
     │
  덕온공주
```

순조는 후손들이 모두 요절하는 비극을 겪은 왕이기도 하다. 상기한 효명세자(22세)를 비롯해서 명온공주(23세)·복온공주(15세)·덕온공주(23세)·영온옹주(13세) 등이 모조리 요절한 데다가 손자였던 헌종까지 23세로 요절했다. 순조의 자녀 가운데 순조보다 늦게 세상을 떠난 이는 덕온공주뿐이었는데, 그나마도 23세로 임신중에 급체로 요절했다.

《헌종실록(憲宗實錄)》

《헌종실록》 편찬 경위

《헌종실록》은 조선왕조 제24대 왕 헌종의 재위 기간(1834년 11월~1849년 6월) 14년 7개월 동안의 역사적 사실을 편년체로 기록한 사서이다. 정식 이름은《헌종경문위무영인철효대왕실록》이다.

본문은 16권 8책이며, 행록·애책문 등을 수록한 부록이 1책이다.

활자로 간행되었으며, 다른 왕의 실록과 함께 국보 제151호로 지정되었다. 《헌종실록》 편찬에 참여한 주요 인물들은 아래와 같다.

총재관 : 조인영·정원용·권돈인·김도희·박회수·김흥근·박영원,

도청당상 : 조두순·서기순,

찬수 당상 : 김좌근·이가우·윤정현·김학성·조학두·김보근·조병준·김수근·이경재·김정집,

교수 당상 : 서현순·김병기 등이다.

헌종은 1849년 창덕궁 중희당에서 23세에 후사 없이 세상을 떠났다. 존호는 경문위무명인철효(經文緯武明仁哲孝), 묘호는 헌종(憲宗), 능호는 경릉(景陵)으로 경기도 구리시 인창동 동구릉 경내에 있다.

《헌종실록》의 내용

　헌종(1827~1849년)의 이름은 환(奐), 자는 문응(文應), 호는 원헌(元軒)으로, 순조의 손자이며 익종(효명세자)의 아들이다. 어머니는 신정왕후 조씨로 풍은부원군 조만영의 딸이다. 1830년(순조 30년), 세자였던 아버지 익종이 죽자 왕세손에 책봉됐고, 1834년 6월에 즉위하였다. 이때 그는 8세였으므로 대왕대비 순원왕후가 수렴청정을 하였다.

　헌종의 즉위 초에는 안동김씨의 세도정치가 유지되었으나 1837년(헌종 3년) 3월부터 외척인 풍양조씨의 세력이 우세하게 되었다. 특히 순원왕후가 수렴청정에서 물러나고 헌종의 친정이 시작되자 정치의 주도권이 그들에게로 넘어갔으나 1846년 조만영이 죽은 뒤 다시 안동김씨가 정국을 주도하게 되었다.

　1836년에는 남응준, 1844년에는 이덕원·민진용 등의 모반 사건이 일어나 민심이 동요하고 사회가 불안하게 되었다.

　풍양조씨 세도정권은 민심의 동요를 우려하여 천주교에 대한 단속을 강화하였다. 이 때문에 1839년에 기해사옥이라는 대대적인 천주교 박해가 일어났다. 프랑스인 선교사였던 주교 앙베르(Imbert, L.J.M)와 신부 모방(Maubant, P.P.), 그리고 샤스탕(Chastan. J.H.)을 비롯한 수많은 신자가 이때 학살되었다.

　1846년에는 최초의 한국인 신부인 김대건을 처형하였다. 1845년(헌종 11년) 이후에는 나라 안 곳곳에 서양 선박의 출몰이 빈번하여 불안을 조성하였다. 헌종대에는 《열성지장》·《동국사략》·《문원보불》·《동국문헌비고》·《삼조보감》 등이 편찬·간행되었다.

제24대 헌종

▶생애 : 1827~1849년
▶재위 : 1834~1849년

순조의 손자이자 효명세자(익종)의 외아들이다. 원래대로였다면 아버지 효명세자가 왕이 되었어야 했지만, 효명세자가 요절하고 순조마저 건강 악화로 인해 일찍 세상을 떠나게 되는 바람에 왕세손으로 책봉되었다가 졸지에 8세의 어린 나이로 왕이 되었다. 조선왕으로서는 최연소로 단종보다도 더 어린 나이에 즉위했다.

■ 출생과 즉위

헌종은 1827년 음력 7월 18일 창경궁의 경춘전(景春殿)에서 효명세자(익종)와 세자빈 조씨의 아들로 태어나 왕세손에 책봉되었다. 그가 태어나기 전에 어머니 조씨는 태몽으로, 익종한테서 나무가 담긴 아로새겨진 옥갑(玉匣)을 받는 꿈을 꾸었고, 태어나던 날에는 한 무리의 학이 전상(殿上)에서 오래토록 날아 돌다가 갔으므로 궁중 사람들이 기이하게 여겼다 한다.

●《선원보감》의 헌종 영정

판중추부사(判中樞府事) 권돈인(權敦仁)이 지은 행장에 의하면, 그는 어려서부터 외모가 준수하고 명랑하며, 큰 목소리가 마치 금석(金石)에서 나오는 것 같으며, 백일이 되기 전에 능히 일어섰다 한다. 유아기 때 주흥사(周興嗣)의 《천자문》 중에서 1백여 자를 통하였는데, 아버지 효명세자는 여러 번 봐서 눈에 익혀진 것이려니 생각하여 다른 글에서 시험해 보니, 문득 그 전부터 알던 것을 가리키며 "이것은 아무 자입니다." 하니, 효명세자가 이를 매우 기특히 여겨 "학문을 좋아하는 것이 앞으로 나보다 낫겠다." 하였다.

1830년(순조 30년)에 효명세자가 세상을 떠나자 동궁에 책봉되어 왕위 계승자가 되었고, 순조가 승하하자(1834년 12월 13일) 8세의 어린 나이로 즉위하였다. 아내는 안동김씨 김조근의 딸인 효현왕후로, 결혼 2년 만에 16세의 나이로 일찍 세상을 떠났다. 어머니(풍양조씨)와 아내(안동김씨)의 가문에서 보듯이 헌종의 치세는 실로 풍양조씨와 안동김씨의 세도정치로 인해 조선이 파탄 직전까지 가고 있던 시절이었다. 어린 나이에 즉위하여 순조의 비인 순원왕후 김씨가 수렴청정을 실시했다.

헌종은 친정이 시작된 이후 20세가 될 무렵부터 척신들을 견제하기 시작했다. 수렴청정이 15세 때 끝나고 아내인 효현왕후가 죽으면서 순원왕후의 의중에 따라 홍재룡(洪在龍)의 딸인 효정왕후 홍씨를 계비로 맞이했다. 이때 주부(主簿) 김재청(金在淸)의 딸을 후궁 경빈(慶嬪) 김씨로 삼기도 했다. 그래서 안동김씨의 세도는 다시 조금이나마 흔들리기 시작했다.

헌종은 안동김씨의 수장인 김좌근 등을 압박하여 유배를 보내는 등 반 안동김씨 행보를 밟았고, 대구서씨 서희순을 이조판서 겸 총위대장으로 내세우기도 했다. 5영의 훈련대장을 외척이 아닌 다른 사람들로 채워 넣고, 병조판서를 독자적으로 임명하여 군권을 장악하여 정조의 장용영처럼 친위대인 총위영(총융청)까지 구성하는 등 아주 활발한 왕권 강화 정책을 펼쳤다.

안동김씨에게 밉보인 김정희·조병헌도 헌종 14년에 유배에서 풀렸고, 영상 정원용은 안동김씨에게 아부하다가 파직당한다.

● 추사 김정희(秋史 金正喜)의 영정

■ 천주교 박해

교황 그레고리오 16세(재위 1831~1846년)가 천주교 조선대목구를 설정한 뒤(1831년) 헌종 대에 들어서자 파리 외방전교회 선교사 피에르 모방 신부가 입국했다(1836년). 이어서 조선교구장으로서 파리 외방전교회의 로랑조제프마리위스 앵베르 주교가 입국(1836년 4월)하였고, 또한 파리 외방전교회의 자크 샤스탕이 입국(1836년 말)하였다. 이들 파리 외방전교회 출신의 선교사들은 조선인 성직자가 필요하겠다고 생각했고, 김대건·최양업·최방제를 마카오신학교에 보내서 공부하도록 하였다(1836년 12월). 이들 신부들로 인하여 천주교의 교세가 회복되고 신도는 증가되어 갔다.

● 교황 그레고리오 16세
 (Gregorius XVI)
교황(1831~1846년)으로 재임 중 천주교 조선대목구를 설정하였다.

순조의 수렴청정을 행하던 1801년(순조 1년) 정순왕후가 주도한 신유박해로 천주교의 교세는 몹시 위축되었으나 정순왕후가 승하하고 이어서 권력을 누린 국구(國舅) 김조순이 등용한 안동김씨 시파들 중에 천주교 신자들이 많았으므로 천주교에 대한 탄압이 누그러졌다.

교황 그레고리오 16세는 1831년 9월 9일에 천주교 조선대목구를 설정하여 독립된 교구가 탄생하였다. 그리고 서양인 천주교 신부로서는 처음으로 파리 외방전교회 소속 신부 피에르 모방(1836년)과 자크 샤스탕(1836년), 주교 로랑조제프마리위스 앵베르(1837년) 등이 들어와서 천주교의 교세가 회복되고 신도는 증가되어 갔다.

그러자 조정에서는 천주교에 우호적인 안동김씨에 대항해 보수적인 풍양조씨가 집권하자 다시 박해 의논이 일어났다. 그리고 성리학적 가르침을 받고 자라난 헌종도 천주교에 대한 배격 논리에 별다른 반응을 보이지 않는다.

순원왕후가 수렴청정을 하던 1839년(헌종 5년), 로랑조제프마리위스 앵베르 주교·피에르 모방 신부·자크 샤스탕 신부를 비롯한 119명의 천주교인이 투옥·처형되었다(기해박해).

기해박해가 있고 나서 5년 뒤, 한국교회사 최초의 한국인 천주교 사제가 된 김대건 신부가 앵베르 주교의 순교로 공석이 된 조선대목구에 새로 임명받은 장조제프 페레올 주교와 마리니콜라앙투안 다블뤼 신부 및 다른 신자들과 함께 라파엘 호를 타고 상하이 항을 떠나 조선으로 입국하였다. 입국 후 김대건 신부는 비밀 항로를 그린 지도를 중국으로 가는 중국 어선에 넘겨주려다가 연평도 부근에서 순찰하던 관헌들에게 체포되어(1846년 6월 15일) 새남터에서 처형(9월 16일)되었다(병오박해).

● 김대건 신부의 행적
당시 모방 신부는 청소년 신자들의 세례를 집전하기 위해 미리 내 마을을 방문했는데, 김대건 집안이 순교자들이 나올 정도로 신앙이 깊고 김대건 자신도 천주교 신부가 되고 싶어했기 때문에 성직자로 키울 생각을 했다고 한다. 청년 김대건을 천주교 선교사로 선택한 프랑스 교회는 나름대로의 동기가 있었다.
아편전쟁 당시 조선·중국에서 이권을 획득하기 위하여 프랑스 군함들이 동아시아에 파견되었다. 마카오에서 신학 과정을 마친 김대건은 바로 그 프랑스 군함을 타고 1842년 양자강에 도착하였다. 중국을 거쳐 조선으로 들어가도록 명령받은 김대건은 프랑스 해군 군함을 타고 중국에 입국하였다. 그때 김대건의 역할 중 하나는 서양 선교사들의 조선 입국을 돕는 일이었다. 1844년에 그는 천주교 조선교구(현재 천주교 서울대교구) 제3대 교구장인 장조제프 페레올 주교의 명을 받아 외국인 천주교 신부들이 들어오도록 두만강을 넘어 조선에 몰래 들어왔다. 동년 10월, 그는 페레올 주교를 모시고 배편으로 충청도에 잠입하였다. 이때 그는 페레올 주교를 한양까지 안내했다. 2년 뒤인 1846년에는 만주에 머물고 있던 메스트로 신부 등의 입국을 돕기 위해 서해안 루트를 모색한 바 있다. 김대건 신부는 이 활동을 하던 중에 6월 5일 서해안 순위도(巡威島)에서 체포된 것이다. 그리고 1846년 9월 16일 한성 새남터에서 처형되었다. 프랑스 해군의 장바티스트 세실 제독은 김대건을 구하기 위해 조선으로 항해해 왔으나 김대건이 순교하기 전까지 조선에 도착하지 못하였다. 김대건 신부의 실제 임무는 전교하는 것뿐만 아니라 서양 선교사의 조선 잠입을 안내하는 역할도 있었다.

● 김대건 신부의 동상

헌종의 가계

헌종은 9년 동안의 친정 기간 동안 안동김씨의 세도를 꺾으려 했으며 민생 개선에도 나름대로 애를 쓰는 모습을 보였다. 그러나 그는 국내는 물론 조선 주변의 상황이 급격하게 변하고 있다는 사실을 몰랐으며, 다가오는 열강 세력에 대한 대응책도 마련하지 못하였고, 여기에다 날이 갈수록 강해지는 안동김씨 세력으로 인하여 정치를 제대로 할 수 없게 되자 자연히 주색을 가까이 하게 되었다. 그렇지 않아도 가뜩이나 몸이 약해졌던 헌종은 병세가 더욱 악화되어 자리에 눕게 되었다. 결국 1849년 7월 25일(음력 6월 6일) 오시(오전 11시~오후 1시)에 23세를 일기로 창덕궁의 중희당(重熙堂)에서 승하하였다.

■ 신정왕후 조씨

(神貞王后 趙氏; 1808 ~ 1890년)

1819년, 왕세자였던 효명세자와 혼례를 올리고 세자빈이 되었다. 1827년 원손(훗날의 헌종)을 낳았다. 그러나 1830년에 남편인 효명세자가 대리청정을 한 지 4년 만에 요절하였다.

1834년에 시아버지인 순조가 승하하고 아들 헌종이 왕위에 오르자 왕대비가 되었다.

1849년, 헌종이 후사 없이 승하하자 헌종의 할머니이자 선왕 순조의 정비였던 순원왕후는 친가인 안동김씨 세력과 결탁하여 전계군(全溪君)의 아들 철종을 옹립하여 외가인 안동김씨의 세도를 계속 이어나갔다.

● 신정왕후의 영정

제24대 헌종

헌종의 가계도

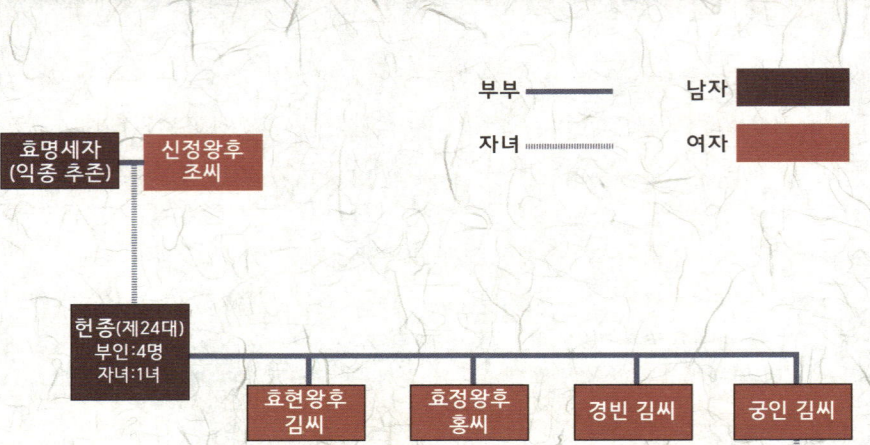

아들은 없었으며 궁녀 출신 숙의 김씨와의 사이에서 딸 하나를 두었는데 요절했다. 헌종이 후사 없이 23세란 젊은 나이에 사망함에 따라 결국 효종 때부터 이어진 직계 왕통은 단절되었다. 동시에 정조의 혈통도 끊겼으며, 이는 결국 안동김씨가 강화도를 뒤져서 사도세자의 서자 은언군의 손자인 철종을 옹립하게 된 요인이 되었다.

헌종의 능은 경기도 구리시 동구릉 내의 경릉(景陵). 왕비인 효현왕후 김씨와 효정왕후 홍씨가 나란히 묻힌 삼연릉(三連陵)으로, 이런 형식은 조선 왕릉 중 유일하다.

● **경릉(景陵)**
'우왕좌비'의 원칙에 따라 맨 오른쪽에 헌종 능이 있고, 가운데에 효현왕후 김씨, 그리고 오른쪽에 효정왕후 홍씨가 묻혀 있다.

《철종실록(哲宗實錄)》

《철종실록》 편찬 경위

　《철종실록》은 조선왕조 제25대 왕 철종의 재위 기간(1849년 6월~1863년 12월)인 14년 7개월 간의 역사적 사실을 편년체로 기록한 실록이다. 정식 이름은 《철종희륜정극수덕순성문현무성헌인영효대왕실록》이다.

　본문은 15권 8책이며, 행록·시책문 등을 수록한 부록이 1책이다.

　조선시대 다른 왕들의 실록과 함께 국보 제151호로 지정되었다.

　《철종실록》은 철종이 세상을 떠난 다음해인 1864년(고종 1년) 4월 29일 북영에 실록청을 설치하고 총재관 등을 임명하여 편찬을 시작하였다.

　《철종실록》의 편찬에 참여한 실록청의 주요 인물은 아래와 같다.

　총재관 : 정원용·김흥근·김좌근·조두순·이경재·이유원·김병학,

　각방 당상 : 김병기·김병국·홍재철·윤치희·조득림·이돈영·홍종응·윤치정·조석우·이승익·김보현·조구하 등이다.

　철종은 1863년 12월 8일, 33세의 일기로 세상을 떠났다. 존호는 희륜정극수덕순성문현무성헌인영효(熙倫正極粹德純聖文顯武成獻仁英孝), 묘호는 철종(哲宗), 능호는 예릉(睿陵)으로 경기도 고양시 덕양구 원당동 서삼릉 경내에 있다.

《철종실록》의 내용

　철종(1831~1863년)의 이름은 변(昪), 초명은 원범(元範), 자는 도승(道升), 호는 대용재(大勇齋)로 전계대원군 광의 셋째아들이며, 정조의 이복동생인 은언군의 손자이다. 어머니는 용성부대부인 염씨였으나 순원왕후가 아들(양자)로 삼고 순조의 뒤를 잇게 하였다.

　은언군은 사도세자의 서자로, 부채를 많이 진 일 때문에 영조 때 제주도에 유배된 적이 있었고, 정조 때는 아들 상계군 이담이 모반죄로 몰려 자살했을 때 연루되어 강화도에 안치되었다.

　1801년(순조 원년)의 신유사옥 때 그의 아내와 며느리가 천주교 신자로 처형되자 그도 사사되었다. 철종의 형인 원경도 1844년(헌종 10년) 이덕원의 역모에 연루되어 처형되었다.

　철종은 6월 8일 덕완군에 봉해지고, 이튿날 관례를 치른 후 인정문에서 즉위하였다. 그러나 나이가 어리다는 이유로 대왕대비인 순원왕후가 수렴청정을 하였고, 1851년(철종 2년) 9월에는 대왕대비의 친족 김문근의 딸과 가례를 올렸다.

　철종은 1852년에 친정을 하였으나 조정의 실권은 안동김씨가 좌우하였다. 이 때문에 매관매직이 성행하여 탐관오리들이 수탈을 일삼았고, 삼정의 문란이 극심하여 백성들이 도탄에 빠지게 되었다.

　1860년(철종 11년) 4월 최제우가 창도한 동학이 급속하게 전파되자 조정에서는 1863년 11월에 그를 체포하여 다음해 3월 사도난정의 죄목으로 처형하였다.

제25대 철종

▶생애 : 1831~1863년
▶재위 : 1849~1863년

초명은 이원범(李元範), 휘는 이변(李昪), 본관은 전주(全州), 자는 도승(道升), 별칭은 강화도령, 호는 대용재(大勇齋)이며, 사후 시호는 철종희륜정극수덕순성문현무성헌인영효대왕(哲宗熙倫正極粹德純聖文顯武成獻仁英孝大王)이며 이후 대한제국이 성립된 1908년(융희 1년)에 장황제(章皇帝)로 추존하여 정식 시호는 철종희륜정극수덕순성흠명광도돈원창화문현무성헌인영효장황제(哲宗熙倫正極粹德純聖欽明光道敦元彰化文顯武成獻仁英孝章皇帝)이다. 그가 서출인 데다가 강화도로 유배 간 후 나무꾼으로 있다가 왕실의 정통성을 지키기 위해 안동김씨 세력들에 의해 왕이 되었다 하여 재위 기간 중 반가(班家)에서는 그를 강화도령이라 조롱하였고, 이는 곧 그의 별명으로 굳어졌다.

■ 출생과 유배 생활

철종은 1831년(순조 31년) 7월 25일, 한성부 향교동(鄕校洞) 경행방(慶幸坊) 사제(私第)에서 정조의 이복동생 은언군 이인(李䄄)의 서자인 전계대원군 이광(李壙)과 용성부대부인 염씨의 아들로 태어났다. 아버지 이광은 본부인 최씨에게서 아들 회평군으로 추봉된 원경과 영평군 경응을 낳고, 후실 부인인 용담염씨에게서 원범을 얻었다.

1844년(헌종 10년), 이복형 회평군(懷平君) 이명(李明)의 옥사로 인해 일가가 교동도(喬桐島)로 유배되었다가 곧 강화도로 옮겨졌으며, 기본적인 왕족의 지위를 누리지 못하고 살았다.

● 철종의 어진(御眞)
철종의 어진은 왼쪽 1/3이 소실되었지만, 남아 있는 오른쪽 상단에 "予三十一歲 哲宗熙倫正極粹德純聖文顯武成獻仁英孝大王"이라고 적혀 있어 이 어진이 철종 12년(1861년)에 도사(圖寫)된 것임을 알 수 있다.

조선왕조실록

　사도세자의 서자였던 은언군은 홍국영이 상계군을 정조의 후사로 추대하려던 사건과, 정조 사후, 부인 송씨와 며느리인 신씨가 천주교를 비밀리에 신봉하던 것이 적발되어 강화도로 유배되었다가 사사당했다. 이후 순조는 이복동생 은언군을 살리려고 노력한 아버지 정조의 유지를 받아들여 은언군의 자녀들을 석방시키려 노력했다.

　1817년에 순조는 강화도 안에서 은언군 아들들의 집을 지어 주는데, 노론 대신들이 반발하자 이를 묵살하고 "석방이 아니니 번거롭게 굴지 말라."면서 넘어간다.

　1822년에는 위리안치형에서 감형하여 은언군의 자식들의 집 주위의 가시울타리를 거두고 혼인도 하게 해주어 일반 백성들처럼 살 수 있게 하는 조치를 내린다. 언제나 그랬듯이 이번에도 어김없이 반대 상소가 올라왔지만 순조는 이를 받아들이지 않았다.

　1830년에 은언군의 자손들을 강화도에서 방면함으로써 철종이 1831년 한성 경행방 사제에서 출생할 수 있었다. 그러나 1836년 남응중 역모 사건으로 인해 그의 일족은 또다시 강화도로 유배당하게 된다. 이후에 이주한 철종의 가족은 강화도에서 살았는데, 철종의 잠저(潛邸: 국왕이 즉위하기 전에 거주하던 사저(私邸)의 미칭)는 현재 강화군 강화읍 동문안길 21번길 16-1(관청리 441번지)에 있다. 원래는 초가였으나 철종 4년(1853년)에 강화유수 정기세가 현재와 같은 기와집을 세우고 용흥궁이라 하였다.

● 철종의 강화도 잠저인 용흥궁 전경

● 용흥궁의 편액

철종의 일가는 부임해 오는 강화부 유수의 감시 및 주민들의 멸시를 당하기도 했다. 《철종실록》의 철종 행장에 의하면 철종이 강화도에 있을 당시, 한번은 그가 살던 동리에 완악하고 패려한 자가 술에 취해 그의 집 문 밖에서 소란을 부리며 오만한 말과 모욕을 가했지만, 후일 철종이 왕위에 오른 후에도 그를 문제삼지 않았다고 한다. 철종은 아버지 대에 농토를 얻어 농사를 짓고 살았으므로 일각에서는 그를 가리켜 강화도령이라며 조롱하기도 했다.

그러나 헌종이 23세라는 젊은 나이로 급사하자 영조의 후손으로서 정통성을 가진 왕족은 이광의 아들들밖에 없었다. 당시 왕실의 최고 어른이었던 순원왕후는 이광의 아들인 이원범(훗날의 철종)을 차기 국왕으로 지명했다. 자신을 왕으로 옹립하기 위한 행렬이 왔을 때, 철종은 자신의 할아버지나 큰형(이원경)이 역모에 몰려 죽은 전례가 있어서 이번엔 자신을 잡으러 온 줄 알고 산 속으로 도망쳐 버렸다고 한다.

● **강화도행렬도(江華島行列圖)**
철종이 왕으로 즉위하기 위해 강화에서 한양으로 향하는 행렬도이다. 평양 조선미술관 소장.

■ 철종의 즉위와 수렴청정

철종은 5촌 당숙인 순조의 양자 자격으로 왕위에 올랐는데, 즉위 직후 순원왕후가 수렴청정을 하였고, 사실상 실권은 안동김씨에게 있었다. 1851년(철종 2년) 김조순(金祖淳)의 7촌 조카인 김문근(金汶根)의 딸을 왕비(철인왕후)로 맞아들였다. 이로써 순조·헌종·철종 세 임금의 중전이 안동김씨 가문에서 나오게 되었다. 그래서 우스갯소리로 중궁전(대비가 거주하는 곳)은 안동김씨의 소유라는 말까지 나오기도 하였다. 그리하여 김문근을 위시한 안동김씨의 세도정치가 계속되었다.

학문적인 소양이 부족하다는 이유로(철종은 강화도에 유배 중인 몸으로 교육을 받지 못했다) 정사는 세도가들에 의해 처리되었고, 철종 자신도 스스로 이것을 인식하고 술과 궁녀를 가까이 하면서 정사를 제대로 돌보지 못하였다. 그리하여 어떤 일가가 사사로운 인맥으로 매관매직에 의해 관직에 오르게 된 어느 시골의 관리가 한성에 입경한 뒤에도 국왕인 철종을 알아보지 못하고 자신이 군수에 임명되었다고 그의 앞에서 오만방자하게 자랑하기도 했다고 한다.

철종은 1852년부터 친정을 시작하였으나 이때도 역시 실권은 안동김씨 세력들에게 있었다. 그러나 그는 1859년 관리들의 부정 비리를 지적하는 등 비교적 적극적으로 정치에 참여하였다.

1861년에는 중신들의 반대를 무릅쓰고 훈련도감 소속의 마보군(馬步軍)과 별기군(別技軍)의 군사를 이용하여 궁궐 숙위 강화를 시도하였다. 그럼에도 안동김씨 세력의 세도가 강하여 그는 자신의 뜻을 제대로 펼칠 수 없었다.

이렇게 세도정치의 폐단으로 인해 기존의 조선 통치기강이 무너지고 삼정의 문란은 더욱 심해져 민중의 생활은 피폐해져 갔으며, 결국 1862년 진주민란을 시발점으로 하여 삼남지역을 중심으로 곳곳에서 농민항쟁이 일어났다.

■ 동학과 삼남지역의 민란

철종 시기에 각지의 반란, 외국의 간섭, 정치의 문란, 사회적인 불안과 긴장이 계속되었으며, 종래의 종교는 이미 쇠퇴하여 민중의 신앙적인 안식처가 되지 못하였다. 이와 같은 정세를 배경으로 최제우는 제세구민(濟世救民)의 뜻을 품고, 1860년 서학(西學; 천주교)에 대립되는 민족 고유의 신앙을 제창, 동학(東學)이라 이름 짓고 종래의 풍류사상과 유(儒)·불(佛)·선(仙)의 교리를 토대로 '인내천(人乃天; 사람이 곧 하늘이므로 모든 사람은 멸시와 차별을 받으면 아니된다)'의 사상을 전개하였다.

동학은 조선의 지배논리인 신분·적서제도(嫡庶制度) 등을 부정하는 현실적·민중적인 교리에 대한 민중들의 지지를 받았으며, 사회적 불안과 질병이 크게 유행되던 삼남지방에 재빨리 전파되었다. 그러나 최제우는 포교를 시작한 지 3년 만인 1864년 혹세무민(惑世誣民)의 죄로 처형당하고, 최시형이 2대 교주가 되어 비밀리에 교조의 유문(遺文)《동경대전(東經大全)》·《용담유사(龍潭遺詞)》를 간행하는 한편 교리를 체계화하고 교세를 확대시켰다. 그후 동학혁명이 일어나 최시형도 처형을 당하고 동학은 천도교(天道敎)와 시천교(侍天敎)로 분열되고, 천도교 3대 교주에 오른 손병희가 꾸준히 교리 정비와 교세 확장에 힘썼다.

● 최제우의 동상

1862년 1월에는 향리, 아전들의 착취에 견디지 못하고 경상도 진주에서 난이 발생했다. 진주민란은 육지로 확산되었지만 곧 관군에 의해 제압되었다.

1862년 9월 진주민란의 자극을 받아 제주도에서 서광리 사람 강제검(姜悌儉, ?~1863년)과 제주 제주목 사람 김흥채(金興采, ?~1863년) 등을 중심으로 민란이 발생하였다. 그러나 제주관아를 점령했던 봉기는 진압되고 주동자인 강제검·김흥채는 체포 후 압송되어 처형되었다.

조선왕조실록

■ 철종의 최후

철종은 어디까지나 꼭두각시 왕으로, 실권이 없어 왕이라도 왕 같지 않다는 자조감과 복잡한 궁중 예법에 질려 버렸고, 여색과 술로 시간을 보냈다. 그러다 보니 농사로 인해 튼튼해진 체력이 급속히 무너져 버렸고, 재위 말기에는 잔병치레를 하다가 결국 33세라는 한창 나이에 병으로 사망하고 말았다. 그의 죽음에 안동김씨는 혼란에 빠졌으며, 모두 후계 문제에 정신이 팔려 왕의 죽음에 관심을 두지 않았다.

1862년부터 철종은 줄곧 병석에 누워 있거나 의원의 어배진(임금의 진찰)을 받으면서 겨우겨우 정무를 보며 결재하였다. 원래 몸은 튼튼했지만, 그 자신이 안동김씨의 세도정치 속에서 자신의 뜻을 마음대로 펼 수 없다는 것을 깨닫고 주색을 가까이 하여 건강이 점점 나빠지다가 1861년 이후로는 거의 병석에 눕다시피 했다. 철종은 조정에서 연회를 볼 때나 후궁·기녀들과 만찬 및 음주할 때에도 뻐꾸기 소리를 들으면 달려나가 슬피 눈물을 흘리는 일이 종종 있었다고 한다.

철종이 일어날 가망이 없다고 본 흥선대원군은 이 무렵부터 자신의 서녀를 통해 사돈 이호준, 이호준의 정실 사위 조성하, 조성하의 종형제 조영하 등을 통해 암암리에 조대비와 은밀히 물밑 교섭을 시도하여 다음 왕위 계승권을 확보하려고 하였다.

1864년 1월 16일(1863년 음력 12월 8일) 재위 14년 만에 창덕궁의 대조전(大造殿)에서 후사도 없이 병으로 승하하였다.

● 철종의 복원된 어진

철종의 가계

철종은 왕이 되기 이전에 서민 생활을 해 왔기에 백성들이 얼마나 힘들게 사는지 잘 알고 있었다. 그렇다고 친정을 하고는 있으나 실권은 안동김씨 세력이 쥐고 있었으므로 이러지도 저러지도 못한 철종은 소탈함과 검소함으로라도 백성들에게 모범을 보이려고 노력했다고 한다. 그리고 전통적 방식으로 편찬된 『조선왕조실록』은 《철종실록》이 마지막이다. 이후의 《고종실록》·《순종실록》은 경술국치 이후 일제가 편찬했기 때문이다.

■ 철인왕후 김씨(哲仁王后 金氏; 1837 ~ 1878년)

영은부원군 김문근과 흥양부부인 여흥 민씨의 딸로 1851년 왕비에 책봉되었다. 본래 그녀가 왕비가 된 것은 안동김씨 집안이 권력을 독점하기 위해 비(妃)가 없던 철종에게 자기 집안의 사람을 왕비로 맞아들여 당시 조정을 장악하고 자신들의 부를 축적시키기 위한 의도였다.

철종이 승하한 후 고종 때에 대비가 되었고, 1878년 경복궁 교태전(交泰殿)에서 42세로 죽었다. 철인왕후는 평소 친정을 두둔하지 않았고, 정치에 관여하지 않았으며, 말이 적고 자신의 감정을 내면에 숨긴 채 쉽게 드러내지 않았다. 철종과의 사이에서 1858년 원자(元子)를 낳았으나 태어난 지 6개월 만에 죽었다.

■ 영혜옹주(永惠翁主; 1859 ~ 1872년)

철종과 그 후궁 숙의 범씨의 딸이다. 철종은 슬하에 5남 1녀를 두었으나 모두 요절하고 영혜옹주만이 유일하게 장성한 자녀이다.

영혜옹주는 1863년 철종이 죽은 후 어머니와 함께 궁궐 밖에서 살았다. 처음에는 영숙옹주(永淑翁主)에 봉해졌다가 1866년에 영혜옹주로 바뀌었다. 1872년(고종 9년) 4월 13일 전 도사 박원양(朴元陽)의 아들 박영효와 혼인하였으나 그후 3개월 만인 7월 4일에 죽어서 후손을 얻지 못하였다. 고종은 박영효에게 집 한 채를 내리고 정1품 종친의 예로 녹봉을 주었다.

철종의 가계도

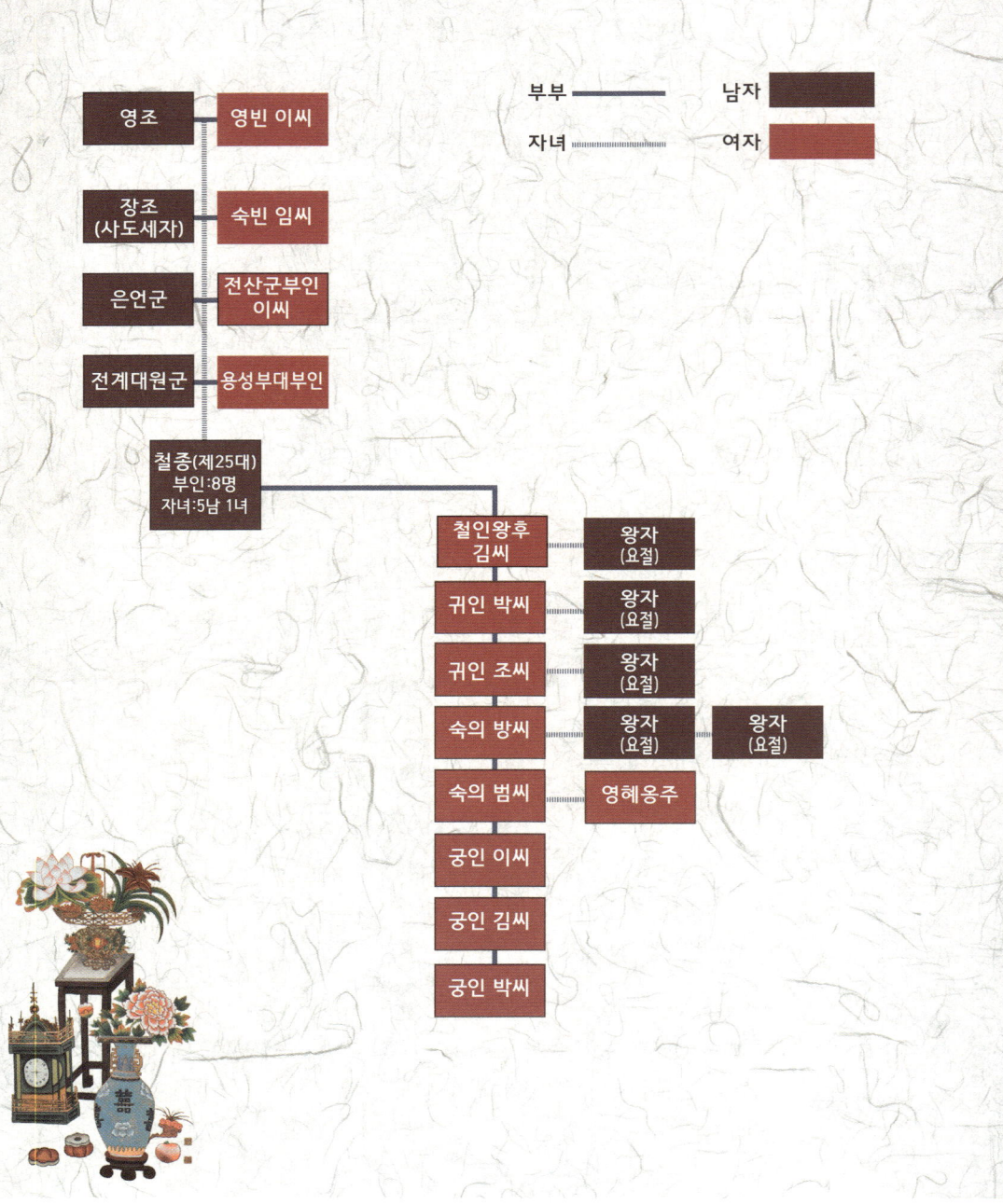

《고종실록(高宗實錄)》

《고종실록》 편찬 경위

《고종실록》은 조선왕조 제26대 왕이며 대한제국의 첫 황제였던 고종의 재위 기간(1863년 12월~1907년 7월)인 44년의 역사적 사실을 편년체로 기록한 사서이다. 원명은《고종순천융운조극돈륜정성광의명공대덕요준순휘우모탕경응명입기지화신열외훈홍업계기선력건행곤정영의홍휴수강문헌무장인익정효태황제실록》이다. 본문 48권 48책과 목록 4권 4책을 합쳐 52권 52책으로 간행되었다.

《고종실록》은《순종실록》과 함께 일제 침략기에 일본인들이 주관하여 편찬하였기 때문에 일반적으로 『조선왕조실록』에는 포함시키지 않는다.

《고종실록》은《순종실록》과 함께 이왕직의 주관으로 1927년 4월 1일에 편찬을 시작하여 7년이 지난 1934년 6월에 완성되었고 이듬해 3월 31일에 완료되었다.

《고종실록》의 편찬에 참여한 편찬위원들은 아래와 같다.

 위원장 : 소전지책, 부의원장 : 이항구, 감수위원 : 소전성오·정만조·박승봉·성전석내·김명수·서만순, 편찬위원: 서상훈·남규희·이명상·조경구·홍종한·권순구, 사료수집위원 : 박주빈·이원승·이능화 등이다.

1910년 일제가 대한제국을 무력으로 합방하자 고종은 이태왕(李太王)으로 격하되었다가 1919년 정월에 세상을 떠났다. 고종의 능호는 홍릉(洪陵)이며, 경기도 남양주시 금곡동에 있다.

《고종실록》의 내용

 고종은 1852년 7월 25일 서울에서 흥선군 이하응의 둘째아들로 출생하였고, 1866년 9월 여성부원군 민치록의 딸과 결혼하였다.
 고종은 이때 12세였으므로 조대비가 수렴청정하였다. 그러나 흥선대원군이 국정을 총람하였고, 흥선대원군은 정권을 장악하자 안동김씨의 세도정치를 타파하고 왕권을 확립하여 여러 가지 혁신정책을 추진하였다.
 대원군은 1866년(고종 3년)부터 천주교도 박해령을 내려 8천여 명의 천주교도들을 학살하였다. 이 때문에 병인양요를 겪었고, 1871년에는 신미양요를 극복하여 전국에 척화비를 세우고 쇄국정책을 고수하였다.
 1873년 11월부터 고종이 직접 나라를 다스리며 개방정책을 시행했는데, 1876년 일본과 수호조약을 체결하고 구미 열강과 차례로 조약을 맺으며 개항정책을 추진하였다. 고종과 민씨 정권은 개항 후 일본에 신사유람단과 수신사를 파견하였다. 개화당과 수구세력 간의 알력으로 1882년에 임오군란, 1884년에 갑신정변이 일어났다. 1894년에 동학농민혁명이 발생하자 그 진압 문제를 둘러싸고 청나라와 일본이 전쟁을 일으켰다. 이 청·일전쟁은 일본의 승리로 끝났고, 1895년 강화조약을 체결함으로써 한반도에서 일본이 주도권을 가지게 되었다.
 일본공사 미우라는 1895년 8월 군대와 낭인들을 동원하여 경복궁을 습격하고 왕비를 살해하는 을미사변을 일으켰다. 고종은 1896년 2월, 갑자기 러시아 공사관으로 피신하는 아관파천을 단행하였다. 그리고 다시 1897년 2월에 환궁하였으며, 10월에는 대한제국의 수립을 선포하고 황제에 올라 연호를 광무라 하였다. 그 무렵 독립협회를 중심으로 만민공동회가 개최되고 자유민권운동이 확산되어 가자 고종은 보부상과 군대의 힘을 빌려 이를 진압하였다. 1904년 러·일전쟁이 일어나자, 일본은 한·일의정서를 강요하여 제1차 한·일협약을 맺었다. 그리고 다음해 일본은 을사조약의 체결을 강요하였다. 고종은 1907년 6월, 네덜란드 헤이그에서 개최되는 만국평화회의에 이상설·이준·이위종을 특사로 파견하였다. 그러나 일본과 영국의 방해로 이 계획이 수포로 돌아가고, 고종은 일제의 강요로 7월 20일에 물러났다.

제26대 고종

▶생애 : 1852~1919년
▶재위 : 1863~1919년

고종은 흥선대원군 이하응(헌의대원왕)과 여흥부대부인 민씨(순목대원비)의 둘째아들로 한성부 안국방 구름재 운현궁 사저에서 출생하였다. 그가 태어난 사저 운현궁은 처음 구름재댁으로 불리다가 그가 조선의 제26대 임금으로 즉위한 뒤 운현궁이라는 궁의 이름을 받게 된다. 처음 이름은 '개똥이'였다가, 소년기에 '명복(命福)'으로 개명했다. 그리고 조선의 26대 임금으로 즉위한 뒤에는 이름을 다시 '재황(載晃)'으로 개명했다. 또한 처음 자(字)는 '명복(明福)'이었다가 즉위 후 성림(聖臨)으로 개명하였다.

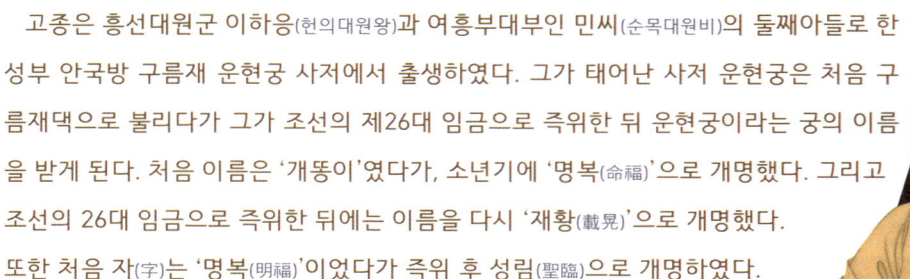

● 흥선대원군의 영정

■ 철종의 후사

철종이 후사 없이 시름시름 앓게 되면서 후사 논의가 진행됐고, 그 중 김흥근은 흥선군을 추대하자는 주장도 했다. 흥선군이 어리석은 인물이라는 계산에서였으나 그의 파락호 행실과 그의 나이 등 여러 가지 조건에 걸려 반대에 부딛쳐 묵살당하였다. 김병기(金炳冀)는 그에게 야심이 있는가를 시험하려 하였으나 흥선군은 일부러 어리석음을 가장하여 그에게 장남 이재면의 관직을 청탁하기도 했다. 흥선대원군은 자신의 둘째아들인 재황을 안동김씨 가문의 딸과 혼약하겠다고 약속했다. 그 하나는 김병학의 딸이었고 다른 한 명은 김병문의 딸이었다. 이런 밀계로 흥선군은 안동김씨 일부를 포섭하는 데 성공한다.

또한 흥선군은 조대비를 찾아가 물밑 교섭을 했다. 조대비의 아들은 헌종이었으나 그는 후사 없이 사망하였고, 그의 뒤를 이은 것은 사도세자의 증손이자 전계군의 아들인 강화도령 덕완군 원범이었다. 철종이 헌종보다 위 항렬이므로 헌종의 양자가 될 수 없었고, 익종에게도 동생뻘이기 때문에 익종의 양자가 될 수도 없었다. 순원왕후와 안동김씨는 이 점을 보고 철종을 간택하여 순조의 양자로 삼았던 것이다. 흥선군은 조대비에게 자신의 둘째아들을 왕으로 앉히게 도와준다면 조대비의 양자로 보내겠다는 밀계를 맺었다.

조선왕조실록

■ 고종의 즉위와 섭정

1863년 12월 8일, 철종이 갑자기 사망하자 조대비와 조성하·조영하·정원용 등은 비밀리에 옥새를 접수한 뒤, 흥선군의 적실 둘째아들 명복을 익종대왕으로 입승대통(立承隊筒)한다는 교서를 재빨리 발표한다. 이로써 고종은 조선의 제26대 왕으로 즉위하게 된다.

즉위 후 10년은 대왕대비 조씨가 수렴청정을 실시하였으나 흥선대원군이 본색을 드러내어 실권은 흥선대원군이 모두 장악하였다. 흥선대원군의 집권으로 구 안동김씨와 김씨 내각의 주요 인사들은 축출되었지만 흥선대원군은 여기에 만족하지 않고 풍양조씨 세력 역시 궁궐에서 모두 축출했다. 이들 외척들은 고종이 군주인지 흥선대원군이 군주인지 알 수 없다는 말을 공공연히 유포시켜 흥선대원군의 섭정에 대한 반발을 유도하기도 했다.

즉위 초기는 서구 열강의 개항 압력이 시간이 흐를수록 점점 노골화되어 프랑스(1866년 병인양요), 미국(1871년 신미양요) 등과 강화도에서 군사적인 분쟁을 두 차례 겪었으나 흥선대원군은 단호한 집념으로 이들을 모두 물리치고 나서 쇄국정책을 펼치고 척화비를 전국 방방곡곡에 설치하였다. 국내적으로는 부정부패의 온상으로 지탄받던 서원을 대폭적으로 철폐하여 오직 47개소만 남겼고, 조선 후기의 상설기관이던 비변사를 완전 폐지함으로써 기능을 상실케 하였다. 그리고 1866년 몰락하던 남인 출신의 여흥 민씨 집안의 딸을 왕비로 맞으니 후의 명성황후이다.

● 명성황후(明成皇后)
본관은 여흥(驪興), 성은 민(閔)씨이며, 1851년(철종 2년) 경기도 여주에서 영의정에 추증된 치록(致祿)의 딸로 태어났다. 16세에 흥선대원군의 부인 부대부인(府大夫人) 민씨의 추천으로 고종 비에 간택되었다.

● 고종의 어진

■ 고종의 친정

모든 군사와 정무는 어명으로 나갔지만 실제로는 대원군이 직접 처결하였다. 황현은 이를 두고 독단적이라고 지적했다. "종전의 세도는 비록 한 사람이 주관하고 있을지라도 옆으로 아들과 조카·인척들이 종종 한몫을 하고 있었으므로 서로 간섭하고 부족한 점을 보완하여 오직 실각하지 않을까 두려워했다. 그러나 대원군 때는 혼자 집권했기 때문에 비록 음관 한 명이나 변방의 장수 한 사람이라도 대원군을 거치지 않고는 발령할 수 없었다."고 하였다.

대원군은 그 동안 안동김씨 세도에 약화된 왕권 강화를 목적으로 경복궁 중건 사업을 벌였다. 경복궁 중건 사업은 당시로는 무리한 사업으로 많은 비판을 받았으나 역사가 지나고 나서 봤을 때는 매우 훌륭한 업적으로 평가되고 있다. 지금 우리가 보는 광화문과 경복궁, 그리고 그 복원공사가 이뤄질 수 있는 것 또한 흥선대원군 때 이뤄진 경복궁 중건 덕분이다.

고종은 아버지 흥선대원군의 의지와 생각을 수긍할 수밖에 없었지만, 즉위 10년이 지나 22세의 성인이 되자 최익현의 상소를 계기로 대원군을 옹호하는 신하들을 몰아내어 자기 주도적으로 대원군을 실각시키고 친정을 하였다. 고종은 대원군의 개혁을 대부분 계승하여 호포제·사창제·서원 철폐 등을 고수했고, 만동묘(萬東廟)는 복구하였으나 국가가 제사를 주관하게 하여 유림의 명분은 충족시켜 주되 힘은 돌려 주지 않는 교묘한 방법을 썼다.

● **최익현(崔益鉉)의 초상**
1868년 경복궁 중건과 당백전 발행에 따르는 재정의 파탄 등을 들어 흥선대원군의 실정(失政)을 상소하여 관직을 삭탈당했다. 이후 일본과의 통상조약과 단발령에 격렬하게 반대하였다. 1905년 을사조약이 체결되자 항일의병운동의 전개를 촉구하며 전북 태인에서 의병을 모았다. 그러나 순창에서 패하여 쓰시마 섬에 유배되었다.

■ 운요호 사건과 개항

　1875년 조선왕조 후기 때 일본 해군의 군선(軍船)인 운요호[雲揚號]가 조선 해안 탐사를 빙자하여 강화도와 영종도를 습격하고 양민 학살과 주변 방화 등의 만행을 저지른 후 물러간 사건으로, 강화도 조약의 시초격인 사건이기도 하다. 봉건적인 막부 체제가 막을 내리고 메이지 유신이 선포되면서 일본에서는 이를 계기로 근대화 분위기가 장식됨과 동시에 1592년 임진왜란 이후 조선 침략에 대한 노골적인 망상이 고개를 들게 되면서 이에 힘입어 정한론까지 가세하게 되자 침략 목적으로 조선에 접근하려고 하였다. 일본은 미국·영국·프랑스 등 서구 열강들과 함께 조선에 상호 통상을 요구하기도 하였지만, 흥선대원군의 쇄국정책과 반양(反洋) 정서로 인하여 실패를 거듭하였다가, 흥선대원군이 물러나고 고종이 친정(親政)을 하게 되자 이를 계기로 조선의 침략을 위해 군선(軍船)인 운요호를 부산으로 밀파하게 된다.

　1875년 9월 20일, 이번에는 서해 강화도 동남쪽 난지도(蘭芝島) 부근에 정박하고 식수를 구한다는 구실로 보트에 군인을 분승시켜 연안을 정탐하면서 강화도의 초지진(草芝鎭) 포대까지 접근하였다. 접근하지

● 운요호 사건
운요호 사건은 일본이 조선을 침략하기 위한 전초전으로서 의도적으로 일으킨 포함외교의 한 형태이며, 이는 그들이 22년 전에 미국에 당한 것을 그대로 사용한 것이다.

말라는 조선군의 명령에도 불구하고 불법 접근한 일본군에게 조선의 초지진 포대에서 포격을 가하자 운요호도 맹포격으로 응수하였다. 포의 성능이 우세인 일본군은 초지진을 파괴하고, 영종진(永宗鎭)에도 맹포격을 가하면서 육전대(陸戰隊)를 상륙시켜 살안·방화·약탈을 자행하였다. 조선군은 전사자 35명과 포로 16명을 냈지만, 일본군은 단지 2명의 경상자만 냈을 뿐이었다. 그럼에도 일본은 포격전의 책임을 조선에 돌렸고, 아울러 무력을 배경으로 개항을 강요하였다.

■ 임오군란

운요호 사건으로 조선은 일본과 강화도 조약을 체결하였다. 강화도 조약 이후 조선 정부는 세계 정세에 보조를 맞추기 위해 개화운동을 전개하였던 바, 이러한 노선에 따라 내정개혁을 실시하였다. 그러던 중 민씨 일가가 장악하고 있던 선혜청의 부패로 인해서 가뜩이나 별기군 창설 이후에 푸대접받고 있던 구식 군인들에 의해 임오군란이 발발하여 정계에서 밀려난 흥선대원군이 복귀하게 된다.

당시 별기군은 서구식 군대로 민씨 일가에 의해 운영되었고, 그들의 대우는 구식 군대와 하늘과 땅 차이였다. 구식 군인들은 특별한 소속 없이 방치되었고, 그들은 왕십리에서 채소를 재배해서 부업으로 겨우 먹고 사는 지경에 이르렀다.

구식 군인들의 불만이 위험수위에 이르자 그들에게 1개월치 급료가 지불되었는데, 문제는 급료로 지불된 쌀이 겨와 모래가 섞인 썩은 것이었다.

분노에 폭발한 군인들은 선혜청 제조 민겸호 및 흥인군 이최응을 비롯해 원성을 사고 있던 고관대작들을 살해하였고, 일본 공사 요시모토 하나부사는 간신히 목숨만 건져서 달아났다.

겁에 질린 고종은 허겁지겁 대원군을 모셔와 군인들을 달래 달라고 요청하며 다시 전권을 내어주었다. 군인들은 대궐에 나타난 대원군을 보고 환호했다. 흥선대원군은 강화도 조약을 비롯하여 일본과의 모든 통상조약

● 경복궁으로 향하는 흥선대원군

의 파기를 선언했다. 이때 흥선대원군은 명성황후가 이미 죽었다고 거짓 보고한 뒤 황후가 입던 옷을 관에 넣고 장례를 치르기까지 하였다. 그러나 청나라의 군사적 압력으로 임오군란은 진압되고, 흥선대원군은 1883년에 청나라의 톈진으로 압송되었다. 1개월 만에 고종은 복권하였으며, 그 뒤로부터 청나라의 간섭을 받게 된다.

■ 갑신정변

1884년 12월 4일(고종 21년 음력 10월 17일) 김옥균·박영효·서재필·서광범·홍영식 등 개화당이 청나라에 의존하려는 척족 중심의 수구당을 몰아내고 개화정권을 수립하려 한 무력 정변이다.

● 갑신정변의 주역 김옥균

1884년 12월 4일(음력 10월 17일), 갑신정변 당시 김옥균·박영효(철종의 부마) 등 개화파가 일본의 지원을 받아 우정국 사건을 시작으로 수구파의 영수 민영익과 민태호·민영목 등을 제거하고 고종과 명성황후를 확보하여 경우궁으로 옮긴 뒤 자신들에 반대하고 청에 사대(事大)하던 관료들을 입궐시킨 후 닥치는 대로 살해하였다. 개화파는 정강 14조를 발표하여 개각을 선언했지만 눈치 빠른 명성황후가 상황이 어떻게 돌아가는지 알아차리고 은밀하게 청군의 구원을 요청한 뒤, "신정왕후께서 넓은 곳으로 옮기길 원한다."고 말하고 경우궁 대신 적은 인원으로 방어하기 어려운 창덕궁으로 옮겨간다.

이렇게 되자 원세개가 지휘하는 1천 5백 명의 청군과 이에 합세한 조선군이 몰려들면서 급진개화파는 완전히 궁지에 몰린다. 급진개화파는 고종을 데리고 인천으로 달아나 후일을 도모하려 했지만 고종은, "죽어도 대비(신정왕후)가 계신 창덕궁에서 죽을 것이다."라고 고집하여 결국 고종을 놔두고 자기들만 양복으로 갈아입고 상투를 자른 후 일본으로 도주하는 처지가 된다.

결국 이들의 반정으로 인해 개화 이야기는 쑥 들어가고 말았고, 급진개화파의 친족들은 무참한 죽임을 당한다. 그리고 청의 조선에 대한 종주권은 오히려 공고해지고 말았다. 한편 일본은 적반하장으로 조선에 한성조약(1884년 11월 체결함)을 강요하며 배상을 받아냈고, 청에겐 무력시위를 하여 1885년에 톈진조약을 체결하는 데 성공했다.

■ 동학 농민 운동

　동학 농민 운동은 조선 말엽에서 가장 중요한 사건 중의 하나이자 동아시아사에서도 한반도의 세력균형이 본격적으로 깨지기 시작한 계기가 된 사건이라는 점에서 중요하다. 즉, 세계사적 사건인 것이다. 이 민란이 처음 시작될 때는 단순하게 한반도 농민들의 궐기 운동과 내전 등에 그칠 것이라고 생각되었다. 그러나 조선의 조정이 청나라의 군대를 주둔시켰고 일본군이 한반도에 기습적으로 침략함으로써 결국에는 청·일전쟁으로 이어지게 되었다.

　동학 농민 운동은 1894년 동학 지도자들과 동학교도 및 농민들에 의해 일어난 민중의 무장봉기를 가리킨다. 크게 1894년 음력 1월의 고부 봉기(제1차)와 음력 4월의 전주성 봉기(제2차), 그리고 음력 9월의 전주·광주 궐기(제3차)로 나뉜다.
　교조 최제우의 신원 외에도 기존 조선 양반 관리들의 탐학과 부패, 사회 혼란에 대한 불만이 쌓이다가, 1882년(고종 19년) 전라도 고부군에 부임된 조병갑의 비리와 남형(濫刑 ; 법에 의하지 않고 함부로 가하는 형벌)이 도화선이 되어 일어났다. 부패척결과 내정개혁, 그리고 동학 교조 신원 등의 기치로 일어선 동학 농민군 중 일부는 흥선대원군·이준용 등과도 결탁했다. 전봉준은 대원군을 반신반의하면서도 명성황후와 민씨세력의 축출을 위해 대원군과 손을 잡았다. 대원군 역시 명성황후의 제거를 위한 무력 집단이 필요해 동학 농민군과 제휴하게 된다. 동학 농민군을 진압하기 위해 민씨 정권에서는 청나라군과 일본군을 번갈아 끌어들여 청·일전쟁의 직접적인 원인이 되었다.

● 동학 농민군의 백산봉기 기념화(記念畫)
1894년 4월 전봉준이 보낸 창의문인 '무장포고문'을 읽고 불과 10여 일 만에 분노한 농민군이 1만여 명이나 모여든 장면을 묘사하였다.

■ 을미사변

동학 농민 운동을 진압하고자 조선에 온 청나라군과 일본군은 조선에 대한 지배권을 차지하려는 가운데 청·일전쟁이 발발하고 말았다. 이 전쟁에서 일본이 승리를 하여 조선에 대한 영향력을 키워갈 때에 서양 삼국, 곧 러시아·독일·프랑스가 일본에 간섭하여 청·일전쟁에 승리하여 얻은 이권을 내놓게 하였는데, 이것이 러시아·독일·프랑스의 '삼국간섭'이며, 그에 따라 일본은 조선에서의 영향력에도 흔들리게 된다. 이러한 일련의 사태를 주시하던 고종과 명성황후는 친서방 정책을 강화했다. 특히 일본보다 훨씬 강하게 여겨지는 러시아를 끌어들여 일본을 견제하도록 했다.

일본은 조선의 가장 큰 걸림돌인 명성황후를 살해하려는 음모를 꾸몄다. 일본을 출발하여 인천 제물포 항구에 나타난 일본인 낭인들은 조선인 군관들의 경호와 길 안내로 경복궁까지 3시간 내에 진입했다. 홍계훈이 이끄는 근위대를 이끌고 경복궁에 나타난 이들은 궁녀 복장을 한 왕비를 찾아내어 사살하고, 시신을 건청궁 동쪽 녹원(鹿園)에서 석유를 뿌려 소각한 뒤 연못에 던졌다.

명성황후가 경복궁에서 일본 낭인에 의해 무참히 살해될 때에 고종은 아들 황태자 척과 함께 일본 낭인과 조선인 협력자들에 의해 창덕궁 또는 덕수궁에 감금당해 있었다. 나중에 윤치호는 입궐하여 명성황후 살해 사건에 조선인 협력자들이 연루되어 있었다면서 흥선대원군 등의 여러 명을 폭로하였다.

여기에 개화파인 유길준도 시해에 가담했다고 폭로하였다. 흥선대원군이 명성황후 살해에 가담한 것을 알게 된 고종은 크게 배신감을 느껴 나중에 아버지가 죽었을 때 빈소에 찾아가지도 않았다.

● 명성황후 시해 상황을 재현한 구상도

■ 아관파천(俄館播遷)

1896년 2월 11일(1895년 음력 12월 28일), 고종은 당시 친러파였던 이완용 등의 끈질긴 종용, 그리고 을미사변으로 신변의 불안을 느끼고 있던 고종의 의지로 왕태자(훗날의 순종)와 함께 러시아 공사관으로 거처를 옮기는 '아관파천'을 단행하였다. 아관파천한 그날 고종은 '을미4적'으로 김홍집·유길준·정병하·조희연을 거론하였으며, 이로 말미암아 김홍집 내각은 붕괴되었다.

을미사변으로 전국에서 의병이 창출하였는데 이를 '을미의병'이라 한다. 을미의병으로 인해 한양에 주둔한 일본군 대부분이 각 지방으로 내려가 감시가 소홀해지자 고종은 궁녀가 타는 가마를 타고 순종과 함께 대궐을 버리고 러시아 공사관으로 피신했는데 이것을 아관파천이라고 한다.

러시아 공사인 베베르는 인천항에 정박시켜 놓은 러시아 수병 117명을 동원해 즉각 공사관에 배치하여 공사관을 지켰는데, 단순히 117명이 문제가 아니라 러시아 제국이 고종을 보호하고 있음을 분명하게 한 제스처였다.

고종은 즉각 김홍집 내각의 관료들을 죽이라는 교지를 내렸고, 군중이 김홍집·정병하·어윤중 등을 노상에서 살해하자 유길준 등은 황급히 일본으로 망명하였다.

아관파천 이후에도 고종은 한동안 러시아 공사관과 기존의 궁을 오가면서 생활하고 있었다. 이 시기에 부각된 단체가 독립협회이다. 고종의 환궁 이후에는 개혁 방안을 두고 고종과 갈등을 빚었으며, 중추원 설립 과정에서 고종이 독립협회를 적대시하고 결국 독립협회를 해산시켰다.

● 러시아 공사관의 고종

조선왕조실록

■ 대한제국 선포

고종이 러시아 공사관에 머무르는 동안 조선 내외부에서는 외세의 간섭을 막고 자주적으로 근대국가를 세우자는 주장이 자주 벌어졌고, 외부에서는 독립협회를 중심으로 러시아의 견제를 위해 고종의 환궁을 요구하고 있었다. 이에 아관파천이 시작된 지 1년 뒤인 1897년 2월에 고종은 러시아 공사관에서 경운궁으로 환궁하였다. 또한 고종은 환궁 직후 국호를 대한제국, 연호를 광무(光武)로 고치며, 원구단(圜丘壇)을 축조하여 그곳에서 황제 즉위식을 거행하여 자주국가임을 선포하였다.

1897년(광무 원년)에 고종은 경운궁으로 환궁하여 그 해 8월 17일 광무(光武)란 연호를 쓰기 시작하고, 10월 3일 황제 칭호 건의를 수락하였다. 고종은 자주 의지를 대내외에 널리 표명하고 땅에 떨어진 국가의 위신을 다시 일으켜 세우려면 반드시 제국이 되어야 한다고 판단하였으며, 10월 12일 원구단에

● 원구단

서 상제(上帝)께 천제를 올리고 국호를 대한제국이라 고쳐 황제를 자칭하면서 즉위하였다.

대한제국이 선포되자 각국은 대한제국을 직접 또는 간접으로 승인하였다. 그 중 제정 러시아와 프랑스는 국가원수가 직접 승인하고 축하하였으며, 영국·미국·독일도 간접으로 승인하는 의사를 표시하였다.

● 독립문

그러나 당시 열강 대부분은 대한제국의 성립을 그다지 반기지 않았다. 제위에 오른 고종은 그 직후인 11월 12일, 미루었던 명성황후의 국장(國葬)을 치렀으며, 과거에 청에 사대하던 관계를 상징하던 영은문을 허물고 그 자리에 독립문 건립을 추진, 11월 20일에 완공하여 조선의 자주독립을 원하고 있었다.

■ 러·일전쟁

청·일전쟁 이후인 1903년 8월에 진행되기 시작한 차르 정부와 일본 간 협상에서 일본은 만주에서 러시아의 주도권을 인정해 주는 대신 한반도에서 일본의 주도권을 요구하였다. 하지만 러시아는 이를 거부하고 한반도를 북위 39도선을 경계로 북쪽은 러시아, 남쪽은 일본으로 하는 분할통치안을 역제안하였으나 결렬되었다. 일본은 1904년 협상 결렬 후 러시아가 향후 전략적 이익을 위해 전쟁을 선택할 수 있다고 판단하고 대한제국에 대한 독점적 영향력을 얻기 위해 전쟁을 선택하였다.

당시 대한제국은 삼국 간섭 이후로 러시아의 힘으로 일본을 막으려 했고, 일본은 대한제국을 식민지화하기 위해서 당연히 러시아와 일전을 벌여야 했다. 러시아-일본 간의 갈등은 첨예해졌고 결국 1904년

● 러·일전쟁을 묘사한 일본 기록화

에 러·일전쟁이 터진다. 일본은 또다시 선전포고도 없이 기습적으로 만주의 러시아 군대를 공격했고, 중립을 선포한 대한제국을 강제로 동맹국으로 끌어들였다. 이때 독도를 멋대로 자기네 땅이라고 선언한다. 일본군은 십수 년치의 국가예산을 소모했으며, 러시아 군대를 상대로 러시아 군대보다도 많은 희생자를 내며 신승(辛勝)한다.

사실상 일본의 가용 병력 대부분이 죽거나 다친 상황에서 러시아는 1백만 명 이상의 병력을 더 동원하여 한 판 벌일 수 있었는데, '피의 일요일 사건'이 터져 러시아 내부가 뒤숭숭해지고 러시아의 경제 사정도 좋지 않은 편이라 러·일전쟁은 미국의 시어도어 루즈벨트 대통령의 중재 아래 '포츠머스 조약'을 맺고 일본의 전략적인 승리로 끝을 맺었다. 단 러시아는 일본에 한 푼의 배상금도 주지 않았다. 최후의 대일 견제 세력인 러시아가 물러나면서 대한제국은 그야말로 일본 앞에 풍전등화의 존재가 되었다.

■ 을사늑약(乙巳勒約)

일본의 특명전권대사 자격으로 1905년 11월 9일 서울에 온 이토 히로부미는 다음날인 11월 10일 고종 황제에게 일왕의 "짐이 동양평화를 유지하기 위하여 대사를 특파하노니 대사의 지휘를 일종하여 조치하소서."라는 내용의 친서를 바쳐 고종을 위협하고, 1905년 11월 15일 다시 고종 황제에게 한·일 협약안을 제시하면서 조약 체결을 강압적으로 요구했다. 주(駐)조선 일본군 사령관 하세가와(長谷川)가 일본으로부터 증원군을 파송받아 궁궐 내외를 포위함으로써 대한제국 황궁은 공포 분위기에 휩싸여 있었다. 그러나 고종 황제는 이토 히로부미의 집요한 강요에도 불구하고 조약 승인을 거부하였다.

고종의 반대에 일본은 전략을 바꾸어 조정대신들을 상대로 위협, 매수에 나섰다. 이토 히로부미는 마침내 1905년 11월 17일, 경운궁에서 어전회의를 열도록 하였다. 회의가 5시간이 지나도록 결론에 이르지 않자 이토 히로부미는 하세가와 군사령관과 헌병대장을 대동하고 일본 헌병 수십 명의 호위를 받으며 노골적으로 협력에 동의하라고 강요 및 협박을 했다. 이토 히로부미는 직접 메모 용지에 연필을 들고 대신들에게 가부(可否)를 따져 물었다. 그때 갑자기 한규설 참정대신이 소리 높여 통곡을 하기 시작했던지라 이토 히로부미는 그를 별실로 데리고 가서, "너무 떼를 쓰거든 죽여 버려라." 하고 고함을 쳤다.

참정대신 한규설, 탁지부대신 민영기, 법부대신 이하영만이 무조건 불가(不可)를 썼고, 학부대신 이완용, 군부대신 이근택, 내부대신 이지용, 외부대신 박제순, 농상공부대신 권중현은 책임을 황제에게 전가하면서 찬의를 표시하였다. 이 찬성한 다섯 명을 '을사오적'이라 한다. 이토 히로부미는 각료 8대신 중의 5대신이 찬성하였으니 조약 안건은 가결되었다고 선언하고, 궁내대신 이재극을 통해 그날밤 황제의 칙재(勅裁; 임금이 옳고 그름을 가림)를 강요하였다. 그리고 같은 날짜로 외부대신 박제순과 일본공사 하야시 곤스케 간에 이른바 이 협약의 정식 명칭인 '한·일평화조약(을사늑약)'이 체결되었다.

■ 고종의 최후

일본의 야욕은 끝내 1910년 한·일병합조약으로 조선을 식민지화했다. 이로써 고종은 일본제국으로부터 이태왕(李太王)의 작위를 받고 덕수궁에서 생활했다. 고종 이하 흥친왕·의친왕·영친왕·영선군 등이 일본제국의 황족 자격으로 황적에 편입되었다. 일부 일본 극우 귀족이 망국의 황족을 황족으로 대우해야 되는가에 의문을 제기하자 메이지 천황은 고종의 아들 영친왕을 일본 황족가(家)의 딸과 결혼시킬 계획을 세운다.

나라 잃은 군주가 된 고종에게 유일한 낙은 그가 환갑에 낳은 고명딸인 덕혜옹주였다. 1912년 5월 고명딸인 덕혜옹주가 태어나자 그 해 6월 그는 덕혜옹주를 자신의 딸로서 일본 황적에 올리고 싶어하였다. 그러나 조선총독부와 이왕직 장관 모두 덕혜는 사생아이므로 황적에 올릴 수 없다고 거절하였다. 그러자 고종은 성대한 백일잔치(혹은 돌잔치)를 차려놓고 조선총독부의 고관들과 이왕직 장관실의 관료들, 그리고 일본의 일부 지한파 귀족들까지 두루 초청하고 단상에서 "이 애가 내 고명딸"이라고 발표했다. 일본에서 온 귀족들까지 이 장면을 목격하였으므로 조선총독부나 이왕직의 관료들 모두 덕혜를 일본 황적에 올리는 것을 인정하지 않을 수 없었다. 그러나 이는 덕혜옹주로 하여금 일본에 인질로 끌려가는 빌미를 제공하고 만다.

고종은 1919년 1월 21일 아침 6시경 덕수궁 함녕전에서 68세를 일기로 붕어하였는데, 이를 놓고 뇌일혈이나 심장마비가 사인이라는 자연사설과 자살설, 또한 그날 식혜에 들어 있던 독 때문에 사망했다는 주장 등이 있으나 아직도 고종의 사망 원인은 명확히 밝혀지지 않고 있다.

● 조선 왕실 가족
좌측으로부터 영친왕·순종·고종·순종비·덕혜옹주의 사진이다.

고종의 가계

고종은 1863년부터 1907년까지 재위하는 동안 삼종숙모(三從叔母)이자 양어머니인 신정황후 조씨가 1863년부터 1864년까지 섭정을 하였고, 1864년부터 1873년까지 생부 흥선대원군이 섭정을 하였으며, 1873년부터 1907년 퇴위할 때까지 친정을 하였다. 부인 7명과의 사이에 자녀 6남 1녀를 두었으나 조선의 어떤 왕들보다 그의 말기는 암울하였고, 국권을 타민족에게 잃은 국왕이기도 했다.

■ 흥선대원군(興宣大院君; 1820 ~ 1898년)

흥선대원군의 본명은 이하응(李昰應)이다. 부인은 여흥부대부인 민씨이며 고종의 친아버지이다. 1863년 어린 고종을 대신하여 국정을 이끌었으며, 안으로는 유교의 위민정치를 내세워 전제왕권의 재확립을 위한 정책을 과단성 있게 추진하였고, 밖으로는 개항을 요구하는 서구 열강의 침략적 자세에 대하여 척왜 강경정책으로 대응하였다. 또한 서원을 철폐하고 정리를 하여 양반·기득권 토호들의 민폐와 노론의 일당독재를 타도하고 남인과 북인을 채용하였으며, 동학과 천주교를 탄압하고 박해하였다. 직접 며느리 명성황후를 간택하였으나 도리어 명성황후에 의해 권좌에서 축출당하였다.

■ 명성황후 민씨(明成皇后 閔氏; 1851 ~ 1895년)

조선의 26대 왕이자 대한제국의 초대 황제인 고종의 왕비이자 추존황후이다. 인현왕후의 생부인 민유중의 후손으로, 아버지는 사도시 첨정으로 사후 증 의정부영의정 여성부원군에 추봉된 민치록이고, 어머니는 감고당 한산이씨이다. 아명은 자영(玆暎)이다. 고종의 정비로 1871년 첫 왕자를 5일 만에 잃고, 최익현 등과 손잡고 흥선대원군의 간섭을 물리치고 고종의 친정을 유도했다.

민씨 척족을 기용함으로써 세도정권을 부활시켰으며, 1882년 임오군란 이후 일본 세력의 견제를 위해 청나라의 지원에 의존하다가 1894년 청·일전쟁에서 청나라가 패배당한 이후에는 러시아를 끌어들여 일본을 견제했다. 맨 처음에는 개항에 미온적이었으나 점진적인 개화시책을 통해 친일 성향을 띤 급진개화파의 개화정책에 제동을 걸었다. 그러다가 러·일전쟁에서 러시아의 패배에 밀리는 그녀는 흥선대원군과 주조선 일본공사 미우라 고로의 공모에 의해 일본인 병사와 낭인들에게 암살당했다(을미사변).

■ 의친왕 이강(義親王 李堈; 1877 ~ 1955년)

1891년 12월 28일 의화군에 책봉되었으며, 1894년에 대사로 일본에 다녀오고, 이듬해 6개국 특파 대사로 영국·프랑스·독일·러시아·이탈리아·오스트리아를 방문했다. 1897년 대한제국이 창건되면서 의왕에 책봉되었으며, 1899년 미국에 유학하고, 그 해 의친왕에 봉해졌다. 1905년 귀국하여 육군 부장, 적십자사 총재 등을 지냈다. 경술 한·일합방 이후 일제에 비타협하고 독립운동가들과 가까이하며, 1919년 대동단의 최익환 등과 연락, 대한민국 임시정부로 탈출하기 위하여 상복(喪服) 차림으로 변장하고 만저우 안둥현에까지 갔으나 일본군에 발각되어 강제 송환되었다. 1919년 11월, 상하이 망명을 도모하면서 임시정부에 밀서를 보냈다는 내용이 《독립신문》에 기록으로 남아 있다.

● 의친왕(義親王) 사진

조선 고종의 다섯째아들이다. 1919년 대동단의 최익환 등과 협의, 대한민국 임시정부로 탈출을 기도, 만주 안둥에서 발각되어 송환되었다. 그 뒤 여러 번 일본 정부로부터 도일을 강요받았으나 거부하고 끝까지 배일정신을 지켰다.

고종의 가계도

조선왕조실록

부부 ───── 남자 ▬
자녀 ┈┈┈┈ 여자 ▬

- 영조 ┈ 영빈 이씨
- 장조(사도세자) ┈ 숙빈 임씨
- 은신군 ┈ 남양 홍씨
- 남연군(양자) ┈ 군부인 여흥 민씨
- 흥선대원군 ┈ 여흥순목대원왕비 민씨

고종(제26대)
부인: 7명
자녀: 6남 1녀

- 명성왕후 민씨 ┈ 순종(제27대)
- 귀비 엄씨 ┈ 영왕
- 귀인 이씨 ┈ 완왕 ─ 육
- 귀인 장씨 ┈ 의왕
- 소의 이씨
- 귀인 정씨 ┈ 우
- 귀인 양씨 ┈ 덕혜옹주

《순종실록(純宗實錄)》

《순종실록》 편찬 경위

　《순종실록》은 조선왕조 제27대 왕이며 대한제국의 두 번째 황제로, 순종의 재위 기간(1907~1910년) 4년과 퇴위 후 17년 간(1910~1926년)의 역사적 사실을 편년체로 간략하게 기록한 사서이다.

　원명은 《순종문온무녕돈인성경효황제실록》이며 약칭 《순종황제실록》으로 본문 4권 3책, 부록 17권 4책, 목록 1권 1책을 합쳐 모두 22권 8책으로 간행되었다.

　《순종실록》은 《고종실록》과 함께 일제 침략기에 일본인들이 주관하여 편찬하였기 때문에 일반적으로 『조선왕조실록』에는 포함시키지 않는다.

　《순종실록》은 《고종실록》과 함께 1927년 4월 1일부터 1935년 3월 31일까지 이왕직의 주관하에 편찬·간행되었다.

　《순종실록》의 편찬에 참여한 편찬위원들의 명단은 아래와 같다.

　　위원장 : 소전지책, 부위원장 : 이항구,

　　감수위원 : 소전성오·정만조·박승봉·성전석내·김명수·서만순 등이다.

　순종은 창덕궁에 거처하다가 1926년 4월 25일에 세상을 떠났다. 그 해 6월 10일 인산일에는 전국적인 독립만세운동이 일어났다. 능호는 유릉(裕陵)으로 경기도 남양주시 금곡동에 있다.

《순종실록》의 내용

순종(1874~1926년)의 이름은 척(坧), 자는 군방(君邦), 호는 정헌(正軒)으로, 고종의 둘째아들이며, 어머니는 명성황후이다. 태어난 다음해 2월에 왕세자로 책봉되었고, 1897년 대한제국이 수립되자 황태자로 책봉되었다.

1907년 7월에 일제의 강요로 고종이 제위에서 물러나자 뒤를 이어 대한제국의 제2대 황제로 즉위하였고, 연호를 융희(隆熙)라 하였다. 이복아우인 영친왕을 황태자로 책립하고, 거처를 덕수궁에서 창덕궁으로 옮겼다.

순종의 즉위 직후인 1909년 7월에는 일제의 강압으로 한·일 신협약을 체결하여 국정 전반이 일본인 통감 이토 히로부미의 간섭하에 들어가게 되었다. 1909년 7월에는 기유각서에 의해 사법권마저 강탈당하였다.

이리하여 순종은 허수아비 황제가 되었고, 이토는 본국으로 돌아갔다. 이어 군부 출신의 데라우치가 조선통감으로 부임하여 대한제국을 합병하려는 공작을 추진하였다.

먼저 이완용·송병준·이용구 등을 중심으로 한 친일파 일진회를 앞세워 합병을 청원하게 하였고, 갖은 위협과 매수로 1910년 8월 29일 마침내 한·일합병조약을 성립시켜 대한제국을 멸망시켰다.

1910년 8월 대한제국이 망한 뒤에 순종은 황제에서 이왕(李王)으로 강등되었다. 일제는 그를 '창덕궁 이왕'으로 예우했고 이왕직을 설치하여 왕실 업무를 담당하도록 하였다.

제27대 순종

▶생애 : 1874~1926년
▶재위 : 1907~1910년

성은 이(李), 휘는 척(坧), 본관은 전주(全州), 자는 군방(君邦), 호는 정헌(正軒), 정식 시호는 순종문온무령돈인성경효황제(純宗文溫武寧敦仁誠敬孝皇帝)이다. 고종과 명성황후의 아들이며, 고종의 장성한 자녀 중 유일한 적자이다. 대한제국이 멸망한 이후 일제 강점기에는 이왕(李王)으로 불렸다. 고종의 유일한 적자(嫡子)이자 장자(長子)로 명성황후 여흥 민씨 소생이며, 그는 어려서부터 병약하였고 후사는 없었다. 그의 아호 정헌(正軒)은 부황 고종이 그에게 내려준 아호였다. 그는 한국 역사상 최후의 군주이기도 했다.

■ 왕세자 · 왕태자 · 황태자 시절

순종은 1874년 음력 2월 8일, 조선 한성부 창덕궁 관물헌에서 고종과 명성황후의 장남으로 출생하였다. 명성황후는 순종 이외에도 몇 명의 자식을 더 낳았으나 장성한 것은 순종이 유일하다.

순종 이척은 2세 때였던 1875년에 '왕세자'로 책봉되었다. 1895년 모후 명성황후가 경복궁에서 시해되는 소식을 접하였다. 이때 그는 부황 고종과 함께 일본 낭인과 한국인 협력자들에 의해 창덕궁 또는 덕수궁에 감금당해 있었다. 이 와중에 을미년 왕세자 작위 선양 파동 사건을 일단락적 사건으로서 겪으며 같은 해 1895년 홍범 14조 반포와 동시에 '왕태자'로 올랐고, 1897년에 대한제국이 수립되면서 '황태자'로 격상되었다.

그 뒤 1898년 김홍륙이 고종과 황태자에게 해를 가할 목적으로 커피에 다량의 아편을 넣었는데, 고종은 맛이 이상함을 알고 곧바로 뱉었으나 순종은 그를 알아차리지 못하고 다량을 복용하여 치아가 모두 망실되고 며칠간 혈변을 누는 등 몸살을 앓았다고 한다. 그러나 당시 김홍륙의 유일한 세력기반이 고종이었던 사실로, 그가 고종과 황태자에게 해를 가하려 했던 것이 아니라 정적들인 친일파가 김홍륙에게 누명을 씌워 제거하기 위해 벌인 것으로 추정할 수 있다.

조선왕조실록

■ 순종의 즉위

1907년에 고종은 헤이그에서 열리는 만국평화회의에 이준과 이상설 등을 비밀리에 밀사로 파견하였다. 그러나 헤이그 밀사 사건 실패 이후, 이러한 사실을 접한 일본이 이토 히로부미에게 책임을 추궁했고, 이토 히로부미는 고종에게 책임질 것을 요구했다. 당시 내각총리대신 이완용은 고종이 책임지고 퇴진하는 것으로 사태를 종결하려 했으나 사태는 걷잡을 수 없이 커졌다.

1907년 7월 1일, 일본 외무성에서 이토 히로부미 앞으로 날아온 한 장의 전문이 한국 황실과 정부를 초긴장 상태로 몰아넣었다. 한국 황제의 밀사를 자처하는 한국인 3명이 헤이그에서 열리고 있는 만국평화회의에 참석할 수 있도록 요구하면서 '1905년에 일본과 맺은 보호조약은 한국 황제의 뜻이 아니며, 따라서 무효라고 주장하고 있다'는 내용이었다.

이 밀서의 소식을 전해 들은 이토 히로부미는 7월, 일본군 장교들을 대동하고 입궐하여 밀서의 사본을 황제에게 제시하면서, "이와 같은 음흉한 방법으로 일본에 대한 거부권을 행사하려는 것은 차라리 일본에 대해 당당히 선전포고를 함만 못하다."고 위협했다. 또 "책임은 전적으로 폐하가 스스로 져야 한다는 것을 선언함과 동시에 그런 행동은 일본에 대해서 공공연히 적대적 의도가 있다는 것을 밝힌 것이므로 협약 위반임을 면할 수 없다. 그러므로 일본은 조선에 대해 전쟁을 선포할 권리를 보완한다는 사실을 총리대신으로 하여금 통고케 하겠다."고 협박했다.

총리대신 이완용은 고종에게 순종의 황제 대리청정을 진언하였고, 고종은 처음에는 그의 대리청정 주장을 거부하다가 수용한다. 1907년 고종이 강제로 제위에서 물러나자 그 뒤를 이어 순종이 제위에 올랐고 연호를 융희(隆熙)라 하였다.

● 순종 황제의 어진

■ 명목상의 대한제국 황제

일제의 강압으로 인해 고종이 퇴위하면서 순종이 즉위하게 되었지만 이에 대한 반발로 양위식장에는 고종과 순종 모두 불참해 내관 두 사람이 이들의 대역을 맡는 촌극이 벌어졌다. 1907년 7월 24일, 한·일 신협약이 체결되어 입법권·관리임명권·경찰권 등이 일본에게 넘어가게 되었다. 그리고 8월 1일에는 군대를 해산해, 서울에서 대거 해산군인들과 일본군 간의 전투가 벌어지기도 했다.

순종은 즉위하면서 바로 아랫동생인 의친왕을 놔두고 그보다 20살이나 차이 나는 이복동생 영친왕을 황태자로 책봉했다. 영친왕은 순종의 이복동생이지 아들뻘이 아니므로 황태자가 아니라 황태제로 책봉해야 마땅하다. 실제로《순종실록》을 보면 신하들이 황태제로 해야 한다고 진언한다. 하지만 순종은 정종이 태종을 세자로 삼은 일을 전례로 들면서 영친왕을 황태자로 책봉했다.

이 호칭 문제는 고종의 의중이 개입했다고 보는 사람이 많다. 이에 대해서는 엄귀비의 견제설, 일본의 견제설 등이 있다. 의친왕의 어머니 장씨는 사후에 종1품 '귀인'으로 봉해졌지만 영친왕의 어머니 엄씨는 아예 품계를 넘어선 '황귀비'인 데다 살아 있었으므로 서열 문제가 끼어 있기도 했다. 곧바로 일본은 유학 명목으로 영친왕을 일본으로 끌고 가서 일본 황족인 나시모토노미야 마사코 (이방자 여사)와 혼인시켰다.

순종 황제의 즉위 이듬해인 1908년에는 동양척식회사가 설립되어 일본의 경제권 침탈이 가속화되었다.

● **마지막 황태자 영친왕과 황태자비 이방자 여사**
고종의 여섯째아들로 1907년 형인 순종이 즉위한 뒤에 황태자가 되었고, 1926년 순종이 죽은 뒤에는 이왕의 지위를 계승했다. 1907년 일본으로 건너가 일본 황족인 마사코와 정략결혼을 하였으며, 일본 황족으로 대우를 받으며 일본군 장성을 지냈다.

■ 순종의 퇴위와 생애 후반

이 무렵 일본이 러·일전쟁을 통해 한반도에서 다른 식민지 열강세력을 몰아내고 대한제국의 이른바 후견국을 자처하면서 한·일합방의 발판을 공고히 하였다. 여기에는 이토 히로부미가 결정적인 역할을 했다. 이토 히로부미는 1909년 안중근에 의하여 청나라 만저우 지방 헤이룽장 성 하얼빈에서 사살되었다. 한편, 같은 해인 1909년 기유각서 사건으로 인하여 대한제국의 황제인 순종의 실권은 제2대 대한제국 통감 소네 아라스케에게 박탈되고 순종은 이듬해인 1910년까지 허수아비 임금의 신세가 되었다. 뒤를 이어서 제3대 대한제국 통감 데라우치 마사타케가 대한제국의 실권을 쥐고 1910년 경술 한·일합방 늑약으로 인하여 대한제국은 사실상 멸망으로 막을 내리고 말았다.

1910년 일제는 순종에게 한·일 병합 늑약에 공식적으로 서명할 것을 강요하였다. 그러나 순종은 조약에 끝까지 동의하지 않았으며, 8월 22일 결국 당시 총리대신인 이완용이 이에 대신 서명하였다. 이로써 대한제국은 일본제국에 합병되면서 멸망하였으며, 아울러 역사상 왕조는 끝맺음하게 되었다. 이후 순종은 모든 권한을 잃고 이왕이라 불리며 창덕궁에 거처하였다.

아버지 고종의 뒤를 이어 그는 원치 않는 왕위를 이어받지만 이미 일본이 모든 권력을 장악한 무렵이었다. 그는 여행이라는 명목하에 도쿄를 방문해 천황을 알현할 것을 압박받는다. 작은 나라가 큰 나라를 섬기는 것은 예의를 다해 마땅한 일이라는 무언의 압력으로 일종의 협박이었다.

1926년 4월 25일, 순종은 심장마비로 53세를 일기로 승하하였으며, 아버지 고종 황제의 홍릉 근처 유릉(裕陵)에 안장되었다. 그의 장례식에 6·10 만세 운동이 일어나기도 하였으나 3·1 운동처럼 확산되지는 못했다.

● 을사늑약 체결 장면 밀랍

순종의 가계

야사에 궁녀가 순종에게 여러 이야기를 읽어 주다 망국의 이야기가 실린 대목을 읽자 그 궁녀의 뺨을 치며 자신을 능멸하지 말라며 분노했다는 이야기가 있다. 순종 행장에도 표현을 약간 순화하여 기록하고 있는 점으로, 당시의 순종이 망국의 운명을 느끼고 있었다는 점은 틀림없는 사실로 보이며, 암군(暗君; 사리에 어둡고 어리석은 임금)이라는 이미지가 강한 고종과 달리 등극 때부터 아무런 실권도 없이 망해 가는 나라를 지켜봐야만 했던 순종은 후사도 잇지 못했다.

■ 순명효황후 민씨(純明孝皇后 閔氏; 1872 ~ 1904년)

순종 황제의 정후(正后)이다. 본관은 여흥이고, 아버지는 여은부원군(驪恩府院君) 민태호이다. 정식 시호는 경현성휘순명효황후(敬顯成徽純明孝皇后)이다. 1872년 양덕방 계동에서 태어나 1882년에 11세의 나이로 세자빈으로 책봉되었고 1897년에는 황태자비로 책봉되었으나 남편인 순종이 황제로 즉위하기 전인 1904년 11월 5일에 경운궁의 강태실에서 33세의 나이로 사망하였다.

■ 순정효황후 윤씨(純貞孝皇后 尹氏; 1894 ~ 1966년)

대한제국의 황후이자 일제 강점기의 이왕비, 이왕대비였다. 대한제국 순종 황제의 계후(繼后)로 본관은 해평(海平)이다. 박영효·이재각 등과 함께 일본 정부로부터 후작 작위를 받았던 친일 인사인 해풍부원군 윤택영의 딸이다. 1904년에 당시 황태자비였던 순명효황후 민씨가 사망하자 1906년에 13세의 어린 나이에 동궁계비(東宮繼妃)로 책봉되었고, 이듬해인 1907년에 부군 순종 임금이 황제로 즉위함에 따라 그녀는 황후가 되었다.

● 순정효황후 윤씨(純貞孝皇后 尹氏)의 사진
1926년 4월, 순종이 붕어하자 대비(大妃)로 불리며 창덕궁(昌德宮)의 낙선재(樂善齋)로 거처를 옮겨 그곳에서 평생을 보냈다.

순종의 가계도

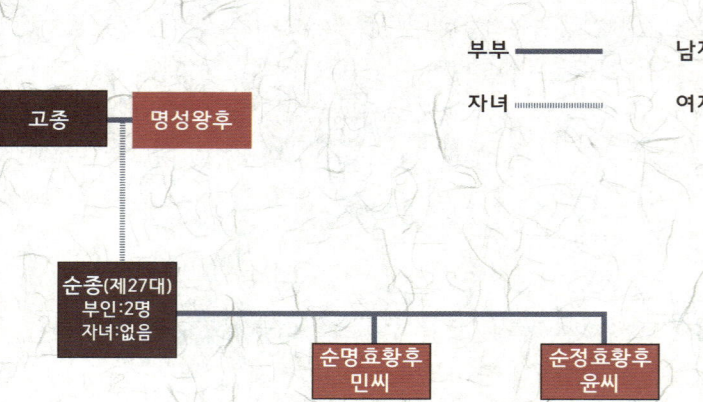

● 조선의 마지막 왕릉 유릉(裕陵). 경기도 금곡에 있으며 순종과 순정효황후 윤씨의 합장릉이다.

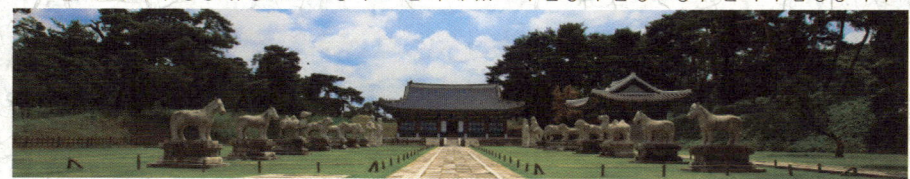

순정효황후 윤씨는 1910년 병풍 뒤에서 어전회의를 엿듣고 있다가 친일 성향의 대신들이 순종에게 한·일병합조약의 날인을 강요하자 국새(國璽)를 자신의 치마 속에 감추고 내주지 않았는데, 결국 백부 윤덕영에게 강제로 빼앗겼고, 이후 대한제국의 국권은 일제에 의해 피탈되어 멸망을 맞게 되었다. 1950년 한국전쟁이 일어나자 창덕궁에 남아 황실을 지키고자 하였으며, 궁궐에 들이닥쳐 행패를 부리는 조선인민군을 당시 57세의 나이에도 불구하고 크게 호통을 쳐서 내보냈다는 일화가 있을 정도로 순정효황후는 두려움을 모르는 여걸(女傑)이었다. 죽는 그 순간까지 온화한 성정과 기품을 잃지 않았던 순정효황후는 대한제국의 마지막 황후로서 당당함과 냉철함으로 황실을 이끌어 많은 이들의 존경을 받았다. 평생 영어 공부를 게을리 하지 않았으며, 그 실력은 타임지를 읽어낼 정도였다고 전한다. 1966년 2월 3일, 창덕궁 석복헌(錫福軒)에서 심장마비로 73살의 나이로 생을 마감하였다.

조선왕조의 정부기관

■ 의정부

의정부는 조선시대 조정의 백관을 통솔하고 서정을 총괄하던 최고의 행정기관이다. 1400년(정조 2년) 도평의사사가 의정부로 개편되었고, 1907년 내각으로 바뀌었다.

의정부는 조선왕조가 창업된 뒤 수십 차례의 변천을 거치면서 정1품의 영의정·우의정, 종1품의 좌찬성·우찬성, 그리고 정2품의 좌참찬·우참찬, 정4품의 사인 2명, 정5품의 검상 1명, 정8품의 사록 1명으로 구성되었다.

■ 육조

육조는 조선시대에 국가의 정무를 나누어 맡아 보던 이조·호조·예조·병조·형조·공조에 대한 총칭으로, 별칭으로 육부 또는 육관으로 불리었다.

육조는 각 조마다 정2품의 판서 1명, 종2품의 참판 1명, 정3품의 참의 1명, 정5품의 정랑이 2명에서 4명, 정6품의 좌랑이 2명에서 4명 등으로 구성되었다.

육조의 기능을 살펴보면, 이조는 주로 관리들의 인사를 담당하였으며, 호조는 재정경제와 호적관리를, 예조는 과거와 외교 및 왕실의 상례를 담당했고, 병조는 군제와 군사를, 형조는 형벌 및 재판과 노비를, 공조는 도로·교량·도량형 등을 관리했다.

■ 삼사

삼사는 언론을 담당한 사헌부·사간원·홍문관을 합해서 일컬으며, 일명 '언론 삼사'라고도 한다.

　사헌부는 조정의 백관에 대한 감찰·탄핵 및 정치에 대한 언론을, 사간원은 국왕에 대한 간쟁과 정치 일반에 대한 언론을 담당하는 언관으로서, 이 두 기관을 합해 '대간' 또는 '언론 양사'라고 부르기도 했다.

　홍문관은 궁중의 서적과 문한을 관장하였고, 경연관으로서 왕의 학문적·정치적인 일을 담당하였다.

　삼사의 인적 구성을 살펴보면, 사헌부에 종2품 대사헌 1명, 종3품의 집의 1명, 정4품 장령 2명, 정5품 지평 2명, 정6품 감찰 24명으로 조직되었다. 그리고 사간원에 정3품 대사간 1명, 종3품 사간 1명, 정5품의 헌납 1명, 정6품의 정언을 각각 두었다. 홍문관에는 정2품의 대제학, 종2품 제학, 정3품 부제학, 정3품 당하관의 직제학, 종3품 전한, 정4품의 응교, 종4품의 부응교 1명, 정5품의 교리 2명, 정6품의 수찬 2명, 종6품의 부수찬 2명, 정7품의 박사, 정8품의 저작, 정9품의 정자 2명 등을 두었다.

■ 승정원

　승정원은 왕명을 출납하던 곳으로 오늘날의 청와대 비서실에 해당한다. 별칭으로 정원·후원·대언사 등으로 불리었다.

　승정원에는 도승지·좌승지·우승지·좌부승지·우부승지·동부승지 각 1명씩 6명의 승지가 있으며, 이들은 모두 정3품의 당상관들이었다. 그리고 승지 이외에도 정7품의 주서 2명이 있었고, 서리 28명을 두었다.

　승정원의 6승지는 동벽과 서벽으로 나누어졌는데, 도승지·좌승지·우승지는 동벽, 좌·우부승지와 동부승지는 서벽이라 하였다. 이들 여섯 승지들이 맡은 일은, 도승지는 이방, 좌승지는 호방, 우승지는 예방, 좌부승지는 병방, 우부승지는 형방, 동부승지는 공방을 맡아 업무를 처리하였다.

　승정원은 왕에게 올리는 글 등 모든 문서는 승정원을 거치게 되어 있어 왕의 비서로서 그 임무가 중대할 뿐 아니라 승지들은 모두 경연참찬관과 춘추관의 수찬관을, 도승지는 홍문관·예문관의 직제학과 상서원정을 겸임하도록 했다.

1894년(고종 31) 갑오경장 이후 승선원으로 개칭되었다. 승정원에서 왕명의 출납과 조정의 제반 행정사무, 의례적 사항 등을 기록하여 만든 《승정원일기》가 있다.

■ 그 외 정부기관들

의금부 왕명을 받들어 범죄자를 다스리는 기관으로, 일명 '순군', '의용'이라고도 불리었다.

포도청 도둑이나 범죄자를 잡기 위하여 설치한 기관이며, 일명 포청으로 좌·우청 둘로 나누어졌다.

중추부 처음에는 군무의 최고기관이었으나 세조 때부터는 하는 일이 없었고, 문무 당상관으로 직책이 없는 자를 우대하는 기관으로 두었다.

성균관 우리나라의 옛 대학으로 유학의 진흥과 문묘 등에 관한 일을 맡았다.

예문관 왕의 칙명과 교명을 기록하는 기관이다.

오위도총부 의흥위·용양위·호분위·충좌위·충무위 등의 오위의 군무를 총괄하던 관청이었으나 중종 때 비변사가 설치되고 임진왜란 뒤에 군국의 사무를 비변사가 담당하게 되어 실권이 없는 기관으로 전락했다.

상서원 옥새·절월·마패 등에 관한 일을 맡아 보던 기관이다.

훈련원 군사들의 재주를 시험하고 무예를 연습하던 곳으로 병서와 전진의 강습을 맡았다.

종친부 역대 국왕의 계보와 초상화를 보관하고, 왕실의 행사와 제례 등을 주관하며, 왕실과 종실에 예속된 땅을 관리하고, 선원제파를 감독하는 업무를 맡았다.

충훈부 나라에 공이 있는 공신들의 땅과 작위·훈장 등에 대한 업무를 맡았다.

의빈부 공주나 옹주 등과 결혼한 사람들을 관리하는 기관.

돈녕부 임금의 친족과 외척들의 친선을 도모하기 위한 관청으로 임금·왕비·세자빈 등의 친척들이 이곳의 관리로 임명되었다.

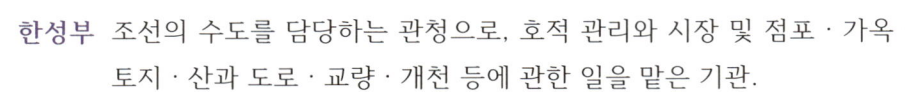

한성부 조선의 수도를 담당하는 관청으로, 호적 관리와 시장 및 점포·가옥·토지·산과 도로·교량·개천 등에 관한 일을 맡은 기관.

춘추관 조선시대 논의·교명·국사 등의 일을 맡은 기관으로, 일하는 사람들은 모두 문관이며 다른 일을 맡은 관리들이 이곳의 임무를 겸했다.

승문원 사대교린에 관한 문서를 맡아 보는 기관.

봉상시 나라의 제사와 시호에 관한 사무를 맡은 기관.

종부시 왕족들의 족보를 편집·기록하고, 종친들의 잘못을 조사·규탄하는 업무를 맡은 기관.

교서관 경서적의 인쇄와 반포, 제사에 쓸 향축, 도장에 새겨넣을 글씨 등을 담당하는 기관이다.

사옹원 왕궁의 음식에 관한 업무를 맡았다.

내의원 왕이 복용하는 약을 제조하는 기관이다.

상의원 왕실의 의복과 일용품·금·보화 등을 공급하는 기관.

군기시 무기의 제조를 담당하는 기관이다.

내자시 왕궁에서 쓰는 쌀·국수·술·간장·기름·꿀·채소·과실·직조 등과 궁중의 연회 및 직물에 관한 임무를 맡았다.

내섬시 각 궁이나 전에 공급하는 물건, 2품 이상 관리에게 주는 술, 일본·여진인을 접대하는 음식 등을 맡아 보는 기관.

예빈시 왕실의 종친과 재상들에게 공급하는 음식을 맡은 기관.

사섬시 화폐의 제조(종잇돈)와 노비들이 노역 대신 바치는 베를 관리하는 기관.

사복시 수레와 마필 및 목장 등의 일을 맡아 보는 기관.

군자감 군수물자의 저장과 출납을 맡아 보는 기관.

제용감 중국에 바치는 직물과 인삼·의복·마포·포화·염직·비단 등을 관리.

장악원 음악을 맡은 기관.

관상감 천문·풍수·책력·술수·기상관측·시간측정 등의 일을 맡은 기관.

전의감 왕궁에서 쓸 의약의 공급 및 임금이 하사하는 약을 맡은 기관.

세자시강원 세자에게 경서와 사적을 강론하고 도의를 가르치는 일을 맡았다.

세자익위사 세자의 경호를 맡아 보던 기관.

종　　학　종친들의 교육을 맡은 기관.
풍저창　궁중의 쌀·콩·종이 등의 물건을 관리하는 기관.
전함사　중앙과 지방의 전함을 수리하는 기관.
내수사　궁궐에서 쓰는 쌀·포목·잡물과 노비에 관한 업무를 맡았다.
소격서　삼청동에 성제단을 세우고 하늘에 재사지내는 업무를 맡았다.
종묘서　조선의 역대 왕들을 모시는 사당을 지키는 기관.
사직서　사직단을 관리하는 일을 맡았다.
평시서　시전에서 쓰는 자·말·저울 등을 관리하는 임무를 맡았다.
사온서　대궐에서 쓰는 술을 담당했다.
내시부　왕궁 내에서 식사를 감독하고, 왕의 명령을 전달하며, 대궐문을 지키고 청소하는 일을 맡았다.
활인서　도성 안의 환자들을 무료로 치료하는 구제 사업을 맡았다.
전옥서　옥에 갇힌 죄수를 맡아 보는 기관.
조지서　각종 종이 및 제반 일에 쓸 종이 만드는 일을 맡았다.
혜민서　의약과 일반 백성들의 병 치료를 맡았다.
도화서　국가에서 필요로 하는 그림을 그리던 관청.

●품계석(品階石). 문무백관 벼슬의 높고 낮음에 따라 궁궐의 정전 앞에 정렬한 24개의 돌.

내명부와 외명부

■ **내명부(內命婦)**: 대궐 안에서 봉직하는 여관으로서, 후궁들은 정1품에서 종4품의 벼슬을 받았고, 궁관(궁녀)들은 종5품에서 종9품의 벼슬을 받았다.

품계별	내명부	세자궁
정1품	빈	
종1품	귀인	
정2품	소의	
종2품	숙의	양제
정3품	소용	
종3품	숙용	양원
정4품	소원	
종4품	숙원	승휘
정5품	상궁 · 상의	
종5품	상복 · 상식	소훈
정6품	상침 · 상공	
종6품	상정 · 상기	수규 · 수칙
정7품	전빈 · 전의 · 전선	
종7품	전설 · 전제 · 전언	장찬 · 장정
정8품	전찬 · 전식 · 전약	
종8품	전등 · 전채 · 전정	장서 · 장봉
정9품	주궁 · 주상 · 주각	
종9품	주변치 · 주치	장장 · 장식 · 장의
	주우 · 주변궁	

■ **외명부(外命婦)** : 궁궐 바깥에 머물면서 작위를 받은 여인들로서, 임금의 딸인 공주와 옹주, 세자의 딸인 군주 · 현주를 비롯하여 왕의 친척의 부인과 조정 문무관의 부인들이 모두 해당된다.

품계별	왕의 유모	왕비의 어머니	임금의 딸	세자의 딸
정1품			공주(公主; 적녀)	
종1품			옹주(翁主; 서녀)	
정1품		부부인(府夫人)		
종1품	봉보부인(奉保夫人)			
정2품				군주(君主; 적녀)
정3품 당상관				현주(縣主; 서녀)

품계별	종친의 아내	문무관의 아내
정1품	부부인(府夫人; 대군의 아내)·군부인(郡夫人)	정경부인(貞敬夫人)
종1품	군부인	정경부인
정2품	현부인(縣夫人)	정부인(貞夫人)
종2품	현부인	정부인
정3품(당상관)	신부인(愼夫人)	숙부인(淑夫人)
정3품(당하관)	신인(愼人)	숙인(淑人)
종3품	신인	숙인
정4품	혜인(惠人)	영인(令人)
종4품	혜인	영인
정5품	온인(溫人)	공인(恭人)
종5품	온인	공인
정6품	순인(順人)	의인(宜人)
종6품		의인
정7품		안인(安人)
종7품		안인
정8품		단인(端人)
종8품		단인
정9품		유인(孺人)
종9품		유인

조선왕조 왕릉 현황

순위	능호	묘호	사적	소재지
1대	건원릉 제릉 정릉	태조 신의고황후 신덕고황후	193호 208호	경기도 구리시 인창동 산 2-1(동구릉) 개성시 판문군 상도리(북한) 서울시 성북구 정릉 2동 산 87-16
2대	후릉	정종 정안왕후		개성시 판문군 영정리(북한)
3대	헌릉	태종 원경왕후	194호	서울시 서초구 내곡동 산 13-1
4대	영릉	세종 소헌왕후	195호	경기도 여주군 능서면 왕대리 산 83-1
5대	현릉	문종 현덕왕후	193호	경기도 구리시 인창동 산 2-1(동구릉)
6대	장릉 사릉	단종 정순왕후	196호 209호	강원도 영월군 영월읍 영흥리 산 121-1 경기도 남양주시 진건면 사릉리 산 65-1
7대	광릉	세조 정희왕후	197호	경기도 남양주시 진접읍 부평리 산 99-2
추존	경릉	덕종 소혜왕후	198호	경기도 고양시 덕양구 용두동 산 30-1(서오릉)
8대	창릉 공릉	예종 안순왕후:계비 장순왕후	198호 205호	경기도 고양시 덕양구 용두동 산 30-1(서오릉) 경기도 파주시 조리읍 봉일천리 산 4-1
9대	선릉 순릉 단릉	성종 정현왕후:계비 공혜왕후	199호 205호	서울시 강남구 삼성동 131 경기도 파주시 조리읍 봉일천리 산 15-1
10대	연산군묘	연산군 군부인 신씨	362호	서울시 도봉구 방학동 산 77
11대	정릉 온릉 희릉 태릉	중종 단경왕후 장경왕후:계비 문정왕후:계비	199호 210호 200호 201호	서울시 강남구 삼성동 135-4 경기도 양주군 장흥면 일영리 산 19 경기도 고양시 덕양구 원당동 산 38-4(서삼릉) 서울시 노원구 공릉동 313-19
12대	효릉	인종 인성왕후	200호	경기도 고양시 덕양구 원당동 산 38-4(서삼릉)
13대	강릉	명종 인순왕후	201호	서울시 노원구 공릉동 313-19
14대	목릉	선조 의인왕후 인목왕후:계비	193호	경기도 구리시 인창동 산 2-1(동구릉)

순위	능호	묘호	사적	소재지
15대	광해군묘	광해군 군부인 유씨	363호	경기도 남양주시 진건면 송릉리 산 59
추존	장릉	원종 인헌왕후	202호	경기도 김포시 풍무동 산 141-1
16대	장릉 휘릉	인조 인열왕후 장렬왕후:계비	203호 193호	경기도 파주시 탄현면 갈현리 산 25-1 경기도 구리시 인창동 산 2-1(동구릉)
17대	영릉	효종 인선왕후	195호	경기도 여주군 능서면 왕대리 산 83-1
18대	숭릉	현종 명성왕후	193호	경기도 구리시 인창동 산 2-1(동구릉)
19대	명릉 익릉	숙종 인현왕후:계비 인원왕후:계비 인경왕후	198호 198호	경기도 고양시 덕양구 용두동 산 30-1(서오릉) 경기도 고양시 덕양구 용두동 산 30-1(서오릉)
20대	의릉 혜릉	경종 선의왕후:계비 단의왕후	204호	서울시 성북구 석관동 1-5 경기도 구리시 인창동 산 2-1(동구릉)
21대	원릉 홍릉	영조 정순왕후:계비 정성왕후	193호 198호	경기도 구리시 인창동 산 2-1(동구릉) 경기도 고양시 덕양구 용두동 산 30-1(서오릉)
추존	영릉	진종 효순소황후	205호	경기도 파주시 조리읍 봉일천리 산 15-1
추존	융릉	장조 헌경의황후	206호	경기도 화성시 태안읍 안녕리 산 1-1
22대	건릉	정조 효의선황후	206호	경기도 화성시 태안읍 안녕리 산 1-1
23대	인릉	순조 순원숙황후	194호	서울시 서초구 내곡동 산 13-1
추존	원릉	문조 신정익황후	193호	경기도 구리시 인창동 산 2-1(동구릉)
24대	경릉	헌종 효현성황후 효정성황후:계비	193호	경기도 구리시 인창동 산 2-1(동구릉)
25대	예릉	철종 철인장황후	200호	경기도 고양시 덕양구 원당동 산 38-4(서삼릉)
26대	홍릉	고종 명성태황후	207호	경기도 남양주시 금곡동 141-1
27대	유릉	순종 순명효황후 순정효황후	207호	경기도 남양주시 금곡동 141-1

선원계도와 조선왕조 세계도(1392~1910)

(1) 시조 한 (2) 자연 (3) 천상 (4) 광희 (5) 입전 (6) 경휴 (7) 염순 (8) 승삭 (9) 충경
(10) 경영 (11) 충민 (12) 화 (13) 진유 (14) 궁진 (16) 용부, 단신 (16) 인, 거 (17) 양무
(18) 목조 (19) 익조 (20) 탁조 (21) 환조

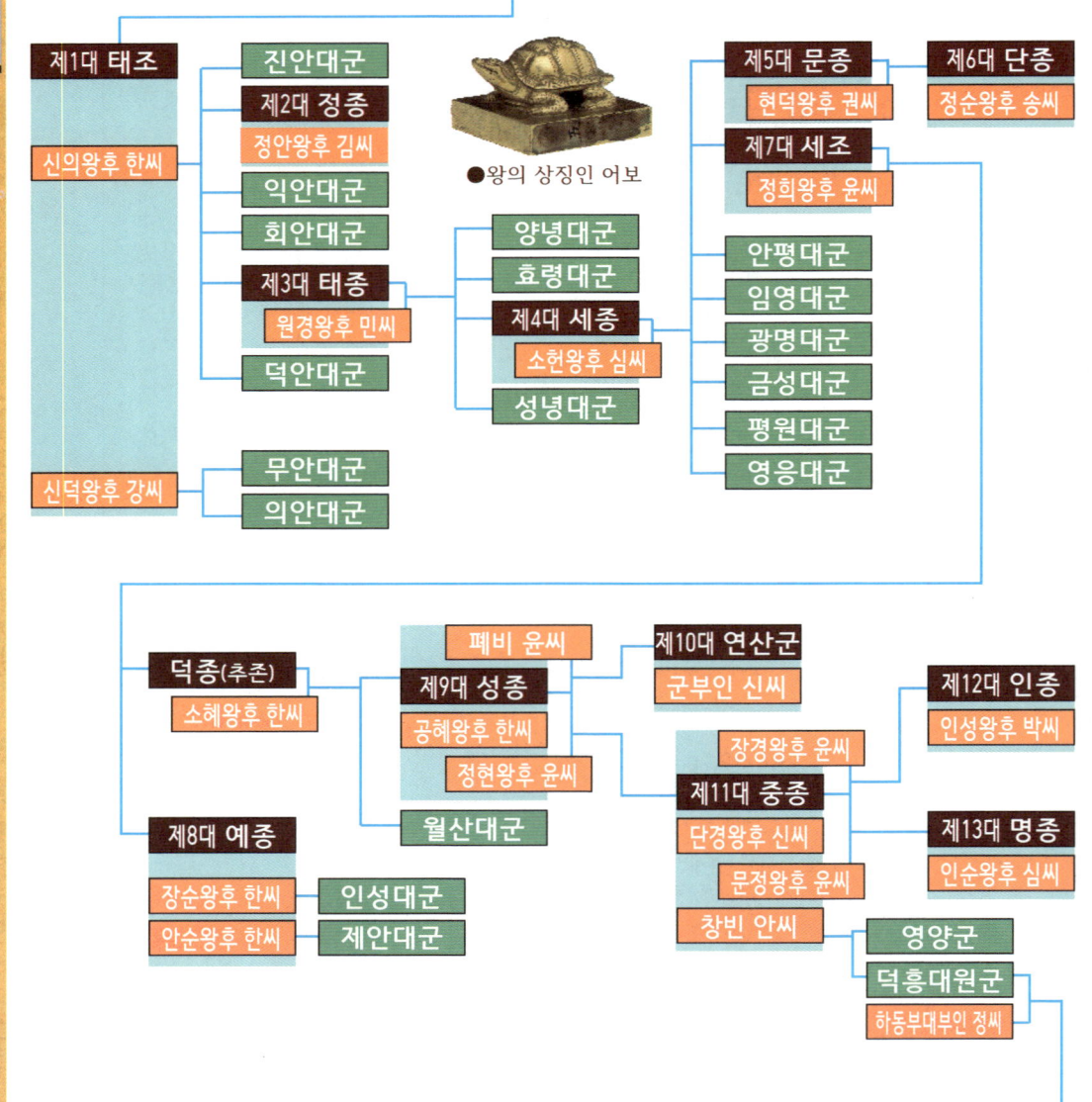

● 왕의 상징인 어보

↓계속

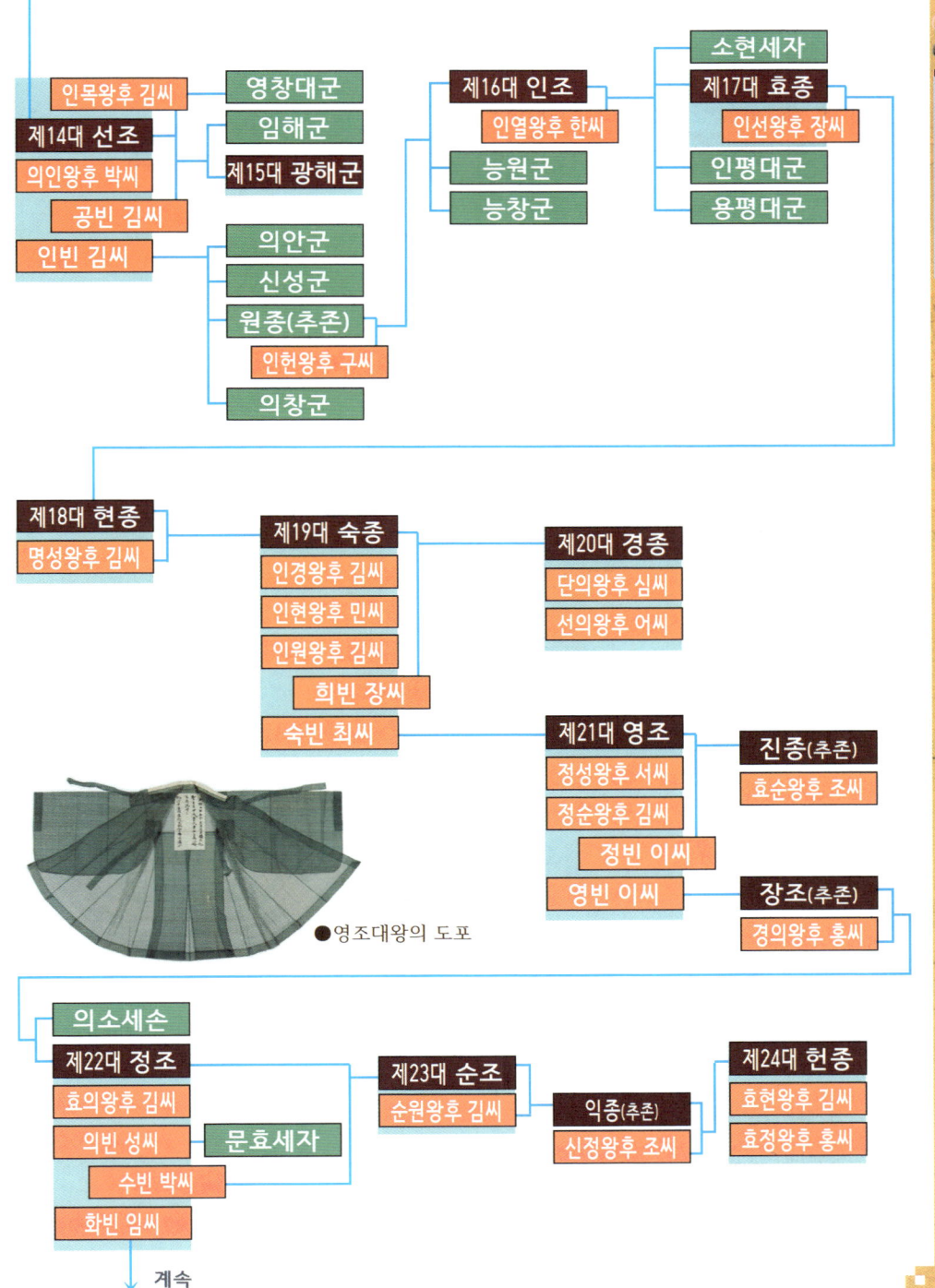

●영조대왕의 도포

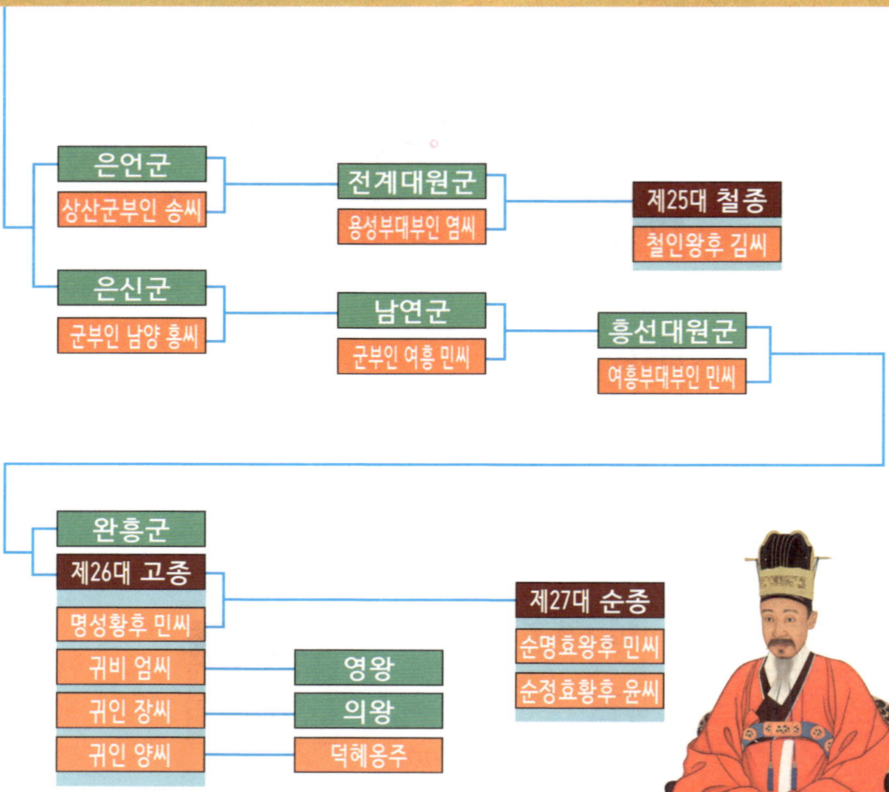

```
┌─ 은언군 ──────── 전계대원군 ──── 제25대 철종
│  상산군부인 송씨   용성부대부인 염씨   철인왕후 김씨
│
├─ 은신군 ──── 남연군 ──── 흥선대원군 ─┐
│  군부인 남양 홍씨  군부인 여흥 민씨  여흥부대부인 민씨 │
│                                                    │
└────────────────────────────────────────────────────┘
    │
    ├─ 완흥군
    ├─ 제26대 고종 ──┬── 제27대 순종
    │  명성황후 민씨  │   순명효왕후 민씨
    │                │   순정효황후 윤씨
    ├─ 귀비 엄씨 ──── 영왕
    ├─ 귀인 장씨 ──── 의왕
    └─ 귀인 양씨 ──── 덕혜옹주
```

● 흥선대원군 영정

왕의 아버지 대원군

덕흥대원군(德興大院君): 선조의 아버지 덕흥군. 아들 선조가 즉위하면서 추존되어 최초의 대원군이 됨.

정원대원군(定遠大院君): 인조의 아버지 정원군. 아들 인조가 즉위하면서 추존. 후에 원종으로 추존됨.

전계대원군(全溪大院君): 철종의 아버지. 아들 철종이 즉위하면서 추존됨.

흥선대원군(興宣大院君): 고종의 아버지 흥선군. 아들 고종이 즉위하면서 추존. 후에 손자 순종에 의해 헌의대원왕(獻懿大院王)으로 추존됨.

■ 참고문헌 및 자료

- 《국역 조선왕조실록》
- 《조선왕조실록》문화재청
- 《조선왕조실록》국사편찬위원회
- 《조선왕조실록》세종대왕기념사업회
- 《조선왕조실록》유네스코 세계기록유산
- 《국어국문학자료사전》〈실록〉항목
- 《브리태니커 백과》
- 문화재청
- 월간 미술
- 불교신문
- 《한국민족문화대백과》
- 중앙시사메거진
- 한국고궁박물관
- 《시사상식사전》
- 연합통신
- 《두산백과》
- 《문화원형백과》
- 한국컨텐츠진흥원
- 용산전쟁기념관
- 《연려실기술》
- 서울대학교 규장각한국학연구원
- 《비변사등록》
- 《동궁일기》
- 《선원세계》전주이씨대동종약원
- 위키피디아
- 국사 편찬 위원회, 《고등학교 국사》, 교육 인적 자원부.
- 《글로벌 세계 대백과사전》
- 《승정원일기》
- 《문화원형백과》, 대한제국, 한국콘텐츠진흥원(2004년판)
- 《조선 왕 가계도》
- 《일성록》
- 연합뉴스
- 동아일보
- 조선일보
- 《한한대사전》
- 《한중록》, 혜경궁 홍씨
- 《한국사특강》, 서울대학교출판부
- 《정조대왕어찰첩》, 성균관대학교출판부
- 《백호전서》, 윤휴
- 《한국의 전통예술》(한국문화재 보호재단 편집부 저)
- 《징비록》, 류성룡
- 《난중잡록》
- 《한국민족문화사전 - 일제 강점기》(日帝强占期)
- 《일제 말기 식민지 지배정책연구》(국학자료원, 1997)
- KBS역사스페셜
- 네이버백과
- 《문화재대관》문화재청

하루에 따라잡는
조선왕조실록

초판 1쇄 인쇄	2017년 7월 05일
초판 1쇄 발행	2017년 7월 15일

지은이	유한준 · 김재성
편집주간	이선종
펴낸이	박경준
디자인	새롬기획 에디터
마케팅	최관호
경영지원	정서윤
물류지원	오경수
펴낸곳	도서출판 미래타임즈
출판등록	2001년 7월 2일 / 제01-00321호
주소	서울 마포구 동교로 12길 12
전화	02-332-4327
팩스	02-3141-4347

ISBN 978-89-6578-125-7

잘못된 책은 바꾸어 드립니다.
ⓒ 저자와 맺은 특약에 따라 검인을 생략합니다.